普通高等教育“十一五”国家级规划教材

21世纪工商管理系列教材

Business Administration Classics

生产与运营管理（第二版）

Production and Operations Management

黄卫伟 编著

中国人民大学出版社
· 北京 ·

总 序

在管理学顺应历史发展的需要成为一个独立的学科门类之后，管理教育得到了持续不断的新发展。特别是 MBA 的教育形成一个很猛的势头，为从事管理教育的教师们提供了一个很好的平台。在这个平台上，无论是教师还是学生都在积极吸收国外先进的管理经验，探讨解决中国实际的问题，力求获得最大的教育效果。目前，这个平台不断地在扩大，更多的学校加入到了 MBA 教育的行列中。

当然，相对于我们 MBA 等研究生层面的管理教育而言，本科的管理教育更为重要些。这是因为本科的管理教育是基础教育，本科的学生是我们大学的基本队伍，本科毕业的校友更是不容忽视的基本力量。我们必须在本科的管理教育上下更大的气力，使我们的学生有更大的收益。为此，在本科管理教育方面要在进一步发扬我国管理教育优良传统的基础上，改善教育的治理结构、更新教育理念、创立为师生服务的教学管理体制、设计更具特色的课程体系以及教学方法，彻底改变一些浮躁风气，真正创出具有中国特色的管理教育来。

50 多年来，中国人民大学商学院一直在这条道路上不断地前进着。随着我国经济体制的改革，商学院的教师们积极总结我国产业经济、企业管理与会计学等重要学科领域的科研成果，力求大胆创新，走出我国管理教育的新路子，创出中国人民大学的具有人文特色的管理学派来。为此，我们的教师沿着企业从计划经济逐步转向市场经济的轨迹，研究中国企业管理的实际问题，率先提出中国企业经营转轨变型理论，倡导改善公司治理结构，主张研究新时期的物资流通体系，加强中国的市场营销，改革中国的会计体系。他们先后研究了“我国大中型企业活力”等国家重点课题，推出了一系列具有重大影响的科研成果，并在此基础上撰写了《工业经济概论》、《工业企业管理学》、《市场营销学教程》、《会计学》等一批在国内管理教育界与企业界有着重要影响的教材，为我国的管理科研与教学贡献了自己的力量。与此同时，我们的教师还系统地介绍了国外先进的管理理论与实践，翻译出版了一大批国外优秀的管理学名著，拓宽了人们的视野，启发人们去思考和借鉴先进的管理理论与方法。

在我们的教师队伍中，中青年教师已经开始在各自的学术领域里独当一面，著述颇丰。在他们当中，有一批历经10年“文化大革命”的老大、中学生们。10年的社会实践，使他们真正地了解了中国的国情。1978年以后，经过严格的入学考试，他们陆续进入了大学，圆了“我要读书”的梦，成为改革开放后新一代的莘莘学子。在学校里，他们认真地向老师们请教理论问题，同时积极参加社会实践，思考中国改革开放的问题。后来，他们有的负笈东渡，有的西上欧美，进一步探讨管理教育的理论与方法。他们所做的一切，对于我国的管理教育起到了承前启后的作用。此外，商学院还有一大批具有活力、思维敏锐、颇有见地的年轻教师活跃在管理理论与实践的前线上。

为了更好地发展我们的本科管理教育，中国人民大学商学院除设计精品课程以外，还力争有一个完善的本科课程体系。在充分研究国内外本科管理教育的基础上，在本科课程的设计思路上充分发扬中国人民大学优秀的人文因素，在不同专业领域里设计相应的知识模块，使学生不仅掌握该领域的理论，而且掌握技能，拥有一个完整的管理知识体系，以适应新的就业环境的需要。在核心课方面，商学院开设了宏观经济学、微观经济学、管理学原理、统计学、会计学、财务管理、市场营销、组织行为学、人力资源管理、管理信息系统以及战略管理等课程，试图为学生们奠定扎实的管理理论基础。同时，还开设了大量的选修课，扩大学生的知识面，拓展学术思路。

在这样的课程体系的基础上，商学院的教师将他们的科研与教学成果凝聚成了这套《21世纪工商管理系列教材》，以与同行、学生们以及各界的读者分享自己收获后的喜悦。在这套教科书里，作者们旁征博引，吸纳了当今管理学界的最新学术观点以及实践经验，同时力求图文并茂，并辅之以大量的案例，以推动管理教育中不可缺少的案例教学。这套丛书中已经出版的教材在2002年荣获教育部“全国普通高等学校优秀教材一等奖”，肯定了作者们对管理教育的贡献。希望通过这套教材促进我国本科管理教育的繁荣发展，使我们的学生有更大的收获。

最后，再次向我们的作者们表示衷心的感谢，感谢他们为我们的学生与读者奉献的心血，希望他们有更多的著作问世；也向我们的编辑们表示衷心的感谢，感谢他们策划了本套丛书，更感谢他们用点睛之笔使我们的教科书更臻完善。同时，也希望我们的同行与读者们多给我们的教材提出宝贵意见。

前　言

生产与运营管理是企业管理的一项主要职能，它承担着向顾客及时交付质量好、成本低、令顾客满意的产品和服务的任务，它的根本宗旨是提高生产率。生产与运营管理的重要性，并不因时间的推移而减弱，原因很简单，因为每个企业、每个组织都有运营机能，都必须不断提高效率、降低成本、缩短交付周期，只有这样才能生存下去。提高生产率不仅是企业管理，而且是社会生产的永恒主题。美国通用电气公司前首席执行官杰克·韦尔奇有一句名言：收入增长靠创新，利润增长靠效率。真正理解了这句话，生产与运营管理的重要性就怎么强调都不过分了。

中国目前已被公认为世界工厂，这应看成是改革开放的巨大成果。但这个事实却被一些学者所诟病，他们认为中国只不过是世界的组装工厂，并不掌握精密的核心制造技术。我却不这样看。我认为，看待中国的崛起要有历史的观点、长远的观点。只要看看 20 年前我国制造业是个什么状况，就会对未来充满信心。产品组装向中国的转移，必然带动零部件制造的大规模转移，必然刺激本土零部件制造业的快速发展；而关键零部件产业大量转移到中国后，就会进一步推动产品研发向中国的大规模转移，因为可制造性和大规模定制使得产品研发不可能脱离工艺、脱离零部件的同步开发闭门造车。所以，关键还在于提高我国企业的工艺水平和运营管理水平，这也使得生产与运营管理任重道远。美国作为世界最大的制造体系主导了整个 20 世纪，日本作为世界工厂持续了半个世纪，现在中国继承了世界工厂的角色，将至少辉煌一个世纪。所以，不只是生产与运营管理还要精益求精，那些已经成为西方企业历史的科学管理运动的基本原则和基本方法，也要在中国继续推广几十年。尽管我们已经进入了信息时代，尽管计算机、管理软件已经无处不在，但在做事的基本要领和方法上，我们还要补科学管理这一课。

早在 2003 年，中国人民大学出版社的编辑同志就催促我修订和再版《生产与作业管理》一书。在西方运营管理教材大量引进的背景下，该书居然还有不错的销路，我得感谢读者对我工作的认可。我写作该书的宗旨，就是要在深入领会西方生产与运营管理理论的基础上，结合中国企业实际，以自己的语言将这一理论重新表述出来。我想，这也许是广大企业管理人员和工商管理专业的学生们最需要的。我在修订本书时，将使这一宗旨更好地得到体现。

这一版凝聚了我在生产与运营管理领域多年来教学、研究和企业咨询实践的体会和成果，以及多次出国研修的收获。在这次修订中，我继承了第一版的写作思路，即紧紧围绕生产与运营战略和生产计划这条主线，展开相关理论和方法的讨论。以生产计划为主线组织内容的方法，有别于以生产系统生命周期为主线的方法。前者的优点是线条清晰，体系紧凑，重点突出；后者的优点是内容涵盖面广，体系庞大，便于吸纳生产与运营管理各分支领域的知识。不过，作为一本基础教材，还是要突出主线，精选内容，以便于读者自学和把握要领。同时，我坚持了第一版的写作目的，即不仅阐述生产与运营管理的一般理论和方法，更重要的是启发和引导读者去领会如何发现、思考和解决生产与运营管理中各种复杂问题的视角、思路和方法。正像一句成语所言：授之以鱼，不如授之以渔。

由于生产与运营管理是一个新实践、新理论和新方法层出不穷的活跃的领域，故在本次修订中，我尽可能地将生产与运营管理理论和实践的一些最新进展吸收到书中来。在这一版中新增的内容主要有：

第一章：新增了“大规模定制”一节，并且把 21 世纪生产与运营管理战略的发展方向定位在大规模定制上。

第二章：新增了“服务能力规划”一节。重点讨论了服务能力规划和服务企业的扩张在运营管理上的特殊性，及其与制造企业的重要区别。

第三章：新增了“过程选择”一节。这是为了体现随着业务流程再造（BPR）运动的深入，过程的地位和作用重新被认识和受到重视的现实。企业的产品和服务本质上是从过程中产出的，而不是从部门和岗位上产出的。部门和岗位应当是由过程定义和设立的。

第四章：新增了“多级分销系统的库存控制”一节。企业，尤其是大宗消费品企业的大量库存处在分销领域和渠道环节中，管理分销库存是库存管理的重点。

第五章：重写了“综合生产计划的表上作业法”一节。引入了基于电子表格的生产计划的表上作业法，增强了本章内容的实用性。

第六章：这一章是新增的。这不仅是为了强调生产计划的分层结构，突出主生产计划的中心地位，而且是为了推动企业计划体系的规范化运作。其中关于物料清单（BOM）的管理，主生产计划的编制策略和规则，粗能力计划的编制，以及对可承诺能力（ATP）概念的讨论，都是新增的或经过彻底改写的内容。

第七章：更新了 MRP 的计划编制实例；增加了从 MRP 到 MRP Ⅱ 的演进过程的内容。后者是为了使初次接触 MRP 概念的学生和读者不至于一下子陷到 ERP 的庞大体系中去，不知其来龙去脉，所以，了解 MRP 的演进过程是非常必要的。

第八章：将第一版第六章的主要内容移到这一章，并在原来的基础上增加了“面向产能瓶颈的生产控制（约束理论）”一节，从而更好地体现了约束理论在生产计划与控制中得到日益广泛应用的大趋势。

第九章：增加了“缩短生产周期”一节。强调了一个新的观点，即准时生产方式的精髓，实际上是一种速度管理体系。速度也可以像质量、成本一样，成为一个管理的龙头。

第十章：这一章是新增的。其中对供应链的动态、供应链的集成，以及供应链的绩效考核进行了较深入的讨论。

第十一章：新增了“关键链理论简介”一节。关键链概念的提出，反映了约束理论在项目管理领域的应用，它运用“瓶颈”的概念和逻辑，重新诠释了项目管理的关键路线概念。

第十二章：在“抽样检验”一节中补充了一次抽样的内容，增强了该节内容的实用性。

此外，各章后的案例也全部进行了更新，并且这些案例不再是第一版的作业性质的案例，而是更具有讨论价值的优秀企业的范例和它们面临的新的挑战。案例企业包括沃尔玛、福特、日产汽车公司等世界著名跨国企业，以及华为、联想、TCL、比亚迪公司等国内正在和已经成长为世界级企业的著名公司。

本书的定位是一本生产与运营管理的基础教材，对象主要是商学院本科高年级学生，MBA、EMBA 学生，以及制造业和服务业的各类企业管理人员。本书文字通俗易懂，理论阐述深入浅出，非常利于任何对生产与运营管理感兴趣的人士自学。

我衷心感谢华为技术有限公司总裁任正非先生、TCL 集团有限公司总裁李东生先生，以及许继集团有限公司总裁王纪年先生，是他们邀请我担任高级管理顾问，使我有机会长期深入到这些企业中亲身参与他们的运营管理实践，令我受益匪浅。我还要感谢中国人民大学商学院前院长徐二明先生，是他倡导和创造的宽松的研究环境，使我能够有机会将理论与实践结合，加深对运营管理复杂问题的理解。最后，我要特别感谢中国人民大学出版社工商管理事业部的于波编辑，以及哈佛项目组的安卫编辑，是她们不断的鼓励和耐心使我能够坚持两年多时间、占用所有假期完成本书的修订。

由于本人研究水平和实践经验有限，书中难免有谬误之处，恳请读者不吝赐教。

黄卫伟

目　录

第一章

生产与运营战略

学习目标

阅读和学完本章后，你应当能够：

1. 定义生产与运营的概念以及说明为什么运营概念得到了更普遍的应用。
2. 说明服务作业与制造作业的区别和联系。
3. 把握各种生产与运营模式的特征，认识到运营模式选择的战略意义。
4. 了解20世纪生产与运营管理演进的历程和重要的创新。
5. 认识生产与运营的竞争焦点。
6. 熟悉生产系统柔性的含义和度量方法。
7. 说明大规模生产模式和大规模定制模式的逻辑和差异。
8. 运用实例说明大规模定制的典型方式。

生产率是一个企业竞争力的核心。只有不断提高生产率和加快周转率，才能以更低的成本和更少的资本投入创造更多的收入，才能对顾客需求做出更快的响应。因此，生产率决定了一个企业的效益。另一方面，社会的生产率水平还决定着一个国家的富裕程度，因为，只有更高的生产率才能创造更大的剩余价值，以支持社会的发展和人民生活水平的提高。所以，不断提高生产率，是企业生存和社会发展的永恒主题。

生产与运营管理的根本宗旨就是提高生产率，提高企业响应市场变化的速度。生产和运营历来都是一种令人生畏的武器，它与其他三个主要功能领域——营销、研发和财务，共同构成企业价值创造的核心领域。而对于具有复杂制造过程，以及大量物流、客流或业务流的企业来说，生产与运营的地位就更加重要。质量优、成本低、速度快、服务好的企业所向披靡。加入WTO后，中国企业正面临世界制造中心向中国转移的历史机遇，提高生产与运营管理水平，成为中国企业能否抓住这一历史机遇，成长为世界级企业的关键。

制造业生产率的不断提高，必然带动服务业的发展。这使得服务业在国民经济中所占的比重日益提高，在发达国家甚至超过了制造业。服务业大多为劳动密集型产业，服务业比重上升引起的一个亟待解决的问题是如何提高服务业的生产率，这个问题已经成为提高社会生产率的重点。解决此问题的途径，就是将制造业多年来创造积累起来的成功的生产管理技术，移植到服务业的运营管理中去。事实证明，至少在作业管理层次上，制造作业与服务作业并无本质区别，因而这种移植不仅是必要的，而且也是可能的。如果你发现在中国北京麦当劳餐厅吃到的汉堡包，与在美国纽约麦当劳餐厅吃到的汉堡包几乎完全一样，你不必感到惊奇，因为它们遵守的是同样的作业程序和标准。这就是现代生产与运营管理的成果。

生产与运营管理跨越的专业领域和包含的内容非常广泛，而将如此广泛的内容组织成一个严密的科学体系的主线，就是生产与运营战略。本章将从讨论制造作业与服务作业的区别与联系入手，说明生产与运营管理的对象，然后讨论生产与运营模式及其战略意义，接着简要地回顾 20 世纪 100 年中生产与运营管理的演进和重要的创新，论述当前生产与运营管理的竞争焦点，最后重点讨论 21 世纪生产与运营管理的大趋势——大规模定制的理论与模式。

第一节　制造作业与服务作业

一、生产与运营的概念

现代生产与运营管理的发展，要求更广义地定义生产与运营的概念。生产是指人们利用资源和工具创造产品和服务的过程，它既包括产品的生产，也包括服务的生产。运营主要是指从系统角度合理配置、计划和调度人力和资源，将输入转换为输出的过程。生产与运营管理是指设计、运行和不断改进生产系统和供应链，以创造出有竞争力的产品和服务的过程。生产与运营的含义存在某种程度的重叠，生产也需要从系统角度进行规划和调度，这是十分必要的，也是生产概念中的原有之义，引入运营的概念并不是要否定这一点。那么为什么还要引入运营的概念呢？这主要是为适应服务业管理发展的需要，以及像管理全球供应链这样的更大范围系统的需要。通常在服务业中，人们不习惯将服务的提供（如办理登机手续）称为生产，虽然从作业的角度来看，它与流水线上的生产作业并无本质区别。而运营（operations）这个术语，涵盖的范围比生产更加广泛，既可用于制造业，也可用于服务业。目前西方国家的生产管理教科书，大多采用生产与运营管理或运营管理的名称，正是适应了这种趋势。

生产也好，运营也好，其基础都是作业活动。从作业的角度来看，生产与运营活动可以划分为制造作业和服务作业。这两类作业的区别主要是由服务的一些特殊性质所致。服务的特殊性表现在：（1）无形性。许多服务作业（比如微笑迎客）的产出是令顾客满意，它们通常不具有固定的形态，从而是不确定的和难以度量的。而生产作业的产出（如产品的性能、款式和使用寿命等）则不同，它们可以直接定量地测定和评估。这使得提高服务作业的效率和控制服务作业的质量十分困难。(2) 不可分性。许多情况下，服务的提供与服务的消费是在同一场所发生的，无法将二者分离，比如商店的柜台服务，旅游公司的导游服务等。这些情况下生产与消费是互动的，这也使得控制服务质量和效果非常困难。(3) 易变性。服务的质量和效果往往因人而异，而人的情绪和态度受到环境和内在因素的影响，我们不可能像控制制造业的生产环境那样去控制服务的情境。(4) 时效性。许多服务不能储存，如上午炒出来的菜不能留到下午再卖；昨天空着的客房，不能留着给今天的顾客住，今天的顾客只能住今天空着的客房。因此，如何确定服务系统的服务能力（或称为生产能力)，就成为服务运营管理的一个关键的、难度较大的决策。

尽管存在着上述区别和困难，却并不妨碍服务作业在整个现代生产与运营中的比重日益上升。以美国为例，服务业包括金融、保险、信息、旅游、饮食、教育、娱乐、公共交通、医疗保健等，创造的国民生产总值在整个国民经济中的比重已超过 70%。同时在制造业企业中，内部服务作业，如管理、营销、售后服务、会计、统计、行政事务、教育培训、后勤保障等，其人工费用的支出已超过制造系统直接人工费用的支出。这一事实，使得服务作业的效率无论对一个企业的效率和效益，还是对整个国民经济的效率和效益，都有着举足轻重的影响，因此必须对其进行有效的管理。

二、服务作业的类型

尽管看上去服务作业与制造作业存在很大差别，但如果仔细地分析一下服务作业，我们会发现，它在许多方面与制造作业具有类似的性质，正是这种内在联系，使得应用制造业成功的生产与运营管理技术改进服务作业的质量和效率成为可能。为了说明这一点，我们需要对服务作业做进一步的分类。

按照与顾客直接接触的程度，可以将服务作业划分为：(1) 高接触型服务作业。这是指那些与顾客直接打交道或直接交往的服务作业，如旅馆的接待服务、保险公司的个人服务、餐厅的上菜服务、零售企业的柜台销售服务、医院的门诊服务以及学校的课堂教学等。高接触型服务作业的效率和质量，主要取决于服务人员的敬业精神和工作能力。(2) 低接触型服务作业，又称为准制造型服务作业。就是不与顾客直接打交道，而是从事诸如物流作业、业务处理和信息处理的服务作业，如服务企业的存货管理、采购作业、分销作业、服务设备和设施的维护作业、运输作业、计划与调度、行政管理、会计事务处理、信息处理等。这些作业从性质上看，与制造系统的类似作业并无本质区别，可直接应用先进的生产管理方法来改进其效率。(3) 混合型服务作业。指性质和内容介于高接触型服务作业和低接触型服务作业之间的各种服务作业，如银行的出纳作业、火车站的售票作业、售后服务部门的修理作业、超级市场的上货作业等。混合型服务作业兼有上述两种类型服务作业的性质，在实际管理中，往往会被不加区别地归在高接触型服务作业类型中。

以上三种类型的服务作业是一种从与顾客高接触型服务作业到低接触或无接触型服务作业的连续谱，相互间并没有严格的界限，仅存在隶属程度的区别。图 1—1

给出了一个服务作业分类的例子。

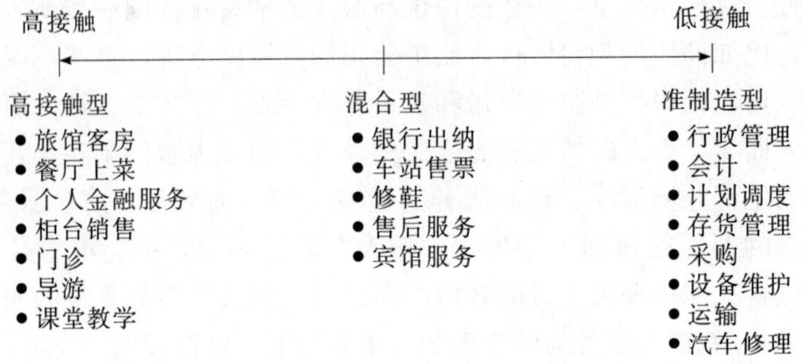

图 1—1 服务作业的分类

资料来源：［美］约翰·麦克莱恩等：《运营管理》，23 页，北京，中国人民大学出版社，2001。

实践表明，高接触型服务作业与低接触型服务作业，在包括能力规划、设施选址、设备布置、流程设计、作业计划、人员技能、质量控制以及绩效评价等生产与运营管理的许多方面，都存在很大差异。

三、服务作业的技术内核

现代生产与运营管理的实践表明，即使是混合型和高接触型服务作业，也存在应用先进的生产管理技术加以改进，甚至彻底改造的可能性，这里关键是要辨认出这类服务作业的“技术内核”。所谓技术内核，是指服务作业中具有操作性和具有应用现代生产管理技术潜在可能性的组成部分。如餐厅服务作业中，有关服务员的动作规范、上菜程序、服务员之间的分工、营业时间和加班等，均可以仿照生产管理中的程序化、标准化及作业计划的概念和方法来进行管理和改进。

在应用现代生产管理技术改造服务作业方面最成功的例子，恐怕要属快餐业了。让我们通过下面的例子看看快餐业中的两家佼佼者——麦当劳（McDonald's）和汉堡王（Burger King）的作业系统，它们会告诉你现代服务作业应该是什么样的。

[例 1—1]

麦当劳与汉堡王的作业系统

麦当劳与汉堡王是美国家喻户晓的快餐企业，经营的都是快餐，都生产以汉堡包和炸薯条为主的有限的几种美味食品，向顾客提供快捷的服务，并尽可能让顾客的花销不超过 4 美元。为了有利可图，公司每天必须向大量的顾客提供服务，并设法使他们不断地再次光顾。

因为这两家公司都实行特许经营，故它们的作业方法必须高度标准化。每家分店都必须有效地利用营业面积，严格控制质量。一致性是任何特许经营的一个成功关键因素。

任何一位常吃快餐的人都知道，这两家公司是完全不同的。汉堡王强调让顾客自己选择自己喜欢的口味的馅饼，而麦当劳则强调快捷和始终如一的质量；汉堡王每年要花费数百万美元的广告费向人们不断地宣传它是怎么“烧烤”肉馅饼的，而麦当劳提供的却是煎烤肉馅饼。这两种不同的快餐烹制方法，使它们各自的作业过程和最终效果完全不同。

让我们先来看看麦当劳的作业过程。当柜台经理冲着店内喊一声“来6个麦香鸡、2个巨无霸”时，店后的制作间里发生了什么事情呢？麦当劳制备汉堡包的过程如图1—2所示。

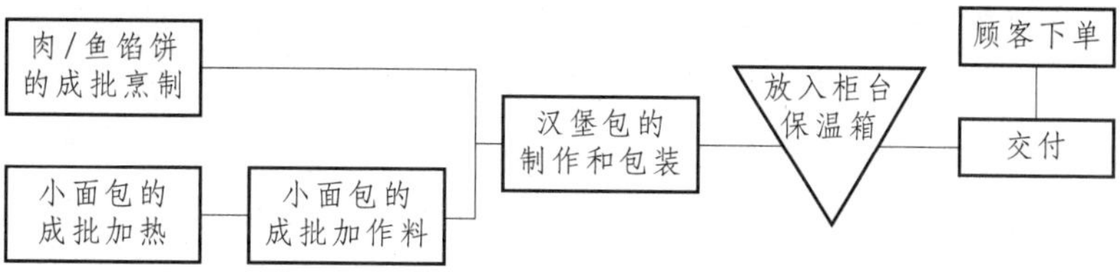

图1—2　麦当劳汉堡包的制作和交付过程

当柜台营业员向操作间要货时，全神贯注的烘烤师听到报数后，马上从冰箱中取出12个肉馅饼，将其6个一排并排摆在长方形双面烤炉的架子上，接着盖上双面烤炉盖并按下定时开关。双面烤炉是按成批烹制的要求设计的，每次可烹制12个肉馅饼。烹制时间是以秒为单位计数的，烹制的温度也是标准化了的。当定时器的蜂鸣器报响时，烘烤师将肉馅饼从架子上取下，用时1秒钟，或者用麦当劳的作业标准术语来表达，是2个麦当劳基准时间。这样，无论你是在旧金山、波士顿还是在伦敦吃巨无霸，它们的大小和重量都是一样的，都是按麦当劳精确的操作规定制作的。

当烹制肉馅饼时，小面包也正在通过加热和撒作料的过程，二者是完全同步的。刚好在肉馅饼烹制好的几秒钟内，同样批量的热腾腾的、加好作料的小面包也已经被摆放到烹制架旁的制作台上，然后是把肉馅饼夹在小面包中的汉堡包制作过程，这再简单不过了。

汉堡包随即包装好放在纸盒里，这样有利于保温并很容易根据纸盒的不同类型加以区分。接着，包装好的汉堡包被放入一个面向柜台的带滑槽的保温箱里。在汉堡包保温箱的另一侧，是可供顾客选用的其他食品，如饮料、甜点和炸薯条。所有这些都摆放在忙碌中的柜台服务员伸手可及的位置上。麦当劳不鼓励按顾客要求加生菜、奶酪、调味酱、泡菜、番茄酱或者面包要全麦的等等，但是麦当劳决不会让它的顾客排队等上好久。

汉堡王是在20世纪六七十年代期间发展起来的，它试图使自己有别于竞争对手，故采取了不同的生产战略，其要点是使汉堡王能够按照顾客对汉堡包的口味要求，为顾客“烧烤”肉馅饼和加作料。这很显然是一个如何设计生产模式使之符合公司战略要求的典型案例。

当顾客走进汉堡王的店内，点了肉饼三明治外加番茄酱、芥末和蛋黄酱后，制作过程如图1—3所示。

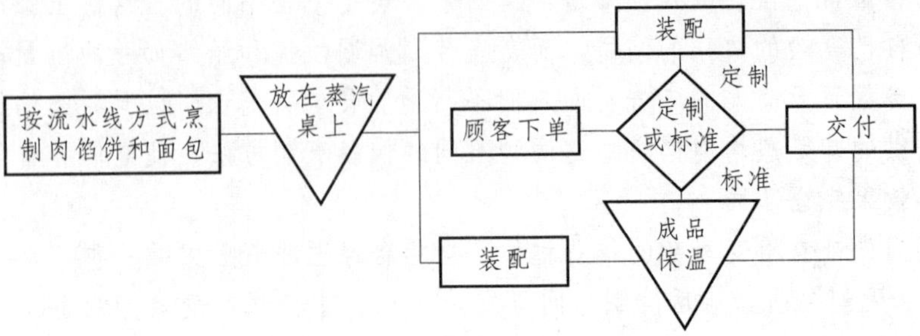

图 1—3　汉堡王的三明治制作和交付过程

汉堡王的作业流程是一种流水线生产方式，有别于麦当劳的批处理方式。烧烤师依次将肉馅饼和小面包送入链式传送带，传送带缓慢地通过一个烧烤隧道，然后，烤好的肉馅饼和小面包自动落在一个收集盘里，收集盘位于蒸汽桌上以便保持肉馅饼和小面包的新鲜和温度。蒸汽桌紧挨着不锈钢制的条形制作台的一端，如果你站在汉堡王的柜台边，就可以看见这种情景。

制作人员站在制作台的两边，从头顶上的监视器屏幕上可以随时看到前台服务员传送过来的顾客订单信息。其中一人从蒸汽桌上夹起肉馅饼和小面包，按顾客要求撒上作料，包好，将其放入适当的包装盒里，如果必要的话，将三明治放入微波炉里加热几秒钟，再将三明治放在滑槽里，它就自动地滑进柜台上的保温箱里。通常，专门制作的三明治使用一个滑槽，而标准的三明治则使用另一个滑槽。

麦当劳和汉堡王的作业过程代表了两种不同的生产模式。麦当劳是成批生产，事先生产出成品并储存起来等待顾客下订单。汉堡王是流水生产，储存半成品，按顾客要求“装配”好再交付给顾客。每一种生产模式都有优点和缺点。麦当劳的成批备货生产，周期短、交货快，但顾客只能在几种事先搭配好的产品组合中选择。汉堡王按顾客要求定制的流水生产，使顾客能够选择自己喜好的口味，但制作时间长，交货速度慢。我们看到，生产模式的选择决定了企业的经营特色，而且由于生产模式不是一件可以随意改变的事情，故其选择就具有了战略意义。

第二节　生产与运营模式

生产与运营模式简称为生产模式或运营模式。生产模式是表征一个企业将投入转化为产出的方式，不同的生产模式在顾客需求特征、产品特征、物流流动特征、设备特征、制造特征和市场响应特征方面存在着很大的差异，了解这种差异对于从经营战略高度选择生产模式是很重要的。生产与运营管理因不同的生产模式而具有不同的特点。

一、处理流程型工业和制造装配型工业

按生产和工艺流程的性质，可以将加工工业分为处理流程型工业和制造装配型工业。典型的处理流程型工业包括：化学工业（塑料、制药、洗涤剂、化肥等）、石油精炼、金属冶炼、纺织、烟草、酿酒、饮料和造纸等行业。主要的制造装配型工业包括：汽车制造、机床行业、工程机械、电子设备、计算机、家用电器、家具和服装行业等。这两种生产类型在产品性质、顾客需求性质、设备性质和制造性质上有着明显的区别。

1. 处理流程型工业

在产品性质和顾客需求性质方面，处理流程型工业一般面向企业或有组织的用户销售其产品，顾客数量较少；其产品的品种数量较少，标准化程度较高；产品按顾客需求定制的情况较少，市场需求比较稳定。从设备性质和制造性质方面来看，处理流程型工业大多属于资本密集型工业，生产设备自动化程度较高，价值昂贵，原材料通常以固定的路线连续地流过生产系统，生产设备或生产线的专用化程度很高。

由于处理流程型工业生产过程的连续性质，使得设备故障往往造成整个生产线停工的严重后果，故设备维护是这类工业生产与作业管理的一项关键职能。对处理流程型工业来说，制造系统的生产能力很容易根据关键设备的生产能力清楚地确定。由于资本密集的性质，使得固定成本水平很高，因此生产能力的充分利用是生产计划的主要目标。对于这种类型的工业，综合生产计划（通常为年度计划）的地位和作用，较之制造装配型工业更为重要。

2. 制造装配型工业

在产品性质和顾客需求性质方面，制造装配型工业的产品品种数量繁多，结构复杂，标准化程度低（虽然零部件可以适当方式实现标准化）；产品按顾客要求定制的现象较普遍，产品寿命周期较短，更新速度较快；由于大多数产品属于最终消费产品，故生产系统受顾客需求变化的影响较大。表1—1归纳了这两种类型工业在产品性质和经营性质方面的主要区别。

表1—1　两种类型的工业在产品性质和经营性质方面的主要区别

主要特征	工业类型	
	处理流程型	制造装配型
顾客数量	少	多
产品品种数	少	多
产品标准化程度	高	低
按顾客要求定制的程度	低	高
顾客需求变化	相对稳定	不断变化

从设备性质和制造性质方面来看，大多数制造装配型工业，其原材料或零部件往往是断续地通过加工系统，产品零件种类繁多，工艺路线大多各不相同，故如何

协调原材料、零部件和人力的投入和产出的数量及时间，就成为作业计划中一件困难的工作。此外，对制造装配型工业来说，生产能力是一个动态的概念，制造系统的"瓶颈"环节往往随产品结构的更换而变化和转移，这使得如何在作业计划中做好负荷平衡，让生产过程按照一致的节拍进行生产，成为一件十分困难却又非常必要的工作。故对于这种类型的工业，年度生产作业计划往往比较粗略，重点是编制好季度和月度的生产作业计划。表 1—2 概括了两种类型工业生产的不同特点。

表 1—2　两种类型工业的不同生产特点

生产特征	工业类型	
	处理流程型	制造装配型
生产要素的密集型	资本密集型	人力和材料密集型
自动化程度	高	较低
物流的流动方式	连续	断续
生产能力的核定	清楚	模糊
设备故障的影响	大	一般
对设备预防维修的要求	极高	一般
原材料品种数量	较少	多
能源消耗	高	低
在制品库存	低	高
产成品库存	高	低
产量的灵活性	低	高
产品结构的灵活性	低	高
收集生产作业信息的难度	较容易	较难

二、备货生产模式和订单生产模式

按产品根据顾客要求定制的程度，可以将企业的生产模式划分为备货生产模式（make-to-stock）和订单生产模式（build-to-order）。

1. 备货生产模式

备货生产模式是在对市场需求预测的基础上，有计划地生产出完工产品存货，以存货供应顾客，产成品库存是其最显著的特点。其产品的顾客定制程度很低，通常是标准化、大批量地轮番进行生产。备货生产模式的生产效率比较高，但前提是能够准确预测顾客需求和强化销售工作。否则，生产效率越高，库存积压越严重，企业效益越差。为防止产成品库存的积压和脱销，生产管理的重点是按"量"组织生产过程各环节之间的平衡。

2. 订单生产模式

订单生产模式是在收到顾客的订单之后，才按顾客的具体要求组织生产，进行设计、供应、制造和发货等工作。由于是按顾客要求定制，故产品大多是非标准化的，在规格、数量、质量和交货期等方面可能各不相同。由于是按订货合同规定的交货日期进行生产，产品生产出来立即发货，所以基本上没有产成品库存。生产管理的重点是确保交货期，按"期"组织生产过程各环节之间的衔接和平衡。

订单生产模式还可以进一步按为顾客定制的深度划分为：

（1）按订单装配（assembly-to-order）。这种模式是预先生产出半成品库存，然后根据顾客要求组装成不同的产品。如在汽车工业中，用相同的底盘、发动机配以不同的车型和内部装饰，组装成不同型号的产品。按订单装配模式的半成品的生产，在性质上类似于备货生产方式，其零部件的标准化和通用化程度较高，生产批量较大，生产效率较高。所以，通过研、产、销的有效协调，这种生产模式可以做到，既能够对零部件采用流水生产以提高生产率降低成本，又可以装配出多种最终产品以满足顾客的不同要求，代表了一种产品设计和制造综合改进的方向。

（2）按订单制造（make-to-order）。这种模式是按顾客的要求进行制造。由于产品是预先设计好的，故生产准备工作（如原材料的采购和外协件的加工）可以根据市场预测按计划提前进行，这样产品的生产期限基本上等于生产周期，有利于缩短交货期。但由于是根据预测进行原材料采购，故如果预测得不准确，会造成原材料和外协件的库存积压，可能形成呆死料。因此，生产管理的重点是不断改进预测工作，缩短采购提前期和生产周期，以及向顾客承诺合理的交货周期。

（3）按订单设计制造（engineering-to-order）。又称为按订单做工程模式。这种模式是按顾客要求设计、制造、装配和交货。如高压开关成套装置和高压组合电器产品，在收到订单后先要进行工程图设计，待工程图出来后，才进行采购、外协、生产技术准备和制造。

在三种订单生产模式中，按订单设计制造模式的生产周期是最长的。生产管理的重点是缩短设计周期和专用零部件的采购周期，提高零部件的标准化和通用化水平，减少零件品种数量。如能结合采用计算机辅助设计（CAD）等先进工具，则可大大缩短设计周期并进一步缩短生产技术准备周期，提高生产系统的整体响应速度。

在现代生产与运营管理中，备货生产模式与订单生产模式的界限正日益模糊。这里的关键是缩短生产周期，提高零部件的标准化和通用化水平以及提高制造系统的柔性。如果生产周期足够短，备货生产模式也可以在订单生产模式下运作，从而使产成品库存减至最小；另一方面，如果零部件的标准化和通用化水平足够高，订单生产模式也可以在备货生产模式下运作，像上面提到的按订单装配模式那样。

三、大量流水、单件小批和成批轮番生产模式

按照加工过程中材料的流动方式和集中处理程度，可以将企业的生产模式划分为大量流水生产（flow process）、单件小批生产（job shop）和成批轮番生产（batch process）。还有一种连续流动生产（continuous process），我们已经在处理流程型生产模式中讨论过。

1. 大量流水生产

大量流水生产是根据需求的预测，在流水线上长时间重复进行一种或少数几种相似产品的大量连续生产。流水生产有许多优点：（1）生产效率高。由于分工细致、专业化程度高，适宜采用高效的专用设备和专用工艺装备，因此生产率大大提

高。（2）工人的操作熟练程度高。由于工人重复从事专业化分工的单一作业，操作简单，因此容易提高熟练程度。（3）作业计划简单。一旦流水线投入正常运转，作业计划只需规定产出进度，无需规定细节。（4）确保产品质量。由于生产作业趋于标准化、稳定化，因此能够保证产品质量。（5）生产成本较低。由于生产效率高，物流流动性好，在制品少，因此生产成本较低。大量流水生产的管理重点是材料供应、设备维修、工人出勤管理和质量控制。在产品适销对路的前提下，流水生产具有非常好的技术经济性质。

2. 单件小批生产

单件小批生产是在接收单件或小批量订单后，才开始组织生产活动的生产模式，如造船、商业印刷机、大型电机、电站锅炉、桥梁、大型建筑等。其特点是：（1）产品种类繁多，零部件规格、加工过程各不相同。（2）每次订货的数量很少，交货期长短不一。（3）加工设备大部分为通用设备，加工效率低，设备调整时间长。（4）对操作工人技能要求高。（5）作业计划复杂，实施难度大，作业控制较难。

单件小批生产的管理重点是：（1）生产部门与销售部门、设计部门、工艺部门等的有效配合，整体运作。（2）向顾客承诺合理的交货期，缩短生产期限（包括采购周期和生产周期）。（3）提高制造系统的柔性，即灵活性。包括生产能力柔性、加工批量柔性、产品结构柔性和工艺路线柔性等。（4）提高零部件的通用化水平。（5）改进生产过程的组织形式。

3. 成批轮番生产

成批轮番生产是一种介于大量流水生产与单件小批生产之间的生产方式，其产品产量比大量流水生产少，而产品品种较多，各种产品和零部件在计划期内成批轮番地生产。成批轮番生产的主要特点是：（1）按预先制定的批量标准和轮番间隔期进行生产。批量的大小取决于作业转换时间（主要为准备时间和设备调整时间）的长短，作业转换时间越短，批量就可以越小；反之，作业转换时间越长，批量就不得不越大，以分摊作业转换的成本。（2）批量的大小影响在制品的库存量。在制品是处于生产过程中运输、停放、等候和缓冲状态的制品，故批量越大，在制品数量越大。（3）批量大小影响生产周期，批量越大，生产周期越长。因此，在成批轮番生产中，缩短生产周期和减小在制品的关键是减小批量，而减小批量的关键是缩短作业转换时间。

成批轮番生产的管理重点是：（1）缩短作业转换时间。（2）合理地确定经济批量。（3）控制零部件数量与成品安装数量的比例，在确保成品出产进度的同时尽量减少零件和半成品库存。（4）逐步改变生产过程组织，实现准流水生产。

四、生产与运营模式选择的战略意义

我们看到，生产模式是建立生产过程组织和生产与运营管理体系的基础，它决定了生产系统资源的配置结构。同时，生产模式极大地影响着生产系统的运营特性和响应市场需求的特性。生产模式一经确定，企业的物质资源和人力资源就必须按此模式进行配置，企业也将持续不断地深化所选择的模式的竞争优势，这一切都使得生产与运营模式难以改变。

企业的成功首先在于所选择的生产与运营模式具有巨大的效率和竞争潜力，代表了社会生产与市场竞争的大方向。例如美国戴尔电脑公司，它所选择的直接模式具有直接销售、直接接触顾客、按顾客要求定制的优点，代表了个人计算机产业设计、生产和销售一体化的发展方向。戴尔公司经过长期的努力，不断消除中间环节，简化供应链，压缩库存，只在顾客需要时生产，快速推出新产品，提供电脑产业最佳的技术支援；同时充分利用互联网与顾客和供应商建立实时的联系，充分挖掘直接模式的潜在优势，终于成长为世界个人和商用 PC 产业的领导者。而曾经一度处于领导地位的康柏电脑公司，由于选择了多级分销的间接模式，这种模式不直接接触顾客，不能系统地收集顾客需求的第一手信息，不能按顾客要求定制，分销渠道中滞留大量库存，周转和响应速度慢，以及存货跌价风险和分销费用过高，使得康柏电脑公司最终在竞争中处于劣势。康柏电脑公司面临两难选择：要么转向直接模式，这会损害大批经销商的利益和面临公司内部既得利益集团的抵制，可能导致公司经营业绩在模式转换时期的大幅下降；要么坚持原有的间接模式，这可能导致公司在竞争中长期处于劣势而被拖垮。最终康柏电脑公司未能完成运营模式的转换，被惠普公司并购。

可见，生产与运营模式的选择，由于其对资源配置、生产与运营管理方式、组织结构，以及企业的竞争优势的深远影响，因此具有战略意义。

第三节 生产与运营管理的演进

一、生产与运营管理的历史

20 世纪初叶，美国工程师弗雷德里克·W·泰勒（Frederick W. Taylor）首倡科学管理运动，他将科学的定量分析方法引入生产与运营管理中。在泰勒看来，提高作业效率的关键在于为每一项工作制定出完善而公正的标准。他给管理下的定义是：“确切了解你希望工人干些什么，然后设法使他们用最好、最节约的方法完成它。”为了制定科学的作业程序和标准，泰勒首创了时间研究方法，并进一步将操作方法的研究与工具的设计和改进结合在一起，以便提高总体效率。随着科学管理运动的普及，生产与运营管理摆脱了经验管理的束缚，开始成为一门科学。泰勒也因此被誉为“科学管理之父”。

1913 年，亨利·福特（Henry Ford）在自己的汽车工厂内安装了第一条汽车组装流水线。由于采用了专业化分工和流水作业，使生产率大幅度提高，同时结合零部件的标准化，使生产成本大幅度降低。福特首创的流水线生产方式，代表了一种大批量的、规模经济的生产模式，至今，仍以其高效率、标准化和在制品库存低的优点，被广泛应用于汽车工业、电子工业和家用电器等行业，并对那些多品种、小批量生产性质的企业具有很大的吸引力。这些企业试图通过采用成组技术、蜂窝制造方式（cellular manufacturing）或柔性制造单元，使多品种小批量的加工车间接近流水作业生产方式的效率和性能。

作为科学管理运动的创始人之一，吉尔布雷斯夫妇（Frank and Lillian Gilbreth）也在宣传和推行科学管理方面发挥了重要作用。弗兰克·吉尔布雷斯扩大了对动作和疲劳的研究，首创了分解动作研究。他提出的"合并、简化和取消"的分析思路，至今仍然是十分有效的作业管理分析方法。莉莲·M·吉尔布雷斯与丈夫不同，将关注的焦点移到管理心理学方面。她通过长期研究得出结论：科学管理与传统管理在对工人的管理上的最大区别在于，传统管理完全依靠报酬和惩罚，而科学管理则努力争取工人的合作。当今的生产与运营管理实践再度证明了这一观点的正确性，即制造技术越先进，人的管理在生产与运营管理中的地位和作用就越重要。

进入30年代，沃尔特·休哈特（Walter Shewhart）首次将统计抽样技术引入了质量检验过程。从而使得对整批产品或零部件质量的判断建立在科学抽样和统计推断的基础上，克服了过去完全凭经验检验所导致的大量误判。30年代前后的另一项重要的科学研究是埃尔顿·梅奥（Elton Mayo）领导的小组在美国西方电气公司所进行的著名的"霍桑试验"（Hawthorne studies）。梅奥在试验中首次观察到"非正式群体"的作用，他依据试验结果提出的大规模工业管理的三个基本问题，即将科学技术应用于管理，系统地安排各项作业，组织持续的团队合作，直到今天仍具有现实意义。

进入40年代，乔治·B·丹齐克（George B. Dantzig）发展出的单纯型解法，使线性规划方法进入实用阶段。直到今天，线性规划仍然是生产与运营管理中应用最广泛和效果最显著的数学方法之一。

进入50年代，美国管理专家W·爱德华兹·戴明（W. Edwards Daming）和约瑟夫·M·朱兰（Joseph M. Juran）把统计质量控制技术、产品寿命周期质量和工人参与质量管理改进的思想传播到日本。日本企业在60—70年代的实践，丰富和发展了这一思想，并与日本的文化相结合，创造出全面质量管理（TQC）体系，从而为日本企业在国际竞争中建立质量成本优势奠定了坚实的基础。

50年代美国一些大型军事系统工程的实施，促进了项目管理技术、尤其是网络计划技术的发展。其中最著名和应用最广泛的技术是计划评审技术（program evaluation and review technique，PERT）和关键路线法（critical path method，CPM）。采用这两种计划技术，可以在复杂的项目活动网络中区分关键活动和非关键活动，找出关键路线，抓住主要矛盾，并且可以平衡成本、时间和资源的冲突，充分利用有限的资源，以尽可能低的成本，确保项目按期完工。

进入70年代，计算机技术的发展和计算机的小型化与微型化，使得计算机开始大量进入生产过程。开始是在设计领域和制造领域得到应用，随后被应用于生产与运营管理领域。为使计算机能够广泛应用于生产与运营管理，就需要开发普遍适用的计算机管理软件，这就促使人们对生产计划进行科学的分类和规范化的研究。在此背景下，物料需求计划（material requirements planning，MRP）模型被提出来，并很快发展成计算机应用软件。MRP是一种广泛适用于制造装配系统生产管理的规范化模型，它以产品零件的物料清单、工艺路线文件和库存记录为基础，将主生产计划、采购计划、库存控制、能力需求计划、作业计划和生产控制联结成一个系统，通过合理地确定加工批量和生产提前期，使得在确保交货期的前提下，尽可能降低库存水平和生产成本。

进入 80 年代，日本丰田汽车公司经过十几年的持续努力，创造出的准时生产方式（just-in-time，JIT）开始在世界范围广泛流行。JIT 的管理哲学是最大限度地消除浪费，在必要的时间，将必要的材料，按必要的数量，送到必要的地点。推行大幅度减少供应商数量的采购政策和追求无缺陷的全面质量管理。在作业控制方面创造出"看板"管理方式。所谓看板，是一种作业卡片，上面标明下道工序所需的零件数量、规格和交货时间，所有上道工序均按其下道工序送来的看板进行生产，不生产多余的库存，省去了传统的作业指令。看板管理的成功推行，使在制品库存降到接近"零水平"，故 JIT 有时又被称为零库存管理。准时生产方式代表了当今生产管理的发展方向。

进入 90 年代，由迈克尔·哈默（Michael Hammer）和詹姆斯·钱皮（James Champy）掀起的业务流程再造（business process reengineering，BPR）热潮，强调以顾客为导向，打通从顾客端到顾客端的业务流程，建立基于流程的端到端的一体化团队，广泛应用信息技术简化业务流程和提高响应顾客需求的速度。同时，伴随着信息技术的飞速发展，基于客户/服务器方式的企业资源计划（enterprise resources planning，ERP）系统在大量企业中得到成功应用，ERP 系统集成了传统的 MRP 系统、市场营销和分销管理系统、财务会计系统以及人力资源管理和办公自动化系统，充分体现出数据共享和资源共享的优势。信息技术的广泛应用，使得供应链管理（包括采购、库存、制造、分销、运输、配送的一体化管理）被提上日程，相应地发展出供应商管理库存（vendor management inventory，VMI）、连续补货计划（continuous replenishment planning，CRP）等先进的生产与运营管理技术。

在整个 20 世纪中，生产与运营管理一直是一个重大创新成果不断涌现的领域。进入 21 世纪，随着制造技术和信息技术的发展，特别是适应顾客需求的日趋个性化与经济全球化的趋势，生产与运营管理的创新活动正处于前所未有的活跃状态。

二、制造技术与网络技术的创新

在过去的 30 年中，在制造技术和自动化方面的重大进展，使得生产与运营职能再度成为决定企业国际竞争力的关键因素。纵观众多的新制造技术，有一个共同的特点，就是在进一步提高单件小批生产柔性的同时，使之获得大量流水生产的高效率和低成本特性。

在说明新制造技术的特征时，使用得最频繁的是"柔性"（flexibility，或称为灵活性）这个概念，其含义为：适应市场需求的变化，在不同的产品、不同的产量、不同的加工批量以及不同的工艺路线之间快速转换的能力，也就是快速转换作业和以小批量进行混流加工的能力。提高生产系统的柔性，必须以同时提高生产系统的技术经济性为前提才具有实际意义。下面是一些主要的制造技术的创新。

1. 工业机器人

这是一种自动化的、具有记忆功能和判断功能的自动操作装置。通常由三部分组成：（1）操作装置（机械“手”）；（2）驱动装置（液压的、电动的或气动的）；（3）控制器（“大脑”）。有些机器人应用了人工智能技术，具有学习功能。机器人被用于制造系统的许多方面，如焊接、喷漆等。在柔性加工系统中，机器人常用于自动装卸和传递零件。

2. 数控机床（NC）和计算机化的数控机床（CNC）

后者又称为加工中心。它是将控制指令和加工程序输入控制器或微处理器，然后自动控制机床完成一系列加工。与普通机床相比，数控机床可以自动进行多维的复杂加工，其精度和效率均较高。

3. 成组技术（GT）

这是一种根据零部件的相似性对其进行分类和归并成组的分析和编码方法，其作用是提高成批生产尤其是多品种单件小批生产的设计和制造的经济性。在成组技术基础上按对象原则设置成组加工单元（又称蜂窝制造），可以在单件小批生产中获得接近于大量流水生产的效率和效益。

4. 柔性制造单元（FMC）

这是一种以数控机床或加工中心为主体的高度自动化的加工单元，其材料和工件的传递、装卸和加工过程均在计算机控制之下自动进行，其最大的优点是高度的柔性。一方面，由于更换零件或作业时的机器调整时间很短，故可以大大减小加工批量，从而获得接近自动加工线的优越性能；另一方面，由于是以数控机床或加工中心为主体，故可以加工很宽的产品线，这一点是刚性自动加工线所无法比拟的。由于是以单元方式设置，其投资虽高于单台数控机床或加工中心，但远低于刚性自动加工线或柔性制造系统（FMS），故其技术经济性十分显著。而且可以与传统机床组成的加工系统很好地结合，充分发挥二者的优点。FMC是一种适合我国国情，应当大力推广的加工技术和加工方式。柔性制造单元FMC如图1—4所示。

5. 柔性制造系统（FMS）

柔性制造单元也可以看作一个小型的柔性制造系统，但通常柔性制造系统往往由自动化立体仓库、自动装卸站、自动牵引车将数个柔性制造单元集成为一个系统，在中央计算机控制下自动加工。柔性制造系统如果再配备计算机辅助设计（CAD）和计算机辅助工艺计划（CAPP）功能，就成为计算机一体化制造系统（CIMS）。FMS可以小到仅仅是一个柔性制造单元，也可以大到包括整个工厂。现阶段，我国由于在推行成组技术和成组加工单元方面尚缺乏经验，一下子引进整个FMS或CIMS，往往会由于技术培训、管理基础工作、设备维护和生产作业计划工作跟不上或不配套而难以发挥预期效益，因此，对CIMS的引进尤其应持慎重态度。

6. 自动化仓库和存取系统（AS/RS）

这是一种计算机控制的高度密集和立体堆放的自动仓库系统，采用自动化的堆垛起重机对货物进行存取。计算机的数据库中记录着货架上每个货位存放物品的品

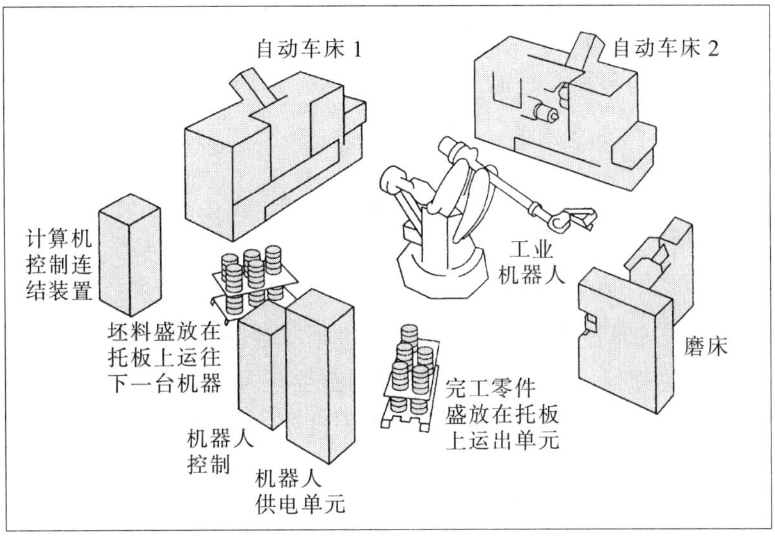

图 1—4 柔性制造单元 FMC

资料来源：[美] 约翰·麦克莱恩等：《运营管理》，405 页。

种、规格、数量以及每次的存取记录。通常计算机还具有需求预测和根据经济订货模型制定订货决策的功能。自动化仓库由于可以节省大量仓库面积，准确记录库存物品、辅助管理人员进行库存管理和订货决策，因此具有十分显著的经济效益。自动化仓库不仅用于加工系统，而且大量用于分销、批发、物流中心系统。

蜂窝制造、成组技术和柔性制造系统，完全改变了单件小批生产的生产过程组织形式和物流的流动性质，使之获得了接近大量流水生产的技术经济性能。它符合市场需求日益向多样化、小批量和定制方向发展的大趋势，代表了现代制造系统的发展方向。不仅如此，这些新的制造技术还完全改变了生产与运营管理组织的结构和管理方式。

除了制造技术的进步，网络技术和信息技术的飞快发展也对生产与运营管理产生了革命性的影响。包括互联网、条形码、电子数据交换（EDI）、销售现场信息采集（POS），以及卫星通讯系统等网络和信息技术，使得像沃尔玛这样的杂货连锁超市、UPS 这样的快递和专业物流企业，以及亚马逊网上书店（Amazon. com）和电子港湾（eBay）这样的互联网企业，获得了长足的发展，对传统的商业形态和运营管理方式形成了巨大的冲击。

三、当前的趋势

进入 21 世纪，生产与运营管理的大趋势是什么？20 世纪初叶，适应西方国家消费者对耐用消费品日益增长的饥渴的需求，福特汽车公司创造了大规模生产模式，这种生产模式几乎主导了一个世纪，其结果是各种标准化的商品充斥市场，造成严重的供过于求。今天，消费者的口味变了，他们不再满足于千篇一律的商品，而是崇尚个性化和多样化。适应这种新趋势的生产模式是什么？实践表明，是一种称为大规模定制的生产模式。它是在大规模生产模式基础上的一种创新，它延续了大规模生产模式的优点，又充分吸收了当今的信息技术、网络技术、柔性制造技术和多种先进的产品设计技术。我们将在本章的最后一节详细地讨论这种模式。

第四节　生产与运营的竞争焦点

生产与运营管理是设计、运行和不断改进生产系统和供应链，以创造出有竞争力的产品和服务的过程。生产与运营管理的首要任务是满足顾客需求。在此前提下，现代生产与运营管理的焦点集中在四个关键竞争要素上，即质量、成本、速度和柔性。

一、质量

什么是质量？按照美国著名的质量管理权威 J. M. 朱兰的定义，“质量就是适用性”（fitness for use）。所谓适用性，就是产品或服务满足顾客要求的程度。需要注意的是，产品或服务的性能或附加功能超出顾客要求，不能算作质量好。

质量具体体现在以下八个方面：

（1）性能。产品主要功能达到的技术水平和等级。

（2）附加功能。为使顾客更加方便、舒适所增加的产品功能。

（3）可靠性。产品或服务完成规定功能的准确性和概率。

（4）一致性。产品或服务符合产品说明书或服务规范的程度。

（5）耐久性。产品或服务达到规定的使用寿命的概率。

（6）维护性。产品是否易于修理和维护。

（7）美学性。产品外观是否具有吸引力和艺术性。

（8）感觉性。产品或服务能否使人产生美好联想。

产品质量取决于多种因素，从生产与运营管理角度看，产品质量的稳定，主要取决于生产与作业过程的稳定。作业计划经常变更，设备经常出现故障，操作工人经常缺勤，作业活动缺少程序和标准，都是造成产品质量不稳的重要原因。

在当今的国际竞争中，产品质量正在从一种竞争的“赢得订单标准”（order-winning criteria）演变为竞争的“市场资格标准”（market-qualifying criteria）。就是说，如果一个企业的产品质量达不到市场同类产品的水平，那就根本谈不上与别人竞争，就不具备进入市场的资格。产品质量是国际市场竞争的“资格证明”和“入场券”。当一个企业还在为质量不高或质量不稳定所困扰时，其生产与运营管理必然处在很低的水平，在生产与运营管理的改进方面必然面临艰巨的挑战。

加入 WTO 后，我国企业无论在国内还是国外，都面临与世界级企业的直接竞争。目前我国多数企业的主要竞争劣势还是产品质量不高和不稳定。为什么我国企业的产品在国际市场上整体上处于中低价位？有人说是因为我们的品牌知名度不高，这没有触及本质。什么是品牌？品牌就是质量和信誉。所以，还是要下决心提高产品质量。

二、成本

产品生产成本，按照功能分为直接材料、直接人工和制造费用；按照成本习性分为可变成本和固定成本。所谓可变成本，即与产量成比例变化的成本，主要指直接材料和直接人工成本（如果工人工资不随产量变动，则应看作固定成本）；固定成本是不随产量变化的成本，主要是制造费用，尤其是其中的折旧费、修理费、管理人员工资等。产品的固定成本 F、单位产品可变成本 C_v、售价 P、产量 Q 和毛利 P'之间的关系，如图 1—5 和式（1.1）所示。

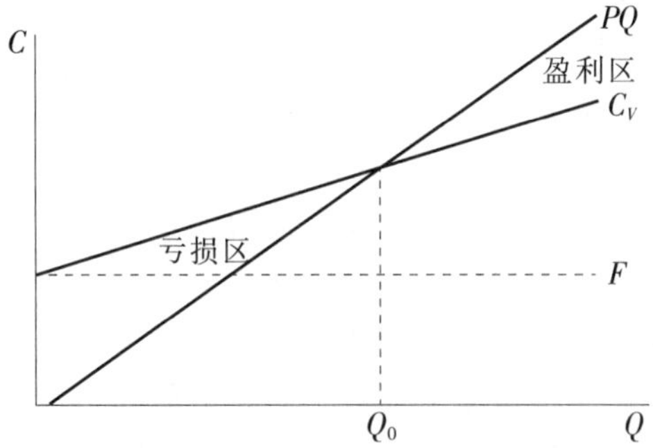

图 1—5　量—本—利关系图

$$P'=PQ-(C_vQ+F)=(P-C_v)Q-F \tag{1.1}$$

由图 1—5 可以看出，当产量达到 Q_0 时，企业的盈利状况（这里是毛利）出现转折，也就是，当 $Q<Q_0$ 时，$P'<0$，企业亏损；当 $Q>Q_0$ 时，$P'>0$，企业盈利；而当 $Q=Q_0$ 时，$P'=0$。故 Q_0 点又称为盈亏平衡点，Q_0 的计算公式为：

$$Q_0=\frac{F}{P-C_v} \tag{1.2}$$

与传统生产管理一样，现代生产与运营管理十分重视节约原材料消耗和降低原材料采购成本，因为原材料在单位产品成本中占有很大的比重。由于产品的原材料消耗主要是由设计决定的，一旦产品设计定型，开始批量投放市场，产品的材料消耗就相对固定并形成定额，所以，降低原材料成本的源头在于改进产品设计，包括提高零件的复用率，合理确定零件加工的精度，推行面向制造的设计和面向维护的设计，等等。总之，产品成本主要是设计出来的，降低成本首先要从设计抓起。

现代生产与运营管理同传统生产管理一样，重视通过提高生产率来降低产品成本。生产率等于产出与投入之比。企业的投入通常包括原材料、能源、人力、设备和资金等；产出通常为按实物量或价值量衡量的产品或服务。提高生产率可以是产出不变、投入减少，即采取节约的途径；也可以是投入不变、产出增加，即采取增产的途径；还可以是合理地增加投入使产出更大幅度地增加，这通常是更有效地提高生产率的途径。资源型产业（如钢铁工业）非常重视资源的投入产出率，如吨钢能耗、吨材钢耗等，这类生产率指标最终决定了产品的单位成本，从而决定了企业的竞争力和效益。而高技术产业（如通讯设备制造业）更重视人的生产率指标，如人均销售收入、人均附加值等。因为人工成本占这类企业成本的比重很高，而且许多费用项目，如研究与开发费用和管理费用等，都是与人数高度相关的。要提高企业竞争力和效益，必须重视提高人的生产率。

除了重视降低原材料成本和提高生产率，现代生产与运营管理还十分重视从系统角度降低成本，包括提高生产能力的利用率、精简人员、降低库存占用和改进供、产、销计划的协调。其中降低库存水平是现代生产与运营管理面临的一个严峻挑战。企业的库存包括原材料库存、在制品库存和产成品库存。大量的库存不仅占用大量资金，占据大量仓库面积，而且会造成损坏、丢失、贬值和因设计与工程更改而形成的大量报废。造成库存水平居高不下的原因很多，主要有生产计划不准确，设备布局不合理，运输距离长，生产周期长，生产批量大，生产流程不顺畅、存在“瓶颈”环节等。故以降低库存为目标，将会带动整个生产与运营管理的合理化，以及提高企业的经济效益。

近 20 年来，质量成本问题引起了人们的高度重视。所谓质量成本，本质上是由于产品或服务质量达不到顾客满意和质量规范而造成的成本，包括预防成本、检验成本、内部失效成本和外部失效成本。外部失效成本主要是指由于产品质量问题造成的服务、保修、退换和备件库存费用，以及给顾客和企业声誉造成的有形和无形损失。可见抓质量也是在抓成本。实践表明，降低质量成本关键是要一次就把事情做对。不要小看了一次就把事情做对这件事，这可能是世界上最难做到的事情。

通常认为，中国企业在国际竞争中具有成本优势。许多学者将此归结为中国拥有巨大的、高素质的、成本低廉的劳动力资源。没错，这种劳动力成本的优势还会持续几十年。但企业决不要以为仅仅有了低成本的劳动力就具有了成本优势。从以上的分析可以看出，产品或服务成本取决于设计、质量、生产率以及生产与运营管理的多种因素。低工资绝不意味着低成本，高工资与低成本的结合是完全可能的，也是应该做到的。

三、速度

在现代市场竞争中，速度与质量和成本一样，是决定竞争胜负的关键因素。这里，速度主要是指交货期、生产周期、采购周期、引入新产品的速度和库存周转速度。如果企业只能以顾客所希望的价格，却不能按顾客所希望的交货期提供他们所要的产品，那么顾客就不会向企业订货。更进一步说，如果把质量看作销售的先决条件的话，在许多情况下，交货期是比价格更重要的决定条件。时间就是金钱。

交货期，又称为订货期前期（order lead time），是表征企业运营速度的最重要的指标。缩短交货期也就是要缩短生产期限。生产期限，是从签订订货合同开始到生产出合格产品并发运出去为止的期限。要缩短生产期限，就必须缩短生产期限的构成要素——工程设计周期、材料采购周期及生产周期。对确保交货期来说，最重要的就是使生产期限不超过顾客平均要求的交货期。

我们把顾客要求的交货期记作 D，把企业的生产期限记作 P，称二者的比率为 D/P 比。这是度量一个企业交货期绩效的重要指标，它有两种基本的情况：

（1）$D/P \geqslant 0$。即企业的生产期限短于顾客要求的交货期。这时，企业可以主动地运行在订单生产模式下，生产系统可以灵活地适应产品结构的变化、产量的变化以及顾客的定制要求，具有很高的柔性，且库存水平可以降得很低，经济效益很高。

（2）$D/P < 0$。即企业的生产期限超过顾客要求的交货期。这时企业要满足顾客要求，就只能运行在备货生产模式下，不得不储备大量的产成品存货，以应顾客订货之需。由此必然造成因预测不准导致大量产成品库存积压的问题，不仅占用大量资金，消耗大量生产能力，还可能带来严重的跌价和报废损失。

所以，缩短企业的交货期可以大大增强企业的竞争地位，带来巨大的经济效益。

我们在前面讨论如何降低成本时，有意将规模经济的概念留到这里与速度一起讨论。所谓规模经济，即单位产品成本随规模的增加而下降的性质。规模经济性对于许多产业来说都是成功的关键因素。例如，一般认为，啤酒工业的生产规模要达到或超过年产 10 万吨才具有经济性和竞争力；轿车工业年产 10 万辆以上的工厂才算达到经济规模；食品杂货连锁店系统要超过 15 家店才算具有经济规模。一个产业的规模经济标准，是随该产业技术进步、竞争程度、管理水平等因素的变化而变化的。

从生产与运营管理的角度看规模经济，更强调系统的通过能力和通过速度。而不仅仅是规模本身。美国著名管理学家小艾尔弗雷德·D·钱德勒（Alfred D. Chandler，Jr.）在研究了近一个世纪美国大企业成长的历史后得出结论："现代化的大量生产与现代化的大量分配，以及现代化的运输和通信一样，其经济性主要来自速度，而非规模。一家制造工厂之所以合乎经济性，能够降低成本并增加每个工人和每台机器的产量，并不在于它的规模，也就是说，不在于工人数目的多少和生产设备的数量及价值的大小，而是视它通过能力的高低以及由此而增加的生产量。"① "生产率的提高和单位成本的降低（通常总是把它等同于规模经济性）主要是来自通过能力在数量上和速度上的增加，而不是由于工厂或设备在规模上的扩大。这种经济性主要来自对工厂内材料流动的结合和协调能力，而不是工厂内工作的更趋专业化和进一步分工。……没有协调的专业化是不足取的。"②

从规模经济性主要来自通过速度的观点来看，规模经济性的实质是速度经济性。从而，提高物流通过生产系统的速度，缩短交货期、生产周期、新产品开发周期和提高库存周转速度，是降低整个系统运营成本的关键。抓速度也是在抓成本。

传统生产管理一向认为，质量、成本和交货期之间是相互制约的，就是说，一个因素的改善，往往导致另一个因素的劣化。例如，通过强化原材料进厂检验、工

---

① ［美］小艾尔弗雷德·钱德勒：《看得见的手》，281 页，北京，商务印书馆，1987。

② 同上书，325 页。

序质量检验和成品出厂检验，虽然提高了产品合格率，却引起了生产成本的上升；降低原材料采购价格可能给产品质量造成隐患；靠加班来扩大生产能力以确保交货期，有可能造成产品质量的下降；靠增加产成品库存来确保交货期又使成本上升；等等。这种现象被称为“功能悖论”，这是传统生产与运营管理的一个痼疾。

现代生产与运营管理的一个基本任务是克服“功能悖论”现象，最大限度地同步满足顾客对产品质量、价格和交货期的不断变化和日益增长的要求。所谓同步满足，即不是靠牺牲某个要素来确保其他的要素，而是在寻求改善某个要素的同时，对改善其他的要素也产生连锁效益。一句话，是系统地解决现代生产与运营管理所面临的各种基本问题。

四、柔性

顾客需求日趋个性化、多样化，使得生产模式日趋多品种、小批量。生产与运营系统要适应顾客需求和生产模式的变化，就必须提高自身的柔性。所谓柔性，是指适应市场需求的变化，在不同的产品、不同的产量、不同的加工批量以及不同的工艺路线之间快速转换的能力，也就是快速转换作业和以小批量进行混流加工的能力。

采用先进制造技术，如成组技术（GT）、蜂窝制造（CM）、柔性制造单元（FMC）、柔性制造系统（FMS）以及计算机集成制造系统（CIMS）等，是提高生产与运营系统柔性的重要措施。但如果认为只有先进制造技术才能提高生产系统的柔性，那就太片面、太狭窄了。事实上，生产与运营系统的柔性取决于多种因素，需要从多方面采取措施才可能真正加以改善。

一般认为，生产与运营系统的柔性表现在以下四个方面：

1. 产品结构的柔性

表现为产品结构范围的宽度和生产与运营系统在不同产品之间转换的速度。能够在不同产品之间快速转换和以更低的成本生产更宽的产品组合的生产系统，称为具有范围经济性。范围经济性是随需求日趋个性化、生产日趋多品种小批量而形成的一个代表新生产模式的重要概念，显然，范围经济性的基础是生产系统的柔性。

2. 产量的柔性

表现为盈亏平衡点产量占设计产量的比例，以及生产能力超过市场平均需求量的裕量。具有产量柔性的生产与运营系统，能够更从容地应对需求高峰与低谷的巨大波动，以及适应产业周期性调整的严峻市场形势。

3. 引入新产品的速度

表现为新产品的平均开发周期，以及新产品从小批试制到量产所需的平均时间。生产系统的转换速度越快、范围经济性越好、库存水平越低，引入新产品的速度就越快，每年平均投产的新产品数就越多。

4. 响应顾客订单的时间

取决于企业的平均生产周期，按照企业的生产模式不同，分别包括工程设计周期、采购周期和加工周期。

要改善上述四方面的柔性，首先要能够度量柔性的现状和改进的绩效，实际上也就是对决定和影响生产柔性的因素进行度量。常用的度量指标主要有：

（1）产品品种数；

（2）作业转换时间（setup-time）的分布特征，以及平均值和方差；

（3）经济加工批量；

（4）不同种类零件数；

（5）零件的通用性和标准化程度；

（6）产品零件表的平均层数；

（7）不同种类的工序数；

（8）操作工人掌握不同工种技能的系数；

（9）盈亏平衡点产量占生产能力的百分比；

（10）最大生产能力和平均利用系数。

通过提高生产与运营系统的柔性，建立能够满足顾客个性化定制需求的竞争优势，是当前和今后较长时期生产与运营战略的主流。

第五节 大规模定制

一、大规模生产模式的原则和逻辑

美国市场排名第二的快餐连锁企业汉堡王自创立那天起，就面临来自麦当劳的巨大的竞争压力。汉堡王的创始人吉姆·麦克拉摩（Jim McLamore）很快就认识到，靠模仿麦当劳是无法挑战其在任何地区的快餐业第一的地位的，要与麦当劳竞争，必须选择不同的运营模式。于是，汉堡王开始探索定制化的道路，试图将定制化与快餐业成功的工厂化生产模式结合起来。随着时间的推移，汉堡王的定制化模式得到越来越多的美国成年人的青睐，他们开始厌倦麦当劳那种千篇一律的口味，虽然他们承认，麦当劳的确更快捷和更便宜。

麦当劳逐渐感觉到了来自汉堡王，还有比萨饼屋、肯德基炸鸡等快餐连锁企业的压力。麦当劳的决策者选择的战略是转向产品品种的多元化。它开始增加菜单中可供顾客选择的品种，如鸡蛋圆蛋糕、早餐玉米饼、船型三明治、意大利面条、炸鸡翅、新鲜咖啡、瓶装矿泉水等，新增加的品种一度超过了150种。公司并且鼓励区域快餐体系按当地顾客的口味提供他们喜好的品种。但问题不在于简单地增加品种，而是要按顾客要求定制。顾客其实并不愿意在令人眼花缭乱的品种中选择，而是想要自己真正需要的产品。所以，问题的关键是如何把大规模生产与定制化结合起来，把前者的规模经济性与后者的个性化价值结合起来。美国生产与运营管理学家B·约瑟夫·派恩（B. Joseph Pine Ⅱ）把这种生产模式称为大规模定制（mass customization）。他在《大规模定制》一书中，把从大规模生产模式（mass production）向大规模定制模式的转变看作一场生产与运营领域的革命，代表了21世纪生产与运营战略的大方向。①

要理解大规模定制模式，就需要总结大规模生产模式的原则和逻辑，并找出导致大规模生产模式的危机的原因。

大规模生产模式的原则和逻辑可以概括如下：

● 大规模生产模式的赚钱逻辑是：以最低的成本卖出最多的产品就能获得最大的利润；

● 在相对统一的大市场环境下可以卖出更多的产品；

● 通过规模经济，增加产量可以大幅度降低成本，从而降低价格；

● 需求是有弹性的，尤其当消费者的可支配收入还处于较低的水平时，降低价格，需求量会上升；

● 随着价格的降低，市场扩大了，细分市场上的消费者会屈从于低价格，转向统一的市场，这就进一步增加了消费市场的一致性和规模；

● 为了实现尽可能低的成本和更大的市场，生产过程应当尽量自动化和实行流水生产，由此增加的固定成本会被规模经济所吸收，这又进一步刺激了能够带来高效率和低成本的新工艺和新技术的开发；

● 在保持生产过程的高效率方面，最重要的就是稳定，包括稳定输入来源，稳定生产过程，稳定日产量，这要求产品应尽可能标准化，每一个环节都要流畅地运转；

● 产品生命周期应尽量延长，以降低单位产品开发成本，并减少对产品和工艺技术的平均投入；

● 由于产品生命周期较长，使得有更多的时间不断改进产品和工艺，提高产品的性能和降低产品成本，这又推动更大规模市场的形成。

我们看到，这是一个正反馈过程，从而，大规模生产的内在逻辑使之成为一种增长的“引擎”。只要顾客需求和市场环境不发生重大的变化，大规模生产模式就会自我强化，自我完善，直到发展到极致。大规模生产模式几乎主导了整个 20 世纪，特别是在汽车、家用电器、微型计算机、办公自动化、食品、服装、鞋类以及日用品等耐用消费品和大宗消费品领域。这一模式创造出许多世界著名的大公司，使得产品极大丰富，也为实行这一模式的公司带来了巨大的利润。

但是，问题在于支撑大规模生产模式的顾客需求和市场竞争正在发生根本性的变化。

二、市场竞争的新特征

自工业革命以来，生产模式经历过两次大的变革。第一次是 18 世纪工业革命期间英国工业创造的专业化分工模式，其理论依据是亚当·斯密在《国富论》中提出的劳动分工理论。斯密强调劳动分工是提高社会生产率的源泉。他在书中详细描

---

① 参见［美］B·约瑟夫·派恩：《大规模定制——企业竞争的新前沿》，32 页，北京，中国人民大学出版社，2000。

述了一家制针厂的例子。旧的生产模式是由每个人独立完成制针的全部过程，这样10个工人每天只能生产200多枚针。而按照劳动分工原则重新对10个人的劳动进行专业化分工，每个人专门从事制针过程的某一项专门操作，结果，这10个人每天能够生产48 000根针，效率提高了200多倍！

第二次大的变革发生在美国，就是我们在前面提到的福特公司在20世纪初叶创造的流水线生产模式，也就是大规模生产模式。这一模式之所以诞生在美国，而不是当时的欧洲工业国家，是因为美国市场广大，人口众多，人们收入水平增长很快。巨大的市场需要大规模的生产方式。

但是进入20世纪90年代，包括美国在内的许多国家，社会中的阶级、种族、生活方式差别越来越大，收入差距也日益加大，中产阶级占人口的比重增长得很快，同时技术进步的速度也越来越快。这一切使得顾客需求和市场竞争逐渐形成了许多新的特征。这些新的特征主要是：

（1）基于时间的竞争。质量日益从一种获胜因素转变为一种资格因素，时间和速度日益成为竞争获胜的关键因素。新产品的抢先上市，往往会为企业带来巨大的收益，而跟随的企业可能因为慢了一拍而使研发投资血本无归。基于时间的竞争在信息技术产业表现得尤为明显。著名的摩尔定律表明，每隔18个月，计算机芯片的集成度会提高一倍，而成本会下降一半。跟不上产业变化节奏的企业都会被淘汰。

（2）准时生产。日本丰田汽车公司在70年代创造出的准时生产方式，80年代在世界范围内迅速普及，它彻底改变了那种以库存满足顾客需求的传统生产观念，库存不再被看作一种财富，而可能是一种风险很高的包袱。

（3）产品生命周期缩短。技术进步速度加快，以及在产品开发过程中大量采用并行工程，大大缩短了新产品开发周期，加上激烈的竞争，消费者口味的变化，都使产品生命周期大大缩短。

（4）个性化、定制化需求的增长。随着人们收入水平和教育程度的提高，需求日趋个性化和多样化，对于许多产品，如服装、家具、家用电脑，甚至汽车和住房，消费者不满足于在厂家提供的产品系列中选择，而是要求厂家按他们的要求设计和定制。于是定制化的现象在工业产品的销售中更为普遍。

（5）产品品种急剧增加。个性化和多样化的需求必然带来产品品种的大量增加，这必然会导致每一种品种的生产数量减少，使得生产日趋多品种、小批量。

（6）服务重要性的提高。顾客需求的个性化和定制化使得销售过程日益成为一种咨询和服务过程，另一方面，产品的日益个性化和复杂化，又使得保修和售后服务日益成为顾客关注的对象，也成为向产品中附加价值的新领域。起初是围绕产品的服务的延伸，随后逐步发展到向顾客提供解决方案，从而即使是在制造企业，服务也开始成为独立于产品的专门的业务领域。

（7）柔性制造系统。多品种、小批量的生产模式，必然要求生产设备和生产系统在不同品种、不同产品线之间快速转换，过去那种适应大规模生产模式的专用设备和刚性流水线不再适用了，取而代之的是快速定位、快速转换的柔性制造系统。

（8）信息技术的广泛应用以及互联网的普及。网络技术、信息技术、通信技术、计算机技术的发展和普及，使得新技术、新知识、新时尚以前所未有的速度传播和扩散。另一方面，信息技术和网络技术在生产运营管理领域的深入应用，使得生产与运营管理的视野和范围日益扩大到整个供应链，甚至全球供应链。

（9）全球化。全球化成为一种不可阻挡的大趋势，经济全球化推动市场的全球化，以及生产要素在全球范围的重新配置和向具有优势的地区聚集。如中国台湾的新竹、中国大陆的珠江三角洲、印度的班加罗尔等，已经成为世界信息产业硬件和软件的研发基地和生产基地。在区域内部，企业高度专业化分工，按准时生产方式运营，供应链运作高效，创新和学习机制因激烈的竞争而加快。企业的竞争优势日益来自区域的竞争优势。国家的竞争优势日益取决于区域的竞争优势。

原有的大规模生产模式越来越不能适应市场竞争的新特征，需求、市场、技术、管理等因素的变化和发展，推动着生产模式日益从大规模生产向大规模定制转变。

三、大规模定制模式的原则和逻辑

大规模定制，顾名思义，就是把大规模生产与顾客个性化的定制要求有机地结合起来。大规模定制要成为一种生产发展的“引擎”，也必须形成自我强化、自我完善的内在机制。

从目前已经基本成形的形态上看，大规模定制模式的原则和逻辑主要是：

（1）首先是市场对标准化产品的需求日益向个性化需求转化。

（2）由于需求的分化，统一的大市场日益多元化、细分化。

（3）适应需求个性化和市场多元化、细分化，产品品种大量增加。

（4）产品品种的增加，使单个产品或产品线的需求量和产量下降，虽然大规模生产模式可以生产面向细分市场的多品种、小批量的产品，但生产成本太高。

（5）需求的个性化和产品的多样化从整体上创造出更大的市场，从而要求更大规模和更大范围的生产；但个性化和多样化却使得传统的大规模生产方式无法进行规模化生产，从而不能维持原有的利润和经济性。我们看到，传统生产模式出现了悖论，面临危机。

（6）以柔性制造系统和计算机集成制造系统为代表的制造技术的创新，以及信息技术的应用，提高了生产系统的灵活性、响应性和范围经济性。

（7）由于个性化新产品和定制化服务的延伸更好地满足了顾客需求，顾客愿意为此支付额外的费用，因此，它能够为企业带来较高的附加值。

（8）产品多样化和差异化的竞争使产品技术变化的速度加快，从而使产品生命周期日益缩短，因此使得企业从通过不断改进过程降低成本日益转向在设计中构建成本优势。

（9）技术与产品设计的创新日益朝向两个方向发展，一方面使最终产品更加个性化、多样化，另一方面使零部件更加标准化、模块化；从而使生产方式日益转向通过零部件的大规模生产降低成本，同时通过产品的定制化和服务的延伸创造价值的大规模定制模式。

(10) 结果是产品需求的更加个性化，市场的进一步细分化。

所谓大规模定制模式并非是对大规模生产模式的否定，而是对它的“扬弃”。也就是说，在零部件的设计和生产上更加标准化、模块化，生产模式也更加大规模化；而在最终产品的生产和服务的延伸方面，更加个性化、多样化和定制化。这就是大规模定制模式，它将看似矛盾和冲突的两个方面有机地结合在一起。而促使这种结合的力量，首先是市场需求的变化，其次是柔性制造技术和产品设计技术的创新。

在说明了大规模定制模式的原则和逻辑后，让我们看看它所采取的具体方式。B·约瑟夫·派恩在他的《大规模定制》一书中，将大规模定制的策略归纳为五种基本的方式①：

- 围绕标准化的产品和服务来定制服务；
- 创建可定制的产品和服务；
- 提供交货点定制；
- 提供整个价值链的快速响应；
- 通过部件模块化以定制最终产品和服务。

四、大规模定制产品和服务的方式

1. 围绕标准化的产品和服务来定制服务

完全标准化的产品在被销售人员送到顾客手中以前，仍然可以被定制。这种方法在企业价值链的最后两个环节完成，一般并不影响现有的开发和生产过程（见图1—6）。所以它是大规模定制最简单、最初步的方式，企业向大规模定制模式的转变可以先从这种方式做起。

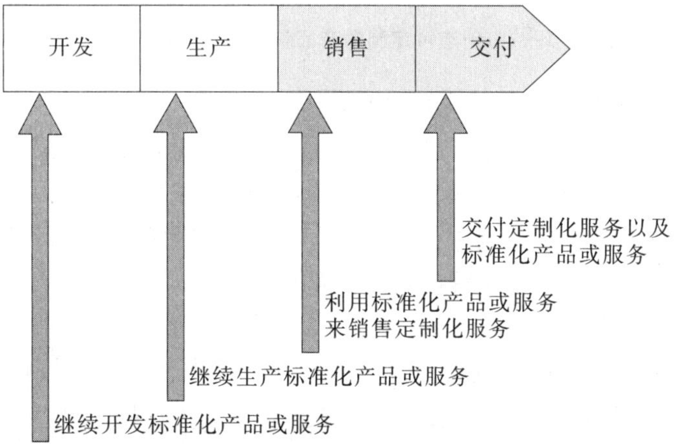

图1—6 围绕标准化产品和服务来定制服务的价值链结构

这种大规模定制方式目前在IT产业非常流行，被称为向顾客提供解决方案，

① 参见［美］B·约瑟夫·派恩：《大规模定制——企业竞争的新前沿》，163～202页。

从而，提供此种服务的企业又被称为解决方案提供商，或系统集成商。解决方案提供商可以同时是硬件或软件制造商，但大多数自己并不生产硬件和软件，只是按照顾客要求设计方案，将其他厂家的产品拿来，组合在一起提供给顾客。即便是自己生产硬件或软件的解决方案提供商，也不限定顾客只能选择该企业的硬件或软件，顾客可以根据自己的使用要求和支付能力选择合适的厂家的产品。美国 IBM 公司就是世界上最大的 IT 解决方案和服务提供商。此外，像旅行社在标准化的旅游单项服务基础上向顾客提供的旅游服务组合，保险公司在标准化的单项险种基础上向顾客提供的保险组合，以及我们前面提到的快餐连锁企业汉堡王提供的允许顾客选择个人喜好口味的汉堡包服务等，都属于这种大规模定制方式。

2. 创建可定制的产品和服务

这种大规模定制方式是开发可定制的产品和服务，但生产是大规模和标准化的（见图 1—7）。由于只是产品开发过程需要做较大改变，生产、销售和交付过程不需要做大的改动，所以一般的企业向这种大规模定制方式转型不会遇到很大的困难。

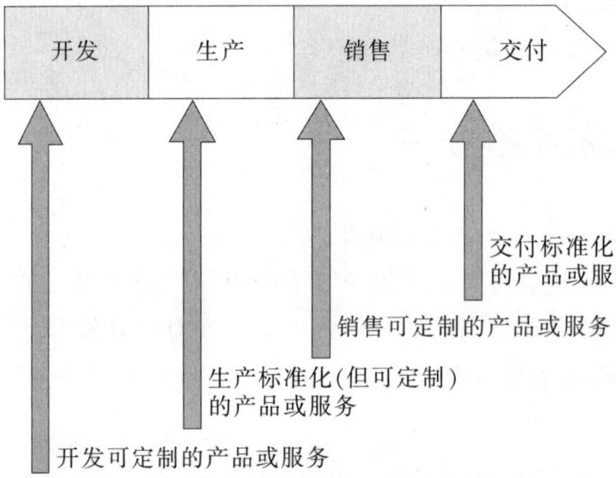

图 1—7　创建可定制的产品和服务的价值链结构

目前这种大规模定制生产方式在家具业非常流行。厂家生产和销售可组合或可调节的家具组件，顾客可根据自己的需要自行装配和组合，形成最终产品。瑞典的宜家公司在这方面是世界上最成功和规模最大的组合家具制造商。这种生产方式还扩展到其他许多行业，例如美国吉列公司生产的可按面部轮廓自动调节的剃须刀，数控机床行业广泛采用的可编程控制器，等等。

3. 提供交货点定制

最能满足顾客要求的大规模定制方式就是在顾客使用现场按顾客要求定制产品，或者在当时当地完成最后的定制生产工序。这种大规模定制方式的价值链结构如图 1—8 所示。

目前国内住宅装修业的企业大量采用这种大规模定制方式，如海尔集团等企业向顾客提供的整体厨房，就是先派工程师到顾客家中实地测量，并与顾客讨论确定厨房的样式和配置，然后由工程师出设计图，发回原厂在生产线上统一加工，最后再运到顾客家中现场组装交付。其他像眼镜行业，对于只是近视而无散光的顾客，

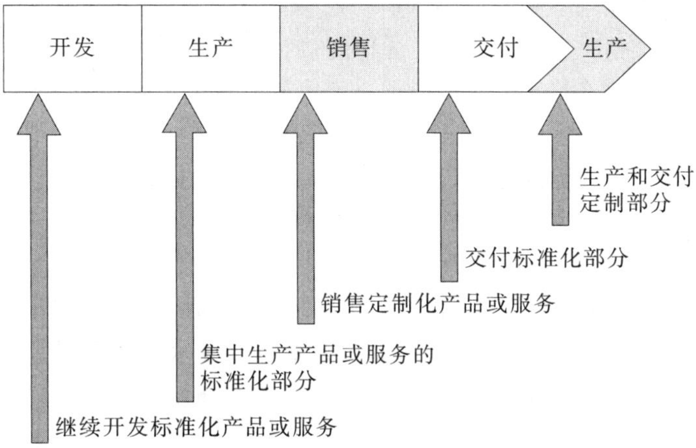

图 1—8 提供交货点定制的价值链结构

大部分都是在现场完成眼镜的配制和交付。

4. 提供整个价值链的快速响应

大大缩短企业整个价值链或供应链的响应时间，从而快速向顾客交付产品和服务，正在成为一种重要的大规模定制方式，它反映了市场竞争向基于时间的竞争的演变。这种方式的价值链结构如图 1—9 所示。

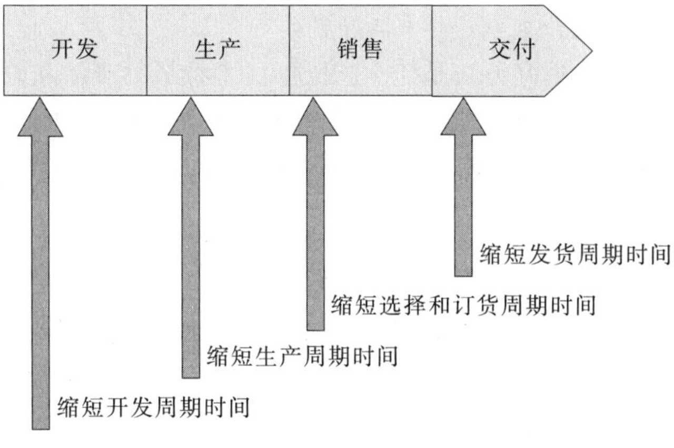

图 1—9 提供快速响应的价值链结构

以美国的整个服装业为例，其发展趋势正在向着通过零售商、制衣厂、纺织厂和纤维生产商等多公司的价值链为客户提供快速定制的方向演变。1985 年，美国手工制作技术推广委员会（the Crafted with Pride in the U. S. A. Council）就建议把不同的业务结合起来，以便对客户不断变化的需求做出灵活的、快速的响应。这个建议被称为快速响应（quick response），也就是在“适当的地点，适当的时间，以适当的价格提供适当的产品”。在建立起整个价值链的快速响应机制之前，美国服装业通过传统的价值链网络，新款式到达零售客户手中平均要花 56～66 周的时间，其中增值时间只占 6%～17%。服装行业比任何其他行业更具时尚意识，而生产商却不能在一年内响应不断变化的市场。据估计，美国服装行业每年因此导致的被迫减价和滞销损失达到 25 亿美元。加上来自外国的低价服装产品的冲击，促使像利维·施特劳斯公司（Levi Strauss）等一些美国服装业的著名公司带头对全行业进行业务流程重整。它们应用即时通信连接和通用数据库等信息和通信技术将服装行业的上下游企业连接起来，使得整个价值链都知道最后的零售环节正在发生什么事情，从而决定应当生产什么纤维，织什么布料，染什么颜色，制作什么服装和向哪里分销产品。目前美国服装行业的零售库存补货时间已经从过去的平均 25 周缩短到 2～6 周。由于产业价值链响应需求变化的时间大大缩短，零售商订货的款式更多，批量更小，频率更高，库存周转更快。

像美国服装业这样建立全行业的快速响应机制的例子在世界上还有许多，如意大利帕累托（Prato）地区的羊毛衫业，超过 4 000 家专业化的小企业在几家中介企业的组织下实行全行业的整体运作。这几家中介企业分别在纽约和巴黎设立商业机构，获取最新的羊毛衫市场流行信息，按客户要求设计最新的款式，与客户签订供货合同。然后通过信息系统将合同和设计图案传回帕累托地区，分包给成衣企业，再由成衣企业逐层分包给纤维企业、纺织企业、印染企业等。市场竞争机制、专业化分工、信息技术、金融服务，以及各种技术的和商业的行业协会的协同作用，使这一地区成为世界高档羊毛衫设计、生产和分销中心。近年来，在我国的许多地区（如珠江三角洲、长江三角洲、浙江的宁波、温州和义乌等地区），这种区域性的产业集聚和高度分工与协作也发展得很快，推动着世界制造中心向中国的转移。

5. 通过部件模块化以定制最终产品和服务

实现大规模定制的最好方法是建立能配制成多种最终产品和服务的模块化部件。规模经济是通过部件获得的，范围经济是通过在不同产品中反复使用模块化部件获得的，定制化是通过能够被配置的众多产品获得的。这种大规模定制模式的价值链结构如图 1—10 所示。

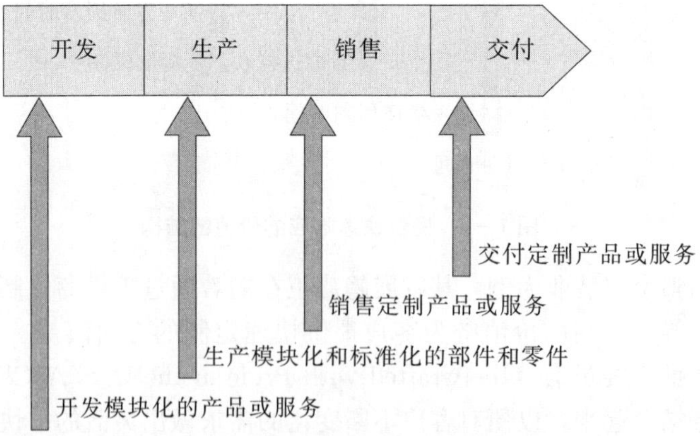

图 1—10 模块化部件给价值链带来的变化

应用部件模块化、标准化最全面的产业要数个人计算机 PC 产业了。20 世纪 80 年代以前，个人计算机产业都是按垂直一体化方式组织的，苹果电脑公司就是最典型的例子，它生产整机、操作系统、应用软件，运行自己的分销和技术支持体系。IBM 公司甚至连芯片也是自己生产的。进入 80 年代，IBM 公司率先打破了产业的规则，它开放了个人计算机的源代码，鼓励其他厂商与自己的系统兼容，以及在自己的系统上开发应用程序。这真是一次重大的革命，它最终导致了个人计算机产业的价值链从纵向一体化向横向分工整合的彻底转变。今天的个人计算机产业，无论硬件、软件还是接口都是标准化的，即插即用。零部件的标准化和模块化，一方面催生了一大批专业化的生产厂商，如硬盘制造商、内存制造商、主机板制造商、监视器制造商、键盘制造商和鼠标制造商，等等，能生存下来的都是世界级的供应商；另一方面成长起一批专门从事整机组装、分销和系统集成的企业，如戴尔电脑公司等，它们按顾客要求定制计算机，并提供强大的技术支持服务。

今天，发生在个人计算机产业中的大规模定制模式事实上已经广泛应用于其他许多产业，如油漆产业，长期以来就是在工厂通过批量作业进行大规模生产，但油漆店是将制造商提供的标准的油漆，按照一定的配方进行混合为顾客定制他们所需要的油漆；还有像旅游业，近年来也兴起为顾客定制旅游路线的热潮，而其中的每一个旅游项目都是事先标准化和模块化过的。通过模块化的部件大规模为顾客定制产品和服务代表了生产与运营模式的演变方向。

我们已经在前面指出，自工业革命以来，生产模式经历了两次重大的变革，一次是专业化分工模式引发的变革，另一次是大规模生产模式推动的变革。进入21世纪，正在世界范围内形成的大规模定制模式，可以看作生产模式的第三次重大变革。它既没有否定专业化分工模式，也没有否定大规模生产模式，而是将前两种生产模式的优点兼收并蓄，并在此基础上实现了按顾客要求定制。它使我们回忆起工业革命之前的手工作坊生产模式，那时的生产完全是按顾客要求定制的，但生产率很低。今天或者在不远的未来，顾客又可以像过去的贵族那样享受定制的服务了，大规模生产模式融合了现代制造技术、信息技术、管理技术和设计技术，它是在更高层次上的一种历史复归，更符合自然法则和人性。

本章小结

生产与运营管理是设计、运行和不断改进生产系统和供应链，以创造出有竞争力的产品和服务的过程。服务的特殊性质以及服务作业与顾客高接触的性质，虽然增加了服务作业改进的难度，但并不妨碍将制造作业多年来创造积累起来的成功的生产管理技术移植到服务作业的运营管理中去，事实证明，至少在作业管理层次上，制造作业与服务作业并无本质区别。

生产与运营模式的选择决定了生产过程的组织、资源的配置和生产管理的方式，从而决定了生产与运营系统的效率和企业的竞争力，这是生产与运营模式的一种内在规定性。它使得生产与运营模式的选择具有战略意义。

生产与运营的竞争焦点日益集中在质量、成本、速度和柔性上。随着市场和经营环境的变化，这些基本问题不断有新的发展。解决新问题需要新思想、新技术和新手段，但这决不意味着过去一个世纪中创造的行之有效的生产与运营管理技术已经“过时”了。事实上，在面临新的、更具有挑战性的生产与运营管理问题时，我们需要重新发现某些经典管理技术的价值。

生产与运营战略是贯穿生产与运营管理的一条主线，是指导各项生产与运营管理职能的纲。基于时间的竞争、产品生命周期的缩短、个性化和定制化需求的增长、服务重要性的提升，以及信息技术的普及和全球化，推动着生产模式从大规模生产向大规模定制转变。大规模生产模式曾经是20世纪生产发展的引擎，可以预言，大规模定制模式将成为21世纪生产发展的引擎。因此，理解大规模定制的原则和逻辑，因地制宜地选择大规模定制的方式，顺应产业价值链的演变趋势，对企业的业务流程进行重整，将是企业在21世纪生存和发展的关键。

案例研究

沃尔玛现象①

全球商界谁为首？非沃尔玛莫属。2004年沃尔玛的净销售收入达到2 563亿美元，连续三年荣登美国《财富》500强榜首。其规模是世界第二号零售商法国家乐福公司的3倍。每星期都有约1.38亿顾客光顾沃尔玛的4 750家商店；2002年，82%的美国家庭至少有一次走进沃尔玛商店购物。迪洛伊特研究公司（Deloitte Research）全球主管艾拉·卡利什说："沃尔玛无与匹敌，其规模之大，令有史以来的其他所有零售商都无法与之相比。"

从数字看沃尔玛

在沃尔玛，"每日低价"并不只是一条标语，它还表现为公司的基本原则。多年来，沃尔玛因低成本而从零售供应链中挤出了数百亿美元，并将节省所得之中的大头以低价形式让利于顾客。新英格兰咨询公司（New England Consulting）估计，仅2002年一年，沃尔玛就为其美国消费者节省了200亿美元。把其他零售商为了竞争而必须采取的降价全部计算在内，每年的节省总额接近1 000亿美元。难怪经济学家都会提到一种普遍的"沃尔玛效应"，它年复一年地抑制着通货膨胀，并把生产率增长带来的好处扩及整个经济。

沃尔玛的市场力量怎么估计都不过分。在牙膏、洗发液和纸巾等家庭日用品方面，该公司在美国的市场份额约为30%。分析人士预言，在这个10年结束之前，它在这类商品上的市场份额可能达到50%。沃尔玛也是好莱坞产品最大的销售商，它所销售的CD、录像带和DVD，占好莱坞总销售额的15%～20%。直到20世纪90年代中期以前，这家巨大的零售商都未将杂志列入其经营范围，但现在，在美国所有单本杂志的销售中，沃尔玛的份额占15%。在书籍销售方面，沃尔玛也正在迅速成为一支有生力量。世界上最大的书籍销售商巴诺公司（Barnes & Noble）的首席执行官史蒂芬·里吉奥说："他们像囤积牙膏一样囤积畅销书。"

这家世界上最大的公司为我们带来了一些惊人的数字。

---

① 资料来源：Anthony Bianco：《沃尔玛势力过大?》，载《商业周刊/中文版》，2003（11），40～53页。本书在引用时作了删减。

从数字看沃尔玛

项目	数字	资料来源
沃尔玛进入俄克拉何马城后该市倒闭的超市数	30	Retail Forward 公司
在有沃尔玛竞争的地区，百货商店价格下降的平均比例	14%	瑞银华宝公司
2002 年至少有一次进入沃尔玛商店购物的美国家庭比例	82%	Retail Forward 公司
自沃尔玛 1999 年开始卖乔治牌牛仔裤以来，英国 Asda 公司里此种商品价格的降幅	71%	沃尔玛公司
沃尔玛每年计时工的人员更新率	44%	沃尔玛公司

超大购物中心王国

超大购物中心以欧洲的特大超市为蓝本，将超市与普通的廉价商店相结合，形成一种巨大的规模。沃尔玛并未将超大购物中心引进美国，但自从它于 1988 年开办了第一个这类商店并经营食品与药品以来，其销售已逐渐占到市场份额的 79%。今天，沃尔玛经营着1 386家超大购物中心，是美国最大的杂货商，市场份额为 19%；也是第三大药品商，市场份额为 16%。

沃尔玛计划今后五年在美国增开1 000家超大购物中心。零售前瞻公司（Retail Forward）估计，这种超大购物中心的闪电战将使沃尔玛的杂货与相关收入从目前的 820 亿美元增加到1 620亿美元，并使得它得以控制美国 35%的食品销售和 25%的药品销售。在缓慢增长的经济中以如此迅猛的势头扩大市场份额，必然会损害竞争对手的利益——特别是那些加入了工会的竞争者。据联合食品与商业工人工会统计，这些企业付给其工人的工资平均比沃尔玛高 30%。零售前瞻公司预言，沃尔玛每新开一家超大购物中心，就要有两家超市关门，也就是说，未来五年，将有2 000家超市倒闭。

战利品都落入了低价位、低成本的经营者之手。美国的零售商业难道就该这样运作？当然，超大购物中心可望给消费者节省大量的消费开支。瑞银华宝公司 2002 年的一项调查显示，沃尔玛公司的定价平均比竞争者低 14%。

然而，这些每日低价的得来也要付出代价。随着超市数量的减少，更多的消费者发现，他们必须到离家更远的地方去购物，而且还发现他们购买的东西越来越受沃尔玛公司选择出售的商品范围的局限——其中越来越大的比例可能是这家零售商自贴标签的商品，它们现在占其销售额的将近 20%。同时，数以百计的商店的倒闭使其业主遭受严重损失，并使成千上万的员工丢掉饭碗，其中仅有少数人能在沃尔玛找到工作，但收入很可能会减少。纽约州锡拉丘兹的一个家族超市——格林-希尔斯超市的首席执行官加里·霍金斯说：“如果某天早上醒来，我们大家看到每一个角落都有沃尔玛，那将是这个国家的一个可悲的日子。”

对供应商来说，沃尔玛无情的价格压力也是利弊相杂。一位退休的消费产品经理说：“如果你善于处理商品信息、经验丰富且又具有规模，沃尔玛当然能成为你的一个最有利可图的客户。与许多零售商不同，这家公司并不收取货架‘摊位费’，通常也能特别慷慨地与制造商交流信息。但是作为回报，沃尔玛不仅控制着发货计划和库存水平，甚至还在很大程度上干涉产品性能，结果许多制造商不得不在按自己的方式还是按沃尔玛的要求设计产品之间作出抉择。”生产除草机的简捷制造公司（Simplicity Manufacturing）的首席执行官詹姆斯·威尔说：“沃尔玛确实就是要把产品成本往下压。但是，如果你把产品成本压下来，你就真的生产不出我们这样的产品了。”

批评者也说，制造业的就业机会越来越快地输给那些低工资国家，这在某种程度上也应归咎于沃尔玛不遗余力地在全球搜寻低成本商品。开明的自由政策研究所劳工经济学家贾里德·伯恩斯坦说：“要具体确定有多大的责任很难，但沃尔玛肯定是导致这种变化的一个因素，而且鉴于其规模之大和势力之强，很可能是极重要的因素。”2002 年，沃尔玛从中国进口的商品价值 120 亿美元，占美国从中国进口总额的 10%。

出于一些显而易见的原因，沃尔玛不再强调其创始人山姆·沃尔顿在 20 世纪 80 年代中期为促销而发起的“美国制造”运动。沃尔玛负责全球采购的高级副总裁肯·伊顿说：“当我们在国内有可以选择的供货渠道时，我们会在国内采购。但确实有一些企业，特别是美国的企业使我们不再能够按我们要求的数量和价格在国内采购。”近几年来，沃尔玛越来越多地通过绕开中间商和向外国制造商购买制成品和材料而追求额外的成本优势。通过与东南亚的少数斜纹粗棉布生产商签订合约，该公司将它在英国和德国销售的乔治牌牛仔裤的零售价格从 26.67 美元降到了 7.85 美元。伊顿说：“这里一种坚定不移的看法是，我们是顾客的代理人。”

“沃尔玛现象”

沃尔玛哲学对金融家和钢铁大亨小威尔伯·罗斯不起作用，他很快就要敲定购买陷于困境的生产纺织品的伯林顿工业公司（Burlington Industries Inc.）。他说，沃尔玛使美国失去就业机会“不仅是因为它的商业战略，而且也是因为它的游说战略”——也就是说，运用它在华盛顿的影响来反对进口关税和配额，并且主张与第三世界国家签订自由贸易协议，包括向沃尔玛提供斜纹粗棉布的东南亚国家。罗斯抱怨说：“每个人现在都四处奔走，寻找最低的价格点。这就是沃尔玛现象。”

在沃尔玛公司总部的墙上，高高地贴着一张标语，醒目的大字提出了一个颇具煽动性的问题：“谁在争夺你们的顾客?”标语的下方，像“通缉”告示似地挂着美国 20 多家最大的零售公司首席执行官的照片，这些公司包括塔吉特公司（Target）、克罗格公司、温-迪克西百货公司和沃尔格林公司等。没有一位首席执行官看上去很开心，或许他们知道，离开这面墙的唯一办法是彻底失败。虽然凯马特公司（Kmart）正在根据联邦破产法进行重组，但该公司一名首席执行官的照片仍挂在沃尔玛的那面墙上，而且只要凯马特公司一息尚存，照片就无疑还要继续挂下去。

扩张只会使来自阿肯色州本顿维尔的这个庞然大物如虎添翼。然而可能有一天，该公司的规模也会对它自身构成威胁，就像对外部公司一样。一位沃尔玛的长期供应商说：“它们最大的危险就是管理规模。150 年来的历史告诉我们，如果你不喜欢沃尔玛，请静观其变。终会有一个新的模式取代沃尔玛，而沃尔玛不愿看到它的出现。”但是，沃尔玛的终结日似乎还遥遥无期。

问题讨论

1. 食品和杂货是一种薄利的生意，沃尔玛公司为什么能做到全球最大？

2. 低成本策略一定意味着质量差吗？怎么做到物美价廉？

3. 中国加入WTO后，像沃尔玛公司这样的西方大型跨国企业纷纷进入中国，中国本土企业怎么与之竞争？本土企业的优势和劣势是什么？如何扬长避短？

4. 在激烈的市场竞争中，生产与运营管理将发挥什么作用？

第二章

生产与运营系统设计

学习目标

阅读和学完本章后，你应当能够：

1. 认识生产能力决策应遵循的原则。
2. 理解规模经济性的本质，掌握运用学习曲线分析规模经济性的方法。
3. 运用决策树方法进行多阶段生产能力决策的分析。
4. 掌握服务能力规划的原则和基本方法。
5. 运用加权平均法和线性规划方法进行选址决策分析。
6. 领会设备布置的类型和原则，掌握运用活动相关图进行设备布置的方法。
7. 说明节拍的概念。
8. 掌握装配线平衡的基本方法。

生产什么，生产多少，在哪儿生产和以什么方式生产，这些是生产与运营系统设计的四个基本问题，是需要公司高层慎重决策的长期生产计划问题。为什么美国麦当劳公司把它在中国的第一家快餐连锁店开在北京王府井的街口上？为什么大型百货商场的一层大多是首饰和化妆品柜台？为什么国内许多大医院的门诊部显得那么混乱拥挤，仅仅是因为看病的人多吗？这些看起来毫不相关的问题，实际上都与一件事有关，这就是生产与运营系统的设计。

生产与运营系统设计，包括生产能力规划、选址决策和设备布置，决定着物流和业务流能否顺畅地通过系统；决定着产品生产成本或服务成本的高低；决定着生产与运营系统能否快速地响应顾客的要求；影响着顾客的满意度和员工对工作的满意度。提高企业生产与运营的效率和水平，一般有三种途径：改进生产与运营系统的设计，改进生产计划工作，培训和激励工人以提高其技能和积极性。其中改进生产与运营系统的设计对后两种活动起着事半功倍的作用。

在本章中，我们先来讨论生产能力决策和服务能力规划，然后转向选址决策和设备布置，最后简要讨论流水线的组织和平面布置。

第一节 生产能力决策

生产能力，是指在一定时期内（对制造企业通常是指一年，有些情况是指一个轮班；对某些服务企业是指一个工作日或一个轮班），企业所能生产的一定种类和一定质量的产品或服务的最大数量。对制造企业来说，生产能力主要取决于生产性固定资产及其技术组织条件；对服务企业来说，生产能力除取决于设施和设备能力外，还取决于人力的大小。

企业的生产能力一旦确定，企业整个生产经营活动的最大规模也就基本上被规定了。如炼铁厂的高炉容积基本上决定了生铁的产量；处在同一经营区域的百货商场，其营业面积基本上决定了销售额的大小；旅馆的客房数量决定了旅馆的最大接待能力；航空公司的客机数量和型号决定了公司的最大运力；等等。对于在销售旺季捕捉生意机会来说，最大的限制就是生产能力不足；而对于处于不景气时期的产业来说，困扰企业的最大问题就是生产能力的压缩问题。

企业的单位产品生产成本受到生产能力利用率的极大影响，对此，企业经理人可能都深有体会。尤其对那些资本密集型的企业来说，最大的成本就是生产能力利用不足。这也是西方国家的成本控制教科书之所以一上来就先讨论生产能力利用问题，把它看作成本控制的首要问题的原因。而我国的成本管理教科书，更重视如何节约原材料和费用，这里的确存在着观念上的差距。

无论因为生产能力不足而丢失商业机会，还是因为生产能力利用不足而使成本居高不下，都说明生产能力规划是一项重要的战略性决策，它对企业的经营影响深远。

一、需求决定供给

生产能力应根据市场需求来确定，还是根据市场竞争的要求来确定，这是生产能力规划面临的主要问题。

美国著名战略管理学家迈克尔·波特的竞争战略理论强调行业主导企业应建立大规模的生产能力，以形成进入障碍，加大行业新加入者的风险。① 我们看到，这种理论实际是大企业的战略理论。而且，不仅是波特的竞争战略理论，几乎所有的公司战略理论都是扩张性的，都鼓励企业做大，也就是形成大规模生产能力。很少有哪一种战略理论专门讨论企业在产业处于衰退时期如何生存的问题。是呀，谁愿意让自己的战略理论看上去过于保守和谨小慎微呢？

现实中的企业，往往也主要是从竞争的角度出发规划生产能力的。尤其是处于快速成长中的企业，或者有着远大目标的企业，通常是根据市场的潜在容量而不是

---

① 参见［美］迈克尔·波特：《竞争战略》，6～9页，北京，华夏出版社，1988。

当前的需求，超前地规划企业的生产能力，以期在未来的竞争中处于有利的地位。在这方面，日本本田汽车公司在决定进军美国摩托车市场时所作的生产能力决策，就是一个很好的例子。

[例 2—1]

日本本田汽车公司的摩托车生产能力决策

20 世纪 50 年代初期，日本的摩托车制造商多达 247 家，绝大多数都是在设备简陋的作坊式的加工车间中生产摩托车。本田汽车公司继 1949 年秋季引入 50CC、2 冲程、D 型 3 马力摩托车后，1951 年又推出了 4 冲程、6 马力轻型摩托车。这时本田公司开始着手建立一座工厂，在随后的几年中逐步掌握了摩托车制造技术，同时通过纵向一体化，完全控制了发动机、车身、链条、链轮以及其他影响摩托车性能的关键零部件的生产。

当时，日本的摩托车制造商采用的都是同样的经营战略：为了减小风险，集中投资于一种畅销型号，充分地榨取它的利润，直到该种型号在技术上过时为止，才转向生产另一种畅销的型号。而从 50 年代初开始，本田公司就开始摆脱这种产业中流行的运营模式。公司的战略目标是：同时追求提供多个产品系列、取得产品创新的领导地位以及寻找适合大规模生产经济性的机会和市场。

1958 年，本田公司的市场调查人员发现了一个大规模的尚未开发的细分市场——一种能够用于小企业在当地送货的轻型摩托车市场。本田公司为此设计出了一种新车型：脚踏起动、自动换挡、一只手控制车把、另一只手可腾出来提东西的摩托车。此举获得巨大成功，新车型投入市场 6 个月，月销售量就达到 3 000 辆。而此时，本田公司大胆而出人意料地投资兴建了一座高度自动化的、月产 30 000 辆摩托车的新工厂，生产能力 10 倍于当时的市场需求。本田公司之所以做出如此大胆的生产能力扩张决策，是因为它的下一个目标是进军美国市场。它必须在此之前建立起一种大规模的生产体制，以便依托明显的成本优势，以低廉的价格大举向美国市场渗透。

不仅是竞争战略理论，市场营销的定位理论也支持企业追求行业领先地位。该理论强调，消费者只记得住谁是第一，记不住谁是第二。于是，只要是有一定实力的企业，都想成为市场领导者，都想争第一。甚至在明知市场整体已经处于供过于求的情况下，还在那里拼命扩大生产能力。结果，在国内我们看到，首先是彩电市场出现严重的供过于求，企业纷纷降价清理积压的库存，使彩电价格下降到接近甚至低于成本的水平，出现全行业亏损；随后是整个家电市场，包括洗衣机、电冰箱、空调机等，严重供过于求；近年来又发展到手机市场，未来几年还可能波及汽车市场、住宅市场、建材市场。下游产业生产能力严重过剩，最终会严重影响上游产业，使之也处于过剩状态。而在国外我们也看到，从 2000 年 4 月开始的美国经济萧条，已经导致了像世界通信、安然、凯马特等一大批大企业的破产，这些公司的失败大多是由过度投资、过度扩张所致。

市场严重供过于求，必然带来严酷的调整和淘汰，大批企业会因此倒闭，过剩的生产能力会被重组、兼并、压缩，需求与供给会重新恢复平衡。于是我们看到一种趋势，所有的高利润产业、高增长产业最终都会回归低利润或合理利润产业。这是市场向理性的回归，向价值规律的回归。最终还是需求决定供给，这是自然法则。

只要是市场经济，就会有周期性。有高峰，就有低谷。成功的企业往往不是那些在高涨时期成长得最快的企业，不是那些在生产能力扩张上胆子最大的企业，而是能够抗御风险和度过产业萧条时期的企业。当产业进入调整期时，谁的剩余生产能力越大，谁的处境就越困难，过犹不及。

在生产能力规划方面，必须根据市场需求和供给的变化趋势以及对产业发展周期的理性预测，合理地进行生产能力决策。在产业处于成长阶段，供给与市场潜在需求缺口较大时，要抓住机会扩大产能，像日本本田汽车公司那样。但越是在产业趋于成熟、产业总体供给能力远远大于潜在需求时，越要对扩大生产能力持谨慎态度。在企业生产能力达到产业公认的经济规模后，要尽量通过外协、外包来进一步扩大产能，而不是一味地增加自身的产能，只有这样，才能保持生产能力的柔性，提高企业的抗风险能力。企业的目标应当是做最好的企业，而不是最大的企业。从而，生产能力规划应当着眼于竞争力，即着眼于品种、生产率、附加值等决定不同产业单位成本水平和差异化优势的竞争力指标，如冶金行业的吨钢能耗、吨钢水耗等，而不是简单的规模导向。规模必须服从于竞争力。事实上，最好的企业最终会成为最大的企业。

那么，什么才是达到了合理的经济规模呢？从经济学上说，就是规模的边际效益出现下降的那一点。要说明这个概念，需要先引入规模经济性的概念和描述方法，进而说明是什么原因导致了规模的边际效益下降。

二、规模经济性与学习曲线

所谓规模经济性，即单位产品成本或单位产出的成本随生产规模增大而下降的性质。许多行业，如汽车、电力、家用电器、计算机芯片、冶金、石油化工、造纸等制造行业，以及金融、保险、广告、运输、百货商场、连锁超市等服务行业，都存在明显的规模经济性。即使像快餐业，由于实行连锁经营和标准化作业，也使之具有了规模经济性。因此，在进行生产能力规划时，确认所在行业是否具有规模经济性，分析达到什么样的规模才具有最佳经济性，对于制定正确的决策非常必要。

在分析规模经济性时，一种常用的简便方法是称为学习曲线（learning curves）的方法。学习曲线所表示的是单位生产时间随生产数量的积累或重复次数的增加趋向下降的趋势。学习曲线理论基于三个基本假设：

（1）完成给定任务或单位产品的时间将随重复完成次数的增加而下降；

（2）单位生产时间将以一定的速率下降；

（3）单位生产时间的下降遵循某种可预见的模式。

这种学习曲线效应最初是在飞机的装配过程中被发现的。管理人员观察到，每当产量增加一倍时，直接装配工时大约以20%的速度下降，从而，如果装配第一架飞机需要100 000个工时，则装配第二架飞机大约只需要80 000个工时，而装配第四架飞机则只需要64 000个工时，以此类推。这种特性可以用幂函数曲线来描述，如图2—1所示。

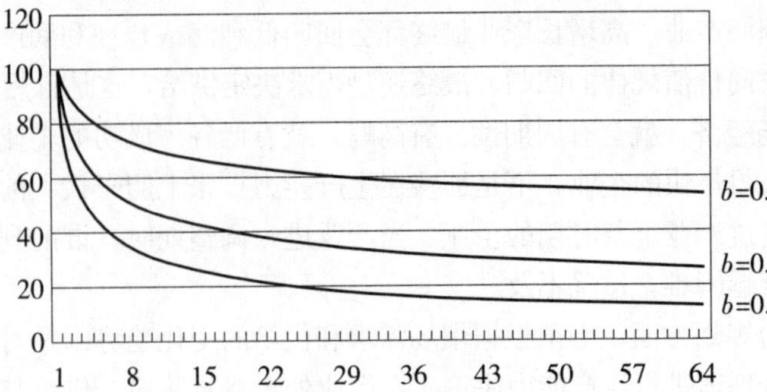

图 2—1 学习曲线效应

学习曲线在生产与运营管理中的应用十分广泛，它最初被用来分析个人随操作过程的重复和经验的积累所产生的学习效应，随后又被推广到分析整个组织的学习效应。影响组织学习效应的因素很多，有管理方面、设备方面、作业方面、设计方面等多种因素，这些影响因素的综合作用，可以通过组织的学习曲线来描述。个人或组织的学习曲线可以作为确定绩效考核目标的依据。学习曲线的另一种最重要应用，是分析生产系统或技术系统的规模经济性，也就是单位产品成本随规模的增大而下降的趋势，故又称为经验曲线（experience curves）。这方面一个最著名的应用是信息技术产业尽人皆知的摩尔定律。作为美国英特尔公司的创始人之一的戈登·摩尔（Gordon Moore），早在 20 世纪 70 年代就通过学习曲线分析，预言计算机芯片上集成的晶体管数量每 18 个月翻一番，而成本则下降一半。这条定律直到今天仍然左右着计算机产业的发展节奏。

学习曲线的一般公式为：

$$y(x)=kx^{n} \tag{2.1}$$

式中，x 是产量单位数；$y(x)$ 是生产第 x 产量单位的直接工时，或者是生产第 x 产量单位的单位成本；k 是生产第 1 个单位的直接工时，或者是生产第 1 个单位的单位成本；n 是 $\ln b/\ln 2$，其中 b 是学习曲线百分率，或简称为学习率。

学习率表示当产量单位加倍时，直接工时或单位成本下降的幅度。例如，假设学习率为 0.80，对应第 1 个产量单位的单位成本为 100 元，则当产量单位依次增加到原来的 2 倍时，也就是 $x=2, 4, 8, 16, 32, 64$……时，单位成本依次下降为：

$$y(2)=100\times 2^{\ln 0.8/\ln 2}=100\times 2^{-0.3219}=80\text{（元）}$$
$$y(4)=100\times 4^{\ln 0.8/\ln 2}=100\times 4^{-0.3219}=64\text{（元）}$$
$$y(8)=100\times 8^{\ln 0.8/\ln 2}=100\times 8^{-0.3219}=51.2\text{（元）}$$
$$y(16)=100\times 16^{\ln 0.8/\ln 2}=100\times 16^{-0.3219}=40.96\text{（元）}$$
$$y(32)=100\times 32^{\ln 0.8/\ln 2}=100\times 32^{-0.3219}=32.77\text{（元）}$$
$$y(64)=100\times 64^{\ln 0.8/\ln 2}=100\times 64^{-0.3219}=26.12\text{（元）}$$

……

图 2—1 中给出了学习率 $b=0.8$ 时的学习曲线，还给出了 $b=0.7$ 和 $b=0.9$ 时的学习曲线。我们看到，学习率越高，学习曲线下降的幅度越小，也就是单位产量的直接工时或单位成本随规模下降的幅度越小，或者说规模效应越不明显；反之，学习率

越低，单位产量的直接工时或单位成本随规模下降的幅度越大，或者说规模效应越明显。所以，学习率反映了学习效应。由式（2.1）和图 2—1 可以看出，学习曲线的变化是连续的，现实中，产量和规模的变化既可以是离散的，也可以是连续的。

为了简化计算，可以将 x 取不同产量单位时，对应不同学习率的单位成本值制成表格，以便于查阅和计算。表 2—1 给出了一组常用的数值。

表 2—1　学习率与单位成本

x	60%	65%	70%	75%	80%	85%	90%	95%
1	1.000 0	1.000 0	1.000 0	1.000 0	1.000 0	1.000 0	1.000 0	1.000 0
2	0.600 0	0.650 0	0.700 0	0.750 0	0.800 0	0.850 0	0.900 0	0.950 0
3	0.445 0	0.505 2	0.568 2	0.633 8	0.702 1	0.772 9	0.846 2	0.921 9
4	0.360 0	0.422 5	0.490 0	0.562 5	0.640 0	0.722 5	0.810 0	0.902 5
5	0.305 4	0.367 8	0.436 8	0.512 7	0.595 6	0.685 7	0.783 0	0.887 7
6	0.267 0	0.328 4	0.397 7	0.475 4	0.561 7	0.657 0	0.761 6	0.875 8
7	0.238 3	0.298 4	0.367 4	0.445 9	0.534 5	0.633 7	0.743 9	0.865 9
8	0.216 0	0.274 6	0.343 0	0.421 9	0.512 0	0.614 1	0.729 0	0.857 4
9	0.198 0	0.255 2	0.322 8	0.401 7	0.492 9	0.597 4	0.716 1	0.849 9
10	0.183 2	0.239 1	0.305 8	0.384 6	0.476 5	0.582 8	0.704 7	0.843 3
11	0.170 8	0.225 3	0.291 2	0.369 6	0.462 1	0.569 9	0.694 6	0.837 4
12	0.160 2	0.213 5	0.278 4	0.356 5	0.449 3	0.558 4	0.685 4	0.832 0
13	0.151 0	0.203 1	0.267 2	0.344 9	0.437 9	0.548 0	0.677 1	0.827 1
14	0.143 0	0.194 0	0.257 2	0.334 4	0.427 6	0.538 6	0.669 6	0.822 6
15	0.135 9	0.185 8	0.248 2	0.325 0	0.418 2	0.530 0	0.662 6	0.818 4
16	0.129 6	0.178 5	0.240 1	0.316 4	0.409 6	0.522 0	0.656 1	0.814 5
17	0.123 9	0.171 9	0.232 7	0.308 5	0.401 7	0.514 6	0.650 1	0.810 9
18	0.118 8	0.165 9	0.226 0	0.301 3	0.394 4	0.507 8	0.644 5	0.807 4
19	0.114 2	0.160 4	0.219 8	0.294 6	0.387 6	0.501 4	0.639 2	0.804 2
20	0.109 9	0.155 4	0.214 1	0.288 4	0.381 2	0.495 4	0.634 2	0.801 2
21	0.106 1	0.150 7	0.208 7	0.282 6	0.375 3	0.489 8	0.629 5	0.798 3
22	0.102 5	0.146 5	0.203 8	0.277 2	0.369 7	0.484 4	0.625 1	0.795 5
23	0.099 2	0.142 5	0.199 2	0.272 2	0.364 4	0.479 4	0.620 9	0.792 9
24	0.096 1	0.138 7	0.194 9	0.267 4	0.359 5	0.474 7	0.616 9	0.790 4
25	0.093 3	0.135 3	0.190 8	0.262 9	0.354 8	0.470 1	0.613 1	0.788 0
26	0.090 6	0.132 0	0.187 0	0.258 7	0.350 3	0.465 8	0.609 4	0.785 8
27	0.088 1	0.129 0	0.183 4	0.254 6	0.346 1	0.461 7	0.605 9	0.783 6
28	0.085 8	0.126 1	0.180 0	0.250 8	0.342 1	0.457 8	0.602 6	0.781 5
29	0.083 6	0.123 3	0.176 8	0.247 2	0.338 2	0.454 1	0.599 4	0.779 4
30	0.081 5	0.120 8	0.173 7	0.243 7	0.334 6	0.450 5	0.596 3	0.777 5
31	0.079 6	0.118 3	0.170 8	0.240 5	0.331 0	0.447 0	0.593 3	0.775 6
32	0.077 8	0.116 0	0.168 1	0.237 3	0.327 7	0.443 7	0.590 5	0.773 8
36	0.071 3	0.107 8	0.158 2	0.226 0	0.315 5	0.431 6	0.580 0	0.767 1
40	0.066 0	0.101 0	0.149 8	0.216 3	0.305 0	0.421 1	0.570 8	0.761 1
44	0.061 5	0.095 2	0.142 7	0.207 9	0.295 8	0.411 8	0.562 6	0.755 8
48	0.057 7	0.090 2	0.136 4	0.200 5	0.287 6	0.403 5	0.555 2	0.750 9

续前表

x	60%	65%	70%	75%	80%	85%	90%	95%
52	0.054 4	0.085 8	0.130 9	0.194 0	0.280 3	0.396 0	0.548 5	0.746 5
56	0.051 5	0.081 9	0.126 0	0.188 1	0.273 7	0.389 1	0.542 3	0.742 4
60	0.048 9	0.078 5	0.121 6	0.182 8	0.267 6	0.382 9	0.536 7	0.738 6
64	0.046 7	0.075 4	0.117 6	0.178 0	0.262 1	0.377 1	0.531 4	0.735 1

学习曲线还经常以对数的形式给出，即：

$$y'(x)=\ln y(x)=\ln k+n\ln x=k'+nx' \tag{2.2}$$

这时的学习曲线描绘在对数坐标图上是一条直线，更便于观察和比较（见图2—2)。图2—2中给出了 $b=0.8$ 时的对数学习曲线，还同时给出了 $b=0.7$ 和 $b=0.9$ 时的对数学习曲线。

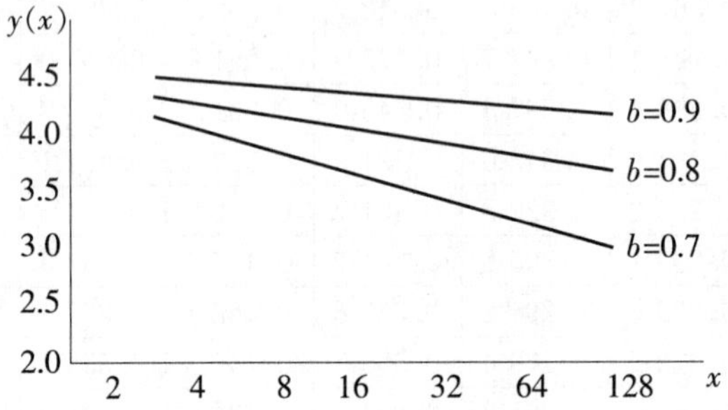

图2—2 对数学习曲线

学习曲线公式（2.1）中的参数 k 和 n，可以采用曲线拟合的方法根据实际数据计算得到。在估计参数 k 和 n 时，采用经对数变换后的式（2.2）更便于计算。需注意的是，这时的 $y'=\ln y(x)$，$x'=\ln x$，拟合得到的 k'，还需根据 $k'=\ln k$ 的关系，求 k' 的反对数，最后得到 k。

下面，我们通过两个例子来说明如何应用学习曲线预测产品的市场价格水平和分析规模经济性。

[例2—2]

手机市场价格水平预测

新兴公司是一家生产移动通信终端的专业厂家，公司的研发部门正在编制未来3年的新产品开发规划。在开发规划中需要对未来3年手机的市场平均价格水平进行预测，以便为制定新产品的目标成本提供依据。计划部门收集了过去11年手机市场的销量数据和平均价格数据（市场平均价格水平是根据高、中、低档手机的价格水平，并按各自的市场销量加权平均后得出的），如表2—2所示。

表2—2 手机销量与价格的历史数据及预测 单位：万台，元

销量	价格	销量	价格	销量	价格	销量预测	价格预测
17.69	6 700	684.81	3 500	5 035.45	2 150	12 200.0	1 759
62.83	5 500	1 344.38	3 150	6 930.07	1 930	14 500.0	1 697
156.78	4 400	2 258.30	2 710	8 992.93	1 860	17 300.0	1 637
362.94	4 040	3 455.23	2 460				

要求：根据权威机构对未来3年手机市场的销量预测，预测未来3年手机市场的平均价格水平。

解：我们拟采用学习曲线公式建立手机市场价格水平的预测模型，学习曲线公式为：

$$y(x)=kx^n$$

通过对数变换将学习曲线公式化为线性方程，即：

$$y'(x)=\ln y(x)=\ln k+n\ln x=k'+nx'$$

然后采用最小二乘法估计参数 k' 和 n，并对 k' 求反对数，得到 k。最后用作预测的学习曲线公式为：

$$y(x)=12\ 902x^{-0.206\ 74}$$

预测结果见本例表中的最后一列数据。

[例 2—3]

核发电厂的规模经济性

在美国，普遍认为核能发电这个行业是存在规模经济性的，并且是一个规模报酬递增的行业。其规模经济性的描述如下面的公式和图 2—3 所示（$/kw 表示美元/千瓦）。

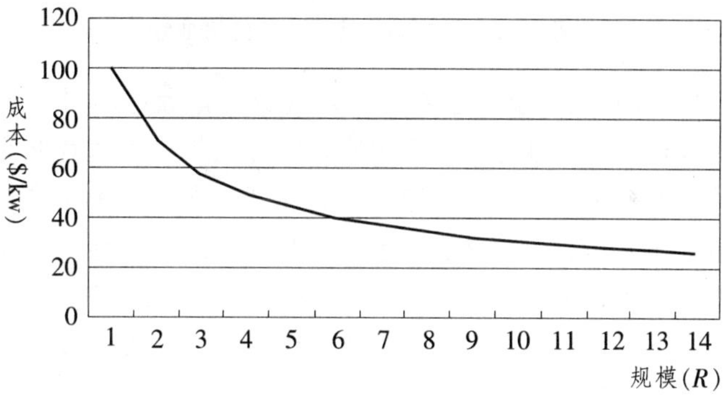

图 2—3 规模经济性的典型经验曲线

$$C(\$/kw)=kR^{-A}$$

式中，k 为常数；R 为规模；A 为规模指数，A 可以通过对规模—成本（$/kw）数据的曲线拟合来确定。

但美国通用电气公司核电部门的规划人员认为，在分析规模经济性时，不仅应分析建造成本，还应分析利用系数。利用系数（CF）定义为：

$$\text{利用系数}(CF)=\frac{\text{实际运行发电能力}(kw, hr)}{\text{规模设计发电能力}(kw, hr)}\times 100\%$$

规划人员经过统计分析发现，核电站的利用系数是随规模的增大而递减的。这是因为，规模越大，出故障的可能性越大，修理和停机时间也就越长，导致利用系数下降。核电站利用系数随规模增大而下降的特性如图 2—4 所示。

将图 2—3 与图 2—4 的特性综合在一起，便可得到实际成本公式如下：

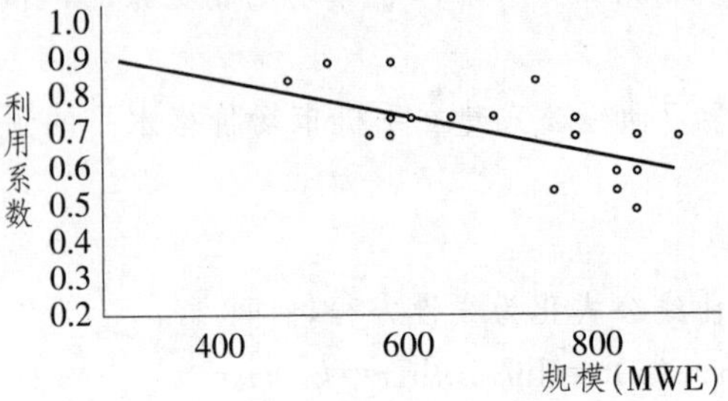

图 2—4　核电站利用系数

$$\text{实际成本}（\$/\text{kw}）=\frac{\text{规模经济成本}（\$/\text{kw}）}{\text{利用系数}（CF）}$$

描绘成曲线大致如图 2—5 所示。

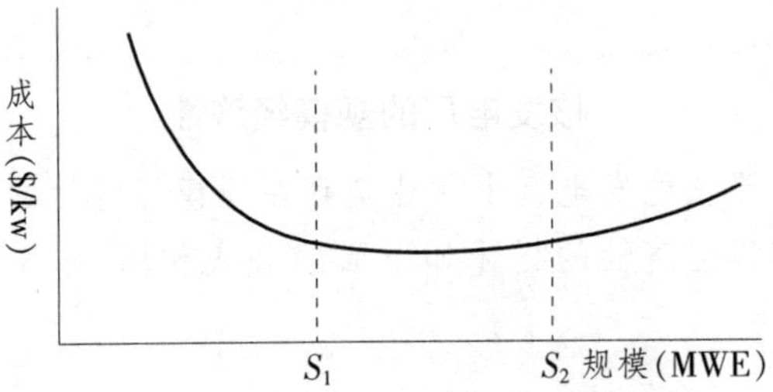

图 2—5　核电站的实际规模经济曲线

图 2—5 的规模经济特性曲线呈凹型，也就是说，考虑利用系数的因素，核电站的规模并非越大越经济。在这条凹形曲线上，可以找到成本最低的那个点，该点所对应的规模称为最佳规模。我们还注意到，在理论上的最佳规模点附近一个很宽的范围内，曲线非常平坦。这就是说，实际上的核电站最佳经济规模存在一个较宽的范围，在这个范围内，实际的规模经济性与理论上的最佳规模经济性相差无几，这就为如何根据实际情况确定核电站的合理规模提供了很大的弹性，具有很大的实用价值。

资料来源：［美］李天和：《企业的战略管理——概要与案例》，14～30 页，合肥，中国科学技术大学出版社，1990。

事实上，上述核电站的规模经济曲线具有普遍性，这对于合理地进行生产能力决策有重要意义。我们注意到图 2—5 中虚线分割出的两个点 S_1 和 S_2，它们说明，低于 S_1 点的规模和高于 S_2 点的规模都是不经济的。S_1 点对于生产能力决策具有更重要的意义，它表明了生产规模要具有竞争力所应达到的最低限度。

在进行生产能力决策时，除考虑规模经济性外，一些学者还提出了其他一些因素和观点。如美国学者 W. 斯金纳（W. Skinner）主张，尽管公司可以是大规模的和多元化的，但工厂的规模不应很大，而应当是聚焦的。规模较小而集中程度较高的聚焦工厂（focus factory）便于管理，从而可以提高效率和效能。相反，大规模一体化的工厂，由于管理起来十分复杂，故而其技术经济性很难得到充分发挥，反而丧失了规模经济性。① 斯金纳的观点在美国企业界有一定影响，一些公司的经理们将他们大型的一体化的工厂划分成几个聚焦的制造分部，使之相对独立地运作，从而提高了整体的效率和效能。尽管斯金纳的理论还缺乏有说服力的成本分析的支持，但实践表明，它在很多情况下是有效的。而且斯金纳的观点事实上提出了一个对生产能力决策来说十分重要的问题：当我们计划建造一个大型的现代化的工厂时，是否有能力有效地管理这样的工厂？

还有一些学者主张生产能力应超过企业预计的平均市场需求份额，这使得企业能够快速地响应市场需求的变化，提高生产系统的柔性。由此带来的竞争利益，在许多情况下超过富余生产能力所增加的成本。尤其对服务业企业来说，生产能力确定得偏大一些通常更为有利。

当面临需要从多个生产能力的可行方案中进行抉择时，决策树法不失为一种简便有效的决策方法。

三、决策树法

生产能力决策最常用的方法是决策树法，这是一种依据探索式决策过程模型建立的方法。我们通过一个例子来说明它。

[例 2—4]

建设新工厂的生产能力决策问题

假设 A 公司为满足某种新产品的市场需求，拟规划建设新厂。预计市场对这种新产品的需求量可能比较大，但也存在销路差的可能性。另一种可能是，最初几年销路很好，但几年后可能保持旺销，也可能需求量减少。公司面临几种可能的选择：建一座大厂，如果需求量很大则产品可完全占领市场，并获得很大的收益；但如果需求量小，工厂会亏损。若建一座小厂，在需求量小的情况下仍可收回投资，并可获得一定的收益；但如果遇到需求量大的情况，则很快会让竞争对手占领市场，这样不仅失去了获得高收益的机会，还可能因竞争而使小厂原有的收益降低。再有一种方案是先建小厂，若试销期需求量很大再将工厂扩大。这个看上去较稳妥的方案也存在一些问题：首先，对同样的生产规模来说，两次投资的总和要大于一次投资；其次，由于没能及时占领市场，会给竞争对手以可乘之机，最终会损失一部分收益。

为了扼要地叙述决策树方法，我们选用的例子比较简单，但这决不是说决策树法不能用于解决更复杂的问题。

上述问题的三种可行方案如下：

方案一：新建大厂，需投资2 500万元，据初步估计，销路好时每年可获利

---

① Skinner W.，The Focused Factory. *Harvard Business Review*，May-June 1974，pp. 113－121.

1 100万元；销路不好时，亏损100万元。投产后服务期限10年。

方案二：新建小厂，需投资1 300万元。销路好时每年可获利400万元；销路不好时仍可获利300万元。投产后服务期限10年。

方案三：先建小厂，投产1年后销路好时再扩建，追加投资1 600万元，扩建期一年，投产后服务期限8年，每年估计获利950万元。

我们进一步假设，根据市场预测，新产品销路好的概率为0.7，销路不好的概率为0.3，现在看看根据这些情况应如何选择最优方案。该问题的决策树如图2—6所示。

图2—6中的矩形结点称为决策点，从决策点引出的若干条树枝代表若干个方案，称为方案枝。圆形结点称为状态结点，由状态结点引出的若干条树枝表示不同的自然状态，称为状态枝。在我们的问题里有两种自然状态，即销路好和销路差，且已知其出现的概率。在状态枝的末端，列出了不同状态下各方案的收益值（或损失值）以及投资额。

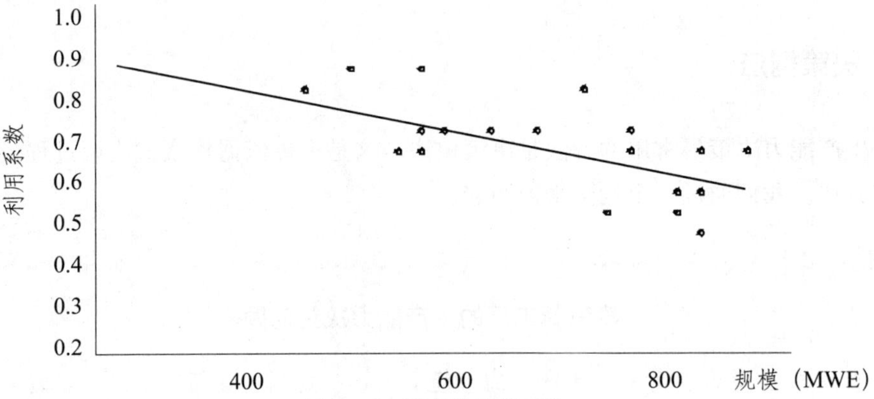

图2—6 核电站利用系数

在评价决策方案时，由于收益是发生在各个不同年份中的，故应计入资金的时间价值。这里，假定公司根据银行贷款利率和投资的风险报酬率，综合确定的折现率为$i=0.20$，采用此折现率，可以计算图2—6所示的三种方案在每种市场销售情况下的净现值（NPV），以及经概率加权后的每种投资方案的期望净现值（ENPV），然后从中选择期望净现值最大者。计算净现值时要用到两个基本公式，即：

$$\text{年金折现}=\sum_{j=1}^{n}A\left(\frac{1}{1+i}\right)^{j}=A\left[\frac{1-(1+i)^{-n}}{i}\right] \tag{2.3}$$

$$\text{终值折现}=F\left(\frac{1}{1+i}\right)^{n} \tag{2.4}$$

我们还假定工厂在扩建期间原工厂的生产和销售不受影响，忽略10年后的残值。投资决策和计算净现值的时间结构如图2—7所示。

全部计算过程和结果如下。

方案一：

$$\begin{aligned}NPV_{11}&=1\,100\times\left[\frac{1-(1.20)^{-10}}{0.20}\right]-2\,500\\&=1\,100\times[4.192]-2\,500=2\,111.20\text{（万元）}\end{aligned}$$

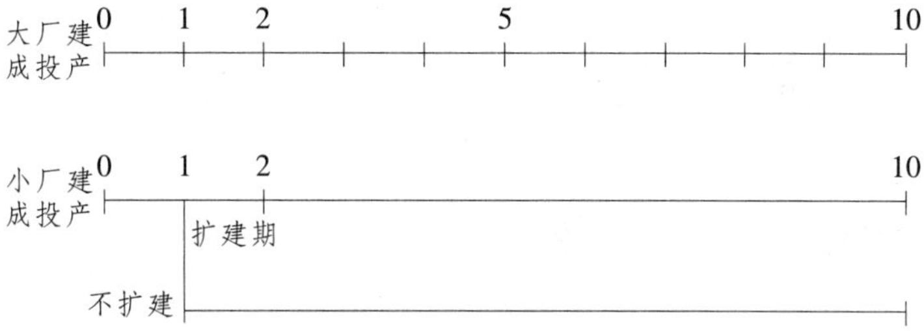

图 2—7　投资决策和计算净现值的时间结构

$$NPV_{12}=-100\times\left[\frac{1-(1.20)^{-10}}{0.20}\right]-2\,500$$

$$=-100\times[4.192]-2\,500=-2\,080.80\text{（万元）}$$

$$ENPV_1=0.7\times2\,111.20+0.3\times(-2\,080.80)=853.60\text{（万元）}$$

方案二：

$$NPV_{21}=400\times\left[\frac{1-(1.20)^{-10}}{0.20}\right]-1\,300$$

$$=400\times[4.192]-1\,300=376.80\text{（万元）}$$

$$NPV_{22}=300\times\left[\frac{1-(1.20)^{-10}}{0.20}\right]-1\,300$$

$$=300\times[4.192]-1\,300=-42.40\text{（万元）}$$

$$ENPV_2=0.7\times376.80+0.3\times(-42.40)=251.04\text{（万元）}$$

方案三：

$$NPV_{31}=950\times\left[\frac{1-(1.20)^{-8}}{0.20}\right]-1\,600$$

$$=950\times[3.837]-1\,600=2\,045.15\text{（万元）}$$

$$NPV_{32}=400\times\left[\frac{1-(1.20)^{-8}}{0.20}\right]=400\times[3.837]=1\,534.80\text{（万元）}$$

$$NPV_{33}=300\times\left[\frac{1-(1.20)^{-10}}{0.20}\right]-1\,300$$

$$=300\times[4.192]-1\,300=-42.40\text{（万元）}$$

$$ENPV_3=0.7\times\left[400\times\frac{1-(1.20)^{-2}}{0.20}+2\,045.15\times\left(\frac{1}{1.20}\right)^2-1\,300\right]$$

$$+0.3\times(-42.40)$$

$$=0.7\times[611.11+1\,420.24-1\,300]+0.3\times(-42.40)$$

$$=499.23\text{（万元）}$$

比较先建小厂一年后销路好时扩建还是不扩建的两个决策方案，显然扩建的方案更好。但是，由于方案一的期望净现值最大，故针对本例的投资决策问题，还是应选择建大厂的方案。

从本节的分析和讨论中，我们可以看到，生产能力规划是一项非常关键又非常复杂的决策，应当综合考虑多种因素，从定量和定性分析结合的角度进行多方案比较，慎重决策。

第二节 服务能力规划

一、服务能力对时间和地点的依赖性

与制造能力规划类似，服务能力规划也受到市场需求、竞争要求以及规模经济性等多种因素制约，确定每一场所服务设施的规模，也可采用与确定制造规模类似的方法进行分析和决策。但服务能力规划还有一些特殊的性质，需要在能力规划中予以特别的关注。其中最突出的性质是，服务能力对时间和地点有更大的依赖性。

1. 时间依赖性

与产品不同，服务不能储存。服务需求发生时只能利用当时可供利用的服务能力。比如旅馆，顾客只能住当天空着的客房，昨天空着的客房只能供昨天的顾客住宿，不能供今天的顾客住宿。像餐厅的座位、飞机客舱的座位、通信网络的传输容量、电力公司的发电能力等，都具有类似的性质。这使得对单一场所服务能力的规划非常关键。能力规划得过大，会造成需求的低谷期或淡季生产能力的大量闲置，从而加大经营的固定成本；能力规划得过小，又会使需求高峰期过于拥挤，许多顾客不得不选择其他的服务企业，从而丢失很多生意机会，这是一种机会成本。

2. 地点依赖性

大多数服务场所必须设置在靠近顾客的地点，使顾客感到方便快捷，否则顾客就会选择更便捷的服务场所。服务对地点的依赖性，使得单一服务场所的生产能力不可能很大，如餐馆不可能像啤酒厂那样大，旅馆不可能像汽车厂那样大。尽管超级市场可以设在城市的郊区，可以建得很大，但它也只是服务于某一个城市，不能像家电企业那样，把一家工厂生产的电视机销往全国甚至全世界。

3. 能力利用率与服务质量

在保证服务质量的前提下，服务能力利用到多大程度为好？大量研究表明，对于服务提供与服务消费发生在同一场所的情况，如餐馆、健身场所、电影院，甚至通信网络等服务设施，一般生产能力利用到70％为宜。利用率超过这一比率，就会导致服务质量的下降，出现拥挤、忙乱、等候、速度减慢等情况。对于有些服务领域，例如医院的急诊室和消防车队，由于紧急情况的发生不可预见，一旦延误损失严重，故服务能力的裕量还应当留得更大一些。

二、通过多场所的方式扩张服务能力

服务能力对时间和地点的依赖性，决定了服务能力的扩张一般采取多场所扩张的方式，而不是像制造能力那样，在单一场所建设大规模的生产设施。现实中，多场所扩张的组织形式多采用连锁经营的方式，其中特许经营（franchising）就是连锁经营中应用得最普遍的一种。特许企业将自己的品牌、经营模式、作业程序和作业标准等经营诀窍，授权给受许企业使用，收取特许费，条件是必须严格遵守相互间签订的契约。近年来这种经营方式在我国服务业和商业领域发展得很快。那么，采用多场所扩张服务能力应注意哪些问题呢？

对美国服务企业的研究表明①，凡是企业试图既增加新业务，又同时进行多场所和多区域扩张的，大都发生过经营绩效下降甚至失败的情况。原因是由于多场所扩张本身会使运营的复杂性增大，如果此时再同时增加新业务，就会使运营复杂性大大超出企业的管理能力。图 2—8 描述了这种现象。

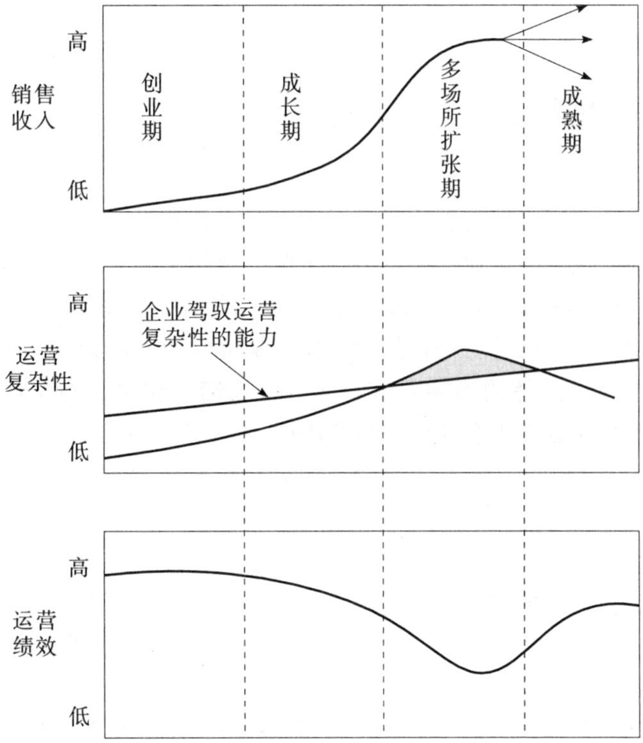

图 2—8 运营复杂性与运营绩效

在美国，由于多场所同时伴随业务多样化的过度扩张所导致的运营绩效的下降，在餐饮业表现得最为明显。这种并行的过度扩张方式被称为服务业的“百慕大”三角，不少企业的失败都可以归咎于此。经验表明，当服务企业成功地经历了创业管理阶段，开始增加业务、品种并向多地域扩张时，最好是依次选择单一的维度扩张，要么是多场所，要么是业务多元化，在一个方向上取得成功后，再加入另

① Chase, Richard B., Production and Operations Management: Manufacturing and Services, 8th ed. New York: McGraw-Hill Companies, Inc., 1998, pp. 282 - 284.

一个方向的扩张，这样成功的把握更大。图 2—9 描述了不同类型服务企业的经营和扩张方式。

	单一业务	多业务
多场所	连锁餐馆 旅馆业 轿车和卡车租赁业 特产商店	百货商店 银行
单一场所	干洗店 餐馆 夫妻杂货店	医院 旅游度假地 大学

图 2—9 服务增长矩阵

第三节 选址决策

选择生产或经营场所的地理位置，对所有的企业来说，几乎都是一项重要的决策。尤其对于零售业、储运业、原材料加工业以及像金融业、快餐业、饭店业、娱乐业那样的服务行业来说，位置的好坏更是成功的关键因素。“酒香不怕巷子深”的老话，用来说明产品质量对销售的决定作用是可以的，但如果认为只要产品质量好，就可以忽视位置选择的影响差异，那可就大错特错了。在美国，有关调查表明，位置选择不当在各类小企业的失败原因中占有 15%的比重。

一、选址决策的影响因素

地理位置的选择受到多种因素的影响，主要有：

(1) 产品销售条件，如是否方便目标顾客群的购物或订货交易，客流量的大小，消费者的平均收入水平。

(2) 提供服务条件，如是否靠近目标顾客群，方便顾客享受服务。

(3) 交通条件，如是否便于运输、及时送货和大宗货物的集散。

(4) 劳动力供给条件，如劳动力的质量、成本以及可获得性。

(5) 资源供给条件，如获取原材料的方便性，外协加工的方便性。

(6) 基础设施条件，如供电、供水、供煤气、排水、“三废”处理的可靠性和方便性以及通讯基础设施状况。

(7) 地价和税收条件，如土地价格高低，各种税费负担轻重，建筑费用高低以及营业面积租金高低。

(8) 环境保护法规，如环境保护法规是否允许或者是否限制所要从事的生产经营活动，环保投资和维护费用的高低。

(9) 政治和文化条件，如政府政策是否鼓励企业计划从事的生产经营活动，当地社区是否欢迎企业所从事的生产经营活动，当地风俗习惯对企业从事生产经营活动的影响。

（10）扩展条件，企业如果扩展的话，是否有可资利用的空间和场所。

应该看到，对于不同性质的企业，上述影响因素的重要性次序是不同的。对于制造企业，在选址时通常更注重考察劳动力供给条件、资源供给条件、基础设施条件、地价和税收条件以及环境保护法规等。对于零售商业企业，则更注重销售条件、交通条件、地价和税收条件以及政治和文化条件等。而对于餐饮业，服务条件、交通条件、基础设施条件是优先考虑的条件。但对于金融证券业，尽管城市中心的地价和租金很高，却并不影响它们在那里设立营业部门甚至总部的办公部门，越是地价和租金高的黄金地段，越能显示出金融机构的财大气粗，越有利于它们在顾客心目中树立安全稳健的形象。

上述这些影响因素，有些是定量化的，但更多的是定性因素。为了使定性因素之间具有可比性，需要采用一定的方法将其定量化，其中加权评分法就是一种在选址决策中常用的定性定量相结合的分析方法。

二、加权评分法

采用加权评分法进行选址决策的步骤如下：

（1）把有关的影响因素列成一个清单，并对每一因素规定统一的度量等级标度。一般采用 5 级标度，即很差、较差、一般、较好、很好，相应的分数为 1、2、3、4、5 分。

（2）确定每一个影响因素的权数。可选择 100 分制、10 分制或者单位 1 制。然后对影响因素的权数进行规一化处理，计算公式如下：

$$\overline{W}_i = \frac{W_i}{\sum\limits_i W_i}, \sum_i \overline{W}_i = 1.00 \quad (\text{或 } 100\%) \tag{2.5}$$

式中，W_i 为第 i 个影响因素的初始权数；$\sum W_i$ 为对所有的影响因素初始权数求和；$\overline{W}_i$ 为规一化的影响因素权数。可采用小数制或百分制。

（3）分别对每一个影响因素确定每个候选方案的标度等级和分数。

（4）将每个候选方案在每种影响因素下的分数，乘以该影响因素的权数，然后汇总起来，得到每个候选方案的总得分。

（5）选择总分最高的候选方案作为最佳选址方案。

表 2—3 是一个选址决策加权评分法的示例。

表 2—3　　加权评分法示例

影响因素	权数	候选方案			
		A	B	C	D
产品销售条件	25	5	2	3	4
提供服务条件	5	4	3	3	4
交通条件	10	3	4	2	5

续前表

影响因素	权数	候选方案			
		A	B	C	D
劳动力供给条件	5	2	5	4	3
资源供给条件	5	1	2	4	3
基础设施条件	10	3	4	4	3
地价和税收条件	20	1	3	3	2
环境保护法规	5	3	3	2	4
政治和文化条件	5	4	5	3	3
扩展条件	10	3	2	4	3
加权总分	100	305	300	315	335

应用加权评分法进行选址决策时，所考虑的影响因素数量不宜过多，这样不至于使权数的分配过于分散，有利于突出主要影响因素在方案评价中的作用。

三、线性规划法

某些大型企业，如啤酒公司、软饮料公司、食品公司、运输公司和石油化学公司等，通常是拥有多个生产厂、多个仓储地点和多个销售地点的庞大的生产分配系统。这类系统的选址决策和生产能力决策往往是结合在一起的，主要是按使总生产成本和运输成本最低的原则来布局。这类选址决策问题称为多点布局问题，解决这类问题的有效方法是线性规划方法。

线性规划方法（linear programming，LP），是采用线性规划模型来建立实际问题的数学模型，然后求问题最优解的一种广泛应用的最优化方法。线性规划模型由三部分组成：

1. 目标函数：$\min Z = \sum_{j=1}^{n} C_j X_j$ (2.6)

2. 约束条件：$\sum_{j=1}^{n} a_{ij} X_j \geqslant b_i \quad (i = 1,2,\cdots,m)$ (2.7)

3. 非负限制：$X_j \geqslant 0 \quad (j = 1,2,\cdots,n)$ (2.8)

我们看到，目标函数为一组变量的线性函数，按问题的要求可以是求最小值（或最大值）；约束条件为一组线性等式或不等式方程组；变量的取值是非负的。满足这三个条件的模型就称为线性规划模型。求解线性规划模型的方法主要是单纯型法。对于某些特殊的线性规划问题，如运输问题，还可采用更简单的表上作业法求解。目前求解线性规划问题的计算机软件可从市面上买到，即使自己编写线性规划问题的计算机程序也不难，故实际应用中，重点还在于如何根据实际问题建立线性规划模型。下面我们通过一个例子说明如何建立多点布局问题的线性规划模型。

[例 2—5]

多点布局问题的线性规划模型

东风制氧公司在某市建有 A、B、C 三个制氧厂，分别向 10 个不同地点的使用单位供应氧气。三个工厂的生产能力、单位生产成本及去往 10 个不同地点的单位运费，以及 10 个使用单位的需求量数据如表 2—4 至表 2—7 所示。

表 2—4　氧气运输成本　单位：元/m³

工厂	用户所在地点									
	1	2	3	4	5	6	7	8	9	10
A	0.21	0.24	0.19	0.48	0.37	0.29	0.20	0.41	0.50	0.47
B	0.39	0.29	0.40	0.27	0.24	0.23	0.41	0.34	0.34	0.35
C	0.35	0.34	0.29	0.26	0.32	0.41	0.32	0.19	0.18	0.18

表 2—5　运输成本加生产成本　单位：元/m³

工厂	用户所在地点									
	1	2	3	4	5	6	7	8	9	10
A	3.68	3.71	3.66	3.95	3.84	3.76	3.67	3.88	3.97	3.94
B	3.65	3.55	3.66	3.63	3.50	3.49	3.67	3.60	3.60	3.61
C	3.86	3.85	3.80	3.77	3.83	3.92	3.83	3.70	3.69	3.69

表 2—6　用户需求量　单位：万 m³/天

	用　户									
	1	2	3	4	5	6	7	8	9	10
需求量	0.5	0.8	0.5	0.9	0.9	0.8	0.6	0.6	0.8	0.7

表 2—7　生产能力和单位生产成本

工厂	生产能力（m³/天）	单位成本（元/m³）
A	18 000	3.47
B	40 000	3.26
C	16 000	3.51

定义：

X_{ij}：第 i 工厂生产的运往第 j 处用户的数量；

C_{ij}：第 i 工厂生产的运往第 j 处用户的单位运输成本加生产成本；

CAP_i：第 i 工厂的生产能力；

DEM_j：第 j 个用户的需求量。

线性规划模型为：

目标函数：$\min \sum_{i=A}^{C} \sum_{j=1}^{10} C_{ij} X_{ij}$

约束条件：$\sum_{j=1}^{10} X_{ij} \leqslant CAP_i \quad (i = A, B, C)$

$$\sum_{i=A}^{C} X_{ij} = DEM_j \quad (j = 1, 2, \cdots, 10)$$

$$X_{ij} \geqslant 0 \quad (i = A, B, C, j = 1, 2, \cdots, 10)$$

目标函数是使总生产成本和运输成本在满足用户需求和生产能力限制条件下达到最小。第一个约束条件方程组包括 3 个不等式方程，是生产能力约束，这里的不等号是“$\leqslant$”型的，其意为不能超过生产能力的限制。第二个约束条件方程组包括 10 个等式方程，是需求约束，之所以选择“=”号，是表示用户需求必须恰好得到满足。

问题的最优解为：

$X_{A1}=0.5$，$X_{A3}=0.5$，$X_{A7}=0.6$

$X_{B2}=0.8$，$X_{B4}=0.9$，$X_{B5}=0.9$，$X_{B6}=0.8$，$X_{B8}=0.6$

$X_{C9}=0.8$，$X_{C10}=0.7$（万 m^3/天）

工厂 B 的生产能力被充分利用，工厂 A 和工厂 C 分别剩余了 0.2 和 0.1（万 m^3/天）的生产能力。没有一个用户是由两个以上的工厂向其供货的，这只是本题的一种巧合，实际中，由多个工厂向一个用户供货有时在经济上是可行的。

上述问题的线性规划模型，除可用来辅助选址决策和生产能力分配决策外，还可用于用户增加、需求量增大、成本结构变化或需要扩大生产能力和建新工厂的情况，区别仅在于模型的系数值不同，以及模型的变量数不同和约束方程组的数量不同。我们看到，对于仅涉及运费和生产成本的典型的选址决策和生产能力配置问题，线性规划方法具有显著的优点。

第四节　设备布置

设备布置是研究在生产场所或工作场所，如车间、店堂、办公室等，如何合理地布置各种设备和设施，使得物流和业务流能够顺畅地流动，以尽可能短的时间通过系统，缩短运输距离、减少在制品存放、提高生产效率和服务效率。合理的设备布置还可以创造良好的工作环境，提高员工的工作满意感，从而强化他们的工作主动性，提高他们的工作效率。

一、设备布置类型及原则

设备布置主要有三种类型和原则：工艺专业化原则（或称为工艺布置）、产品专业化原则（或称为产品布置）以及定位布置原则。此外，还有一种成组单元布置的原则，它是一种基于成组技术的混合布置原则。在讨论设备布置时，经常使用工作中心和工序的概念。工作中心是由机器设备和辅助工具构成的一个相对独立的作业单元，由于它通常要占用一定的场地面积，故又称为工作地。一般地，在一个工作中心上连续进行的生产活动就是一道工序，超出一个工作中心的范围，那就是另一道工序了。综合性的工作中心也可能包含几道工序。

1. 工艺布置

工艺布置是将设备按功能分类，把同一类型的设备和同工种的操作人员集中在一起布置，以发挥同一功能。例如，在机械加工企业中，把车床、铣床、磨床分别集中布置成车床组、铣床组和磨床组；在医院中，按功能划分为手术室、放射科、化验科、B 型超声波室、心电图室和药房等，分开布置。工艺布置依据的是专业化分工原则，具有有利于提高操作人员的专业技能、有利于提高设备的利用率、适应面广的优点，但也存在运输距离长、在制品停放时间长、各工作中心之间协作往来频繁和生产周期长的缺点。如果我们参观按工艺布置的生产车间，会发现大量的在制品，而且都处在停放状态，尽管设备都在满负荷运转，却看不到整个系统的产出。不像产品布置的车间或组装线，所有的零件时刻处在运动中，系统每隔几分钟就生产出一件产品或完整的部件。如果我们有过去大医院就诊的经历，就更深有体会：只见就诊的病人来回地、上上下下地跑动，在这边开单子，在那边盖章又到另一处去交费，最后还得到处找在哪里取药。大医院的门诊部之所以拥挤，除了人多这个客观原因外，专业化分工过细，功能科室布置不合理，恐怕也是一个重要原因。

2. 产品布置

又称为按对象专业化原则布置。它是按照某种产品、零部件，或某种业务的加工顺序来排列各种有关的设备和工作中心，最典型的例子就是流水线和生产线。产品布置适用于市场需求量大、重复性生产和标准化的产品，在汽车、食品加工、家用电器、玩具等行业中有着广泛的应用。它的优点是布置工作相对简单，制品在加工过程中的运输距离短，可以大大减少制品在加工过程中的停放和等候时间，减少在制品库存，缩短生产周期，节约生产面积；由于简化了协作关系，使作业管理工作比较简单；能够迅速适应市场需求的变化。产品布置的缺点是，生产线上某些设备的利用率较低，生产线中某台设备一旦出现故障，有可能影响到整个生产线的运行，故可靠性相对较低；此外，如果生产线或流水线是刚性的，则对产品结构变化的适应性较差。尽管存在这样一些缺点，产品布置仍以其低库存、短周期的优点，成为近 10 年来设备布置的一种主要发展趋势。特别是结合应用成组技术和数控或计算机控制的加工设备，一种称为制造单元（manufacturing cell 或 cellular manufacturing，简称蜂窝制造）的产品布置形式，近年来在制造企业中发展很快。所谓制造单元布置，就是根据零件加工的相似性，把加工一类相似零件的有关设备集中布置成一个相对封闭的单元，这样既可以缩短零件在加工中的移动距离，缩短加工周期，又可以适应产品结构的变化，具有较广的适应性，被认为是代表着未来工厂设备布置的一种方向。

产品布置不仅适用于制造企业，也适用于服务企业。像金融企业、邮政企业、机场服务、快餐业等，实行产品布置，实现流水作业，可以大大提高服务质量和服务效率。当然，服务企业实行流水作业也要因地制宜。笔者有一次到西安出差，曾在解放路一家著名的饺子馆就餐，发现那家餐馆的快餐饺子部，采用的是流水作业法。服务员按专业化分工：收票和引导座位的、擦桌子的、摆碗筷的、上饺子的、送饺子汤的服务员各司其职，轮番作业。每一批顾客约 40 名，进餐时间约 20 分钟。服务的效率倒是很高，服务员的操作也全部标准化，但就是让人感觉不像是进了餐馆，倒像是上了产品组装线。服务业到底应当如何实行产品布置和流水作业，既让顾客满意，又提高效率，的确是个值得认真研究的问题。

3. 定位布置

就是将产品或作业对象固定不动，设备和使用的原材料按加工顺序以及移动的困难程度环绕其做同心圆的布置。这种布置形式适用于产品（或作业对象）难以移动、加工件数少、工序时间长的情况，如飞机和轮船的加工等。定位布置的优点是加工对象的移动较少，节省运输费用，工作程序易于设计和调整。缺点是不适应大批量生产，作业的程序化和标准化程度较低。有些产品由于体积庞大，移动困难，批量很小，只适于采用定位布置方式进行生产加工，如刚刚提到的飞机、轮船，还有大型发电机、汽轮机、大型电力机车等。但有些产品，像大型工程机械、载重汽车、大型农业机械等，在生产量达到一定规模后，在可能的条件下实行产品布置，实现流水生产，可以大大提高生产效率和降低生产成本。

4. 成组单元布置

为了克服单件小批生产中按工艺原则配置加工设备的缺点，可以采用成组技术的方法，按照零部件加工表面和加工工艺上的相似性，对零部件进行分类编组。在此基础上，将不同种类的设备按一族零部件的典型工艺路线顺序布置在一个单元内，完成一族相似零件的加工。这样的加工单元称为成组加工单元。显然成组加工单元符合对象原则，而加工顺序又可根据一族零部件的内部差异在组内灵活安排。

图 2—10 是一个应用传统加工设备的成组加工单元的平面布置图。这种 U 形设备布置方式，因其输送距离短和便于操作工人看管设备，而得到普遍采用。该成组加工单元是手动方式的，在可能的情况下，如果用滚动传送装置将设备联系起来，

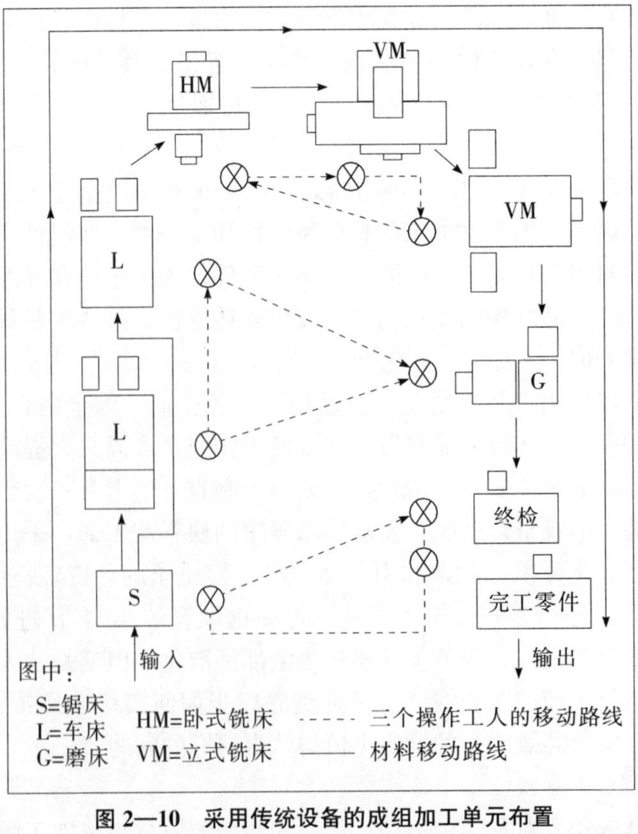

图 2—10 采用传统设备的成组加工单元布置

则传送装置的长度客观上规定了这个成组加工单元中所能容纳的在制品数量，这样有利于加强在制品的管理。

在成组加工单元中可以引入如下改变：(1) 加工机床为数控机床或数控加工中心；(2) 传递装置为自动传送系统或自动抓握装置（抓握机器人）；(3) 工件和刀具自动传递、自动装卸；(4) 采用集中数控或计算机集中控制。如果引入了这些改变，则这样的成组加工单元就成为柔性加工单元，它所能加工的零部件种类要比采用传统设备的加工范围大得多。在这种情况下，零件的分类甚至不必采用编码法或工艺流程分析法进行详细分类，只规定零件的外形尺寸和表面加工要求就够了。

从以上分析可以看出，工艺布置和产品布置的应用最普遍。我们下面先讨论工艺布置的常用方法——活动相关图法，在下一节中，再专门讨论产品布置的一个重要方面——流水线的组织和平面布置。

二、活动相关图法

活动相关图法适用于对功能部门和功能区域进行平面布置。我们以一个例子来说明它的应用。

[例 2—6]

社区医院的平面布置

社区医院是为附近的居民提供常见病的诊断、治疗、健康保健方面的例常性检查以及意外伤害事故和突发病症等急诊处理的小型医院。这种医院通常是按照功能划分部门的，一般设有挂号室、分号台、内科、外科、中医科、心电图室、X光检查室、B型超声波室、血液学检查室、病理学检查室、门诊手术室、观察室、处置室、器械保管室、会计室、药房、院长办公室和急诊室等。常见的平面布置主要是根据各科室之间就诊病人的流量大小来安排的。科室之间流量大的，应安排得尽量靠近，以减少病人往来走动的距离和流量，创造方便、安静的环境。当然，除考虑流量外，还需有一些技术上的考虑，如挂号室应靠近诊所大门，X光检查室应尽量远离门诊接诊室，器械保管室应靠近门诊治疗室等。

按工艺专业化原则的平面布置，一般采用活动相关图和关系图方法进行布置，其步骤如下。

(1) 调查或估计各功能部门或功能区域之间的流量。

(2) 绘制活动相关图。活动相关图是一种反映各种活动或功能部门之间相互关系及其紧密程度的矩阵图表，图中用事先规定的字符表示相关的紧密程度，用数字表示紧密程度的原因。图 2—11 是本例的活动相关图，图中的单元格，分别标出了表示相关程度的字符和紧密程度原因的代码。例如，分号台和内科诊室的关系是 A/1，3，其含义为二者绝对有必要布置在相邻的位置上，原因是功能相近和控制病人盲目流动。又如内科诊室与观察室的关系为 X/7，其含义为二者的布置不宜接近，原因是为了隔离病人的呻吟对候诊者的影响。

		挂号室	分号台	内科诊室	外科诊室	中医科诊室	心电图室	X光检查室	B超检查室	血液学检查室	病理学检查室	手术室	观察室	治疗室	会计室	药房	院长办公室	急诊室
1	挂号室		A 1										X 7		I 1	I 1	X 6	I 9
2	分号台			A 1,3	A 1,3	A 1,3				I 2,4			X 7					X 6
3	内科诊室					I 1	E 4,5	X 6	O 4,5	I 2,5	I 2,5		X 7				X 6	
4	外科诊室						O 2	X 6	O 2			O 10	X 7	A 2,9			X 6	
5	中医科诊室						O 2	X 6	O 2	O 2			X 7				X 6	
6	心电图室								I 1	O 1	O 1							
7	X光检查室									O 1	O 1		X 6		X 6	X 6	X 6	
8	B超检查室									O 1	O 1							
9	血液学检查室										E 1	E 5						
10	病理学检查室											E 5						
11	手术室												X 7				I 8	
12	观察室																X 6	A 9,10
13	治疗室																	A 9,10
14	会计室															A 1		I 9
15	药房																	I 9
16	院长办公室																	X 6
17	急诊室																	

图 2—11 社区医院的活动相关图

通常，在活动相关图分析中，将相关程度分为 6 个等级，分别以不同的字母表示（见表 2—8），将确定紧密程度的原因也编码（见表 2—9），这样在相关图上看起来一目了然，也便于查询。

表 2—8　　相关程度分类表

相关程度类别	代码	评分
绝对必要	A	6
很重要	E	5
重要	I	4
一般	O	3
不重要	U	2
不宜接近	X	1

表 2—9　　相关程度原因及代码

相关程度的原因	代码
功能相近	1
例常性检查或处理	2
控制病人流动	3
提高医生效率	4
快速传递检查结果	5
隔离工作影响	6
隔离病人之间影响	7
对环境要求相似	8

续前表

相关程度的原因	代码
紧急处理需要	9
减少重病号移动	10

（3）采用关系图法进行平面布置。关系图法是一种有规则的尝试方法，它的目标是按活动相关图中关系的密切程度，来安排各功能部门或功能区域的相关位置，使相关程度高的功能部门尽可能相邻布置。关系图法分为两个阶段。

第一阶段：确定各功能部门逻辑上的相对位置。在这一阶段暂时不考虑各部门的具体面积，用一些形状大小相同的纸板或塑料片代表各个功能部门（也可以在计算机上制作类似的图形），每一块上标明部门名称、部门代码和与其他部门的相关关系。本例中的 17 个部门的样板如图 2—12 所示。

1. 挂号室 A：2 I：14，15，17 X：12，16	2. 分号台 A：1，3，4，5 I：9 X：12，16	3. 内科 A：2 E：6 I：5，9，10 X：7，12，16	4. 外科 A：2，13 O：6，8，11 X：7，12，16
5. 中医科 A：2 I：3 O：6，8，9 X：7，12，16	6. 心电图 E：3 I：8 O：4，5，9，10	7. X 光室 O：9，10 X：3，4，5，12，14，15，16	8. B 超室 I：6 O：3，4，5，9 10
9. 血液室 E：10，11 I：2，3 O：5，6，7，8	10. 病理室 E：9，11 I：3 O：6，7，8	11. 手术室 E：9，10 I：16 O：4 X：12	12. 观察室 A：17 X：1，2，3，4 5，7，11，16
13. 治疗室 A：4，17	14. 会计室 A：15 I：1，17 X：7	15. 药房 A：14 I：1，17 X：7	16. 院办公室 I：11 X：1，2，3，4， 5，7，12，17
17. 急诊室 A：12，13 I：1，14，15 X：16			

图 2—12　本例的功能部门样板

然后选出“A”关系数量最多的一块样板（如果有两块样板“A”关系一样多，则取其中“E”关系数量多者，依此类推），把这样的样板放在平面图的中央。本例中应首先选取样板 2，即分号台样板，置于逻辑布置的中心。然后，取一块与已选用的样板有一个“A”关系，与其他样板“A”关系最多（如发生平局，则同上处理）的样板，放在已选用的样板旁边，在本例中依次是样板3和样板4、样板5及样板1。接下去的选取方法，应当是选取与刚选出的样板相关度最高的样板，如此继续下去，直到把每一块样板都布置到平面图中为止。在采用关系图法进行平面布置的过程中，可能产生多个不同的布置方案，但原则只有一条：必须根据相关程度的紧密性按从大到小的顺序依次排列样板的位置，直到满意为止。本例的一种排列方案如图2—13所示。

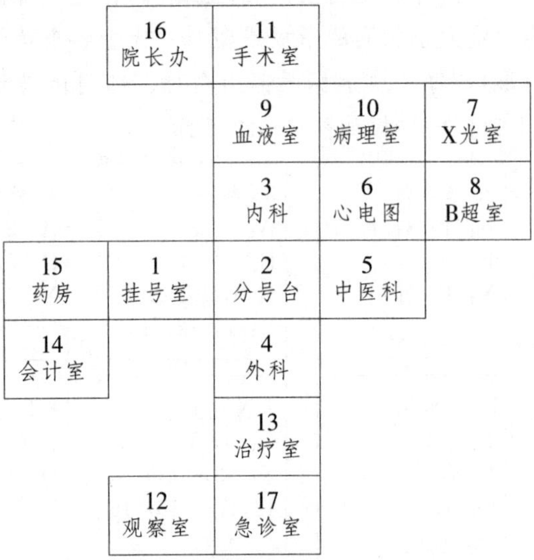

图2—13　本例的一种排列方案

第二阶段：把各部门的具体面积反映到相对位置图中，然后结合实际的建筑平面图进行最终的平面布置。在本例中，假定社区医院的建筑平面图为“工”字形，则最终的平面布置方案如图2—14所示。

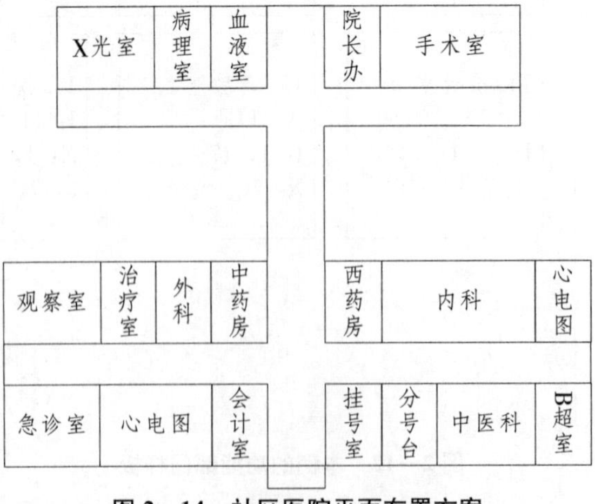

图2—14　社区医院平面布置方案

采用活动相关图结合关系图法进行平面布置，是一种规范的方法，但还需要结合设计人员的能力和经验，才能得出符合实际的满意方案。当部门数量较大时，采用手工方式工作量较大，如能结合计算机应用，编制相应的程序，将代码输入，灵活地进行调整，可以大大提高设备布置工作的质量和效率。

第五节　流水线的组织和平面布置

一、流水生产的基本特征

流水生产是指劳动对象按照一定的工艺路线，顺序地通过各个工位，并按照一定的生产速度（节拍）完成作业的连续重复生产的一种生产组织形式。流水生产，又称为流水线，它的基本特征如下：

（1）流水线上固定生产一种或少数几种产品（或零部件），其生产过程是连续重复进行的，最大限度地减少了制品的等候时间和设备的加工间歇时间。

（2）工位的专业化程度很高。在流水线上，各个工位是按照产品工艺过程的顺序排列的，在制品按单向运输路线移动，每个工位只固定完成一种或少数几种作业。

（3）按照规定的节拍进行生产。所谓节拍（cycle time），就是流水线上相继出产两件相同产品之间一致的时间间隔。

（4）流水线上各工位的生产能力是平衡的、成比例的。即各工位的设备数与各工位单件作业时间的比例相同。设流水线上各工位的设备数分别为 s_1，s_2，…，s_m，各工位的单件作业时间分别为 t_1，t_2，…，t_m，流水线节拍为 r，为使流水线各工位之间保持平衡，必须是：

$$\frac{t_1}{s_1}=\frac{t_2}{s_2}=\cdots=\frac{t_m}{s_m}=r$$

（5）工艺过程是封闭的。在流水生产条件下，生产过程的连续性、平行性、比例性、节奏性都很高，故流水线具有提高工作中心专业化水平、提高劳动生产率、降低产品成本、稳定产品质量以及提高生产的自动化水平等一系列优越性。

不过，流水生产也存在一些不利的方面，如由于设备高度专用化，对产品的变化缺乏适应性；一旦流水线上某台设备发生故障，就可能导致整条线停工，系统的可靠性较差。还有也是很重要的一点，就是从社会心理角度来看，流水线上的操作工人长时间重复简单而单调的操作，容易感到乏味、疲劳，对工作缺乏满足感。所以如何充分发挥流水线的优越性，克服其缺陷，是现代生产与运营管理需要研究的一个主要课题。

二、流水线的分类

流水线有多种形式，需要用不同的标准进行分类。

1. 固定流水线和移动流水线

按生产对象的移动方式可将流水线分为：

（1）固定流水线。是指生产对象固定，工人携带工具沿着顺序排列的生产对象移动，经过循环完成一批产品的加工或装配。例如机床等重型机器的装配，船舶的装配等。

（2）移动流水线。是指生产对象移动，工人、设备和工具位置固定，生产对象顺序地经过各个工位的加工或装配后，成为成品或半成品，如汽车、电视机等产品的装配线。

2. 单一对象流水线和多对象流水线

按流水线上生产对象的数目可以分为：

（1）单一对象流水线。是指只生产一种产品（或零件），品种固定不变的流水线，又称为不变流水线。这种流水线适用于大量生产类型。

（2）多对象流水线。是指生产两种或两种以上产品（或零件）的流水线。又可进一步分为：1）可变流水线。是固定成批轮番地生产几种产品，这些产品虽然品种不同，但在结构上、工艺上是近似的。在变换生产对象时，一般要相应地调整设备和工艺装备。可变流水线比不变流水线的产品结构适应面广，但生产效率比之要低。2）混合流水线（又称混流生产）。其特点是，不是成批地轮番生产，而是在一定时间内（比如一个工作轮班内）同时生产几种产品。由于产品的结构、工艺特征相似，故在变换品种时，基本上不需要重新调整设备和工艺装备。混合流水线是近几十年来为了适应多品种生产的需要发展起来的一种有效的生产组织形式，其基础是成组技术，生产管理的重点是生产的同步化和合理地确定不同产品的投入顺序。日本丰田汽车公司创造的准时制生产方式（JIT）就是一种混合流水线生产方式，对此，我们将在第九章中进一步讨论。

3. 连续流水线和间断流水线

按生产过程的连续程度可将流水线分为：

（1）连续流水线。指生产对象从投入到生产，连续地从一个工位转入下一个工位不断地进行加工，中间没有停放等待时间，生产过程是完全连续的流水线。它一般适用于大量生产，是一种完善的流水线形式。

（2）间断流水线。指由于各个工位的劳动量不等或不成倍比关系，生产能力不平衡，生产对象在各工位之间会出现停放等待，生产过程是不完全连续的流水线。

4. 强制节拍流水线和自由节拍流水线

按流水线节拍的确定方法可将流水线分为：

（1）强制节拍流水线。是采用机械化运输装置等专门装置来强制实现规定的节拍，工人必须在规定的时间内完成自己的工作，如有延误或违反技术规程，就会影响下个工位的生产。

（2）自由节拍流水线。是由操作者自行保持节拍，要求各工位必须按节拍进行生产，但每件制品的加工时间由工人自己掌握。自由节拍流水线一般在各工位之间都设有安全在制品以调节生产的节奏。

5. 无专用运输设备流水线和有专用运输设备流水线

按产品运输方式可将流水线分为：

（1）无专用运输设备流水线。是由流水线上的操作工人直接用手，或者由辅助工利用普通的运输器具将制品传送给下个工位。

（2）有专用运输设备流水线。是采用专门的运输设备，如重力滑道、悬挂输送装置或采用传送带的流水线。传送带又可分为：1）分配式传送带。是将需要加工的制品运送到设在传送带一侧或两侧的各个工位上，工人从传送带上取下制品，在工位上进行加工，加工完毕后又把制品放到传送带上，由传送带将制品送到下一个工位去继续加工。2）工作式传送带。这种传送带并不把制品从传送带上取下来，而是工人按规定的地段站在传送带的旁边，当制品输送过来时，工人就在传送带上进行加工。这样的传送带既是运输装置，又是连接多个工位的方式。

6. 手工流水线、机械化流水线和自动化流水线

按流水线的机械化程度还可以分为：手工流水线、机械化流水线和自动化流水线。自动化流水线由自动机床和自动化输送装置组成，工件在一道工序加工完成后，自动地由一机床送到另一机床，这时流水线上的工人起监督和管理作用。

流水线的分类如图 2—15 所示。

流水线的典型代表是手工为主的移动装配流水线，这种流水线在汽车、家用电器、自行车、仪表、玩具等工业中应用十分普遍。而单一对象移动装配线又是这种流水线中最简单的形式。下面我们就以手工为主的单一对象移动装配线（以下简称装配线）为代表，较为深入地讨论一下流水线组织和设计的关键问题——流水线的平衡问题。

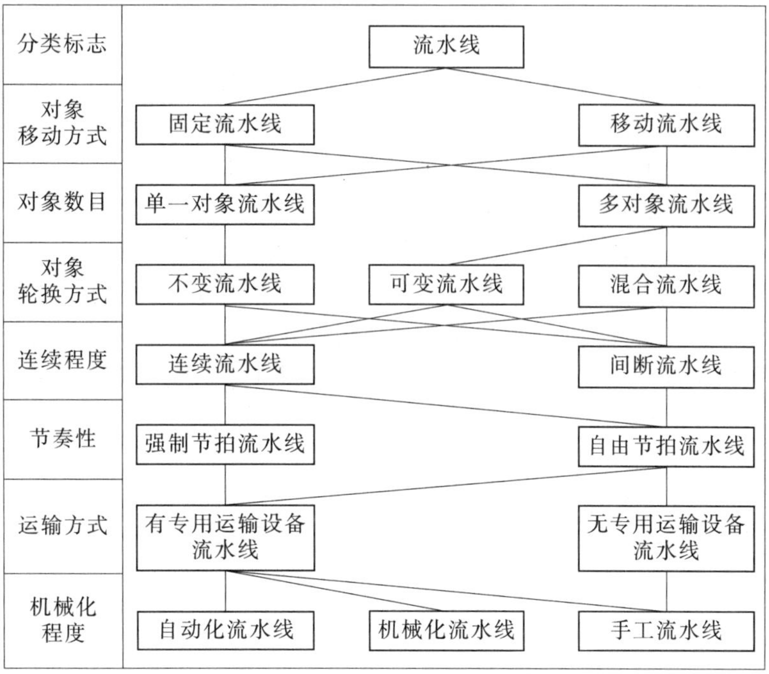

图 2—15 流水线的分类

三、装配线的平衡问题

装配线平衡问题，又称为工序同期化，就是对于特定的产品，给定流水线节拍，求出使装配线所需的工位数量或工人数量最少的配置方案。装配线平衡问题还可以表述为：对于特定的产品，给定工位数量，求出使流水线节拍最小化的配置方

案。这两种表述方式都是要使各工位的单件作业时间尽可能等于节拍或节拍的倍数，从而使每个工位或工人的作业空闲时间最少。在实际应用中，究竟选择哪一种表达方式，取决于事先给定的条件是节拍还是工位或工人数量。

装配线平衡的基本方法是将整个作业细分为许多任务（task），或称为作业元素、小工序，然后以适当的方式，将相邻的任务合并成工序，并使这些工序的单件作业时间接近于节拍或节拍的倍数。作业分工的详细程度，取决于产品的结构和工艺特性，一般来说，作业分解得细一些，在进行装配线平衡时，任务合并与分派的灵活性就更大一些。

下面是一些在叙述装配线平衡问题时常用的符号及其定义。

N：沿装配线的工位数量。在手工方式为主的装配流水线上。通常工位是一个工人所占据的空间。有些情况下，一个工位可以分派多于一个的工人，或者一个工人可操纵多于一个的工位。我们这里假定一个工位一个工人，除非特别说明。

C：节拍，它是任何工位的最大允许作业时间，也是装配线上相继的完工产品之间的间隔时间。

t_i：第 i 项任务或作业元素的作业时间，每项作业元素只分派给一个工位。

$\sum t_i$：产品装配的总作业时间。

1. 装配线平衡的步骤

（1）确定装配线的节拍。节拍是一种期量标准，是装配线组织和设计的重要数据，它决定了装配线的生产能力以及生产的速度和效率。确定节拍的依据是计划期的产量和有效工作时间，计算公式如下：

$$C=\frac{\text{计划期的有效工作时间}}{\text{计划期的产量}} \tag{2.9}$$

计划期的有效工作时间是指制度规定时间减去必要的停歇时间，如维护设备、更换工具、工人休息等时间。计划期的产量包括计划出产量和预计不合格的量。例如，某产品装配线计划日产量为 150 件，采用两班制生产，每班规定有 21 分钟停歇时间，计划不合格品率为 2%，节拍应为：

$$C=\frac{8\times2\times60-21\times2}{150\times(1+2\%)}=6\text{（分）}$$

（2）计算装配线上需要的最少工位数 $N_{\min}$。当节拍已知后，我们就可以按下式计算 $N_{\min}$：

$$N_{\min}=\left[\frac{\text{产品装配总作业时间}}{\text{节拍}}\right]=\left[\frac{\sum t_i}{C}\right] \tag{2.10}$$

式中，符号 [] 表示大于或等于 $\sum t_i/C$ 的最小整数；$N_{\min}$ 为装配线实现完全平衡的理想的最少工位数。

（3）组织工位。按装配线平衡要求，将各项任务分配到工位。所谓平衡要求，是指向每一个工位分配任务时必须满足下列条件：

1）保证各任务之间的先后顺序关系；

2）每个工位分配到的任务作业时间之和，不能大于节拍；

3）各工位的单件作业时间应尽量相等或接近节拍；

4）应使工位数尽量少。

常用的任务分派方法有启发式方法和分枝定界法，前者适于手工计算，但通常只能获得一个满意解；后者的计算量比较大，必须借助计算机，但可以得到最优解。

（4）计算装配线的负荷系数 η。流水线的负荷系数越大，表明流水线的生产效率越高。一般机械化流水线的负荷系数不应低于 0.75，以手工为主的装配流水线的负荷系数应在 0.85～0.9 以上。装配线负荷系数可按下式计算：

$$\eta = \frac{\sum t_i}{N \times C} \tag{2.11}$$

式中，η 为装配线负荷系数；C 为装配线节拍；N 为装配线平衡后实际采用的工位数。

与装配线负荷系数相反的是装配线平衡损失系数（balance delay），记作 BD，其计算公式如下：

$$BD = 1 - \eta \tag{2.12}$$

2. 装配线平衡程序

我们通过一个实例来进一步说明装配线平衡的程序。

[例 2—7]

三轮童车装配线的平衡过程

启明公司开发出一种款式新颖的三轮童车，试销结果表明深受顾客欢迎。公司决定建立一条装配流水线，大批量生产这种三轮童车，面向全国市场销售。现需要对这条装配线进行组织和设计，装配线平衡过程如下。

1. 装配作业的分解和节拍的确定。三轮童车的装配图如图 2—16 所示。从图中可以看出，整个装配过程包括：

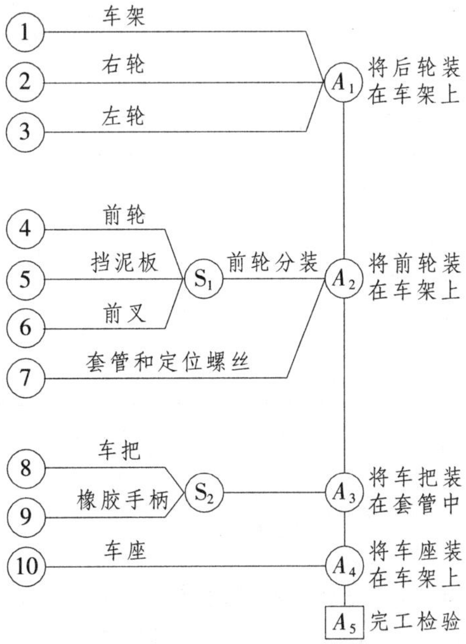

图 2—16　三轮童车的装配

先将左右两个后轮装在车后架上；接着是车前叉、挡泥板和前轮的分装；然后将装好的前轮从下面插入车前架的套管里并拧紧定位螺丝；接下来是将两个橡胶手柄装在车把上；然后将车把插进车前架的套管中并上紧定位螺丝；最后是将车座装在车架上。装好的童车经最后检验通过，就下了装配线。

装配作业的任务分解结果如表 2—10 所示。表中对每项任务都编了号，并同时给出了各项任务的作业时间和总装配时间。从表 2—10 中可以看出，最大任务时间 t_i 是 18 秒，该任务时间也就设定了装配线节拍的下限。此外 节拍还不应超过总装配时间，故节拍的取值范围为：

表 2—10　　　　三轮童车的装配作业表

任务标号	说明	作业时间（秒）
1	起点	0
	左车轮	
2	在左车轴上安装内垫圈	10
3	将左车轮安装在左车轴上	18
4	在左车轴上安装外垫圈	10
5	插入和固定锁定销	15
6	插入和固定轮毂盖	17
	右车轮	
7	在右车轴上安装内垫圈	10
8	将右车轮安装在右车轴上	18
9	在右车轴上安装外垫圈	10
10	插入和固定锁定销	15
11	插入和固定轮毂盖	17
12	虚任务	0
	前轮装配	
13	将前轮叉插入车架	18
14	在前叉上安装套管	11
15	将车把插入前叉套管中	15
16	拧紧前叉套管的定位螺丝	18
17	安装左手柄	12
18	安装右手柄	12
	安装车座	
19	将车座插入车架	9
20	拧紧车座定位螺丝	18
21	终点	0
	总装配时间	253

说明：任务 1、12、21 的引入是为了方便计算机处理。

$$\max[t_i] \leqslant C \leqslant \sum t_i \tag{2.13}$$

将表 2—10 中的数据代入式（2.13），得到：

$$18 \leqslant C \leqslant 253$$

2. 计算最少工位数。初步假定，将节拍定为 20 秒。公司实行单班制，每日一班，每班有效工作时间为 7 小时或 420 分钟，则可计算出日产量为 1 260 辆（420/0.333）。从而，可以计算出装配线的最少工位数为：

$N_{min}=(253/20)=[12.65]=13$

3. 组织工位。在将任务分派给各个工位之前，要特别注意的是必须先搞清任务的先后顺序，图 2—17 给出了三轮童车装配作业的先后顺序图。先后顺序图规定了任何后道工序必须在它所有的前道工序完成后才能开始。例如，左后轮的装配次序应当是先装内垫圈，再依次安装轮子、外垫圈、锁紧插销、装轮毂盖。但是究竟是先装左后轮还是右后轮是无关紧要的，因为二者的安装顺序是平行的。

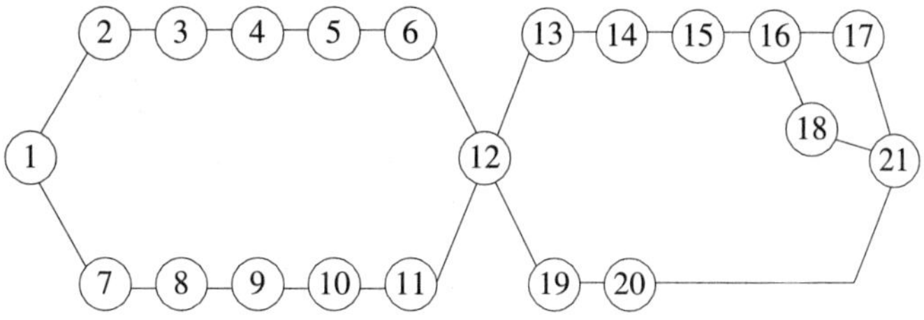

图 2—17　三轮童车的装配顺序图

接下来是决定如何向各个工位分派任务。我们采用一种常用的、适合于手工计算的启发式装配线平衡方法，这种方法称为最少前道工序法。这种方法首先按各项任务的前道工序数量从少到多的顺序重新排列各项任务，结果见表 2—11。然后先从有最少前道工序的任务开始，将它分派给第 1 个工位；如果该工位还有剩余作业时间，接着再从表 2—11 中依次选择下一个有最少前道工序的任务，将其继续分派给第 1 个工位，直到该工位的作业时间达到节拍时间，或者剩余作业时间不够安排下一项任务时为止。于是，再转向组织第 2 个工位。用同样的方法依次组织工位，直到全部装配任务都分派完为止。需要注意的是，在选取下一个有最少前道工序数的任务时，必须遵守先后顺序图的规定。当存在多于一个的具有同样数量前道工序的任务，而又不违反先后顺序图的规定时，应当根据工位剩余的作业时间，尽可能优先安排作业时间长的任务。按最少前道工序原则制定的三轮童车装配线平衡方案，如表 2—12 所示。

表 2—11　　按前道工序数量重排的装配任务

任务	前道工序数	t_i	任务	前道工序数	t_i
1	0	0	12	11	0
2	1	10	13	12	18
7	1	10	19	12	9
3	2	18	14	13	11
8	2	18	20	13	18
4	3	10	15	14	15
9	3	10	16	15	18
5	4	15	17	16	12
10	4	15	18	16	12
6	5	17	21	20	0
11	5	17			

表 2—12 按最少前道工序原则的装配线平衡方案

工位	任务	空闲时间	工位	任务	空闲时间
1	1，2，7	0	9	12，13	2
2	3	2	10	19，14	0
3	8	2	11	20	2
4	4，9	0	12	15	5
5	5	5	13	16	2
6	10	5	14	17	8
7	6	3	15	18，21	8
8	11	3			

4. 计算装配线的负荷系数。按最少前道工序原则得到的三轮童车装配线平衡结果表明，此装配线需要 15 个工位（见表 2—12）。相应地可以计算出装配线的负荷系数 η 和损失系数 BD，即：

$$\eta=\frac{\sum t_i}{NC}=\frac{253}{15\times 20}=0.84$$

$$BD=1-\eta=1-0.84=0.16$$

对于手工为主的装配线，负荷系数达到 0.84 基本上是令人满意的。

有兴趣的读者可以验证，对于本例，用分枝定界法得出的装配线平衡方案与表 2—12 的结果相同。

资料来源：Schroeder R. G.，Operations Management：Decision Making in the Operations Function，3rd ed. New York：McGraw-Hill Companies，Inc.，1989，pp. 248 - 252.

四、装配线的平面布置

装配线的平面布置应使设备、工具、运输装置和操作工人有机地结合起来，合理安排各个工位，使在制品的运输路线最短，便于工人操作和生产服务部门工作，以及充分利用生产面积。装配线的布置形状一般有直线形、直角形、U 形、山字形、环形和 S 形等（见图 2—18）。排列工位时，又有单列式与双列式之分。单列式是将工位布置在传送带的一侧（见图 2—19），双列式是将工位布置在传送带的两侧（见图 2—20）。

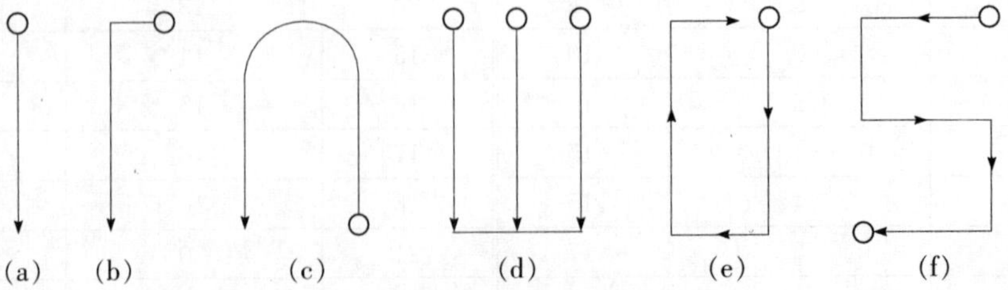

图 2—18 装配线布置形状示意图

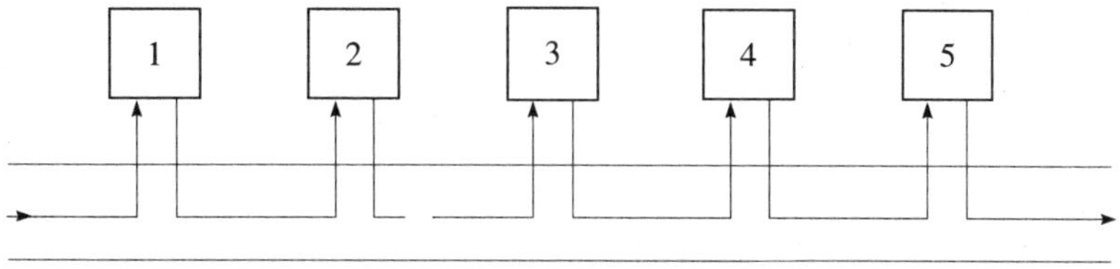

图 2—19 装配线单列式布置示意图

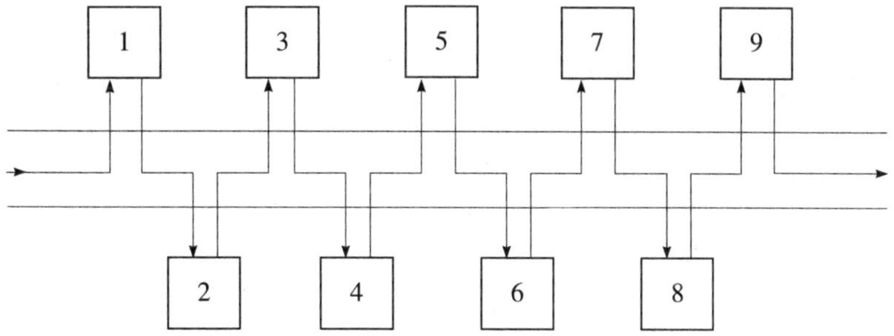

图 2—20 装配线双列式布置示意图

单列式装配线适宜在工序和工位数量少的情况下采用。这种平面布置的主要优点是，安装和拆卸设备方便，容易供应毛坯，容易取下成品，容易清除残料。当工序与工位的数量较多而空间的长度不够大时，可采用双列式布置。当工序和工位的数量更多时，可采用 U 形及 S 形布置。山字形布置通常用于零件加工与部件装配相结合的情况。

五、传统装配线的改进

单一对象装配线，由于品种单一不变，故生产效率很高，但是也存在一些严重缺陷。其中两个主要的缺陷是：(1) 品种单一，不能适应市场向多品种、小批量演变的大趋势；(2) 由于品种单一和分工过细，使工人操作高度专业化、简单化、呆板化，由此造成工人容易疲劳、工作兴趣减退、人员流动率和操作差错率上升等社会心理后果。对于前一个缺陷，解决的办法是采用混合流水线，实行混流生产。关于如何实现混流生产，我们将在本书第 9 章中进一步讨论。这里仅就克服后一种缺陷的改进措施做简短的讨论。

为了消除单一对象装配线带来的不良社会心理后果，通常可考虑采取以下的措施加以改进：

(1) 采用几条平行配置的装配线，生产同一产品（见图 2—21），这样使每一条装配线的节拍延长，工位数减少，从而使每个操作工人的工作多样化。

(2) 采用小组和工作队的方式在装配线上工作，增加工人们在工作中的社会交往。

(3) 采用自由节拍装配线。在工位之间适当增加缓冲在制品，以消除强制节拍给工人造成的心理压力。

第一种改进措施对资本密集型装配线来说是不现实的，因为这要增加大量投资；但对人力密集型的装配线而言则是一个值得考虑的选择。平行配置的优点是：1）提高了生产系统的可靠性。如果某个工位出了故障，只会局部受到影响。2）丰富了职务内容。消除了单行配置带来的工作乏味和疲劳。3）提高了生产能力的柔性。可以通过增加平行的流水作业组的方式，扩大生产能力；而当市场需求减少时，可以通过暂停某个流水作业组的方式缩减生产能力，从而不会像单行配置流水线那样，导致整条流水线开工不足。4）便于开发新产品。例如可以在一个作业组中组装新产品，而其他作业组仍维持原有产品的生产。5）使生产结果的责任更明确，而且还可以引入竞赛机制来提高劳动生产率、提高质量和降低成本。

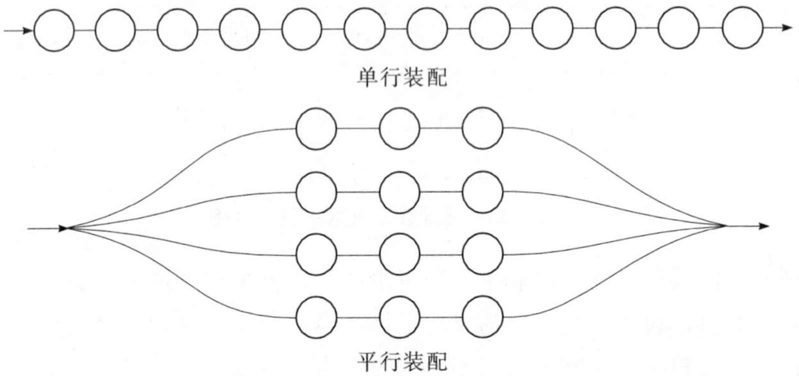

图 2—21　流水线平行配置示意图

第二种和第三种改进方案的成功例子，是瑞典生产沃尔沃（Volvo）轿车的卡尔马工厂。该厂是第一个在最后组装阶段不用固定速度装配线的汽车厂。其具体做法是：每台轿车车身装在一辆自动的有轨小电车上，小电车在嵌在场地里的带电轨道上移动，自动地把车身从一个作业组送到另一个作业组，停在作业组前后的停车点上。各作业组之间的每一空间，可以停放三辆小车，这就成了装配作业组的缓冲库存。与常规的装配线相比，这些缓冲库存使工人可以按自己的速度工作，可以有间歇，可以处理无法预料的故障，从而提高了工人的工作满足感，进而提高了生产率，大大降低了工人的流动率。这种新的流水线组织方法，已开始在美国通用汽车公司等一些大型汽车制造厂中试行。

总之，流水线是一种高效率、低成本的生产方式，但要使其优越性充分发挥出来，不仅要在流水线的组织和设计中考虑技术因素，而且要充分考虑社会心理因素。

本章小结

生产与运营系统设计，决定着物流和业务流能否顺畅地通过系统，决定着产品生产成本或服务成本的高低，决定着生产与运营系统能否快速地响应顾客的要求。生产能力，是指在一定时期内企业所能生产的一定种类和一定质量的产品或服务的最大数量。合理地确定生产能力，要求对市场需求和供给的长期变化趋势和产业的周期性具有预见性。在进行生产能力规划时，应当着眼于竞争力，而不是简单的规模导向。保持生产能力的适当裕量和增加生产能力的柔性，对于提高制造系统的柔性具有战略意义，这一点对于服务企业更为重要。学习曲线模型是分析规模经济性和辅助生产能力决策的有效工具，它还可以用来分析个人和组织的学习效应。

优越的地理位置是一个企业基本的竞争优势，尤其对于像零售业、金融业和快餐业这样的服务业来说更是如此，因此，选址的重要性怎么强调都不过分。几乎所有的选址的定量分析模型，都是处理与位置有关的运输成本和生产成本问题，但选址所应考虑的因素决不只是成本。

设备布置的根本目标是尽可能加快物流在系统中的通过速度，正是由于追求这一目标，使得产品布置方式日益成为设备布置的大趋势。成组技术和相应的成组单元布置，是一种改善多品种小批量生产环境下生产系统物流的流动性的有效方法，它还是建立和有效运营柔性制造单元和柔性制造系统的基础。流水线是一种可以获得最快通过速度的生产组织形式，然而，在设计和组织流水线时，仅考虑技术因素而忽视社会心理因素的影响，会大大限制流水线技术经济性的充分发挥。

案例研究

比亚迪造车①

2005 年 4 月 16 日，比亚迪公司的第一辆轿车 F3 在其西安制造基地下线，此时距这家国际电池企业正式进军汽车业已经 2 年零 3 个月。从最初公众的质疑到其后 2 年多的蛰伏，这家民营汽车公司让大家等得有点心焦。

比亚迪公司总裁王传福宣称："F3 的设计是国际级的水平。"这款新车的量产要到 7 月份，售价大约 9 万元，王传福希望每月能卖出 2 000 辆。

王传福是一位赫赫有名的手机电池大王，他的成功曾经得益于他的逆现代化——向半自动生产工艺的回归，而这次他仍然计划通过这种模式达到汽车生产的低成本。他能成为第二个福特吗?

比亚迪的低成本研发

比亚迪公司上海汽车研究院的主楼明亮安静，公司在这里建立了一个几近完整的测试基地，在这里，可以全面地进行从整车到零部件甚至材料的检测。这条完整的检测线是目前国内很多汽车厂商所没有的，连一汽和二汽目前也没有同时拥有 EMC（电磁兼容实验）和整车碰撞等完整检测线。这样的检测线只有天津国家汽车检测中心和长春汽车研究所各有一条，而属于某个国内汽车生产厂家独有的可以说尚无先例。

王传福说："和其他国内汽车企业相比，我们的独特之处是我们拥有严格的测试系统。产品不在于你起点有多高，起点再低我都可以持续改进。关键是要自己能够认识和改正存在的缺点，千万不要等到市场说话的时候。"

---

① 资料来源：许亚青：《比亚迪花冠》，载《IT 经理世界》，2005（8），总第 170 期，38～41 页。本书引用时作了删节。

35号楼的一层是零部件环境检测实验室，一台台或大或小的仪器整齐地排列着，零部件在使用前需要在这间实验室构筑的模拟环境中接受严格的考验：燃烧、烟雾、防尘、防水、高低温等。

从35号楼到41号楼，然后沿着干净整洁的车间拐弯前行，走进一个车间门口，我们看见这间房子中的房子，外面是白色的墙体，走进去发现四壁皆是蓝色，细一看是一根根蓝色的尖锐的锥体被密密麻麻地固定在墙面上，尖端一律朝外，就像刺猬的毛皮被抻平后铺满四壁。房间容积大约有6米×9米×12米，中间有个直径5米的巨大的转盘，一辆轿车正在上面进行360度的旋转。这是个标准3米法的电磁兼容实验室，汽车可以在360度的旋转中全方位地接受来自电磁波的强大冲击测试。

隔壁的车间里摆放着四个大约高1.5米的"桩子"。"桩子"之间被粗大的塑胶管等各种东西连接在一起。操作人员把机器打开，发出很大的嗡嗡声，这四根"桩子"各自开始以不同的频率震动起来，汽车的四个轮子则被各自固定在上面，接受这个"道路模拟机"的检验。再往前走，另一个巨大的车间内安装着一条整车碰撞检测线。

一个值得注意的现象是，有些仪器一看就知道是购买的标准产品，如温度湿度交变实验箱；而另一些看上去却有些不同，像制动器性能实验台、发动机和变速箱实验台、空调实验室以及我们上面提到的EMC与道路模拟机等，都是这家公司的技术人员自己开发的。

EMC实验室的门口站着秦小杰，这个年轻的工程师带领着一个几个人的项目组，花了几个月的时间建设了这个测试实验室。秦小杰告诉我们："一般来说，引进这样一个实验室大约需要花费1 400万元，需要16个月的时间进行安装，然后再花几个月的时间培训人员，这样一个过程需要两年的时间。但我们自己开发，一共只用了一年多一点的时间，而且只花了几百万元。"

"道路模拟机"一般都是从MTS公司购买，价格大约为100万欧元，而比亚迪公司这个被戏称为"四根桩子"的家伙，也是技术人员自己开发的。"我们从原理出发，弄懂它是如何工作的，然后自己开发，从路谱的采集、编辑到控制，我们自己进行实验研究和软件开发。这台仪器根据我们国家具体的路况可以模拟8种不同的路面，而我们只花了几十万元人民币。"

按照王传福的理论，"搞产品制造的人都知道，一个产品的质量会受到各方面因素的影响，一般来说，80%取决于这个产品的设计，设计定型了，产品也就定型了。而余下的20%则来源于制造上的一些变量，包括本身材质的一些变量，会影响这个产品的品质，而汽车尤其符合这个规律。汽车要比一般的产品更注重设计，因为它的零部件很多，仅零部件的摆放就是一个很大的问题。汽车品质好一定设计要好，如果产品设计有问题，就算是上帝也造不出好车。"

一旦拥有了F3这个平台，再用中国制造的能力把成本降下来，把品质稳定住，本土的汽车公司或许就有戏了。比亚迪公司打算走的就是这样一条路。

移植电池制造的思路

在王传福看来，比亚迪与国内其他本土汽车企业相比，有个更为显著的优势，那就是世界级的制造经验与能力。

电池产业的发展，扩散和辐射到了手机零部件产业群的发展，无疑为比亚迪汽车工业的发展提供了物质基础和动力。此外，更为重要的是，这家50%的产品出口美国，并为摩托罗拉、诺基亚和戴尔等知名的跨国企业提供产品，从而已经成功跻身于世界级制造企业之列的公司，已经积累了独特而有效的生产制造模式，有人称其为“分解模式”。

王传福曾有一段著名的话：“一辆上百万元的车，在我看来其实也就是一堆钢铁，成本是很小的一部分。除了关税，其他大部分钱都是送给美国人、欧洲人、日本人度假用的。汽车40%的工序还是靠人工完成，我们尽可能把汽车的工序分解到人工。”从全自动生产线到人和夹具相结合的半自动生产工艺的回归，他计划通过这种模式达到汽车生产的超低成本。

王传福强调自主掌握核心技术并将其分解，大量采用非专利技术，把成本压到最低限度。“一种新产品的开发，实际上60%来自文献，30%来自样品，另外5%来自原材料等因素，自身的研究实际上也就5%左右。”这种做法，至少理论上能使比亚迪既不沦为国外品牌的下游组装厂，又避免牵涉知识产权问题受制于人；不仅自己开发产品，更开发设备和生产线。

比亚迪公司从成立起，就专门设立了中央研究部、设计室以及技术部，专门负责二次充电电池生产设备以及生产工艺的研发。到目前为止，比亚迪公司60%的生产设备系自主研发，在汽车的研发和制造中，将移植电池的做法。

这种做法的一个作用是成本降低，另一个更为重要的作用是，正如比亚迪公司第15事业部总经理罗如忠所言：“我们做汽车，没有一汽、二汽几十年的积累，资金实力也不如合资汽车公司雄厚，如果什么都像其他企业那样拿钱去买，做电池挣的那点钱早就花光了。如果开始就像同行那样做，我们连采购谈判的专家都没有，更谈不上把系统做好。但是，我们按照‘知其然，知其所以然’的原则实在地做项目，通过一个项目可以培养出一支专家队伍。汽车检测中心的建设和汽车仪表、空调、SRS等项目，就是最生动的例子。”

随着二期规划的完成，这些如今还分散在各个车间的检测实验室，将很快被统一到一幢8万平方米的楼上。这意味着如今已经拥有近300人、40个实验室的检测中心将继续扩张。2004年，检测中心从原来归属的第15事业部独立出来，由这家公司的总裁王传福亲自领导。

很显然，与很多本土汽车企业相比，比亚迪公司最大的优势就是其国际化的制造经验。不过，尽管制造业是有共性的，但比亚迪公司面临的挑战仍然不小。与电池业相比，汽车零部件技术的可复制性差，不像电池业那样研发完一套技术、一套工艺设备后可复制上千台。由于一个产品的零部件数量多，就需要很多种类的工装和自制设备，每一种零件的用量相对于电池又极小，因此，技术开发的工作量很大。零部件工艺开发量大、生产量小、品种多，增大了管理的难度。

走福特当年的路

比亚迪公司从第11事业部到第17事业部是为汽车产业设置的机构，负责汽车研发的工程师一共有3 000多人。

比亚迪公司汽车产业的部门设置

部门	功能
第11事业部	制造部门
第12事业部	车身模具（原北京模具厂）
第13事业部	汽车设计部门
第14事业部	高压铸件
第15事业部	空调、安全气囊、音响、ABS等核心零部件的研发
第16事业部	底盘、座椅、天窗等研发
第17事业部	发动机的研发

当然，比亚迪公司只做它认为重要的零部件。汽车有上万个零部件，它只准备做其中的几十个，诸如发动机、底盘、空调、电子控制系统、大灯和车身模具等。它希望掌握整车的核心技术，如发动机和车身模具技术，但对成本影响很大的一些部件，如空调、仪表盘、发动机等，它也必须自己能制造。优雅流畅的F3用的是三菱的发动机，比亚迪公司自主研发的发动机估计至少要等到9月份才能现身。

发展汽车零部件产业是比亚迪公司掌握汽车核心技术的战略部署之一。业内不少专家认为，以国际汽车企业的经验，占领汽车市场必须要有强大的新车型开发力量支撑，而新车型开发又离不开强大的零部件开发力量的支持。比亚迪公司显然在奉行这个经验，在产品研发项目建设的同时，研发配套手段的建设也初具规模。建立的工程部具备了常规机械加工、装配生产线制造、生产条件准备、非标设备制造、测试设备制造能力。组建了模具制造车间、冲压车间、金工车间、工程车间，为一级总成研发提供支持，并逐步发展成为二级总成制造业。

曾为福特公司工作了40年的查理·瑟伦森曾经回忆说："福特公司主要的工具和最终的装配线及与之相协调的材料输送装置，都出自一个组织，该组织不断地进行实验和改进，以期造出更好的产品。"比亚迪公司好像在走福特当年的路。老福特一世曾经秉持这样的信念："磨刀不误砍柴工。对产品没有足够的认识就匆匆上马生产，是很多企业失败的未被认识的原因。人们似乎认为重要的是工厂或商店或资金或管理，其实在我看来，重要的是产品，任何在设计完成之前匆匆忙忙的投产，都完全是浪费时间。直到有了一种真正的产品，我们才试图进行真正的生产。"①

不知王传福有没有读过福特一世的自传。不过是否读过该书并不重要，只要遵循实事求是的原则，具有开放的胸怀和全球的视野，脚踏中国的实地，深入理解中国广大消费者的需要，就是成功的道路。

问题讨论

1. 怎样评价比亚迪公司的逆现代化——向半自动生产工艺回归的"分解模式"？你认为这种在手机电池产业获得成功的模式适用于汽车产业吗？

2. 怎样评价比亚迪公司的低成本研发模式？这种因陋就简的做法的精髓何在？

① 亨利·福特：《亨利·福特全集Ⅰ——我的生活与事业》，17页，北京，改革出版社，1998。

第三章

过程选择与工作研究

学 习 目 标

阅读和学完本章后，你应当能够：

1. 识别过程的类型和把握不同类型过程的基本特征。
2. 运用产品—过程矩阵辅助生产过程选择决策。
3. 理解为什么要确定服务过程的焦点。
4. 确切阐述过程绩效度量指标的定义，并尝试将其用于过程绩效的分析。
5. 深刻理解“科学管理运动没有过时”的观点。
6. 领会工作研究的 ECRS 原则，并将其应用于实际工作的改进。
7. 认识工时定额的重要性，掌握制定工时定额的基本方法。
8. 学会运用主要的方法研究的图表分析技术。
9. 掌握时间研究和工作抽样的基本方法。

生产率可以被定义为一个组织的有效产出与其投入之比，它对一个企业的竞争力和效益起着关键作用。一个企业的生产率领先于竞争对手，会直接带来成本的降低、交货期的缩短和利润的增加。美国通用电气公司前总裁杰克·韦尔奇曾深有体会地说：收入增长靠创新，利润增长靠效率。日本企业之所以在办公自动化设备、家用电器甚至轿车等领域赶上或超过了美国，一个重要原因是因为它们在提高生产率和质量上付出了锲而不舍的努力。

生产率不仅对制造企业非常重要，对服务企业也不例外。速度和价格是服务企业竞争的两个关键焦点，而这两个竞争焦点都取决于生产率。不过，由于服务比产品更难以定量衡量，故提高服务的生产率要比提高制造的生产率更困难，提高知识工作者的生产率要比提高操作工人的生产率更复杂。

生产率不仅指劳动生产率，还包括资源生产率，也就是除人力以外的资本、资产、技术、信息等资源的生产率。不过提高劳动生产率是提高企业整体生产率更重要的方面，也是生产率更一般的衡量指标。而要提高劳动生产率，就需要对工作方法、作业流程和作业时间进行科学分析和测定，据此制定出科学合理的作业标准和工时定额，使各项作业标准化、程序化。这就是方法研究和工作测定的任务。进入20世纪90年代，企业界掀起了一股业务流程再造（BPR）的热潮，而业务流程分析的许多方法和工具都是以方法研究技术为基础的。另一方面，随着劳动者受教育程度的提高，工作设计和工作丰富化问题也逐渐成为提高劳动生产率的重要课题。

本章先从讨论过程选择入手，说明产品与过程的匹配关系，以及服务运营焦点对服务过程选择的决定作用，然后重点阐述常用的方法研究和工作测定技术。

第一节　过程选择

生产过程（process）是生产与运营系统的基本构成要素，它将输入转化为输出，以创造出比输入更大的价值。过程选择是为产品线或服务项目选择最佳的生产与运营过程模式，以实现高效率、低成本和快速响应顾客需求的目标。生产过程一旦选定，就决定了设备和人力等关键资源的配置方向，决定了生产系统的运营和管理方式，从而要求生产系统在一个较长的时期内保持相对稳定，以充分释放特定生产过程的潜能。因此，生产过程的选择具有战略性。

一、过程类型

我们在第1章中说明生产与运营模式时，曾经按照加工过程中材料的流动方式和集中处理程度，将企业的生产模式划分为大量流水生产、单件小批生产、成批轮番生产以及连续流动生产四种模式。这四种模式实际上也是四种不同的生产与运营过程，即单件生产过程（job shop）、批量生产过程（batch process）、流水生产过程（flow process）和连续生产过程（continuous process）。这四种生产过程分别具有以下主要特点。

单件生产过程的特点是：（1）产品种类繁多，零部件的规格和工艺流程差异较大，非标产品比重较大。（2）适合按订单制造和按订单设计制造模式，每次订货的批量可以很小，对交货期短的紧急订单也可以灵活响应。（3）加工设备大部分为通用设备，按工艺专业化原则布置，适应性强，但作业转换频繁，设备调整时间长，生产效率低。（4）生产系统的柔性高，应变能力强，能够加工很宽范围的不同产品。（5）对操作工人的素质和技能要求高。（6）作业计划复杂，实施难度大，调度任务繁重，生产控制较难。（7）生产系统中物流的流动不顺畅，存在大量往返和混杂的流动，导致在制品库存量大，生产周期长。

批量生产过程的特点是：（1）技术经济性介于单件生产过程和流水生产过程之间，其产品品种比单件生产过程少，比流水生产过程多；生产批量比单件生产过程大，比流水生产过程小。（2）主要生产过程按生产线方式组织，产品或零部件整批量地顺序间断移动，生产效率高于单件生产过程，但柔性不如单件生产过程。

(3) 一般实行备货生产模式，按预先制定的期量标准和轮番间隔期组织生产，随意改变批量会打乱生产秩序；对订货量较大和交货期不紧急的订单，可以实行按订单制造。(4) 生产批量的确定除考虑市场需求特点外，还在很大程度上取决于作业转换时间的长短，作业转换时间越短，批量就可以越小；作业转换时间越长，批量就不得不越大，以分摊作业转换的成本。(5) 批量的大小影响在制品和产成品的库存量，批量越大，在制品和产成品的库存量越大；同时，批量大小还影响生产周期，批量越大，生产周期越长。(6) 作业计划工作比较规范，执行严格的期量标准，作业计划比较容易实施。

流水生产过程的特点是：(1) 实行备货生产模式，根据需求预测，在流水线上长时间按节拍重复进行一种或少数几种标准化产品的大量生产。(2) 原材料、零部件和半成品在流水线上或沿流水线顺序连续移动，物流是单方向的，流动性好，计划和控制相对简单。(3) 生产效率高。由于分工细致、专业化程度高，适宜采用高效的专用设备和专用工艺装备，故使生产率大大提高。(4) 由于工人长时间重复专业化分工的单一作业，故学习曲线效应明显，工人的操作熟练程度高，而对工人素质的要求却不高，人工成本低。(5) 产品质量稳定。由于生产作业标准化、程序化和固定化，故能确保稳定地生产出合格的产品。(6) 生产成本低。由于生产效率高，物流流动性好，在制品库存少，故生产成本较低，只要产品适销对路，流水生产过程具有非常好的技术经济性质。(7) 生产系统的柔性低、刚性强，对市场需求变化的适应性较差，受需求的季节性变化影响大，在需求淡季容易形成开工不足，反而使生产成本上升；另一方面，由于实行的是备货生产模式，故产成品库存水平较高，容易形成产品积压。

连续生产过程的特点是：(1) 实行备货生产模式，连续大量生产，以产成品存货满足需求，适合大宗商品的生产。(2) 生产设备或装置一般是大型化的、资本密集型的，故存在明显的规模经济性，必须靠大规模生产和大规模分销分摊生产系统的高额固定成本。(3) 由于生产装置的大型化、连续化，使得设备故障的影响范围大，损失大，故设备预防维修和维护的地位很重要。(4) 中期生产计划的地位很重要，作业计划和生产控制相对简单。

生产过程的选择只有与产品结构的性质相匹配，才可能获得最佳的技术经济性能和效益。这方面，罗伯特・H・海斯（Robert H. Hayes）和史蒂文・C・惠尔赖特（Steven C. Wheelwright）提出的产品—过程矩阵（product-process matrix, PPM）① 为我们提供了一个过程选择的清晰框架。

二、产品—过程矩阵

图 3—1 是一个产品—过程矩阵示意图。图的横坐标代表产品结构，它是一种从单件、小批量、低标准化的产品结构，演变到大批量、高标准化、大宗商品型产

---

① Hayes, R. H. and S. C. Wheelwright, Link Manufacturing Process and Product Life Cycles. *Harvard Business Review*, 1979, Vol. 57, No. 2, pp. 127—140.

品结构的连续谱，其中可以区分出四种典型的产品结构模式。图的纵坐标代表生产过程，这是一个从方向混杂流动的加工车间型的单件生产过程，向连续流动过程逐渐演变的连续谱，其中也可以区分出四种典型的生产过程。这种演变中的产品结构和生产过程，还可以看作一种产品结构和生产过程的寿命周期结构。当一种新产品处在小批试制阶段时，它的产品结构类型和生产过程类型对应产品—过程矩阵的左上角区域；而当该产品在市场上逐渐进入成熟期后，其产品结构和生产过程的模式则沿产品—过程矩阵的对角线向右下方演变。引入寿命周期的观点，强调了生产过程选择的动态性。

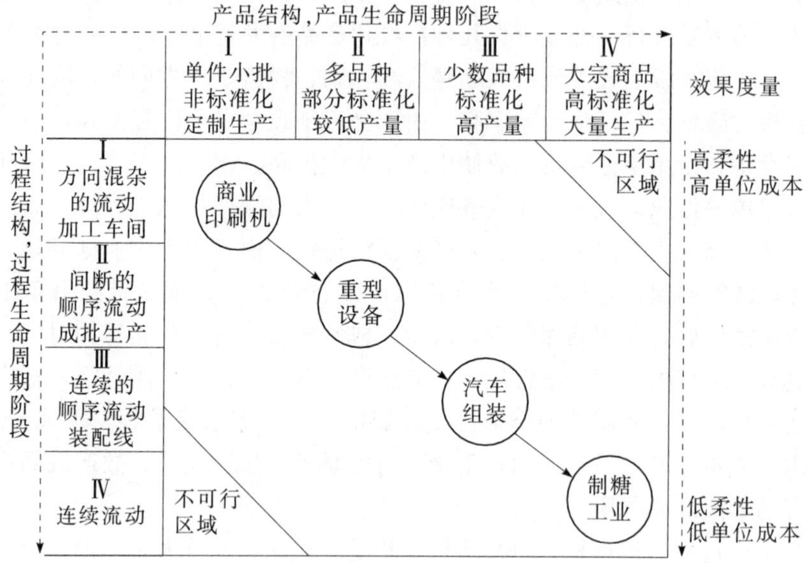

图 3—1 产品—过程矩阵

在图 3—1 的产品—过程矩阵的对角线上，列出了四种代表性的产业。其中商业印刷机是单件小批的加工车间过程的代表，类似的工业还有飞机工业、造船工业和大型发电设备工业等。重型机器设备工业是多品种、较低产量的批量生产过程的代表，类似的工业还有工程机械、纺织机械、输变电设备和通信设备等。汽车组装工业是少数品种、高产量的流水生产过程的代表，类似的工业还有电子工业、家用电器工业、纺织工业、服装工业等。制糖工业是大宗商品、高标准化的连续生产过程的代表，类似的工业还有造纸工业、基本化工原料工业、化纤工业、啤酒酿造工业和冶金工业等。

产品—过程矩阵（PPM）至少向企业的决策者传递了两个重要信息：（1）根据产品结构性质，沿对角线选择和配置生产过程，可以达到最佳的技术经济效益。换言之，偏离对角线的产品结构与生产过程匹配战略，不能获得最佳的效益。（2）那种传统的根据市场需求变化仅仅调整产品结构的战略，往往不能达到预期目标，因为它忽视了同步调整生产过程的重要性。认识到这一点，对于从市场需求的长期趋势和战略角度选择生产过程模式，建立持久的竞争优势，是非常必要的。

现在我们讨论偏离对角线的情况。尽管理论上存在产品—过程的最佳匹配模式，但实际上，产品结构与生产过程的调整很少是完全同步的，这就出现了横向偏离 PPM 对角线的过程配置方式和纵向偏离 PPM 对角线的过程配置方式现象。例如，当产品结构已从多品种低产量，逐渐发展到围绕几个主要产品形成较高产量的阶段时，企业的生产过程还停留在加工车间或批量生产过程阶段，这时，就形成了横向偏离 PPM 对角线的配置方式。在这种配置方式下，虽然生产系统保持了原有的较高的柔性和应变能力，但生产率和单位产品成本的改善却微乎其微。只是当主要竞争对手的生产过程运营在 PPM 对角线，或在对角线以下的状态上，并达到了更高的生产率和更低的成本水平时，才会迫使企业重新选择生产过程，将其配置在 PPM 的对角线上。相反的情况也存在。

每种生产方式和生产过程都有自身的优势和劣势，及其适用的条件，故都会因条件变化而面临不得不进行根本调整的危机。总的来看，生产过程从 PPM 的左上角向右下角演变时，生产率逐渐提高，单位产品成本水平逐渐下降，但系统的柔性和定制能力却趋于下降。当生产过程配置横向偏离 PPM 的对角线时，虽然生产系统保持了原有的柔性，却损失了生产率和成本效益。当生产过程配置纵向偏离 PPM 对角线时，系统的生产效率和成本特性得到改善，却损失了柔性和定制能力。这就是产品结构与生产过程匹配的“功能悖论”。上面已经指出，现实中一定程度的偏离和过度调整是不可避免的，但过度的偏离和过于超前的配置，将可能导致严重的后果，这就是 PPM 中的不可行区域提醒人们注意的问题。

单件生产过程的柔性和适应性最强，流水生产过程的生产率和成本特性最好，符合产品结构要求的生产过程具有最佳的技术经济性，这三个一般原则是进行过程选择的指南。

三、服务运营焦点的选择

服务过程也可以像制造过程那样分为单件定制过程、批量生产过程和流水生产过程。如工业设计就属于单件定制过程，快餐的制作与提供一般属于批量生产过程，城市公交客运基本属于流水生产过程。当然，服务过程很难像制造过程那样规范和标准化。服务过程的选择，虽然与服务业务的性质有关，但更多地还是根据运营战略的定位和焦点来选择。由于服务所具有的无形性特征，使得企业的服务要在顾客心目中形成清晰的定位，必须使自己的运营长期聚焦在一两个成功的关键要素上。事实上，世界上一些著名的大型服务企业都有鲜明的运营焦点。它们的服务过程都在不断强化自己的运营焦点和特色，以期在众多的同类企业中脱颖而出。

服务企业的运营焦点，通常包括以下六种，即：待客（treatment）、快捷（speed and convenience）、价格（price）、品种（variety）、质量（quality）和独特技能（unique skills）。

表 3—1 给出了世界上一些著名公司的服务运营焦点。这些公司尽管规模很大，业务种类繁多，地域覆盖很广，但都能够始终不渝地聚焦在一两个关键运营焦点上，锲而不舍，孜孜以求。这是它们之所以获得巨大成功的奥秘之一。

表 3—1 世界著名企业的服务运营焦点

企业	待客	快捷	价格	品种	独特技能
联邦快递公司	√	√			
沃尔玛	√		√	√	
迪士尼	√				
麦当劳		√	√		
达美乐比萨		√	√		
马里奥特公司	√				
美国航空公司		√		√	
美国西南航空公司			√		
新加坡航空公司	√				

资料来源：摘自 Richard B. Chase：Operations Management for Competitive Advantage，9th，McGraw-Hill Companies，Inc.，2001，p. 213。

美国联邦快递公司（Federal Express Corporation）是一家专门经营货物和包裹快递的公司，拥有庞大的运输机队和车队，在世界范围内享有盛誉。而其运营的焦点集中在两个要素上：友好的、处处替顾客着想的待客和快捷方便。所谓处处替顾客着想，是要使公司所有的运营程序和作业都根据顾客的需要设计和不断改进。2001 年，沃尔玛连锁商店名列美国《财富》500 强企业之首，一家经营日用百货的企业怎么成为世界第一，其经营的奥秘之一是将运营长期聚焦在待客、低价和品种三个焦点上。在待客方面，沃尔玛公司奉行“十英尺法则”，只要顾客走到距离营业员的十英尺半径内，员工就必须主动地与顾客打招呼。迪士尼公司是世界著名的娱乐业企业，在获得了“迪士尼乐园”主题公园的巨大成功后，公司将经营触角伸向了酒店、旅游商品、电影等相关产业。以“狮子王”为代表的动画片打破了美国电影院票房的纪录，而其成功的背后是独特的动画题材编写和制作技术。麦当劳即使在中国也已经家喻户晓了，其成功在于快捷和低价，而这一切靠的是服务的标准化和工业化运营。达美乐比萨饼（Dominos Pizza's Pizza）公司虽然也是经营快餐业，但它的快捷的特色更多地表现在上门送货上，它把自己定位为一家快餐递送公司，它的宗旨是：“如果不能在 30 分钟内将比萨饼送达顾客手中，就免费赠送。”马里奥特公司（Marriott Corporation）是一家经营中高档连锁旅馆的专业公司，它的成功为旅馆业的经营树立了标准，那就是不断优化旅馆的环境、待客和运营的每一个程序和细节，永无止境地追求让顾客宾至如归。美国航空公司（American Airline）、美国西南航空公司（Southwest Airline）和新加坡航空公司（Singapore Airline）虽同处航空业，但公司的规模不同，运营的定位和焦点也应当不一样，这样才能形成各自的特色，吸引和留住不同的顾客群。美国航空公司凭借其规模，靠多样化、广覆盖的航线和航班吸引商务和国际旅行的顾客。美国西南航空公司的规模在美国航空公司中排在第七位，这家公司专营美国西南部和中部主要城市之间端对端的航线，通过各种运营措施降低成本和票价。比如，公司只购买波音 737 一种型号的飞机，以期大大降低备件和维修成本；通过简化登机手续和不转运行李等措施，大大缩短登机和下机的时间，从而减少飞机在地面停留时间和增加飞机飞行时间，道理很简单，飞机只有在天上飞才能赚钱；还有，在飞机上不供应餐饮，不租用联网订票系统，旅客一律在机场现买机票，坐飞机像坐长途汽车一样。这种聚焦在成本上的运营策略使美国西南航空公司获得了巨大的成功。新加坡航空公司受其国土规模和公司规模的限制，不能获得规模经济性的效益，只有靠无微不至的服务和待客吸引国际旅客才能使公司生存下来。

总之，公司战略决定运营焦点，运营焦点决定服务过程的选择。而服务过程的目的是强化运营焦点，从而形成公司的独特定位。

四、过程绩效的度量

管理有一条颠扑不破的定律：你要得到什么，你就必须度量什么。即使生产过程的选择是正确的，也还不能保证所选择的过程一定能够达到预期的目标。要达到预期的目标，必须对过程的运营绩效进行度量，并将度量结果与激励政策结合。常用的过程绩效度量指标如下：

（1）利用率（utilization）。过程资源的实际使用时间与可用时间之比。通常是度量过程的直接人力利用率和关键设备的利用率。

（2）生产率（productivity）。过程的输出与输入之比，又称为效率（efficiency）。过程的生产率可进一步分为全要素生产率（total factor productivity）和分要素生产率（partial factor productivity）。全要素生产率一般用过程产出与各种投入要素的货币价值来度量；分要素生产率则分别按原材料、能源、人力、资金等投入要素与产出进行比较，所使用的计量单位，既可以是实物量，也可以是价值量。

（3）效果（effectiveness）。过程的实际产出与目标或标准之比。比如，假定彩电装配线的设计班产量目标为 960 台/班，实际班产量如果是 948 台/班，则效果为 98.75%。引入效果的概念，是因为过程的某些绩效（如质量）一般是不能用产出与投入的比率来衡量的，也就是像质量这类指标不属于效率的范畴，只能用达到目标或标准的程度来衡量。其他如成本、时间、出勤率、计划完成率等指标，都具有类似的特点。

（4）加工时间（run time）。实际加工一批零件所需的时间。

（5）转换时间（setup time）。或称为设置时间，是在不同的作业之间进行转换时调整设备和准备工作所消耗的时间，主要包括准备时间、设备调整时间、首件检验时间等。过程在进行作业转换时不创造产出，所以转换时间是一种固定成本，应尽量采取措施加以缩短。

（6）作业时间（operation time）。等于转换时间与加工时间之和。

（7）循环时间（cycle time）。又称为节拍、周期时间，是一个重复生产过程完成相继的两个单位产品的间隔时间。

（8）产出时间（throughput time）。又称为通过时间，是一批零件通过整个生产过程的全部时间，包括作业时间和等候时间等。

（9）产出率（throughput rate）。是生产过程在单位时间内的产出数量，它等于循环时间的倒数。

（10）产出比率（throughput ratio）。或称为过程效率，它等于附加价值时间与产出时间的比率。产出比率反映过程的产出时间有多大的比例用于向产品中附加价值。

（11）附加价值时间（value-added time）。通常为实际加工时间。区分附加价值时间和非附加价值时间，以及相应的附加价值活动和非附加价值活动，对于改进操作方法和提高过程效率是非常重要的。统计表明，生产过程的大量时间是花费在非附加价值活动上的，其比例一般占到产出时间或通过时间的95%以上。这些非附加价值活动包括作业转换、搬运、储存、排队等候，甚至包括质量检验。实际的加工时间通常只占产出时间或通过时间的不到5%，因此大多数企业在提高产出时间利用率方面存在着巨大的潜力。时间就是金钱，时间的浪费是最大的浪费。我们在阐述方法研究技术时还要对此进行深入讨论。

（12）利特尔定律（Little's law）。利特尔定律给出了过程的产出时间（也就是通过时间）与在制品库存和产出率的关系。

$$\text{产出时间}=\frac{\text{在制品库存}}{\text{产出率}}$$

对于制造过程，产出时间就是一般所说的生产周期，它是从原材料投入开始到成品产出为止所经历的时间。对于服务系统，产出时间是从顾客进入服务系统开始到接受完服务离开系统所经历的时间，也就是顾客在系统中的逗留时间或通过时间。利特尔定律最初来自排队论，用来表示顾客通过系统的时间取决于系统中的顾客数量和系统的产出率，经过改造后成为生产与运营管理的一条重要定律。利特尔定律说明了一个重要的概念，即产出时间不仅与过程的产出率有关，而且与在制品库存有关。缩短过程的产出时间有两条途径：一是提高产出率，二是降低在制品库存，后者往往被人们所忽视。提高产出率通常要加大产能，这可能需要追加投资，而降低在制品库存基本上是一个管理问题，投入少，收效大。

为了进一步说明过程绩效度量指标的应用，我们来看一个例子。

[例3—1]

餐馆的运营

集天小吃是R大学校园内新近开张的一家快餐型餐馆，经营各种面食、炒饭、米粉、凉菜、家常炒菜等，菜单上的品种多达50余种，服务对象主要是学生和教师。由于饭菜口味比学校食堂的好，价格又不很贵，故开业初期顾客盈门，特别是午餐时间，下课的同学蜂拥而至，餐馆的生意十分火爆。餐馆设有80张餐桌，每张餐桌四个座位，可供四位顾客同时用餐。学生们大多是结伙前来用餐，一般是2～3人一伙，几个人面对面坐着一边吃饭一边聊天，情景十分热闹。但由于下课时间集中，人来得也集中，许多人找不到座位，不得不站在一边等候。因此经常听到学生们抱怨等候时间太长，要不就是抱怨上菜时间太长，有人离开时甚至冲着服务人员大声说下次再也不来了。

听到学生们的抱怨，餐馆经理心里很着急，怎样才能减少缩短顾客的等候时间呢？有心增加几张餐桌，但地方就这么大，没地方放。其他的办法也试过，但收效不大。于是她想到请商学院常来这里就餐的几位 MBA 学生替她分析一下，看看有没有什么好的解决办法。

解：

被请来的 MBA 小组开始收集餐馆的运营数据。餐馆同时可供顾客用餐的最大能力为 320 人（80 桌 ×4 人/桌），由于顾客是结伙前来用餐，平均每伙 2.5 人，所以当餐馆所有餐桌坐满时，餐桌的平均利用率为 62.5%（2.5 人÷4 人/桌）。MBA 小组还抽样测量了顾客的平均用餐时间，他们发现餐馆没有坐满时，顾客等候上菜的平均时间约为 5 分钟，实际用餐时间约为 25 分钟；当餐馆满员时，上菜时间延长到平均 10 分钟左右，可能是由于桌子旁边有人站着焦急地等候的缘故，使得这时顾客的平均用餐时间比平常要短，约为 20 分钟，所以，顾客的总体平均用餐时间约为 30 分钟。餐馆坐满时，系统的循环时间为 0.375 分（30 分/桌÷80 桌），也就是平均每 22.5 秒有一张桌子空出来。餐馆每小时可服务 160 伙顾客（60 分÷0.375 分/伙），即餐馆的产出率为 160 伙/小时。

MBA 小组还收集了午餐期间顾客到达的规律，他们每隔 15 分钟统计一下在此期间到达的顾客数量，发现顾客的平均到达规律具有表 3—2给出的频率分布特征。用餐高峰从每天中午 11：30 开始，一直持续到 14：00，因为学校下午从 14：00 开始上课，所以，一般在13：30以后就基本上没有顾客再来了。

表 3—2　　顾客就餐的到达频率分布

期间	顾客到达（伙）	累计（伙）
11：30—11：45	25	25
11：45—12：00	40	65
12：00—12：15	80	145
12：15—12：30	50	195
12：30—12：45	30	225
12：45—13：00	20	245
13：00—13：15	15	260
13：15—13：30	10	270
13：30—13：45	0	0
13：45—14：00	0	0

由于餐馆午餐的运营时间为两小时，总服务能力为 320 伙顾客，所以从总体能力上看在午餐期间供 270 伙顾客用餐没有什么问题，而顾客之所以抱怨等候时间过长，是由于顾客到达的频率是不均衡的。因此，需要进一步分析在午餐高峰期间等候的顾客数量和平均等候时间的具体数据。

为了分析每个 15 分钟期间系统内逗留的顾客数量、等候的顾客数量和平均等候时间，需要计算每个期间内累计的到达顾客数量和离开的顾客数量，二者的差值就是每个期间系统内逗留的顾客数量。由于餐馆只有 80 张餐桌，所以系统内逗留的顾客数量超过 80 伙的部分，就是等候的顾客数量。由于餐馆坐满时的循环时间为 22.5 秒，所以在平均意义上，最后到达的一伙顾客要等到前面的顾客都有了座位之后才可能轮到用餐，因此，期望的等候时间为餐馆中等候的顾客数量乘以循环时间。分析结果如表 3—3 所示。

表 3—3　　餐馆运营状态分析结果

期间	到达数（累计）（伙）	离开数（累计）（伙）	餐馆内逗留数（伙）	占用餐桌数	排队数（伙）	平均排队时间（分）
11：30—11：45	25	0	25	25	0	0
11：45—12：00	40（65）	0	65	65	0	0
12：00—12：15	80（145）	25	120	80	40	15
12：15—12：30	50（195）	40（65）	130	80	50	18.75
12：30—12：45	30（225）	40（105）	120	80	40	15
12：45—13：00	20（245）	40（145）	100	80	20	7.5
13：00—13：15	15（260）	40（185）	75	75	0	0
13：15—13：30	10（270）	40（225）	45	45	0	0
13：30—13：45	0	35（260）	10	10	0	0
13：45—14：00	0	10（270）	0	0	0	0

分析结果表明，从 12：00 起餐馆中就开始有顾客等候，在 12：15 到 12：30 期间达到高峰，此时等候用餐的顾客数量达到 50 伙人。排队等候用餐的现象直到 13：00 以后才结束，等候时间最长达到 18.75 分钟。

那么如何改善餐馆午餐高峰期间的就餐状况呢？MBA 小组经过讨论提出了几点改进措施：

（1）缩短餐馆在高峰期间的循环时间。显然，缩短顾客的用餐时间是不现实的，只有缩短上菜时间。分析表明，餐馆高峰期间的上菜时间比平时延长了一倍，这一方面是由于厨房的加工能力有限，还因为餐馆在高峰期间供顾客选择的饭菜品种过多，使用的是与非高峰期间一样的菜单。所以，MBA 小组建议采取以下改进措施：(1) 在高峰期间适当增加厨房的临时人手；(2) 在午餐就餐高峰来临前多准备一些半成品；(3) 适当减少高峰期间的饭菜品种，高峰期间与平常时间使用不同的菜单。

（2）分拆部分餐桌，增加系统的服务能力。由于餐馆已经没有多余的空间摆放更多的餐桌，MBA 小组建议，能否将部分四个座位的餐桌改成两个座位餐桌并起来的餐桌。平常将它们并在一起，高峰时将其挪开适当的距离，并在拆开的餐桌靠过道一边加一把椅子，这样原来四个座位的餐桌就变成一个两个座位、一个三个座位的两个餐桌，从而使这部分餐桌的利用率达到 125%。

（3）改进餐馆的布局。一是打通环绕路径，减少往返路径；二是将收银台设置在餐馆中心，以减少服务员往返收银台的路程和时间。

在最后向餐馆经理提交改进建议之前，MBA 小组决定先测算一下改进措施的效果。你能帮助他们测算一下吗？

从上例中我们可以看出，仅仅从过程的宏观角度进行改进是不够的，要真正大幅度改进过程的绩效，还必须对过程的流程和关键工作的操作方法以及工时定额进行科学的研究。

第二节 工作研究概述

工作研究（work study）包括方法研究（methods study）与工作测定（work measurement）两个相互联系的部分。方法研究是通过对工作过程和每个细节的系统分析，制定出最可取的工作方法，并使之成为标准的一种科学管理方法。工作测定，又称为时间研究（time study），是在一定的标准测定条件下，确定人们作业活动的所需时间，并制定出时间标准或定额的一种科学管理方法。方法研究与工作测定既有区别又有联系，它们之间的区别在于各自的侧重点不同。方法研究侧重研究完成工作的最佳方法；工作测定侧重研究完成工作的标准时间。它们之间的联系在于，工作测定是以完成工作所采用的方法是科学方法为前提的，否则这种测定就失去了意义；而工作测定所提供的时间数据，又常常是据以比较各种方法优劣的一种重要尺度。因此，有必要将二者放在一起研究和讨论。

对于几乎任何行业的任何作业，都可以应用方法研究和工作测定的原理和方法，来帮助寻求一种更好的作业程序和作业方法。无论是制造业还是服务业，无论是企业还是政府或其他非营利组织，都面临改进作业方法以提高生产率的问题。过去如此，现在如此，将来也是如此。提高生产率是一个永恒的主题，随着技术的进步和知识的积累，工作的改进永无止境。

方法研究和工作测定是在 20 世纪初叶，伴随着科学管理运动的兴起而发展起来的。科学管理运动的创始人美国工程师和管理学家 F. W. 泰勒首创了时间研究和动作研究。与泰勒同时代的一批著名的科学管理运动的先驱吉尔布雷斯夫妇、亨利·L·甘特（Henry Laurence Gantt）以及哈林顿·埃默森（Harrington Emerson）等人，发展了泰勒的科学管理思想，丰富了方法研究和工作测定的方法体系。将近一个世纪过去了，社会生产已进入了自动化和计算机控制的时代，就业结构已从以制造业为主转向了以服务业为主。面对如此巨大的变革，科学管理的思想和方法是否仍然有效，科学管理运动真的像有些人说的那样过时了吗？

一、科学管理运动没有过时

要回答科学管理运动是否过时的问题，首先要了解什么是科学管理运动，它的思想精髓和方法论是什么。

F. W. 泰勒在倡导科学管理运动时，提出过一些重要的思想。在泰勒看来，管理技术就是“确切知道要别人干什么，并注意让他们用最好最经济的方法去干”①。他认为，整个作业管理制度应当“建立在对单位工时的精确和科学的研究上，这是科学管理中最最重要的因素”②。“倘若工作的性质要求多次重复去做，则时间研究

---

① ［美］F. W. 泰勒：《科学管理原理》，33 页，北京，中国社会科学出版社，1984。

② 同上书，57 页。

应当做得更仔细、更精确。每项工作应当妥善地分成若干基本动作，对每个单位工时应当加以最彻底的时间研究。而不是笼统地对整件活定出一个工时和工资数额。”① 泰勒最著名的思想是他提出的科学管理四原则②：

（1）对工人操作的每个动作进行科学研究，用以代替老的单凭经验的办法。

（2）科学地挑选工人，并进行培训和教育，使之成长。

（3）与工人亲密协作，以保证一切工作都按已发展起来的科学原则去办。

（4）资方（管理当局）和工人们之间在工作和职责上几乎是均分的，资方应当把自己比工人更胜任的那部分工作承揽下来。

泰勒早就预见到并提出，高工资和低劳动成本相结合是可能的，这种可能性“主要在于一个一流的工人，在有利环境下所能完成的工作量与普通水准的工人实际完成的工作量间的巨大差距”③。而使这种可能性变为现实的途径就是：基于方法研究和时间研究基础上的科学管理。我们看到，泰勒的这种预言，已经被当代一些发达国家和许多世界级企业证实了。

那么，科学管理运动是怎么把其思想和方法应用于解决现实中的作业管理问题呢？我们通过一个简单的例子便可窥见一斑。

[例 3—2]

用方法研究改进砌砖作业

砌砖是一种最古老的手艺，尽管有成百万人从事这一行，但多少代人都是延续前人传下来的操作方法，没有对它进行过大的改进。科学管理运动的先驱者之一F. B. 吉尔布雷斯仔细研究了砌砖的过程，决定把科学管理原理应用到砌砖作业上去。他对砌砖过程的每个动作进行了认真而又有趣的分析和研究，把所有不必要的动作一个个地排除掉，用快动作代替慢动作。他对以任何形式影响砌砖工的操作速度和疲劳度的每个细小因素都进行过验证。

他重新设计了砌砖工每只脚站立的精确位置，联系到墙、灰浆箱和砖堆等位置，这样，使砌砖工每砌一块砖，毋须再在砖堆之间来回转身和走动。

他研究出放灰浆箱和堆放砖的最佳高度，设计了一种支架，上面放一张桌子，所有的材料都堆置在上面，使砖、灰浆、砌砖工和墙处于各自合适的位置上。这些支架由一名专司其事的工人掌管，随着墙的升高，他就为所有的砌砖工调高支架，这样砌砖工在取每块砖和每一刀灰浆时，就毋须再做一俯一伸那种使人劳累的动作了。过去，砌砖工每次为砌一块砖（重约 5 磅），都得俯身到他的双脚处（体重一般为 150 磅），然后再伸直，想想看，这得耗费多少体力啊！

进一步研究的结果，是在砖从车上卸下后运送给砌砖工之前，先由一名工人进行仔细分类，并把这些砖块的最好的端面朝上，放在一个简易的专门设计的“砖包”里。这样一来，砌砖工在砌每一块砖时，就毋须再将砖翻过来倒过去地花时间

① [美] F. W. 泰勒：《科学管理原理》，73 页，北京，中国社会科学出版社，1984。

② 参见同上书，169 页。

③ 同上书，170 页。

挑选最好的端面，以便砌在墙的外沿以保证美观。并且，他还毋须像过去那样，花时间去清理在支架上杂乱堆放的砖块。这些砖块由辅助工整齐地摆放在砖包里，并放在可调整高度的支架的适当位置上，而且靠近灰浆箱。

吉尔布雷斯先生还发现，要是把灰浆的浓度调得正合适，那么砌砖时，只要用手往下压一下，就可以使砖达到合适的位置，而无须像过去那样每次都要敲打几下。因此，他坚持要调浆工将灰浆调到合适的浓度，这样就可以省去砌砖工敲打每块砖的时间。

吉尔布雷斯先生经过仔细研究砌砖工在所有标准情况下砌砖的动作后，把砌外墙砖的 18 个动作减少到 5 个，把砌内墙砖的动作甚至减少到只需要 2 个。新的砌砖方法大大提高了砌砖的效率，使得每人每小时的砌砖速度从过去的平均 120 块增加到 350 块，增长了近 2 倍。

吉尔布雷斯先生对砌砖作业的研究和改进，说明了方法研究的一般程序和原则，即：

（1）仔细观察工作过程和每一个动作细节，省去一切不必要的动作；

（2）找到或设计出最适合工作要求的工具和设备；

（3）最恰当地准备好原材料；

（4）设计工作场所以使工作能够尽量简单和快捷地进行；

（5）用低技能的工人来辅助具有专门技能的工人，以充分发挥后者的作用；

（6）要尽量使得双手并用。

还有一点值得指出的是，整个砌砖作业的研究和改进是由像吉尔布雷斯先生这样以前从未砌过砖的“外行人”完成的。可见，专业知识对应用管理科学方法并不是一个必要的条件。

像砌砖这种有几千年历史、经过多少代瓦工匠们的实践早已成为一种定式的作业，尚且有如此之大的改进余地和改进效果，更不用说其他的作业了。尤其是现代社会中的各种服务性作业，如商店的售货作业、餐馆的烹调作业、银行的出纳作业、邮局的打包作业、医院的门诊作业、电话局的维修作业、政府部门的审批作业以及办公室的收发作业等等，如果都能像吉尔布雷斯研究砌砖那样加以细致分析，使之简化和标准化，我们这个社会的效率将会大大提高，人们也将会有更多的闲暇使生活过得更加舒适愉快。所以，只要提高生产率仍然是一个社会和一种社会制度的主题，科学管理运动就不会过时。无怪乎西方国家的有些学者面对“白领工人”居统治地位的当今社会，仍在大声疾呼“回到泰勒时代去”。

二、工作研究的步骤

1. 工作研究的基本假定

方法研究与工作测定包含三个基本的假定。

（1）执行任何工作任务通常都有很多方法，但就任何一个时期所掌握的知识而论，总有一种方法是优于其他方法的。

（2）与未经训练的独创方法相比，解决问题的科学方法一般是更有效的工作方法。

（3）任何一项作业的实施标准，或者任何一项工作的时间标准都是可以确定的。

这三项基本假定，解决了方法研究与工作测定的必要性以及它们所适用的范围。这三项假定已经被无数次方法研究与工作测定的成功应用一再证明。现在，解决了为什么要应用方法研究与工作测定的问题，接下来的问题就是如何应用这些方法了。在详细阐述方法研究与工作测定的常用方法和工具之前，有必要特别强调研究所应遵循的逻辑程序。

2. 工作研究的程序

方法研究与工作测定的逻辑程序是：

（1）立项。任何一个企业或组织都包括大量的作业项目，每种作业项目对组织目标的影响程度和贡献大小是不同的，有些项目是关键的，有些是非关键的，这就有一个如何选择合适的工作研究项目的问题。一般来说，研究项目应选择那些对实现组织目标起重要影响作用的工作环节和作业活动，具体选择依据可从以下三个方面考虑：1）经济因素，即经济价值较高的工作，例如主导产品工艺流程中的关键作业、生产的瓶颈环节、质量不稳定的工序等。2）技术因素，即开展研究的物质技术条件是否具备。3）人的因素，包括能否取得组织领导者的支持，能否得到部门管理者和操作人员的配合等。

（2）目标。确定工作研究要达到的目标，制定标准来评定解决方案的可行性和成效。

（3）记录。观察现行的工作程序和操作方法，将其如实地、详细地记录下来。记录的详尽程度和正确程度直接影响着下一步的分析结果。方法研究和工作测定之所以得到广泛应用，一个很重要的原因就是它建立了一套规范化的专用图表工具，它们能够帮助工作研究人员准确、迅速、方便地记录要研究的事实，为分析这些事实提供标准的表达形式和术语。

（4）分析。工作研究首先需要将整个工作过程分解成许多工作要素和动作，这些要素和动作称为工作单元（work-unit）。这些工作单元具有已知的特征或者有过去的研究资料可资利用。然后是对这些工作单元细节的分析和对工作全过程的系统分析。分析中经常需要从以下六个方面不断提出问题：

1）Why —— 何故？

- 为什么这项工作（或动作）是必不可少的？
- 为什么这项工作要以这种方式进行？
- 为什么完成这项工作需要这些投入？

2）What —— 何事？

- 这是一项什么性质的工作？
- 这项工作的目标是什么？
- 这项工作的结果是什么？

3）Who —— 何人？

- 由谁来从事这项工作？
- 应该由谁来从事这项工作？

4）Where —— 何处？

- 这项工作是在哪里进行的？
- 这项工作对工作环境有什么特殊要求？
- 这项工作应当在何处、何种工作环境中进行？

5）When —— 何时？

- 这项工作的开始时间、结束时间和持续时间是什么？
- 这项工作为什么持续这么长时间？

6）How —— 何为？

- 这项工作是怎么进行的？
- 完成这项工作还有没有更好的方法？

以上六个方面的问题又称为“5W1H”分析。

（5）革新。设计新的工作程序和工作方法，这是工作研究的核心部分。新的工作方法可以是在现行工作方法基础上，通过“取消——合并——重排——简化”四种方式的分析和设计形成的，这四种方式称为工作研究的ECRS技术，其内容见表3—4。

（6）评价。评价经过革新和改进的新工作方法，主要是根据预先设定的目标，评价新工作方法在成本、工作时间、工作效率、省力、工作质量和工作效果几个方面是否达到了预定的目标，并且明显优于传统方法。

表3—4　　ECRS技术的内容

（1）取消（elimination）：对任何工作首先要问为什么要干它？能否省去不干？ ● 取消所有多余的步骤或动作（包括身体、四肢、手和眼的动作）； ● 减少工作中的不规则性，比如将工具存放地点固定，形成习惯性机械动作等； ● 尽量取消或减少手的使用，如抓握、搬运等； ● 取消笨拙的或不自然、不流畅的动作； ● 尽量减少一切肌肉力量的使用； ● 减少对惯性、动量的克服； ● 杜绝一切危险动作和隐患； ● 除必要的休息外，取消工作中的一切人员和设备的闲置时间。
（2）合并（combination）：如果工作或动作不能取消，则考虑能否可与其他工作合并。 ● 合并多个方向突变的动作，形成单一方向的连续动作； ● 固定机器运行周期，并使工作能在一个周期内完成； ● 实现工具的合并、控制的合并以及动作的合并。
（3）重排（rearrangement）：对工作的顺序进行重新排列。 ● 使两只手的工作负荷均衡，而且同时进行，相互对称； ● 使工作由手向眼转移。
（4）简化（simplification）：指工作内容和步骤的简化，亦指动作的简化、能量的节省。 ● 在能够完成工作的基础上使用最小的肌肉群，且注意有间歇有节奏地使用； ● 减少目光搜索的范围与变焦次数； ● 使工作能在正常区域内完成而不必移动身体； ● 使动作幅度减小； ● 使手柄、杠杆、踏板、按钮等控制器适合于人的尺寸与肌体性能； ● 在需要高强度肌肉力量处，借助惯性来获得能量帮助； ● 使用尽可能简单的动作组合； ● 减少每一个动作的复杂程度，尤其是在一个位置上的多个动作。

（7）试行。通过试行，对新工作方法的可行性、可靠性、安全性以及技术经济性进行最终的检验，并征求操作人员的意见，对新工作方法作最后的完善。

（8）应用。将新工作方法标准化，取得组织有关领导的批准，正式颁布实施。

三、工作改变的类型

工作方法的改进是组织中的一种改变（change），它不仅涉及工作本身，还涉及完成工作的人。可以按照工作方法改进所涉及的范围，将这种改变分为五种类型，这五种类型改变的影响程度和难度是不同的，它们构成改变的五个等级。这五种类型的改变是：

（1）人的活动的改变。改变手的动作、身体动作、感觉活动、认知活动或它们的顺序，以利于工作。

（2）工作场所的改变。包括改变所使用的工具、调整工作中心的布置、重新配备工作中心的设备以及重新设计所使用的工具。

（3）工艺过程或工作程序的改变。改变产品或零件的加工工艺路线或加工方法，改变业务处理流程或服务程序。

（4）产品设计的改变。对产品进行改进或重新设计，使之更便于制造，从而从根本上改进制造产品的各项工作的效率，或者对服务进行重新设计，从而使工作的成效更显著。

（5）资源投入的改变。一个组织采购的原材料（对物质产品而言）或收到的信息（对服务而言），在形式、条件、规格、内容或到达时间安排方面有所改变，从而使整个组织加工原材料或加工信息的各项工作得到改进。

表3—5给出了各类改变之间的相互关系。从表中可以看出，除第一种类型的改变外，任何一种类型的改变通常还包括等级较低的改变类型。例如，工具、工作中心和设备方面的改变，必然包含着手和身体动作的改变；产品设计方面的改变，往往要求工艺过程、工具以及手和身体动作的改变。

表3—5　　工作研究可能导致的五种类型的改变

改变的等级	手和身体的动作	工具、工作中心和设备	工艺过程与业务流程	产品设计	原材料与信息
1	新式	改变较小	不变	不变	不变
2	新式	新式	不变	不变	不变
3	新式	新式	新式	不变	不变
4	新式	新式	新式	新式	不变
5	新式	新式	新式	新式	新式

确定某一项特定工作的改变类型，可以使工作研究人员预计改变的影响范围和影响程度，预计工作改进的难度和工作量。应该注意，改变类型的等级越高，需要改变的项目就越多，从而，改变的等级越高，受到改变影响的人也就越多，分析人员所需要的权力也就越大，发起工作研究和工作改进的部门在组织中所处的级别也

应当越高。例如，第一类改变或工作改进，可以由组织中的任何一个成员着手进行；第二类改变可能涉及一线管理人员和工具部门主管及工具设计人员，故要推行涉及第二类改变的工作研究和工作改进，必须取得这些人员的合作；第三类改变除涉及前两类改变的有关人员和部门外，还加上工艺部门；第四类改变则必须要有工程部门、设计部门和销售部门更多的合作；第五类改变或工作改进还要再加上采购部门甚至整个供应链的合作。

在进行工作研究之前，明确工作研究和工作改进的影响范围和实施条件是非常重要的。而改变类型提供了一种预测影响范围和制定工作研究推进计划的依据。

四、工时定额

工时定额，又称为标准工作时间，是在标准的工作条件下，操作人员完成单位特定工作所需的时间。标准工作条件的含义是，在合理安排的工作场所和工作环境下，由经过培训的操作人员，按照标准的工作方法，通过正常的努力完成工作任务。可见，工时定额的制定应当以方法研究和标准工作方法的制定为前提。

1. 工时定额的作用

制定工时定额是企业管理的一项基础工作，其作用如下：

（1）确定工作所需人员数量和部门人员编制的依据。

（2）计划管理和生产控制的重要依据。任何生产计划的编制，都必须将产品出产量转换成所需的资源量，然后与可用的资源量进行比较，以决定计划是否可行，这步工作称为负荷平衡。无论是出产量转换，还是可用资源量的确定，都应当以工时定额为标准，这样的生产计划才具有科学性和可行性。此外，生产进度的控制和生产成果的衡量，都是以生产计划为基础的，从而也是以工时定额为依据的。

（3）控制成本和费用的重要依据。在绝大多数企业，尤其是服务企业中，人工成本在全部成本中都占有较大的比重。降低人工成本必须降低工时消耗，而工时定额是确定工时消耗的依据，从而也是制定成本计划和控制成本的依据。

（4）工时定额是提高劳动生产率的有力手段。劳动生产率的提高，意味着生产单位产品或提供特定服务所需的劳动时间的减少。而要减少和节约劳动时间，必须设立工时定额，据以衡量实际的劳动时间，找到偏差，采取改进措施。无标准，则难分优劣；无规矩，则不成方圆。

（5）制定计件工资和奖金的标准。在实行计件工资的条件下，工时定额（有时换算成小时或每日的工作量或产量）是计算计件工资单价的重要依据；在实行奖金制度条件下，工时定额是核定标准工作量（或产量）、计算超额工作量（或产量）、考核业绩、计算奖金和进行赏罚的主要依据。

总之，工时定额无论对合理组织生产还是确保分配的公平均起着重要的决定作用。

2. 工时定额的估算

一般来说，工时定额可以通过科学地采集四类数据进行估计，它们是：

（1）WT：工作时间。

（2）WC：在 WT 期间内完成的工作数量。

（3）M：工作时间的技术修正系数，又称为作业成绩系数。

（4）A：将工时定额调整为实际操作人员工时定额的附加数。

工时定额的通用计算公式为：

$$ST=\frac{WT}{WC}\times M+A \tag{3.1}$$

式中，ST 是工时定额；WT 是一项工作连续重复进行的一段时间，应根据抽样的统计要求来确定；WC 是在 WT 期间内完成的工作数量；M 是工作时间的技术修正系数，主要用来剔除工作时间中包含的不必要的和多余的时间，如未按标准作业方法操作多消耗的时间，超过生理正常需要的休息时间和停工时间，由于班前准备工作不充分、不能严格遵守准备工作程序而多消耗的时间，多余的、不属于完成工作所需要的活动所消耗的时间，以及某些非正常因素造成的时间损失等；A 是操作人员工时定额附加数，主要是根据实际操作人员的具体情况，如性别、年龄、从事该项工作年限、培训水平和时间长短、正常疲劳程度等，合理调整实际应当下达给某个操作人员的工时定额。

后面我们将看到，各种工作测定技术，如工作抽样技术和工时分析技术以及多元回归方法及预定时间系统等，实际都是研究如何科学地采集这四类数据，以合理地计算工时定额的方法和技术。

五、人的因素

工作研究的直接目的是制定人们工作的标准方法和标准时间，它的成功推行，离不开工人的认同和合作。工作研究的根本目的是提高生产率，从而从根本上和从长远角度改善工人的工作条件，满足他们的物质需要和社会需要，即所谓“把馅饼做大”。但实践表明，工作改进的根本和长远利益，往往不能被工人认识到和直接感受到，工人们更关心的是他们从工作改进中可以立刻得到的直接好处是什么。他们会很自然地认为，工作研究会使他们付出过分的努力，受到更多的管制和约束；生产率的提高会使他们中的一些人失去工作甚至失业。在服务企业或政府机构中，当开展工作研究时常会听到这样的议论：“我们的工作无法计划!”“你们怎么能用秒表来测定我们!”其实这并不奇怪。

方法研究和工作测定决不应当成为一种榨取工人的手段，也决不应当以牺牲一部分人的利益作为提高生产率的代价。减轻工人的劳动强度，以同样的付出获取更多的报偿，或者以额外的付出获取加倍的报偿，在组织和其成员之间公平地分配工作改进的成果，这些既是工作研究追求的目标，也是工作研究取得成功的保证。

在研究人员与工人之间建立起良好的沟通和信任关系，是工作研究取得成功的关键。管理学发展史中著名的霍桑试验雄辩地证明了这一点。接受试验的工人无论在明亮的还是昏暗的照明条件下，生产率都在不断提高，这使得试验人员无法用统计方法解释试验的结果。但正如指导霍桑试验的哈佛大学教授 G. E. 梅奥所指出的：解释霍桑秘密的关键因素是试验小组成员精神状态的一种巨大改变，接受试验的工人因得到试验研究人员越来越多的关心而受到激励，并培养出一种参与试验计划的感觉，试验研究人员对试验小组的真正影响，在于整个改造了其全部工业情境。霍桑试验得出的结论，不是要低估方法研究与工作测定的作用，而是提醒工作研究人员，在专注于工作过程的技术细节时，别忘了担任工作的人们。

第三节　方法研究的图表分析技术

管理实践表明，一个管理者的成功，主要取决于他发现问题、判断原因和找出可操作性的解决方法的能力。找出工作中问题的原因和解决的方法，需要系统化的程序和科学的方法。我们在上一节已经讨论了系统化的程序，本节将讨论方法研究的分析技术。迄今为止，人们已开发出多种用于方法研究的工具和技术，其中图表法是简便有效、应用最广的技术。下面我们重点讨论其中最常用的作业流程图法、流程程序图法、双手操作图法以及人—机操作图法。

一、作业流程图法

作业流程图（operation process chart）是以规定的图形符号代表生产产品或提供服务过程的作业工序和检验工序，将活动过程中这两类工序的序列关系描述成流程图的一种规范的形式。必要时，在作业流程图中还可以注明各道工序的名称和所使用的材料，根据需要还可以将作业和检验的时间及地点标在图上。

1. 符号

作业流程图使用以下三种符号：

（1）○ 代表一项加工作业工序，它是零件、材料或产品加工过程的一个组成部分，是在一定的地点上进行的。

（2）□ 代表检验工序，检验工序是将产品或服务的质量或数量与相应的标准进行比较，以鉴定产品或服务是否符合质量标准的活动过程。

（3）▽代表存储环节，它是作业过程中暂时存放或固定存放材料或文档的环节，如流水线上的缓冲库存存放区，或生产系统中的原材料、半成品和产成品仓库，或服务系统中的队列和文件保管处等。

2. 惯例

在绘制作业流程图时通常遵循以下的一些惯例：

（1）横线表示原材料从哪里进入加工过程。

（2）竖线和连线表示加工过程的顺序步骤。

（3）流动顺序自左至右、自上至下。

作业流程图主要是以产品为对象的一种分析工具。其重点是分析工序的设置是否合理，各工序间的先后次序安排是否合理，能否减少材料和在制品的存放和搬运，以及检验工序设置在哪个环节最有利等。作业流程图还可作为时间研究的辅助依据。下面我们通过一个例子来说明它的应用。

[例 3—3]

风衣衬里的加工过程

某小型服装企业承揽了一项风衣衬里的加工合同，加工过程从原材料进厂直到完工发货。原材料包括布捆、线卷、成盒的拉链和镶边带，从工厂后门进入车间。原材料卸下后储存起来以供加工时取用。原材料在剪裁间被裁成规定的尺寸，一次裁剪 12 套，一套衬里包括 3 片布料：衣身和两只袖子。衣料一旦裁好，衣身就被送往衣身缝纫组，袖子被送往袖子缝纫组。在衣身缝纫组，工人把镶边材料缝在衣身上，包住裁出的毛边。与此同时，在袖子缝纫组，裁好的袖子布料被做成筒状，工人在缝制袖子时须特别小心使两只袖子一样长。衣身缝好镶边后，接着是上拉链，这项工作是用特制的模具和夹具在专门的缝纫机上完成的。工人在缝好拉链后必须检查拉链是否灵活牢靠，因为风衣的衬里是可拆卸的，故拉链上得好坏对风衣的质量影响很大。上好拉链，接下来将袖子缝在衣身上；然后将缝好的风衣衬里经过清理挂起来，最后再由检验员进行终检。这就是风衣衬里制作的全过程。风衣衬里缝制过程的作业流程图如图 3—2 所示。从图中我们看到，要使整个缝制过程顺畅和尽量不发生在制品的积压，关键在于衣身的剪裁缝制过程与镶边、拉链和袖子的剪裁缝制过程能否做到很好的同步，以及能否在数量和规格上相互吻合。这一方面需要计划得当，需要工作标准化并严格按标准时间作业；另一方面，工作标准化还有利于保证每道工序的工作质量。可以设想，如果在最终检验时发现不合格品，返回某道工序修理或重做，势必打乱整个工作秩序。因此，开展方法研究和工作测定，制定科学的工作方法和工时定额，即使对这样简单的加工过程也是非常必要的。

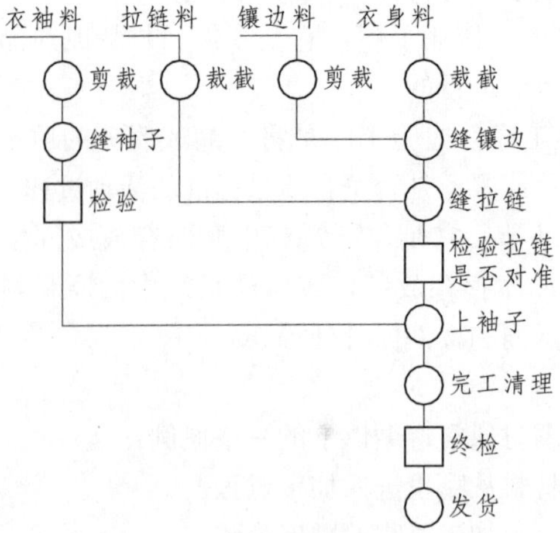

图 3—2 风衣衬里加工过程的作业流程图

二、流程程序图法

流程程序图（flow process chart）是用一组标准化的图形符号，描述生产产品的作业程序细节以及产品生产过程。

流程程序图所采用的用来描述作业活动的图形符号，除作业流程图中已定义过的三种符号外，还增加了表示延迟、运输等作业活动的符号。我们将其全部列在下面。

（1）○ 代表一项加工作业工序，它是零件、材料或产品加工过程的一个组成部分，是在一定的地点上进行的。

（2）□ 代表检验工序，检验工序是将产品或服务的质量或数量与相应的标准进行比较，以鉴定产品或服务是否符合质量标准的活动过程。

（3）▽ 代表存储环节，它是作业过程中暂时存放或固定存放材料或文档的环节，如流水线上的缓冲库存存放区，或生产系统中的原材料、半成品和产成品仓库，或服务系统中的队列和文件保管处等。

（4）D 是延迟符号。延迟事件通常发生在当零件、材料或人员等候进行下一个计划中的活动时。

（5）⇨ 是运输符号。表示人员、零件、材料或产品从一个工作地点移动到另一个工作地点。

（6）◙ 是重叠符号。表示加工和检验这两种活动同时进行。

流程程序图可以描述工作的全过程或其中某个步骤的细节。流程程序图分析的基本观点是：将所有活动分为附加价值活动和非附加价值活动。所谓非附加价值活动，即只支出费用和时间，却不向产品中附加价值的任何活动。在流程程序图所处理的各类活动中，只有加工作业活动是附加价值活动，其余的运输、延迟、存储甚至检验活动，都不向产品中附加价值，属于非附加价值活动，故应尽可能精简。此外，即使是加工作业活动，也还具有取消、合并、简化、重排的可能性。掌握这些基本观点是成功地应用流程程序图的关键。

流程程序图是方法研究中用途最广、使用最多的一种图表分析技术。它既适用于分析具有单一流向的工作过程（如果用于分析多工作、多流向的汇集和分解过程，其作用相当于作业流程图），也可用于分析当操作者的作业覆盖一定区域、需要来回走动和交替操作时的工作过程，如维修工、机器看管工、仓库发货员的工作过程等，还可用于服务作业人员的工作过程分析，如旅馆服务员、餐馆侍者、商店营业员、医院护士、图书馆工作人员以及农民等。我们通过一个简单的例子来说明流程程序图的应用。

[例 3—4]

快餐的制备过程

“薄脆坨”（Burrito）是一种墨西哥风味的快餐食品，它是用玉米面掺和鸡蛋烘制的薄饼，卷上肉、青豆或再加奶酪而做成的小吃，类似我国北方的煎饼果子。一家经营墨西哥风味的快餐连锁店打算分析一下它的“薄脆坨”的制备过程。整个过程从自顾客手中接过订单开始，到将制作好的“薄脆坨”放入纸袋中送到收款台旁边为止。这是一种典型的服务作业，这家快餐连锁店的管理者希望知道，如何改进制备程序和方法以进一步提高制备速度。整个制备过程包括 17 个步骤，其流程程序图如图 3—3 所示。

在仔细审查了流程程序图后，分析人员针对耗时多、移动距离长和非附加价值的活动提出了下述问题：

- 为什么薄面饼不是预先蒸熟的？
- 为什么厨师必须检查订单上是否要求加奶酪？有多大比例的顾客要求加奶酪？
- 如果厨师必须确认订单上是否要求加奶酪，为什么不能在“薄脆坨”还在蒸烘时进行？
- 为什么酸奶油不能紧靠着肉和奶酪放置？
- 为什么放订单的地方要远离包装“薄脆坨”的地方？
- 怎么控制肉、奶酪和酸奶油的配制数量？

流程程序图

现行方法：☑
建议方法：☐
零件名称：Burrito“薄脆坨”
过程描述：按顾客订单烹制
部门：前台、制作间
工厂：No. 7 连锁店
分析人员：David Huang
日期：2000 年 9 月 23 日
附注：工作场所草图附后

作业项		步数	时间
○	作业	9	75″
⇨	运输	3	15″
□	检验	3	35″
D	延迟	1	120″
▽	存储		
作业比例		9/16	31%
移动总距离		3.5m	

编号	作业符号	过程描述	时间	距离
1	○	将生面饼放入蒸锅中蒸烘	5″	
2	D	等待面饼蒸熟	120″	
3	○	铃响后，将面饼从蒸锅中取出	3″	
4	○	将熟面饼摊在包装纸上	5″	
5	○	将一勺肉倒在面饼上	7″	
6	□	检查订单上是否注明要加奶酪	10″	
7	○	将一勺奶酪倒在肉上	8″	
8	⇨	将 Burrito 移到放调味品的地方	5″	1.0m
9	○	将酸奶油加在 Burrito 上	7″	
10	○	将 Burrito 叠成通常的形状	15″	
11	○	用包装纸将 Burrito 包起来	20″	
12	⇨	拿着 Burrito 到订单收集处	5″	1.5m
13	□	找到那份订单	15″	
14	○	将 Burrito 放入正确的纸袋	5″	
15	□	核对订单确认物品是否制备齐全	10″	
16	⇨	将订单送往收款台	5″	1.0m
	合计		245″	3.5m

图 3—3 快餐制备过程的流程程序图

● 怎么检查烹制好的“薄脆坨”的质量?

认真地回答这些问题或进一步提出更多的问题，有可能找到更好的改进方案。虽然这不过是一个简单的快餐制备问题，但如果我们能使整个过程尽可能简便快捷，减少顾客的排队等候时间，这样，我们就可以在不增加任何投入的情况下，使服务质量得到提高，销售额和利润得到增加。这就是做生意的诀窍。

三、双手操作图法

双手操作图（left-hand/right-hand chart）就是用标准的流程图符号记录下一只手的操作动作与另一只手的动作之间的关系。

虽然采用标准的流程图符号表示双手操作图，但有三点需要说明：（1）手的动作通常不完成检验的功能；（2）运输在这里是指手从一个位置移向另一个位置；（3）手停着不动被看作延迟。

双手操作图用于分析操作者在任何一项工作中的手工操作过程。对于那些不是操纵机器而是以手工操作为主的作业，如装配作业、插件作业、分捡作业、包装作业、修理作业、文书作业等，应用双手操作图进行动作研究，改进操作方法，既可以提高劳动生产率，又能够减轻劳动强度，的确是非常有效的。几乎任何操作人员都能从双手操作图中获益，它也是在用流程程序图设计各项工作细节时的一种有效的辅助方法。工作研究中有一个不成文的定律：闲一只手好比闲半个人。谁会想到在自己眼皮底下的操作中竟蕴藏着提高生产率的巨大潜力！我们通过一个简单的例子来说明此方法的应用。

[例3—5]

螺栓—垫片—螺母的装配

某种生产作业要求操作者完成一项很简单的装配螺栓—垫片—螺母的操作，其过程是：螺栓、垫片和螺母取自放在操作者面前的三个容器。操作是从操作者伸出左手去取一个螺栓开始的，左手抓起一个螺栓的头，拿回到面前；然后左手举着螺栓头，同时右手伸出去取垫片，随后把取来的垫片套在螺栓尾部再推到螺栓头上；接下来，右手又伸出去取螺母，将螺母拧到螺栓上后，右手自然地放在一边；左手将装配好的一套螺栓螺母放在一边，再去取另一个螺栓。整个过程就这样重复地进行下去。图3—4给出了改进前的双手操作图。

由双手操作图可以明显看出，在装配过程中的大部分时间里，左手处于闲置状态（捏住螺栓不动），仅右手在操作；此外拿取（运输）操作的次数，几乎与安装操作的次数一样多（7∶8）；显然，这都是不合理的。为了找到更好的改进方案，我们可以先提出一些问题来进行研究：

● 为什么不能在左手取螺栓的同时，右手也取垫片呢?

● 能否减少拿取的次数?

- 为什么不能一次同时既取垫片、又取螺母然后依次装配呢？
- 为什么一次只能装配一个螺栓呢？能不能一次装配两个？
- 可不可以设计一种工具卡住螺栓，从而腾出左手来进行其他操作？
- 可不可以设计一种工具同时装配多个螺栓？

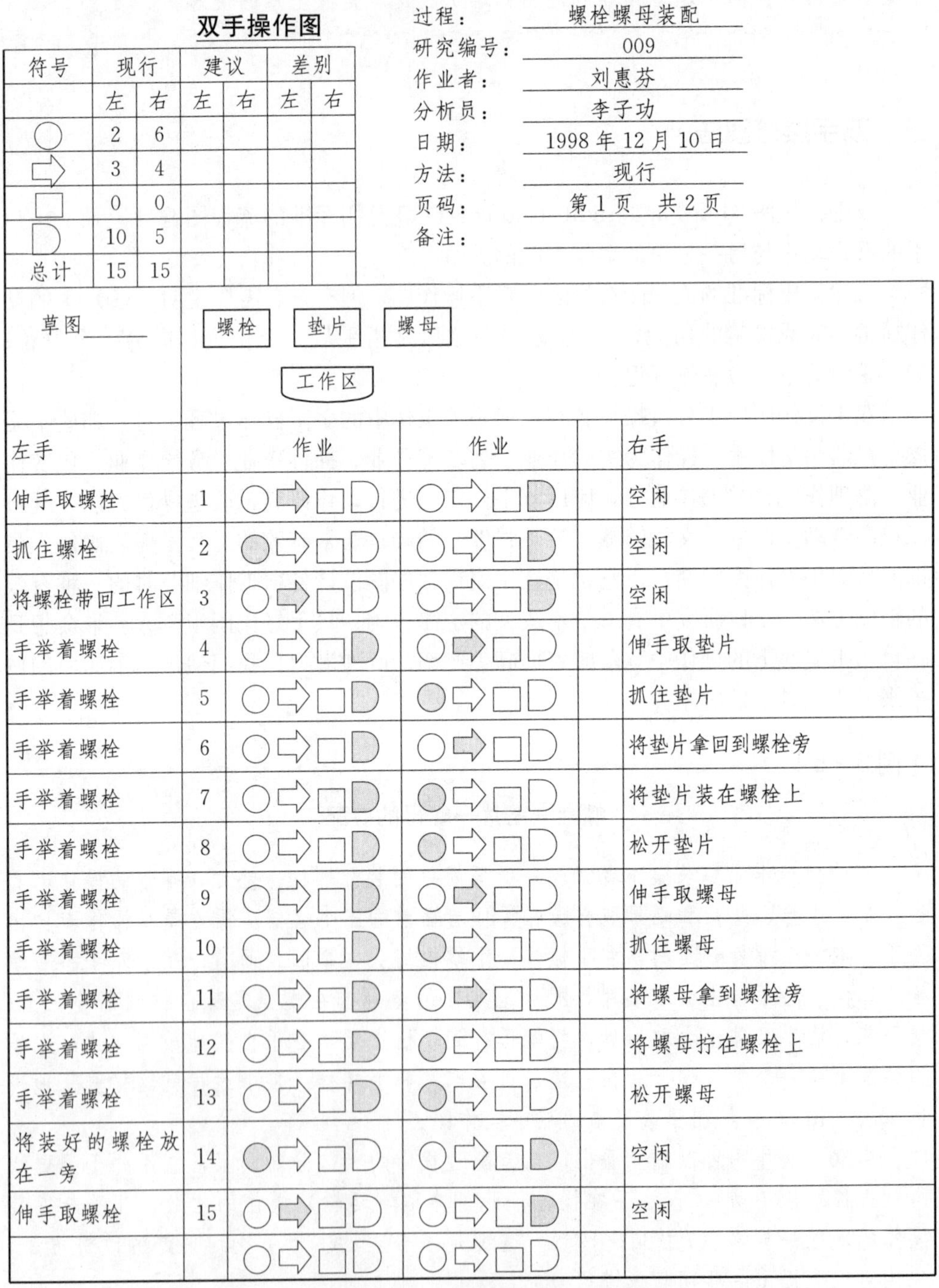

图 3—4 螺栓—垫片—螺母装配过程的双手操作图

四、人—机操作图法

人—机操作图（man-machine chart），又称为多项活动图（multiple activity chart），是一种描述有多个工人，或者一个工人与一台机器或多台机器的工作系统中，联动的同步活动的图表方法。每一个工人或每一台机器的工作过程，分别平行列示在图表中，以显示它们之间的相互配合关系。

人—机操作图常用来分析和寻求多个操作者之间，或者操作者与机器之间的最佳配合方式，以决定一个操作者同时看管的机器数量。人—机操作图还可用于装配线的平衡分析。这里"最佳"的概念可以有不同的含义："最佳"可以被定义为使操作人员的空闲时间最小化，从而人—机操作图可用来确定操作人员看管的最佳机器数量；类似地，"最佳"还可以被定义为机器的闲置时间最小化，从而人—机操作图可用来确定在一定的机器数量下最佳的操作人员数量。除此以外，"最佳"还可以被定义为在一定的生产率水平下，使总成本（人工成本＋机器成本）最小化。我们通过一个简单的例子说明人—机操作图的应用。

[例 3—6]

看管半自动化机床

某操作工人看管和操作一种半自动机床，操作作业仅限于将要加工的零件装卡在机床上，然后开动机床，加工过程自动进行，无须操作人员干预；零件加工完毕，操作工人将其卸下来，再装卡上新的零件，这个过程循环往复地进行。操作工人向机床上装卡零件要 4 分钟时间；从机床上卸下零件要 2 分钟时间；机床的自动加工过程需要 8 分钟时间。

空闲时间被定义为任何不生产的时间，对操作工人来说是除装卸零件以外的时间，对机床来说是除加工或装卸零件以外的时间。究竟是使操作工人空闲时间最小化还是使机器空闲时间最小化，取决于哪一种空闲时间的成本更高。在本例中，我们从一般角度研究一下操作工人与机床的配合问题。

我们先来研究 1 个操作工人看管 1 台机床的情况。采用图 3—5 所示的人—机操作图，将工人的作业过程和机器的作业过程，按时间坐标列示在相邻的两列中。从图中可以看出，工人的作业周期和机床的作业周期都是 14 分钟，一一对应。在一个作业周期中，机床处在 100％的生产状态，假如不考虑工人利用率的话，机床已经达到最佳的效率。如果我们考虑工人的利用率，从图中可以看出，工人的利用率仅为 6/14，或大约 43％，也就是说，有 57％的时间处于非生产状态。尽管机床的利用率达到 100％，但操作工人的利用率仅为 43％。一种合乎逻辑的改进措施是增加一台同类型的半自动机床，也就是一个操作工人同时看管两台机床，其实际作业情况如图 3—6 所示。

作业： **人—机操作图**
设备：
操作者：
研究 No.　　分析员：

	人		机器	
	时间	%	时间	%
工作	6	43%	14	100%
空闲	8	57%		

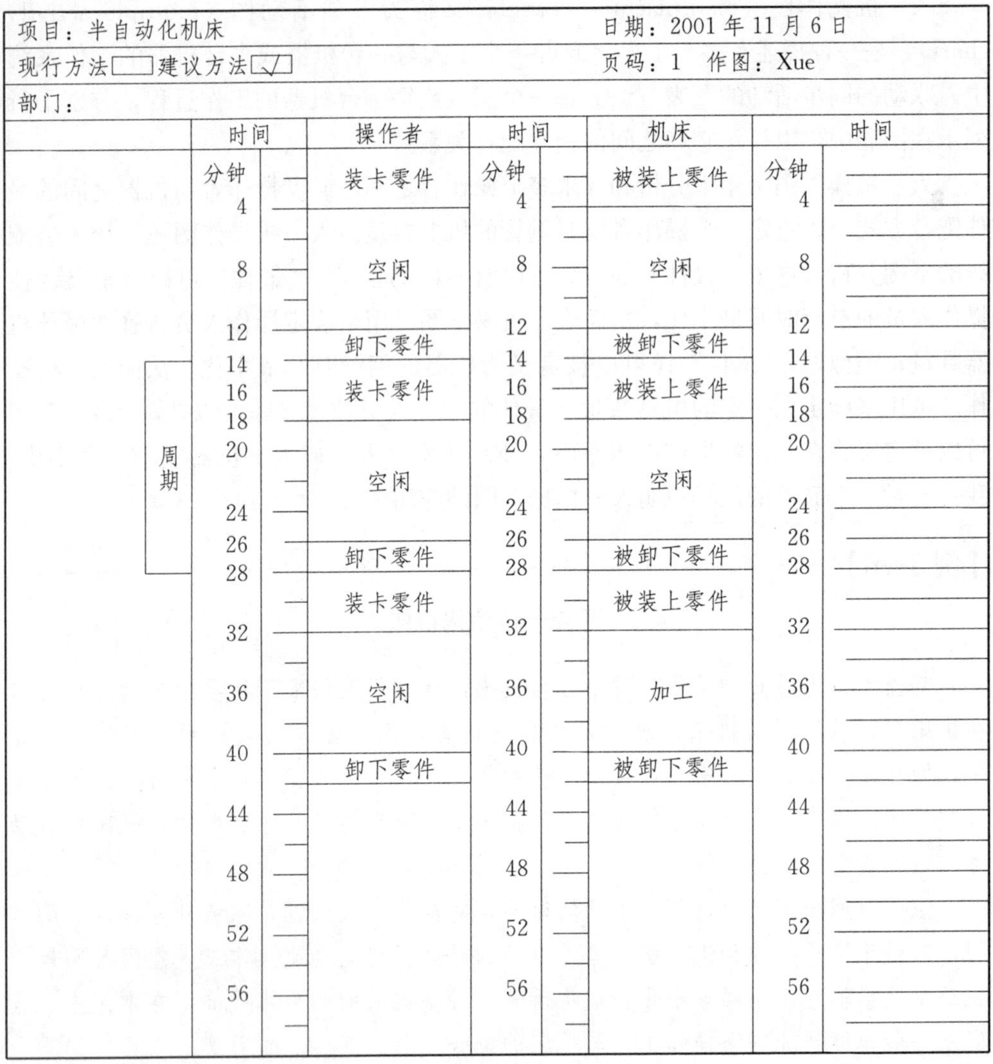

图 3—5　1 个工人看管 1 台机床的人—机操作图

从图 3—6 中可以看出，从第 20 分钟起，作业系统开始进入"稳态"，此后，作业过程按相同的时间结构循环往复进行。作业周期仍为 14 分钟，两台机床的利用率均为 100%。操作工人在每个循环周期内仅有 2 分钟的空闲时间，也就是说，操作工人的利用率为 12/14，约 86%。显然，增加 1 台机床，使操作工人的利用率提高了 1 倍，而机床的利用率却没有降低，成效十分显著。

进一步的问题是，如果 2 个操作工人同时操作 4 台机床情况会是怎么样？如果 2 个工人同时操作 5 台机床情况又会是怎么样？读者可能会认为 2 个工人操作 4 台机床和 1 个工人操作 2 台机床的情况一样，那么如果操作工人按专业化原则分工，一个人专管向机床上装卡零件，另一个人专管从机床上卸下零件，情况又会是怎样的呢？

作业： **人—机操作图**
设备：
操作者：
研究 No. 分析员：

	人		机器	
	时间	%	时间	%
工作	12	86%	14	100%
空闲	2	14%	0	

项目：半自动化机床 日期：2001 年 11 月 8 日
现行方法☐ 建议方法☑ 页码：2 作图： Xue
部门：

时间（分钟）	操作者	1#机床	2#机床
0	装零件到1#机床上	被装上零件	空闲
4	装零件到2#机床上	加工	被装上零件
8	空闲		加工
12	从1#机床上卸零件	被卸下零件	
14	装零件到1#机床上	被装上零件	
16			空闲
18（周期开始）	从2#机床上卸零件	加工	被卸下零件
20	装零件到2#机床上		被装上零件
24	空闲		加工
26	从1#机床上卸零件	被卸下零件	
28	装零件到1#机床上	被装上零件	
32（周期结束）	从2#机床上卸零件	加工	被卸下零件
34	装零件到2#机床上		被装上零件
38	空闲		加工
40	从1#机床上卸零件	被卸下零件	
42	装零件到1#机床上	被装上零件	
46	从2#机床上卸零件	加工	被卸下零件
48	装零件到2#机床上		被装上零件
52	空闲		加工
54	从1#机床上卸零件	被卸下零件	
56	装零件到1#机床上	被装上零件	

图 3—6 1 个工人看管 2 台机床的人—机操作图

随着数控机床和加工中心的日益普及，随着生产系统采用基于成组技术的“U”形制造单元布局日益成为一种潮流，多机床看管问题已经提到生产与作业管理的日程上来，从而使应用人—机操作图等科学方法寻求多机床看管的最佳方案具有更大的实用价值。

第四节 工作测定技术

当我们试图对一项工作进行管理以提高其效率和效能时，需要有关该项工作的工时定额（即时间标准），只有制定了定额，我们才可能衡量和评价工作的效率和效能，找出差距，采取改进措施。而要制定工时定额，就要进行工作测定。常用的工作测定方法有时间研究和工作抽样。

一、时间研究

时间研究是通过对具有重复性的工人操作进行直接观测以确定工时定额的一种工作测定技术。时间研究人员进行观测时，必须注意操作工人应当具有平均的技术水平和技能，并按正常操作速度和规定的操作方法去完成规定的工作任务。

时间研究的步骤如下：

（1）选择研究对象。时间研究的目的是为了制定先进合理的工时定额，同时时间研究本身要花费人力和时间，因此，慎重选择要研究的工作和被观测的操作者，对于确保时间研究的成功是非常重要的。在选择研究对象时，一要明确研究目的，二要制定全面计划。例如，对于制造企业，如果是为生产计划制定工时定额，那么就要从产品出发，根据产品的零件表和每个零件的工艺路线：1）确定出该产品生产所包括的作业项目以及所使用的设备和工作地；2）制定研究计划，说明时间研究应包括哪些作业项目和工作以及各作业项目和工作的研究的轻重缓急和先后顺序；3）从那些对产品生产和生产计划最关键的作业和工作开始，进行时间研究。“凡事预则立，不预则废。”制定时间研究计划，是确保正确选择研究对象的重要前提。

对象选择的另一个方面是选择操作者。对操作者的要求是具有平均技术水平和熟练程度，这方面要多听取班组长和一线管理者的意见，以便做出合理恰当的选择。

（2）做好观测前的准备工作。为了确保观测和记录的客观性和准确性，做好观测前的准备工作是十分重要的。观测前的准备工作主要包括：

1）以书面的方式详细说明作业的技术组织条件。主要有：该作业所在的部门、作业的编号、工作地的布置、所使用的设备、所使用的工具、机器的给料方式和速度、周围的环境条件、对操作方法的详细说明等，其目的是能够据以重现该项作业。作业条件书面说明的常用格式如表 3—6 所示。

表 3—6 **作业条件说明书**

时间研究表		
作业名称：	作业编号：	
零件名称：	图号：	
机器名称；	机器编号：	
操作者姓名：	男□女□	
熟练程度：	监工：	
机器速度：	工具号：	
材料：		
工作地布置图 比例尺：		
日期：	观察者：	审核者：

摘要					
序号	工作要素	正常时间	修正系数	PDF	标准时间
总循环时间：					
每个循环产量：		每件工时定额：			

2）向被观测的操作工人讲清时间研究的目的，取得他们的配合，消除他们不必要的顾虑和紧张情绪。

3）设计观测记录表格。表 3—7 是用于连续记时的观测记录表格。

（3）划分工作要素。在对一项作业进行时间研究时，需要将该项作业划分为一系列相继进行的工作要素。这样做的好处是：

1）将作业过程划分为工作要素，可以通过时间研究说明在哪些工作要素上有可能进行改进以减少作业工时。

2）如果在观测中出现两次作业时间的观测值差别较大的情况，则通过工作要素的时间记录可以说明这种差别发生在哪个工作要素的操作上以及为什么会出现差异。

3）利用工作要素的作业时间标准，可以近似地确定相类似的作业的工时定额，从而省去大量的时间研究工作量。

划分工作要素应遵循下列原则：

1）每一个工作要素应当具有容易辨认的起点和终点，这样便于观测和记时。例如，把终点定在车床卡盘扳手放到工作台上的时候，比定在工人结束紧固卡盘准备取下扳手这一时刻，较易读表。

2）工作要素之间应当是紧密衔接的，一项工作要素的终点应当是下一项工作要素的起点。这样，在实际观测时，一旦两个工作要素之间插入了其他活动时间，

表 3—7

车削作业时间研究观测记录

日期　　年　月　日	时间研究观测记录表																		第　　页，共　　页			
时间研究编号： 作业编号： 操作者： 零件号： 开始：　结束： 时间：　件数：	工作要素	往卡盘上装工件		进刀、进给		车外圆轴机动操作		退刀，退回原位		松开卡盘		取五根轴		检查直径调整切深								
备注		a		b		c		d		e		f		g								
	序号	T	R	T	R	T	R	T	R	T	R	T	R	T	R	T	R	T	R	记号	R	T	说明
	1	20	20	9	29	75	104	7	111	32	143												
	2	18	161	8	169	73	242	7	249	30	279												
	3	20	299	8	307	73	380	8	385	35	423			80	503								
	4	19	522	8	530	75	605	6	611	32	643												
	5	21	664	9	673	74	747	7	754	32	786	60	846										
	6	20	1 180	10	190	75	1 265	8	1 273	30	1 303									A	846—1 160	314	喝水
	7	22	1 325	9	1 334	73	1 407	7	1 414	30	1 444												
失手使卡盘扳手落地	8	28	1 472	8	1 480	70	1 550	7	1 557	35	1 592												
	9	19	1 611	—	—	—	1 690	6	1 696	34	1 730												
	10	20	1 750	10	1 760	73	1 833	7	1 840	33	1 873	55	1 928										
	11	18	1 946	9	1 955	73	2 028	8	2 036	29	2 065												
	12																						
观测时间合计		197		88		734		78		352		115		80									
有效读数次数		10		10		10		11		11		2		1									
每次循环出现频率		1/1		1/1		1/1		1/1		1/1		1/5		1/11									
观测时间平均值		19.7		8.8		73.4		7.09		32.0		11.5		7.27									
工作元素操作成绩系数		1.11		1.11		1.00		1.11		1.11		0.91		0.83									
工作元素正常工时		21.9		9.8		73.4		7.9		35.5		10.5		6.1									

就意味着发生了非固有活动。

3）每项工作要素应持续适当的时间，以便于观测人员读表和记录。

4）应区分手工工作要素和机器工作要素。手工工作要素的操作时间取决于操作者，其波动幅度较大；机器工作要素的工作时间相对固定，波动幅度较小。因此，一般应将这两类工作要素区分开。特别是在确定奖金发放依据的工时定额研究中，更应该明确区分这两类工作要素。

5）区分规则的和不规则的工作要素。凡不是在每一次工作循环中都出现的工作要素，都应当被区分开来，以便为其单独制定时间分配比例。

工作要素的划分粗细取决于研究目的。如果时间研究的目的是确定一项作业的总工时定额，则工作要素的划分可以粗略一些。如果时间研究的目的是为进一步改进某项作业提供依据，工作要素就应划分得尽量细一些。

（4）确定观测样本的容量。我们将作业的一次完整操作过程定义为一次循环，则所谓确定观测样本容量，就是决定达到给定的精确度和置信水平所需重复观测的循环次数。它要求研究者：

1）定义一个置信水平，通常取 95%。

2）估计时间最短的工作要素占整个作业循环时间的百分比。

3）确定观测结果的精确度，可以是相对精度或绝对精度。

4）计算所需的样本容量，即重复观测次数。

用于估计样本容量的统计公式如下：

$$n=\frac{z^2[p(1-p)]}{E^2} \tag{3.2}$$

式中，n 是样本容量；p 是最短的工作要素时间占循环时间的比例；E 是所要求的最终结果精确度，是相对精度，以偏差百分比表示；z 是置信系数，当 $n>30$ 时，为标准正态分布置信系数，置信水平为 95%和 99%时分别对应 $z=1.96$ 和 $z=2.58$；当 $n\leqslant 30$ 时，为学生 t 分布置信系数。z 的值取决于样本容量 n 和置信水平。例如，当 $n=20$，置信水平为 95%和 99%时分别对应 $z=2.086$ 和 $z=2.845$。

（5）进行观测和记录。时间研究的观测记录方法主要有连续记时和重复返回记时两种。在连续计时中，秒表在整个研究过程中是连续不断走动的，观测人员在每一个工作要素的终点将时间记录下来，在全部观测结束后，用依次相减的方法，求出每个工作要素的时间。这是一种应用最普遍的方法。在重复返回记时中，在每一工作要素完成时，读数并使秒针急速返回到零位，这样把每一个工作要素的时间直接记录下来，不需要再进行减法运算。采用重复返回记时方法，需要使用专门的多秒表记时工具，否则容易产生误差。

经验表明，在开始正式记录工时数据之前，让操作者先进行几个作业循环是必要的，这样可以使操作者达到正常的操作速度，也就是使操作过程进入“稳态”。此外，在观测时，可能看到三种类型的工作要素：1）周期性的工作要素，这是规定的操作方法所要求的。2）非周期性的工作要素，它并不出现在每一个作业循环中，可以是有规律的，也可以是无规律的，但不论有无规律都属于规定的操作方法的一部分。每当这种非周期性工作要素出现时都要记录下来，然后用它发生的频数，乘以观测到的该要素的平均时间，就可求得在每个循环中的期望时间值。3）非规定的工作要素，它不属于规定的工作要素，如不慎将工具掉落在地上然后捡起等。当这类动作要素发生时，观测人员要在记录表上做上记号，并记录其时间的终点值。根据定义，这些工作要素不应混入标准工时中去。

（6）数据分析。对观测结果的数据分析包括：样本观测值的统计分析，确定作业成绩系数，以及确定许可附加时间（或 PFD 系数）。

1）样本观察值的统计分析。统计分析的主要公式如下：

样本平均值 $$\bar{x}=\frac{1}{n}\sum_{i=1}^{n}x_i \tag{3.3}$$

样本方差 $$s^2=\frac{1}{n-1}\sum_{i=1}^{n}(x_i-\bar{x})^2 \tag{3.4}$$

样本标准差 $$s=\sqrt{\frac{\sum(x_i-\bar{x})^2}{n-1}} \tag{3.5}$$

置信区间公式 $$\overline{X}-\frac{zs}{\sqrt{n}}\leqslant x\leqslant\overline{X}+\frac{zs}{\sqrt{n}} \tag{3.6}$$

绝对精度 $$\varepsilon=\frac{zs}{\sqrt{n}} \tag{3.7}$$

相对精度 $$\gamma=\frac{zs}{\sqrt{n}\,\overline{X}} \tag{3.8}$$

式中，X_i 是工作要素或作业时间的第 i 次观测值；n 是观测样本容量；z 是置信系数。

2）确定作业成绩系数 M。如前所述，工时定额的一般计算公式为：

$$ST=\frac{WT}{WC}\times M+A$$

式中，作业成绩系数 M 是用来将操作者的实际操作速度修正到正常操作速度所采用的比例系数。在进行时间研究时，由于心理原因或其他原因，被观测的操作者的操作速度可能高于或低于平常速度，因此需要对实际的观测平均值进行修正。确定作业成绩系数常依靠有经验的监工对操作者的表现做出评价，一般将操作者的操作速度分为：很慢、较慢、正常、较快、很快五种等级，相应的得分为：0.80、0.90、1.00、1.10、1.20，相应的作业成绩系数 M 为：1/0.80、1/0.90、1.00、1/1.10、1/1.20（或为：1.25、1.11、1.00、0.91、0.83）。

确定作业成绩系数时，可以就整个作业确定一个作业成绩系数，也可以分别确定各个工作要素的作业成绩系数，这两者得出的结果通常是不一样的，尤其是在作业包含机器工作要素时。按照定义，机动工时是不受操作者控制的，一旦设定（根据标准操作方法要求），操作者就不能通过额外努力对其施加影响。因此，它必须与人工操作工时分别处理。

3）确定许可附加时间 A。许可附加时间又称为 PFD 时间，即英语 personal，fatigue 和 delay 三个单词的首字母组合，其意为操作者个人自然需要、疲劳和合理的延迟所需的时间，它可以作为一个绝对量加在经过修正的作业时间上，也可以采用系数的形式，乘以作业时间然后附加在其上。许可附加时间 A 的确定是管理者与工人协商的结果。

经过上述计算和修正分析，就得到了时间研究的最终结果——工时定额。我们通过一个实例进一步说明时间研究的步骤。

[例 3—7]

一个简化的车削工序的时间研究

某种轴类零件的车削工序作业，可以分解为 7 个工作要素，如表 3—7 所示，其中工作要素 a～e 是周期性的，工作要素 f 是个非周期性、然而具有一定规律性的工作要素，g 是个非周期性的无规律的工作要素，估计在约每 10 个循环中，g 平均出现一次。假设置信水平为 95%，相对精度为 5%，试对该车削作业进行观测并进行统计分析。

对该车削工序作业的时间研究观测结果也记录在表 3—7 中。我们注意到，该作业在第六次循环开始后，操作者停止工作去喝了一次水，这是一个非规定的工作要素；在第八次循环中，操作者在拧紧卡盘之前失手将扳手落地一次；还有在第九次循环中记录人员遗漏了一个读数。以上三个偶然事件偏离了通常的操作步骤。

我们按照以下三个基本公式分别计算正常工时 NT、许可附加时间 A 和标准时间 ST，即：

正常工时（NT）＝观测工时平均值×作业成绩系数（M）

许可附加时间（A）＝正常工时（NT）×PFD 系数

标准工时（ST）＝正常工时（NT）＋许可附加时间（A）

例如，对工作要素 a（往卡盘上装工件）可进行以下的计算（时间单位为秒）：

观测时间合计＝197

有效读数的次数＝10（去掉第八次循环）

观测时间平均值＝197÷10＝19.7

正常工时＝19.7×1.11＝21.9

对于各周期性工作要素都要进行如上的计算。对于非周期性工作要素，还要考虑其出现的频率（观测时间÷有效读数次数×频率＝观测时间平均值）。还要注意的是，工作要素 c 是机器控制的工作要素，其作业成绩系数为 1.00。每个循环的正常工时是各工作要素正常工时之和，本例中为：

每个循环正常工时＝21.9＋9.8＋73.4＋7.9＋35.5＋10.5＋6.1

=165.1（秒）或 2.75 分

本例中，确定一个工作日（480 分）的 PFD 许可附加时间为 45 分钟，故：

PFD 系数=45/（480−45）=0.103

许可附加时间=165×0.103=17（秒）

标准工时=165+17=182（秒/循环）或 3.03 分

设每个操作循环生产 1 个零件，则标准日产量为 480/3.03 =159（件/日）。

因为在所观测的各次循环中，工作要素 e（松开卡盘）的工时波动值最大，所以我们选择工作要素 e 进行统计分析。

样本平均值 $\overline{X}_e = 32$

样本标准差 $s_e = 2.1$

对于 n=11，置信水平为 95%，使用 t 检验系数，则工作时间的真值的置信区间为：

$$X_e = \overline{X}_e \pm ts_e/\sqrt{n} = 32 \pm 2.201 \times 2.1\sqrt{11} = 32 \pm 1.39$$

即 $30.61 \leqslant X_e \leqslant 33.39$

我们验算一下真值变化范围是否小于 5%，于是有：

$$\frac{ts_e/\sqrt{n}}{\overline{X}} = \frac{1.39}{32} = 0.044, \quad \text{即 } 4.4\%$$

由此可以粗略地认为，就本例中的作业时间波动情况来说，样本是足够大的。

二、工作抽样

我们已经从前面的讨论中看到，对于具有重复性质的、循环周期较短的作业，采用时间研究制定工时定额是一种有效的方法。但现实中还有许多作业，如维修、材料搬运以及许多办公室工作，都具有循环周期长和重复频率低的特点，对这类作业制定工时定额或任务定额，就不适于采用时间研究这种直接观测方法，而需要采用称为工作抽样的方法。

1. 工作抽样

是一种对工人的作业活动进行随机观测的方法，它用抽样的方法采集足够的随机观测数据，来估计花在特定工作要素上的时间，以及花在作业中包括的其他活动上的时间。工作抽样方法可以用来制定工时定额，但其主要的用途还是确定某项作业中特定工作要素的时间和比例以及其他活动的时间和比例，这些资料对于提高整体作业的生产率是非常重要的。

在上述定义中特别强调：（1）必须采集“足够”的随机观测数据。统计抽样理论表明，观测样本容量越大，估计的精度越高，但相应的研究费用和时间花费也越大。因此，所谓“足够”，即达到给定的置信水平和精度要求的最小观测样本容量。

显然，如何确定样本容量是工作抽样的一个关键问题。(2) 为了真实地反映作业中各种活动的时间比例，观测必须是完全随机的，从而如何随机地确定观测时间表是工作抽样的另一个关键问题。(3) 工作抽样所选择的时间期间，必须能够代表正常的工作条件。上述这些问题是工作抽样设计的几个关键问题。

工作抽样的步骤如下：

(1) 选择观测对象。上面已经提到工作抽样适用于研究作业周期较长、重复频率较低的作业，更具体地说，工作抽样可完成下述任务：

1) 测定机器与人的利用率。

2) 测定某个工作小组的总生产效能。

3) 估算不可避免的延误时间，以便确定工时定额中的允许附加时间。

4) 找出工作中的症结所在，为进一步的分析和改进提供依据。

在选定了观测对象和确定了研究任务以后，还必须考虑如何定量地表示被测定工作的成绩。对于生产作业成绩的度量比较容易，对于服务作业成绩的度量需作认真研究。如对饭店服务可取进餐人数，对医务工作可取看病人数，对文书工作可取处理的业务件数等。定量地表示工作成绩有利于：(1) 把观测前与观测期间的成绩值进行比较，以考察观测过程是否影响了被观测系统的运行；(2) 把各种工作要素所占的时间比例及变化情况与相应的成绩值的波动联系起来，可以为研究如何提高劳动生产率提供宝贵线索；(3) 通过抽样测定证实按抽样结果改进工作后取得的成效。

在选择观测对象时，还应注意观测时间期间的选择，使之具有正常的条件。后面我们将看到，由于观测样本容量的要求，有的工作抽样要持续数月，故将其安排在一年中合理的季节是非常重要的。

(2) 确定工作要素。与时间研究不同的是，工作抽样对工作要素的规定是比较粗略的，其详尽程度取决于研究目的。如对于测定机器生产率，可能只需定义机器的忙和闲两种工作要素，但对于测定允许的附加时间，则需按个人自然需要、疲劳和延迟来具体规定工作要素。

对于发生频率很低的工作或活动，是否要单独划分为工作要素，需要慎重研究。因为观测样本的容量，取决于出现频率最低的工作要素的频率大小，故单独将其划分出来，将使得理论上的观测次数成倍地增加，这可能是很不经济的。因此要从研究目的出发，慎重决定那些发生频率很低的活动究竟是划分出来还是合并在其他工作要素中。

(3) 确定观测样本容量。确定观测样本容量，或称为观测次数，是工作抽样设计中最关键的一步。观测样本容量取决于下列因素：

1) 置信水平，即真实值以多大的可能性落在某个区间范围内，通常取 90%、95%、99%（所对应的显著性水平相应为：$\alpha=0.10$、$\alpha=0.05$、$\alpha=0.01$）。置信水平越低，相应的置信区间越窄；反之亦然。

2) 精确度，即观测平均值与真值的偏离程度。可以表示为绝对精度或相对精度，并可以根据置信区间的半宽与观测平均值之比来计算和验证。精确度要求越高，所需的观测样本容量越大，故应合理规定观测的精确度。

3）工作要素时间比例，即工作要素时间占全部作业时间的比例。根据统计学理论，为了满足工作抽样的精度要求，规定对任一工作要素至少要观测 5 次。从而，时间最短的工作要素发生的频率决定了样本容量的大小。为了确定样本容量，需要在实际工作抽样开始之前先进行前导性抽样分析，以确定时间最短的工作要素发生的频率，以便据以估计所需的观测样本容量。

计算观测样本容量的公式如下：

$$n=\frac{z^2\ (1-p)}{pE^2} \tag{3.9}$$

式中，n 是观测样本容量；p 是某工作要素的时间比率，也是某工作要素在一次观测中出现的概率，当研究目的是观测所有工作要素的时间比率时，p 应等于时间最短的工作要素的时间比率（或发生概率）；E 是给定的相对精度；z 是置信系数，当 $n>30$ 时，z 为标准正态分布的置信系数，对于置信水平 95%和 99%，分别为 $z=1.96$ 和 $z=2.58$。

(4) 制定巡回观测计划。工作抽样在数理统计上属于简单随机抽样，其条件是，抽样期间每一时刻被选为观测时刻的概率应该是相等的。为了确保满足这一条件，实践中均采用随机数表来设计巡回观测计划。

制定巡回观测计划，先要确定巡回 1 次的时间和每天巡回的次数。对于前者，可沿观测区域作首次巡回，估算 1 次巡回所需时间。在编制巡回观测计划时，应保证两次相邻巡回观测之间的时间间隔不小于上述估算值。而对于每天巡回次数，建议每小时最多巡回 1～2 次，每天至少巡回 3 次。

确定了上述两个参数后，就可以使用随机数表制定巡回观测计划了。

[例 3—8]

某描晒图作业的巡回观测计划

假定对某描晒图作业进行工作抽样，初步估计 1 次巡回需要 15 分钟，观测人员每小时巡回 1 次。工作日自上午 8：00 至下午 5：00，午饭时间自 12：00 至下午 1：00，现制定一个工作日的随机观测计划。

对每小时 1 次的时间间隔来说，可使用从 00～59 之内的随机数。从随机数表（见表 3—8）中的任一行或任一列开始，沿着这一行（列）查找 00～59 之内的随机数，直到本行末尾再移到下一行（列），取出足够数量的随机数。假定我们从表 3—8 的第 4 行开始，该行中有下列两位随机数：12，56，85，99，26，96，86，68，27，31，05，03，72，93，15，57，12，10，14，21。其中 00～59 之间的随机数有 12，56，26，27，31，05，03，15，57，12，10，14，21。则我们可将第一天各次巡回观测的开始时刻确定为；8：12，9：56，10：26，11：27，1：31，2：05，3：03，4：15。可以类似地确定出每天的巡回计划，直到达到要求的观测次数为止。

在确定了总观测次数 n、每次巡回观测的工作要素个数，以及每天巡回次数后，所需的巡回观测天数由下式确定：

$$\text{巡回观测天数}=\frac{\text{总观测次数 } n}{\text{工作要素个数}\times\text{每天巡回观测次数}}$$

表 3—8　　随机数表

03 47 48 73 86	36 96 47 36 61	46 98 63 71 62	38 26 16 80 45
97 74 24 67 62	42 81 14 57 20	42 52 82 37 92	27 07 36 07 51
16 76 62 27 66	56 50 26 71 07	52 90 79 78 53	13 55 38 58 59
12 56 85 99 26	96 86 68 27 31	05 03 72 93 15	57 12 10 14 21
55 59 56 35 64	38 54 82 46 22	31 62 43 09 90	06 18 44 32 53
16 22 77 94 39	49 54 43 51 82	17 37 93 23 78	87 35 20 96 43
84 42 17 53 31	57 24 55 06 88	77 04 74 47 67	21 76 33 50 25
63 01 63 78 59	16 95 55 67 19	98 10 50 71 75	12 86 73 55 07
33 21 12 34 29	78 64 56 07 82	52 42 07 44 38	15 51 00 13 42
57 60 86 32 44	09 47 27 96 54	49 17 46 09 62	90 52 84 77 27
18 18 07 92 45	44 17 16 58 09	79 83 86 19 62	06 76 50 03 10
26 62 38 97 75	84 16 07 44 99	83 11 46 32 24	20 14 85 83 45
23 42 40 64 74	82 97 77 77 81	07 45 32 14 08	32 98 94 07 72
52 36 28 19 95	50 92 26 11 97	00 56 76 31 38	80 22 02 53 53
37 85 94 35 12	83 39 50 08 30	42 34 07 96 88	54 42 06 87 98
70 29 17 12 13	40 33 20 38 26	13 89 51 03 74	17 76 37 13 04
56 62 18 37 35	96 83 50 87 75	97 12 25 93 47	70 33 24 03 54
99 49 57 22 77	88 42 95 45 72	16 64 36 16 00	04 43 18 66 79
16 08 15 04 72	33 27 14 34 09	45 59 34 68 49	12 72 07 34 45
31 16 93 32 43	50 27 89 87 19	20 15 37 00 49	52 85 66 60 44
68 34 30 13 70	55 74 30 77 40	44 22 78 84 26	04 33 46 09 52
74 57 25 65 76	59 29 97 65 60	71 91 38 67 54	13 58 18 24 76
27 42 37 86 53	43 55 90 65 72	96 57 69 36 10	96 46 92 42 45
00 39 63 29 61	66 37 32 20 30	77 84 57 03 29	10 45 65 04 26
29 94 93 74 24	68 49 69 10 82	53 75 91 93 30	34 25 20 57 27
16 90 82 66 59	83 62 64 11 12	67 19 00 71 74	60 47 21 29 68
11 27 94 75 06	06 09 19 74 66	02 94 37 34 09	76 70 90 30 86
35 24 10 16 20	33 32 51 26 48	79 28 45 04 91	16 92 53 56 16
33 23 16 86 38	42 33 97 01 50	87 75 66 81 41	40 01 74 91 62
31 96 25 91 47	96 44 33 49 13	34 86 82 53 91	00 52 43 48 85

(5) 进行工作抽样。在工作抽样开始之前，应通知有关当事人，取得他们的配合。此外，如果工作抽样的范围较大，还需增加观测人员，并对其进行培训。

(6) 数据分析。数据分析方法和观测结果的修正，可仿照时间研究的类似方法。

本章小结

生产过程决定了生产系统的运营和管理方式，从而极大地影响着生产与运营系统的响应速度、运营成本、生产率以及柔性。因此，生产与运营过程的选择具有战略性。单件小批生产、成批轮番生产、大量流水生产以及连续流动生产，是生产与运营过程的四种典型模式。这四种模式既适合于制造企业，也适合于服务企业。大量实践表明，生产过程的选择只有与产品结构的性质相匹配，才可能获得最佳的技术经济性能和效益。服务要在顾客心目中形成清晰的定位，必须使自己的运营长期聚焦在一两个成功的关键要素上。而要有效地管理生产过程，必须科学合理地度量过程的绩效。

提高生产率是企业管理的永恒的主题，因此，工作研究和工作改进永无止境。这不仅对制造企业建立竞争优势非常关键，对服务企业更是如此。分析作业问题和建立作业标准，需要遵循系统化的程序和采用科学的方法。一些简便直观的图表技术在实践中获得了广泛的应用。它使我们认识到：对管理来说，能用简单的方法实现目标，决不用复杂的方法。我们还认识到，科学管理运动倡导的原则和方法并未过时，在生产进入计算机和自动化时代的今天，这些原则和方法仍然是提高生产率的有效手段。

注意到任何一项工作研究可能影响的范围是很重要的，改变类型的划分，提供了一种估计这种影响范围的概念框架。此外，当我们关注于工作过程的细节时，一定不要忽略从事工作的人，在工作研究人员与工人之间建立良好的沟通和信任关系是工作研究取得成功的关键。

案例研究

聚焦工厂①

美国著名的生产与运营管理学家 W. 斯金纳经过长期观察分析和亲身体验，提出了著名的“聚焦工厂”(focused factory) 理论。所谓聚焦工厂，是指将相关的设备、工序和人员相对闭合地集中配置和管理，生产针对特殊细分市场的相对狭窄的产品组合。由于聚焦工厂是在传统工厂中划分出来的，仍与传统工厂的其他部分运行在同一生产系统中，故斯金纳又将其称为“厂中之厂” (plant within plant, WPW)。这里需要注意的是，聚焦工厂的概念不同于传统的工艺专业化车间和对象专业化车间，它有着明确的细分市场和产品组合，以及相对完整封闭的加工手段、工序组合、质量控制、库存控制及人员管理系统。

斯金纳列举了一家生产燃料计量仪和自动导航设备的工厂的例子。在经历了数年的燃料计量仪产品线的严重亏损后，公司决定卖掉这项业务。作为最后的挽救措施，工厂管理当局建起了一堵围墙，把燃料计量仪的生产设备、工艺、生产和库存控制与自动导航设备的生产系统完全隔离开来，形成一个独立的封闭生产系统，甚至连质量检验和工人的雇佣及奖金政策也彻底划开。4 个月后，奇迹出现了，燃料计量仪业务开始盈利了。

---

① 本案例改编自威克汉姆·斯金纳的两篇文章。参见 Skinner, W., The Focused Factory. *Harvard Business Review*, May-June, 1974, pp. 113—121; Skinner, W., Manufacturing: The Formidable Competitive Weapon. New York: John Wiley & Sons, Inc., 1985, pp. 71－83。

斯金纳对这一结果的解释是：自动导航设备的生产要求的是严格的质量控制，完全不同的生产方式和库存控制策略（单件小批、按订单生产），以及较高的工人素质和不同的管理方法。而燃料计量仪属于标准化的产品，实行大批量的备货生产方式。把自动导航设备的那一套用在燃料计量仪的生产上，自然导致这个产品的成本居高不下。

斯金纳的结论是：

1. 不要企图用一家工厂生产名目繁多的产品，面向多种多样的细分市场，以及满足性质各异的顾客需求。每个工厂的生产对象应当集中。

2. 避免那种为了节约直接人工和设备投资，宁可增加工厂管理人员和管理费用支出的习惯做法。

3. 让每一个制造单位完成一项有限的任务，而不是像通常那样完成复杂的相互冲突的目标、产品和技术组合。

的确，在现实中，让一家工厂或一个经营单位完成尽量多任务的公司实在太多了。这可能是一个不自觉的过程，比如，工厂建立之初的生产对象和服务对象本来是单一的，但随着时间的推移，产品品种越来越多，服务对象越来越多元化，没有人想到要重新规划一下。但更多的可能是基于一种观点，这些公司认为这样可以充分利用设备和人力，能够将固定费用分摊在众多的产品上，从而获得所谓的“规模经济”效益。而结果怎么样呢？结果可能是各种妥协和折中的大杂烩，是居高不下的管理费用支出，是质量问题层出不穷，是交货拖期屡屡发生，是最终丧失每种产品的特色和优势。怎么办？一种有效的解决途径是建立聚焦的厂中之厂。

其实，聚焦工厂的概念是基于最显然的理论，这就是：简单性、重复性、学习曲线效应以及同质性。这些性质是培育操作者能力、管理人员能力和企业竞争力的关键。除此以外，在聚焦工厂中，每一种关键的制造功能都共同朝向同一的任务和同一的目标，这有利于协调和提高整体响应能力。

斯金纳建议，建立聚焦工厂应遵循下列步骤：

1. 战略决定结构。聚焦工厂的建立必须符合企业的战略。因此，在建立之前，必须明确企业在未来的五年中，在哪些细分市场上，满足顾客的什么需求，面对什么样的竞争对手，以及应形成什么特色和建立何种竞争优势。

2. 明确制造功能在实现企业目标和战略中的地位和作用。什么是企业的制造功能将面临的最严峻的挑战？如果制造功能不强劲，企业最可能在什么方面失败？

3. 仔细检查生产系统的每一种要素，这些要素当初为什么这么建立、组织和运作？它的优点是什么？缺点又是什么？原有的原则和目标现在和将来是否仍然有效？

4. 重新认识将现有的制造结构按聚焦工厂原则重组的必要性。设计重组方案，确定各种制造功能和要素分解与合并的程度，评价聚焦化重组方案的利弊。

聚焦工厂的观点自 1974 年由斯金纳首次提出以来，已经在美国的许多制造企业中得到成功的应用，但在管理理论界一直是一个引起争论的问题。一种反对意见认为，为每个市场—产品系列建立聚焦的厂中之厂，将增加额外的设备投资；还有的不同意见认为，聚焦工厂由于重复设置管理机构，会增加生产管理人员和管理费用支出。不过大量实践证明，追加的设备投资将会由聚焦制造带来的巨大收益得到补偿；并且，由于聚焦制造大大简化了生产与运营管理工作，故无须增减管理人员而且还节省了许多管理费用支出，如现场信息的收集、记录、储存、处理工作的费用支出，编制复杂的生产作业计划的人工和费用支出，以及生产调度及生产控制的各种耗费。特别是在产品质量改进和减少废品、返工和在制品库存方面的节约就更为显著。

对聚焦工厂持怀疑态度的最有力的论点是，FMS 和 CIMS 的采用会从根本上解决单一工厂生产多种品种带来的低效率和高成本问题，计算机生产管理系统，如 MRP Ⅱ，ERP 等，其应用会使任何复杂的生产作业计划和控制问题迎刃而解。的确，从发展的角度来看，FMS 和 CIMS 确实具有这种潜力，但也需清楚地看到，没有无所不能的 FMS 和 CIMS，在聚焦工厂体制下，FMS 和 CIMS 能够发挥更大的效益。而那种认为 MRP Ⅱ和 ERP 能解决所有生产作业计划问题的观点未免过于天真。简化问题，过去、现在和未来都是人类解决复杂问题的基本原则。

问题讨论

1. 你对在大型工厂中建立“聚焦工厂”怎么看？如果你是学生，请你去访问一家大型制造企业，与他们的管理者讨论一下这个问题。如果你是一位生产管理人员，请根据你的经验，从效率、成本和响应速度等方面全面评价一下这个概念。

2. 你认为“聚焦工厂”的概念能否推广至服务业？用事实说明你的理由。

第四章

库存控制

学习目标

阅读和学完本章后，你应当能够：

1. 区分库存的四种基本形态，认识库存的作用和控制库存的重要性。
2. 掌握库存的 ABC 分类方法。
3. 解释独立需求与从属需求的概念及其对库存控制策略选择的意义。
4. 说明库存控制的基本问题和两种基本的库存控制策略。
5. 运用经济订货批量公式估算实际的经济订货批量。
6. 掌握时变需求条件下确定订货批量的启发式方法。
7. 学会应用连续检查库存控制策略计算随机需求条件下的订货点。
8. 学会应用定期检查库存控制策略计算安全库存和目标库存水平。
9. 领会在多级分销系统中采取集中库存和分散库存的决策原则。
10. 说明“推式”库存策略和“拉式”库存策略的机理和应用条件。

不管是营利性的还是非营利性的，几乎每一个社会经济组织都在生产、使用、储存或者分配库存。库存的大量发生，使得每一个组织每年要花费大量的人力、投资、设施、费用去调度和控制库存，这种看似必要的活动，实质上潜藏着巨大的浪费。对于一个企业来说，存货周转率是企业运营效率的重要指标，对企业的资产收益率起着重要的决定作用。尤其像信息产业这种技术和需求快速变化的产业，如果不能实现库存的快速周转，就会因跌价而造成严重的亏损。类似地，库存也是一个国家经济运行状况的重要领先指标。从社会总库存量的升降可以预测经济的萧条和复苏，而社会总库存量的周转率代表着一个国家经济运行的效率和质量。

不仅企业的采购、储存和分配系统是典型的库存控制系统，而且企业的制造系统也可以看作一个库存控制系统，它实际上是库存在原材料、运输在制品、周转在制品、安全在制品和产成品这几种存货形态之间不断转换的过程。把制造系统看作一个库存控制系统有助于认识和把握生产作业计划的实质。

自日本丰田汽车公司创造准时生产方式（JIT）以来，“零库存”的概念开始出现在各类讨论库存控制和生产与运营管理的著作中。尽管真正的“零库存”很难甚至不可能达到，但它显然代表了管理理念的一种深刻变化。一个富于启发性的问题是：日本企业为什么追求“零库存”的目标？库存的作用是什么？当这种作用被不恰当地夸大时，它的弊端又是什么？

本章从讨论控制库存的重要性入手，分别从经济订货批量、时变需求下的库存控制以及随机需求下的库存控制三个方面，讨论基本的库存控制系统和控制技术，最后将视野扩展到分销系统的库存控制上。

第一节 控制库存的重要性

存货在历史上曾被当作财富的象征，衡量一个商人的财富，是看他有多少担粮食、多少头牛、多少匹布或多少两金银。直到 20 世纪初科学管理运动兴起以后，企业管理者才摒弃了一味生产存货的观点，开始重视存货的流动性，以致最终将存货周转率作为衡量企业效率的重要指标，将存货从衡量企业清偿短期负债的能力中扣除（如速动比率的计算方法）。任何事物都有两面性，库存也不例外，也存在正效应和负效应。

一、库存的作用

企业的库存主要包括原材料、在制品和产成品，它被用于便利生产和满足顾客需求。库存的作用主要有四个方面，具体体现在库存的四种基本类型上。

1. 周转库存

当生产或订货是以每次一定批量，而不是以每次一件的方式进行时，这种由批量生产或批量订货周期性地形成的库存就称为周转库存（cycle stock）。按批量进行生产或订货的主要原因是：（1）为了获得规模经济性。由于设置成本（setup cost，在生产中是转换作业时机器或生产装置的调整成本，在订货过程中是每份订单的交易、处理和发运成本）较高，故要求以一定的规模运营以降低单位成本。（2）为了享受数量折扣。比如在价格方面或运费方面的数量折扣。周转库存大小与订货的频率有关，故如何在订货成本和库存成本之间做出选择是决策时主要考虑的因素。

2. 安全库存

又称为缓冲库存。是生产者为了应付需求的不确定性和供应的不确定性，防止缺货损失而设置的一定数量的库存。如果生产者能够预先知道未来的需求变化，或者可以确定供应的交货日期和数量，则无设立安全库存的必要。安全库存（safety stock 或 buffer stock）的数量除受需求和供应的不确定性影响外，还与企业希望达到的顾客服务水平有关。这些是制定安全库存决策时主要考虑的因素。

3. 运输库存

它是处于相邻两个工作地之间或多级分销体系相邻两级销售组织之间的库存，包括处在运输过程中的库存以及停放在两地之间的库存。运输库存（pipeline inventories）取决于运输距离、输送时间和运输批量。生产系统中停放在两个工作地之间的库存又称为在制品库存（work-in-process）。

4. 预期库存

由于需求的季节性或采购的季节性特征，必须在淡季为旺季的销售，或在收获季节为全年生产储备的库存称为预期库存（anticipation inventories）。预期库存的设立除了季节性原因外，还可能出于使生产保持均衡的考虑。故决定预期库存的因素，除了脱销的机会成本外，还应考虑生产不均衡时的额外成本（如生产设备和工人闲置时必须支出的固定成本，以及加班的额外支出费用等）。

既然库存具有上述重要作用，为什么现代生产与运营管理却把“零库存”作为追求的目标呢？问题在于上述作用常被传统管理不恰当地夸大，掩盖了其存在的下列严重问题：

（1）库存可能被用来掩盖经常性的产品或零部件的制造质量问题。当废品率和返修率很高时，一种很自然的做法就是加大生产批量和增加在制品或产成品库存。

（2）库存可能被用来掩盖工人缺勤、技能训练差、劳动纪律松弛和现场管理混乱等问题。

（3）库存可能被用来掩盖供应商或外协厂家的原材料质量差、外协件质量差、交货不及时等问题。

（4）库存可能被用来掩盖或弥补作业计划安排不当、生产控制体系不健全、需求预测不准、产品齐套性差等问题。

（5）高库存水平还可能是由于产品设计和工程无规则的频繁更改造成的呆料或死料，或是由于生产过程组织不合理造成的大量在制品库存。

总之，生产与运营管理的各种问题，都可以在库存这里找到安全的“靠垫”。所以从根本上说，是生产与运营管理不善最终导致了库存水平居高不下。

由此不难理解，为什么准时生产方式要以“零库存”为不断努力的目标。其目的是通过不断降低库存水平，使上述种种生产管理不善的问题暴露出来并得到根治。只有排除了问题的根源，才能够不断地降低库存水平。这好比一条充满暗礁的河流，只有降低河水水位，才会使那些潜藏的暗礁暴露出来，而降低库存水平以暴露生产管理问题恰似“水落石出”（见图 4—1）。

二、库存控制的常用术语

研究库存控制的方法，需首先明确有关术语的定义。

1. 存货单元

存货单元（stock keeping unit，SKU）是因其用途或款式、大小、颜色甚至存放地点的不同而被区别对待的存货品目。例如，相同款式但尺码不同的两种鞋，一

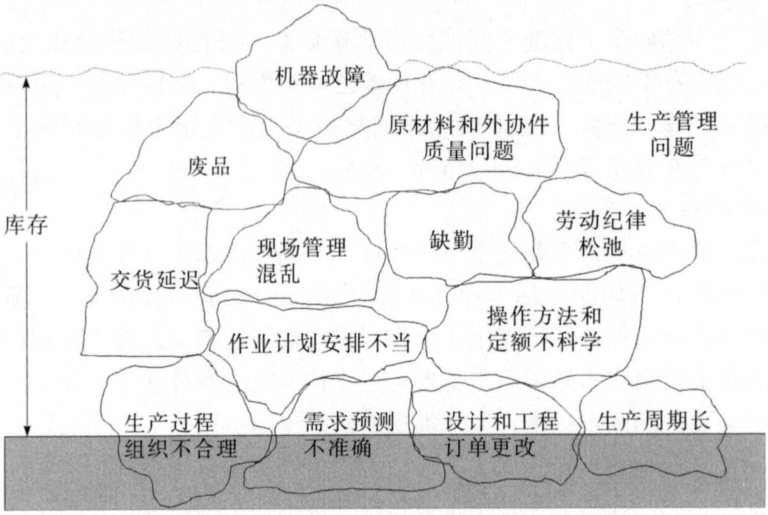

图 4—1 降低库存水平以暴露生产管理问题

般被当作两个不同的存货单元。

2. 库存水平

库存水平＝现有库存＋在途订货－积压订单－已承诺库存

与库存水平有关的几个库存状态是：

(1) 现有库存。即存放于仓库货架上的，随时可提供给顾客的存货，它不会是负值。

(2) 净库存。净库存 ＝ 现有库存－积压订单，净库存有可能是负值。

3. 安全库存

或称为缓冲库存。其定义为：恰好在补充订货到达之前的平均净库存水平。

三、库存的 ABC 分类法

1906 年，意大利社会学家 V. 帕累托（Vilfredo Pareto）发现，在资本主义社会中，少数人拥有社会的大多数财富，他把这种现象描绘成一条曲线，这就是著名的帕累托曲线。随后，研究企业管理的专家们发现，帕累托曲线实际上代表着组织中的一种规律。例如，在制造企业品种繁多的产品结构中，真正为企业创造出大部分销售或利润的，只是其中的少数产品；在百货商店琳琅满目的商品中，真正为商店带来大部分销售额和利润的，仅是其中的少数品种；在研究开发机构中，真正富有创造性的设计人才，不过是众多设计人员中的少数人；类似地，在企业的库存控制中，也存在着帕累托效应，它被称为存货的 ABC 分类法。

所谓 ABC 分类法，就是按存货单元的年利用价值对其进行分类。如果我们把存货单元的单位价值记作 v，把存货单元的年利用率（或年需求率）记作 D，则存货单元的年利用价值为 Dv。分别计算每个存货单元的 Dv，然后按从大到小的顺序排列。以存货单元的数量累积百分比为横坐标，以存货单元年利用价值的累积百分比为纵坐标，绘制二者的关系曲线，其典型形状如图 4—2 所示。

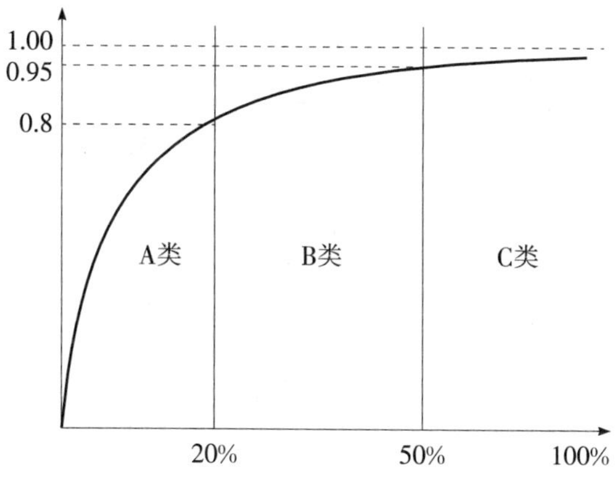

图 4—2 存货单元的 ABC 分类曲线

通常，我们按 20％、20％～50％、50％～100％三个百分比区间将存货单元分为 A 类、B 类和 C 类。按照一般的规律，A 类存货单元所对应的年利用价值累积百分比为 80％左右；B 类存货单元所对应的年利用价值累积百分比为 15％左右；其余为 C 类存货单元对应的年利用价值累积百分比。换句话说，数量上占 20％ 的存货单元其年利用价值达到 80％，显然应对 A 类存货单元给予优先考虑。而 C 类存货单元，其年利用价值充其量仅占 5％ 左右，在控制上，可以采用较粗略的方法。

ABC 分类曲线的具体分布在消费产品和工业产品之间略有差别，对于工业产品，这种类型之间的差别更为显著。此外，ABC 分类曲线的形状，往往因企业的存货单元构成不同而异，对于某些企业，将 A 类存货单元的数量累积百分比规定得小一些，或许更有利于控制那些价值高的存货单元。

ABC 分类法的一个主要的作用是提醒我们，应对存货单元加以区别对待，采用不同的库存控制策略分别进行控制。

ABC 分类法虽然形式非常简单，但在库存控制中却有着广泛的应用。任何库存控制系统，只要认真应用 ABC 分类方法进行分类管理，都会收到显著的效果。

四、独立需求和从属需求

对于选择库存控制策略来说，另一组关键的概念是独立需求（independent demand）和从属需求（dependent demand）。

1. 独立需求

这是指由市场决定的不可控的需求。例如，像对汽车或家用洗衣机这种成品的需求，以及对刹车片或橡胶垫圈等易损备件的需求等，就其性质来说，这类需求什么时候发生，每次需要多少，事先是不知道的，故称之为独立需求。但这种需求也不是完全无规律可循，它的需求平均值、方差（波动范围）、长期变化趋势以及季节性变化特征等，还是可以根据历史数据和其他相关因素进行预测的。

2. 从属需求

这是由其他产品或项目的需求决定的，是可以预知的和控制的。例如，对一定数量的洗衣机来说，洗衣桶、定时器、波轮、电动机等零部件和原材料的需求数量，完全是由产品零件表决定的，是已知的和可以事先计算出来的，故称之为从属需求。

一般来说，来自市场和企业外部的需求是独立需求，又称为顾客需求；由企业内部生产需要而产生的需求是从属需求，又称为生产需求。

五、库存控制的基本问题

以上两种不同的需求，要求不同的库存控制策略和库存控制系统。它们的主要区别是：

（1）估计需求数量和时间的方式不同。独立需求是随机性的，只能靠预测来估计。从属需求是确定性的、随时间变化的特征是已知的，所以不需要预测，只需根据生产计划来确定。

（2）满足两种需求的库存在性质上不同。满足独立需求的库存称为分配库存或营销库存，由于独立需求的随机性质，为防止缺货损失，需要设立安全库存。满足从属需求的库存称为生产库存，由于从属需求是确定性的，理论上不需要设立安全库存。

（3）两种需求下的库存控制策略不同。库存控制的基本问题是：

1）什么时候再订货？

2）一次订多少？

对于第一个问题，在独立需求情况下，有两种基本的库存控制策略：1）连续检查库存控制策略（continuous-review system）。这种策略是每次取货后都对库存水平进行检查，看其是否低于事先设定的订货点，一旦低于订货点就发出订货单补充库存。2）定期检查库存控制策略（periodic-review system）。这种策略是每隔一段固定的期间对库存水平检查一次，然后发出订单将库存补充到预先设定的目标库存水平。而在从属需求情况下，什么时候订货（下达采购订单或下达生产任务令），完全根据生产作业计划的规定。

对于第二个问题，实际是决定每次订货的批量。在独立需求情况下，一般是根据经济订货批量（EOQ）方法来决定每次订货的数量；在从属需求情况下，有多种可供选择的批量确定方法，如动态规划法、启发式方法和批量对批量法等。

适用于独立需求的库存控制系统，称为库存补充系统（replenishment system），简称为补货系统，它是以经常性地维持一定的库存水平并不断补充为特征的，连续检查策略和定期检查策略就是这种系统的两种基本控制策略。适用于从属需求的库存控制系统有物料需求计划（MRP）和准时生产方式（JIT）系统。

区分独立需求和从属需求是库存控制理论发展的一个里程碑。它是在物料需求计划（MRP）理论付诸实践后正式确立的。在此之前，生产管理者和研究人员不加区分地对待两种不同需求下的库存控制问题，将其都看作独立需求的库存控制。对实际上是从属需求的库存控制问题，也误把库存补充系统应用于控制这种情况下的生产存货，结果导致在制品库存和半成品库存居高不下，这一点需要特别引起注意。

在随后的三节中，我们将分别详细讨论库存控制中常用的经济订货批量法以及时变需求（性质上属于从属需求）下的订货批量确定方法和随机需求下的库存控制策略。

第二节 经济订货批量

一、三种主要的库存成本

有效的库存控制要求尽可能准确地估算以下三种主要的库存成本。

1. 保存成本 C_I

保存成本有以下几个主要的发生来源：(1) 所占用资金的机会成本。理论上确定存货占用资金的机会成本应当根据投资报酬率，在简化的情况下，可以用银行相应期限的利息率代之。(2) 仓库设施的折旧费、保险费等。(3) 存货的失效、损坏变质和丢失费用等。这部分费用因存货的性质不同而可能有很大的差别，例如电子产品的失效（过时）费用就较高，而食品的损坏变质费用可能很高。

由于资金的机会成本，以及损坏变质、失效成本往往占保存成本的大部分比例，故习惯上将保存成本表示为与存货单位的购买价格成正比的形式，或表示成百分比的形式，后者记作 F_I。

2. 订货成本 C_T

订货成本是处理一笔订货业务的平均成本，包括簿记、通信、差旅、谈判、必要的产品技术资料和订货人员工资等，其特点是与订货的数量无关。在生产领域，C_T 表示更换零件或作业时的生产准备和机器调整成本，称为作业转换成本或设置成本。

3. 缺货成本 C_B

缺货成本是指由于缺货造成的损失。在销售过程中，缺货会造成订单的丢失，顾客转向其他企业订货，以及企业声誉的无形损失等，其数额的估算带有一定的主观性。在生产过程中，缺货会造成停工待料、在制品积压、交货期延迟或者导致加班等，其成本可从相应的活动影响中分别估算。

库存控制主要是在上述三种成本中做出抉择。例如，一方面，如果我们增加订货量 Q，则周转库存量就会上升，由此导致库存成本上升；但另一方面，由于每次的订货量增加，使得每年订货次数减少，从而使订货成本下降。类似地，如果安全库存和订货点水平定得比较高，缺货成本就会降低，但保存成本就会上升。所以，库存控制就是要在这些互相矛盾的因素中做出最佳的权衡。

二、经济订货批量公式的推导

独立需求下的库存控制在如何确定每次订货的批量方面，一种基本的方法是经济订货批量（economic order quantity，EOQ）法。自 1915 年美国学者 F. W. 哈利斯（F. W. Harris）首次提出 EOQ 公式以来，由于它简单的形式、最优的性质和数学上的强壮性，因此至今仍被广泛地应用于库存控制中。

1. 基本假设

推导经济订货批量公式基于下述假设：

（1）年需求率是相对稳定的、可预见的。

（2）从订单发出至货到补充库存的提前期是已知的和固定的，为了简化推导，暂时假定其为零。

（3）不允许出现缺货现象。由于需求和提前期是常数，故可以准确地确定什么时候应发出订单及时补充库存。

（4）材料以批量的方式订货或生产，全部一次到货入库。

（5）订货成本固定不变，与订货量无关，没有折扣，且保存成本与平均库存水平成比例。

（6）产品品目只是单一品种，暂不考虑多品种情况。

2. 经济订货批量的计算公式

在推导 EOQ 公式的过程中使用的各种符号的含义如表 4—1 所示。

表 4—1　　库存控制的常用术语和符号

Ⅰ. 库存量	Ⅱ. 单位成本
D=单位时间需求量，通常指年需求量	C_I=保存一个单位存货单元的年成本
d=每日需求量或用量	C_T=处理一次订货业务的平均成本
U=订货提前期内的需求量	C_B=缺货成本
L=订货提前期	
n=年订货次数	
Q=每次订货量=D/n	
R=订货点	
SS=安全库存，$SS=R-\overline{U}$	
P=服务水平，即不缺货概率	

（1）求年订货业务成本和年保存成本。根据假定年需求量是一相对恒定值 D；每次订货量为 Q，则相邻两次订货的间隔时间为 Q/D；相应地，年订货次数为 D/Q。在上述假定下，库存水平随时间的变化特性如图 4—3 所示。因此年订货成本为 C_TD/Q；年保存成本为 $C_IQ/2$（由图 4—3 可知，平均库存水平为 $Q/2$）。

（2）年库存总成本 TRC 的计算公式为：

$$TRC(Q) = C_IQ/2 + C_TD/Q \tag{4.1}$$

对 Q 求年总成本 TRC 的一阶导数，并令其等于零，得到：

$$\frac{\mathrm{d}TRC(Q)}{\mathrm{d}Q} = 0$$

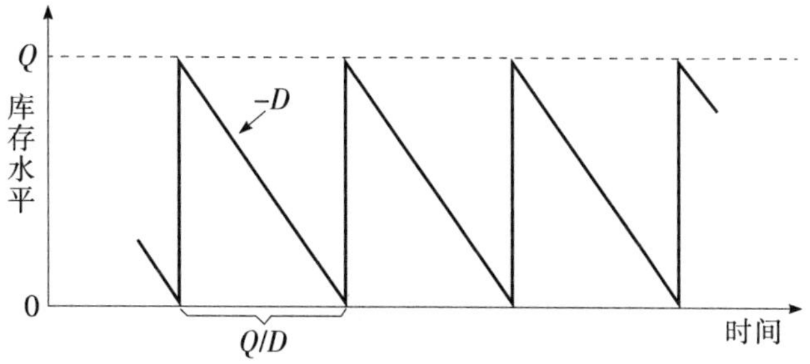

图 4—3 库存水平随时间变化的特征

即 $\frac{C_I}{2}+C_TD\left(-\frac{1}{Q^2}\right)$

从式中解出 Q 来，便得到 EOQ，即：

$$EOQ=Q^*=\sqrt{\frac{2DC_T}{C_I}} \tag{4.2}$$

相应地，可以求出最优订货次数 n^* 和订货间隔期 T^*：

$$n^*=\sqrt{\frac{C_ID}{2C_T}},\qquad T^*=\frac{12}{n^*}=\sqrt{\frac{288C_T}{DC_I}} \tag{4.3}$$

将 EOQ 代入总成本 TRC 的表达式，得到在经济订货批量下的年总库存成本，即

$$TRC(EOQ)=C_IEOQ/2+C_TD/EOQ=\sqrt{2DC_IC_T} \tag{4.4}$$

年订货成本 C_TD/Q、年保存成本 $C_IQ/2$ 和年总库存成本的特性曲线如图 4—4 所示，其中年总库存成本曲线的最低点对应 TRC（EOQ）。

[例 4—1]

关于 EOQ 强壮性的实例说明

恒大公司存货单元 A 的年需求量为 2 400 单位/年；订货成本为 3.20 元/次；保存成本为 0.096 元/单位，年。试求：

（1）EOQ；n^*；TRC（EOQ）。

（2）假设因为运输原因，每次订货量为 550 单位，求在此情况下的年库存总成本比采用经济订货批量的年库存总成本高出的百分比。

解：

（1）$EOQ=\sqrt{\frac{2DC_T}{C_I}}=\sqrt{\frac{2\times 2\ 400\times 3.20}{0.096}}=400$（单位）

$n^*=\sqrt{\frac{DC_I}{2C_T}}=\sqrt{\frac{240\times 0.096}{2\times 3.20}}=6$（次/年）

TRC（EOQ）$=\sqrt{2DC_IC_T}$

$=\sqrt{2\times 2\ 400\times 0.096\times 3.20}=38.4$（元/年）

（2）$Q=550$（单位）

$$\frac{Q-EOQ}{EOQ}=\frac{550-400}{400}=37.5\%$$

$$TRC(Q)=C_IQ/2+C_TD/Q$$
$$=0.096\times550\div2+3.20\times2\ 400\div550=40.36\text{（元/年）}$$

$$\frac{TRC(Q)-TRC(EOQ)}{TRC(EOQ)}=\frac{40.36-38.4}{38.4}=5.1\%$$

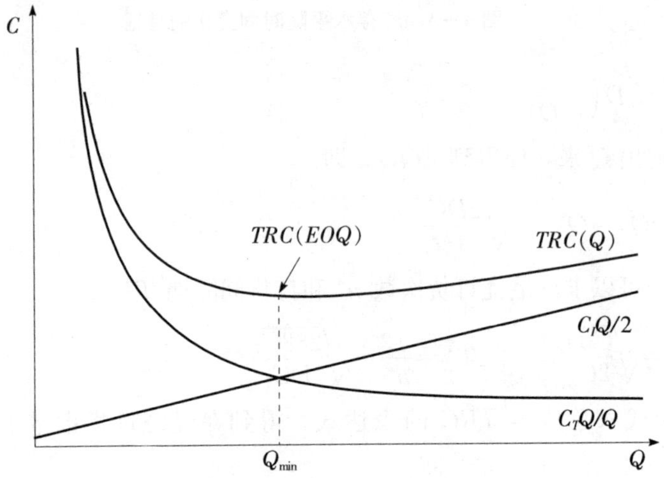

图 4—4　库存成本作为订货量函数的特性

从例 4—1 中（2）的计算结果来看，当订货量的变动幅度为 37.5%时，年库存总成本仅增加了 5.1%，这并非偶然。也就是说当实际订货量偏离 *EOQ* 时，只要这种偏离不超过某个合理的范围，对年库存总成本的影响就很小。这个性质称为 *EOQ* 的强壮性（或不灵敏性）。事实上我们从 *EOQ* 的总成本特性曲线也可以看出，在 *EOQ* 附近一个相当宽的区段上，曲线的变化十分平缓。为了进一步说明这个问题，我们令 k 表示实际订货量 Q 偏离 *EOQ* 的相对程度，即：

$$k=\frac{Q-EOQ}{EOQ}$$

令 *PCP* 表示当订货量为 Q 时，年库存总成本比采用 *EOQ* 的年库存总成本高出的百分比，称为百分比成本罚函数，即：

$$PCP=\frac{TRC(Q)-TRC(EOQ)}{TRC(EOQ)}\times100\% \tag{4.5}$$

理论分析的结果表示在图 4—5 中。由图中可以看出，只要实际订货量的偏离程度不超过 $-0.27\leqslant k\leqslant0.37$ 的范围，总成本增加的幅度就小于 5%。①

EOQ 的强壮性使之具有很大的实用价值。事实上，实际应用中对于参数 D、C_T、C_I 的估计很难做到十分准确，但只要将误差控制在上述合理的范围内，就不

① Silver, E. A. and Peterson, R., Decision Systems for Inventory Management and Production Planning, 2nd ed. New York: John Wiley & Sons, Inc., 1985, pp. 181－182.

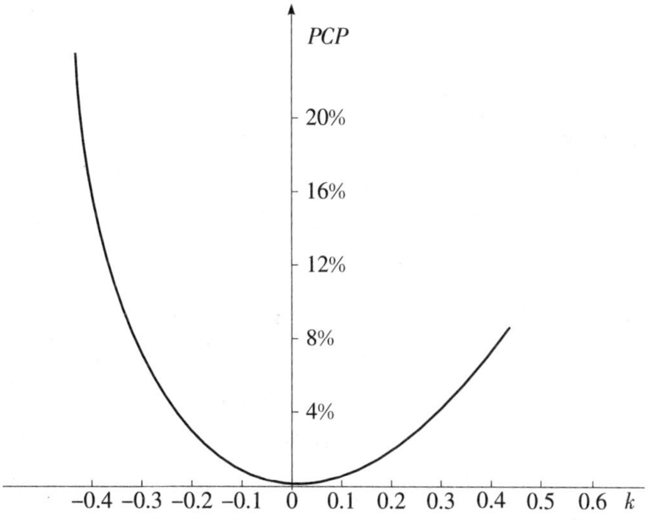

图 4—5 当实际订货量 Q 偏离 EOQ 时的库存总成本罚函数

影响 EOQ 的应用。这也是为什么直到今天，EOQ 仍出现在任何一本讲述库存管理的书籍中，并且应用十分广泛的原因。

三、考虑折扣因素

为了推导 EOQ 公式，我们曾假设不考虑折扣因素，而在实际中，许多情况下是存在订货批量折扣的，这就需要适当修正 EOQ 以适应这种情况。为了简化推导过程，我们暂时只考虑单一折扣率的情况，对于多档折扣率的情况，读者不难在此基础上加以推广。

当存在单一折扣率时，某种存货单元的单位价值 v 发生如下变化：

$$v=\begin{cases} v & 0\leqslant Q<Q_b \\ v\ (1-d) & Q_b\leqslant Q \end{cases}$$

式中，Q_b 为享受折扣的订货批量数量界限；d 为折扣率。

我们再来看单位保存成本 C_I。如前所述，保存成本主要包括存货占用资金的利息、保险费和失效及损失费用，这些费用实际上是与平均存货的价值成正比的。设比例系数为 r，则年保存成本可表示为；

$$C_IQ/2=rvQ/2,\quad 即\ C_I=rv \tag{4.6}$$

为了确定存在折扣时的最佳订货批量，我们引入全部存货成本的概念和表达式。所谓全部存货成本（记作 TIC），就是全部库存成本与存货成本之和，即：

$$TIC\ (Q)\ =rvQ/2+C_TD/Q+Dv \tag{4.7}$$

当 $Q\geqslant Q_b$ 时，扣除折扣率的全部存货成本为：

$$TIC(Q) = rv(1-d)Q/2+C_TD/Q+Dv(1-d) \tag{4.8}$$

按推导 EOQ 的同样的方法，可以求出考虑折扣率 d 时的 EOQ（d）公式，注意，式（4.8）中的 Dv（$1-d$）项与 Q 无关，故在求导时被略去。于是有：

$$EOQ(d)=\sqrt{\frac{2DC_T}{rv(1-d)}}=\sqrt{\frac{2DC_T}{C_I(1-d)}} \tag{4.9}$$

当存在折扣因素时，订货批量的决策实际上是通过比较不同批量下的全部存货成本，从中选取使全部存货成本最低的订货批量的决策。其选择步骤如下：

(1) 按式（4.9）计算存在折扣率条件下的订货批量 $EOQ(d)$。

(2) 比较 $EOQ(d)$ 和 Q_b，若 $EOQ(d)\geqslant Q_b$，则 $EOQ(d)$ 为最佳订货批量；若 $EOQ(d)<Q_b$，可继续步骤 3。

(3) 计算全部存货成本 $TIC(EOQ)$：

$$TIC(EOQ)=\sqrt{2DC_TC_I}+Dv$$

(4) 再计算 $TIC(Q_b)$，即按式（4.8）计算。

1) 若 $TIC(EOQ)\leqslant TIC(Q_b)$，则最佳订货批量为不考虑折扣率的 EOQ；

2) 若 $TIC(EOQ)>TIC(Q_b)$，则最佳订货批量为折扣订货批量 Q_b。

当存在多档折扣率时，可仿照上述步骤分档求解最佳订货批量。

四、考虑非同时补充库存的情况

我们现在考虑放宽推导 EOQ 时的另一个重要假设，即补充订货不是一次到货，而是以一定的速度 m（即单位时间内的补充量，对于生产系统是机器的生产率）逐步补充存货，这时的存货变化情况犹如锯齿形（见图 4—6）。与前面推导 EOQ 时的不同之处仅在于平均库存水平不再是 $Q/2$，而是现在的 $Q(1-D/m)/2$。这里的 D，是换算成与 m 相同时间单位的需求率。这时的全部库存成本为：

$$TRC(Q)=C_I\frac{Q(1-D/m)}{2}+C_T\frac{D}{Q}$$

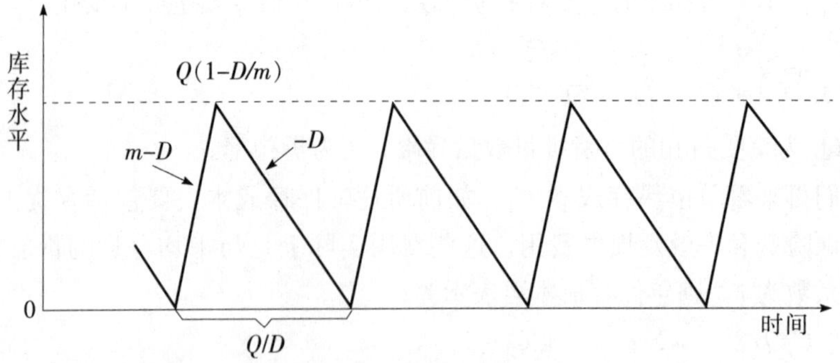

图 4—6 以有限速率补充库存时的库存水平变动情况

相应的最佳订货批量修正为：

$$FEOQ=\sqrt{\frac{2DC_T}{C_I(1-D/m)}}=EOQ\sqrt{\frac{1}{(1-D/m)}} \tag{4.10}$$

这相当于在原有的 EOQ 上乘上了一个修正系数。我们注意到，当 D/m 很小时，这种情况等价于同时补充库存的情况（对于生产系统是生产率大大高于需求率的情况），这时的 $FEOQ\rightarrow EOQ$。但是当 $D/m\rightarrow 1.0$ 时，由式（4.10）可以看出，

此时的 $FEOQ\to\infty$，可以想象，这相当于需求率与生产率吻合、生产系统连续不断地生产某种产品以满足需求的情况。现实中，企业在需求旺季流水线加班加点连续生产就是这种情况的一个例子。实际中更多的是第三种情况，即 $0<<D/m<<1.0$，这种情况就如图 4—6 所示，这时可以固定一部分生产设备进行连续生产，而对另一部分生产设备安排批量生产。

生产与运营管理实践表明，即使仅仅认真应用 ABC 分类法和 *EOQ* 这样简单的方法，都会取得显著的成效。

第三节　时变需求下的库存控制

在上节推导 *EOQ* 时，假定需求是相对稳定的、不随时间变化的，现在放宽这个假定，考虑需求随时间变化情况下的库存控制问题，简称为时变需求下的库存控制问题。这里所说的时变需求，是指在一个期间内，需求保持恒定；而在一个期间转到另一个期间时，需求会发生变化。这种已知的、时变的需求大多属于从属需求，这种需求模式在实际中有广泛的应用背景。例如：

（1）在多级制造系统中，生产作业计划或物料需求计划将最终产品按零件表的层级展开成各级制造需求，对每一层级制造阶段来说，上一层级的制造需求，就是一种已知的、随时间变化的需求。正是在这个意义上，我们在本书第七章中将要讨论的物料需求计划方法，也称为从属需求下的库存控制方法，它是一种处理从属性时变需求的库存控制方法。

（2）与顾客签订了全年的供货合同，按规定时间供货，但每次供货的数量可能不一样。

（3）对某种产品或存货单元的需求具有已知的季节性变化特征。

（4）对某种产品或存货单元的需求具有已知的增长趋势。

（5）设备预防维修的备件供应，一旦维修作业计划制定出来，备件的需求时间和数量（还包括品种规格）就确定下来了。

确定从属性时变需求的订货批量的方法，不同于确定恒定需求的订货批量方法，前者要比后者复杂。H. M. 瓦格纳（H. M. Wagner）和 T. M. 惠廷（T. M. Whitin）于 1958 年提出了一种基于动态规划方法的求解时变需求下订货批量的最优化方法，称为瓦格纳-惠廷方法。由于方法比较复杂，实际中很少应用。此后，一些生产与运营管理研究者相继提出了一些启发式的解法，由于这些方法比较简单，得出的结果在许多情况下接近最优解，故得到普遍的应用。下面我们介绍其中最有代表性的也是应用较广的两种方法，它们是：西尔弗-米尔启发式方法和部分期间平衡法。

一、典型的随时间变化的需求模式

为了便于说明方法的效果，我们先从下面的一个实例入手，给出应用 *EOQ* 的结果，然后再应用启发式方法寻求更好的解答。

[例 4—2]

采用 EOQ 方法控制时变需求下库存的效果

恒大公司对产品 B 的需求如表 4—2 和图 4—7 所示。

表 4—2

	1 月	2 月	3 月	4 月	5 月	6 月	7 月	8 月	9 月	10 月	11 月	12 月
每月需求 $D(i)$	10	62	12	130	154	129	88	52	124	160	238	41
累积需求	10	72	84	214	368	497	585	637	761	921	1 159	1 200

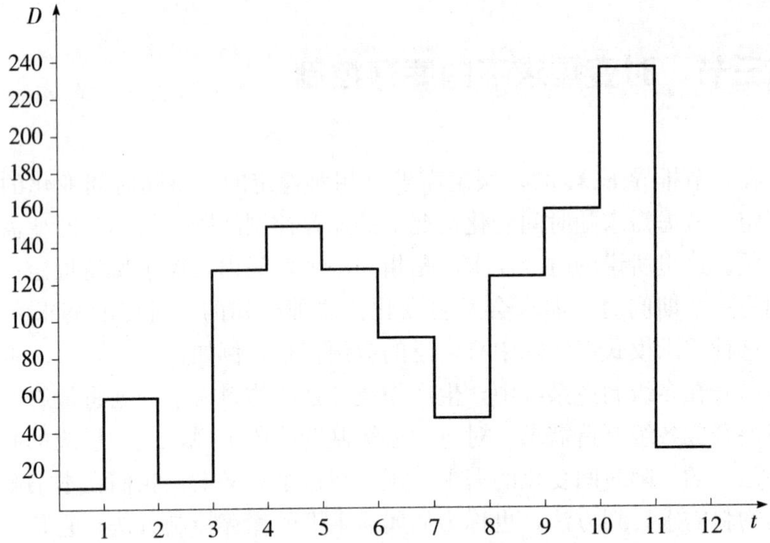

图 4—7 恒大公司对产品 B 的年需求曲线

已知订货成本 $C_T=54$ 元/次，保存成本 $C_I=0.4$ 元 /（单位，月）。试用 *EOQ* 法确定全年的订货计划，使总库存成本 *TRC* 尽可能小。

解：先计算月平均需求量 $\overline{D}$，得：

$$\overline{D}=\frac{\sum_{i=1}^{12}D(i)}{12}=100\text{（单位/月）}$$

从而：

$$EOQ=\sqrt{\frac{2DC_T}{C_I}}=\sqrt{\frac{2\times100\times54}{0.4}}=164\text{（单位 / 月）}$$

根据 *EOQ* 计算出的全年采购计划和库存总成本如表 4—3 所示。

表 4—3

月份	1	2	3	4	5	6	7	8	9	10	11	12	总计
期初库存	0	204	142	130	0	0	0	52	0	0	0	0	—
订货量	214	—	—	—	154	129	140	—	124	160	238	41	1 200
需求量	10	62	12	130	154	129	88	52	124	160	238	41	1 200
期末库存	204	142	130	0	0	0	52	0	0	0	0	0	528
总订货成本													432.0
总保存成本													211.2
总库存成本													643.2

这里假定忽略交货提前期。求解的方法是，处在第 1 个月开始时，通过计算累积的每月需求我们注意到，*EOQ*＝164，介于 84～214 之间（见表 4—3），由于更靠近 214，故利用 *EOQ* 的强壮性，将第 1 次的订货量取作 214（单位）。在第 5 个月开始时，由于 *EOQ* 在 154 与 154 ＋ 129 ＝ 283 之间，更接近 154，故第 2 次订货量取作 154（单位）。确定第 6 个月的订货量的方法与第 5 个月的方法类似。在第 7 个月开始时，由于 164 在 88，88 ＋ 52 ＝ 140 和 88 ＋ 52 ＋ 124 ＝ 264 之间，更接近 140，故 7 月初的订货量取作 140，依此类推。最后得到：

总订货成本 ＝ 8×54 ＝ 432.0（元）

总保存成本 ＝ 528×0.4 ＝ 211.2（元）

总库存成本 ＝ 432.0 ＋ 211.2 ＝ 643.2（元）。

二、西尔弗-米尔启发式方法

如果采用动态规划方法求解例 4—2，最后得到的总库存成本为 501.2 元，远低于 *EOQ* 法。可见 *EOQ* 法对处理需求随时间变化的库存控制问题，结果通常不能令人满意。但从实用的角度来看，动态规划方法虽然能够求出最优解，却因其算法和理论过于复杂而很难为实际管理人员所掌握。为此. 一些学者提出多种实用方法，最有代表性的要数加拿大运营管理学家 E. A. 西尔弗（E. A. Silver）和 H. C. 米尔（H. C. Mea1）提出的启发式方法，简称为 S-M 法。我们下面就用此法来重新解例 4—2。

S-M 法采用期间平均总库存成本作为判别函数，它是期间数 T 的函数，记作 *TRCU*（T），其定义为：

$$TRCU(T) \equiv \frac{\text{订货成本} + T\text{ 个期间的全部保存成本}}{\text{期间数 } T}$$

$$= \frac{C_T + \sum_{i=1}^{T} C_I \times (i-1) \times D(i)}{T} \tag{4.11}$$

式中，$D(i)$ 是第 i 个区间的需求量，$i = 1, 2, \cdots, T$。

所要求解的订货批量应使得期间平均总库存成本最小化。

S-M 法的求解步骤如下：

(1) 当 T=1 时，例如在例 4—2 中，在第 1 个月开始时，如果忽略该区间上的保存成本，则：

$$TRCU(1) = \frac{C_T}{1} = C_T$$

(2) 当 T=2 时，保存成本为 $C_I D(2)$，因此有：

$$TRCU(2) = \frac{C_T + C_I D(2)}{2}$$

(3) 当 T= 3 时，有：

$$TRCU(3)=\frac{C_T+C_ID(2)+2C_ID(3)}{3}$$

依此类推，直到首次满足下述判别准则时为止：

$$TRCU(T+1)>TRCU(T)$$

然后令订货量 $Q=\sum_{i=1}^{T}D(i)$ 。从 $T+1$ 期间开始，重新令 $T=1$，重复上述过程，直到计划期末。

[例 4—3]

西尔弗-米尔方法计算实例

仍采用例 4—2 给出的成本数据和需求数据，仍假定总保存成本根据期末库存计算，忽略第 1 期的保存成本，应用 S-M 法的求解过程如下：

解：将例 4—2 的数据代入，得到：

$$T=1,\ TRCU(1)=C_T=54$$

$$T=2,\ TRCU(2)=\frac{C_T+C_ID(2)}{2}=\frac{54+0.4\times62}{2}=39.40$$

$$T=3,\ TRCU(3)=\frac{C_T+C_ID(2)+2C_ID(3)}{3}=\frac{54+0.4\times62+2\times0.4\times12}{3}=29.40$$

$$T=4,\ TRCU(4)=\frac{C_T+C_ID(2)+2C_ID(3)+3C_ID(4)}{4}=\frac{54+0.4\times62+2\times0.4\times12+3\times0.4\times130}{4}=61.10$$

由于 $TRCU(4)>TRCU(3)$，故使订货量

$$Q_1=\sum_{i=1}^{3}D(i)=10+62+12=84\text{（单位）}$$

然后，对于第 4 个月，重新令 $T=1$，重复上述过程。全部计算结果见表 4—4。

表 4—4

月份	1	2	3	4	5	6	7	8	9	10	11	12	总计
期初库存	0	74	12	0	0	129	0	52	0	0	0	41	—
订货量	84	—	—	130	283	—	140	—	124	160	279	—	1 200
需求量	10	62	12	130	154	129	88	52	124	160	238	41	1 200
期末库存	74	12	0	0	129	0	52	0	0	0	41	0	308
总订货成本													378.0
总保存成本													123.2
总库存成本													501.2

基于本例，S-M 法与动态规划方法的计算结果一致。

大量实践表明，多数情况下，S-M 法的计算结果与最优化方法的计算结果非常接近，而 S-M 法更简单实用，很受实际作业计划人员的欢迎，无论是手算还是在计算机上实现，工作量都不大，故得到广泛应用。特别是在多级制造系统中，常被用来确定零件的加工批量。

三、部分期间平衡法

部分期间平衡法（part-period balancing，PPB），是选取订货批量，使之覆盖这样的期间，在此期间上，全部保存成本低于全部订货成本。一旦前者超过后者，就转到下一个期间上重新确定新的订货批量。以此类推，直到计划期的终点。一般来说，采用部分期间平衡法得出的订货批量方案，其全部库存成本要高于采用 S-M 法得出的结果。尽管如此，由于部分期间平衡法提出得较早，且较简便，故其应用仍很广泛。

我们仍以例 4—2 的成本数据为例来说明如何应用部分期间平衡法。

[例 4—4]

部分期间平衡法应用实例

仍采用例 4—3 给出的成本数据、需求数据和成本计算假定，试采用 PPB 法确定订货批量。

解：根据表 4—2 给出的需求数据，可以分别计算出如表 4—5 所示的结果。所采用的判别准则为：

$$\sum_{i=1}^{T} C_I(i-1)D(i) < C_T$$

由于第 3 期的保存成本 34.40 元比第 4 期的保存成本 190.40 元更接近订货成本 54 元，因此，选取 $T=3$ 作为第 1 次补充订货的覆盖期间，订货批量为 10＋62＋12＝84（单位）。从第 4 期开始，再次令 $T=1$，计算过程如表 4—6 所示。

表 4—5

T	保存成本
1	0
2	C_ID（2）＝24.80＜54
3	24.80＋$2C_ID$（3）＝34.80＜54
4	34.40＋$3C_ID$（4）＝190.40＞54

表 4—6

T	保存成本
1	0
2	C_ID（5）＝61.60＞54

虽然第 5 期的保存成本 61.60 元超过了订货成本，但由于它很接近订货成本，

故选取 $T=2$ 作为第 2 次补充订货的覆盖期间。以此类推，可分别计算出各次的订货批量和各种成本数据，计算结果列于表 4—7 中。从表 4—7 中可以看出，采用 PPB 法得出的订货方案，其总库存成本为 521.20 元，略高于采用 S-M 法得出的订货方案的总库存成本。

表 4—7

月份	1	2	3	4	5	6	7	8	9	10	11	12	总计
期初库存	0	74	12	0	154	0	88	0	124	0	0	41	—
订货量	84	—	—	284	—	217	—	176	—	160	279	—	1 200
需求量	10	62	12	130	154	129	88	52	124	160	238	41	1 200
期末库存	74	12	0	154	0	88	0	124	0	0	41	0	493
总订货成本													324.0
总保存成本													197.2
总库存成本													521.2

处理时变需求下的订货批量问题，还有最小单位库存成本法、批量对批量法等多种方法，但从期间总库存成本角度来看，一般均高于上述两种启发式方法。

第四节　随机需求下的库存控制

由于独立需求是由市场决定的、随机的，故独立需求的库存控制实质上是随机需求下的库存控制问题。

随机需求下的库存控制有两种基本的库存控制策略，即连续检查库存控制系统（continuous-review system，简称连续检查系统）以及定期检查库存控制系统（periodic-review system，简称定期检查系统）。其他常用的随机需求下的库存控制策略，可以看作在这两种基本策略之上的变通。下面我们先分别对这两种基本的库存控制系统进行讨论，然后再讨论几种在此基础上扩展的常用的库存控制系统。

一、连续检查系统

连续检查系统，是在每次取货后均要核对库存水平，并与预先设置的订货点水平进行比较，如果库存水平降到订货点以下，就发出订货单。一般订货数量是固定的。由于订货数量是固定的，所以订货间隔期是变化的，它取决于需求的随机性质。按照惯例，令 Q 表示订货量，R 表示订货点，则可将连续检查系统简记作（Q，R）系统。

连续检查系统库存水平的变化情况如图 4—8 所示。

连续检查系统的订货量一般是固定的，可以按 EOQ 公式确定最佳订货批量。但是每日需求的不确定性和订货提前期的不确定性，有可能导致在补充订货到达之

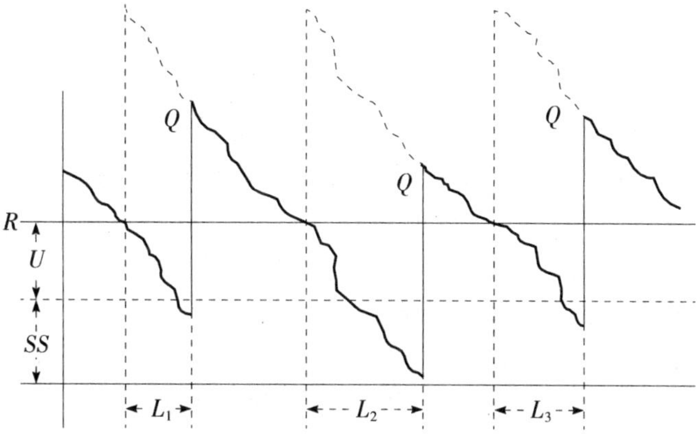

图 4—8 连续检查系统的动态库存水平

前发生库存清空的情况。因此，必须合理地确定订货点 R 和安全库存 SS。订货提前期的不确定性可能由多种原因造成。例如，供货商家由于种种原因未及时发货；运输过程中可能发生的延迟；货物到达后未及时登记上架等。而每日需求的波动，尤其对于市场需求来说，是需求本身的一种固有性质。

考虑到这两种不确定性的影响，实际的订货点库存水平应当包括两部分：按平均订货提前期和平均需求率确定的平均订货提前期需求量，记作 $\overline{U}$，以及根据订货提前期的不确定性、需求率的波动性和期望的顾客服务水平而设立的安全库存，记作 SS，即：

订货点＝平均订货提前期需求量＋安全库存

或表示为：

$$R=\overline{U}+SS \tag{4.12}$$

理论上，安全库存 SS 可以依据缺货损失成本来确定，但由于缺货成本很难估计，故实际中多根据期望的顾客服务水平来确定安全库存 SS 和订货点 R。所谓顾客服务水平，就是在发出订单到货物入库这段订货提前期内顾客需求可由存货满足的概率，一般在要求高的情况下取 95％～99％。顾客服务水平确定得越高，订货点库存水平就需设置得越高，企业需要在由此增加的成本和缺货成本之间进行适当权衡。

为了给出安全库存的计算公式，我们令 $\overline{d}$ 表示每日的平均需求量，Var（d）为每日需求量的方差；$\overline{L}$ 表示订货提前期的平均值，Var（L）是订货提前期的方差。则平均订货提前期需求量 $\overline{U}$ 可以表示成 $\overline{d}$ 与 $\overline{L}$ 的乘积：

$$\overline{U}=\overline{d}\overline{L} \tag{4.13}$$

$\overline{U}$ 的方差表达式为：

$$\text{Var}(U)=\text{Var}(d)(\overline{L})+\text{Var}(L)(\overline{d})^2 \tag{4.14}$$

$\overline{U}$ 的方差 Var（U）表示 $\overline{U}$ 的变易性程度，故安全库存应当是 $\overline{U}$ 的变易性的函数，也就是安全库存与订货提前期需求量的标准差 σ_u 成正比，即：

$$SS=z\sigma_u \tag{4.15}$$

其中

$$\sigma_u=\sqrt{\text{Var}(U)} \tag{4.16}$$

从而订货点 R 又可表示为：

$$R=\overline{U}+z\sigma_u \tag{4.17}$$

式中，z 是比例系数，取决于期望的服务水平。又由于服务水平 = 1－缺货概率，而缺货概率取决于订货提前期 L 和需求量 d 的分布，实践中一般假定二者均服从正态分布，所以，z 可按期望的服务水平从标准正态分布表中查得。

总之，确定安全库存涉及三个方面：

（1）订货提前期 L 的平均值 $\overline{L}$ 和方差 Var（L）；

（2）每日需求量 d 的平均值 $\overline{d}$ 和方差 Var（d）；

（3）期望的顾客服务水平及相应的 z。

我们通过一个实例来说明如何计算安全库存和订货点。

[例 4—5]

计算安全库存和订货点的应用实例

恒大公司某存货单元的控制策略为连续检查的（Q，R）策略，有关订货提前期的历史资料如表 4—8 所示，另据上半年的逐日统计，日平均需求量 $\overline{d}=40$（单位/日），方差为 Var（d）$=40$（单位/日）。

表 4—8　订货提前期统计

订单发出日期（月/日）	1/7	2/3	3/16	4/6	5/2	6/2
订货收到日期（月/日）	1/16	2/17	4/15	4/25	5/19	6/20
提前期（扣除假日）	7	12	25	16	14	15

求当期望的服务水平分别为 95% 和 99.5% 时的订货点和安全库存水平。

解：

$$\overline{L}=\frac{7+12+25+16+14+15}{6}=14.83$$

$$\begin{aligned}\text{Var}(L)&=\frac{(7-14.83)^2+(12-14.83)^2+\cdots+(15-14.83)^2}{6-1}\\&=34.97\end{aligned}$$

$$\overline{U}=(\overline{d})(\overline{L})=(40)(14.83)=593.3$$

$$\begin{aligned}\text{Var}(U)&=\text{Var}(d)(\overline{L})+\text{Var}(L)(\overline{d})^2\\&=(40)(14.83)+(34.97)(40)^2=56\,545.2\end{aligned}$$

$$\sigma_u=\sqrt{\text{Var}(U)}=\sqrt{56\,545.2}=237.8$$

查标准正态分布表可知，当服务水平为 95% 时，$z=1.65$，因此，

$$SS=z\sigma_u=1.65\times237.8=392.4$$

相应地，

$$R=\overline{U}+SS=593.3+392.4=985.7\text{（单位）}$$

当服务水平为 99.5% 时，查表可知，$z=2.58$，则：

$$SS=z\sigma_u=2.58\times237.8=613.5$$

相应地，

$$R=\overline{U}+SS=593.3+613.5=1\,206.8\text{（单位）}$$

由本例也可看出，需求和订货提前期的变易性越大，期望的顾客服务水平越高，订货点和安全库存水平就越高。

二、定期检查系统

定期检查系统是每隔一段固定的时间，对库存水平检查一次，并根据预先设定的目标库存水平与实际原存水平之差，发出订单，补充库存。目标库存水平的设定必须能够覆盖一个周期加上订货提前期内的需求。由于需求和订货提前期存在不确定性，为了防止缺货损失，也就是为了达到一定的顾客服务水平，必须设立安全库存。我们令 T 表示周期，S 表示目标库存水平，则定期检查库存控制策略可简记作（T，S）系统。定期检查系统库存水平的动态变化如图 4—9 所示。

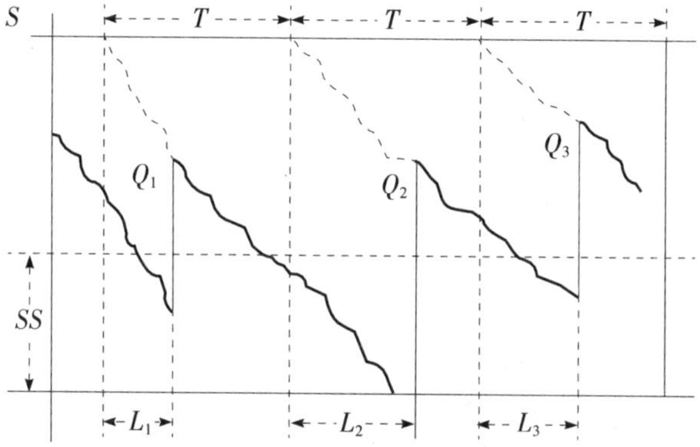

图 4—9 定期检查系统的动态库存水平

定期检查系统的性质与连续检查系统存在明显区别：(1)（T，S)系统一般不设立订货点而是设立目标库存水平；(2)（T，S）系统不按 EOQ 确定订货批量，因为每次需补充的存货数量不同；(3) 在（T，S）系统中订货间隔期是固定的，而在（Q，R）系统中，订货间隔期是变动的。

定期检查系统的库存控制关键是确定目标库存水平 S。可按下式估计 S 值：

$$S=\frac{\text{检查周期内的}}{\text{平均需求}}+\frac{\text{订货提前期内的}}{\text{平均需求}}+\frac{\text{安全}}{\text{库存}}$$

或 $$S=(T)(\bar{d})+\bar{U}+z\sqrt{\mathrm{Var}(d)(T)+\mathrm{Var}(U)} \qquad (4.18)$$

式中，安全库存为：

$$SS=z\sqrt{\mathrm{Var}(d)(T)+\mathrm{Var}(U)}$$

与（Q，R）系统的安全库存计算式（4.15）比较，可以看出（T，S）系统要求更高的安全库存水平。

三、连续检查系统与定期检查系统的适用性

对于随机性的库存控制问题，连续检查系统和定期检查系统都有着广泛的应

用，但二者在适用的库存类型和相应的库存成本等方面，存在一些明显的差异，各有利弊。这是在选择库存控制策略时需要特别注意的。

1. 连续检查系统的适用性

（Q，R）系统的优点是：由于采用的是连续检查方式，一旦库存水平低于订货点就发出订单补充库存，故能够保证稳定的顾客服务水平，同时又能维持较低的安全库存水平，加上按 *EOQ* 规则确定订货批量，因此，总库存成本较低。（Q，R）系统的缺点是：保持库存记录和频繁检查库存水平要花费较多的工作量；有些情况下，当接连发生大批量的需求时，（Q，R）系统如果仍沿用固定订货量的策略，可能会使库存大大低于订货点水平甚至安全库存水平，从而影响系统的稳定运行，在这种情况下，往往需要临时加大订货批量。实践中，（Q，R）系统主要适用于控制 B 类存货。

2. 定期检查系统的适用性

（T，S）系统的优点是：由于是周期性地检查库存水平，故管理工作量小。其缺点是：由于在一个周期内不检查库存水平，故不能及时补充库存，容易造成缺货损失，为防止这一点，往往又要求设置较高的安全库存水平，这会导致保存成本的上升和可能造成存货的积压、贬值。因此，从顾客服务水平和总库存成本两方面来看，（T，S）系统的性能不如（Q，R）系统，故实际中（T，S）系统多用于控制 C 类存货。

对于 A 类存货，由于单位价值高，占用资金量大，故适于采用连续检查库存控制策略，但不适于按 *EOQ* 方法确定订货批量，因为订货成本在总库存成本中的比重很小。实际中一般要求合理地确定订货点和目标库存水平，并要求一旦发生缺货时，能够采取紧急补充订货措施。这种库存控制方法又称为订货点—目标库存水平库存控制策略。

连续检查系统和定期检查系统是随机需求下库存控制的两种基本策略。由于现实中库存控制所面对的情况的多样性，在上述两种基本的库存控制系统基础上，还衍生出多种变通的库存控制方法。其中一种称为“最小—最大”的方法，就是许多库存管理人员习惯采用的方法。

3. 最小—最大库存控制系统

这种库存控制系统可以看作（R，Q）系统和（T，S）系统的结合，简记作（R，S）系统。其操作方法是，每隔一个固定的期间 T，检查一次库存，如果当时的库存水平接近或低于预先确定的订货点水平 R，就发出订单补充库存。补充订货的数量可以是固定的，但多数情况下是不固定的，而是根据预先规定的目标库存水平 S 与检查时的实际库存水平二者之差确定。如果检查时的库存水平高于订货点水平，就不订货，直到以后检查时库存水平降到订货点以下时再订货。习惯上，将订货点库存水平称为库存的下限，将目标库存水平称为库存的上限，这就是最小—最大系统（min-max system）名称的由来。

最小—最大库存系统订货点的确定方法，可仿照连续检查库存控制系统订货点的确定方法，并可根据缺货损失的大小酌情加大安全库存。而目标库存的确定方法，与定期检查库存系统目标库存的确定方法相同。最小—最大库存控制系统既可用于 B 类存货单元的库存控制，也可用于 C 类存货单元的库存控制。在用于前者的库存控制时，应适当缩短检查库存水平的间隔时间。

四、简便实用的库存控制方法

实践中还有一些简便实用的库存控制系统，值得一提的有单箱系统（single-bin system）和两箱系统（two-bins system）。

1. 单箱系统

这种方法是将每种存货单元采用单一容器或货架空间盛放，定期检查补充，每次的补充量达到容器或货架空间所能盛放的最大容量，如超级市场摆放每种商品的货架空间、加油站的油罐等。这种库存控制系统实际上属于定期检查的（T，S）系统，盛装箱的容积相当于目标库存水平，库存补充方式是定期补充，而且无须动态地保持存货单元库存水平的记录，只是每隔一段时期对存货清点一次，缺多少补多少。如超级市场一般是每天下班时清点一次，同时有集中配送系统在第二天营业以前将货架上的各种商品补齐。认识到单箱系统属于（T，S）系统，有助于管理人员运用前面讲述的理论，合理地确定每种存货单元盛放空间的容积和补货的间隔期。

2. 两箱系统

也称为两箱法，是另一种常见的库存控制方式。它采用的方法是：两个相同的容器盛放同一种存货单元，一箱供发放领用，一箱备用。待用完一箱后，另一箱投入使用，同时发出订单补充一箱存货。这里，箱子的容积既扮演着订货点的角色，又扮演着订货批量的角色，故在理论上属于（Q，R）系统，只是省去了连续检查的管理工作。两箱系统广泛用于标准件和某些低值易耗品的库存控制。

第五节　多级分销系统的库存控制

大宗商品的分销，是现代市场营销中最普遍的一种营销方式。像家用电器、个人电脑、数码电子产品、化妆品、食品、饮料、书籍，甚至钢材、建材、汽车、化肥等，都主要是采用大规模分销的方式面向广大的区域和消费者进行销售。大宗商品的分销不只是市场营销要研究的问题，更是运营管理研究的重点。由于在分销渠道中有大量的商品和物流在流动，加之大宗商品分销系统往往具有多级的网络结构，因此，如何控制这类多级系统的库存，如何补充、储存、布局和分配存货，以便在满足顾客需求和确保期望的服务水平的前提下，尽可能降低系统的库存以及库存成本和损失，就成为运营管理要研究和解决的难题。

多级分销系统的库存控制是一个非常复杂的问题，它属于供应链管理的范畴。供应链包括从原材料供应商到制造商，再到分销商、经销商和零售商，最后到达顾客的整个产业链条，分销只是其中的一个部分。此外，多级分销系统的库存控制方法还可以推广到类似的多级库存系统，如多级制造系统、售后服务的多级备件库存系统等。本节主要讨论多级分销系统库存控制的基本问题和管理思路。关于供应链管理的其他主题，我们将在第十章中进行更深入的讨论。

一、多级分销系统库存的基本问题

最简单的分销系统至少包含两级结构，即分销商的中央仓库和零售商的零售仓库。复杂的分销系统可能包含中央仓库、地区仓库和零售仓库等多极结构，称为多级库存系统（multiechelon inventory system）或多级分销系统（multiechelon distribution system）。图 4—10 给出了一个这类系统的示意图。典型的分销系统拓扑结构如图 4—11 所示。

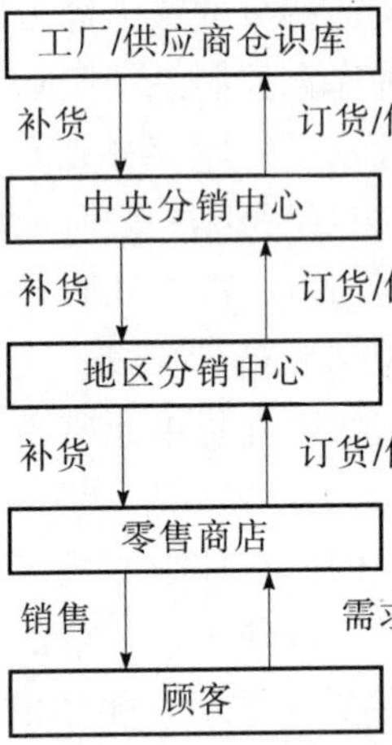

图 4—10　多级分销系统

从图 4—11 中可以看出，多级分销系统可能具有一对多、多对一、多对多，以及分解、合并、分解等多种结构类型，或者是上述几种类型的混合结构，加上可能存在多个层级，因此实际的系统结构可能相当复杂。

事实上，多极制造系统的情况，包括原材料采购、零件加工、分装件组装和成品组装，在概念和结构上与多级分销系统的情况十分类似。因此，从物流和库存控制的角度来看，也可以将多级制造系统近似地看作一个多级库存系统。

在多级分销系统中，如图 4—10 所示，中央仓库的存货需求依赖于地区仓库的存货需求，地区仓库的补货决策受到中央仓库补货决策的影响，这种情况从形式上看具有从属需求的特征。但对于多级分销系统，如果是按照下一级仓库的需求订单补货的话，由于各级仓库补货需求发生的时间和数量具有随机性，因此，这类需求又具有独立需求的性质。我们已经指出，独立需求和从属需求的库存控制策略是不同的，所以，究竟是将多级分销系统各级仓库的补货需求看作独立需求还是从属需求，将影响到库存控制策略的选择。由于目前大多数企业的多级分销系统都是按照下级仓库的订单补货的，所以在本节中，我们先来讨论独立需求下多级分销系统的库存控制问题。在第十章中，我们再来讨论将下级仓库的补货需求看作从属需求时的库存控制策略。后者反映了分销管理的改进方向。

在各级仓库的补货需求是独立需求的情况下，多级分销系统库存控制的复杂性

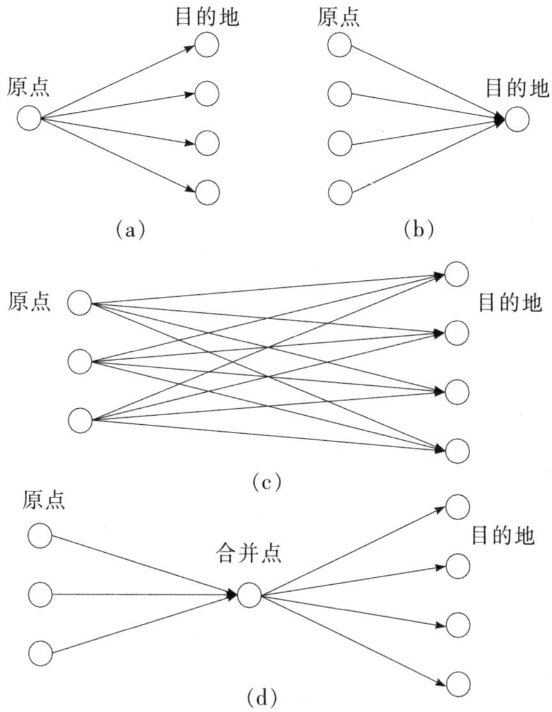

图 4—11　多级分销系统的典型拓扑结构

在于：

（1）各级仓库补货需求的性质是独立的、随机的，因此，必须根据需求的波动大小、补货提前期的长短以及期望的顾客服务水平，合理确定各级分销仓库的安全库存水平。如何确定和布局各级分销仓库的安全库存水平，影响到分销系统的总体库存水平和库存成本，同时某一级的安全库存水平将影响到下一级的缺货情况，最终会影响到顾客的服务水平，所以这是一个需要仔细计算和权衡的问题。

（2）由于各级仓库是独立运营的，它们根据自己的目标选择库存控制策略，并会对临时的缺货、价格的波动、供应商或厂家的促销活动等干扰因素做出过度的响应，从而使得原本相对平稳的终端顾客的需求，经过逐级放大，反映到中央仓库或供应商那里，就变成了一种随机的、大幅波动的需求。我们把这种需求以订单的方式沿分销层级传递所导致的波动幅度逐级放大的特征称为“牛鞭效应”（bullwhip effect）。牛鞭效应是多级分销系统采用独立需求库存控制策略所必然造成的后果，我们将在第十章中进一步讨论克服牛鞭效应的方法。

（3）由于多级分销系统各个库存点上都在独立进行订货决策，因此即使改善信息交流，也改变不了系统的性质。像我们上面提到的牛鞭效应，它不是因为信息交流不畅造成的，而是由于系统的运营方式造成的。

（4）当多级分销系统允许横向调剂存货时，这时的库存控制就更复杂。此外，现实中横向调剂存货可能会遇到一些障碍，由于各级分销单位是独立运营的，它必须对自己的存货承担责任，所以，通常下级分销单位宁肯向上级分销中心订货，也不愿意横向调剂存货。这种情况下的多级分销系统，可能存在一些存货点缺货而另一些存货点却发生存货积压的现象。

（5）当上级仓库不能同时满足多个下级存货点的订货要求时，应当按照什么次序分配存货？这可能需要结合实际情况制定一些分配规则。可见，多级分销系统的有效运营，不仅需要依据数据和信息的定量分析，还需要建立一些运营规则。

尽管独立需求下多级分销系统的库存控制很复杂，但基本问题不外乎三个：

（1）存货储存在哪里？

（2）在每一个存货点上储存什么存货？

（3）怎么补货？

即存在哪里？存什么？怎么补货？我们先来讨论第一个问题。

二、集中控制库存的优点

罗森鲍姆（A. B. Rosenbaum）曾对美国伊斯曼·柯达公司的多级分销系统库存问题进行过研究①，他得出结论，中央仓库的库存控制，适用于（R，S）系统，即最小—最大库存控制系统。其中的订货提前期为制造系统的交货提前期。而地区仓库适用于（R，Q）系统，即连续检查库存控制系统，其中的订货提前期为中央仓库的交货提前期。实践证明，这个结论在许多情况下是有效的。

在本节中，我们将简单地说明在多级分销系统中库存分布的一般规则。为此我们需要先将多级分销系统看作一个中央库存系统，即假设所有的存货都集中在中央仓库中，通过一个准时配送系统及时向各零售店送货；然后，我们引入中央库存系统库存总成本的计算公式。

$$TRC(R,Q)=C_T\frac{D}{Q}+C_I\frac{Q}{2}+C_I(SS) \qquad (4.19)$$

$$TRC(EOQ)=\sqrt{2C_IC_TD}+C_Iz\sigma_u \qquad (4.20)$$

式（4.19）是中央库存系统库存总成本的计算公式。在式（4.19）中，我们假设中央仓库采用连续检查库存控制策略，式中 D 为系统的年需求量，Q 为系统的订货批量，SS 为系统的总安全库存，$TRC(R,Q)$ 为系统的总库存成本。当采用经济订货批量策略时，系统的总库存成本计算公式为式（4.20）。

现在我们考虑存在多个地区仓库的情况。这时系统的年需求量 D 为各个存货点年需求量 D_i 之和，系统的安全库存 $z\sigma_u$ 为各存货点安全库存 $z\sigma_{ui}$ 之和，同时我们假设各存货点的订货成本 C_T 与单位保存成本 C_I 相同。于是式（4.20）可以重新表示成：

$$TRC=\left(\sqrt{2C_IC_T}\sum_{i=1}^{N}\sqrt{D_i}\right)+\left(C_Iz\sum_{i=1}^{N}\sigma_{ui}\right)$$

由于 $$\sqrt{D}=\sqrt{\sum_{i=1}^{N}D_i}\leqslant\sum_{i=1}^{N}\sqrt{D_i}$$

① Silver, E. A. and Peterson, R., Decision Systems for Inventory Management and Production Planning, 2nd ed. New York: John Wiley & Sons, Inc., 1985, p. 481.

$$\sigma_u = \sqrt{\sum_{i=1}^{N} \sigma_{ui}^2} \leqslant \sum_{i=1}^{N} \sigma_{ui}$$

由此我们可以得出一个一般性的结论：在多级分销系统中，集中储存和控制存货有利于平滑系统内逐级放大的订货需求和减少系统的总安全库存量。从实践中来看，这是因为当库存集中储存和控制时，某个零售店超过平均水平的需求会被其他零售店的低需求所抵消，但如果存货和安全库存分散在各个地区仓库存放，各自独立运营，就不会发生相互抵消的情况。此外，库存集中化还会使得需求的预测更准确，从而使补货计划更准确，因为总需求的变易性减小了。这种现象在财务管理上称为“组合效应”（portfolio effect）。

一些组织应用 ABC 分类法制定多级分销系统的库存品目（items）和安全库存储存地点的决策。对于价格高、需求量小的 A 类品目，采取集中储存、快速配送的策略，因为如果将这类存货分散储存，会占压大量资金和导致库存成本上升；对于需求量大、价格低的 C 类品目，则采取分散储存和储存在零售店一级的方式，这样既不占用大量资金，又可确保高服务水平；而对于 B 类品目，则根据需求量的大小确定储存地点，需求量大的靠近零售店储存，需求量小的集中储存。

那么多级分销系统如何制定补货策略呢？有两种基本的补货策略或库存控制系统，一种是各存货点向上级分销中心订货的策略，上级分销中心根据下级存货点的订单需求被动地向其补货；还有一种是上级分销中心根据下级存货点库存水平的变动信息，主动向下级存货点补货的策略。前者被形象地称为“拉式”（pull）策略，后者被称为“推式”（push）策略。“拉式”补货策略是传统的分销系统库存控制策略，它是产生前面提到的“牛鞭效应”的主要根源。而“推式”策略在确保期望的顾客服务水平的同时，有利于降低分销系统的总体库存水平，自 20 世纪 80 年代末以来，被越来越多的企业所采用。我们下面简要地介绍一下“推式”库存控制系统的机制。

三、“推式”库存控制系统

“推式”库存控制系统，简称推式系统，是一种基于中央库存控制，将存货推向下级存货点的机制。它不是根据单独的某个存货点的需求订单制定补货决策，而是依据系统范围各个存货点的库存水平和需求信息制定补货计划。其基本原理是通过消除下级存货点的大额和随机的需求订单，在降低系统库存成本的同时达到期望的顾客服务水平，或者是在给定的系统库存水平下，提高顾客服务水平。

为了叙述简便起见，我们先来讨论一个两级分销库存系统，上层是中央仓库，其存货来自制造系统或外部供应商；下层包括许多分支仓库，它们直接向最终顾客提供商品。我们在此基础上讨论的“推式”补货策略，完全可以应用于两级以上的多级库存系统。推式系统的运营机制如图 4—12 所示。

整个过程从检查（连续的或定期的）系统每个存货单元 SKU 的库存状态开始，见模块 1，模块 2 是询问，系统从供应商那里补货的订单是否已经准备好可以发运了？如果已准备好发运了，就转向模块 3，计算每个分支仓库的净需求。所谓分支

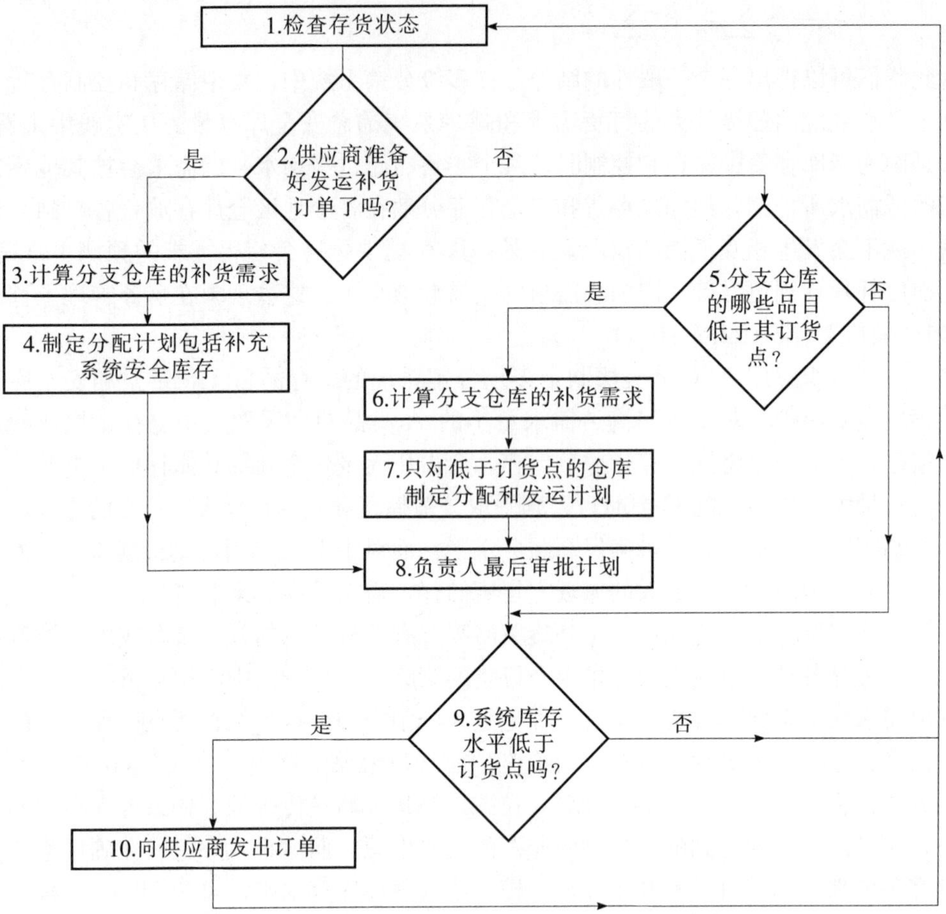

图 4—12 “推式”系统的运营机制

仓库的净需求，等于毛需求（包含已经确认的顾客订单和预测的顾客需求）减去现有库存（on hand）和在途库存（on order），即：

净需求 ＝ 毛需求－现有库存－在途库存

一旦净需求大于零，就需要补货。净需求的补充，需要考虑发运周期。净需求是物料需求计划 MRP 的关键概念，我们在第七章中还要进一步讨论。

然后转到模块 4，制定分配计划向需要补货的分支仓库分配存货，同时考虑是否需要补充中央仓库的库存。分配的原则是，首先确保在中央仓库维持适当的库存，通常称为系统安全库存。系统安全库存的确定，要权衡保存成本和临时向供应商紧急订货的成本，还要考虑订货提前期内系统的需求及其波动（变易性），目的是使中央仓库不至于缺货。补货订单的其余部分，被分配和发运到分支仓库，发货的时间要确保存货能够在分支仓库库存下降到订货点以下之前到达。分支仓库订货点和安全库存的确定方法，可以采用本章第 4 节讲述的连续补货策略。

在检查中央仓库存货单元的库存状态时，如果发现供应商那里还未准备好发运系统的补货订单，就转向模块 5，检查分支仓库的哪些存货单元降到订货点以下了。如果某个或某些存货单元降到订货点以下了，则转到模块 6，计算低于订货点的存货单元的补货需求，计算方法与模块 3 相同。接下来是制定这些存货单元的补货计划和系统范围的分配计划（模块 7 ）。当系统库存不能满足所有分支库存的补货需求时，需要根据事先制订的合理配额（fair share）比例进行分配。最后是向需要补货的分支仓库发货，发货的具体数量通常还需要根据运输的要求，作适当的调整和搭配。这一步称为配车计划，可以运用数学规划方法建立最优化模型求解经济合理的配车计划。

模块 8 是表明分配计划和发货计划要经主管分销或物流的管理者审核批准。

检查过程的下一个步骤（模块 9 ）是检查系统库存水平是否降到了订货点以下，如果低于订货点，就制定向供应商的补货计划，否则，再回到例行的检查程序的起点。

推式系统比拉式系统有两个主要优点：其一，推式系统是根据每个分支仓库的库存水平决定要不要补货，是主动的补货，而不是像拉式系统那样，根据分支仓库的需求订单或预测的需求补货，是被动的补货。这样有利于大大降低人为造成的系统的不确定性，平滑系统内的补货需求，在降低系统库存水平的同时提高顾客服务水平。其二，存货的分配计划是根据系统库存水平和所有分支仓库库存水平的计算，经过综合平衡后确定的。这种系统的方式在很大程度上避免了拉式系统经常存在的某些分支仓库缺货，而另一些分支仓库积压的现象，这种现象是由于拉式系统个别地满足每个分支仓库的补货需求所必然造成的。

这里我们再强调一下推式系统的几个运营要点：

（1）集中控制和储存系统安全库存，当然，这并不排除在分支仓库保有高需求率的某些存货单元。

（2）推式系统的有效运营取决于准确及时地掌握所有分支仓库的库存水平数据以及在途库存数据。这套信息系统是实行推式系统的前提。

（3）引入推式系统通常要对原有的分销组织作适当调整，某些主管的职权和责任可能要改变。例如，分支仓库的主管不再承担确定补货数量和时间的职责，转向确保及时和准确地提供库存状态信息和需求预测信息。组织和职责的调整，要求对绩效考核指标也要作相应的调整。

在推式系统基础上的进一步发展称为连续补货计划（continuous replenish plan）。我们将在第十章中进一步讨论。

由于库存控制对企业的资金周转、费用支出、均衡生产和满足顾客需求都十分关键，加之又非常琐碎繁杂，故是生产与运营管理中最先、也是最成功地应用计算机进行管理的领域之一。近 30 年来，又发展出了计算机控制的自动化存取立体仓库系统，使得库存控制这个古老的作业领域正在成为企业建立竞争优势的关键领域。存货多已不再是财富的象征，相反，存货少却成为世界级企业的标志。

本章小结

现代库存控制理论的一个重要进展，就是明确区分了独立需求和从属需求的概念，这种区分把所有的库存控制方式划分为两种基本类型。传统生产与运营管理的一个严重失误，就是错把适用于独立需求的库存控制策略应用于从属需求的库存控制，这是导致库存水平居高不下的一个重要原因。

数学推导的各种严格假设并未限制 *EOQ* 方法的广泛应用，只要稍作修改，*EOQ*就可应用于存在数量折扣、非同时补充订货以及存在通货膨胀等多种现实情况下的库存控制。此外，*EOQ* 的强壮性还使得分类和归集保存成本和订货成本数据的工作变得不再那么棘手了。实践表明，只要认真地应用 *EOQ* 法，即使不很精确，成效也十分显著。对 ABC 分类方法的应用也是如此。

多级制造系统物料需求计划的批量决策，是典型的时变需求下的库存控制问题。除此以外，我们还可以在商业的多级批发系统、连锁店的集中配送系统、饭店或住宅小区的物业管理系统中，找到这类问题的原型。在解决时变需求下的库存控制问题时，启发式方法具有明显的优越性，应受到实际管理人员更多的重视。

无论连续检查系统还是定期检查系统，关键都在于如何确定安全库存水平。现实中，安全库存通常在企业的平均库存水平中占有一个相当大的份额。设立安全库存的原因在于需求的不确定性，对于生产系统来说，是生产过程的不确定性。所以，要降低库存水平，一个重要的方面是消除生产与运营系统的不确定性。由此也可以看出，随机需求下的库存控制，绝不仅仅是个选择什么样的库存控制策略的问题，还必须在消除系统内部和外部的各种不确定因素上做文章。正如常言所说：“功夫在诗外”。

多级分销系统库存控制的三个基本问题是：存货储存在哪里？在每一个存货点上储存什么存货？怎么补货？传统的“拉式”库存控制系统是造成多级分销系统存在“牛鞭效应”的原因。而推式系统通过集中库存，根据分支仓库的库存水平制定系统范围的补货计划，以及主动向分支仓库补货等方法，平滑了系统内部补货需求的波动，降低了系统库存水平，同时减少了缺货率，提高了顾客服务水平，它代表着多级库存系统管理发展的方向。

案例研究

福特与供应商①

在芝加哥南面沼泽地旁的一座光亮整洁的现代化厂房里，大约 400 名高塔汽车公司（Tower Automotive Inc.）的工人正在热火朝天地生产着沉重的汽车零配件——发动机支架、车架横档以及车底板，这些都是福特汽车公司在家庭轿车市场上最新推出的福特 500 车型上的部件。这种场景很常见。但令人惊讶的是，制成的零部件并没有被运往数百里以外，而是直接送到隔壁，那是福特公司一个刚刚翻修好的装配车间，这些零件在流水线上被装配成整车。

这种就近生产模式是汽车制造业悄然改革的一部分。像高塔公司一样，很多汽车零配件生产商都把工厂建在距离福特厂房只有咫尺之遥的地方，这些厂房有 80

---

① 资料来源：Kathleen Kerwin：《福特与供应商亲密接触》，载《商业周刊/中文版》，2004（10），80～81 页。本书在引用时作了删节。

年的历史，刚刚修缮完毕。这些供应商提供的汽车零配件，约占福特生产新款轿车以及福特 Freestyle 运动型货车和 Mercury Montego 轿车所需配件总量的2/3。这是一种准时制的供货方式。

南美的汽车工厂率先采用这种低成本的运作方式，福特公司借鉴它们的经验，耗资2.5亿美元兴建了155公顷的零配件工业园区，这是全美规模最大的，已经开始投入生产。这个大型工业园区不仅为福特的北美工厂提供了高度灵活方便的零配件供应方式，而且可以节约生产成本、提高产品质量，对福特公司的未来发展起到至关重要的作用。位于密歇根州安阿伯的汽车研究中心（CAR）的主任戴维·科尔说："这是他们运营的点睛之作，也将成为他们汽车生产的发展方向。"

大型零配件供应商拿出他们有限的资金在福特公司的厂区附近修建生产车间，这一举措让福特公司都感到很意外。自从零配件工业园区投入运行以后，零配件的运输路程平均只有半英里，仅需要10分钟，而过去平均是450英里，至少一天的车程。仅在运输方面，每年就能为福特公司节省1 500万美元。过去生产需要配备1～2天的零配件库存，现在只需要8小时的库存量，公司每年因此又能节省数百万美元的费用。

由于距离拉近，供应渠道变短了，生产中零配件的质量问题可以及时被发现并得到解决。像 TDS 汽车公司等芝加哥供应商说，福特公司的工程师经常会跑到它们的车间来帮忙，而福特公司自己的工人把主要精力放在装配生产上，把问题消灭在萌芽状态，防微杜渐，就能节省一大笔召回、维修和担保的费用。福特全国采购部的副总裁托尼·布朗说："供应商把厂子建在附近是寻求成本效益的重要举措。"

负担更重

不过，位于密歇根州诺维的汽车咨询公司 CSM 国际公司的全球汽车预报员迈克尔·罗比内特说：对于供应商来说，福特公司新的零配件全球订购模式可能是把"双刃剑"。的确，这样供应商就能从福特公司获得大宗稳定的业务。但是反过来，供应商们也要承担更多的固定成本，因为它们必须投资兴建一个专为福特汽车生产零配件的车间。福特公司还要求它们开发设计和制造更复杂的汽车零配件。而且供应商投入得越多，它们的兴衰就与福特汽车的成败联系得越紧密。罗比内特说："对于某些（汽车）项目，你的生死存亡都拴在了生产线上。"

而面对汽车制造商不断打压价格的行为，供应商到底是赚还是赔，目前尚很难确定。零配件制造商在生产线上的大量资金投入增加了它们的砝码。福特汽车公司知道它们不会轻易撤退，但最终它们还是会处于被动地位。汽车研究中心的科尔说道："如果你在附近建起了工厂，一旦合作关系破裂，谁来为此买单？只能是供应商。"

在汽车装配工厂附近汇集大批的零配件供应商已不是件新鲜事，但福特公司的芝加哥工业园区为美国运营设定了一个新标准。福特、通用汽车、戴姆勒-克莱斯勒和大众建立的巴西"模块组件"工厂，在汽车行业确立了低成本的基准。在巴西，供应商们扮演的角色比芝加哥的还多，他们提供整套组件——汽车的整个子系统，例如装配好的汽车底盘、组装完的内室和汽车外饰成品，只要把它们用螺丝铆上并焊接在一起就能组成完整的汽车，就像拼装玩具一样。

但是模块生产模式在美国还不是很盛行，6 年前通用汽车公司曾打算把几家美国的工厂转为模块生产模式，取消了数百个工会保护的装配岗位，代之以薪酬更低、非工会保护的临时工作岗位，这引起了美国劳工组织的强烈抗议。最终，通用汽车公司悄悄地采用一种模块生产的形式，在密歇根州兰辛建立了一家运作更灵活的小型工厂，雇佣了约1 300名工会组织的工人制造凯迪拉克汽车。

在芝加哥，福特公司的做法略有不同。首先，尽管福特在生产中使用了一些事先装配好的组件，仍然有大量的装配工作还要在自己的生产线上完成。而且为了消除工会对园区供应商的疑虑，福特公司向工会保证不会削减装配岗位。实际上，福特雇佣了 400 名工人，从而使装配岗位增加到2 600个。福特同时承诺将敦促园区内的零配件供应商使用工会工人，新增的1 400个计时零配件生产岗位大多纳入了工会组织的保护范围。

进入福特工业园区的公司对这种模式都非常满意，特别是这种模式对于物流运作很有效。例如，福特汽车的供应商李尔公司在印第安纳州哈蒙德附近的工厂为福特目前已停产的水星牌（Taurus）轿车在芝加哥的工厂提供车座，但是 Taurus 车的顶棚——包括衬布、填充物、线束、顶灯、遮阳板这些内室顶部配件，是从 550 公里外的密歇根州休伦湖区附近李尔公司的车间运过来的。为了给新业务提供配件，李尔公司把车顶配件的生产移到福特公司的零配件工业园区内，李尔公司的经理卢·塞尔瓦托说："为了贴近你的客户，所花的代价很难算得清。"

对于零配件制造商来说，算清最终的利弊还需时日。但对于福特公司来说，在芝加哥建立工业园区的成本控制措施在第一批福特 500 新款车型面市时就会初见成效。

问题讨论

1. 怎样评价零配件供应商在整车厂附近建立工厂的效益？请给出一个加权的评价要素表。

2. 怎样计算零配件供应商在整车厂附近建立工厂的效益？应考虑哪些成本因素？

3. 零配件供应商在整车厂附近建立工厂的风险是什么？怎么规避或减小这种风险？

第五章

综合生产计划

学习目标

阅读和学完本章后，你应当能够：

1. 描述生产计划系统的框架，说明其中主要计划的作用和相互联系。
2. 解释为什么生产计划应当是分层的。
3. 说明预测方法的分类。
4. 运用简单指数平滑法和温特斯季节指数平滑法进行需求预测。
5. 掌握运用一元线性回归模型进行需求预测的程序和方法。
6. 掌握将基本的非线性回归模型变换为线性回归模型的方法。
7. 说明生产计划的恒等式以及累积生产要求的概念。
8. 通过图解法解释综合生产计划的主要概念和编制策略。
9. 运用电子表格工具编制综合生产计划。
10. 掌握建立综合生产计划线性规划模型的要领。

生产计划按照计划期的长短，分为长期生产计划、综合生产计划（也称为中期生产计划）和生产作业计划（也称为进度计划或排程计划）。长期生产计划的主要任务是进行产品组合决策、生产过程决策和生产能力决策，它决定了企业的长期供给能力和竞争优势。综合生产计划的任务是充分利用现有资源和生产能力满足全年市场需求，并合理地控制库存和尽可能均衡地组织生产，以降低生产成本。生产作业计划的任务是科学地安排生产活动的每一个细节，使之紧密衔接，以确保按综合生产计划或按顾客订单要求的质量、数量和交货期交货。生产计划是组织和控制企业生产活动的依据，是生产与运营管理的主线，企业的所有生产活动都应纳入计划，故生产计划的重要性怎么强调都不过分。

对于处理流程型企业，由于其生产设施的投资较大，以及主要按备货方式生产，使得尽可能提高生产能力的利用率成为生产计划的主要问题。故相对于作业计划来说，综合生产计划的地位更关键。而对于制造装配型企业，由于主要按订单生产，对交货期的要求很严格，故生产作业计划的作用更为重要。但是，对于采用流水生产过程按备货方式生产的制造装配型企业来说，综合生产计划同样扮演着重要的角色。

生产计划是一个系统，在纵向上按照组织层次分为公司层、工厂层和车间层生产计划，在横向上，与销售计划、采购计划、能力计划、新产品投产计划、工艺计划等有着密切的联系和紧密的接口。不仅如此，生产计划还是一个过程，计划人员要综合运用预测、协调、检查、纠正和滚动等多种计划与控制手段，确保生产计划的顺利实施和计划目标的实现。因此，一个优秀的生产计划人员，不仅要熟悉产品和工艺，能够熟练地运用各种计划方法和工具，而且要具有全局的视野，清楚各种计划之间的关系以及善于与相关部门进行有效的沟通。

在本章中，我们首先给出生产计划系统的框架，然后分别讨论需求预测以及综合生产计划的主要方法。

第一节 生产计划系统

一、生产计划系统框架

生产计划系统是一个以长期资源计划、综合生产计划、主生产计划、物料需求计划和详细作业计划为主线，包括预测职能、需求管理、分销计划、能力计划等相关计划和职能，并以生产控制信息的及时反馈连接构成的复杂系统。生产计划系统的框架如图 5—1 所示。使这个复杂系统高效运作的关键是提高每个职能计划工作的质量和效率，并不断改善信息的交流。生产计划系统要有效运转必须有严格的纪律，并使一切生产与作业活动严格遵守计划。不确定性和变易性（或称为不稳定性）是生产计划系统运作的主要障碍。一般来说，生产计划系统应当具有灵活性和适应性，但这绝不意味着生产计划系统内各职能环节在执行总体计划时可以有很大的自主性和随意性。这就好像一座钟表，要走时准确就不能让每个齿轮自行运转。

要说明生产计划系统的结构，先要说明生产计划的三类对象。

1. 单个品目

品目（items）是生产计划最细微、最基本的对象，是生产作业计划包括主生产计划、物料需求计划和详细作业计划的对象。它与库存控制中的存货单元 SKU 的概念是互相对应的。单个品目可以是指单个产品、单个零件或单个原材料品种。同样的产品或同样的零件或同样的材料，由于型号不同、规格不同或其他特性不同，需要单独对待时，就分为不同的品目。复杂的单个产品可能是由成百上千个零件品目构成的，零件又可能是用某种或几种特定规格的材料品目制造的，所以，一个多品种的制造或商业企业，它的零件和材料品目或品种可能多达几万种，这一点也不奇怪，反而进一步说明了生产作业计划的复杂性。

2. 产品或零件族

具有相似特征和相似制造工艺的产品或零件品目的组合，称为族（families）。

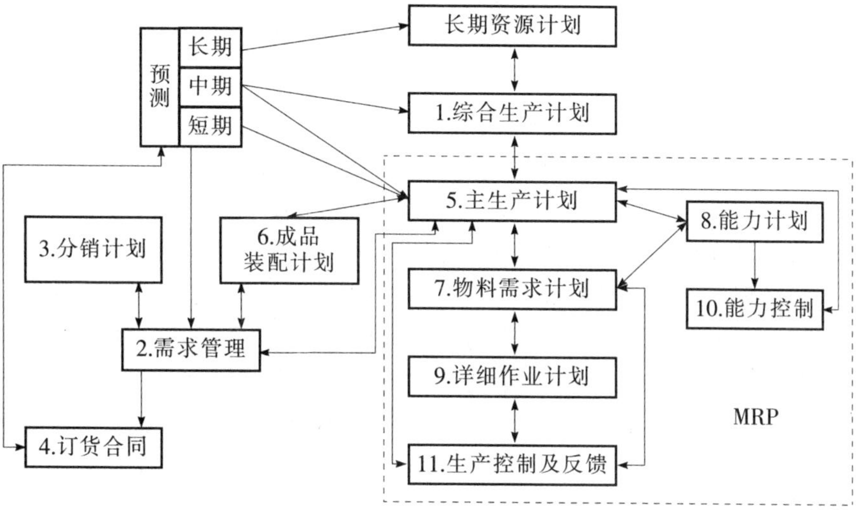

图 5—1　生产计划系统框架

比如，某一品牌的男士旅游鞋就可以看作一个产品族，虽然其中包含了不同规格和尺码的鞋。在应用成组技术的生产系统中，产品或零件族是一个成组加工单元，或是成组生产线所能加工的零件范围；在库存控制系统中，它是一批同时订货和补充的存货单元组合，例如同一种质地但图案和颜色不同的布料。产品族的工艺相似性使之可作为生产计划的一个基本单位看待。

3. *产品类*

又称为产品系列。归入产品类（types）的产品可以属于不同的相关产品族，但都具有类似的季节性需求变化特征和近似的单位工时定额，从而在综合生产计划中可以作为一个基本单位来看待。

下面，我们选择生产计划系统中一些重要的职能计划作进一步的说明。

二、综合生产计划

综合生产计划（aggregate production planning，见图 5—1 中的模块 1），又称为中期生产计划或总生产计划，由于其计划期一般为一年，故许多企业又称之为年度生产计划。综合生产计划的对象主要是产品类。一个产品类中可以包含多个品种或产品族，它们均具有相似的加工特征，特别是具有相似的季节性需求变化特征，故可在计划生产率和库存水平时将其看作一类产品，不再作进一步的细分和规定。综合生产计划的前提是长期资源计划（long-range resource planning），后者的主要任务是确定企业产品组合在每个工厂的分配、选择生产过程和进行生产能力规划，它决定了企业的长期供给能力和竞争优势。综合生产计划是根据市场需求的预测制定的，它的决策变量主要是生产率、人力规模和库存水平。其目标是如何充分利用生产能力满足预测的顾客需求，同时使生产率尽量保持均衡，并合理控制库存水平以降低总生产成本。对于处理流程型企业，综合生产计划的作用是非常关键的，这是由于这类企业的设备或生产设施投资大，生产连续进行，生产能力可以准确核定，以及采用备货生产方式满足顾客需求的生产性质决定的。而对于制造装配型企业，由于大多采用按订单生产的方式，产品是非标准化的、定制化的，在制定综合生产计划时往往缺乏足够的订货合同，又不能事先生产出产品来等候顾客订货，加之生产能力随产品结构的变化而改变，不能事先准确核定，所以，综合生产计划只能起一种指导作用，这类企业生产计划的重点是生产作业计划。

近十几年来，越来越多的制造装配型企业将综合生产计划扩展为产销联合计划，或简称为产销计划（sales & operations planning，S&OP），以适应不断变化的市场需求，发挥综合生产计划的指导作用，改善研发、生产和销售之间的沟通和协调。产销计划的编制机制类似于综合生产计划，但参与计划编制的功能部门不仅包括销售部门和制造部门，还包括财务部门甚至新产品设计部门。相应地，主持产销计划编制的领导通常是企业的总经理或主管销售和运营的负责人，后者西方企业称之为首席运营官（chief operating officer，COO）。产销计划一般在年初编制全年计划，然后按月滚动修订。产销计划代替综合生产计划，作为主生产计划的重要输入。产销计划主要的输入与输出内容有：

1. 输入

- 预测的需求（来自市场部门和销售部门）；
- 确认在计划期投产的新产品（来自工程部门）；
- 生产能力（来自制造部门）；
- 预计所需的资金（来自财务部门）。

2. 输出

- 销售计划（由市场部门和销售部门负责）；
- 新产品投产计划（由设计部门和工程部门负责）；
- 供应计划（由制造部门负责）；
- 资金计划（由财务部门负责）；
- 积存订单计划（由总经理或 COO 负责）；
- 库存计划（由总经理或 COO 负责）。

三、需求管理

需求管理（见图 5—1 中的模块 2）是生产计划系统与顾客间的界面，它应当向主生产计划发出经过确认的和饱满的顾客订货合同，作为制定主生产计划的依据。它向顾客所作的交货承诺，应当是以企业的可承诺能力（available to promise，ATP）和产品生产周期为基础的。它还应当协调和监督成品装配计划（final assembly schedule）和分配计划（distribution plan）的执行情况。

需求管理不仅要响应顾客需求的变化，而且应当积极地影响顾客需求的变化模式。实际上，可以采取多种方式达到这个目的，最常用的方法是采用灵活的定价策略、折扣策略和促销策略来平抑需求的大幅波动。例如公用电力公司可以通过实行峰谷电价来限制高峰期用电需求和鼓励低谷期用电，从而缓解高峰期发电能力不足和降低低谷期发电机欠负荷运行的成本。许多服务企业由于服务不能储存，超过系统服务能力的顾客需求就会丢失，而需求低于系统的服务能力又会造成设施的闲置和很大的浪费，因此这类企业普遍采用预定系统来降低需求的不确定性。例如航空公司普遍采用机票预定系统，并且越早预定享受的折扣越大，与其联网的机票代理商覆盖越广，这种平抑需求波动的效果就越显著。

总之，积极的需求管理可以减少需求的波动幅度和不确定性，给生产系统创造良好的条件，提高生产能力的利用率和整个系统的效益。

四、主生产计划

主生产计划（master production schedule，MPS，见图 5—1 中的模块 5）是生产计划系统的核心，是生产制造功能与市场营销功能的界面，是所有短期生产活动（包括材料采购、零部件外协、制造和装配等活动）的依据。主生产计划的期限一般为季度或月度，在有些企业中称为季度、月度投入产出计划。主生产计划的对象是产品品目，在实行按订单装配生产方式的企业中，其对象是进入最后装配阶段的部件和分装件。在备货生产方式下，主生产计划是按综合生产计划规定的任务排产。在按订单生产方式下，主生产计划是根据实际订货合同编制作业计划，规定什么时间生产什么，在哪生产，生产多少。主生产计划还要根据产品构成从总体上核算关键设备的生产负荷，进行负荷平衡，消除生产能力的瓶颈，不留缺口。这项工作称为粗能力计划（rough-cut capacity planning）。

主生产计划的计划期，应当依据企业主导产品的生产提前期（production lead time，也称为生产周期，包括工程设计周期、材料采购周期和加工周期）来确定。此外，理想的情况是主生产计划完全依据订货合同来制定，但许多企业往往做不到这一点，在制定主生产计划时，手头的订货量不饱满，故计划中还不得不包括一部分预测的需求，这就使得主生产计划带有一定的不确定性。尤其对于按订单生产的企业，主生产计划中包含较多的预测产量，会造成严重问题，会导致生产能力浪费和半成品库存积压。通常的解决办法是采取滚动计划的方式，将主生产计划的计划期分为几个阶段，根据新到的订货合同对主生产计划进行滚动修订。滚动计划方法是在订货不足的情况下，不得已而采取的一种计划方法。当滚动期短于生产周期时，同样会带来严重问题，使企业生产秩序不稳定，在制品库存上升，呆死料增加，整个生产与运营管理处于被动局面。故企业应从经营战略高度和需求管理方面根本解决主生产计划任务不足的问题，而不是依赖滚动计划方式。

在实行按订单装配生产方式的企业中，由于顾客要求的交货期大大短于生产周期，所以只能根据顾客订货合同要求编制成品装配计划。这种情况下主生产计划的对象是进入最后装配阶段的部件和分装件，如何实现与成品装配计划的衔接是编制主生产计划要考虑的重要问题。

五、物料需求计划

物料需求计划（material requirements planning，MRP，见图 5—1 中的模块 7）是根据产品的零件表［又称为物料清单（bill of material，BOM）］和零件的可用库存量，将主生产计划展开成最终的、详细的材料需求和零件需求及零件外协加工作业计划。对于制造装配型企业，由于产品结构复杂，往往涉及成千上万种不同规格的材料的零件品目，只要有一种缺货，就会影响整个产品的加工和装配进度。故对于制造装配型企业来说，物料需求计划对确保主生产计划和顾客订单的及时齐套交付非常关键。物料需求计划工作复杂、琐碎而又十分重要，故企业的生产管理或供应链管理都是先对这部分职能实现计算机管理。

目前西方国家制造企业已普遍采用 MRPⅡ（manufacturing resource planning）系统进行制造管理，并采用 ERP（enterprise resource planning）系统进行供应链的管理，而这两种计算机化的生产与运营管理系统的核心部分就是物料需求计划。

六、能力计划

主生产计划和物料需求计划能否按期实现的关键是生产作业计划是否与实际生产能力相吻合。超出现有生产能力的作业计划必然被延迟，只有满足现有生产能力约束的生产作业计划才是可行的，故能力计划是生产作业计划的保障。能力计划（capacity planning，见图 5—1 中的模块 8）一般分为两个层次：第一个层次称为粗能力计划（rough-cut capacity planning），其功能是在主生产计划制定阶段根据产品工艺路线对关键生产设备或称为“瓶颈”环节的负荷进行概算，以确认主生产计划是否可行并进行必要调整；第二个层次称为详细能力计划（detailed capacity planning），它是在制定物料需求计划阶段，根据零件品目的加工批量和工艺路线，对每台主要设备的负荷进行测算，如果作业计划超出生产能力限制，则考虑采取加班、外包、调整加工次序等措施确保计划进度，如采取这些措施仍不能完全解决问题，则应考虑修改主生产计划的进度安排。经验表明，如果经粗能力计划平衡后的主生产计划切实可行，则一般可省去详细能力计划这一步。

七、详细作业计划

详细作业计划（detailed operation schedule，见图 5—1 中的模块 9）的计划期一般为日或一个轮班，它是依据物料需求计划具体规定每种零件品目的投入时间和完工时间，以及各种零件在每台设备上的加工次序，以充分利用瓶颈环节生产能力，保证各种零件按期完工，同时尽量使设备负荷均衡和使在制品库存尽量减少。详细作业计划的一个主要任务是安排关键设备或瓶颈环节零件加工的优先次序。对于加工次序的安排问题，当零件种类和机床数量均超过 3 件时，不存在解析形式的最优解，故实践中多依据一些经验法则来安排零件的加工次序，如“最早完工期”优先准则、“最短加工时间”优先准则以及“最短剩余加工时间”优先准则等。

服务企业也大量采用详细作业计划方法，安排车辆的调度计划、人员的轮休计划等。

八、生产控制

生产计划系统必须形成一个“闭环”才能够有效运作。生产控制（production control，见图 5—1 中的模块 11）的功能就是使生产计划系统成为一种闭环控制系统。其任务一方面是将生产过程的状态信息、变化信息和目标偏差信息，及时反馈给生产计划部门，这些信息包括：加工进度、库存水平、材料到货情况、设备故障、工程更改、缺勤、质量问题等，以便计划部门及时采取纠正措施，确保计划实现；另一方面是负责将操作者和各生产单位的绩效信息及时报告生产计划部门，如产量、工时、废品率、能源利用率、设备利用率、生产率等，以便进行绩效考核和确定奖励计划。生产控制以生产作业计划为标准，生产作业计划以生产控制为保证，两者缺一不可。

九、生产计划的层次

生产计划系统应当是分层的。长期生产计划属于战略性计划，它应当在公司层面编制和下达；综合生产计划和主生产计划属于战术性计划，它应当在工厂层面编制和下达；物料需求计划和详细作业计划属于操作性计划，故应当在车间层面编制和下达。下层生产计划必须在上层生产计划的约束条件内编制。最早在理论上提出生产计划层次结构的学者是美国生产管理学家 C. A. 哈克斯（C. A. Hax）和 H. C. 米尔（H. C. Meal）。[①] 生产计划的典型层次结构见图 5—2。

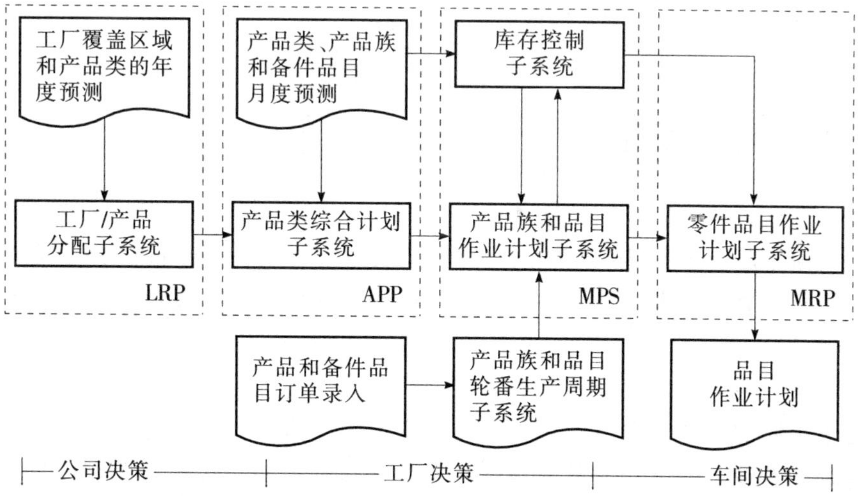

图 5—2 生产计划的层次结构

① Silver，Edward A.，Decision Systems for Inventory Management and Production Planning，2nd ed. New York：John Wiley & Sons Inc.，1985，p. 576.

生产计划要分层的理由很简单：

（1）不同的生产计划类型要求计划人员具有不同的视野和信息来源。长期生产计划涉及产品组合分派决策以及生产过程选择和生产能力决策，它要求计划人员具有全局视野和战略观点，因此只能是在公司层面编制和下达。企业不能让工厂自行选择生产什么产品和擅自扩充生产能力。同样道理，物料需求计划和详细作业计划是操作性计划，它要求针对产品零件表和设备能力进行编制，下达到工作中心执行，所以必须在作业层面编制和下达。

（2）不同的生产计划类型所关注的细节不一样，对计划人员的经验和素质的要求也不一样。长期生产计划的制定不必也不可能关注作业层面的细节；而物料需求计划和详细作业计划的编制必须对作业层面的细节，如产品物料清单、设备能力、工人工时、有效工作日等数据和资料了如指掌。如果把作业层面的生产作业计划也集中到公司层面或工厂层面统一编制，则会导致作业计划过于粗略，在执行过程中必然会遇到许多意想不到的问题，妨碍作业计划的有效执行。

（3）不同的生产计划必须与企业的组织结构相对应。企业的组织结构决定了承担不同责任和拥有不同职权的部门和管理岗位，生产计划的编制与执行要求相应的部门和管理者必须承担相应的责任，这也就是生产计划必须分层的一个重要原因。显然，企业的组织结构不同，上述生产计划的典型分层结构也会随之变化。

计算机化的生产计划管理软件的普及，使得主生产计划与物料需求计划有集成在一起编制的趋势，但我们仍然主张分别设立主生产计划员和作业计划员，明确区分二者的职责和计划任务。在第六章和第七章详细讨论主生产计划和物料需求计划时，读者会看到这种区分的必要性。

第二节　需求预测

需求预测是综合生产计划和主生产计划的前提，它直接影响到生产计划的具体编制和执行效果，尤其对于采用备货生产方式的企业来说更是如此。收集可靠的数据，采用科学的预测方法，对预测结果做出恰当的解释，是提高需求预测工作质量的基本要求。

需求预测方法分为定性预测方法和定量预测方法两大类。定性预测方法主要依据专家和有经验的市场人员的判断，在数据和资料缺乏时，定性方法是主要的预测方法。即使有足够的数据支持定量预测方法的应用，对定量预测的结果也需要与定性预测的判断相互验证，因此，不应当低估定性预测的重要性。定量预测方法又可进一步分为：（1）时间序列预测法。它是根据市场需求的历史统计数据预测需求的未来发展和变化；（2）回归预测法。它是根据事物之间的因果关系预测事物的发展和变化。正常情况下，由于市场需求一般具有随时间连续变化的特征，故应用时间序列预测法通常能收到较好的预测效果，基本上可以满足编制生产计划的要求。

市场需求的时间序列一般包含三种因素：

(1) 发展趋势。市场需求的长期变化趋势，可以是增长、下降或停滞等。其中增长趋势可能是近似线性增长，也可能是按指数方式增长（或称为递增趋势）。

(2) 季节性波动。随季节的变化增加或减少，具有循环发生的规律。如服装、啤酒、家用空调机等大宗商品的需求，都具有明显的季节性变化特征。

(3) 随机波动。由多种因素综合作用的结果。它在需求预测中是一种干扰因素，应设法将其滤除。

因此，需求预测就是对市场需求的发展趋势和季节性波动进行预测。适用于趋势预测的常用方法有简单指数平滑法和多项式预测法；适用于既包含趋势又包含季节性波动的预测的常用方法有温特斯指数平滑法。

一、简单指数平滑模型

设 x_0，x_1，…，x_n为与时间 $t=0，1，…，n$ 相对应的时间序列观察值，$\hat{x}_{t+1}$为预测值，如果 $\hat{x}_{t+1}$是利用下式

$$\hat{x}_{t+1}=\hat{x}_t+\alpha(x_t-\hat{x}_t)\qquad(t=1,2,\cdots,n)\tag{5.1}$$

求得的，则称这种方法为简单指数平滑模型（simple exponential smoothing model）。式中的 α 称为平滑常数，其取值范围是 $0<\alpha<1$。其作用是对数据中包含的随机波动成分进行过滤，如果数据中的随机波动成分比重很大，整个时间序列看上去像是一种“噪声”序列，则 α 的值应选取得小一些；反之，α 的值可选取得大一些。通常，α 的值选为 0.3 左右。

可以这样理解式 (5.1) 的含义，即 $t+1$ 时刻时间序列的预测值 $\hat{x}_{e+1}$ 等于 t 时刻的预测值 $\hat{x}_t$，加上 t 时刻的实际观察值 x_t 与 t 时刻的预测值 $\hat{x}_t$ 之间的差值。这种差值包含着时间序列的变化趋势信息，也包含着随机波动成分，为了不使随机波动成分影响预测结果，需要将其过滤掉，这就是在差值前要乘上一个小于 1 的平滑系数的原因。

简单指数平滑公式也可以改写成下面的形式：

$$\hat{x}_{t+1}=\alpha x_t+(1-\alpha)\hat{x}_t\tag{5.2}$$

在预测开始时，为简化起见，我们可以令 $\hat{x}_t=x_0$，$x_t=x_1$。由此产生的误差，经过几步预测后便可忽略。

[例 5—1]

简单指数平滑法预测实例

表 5—1 是一个简单指数平滑模型的预测实例，图 5—3 给出了预测结果的对照图。

表 5—1　　简单指数平滑法预测实例

时期	需求	指数平滑预测值	
		α = 0.3	α = 0.6
1	145		
2	143		
3	135	144.40	143.80
4	158	141.58	138.52
5	155	146.51	150.21
6	145	149.05	153.08
7	136	147.84	148.23
8	139	144.29	140.89
9	159	142.70	139.76
10	137	147.59	151.30
11	156	144.41	142.72
12	152	147.89	150.69
13		149.12	151.48

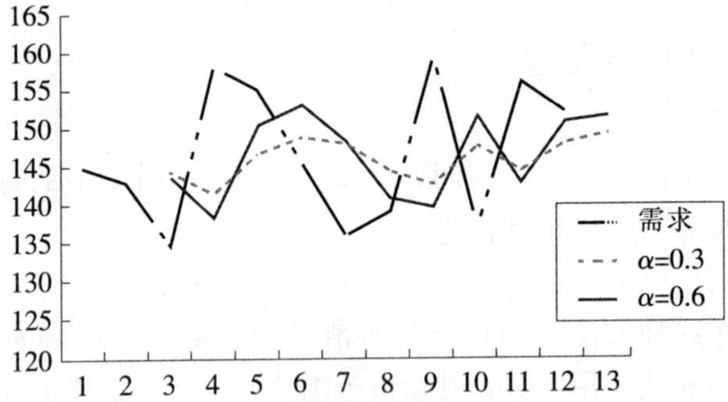

图 5—3　简单指数平滑法预测结果比较

二、多项式预测模型

常用的多项式预测模型有一次多项式预测模型和二次多项式预测模型，前者适合预测时间序列的线性发展趋势；后者适合预测时间序列的指数增长（或下降）趋势。

1. 一次多项式预测模型

下述形式的预测模型称为一次多项式预测模型。①

$$\hat{x}_{t+\tau}=a_0+a_1\tau \tag{5.3}$$

其中，τ 是向前预测的步数，通常 τ 可分别取 $\tau=1, 2, 3, 4, 5$（向前预测的步数越多，误差越大，故 τ 不宜取较大的值）；$\hat{x}_{t+\tau}$ 是第 $t+\tau$ 时刻的预测值；a_0 和 a_1

① 参见郭明哲：《预测方法：理论与实际》，137 页，台北，中兴管理顾问公司，1979。推导一次多项式模型的依据是指数平滑基本定理，其证明过程见该书第 131～136 页。

是系数，其估算公式为：

$$\hat{a}_0 = 2S_t^1(x) - S_t^2(x) \tag{5.4}$$

$$\hat{a}_1 = \frac{\alpha}{\beta}[S_t^1(x) - S_t^2(x)] \tag{5.5}$$

式中，α 是指数平滑公式的平滑常数；$\beta = 1-\alpha$；$S_t^1(x)$和 $S_t^2(x)$的计算公式为：

$$S_t^1(x) = \alpha x_t + \beta S_{(t-1)}^1(x) \tag{5.6}$$

$$S_t^2(x) = \alpha S_t^1(x) + \beta S_{t-1}^2(x) \tag{5.7}$$

式（5.6）即简单指数平滑公式，又称为一阶指数平滑公式；式（5.7）称为二阶指数平滑公式，它是对一阶指数平滑的结果再做一次平滑，从而对随机波动再做一次滤除。

将式（5.4）至式（5.7）代入式（5.3）中，可以得到更便于递推计算的一次多项式预测模型：

$$\hat{x}_{t+\tau} = \hat{a}_0 + \hat{a}_1\tau$$

$$= \left(2 + \frac{\alpha\tau}{\beta}\right)S_t^1(x) - \left(1 + \frac{\alpha\tau}{\beta}\right)S_t^2(x) \tag{5.8}$$

关于初值的选取，在预测开始时，即 $t=1$ 时刻时，可以令 $S_{t-1}^1(x) = x_0$，$S_{t-1}^2(x) = x_1$，$x_t = x_1$。由此引入的误差，经几步递推预测后会逐渐减小到可以忽略不计。

2. 二次多项式预测模型

下述形式的预测模型称为二次多项式预测模型。①

$$\hat{x}_{t+\tau} = a_0 + a_1\tau + \frac{1}{2}a_2\tau^2 \tag{5.9}$$

系数估算公式为：

$$\hat{a}_0 = 3S_t^1(x) - 3S_t^2(x) + S_t^3(x) \tag{5.10}$$

$$\hat{a}_1 = \frac{\alpha}{2\beta^2}[(6-5\alpha)S_t^1(x) - 2(5-4\alpha)S_t^2(x) + (4-3\alpha)S_t^3(x)] \tag{5.11}$$

$$\hat{a}_2 = \frac{\alpha^2}{\beta^2}[S_t^1(x) - 2S_t^2(x) + S_t^3(x)] \tag{5.12}$$

其中，一阶、二阶和三阶指数平滑平均数的递推公式分别为：

$$S_t^1(x) = \alpha x_t + \beta S_{t-1}^1(x) \tag{5.13}$$

$$S_t^2(x) = \alpha S_t^1(x) + \beta S_{t-1}^2(x) \tag{5.14}$$

$$S_t^3(x) = \alpha S_t^2(x) + \beta S_{t-1}^3(x) \tag{5.15}$$

将式（5.10）至式（5.15）代入式（5.9）中，可以得到更便于递推计算的二次多项式预测模型：

$$\hat{x}_{t+\tau} = \hat{a}_0 + \hat{a}_1\tau + \frac{1}{2}\hat{a}_2\tau^2$$

---

① 参见郭明哲：《预测方法：理论与实际》，138 页。

$$=[6\beta^2+(6-5\alpha)\alpha\tau+\alpha^2\tau^2]\frac{S_t^1(x)}{2\beta^2}$$

$$-[6\beta^2+2(5-4\alpha)\alpha\tau+2\alpha^2\tau^2]\frac{S_t^2(x)}{2\beta^2}$$

$$+[2\beta^2+(4-3\alpha)\alpha\tau+\alpha^2\tau^2]\frac{S_t^3(x)}{2\beta^2} \tag{5.16}$$

关于初值的选取，在开始预测时，即 $t=1$ 时，可以令 $S_{t-1}^1(x)=x_0$，$S_{t-1}^2=S_{t-1}^3(x)=x_1$，$x_t=x_1$。由此引入的误差，经几步递推预测后可逐渐减小到可以忽略不计。

［例 5—2］

一次多项式和二次多项式预测模型的预测结果比较

恒源公司某种建材产品系列 1995—2000 年的月销售额数据如表 5—2 所示，公司在制定 2001 年度生产计划时，需要对 2001 年各季度的销售量进行预测。计划人员分别采用一次多项式和二次多项式预测模型进行了预测分析，选取 $\alpha=0.3$，$\beta=0.7$。预测结果如表 5—2 的第 7 列和第 8 列所示。计划人员还采用了均方误差指标（mean squared error，MSE）和误差标准差指标（standard error，SDE）对这两种模型的预测结果进行了评价。均方误差和误差标准差的定义为：

$$MSE=\frac{\sum_{t=1}^{n}(x_t-\hat{x}_t)^2}{n} \tag{5.17}$$

$$SDE=\sqrt{\frac{\sum_{t=1}^{n}(x_t-\hat{x}_t)^2}{n-1}} \tag{5.18}$$

式（5.17）和式（5.18）中的 x_t 和 $\hat{x}_t$ 分别为 t 时刻的观察值和预测值。实际应用中，还可以采用平均绝对偏差（mean absolute deviation，MAD）指标对预测结果进行评价，平均绝对偏差的定义是：

$$MAD=\frac{\sum_{t=1}^{n}|x_t-\hat{x}_t|}{n} \tag{5.19}$$

当需求预测偏差服从正态分布时（在大样本情况下，通常如此），平均绝对偏差与误差标准差之间具有下述关系：

$$1\ SDE=\sqrt{\frac{\pi}{2}}MAD\approx 1.25MAD \tag{5.20}$$

根据 MSE 或 SDE 的值可以判断出，在本例中采用一次多项式模型的预测效果要优于二次多项式模型的预测效果。图 5—4 给出了销售额波动曲线和一次多项式预测结果的比较，从图 5—4 中可以看出，销售额增长趋势基本上是一种线性趋势，这也是采用一次多项式预测模型能够得到较满意的预测结果的原因。

表 5—2　　恒源公司建材产品销售的历史数据和预测结果

年份和季度	时期编号	销售额（百万元）	S_t^1	S_t^2	S_t^3	一次多项式预测结果（$\tau=1$）	二次多项式预测结果（$\tau=1$）
1994 年第四季度	0	296					
1995 年第一季度	1	362	315.8	348.1	357.8		
第二季度	2	385	336.6	344.7	353.9	269.6	223.4
第三季度	3	432	365.2	350.8	353.0	325.0	327.3
第四季度	4	341	357.9	353.0	353.0	385.7	419.4
1996 年第一季度	5	382	365.2	356.6	354.1	365.0	375.2
第二季度	6	409	378.3	363.1	356.8	377.4	389.6
第三季度	7	498	414.2	378.5	363.3	400.0	418.0
第四季度	8	387	406.1	386.7	370.3	465.3	507.3
1997 年第一季度	9	473	426.1	398.6	378.8	433.7	439.6
第二季度	10	513	452.2	414.6	389.5	465.5	481.5
第三季度	11	582	491.1	437.6	404.0	505.8	531.2
第四季度	12	474	486.0	452.1	418.4	567.6	608.3
1998 年第一季度	13	544	503.4	467.5	433.1	534.4	534.8
第二季度	14	582	527.0	485.3	448.8	554.7	557.8
第三季度	15	681	573.2	511.7	467.7	586.5	596.8
第四季度	16	557	568.3	528.7	486.0	661.0	696.7
1999 年第一季度	17	628	586.2	545.9	504.0	625.0	618.7
第二季度	18	707	622.5	568.9	523.4	643.8	640.3
第三季度	19	773	667.6	598.5	546.0	699.0	715.5
第四季度	20	627	655.4	615.6	566.9	766.3	800.1
2000 年第一季度	21	695	667.3	631.1	586.1	712.4	694.2
第二季度	22	784	702.3	652.5	606.0	719.0	701.1
第三季度	23	905	763.1	685.7	629.9	773.5	780.5
第四季度	24	733	754.1	706.2	652.8	873.8	918.1
2001 年第一季度						822.5	811.3
第二季度					（$\tau=2$）	843.0	825.1
第三季度					（$\tau=3$）	863.6	837.9
第四季度					（$\tau=4$）	884.1	849.7
						MSE=6 664.9	9 084.8
						SDE=83.5	97.5

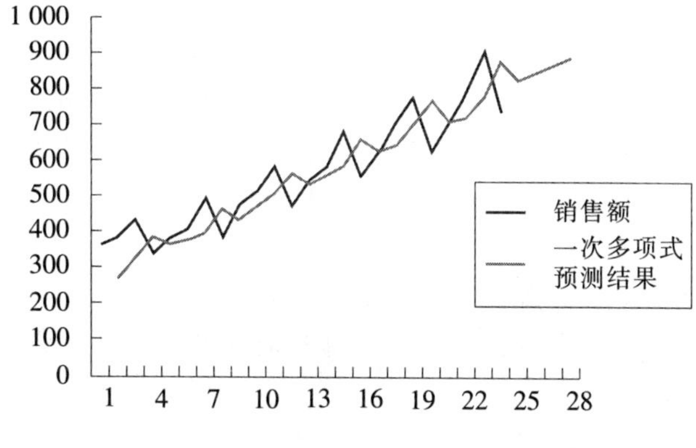

图 5—4　实际销售额曲线和预测曲线的比较

仔细观察图 5—4 销售额的波动模式，我们发现，在销售额时间序列中存在着季节性波动模式，如何预测这种季节性变化，就是我们下面将要讨论的温特斯季节指数平滑模型要解决的问题。

三、温特斯季节指数平滑模型

温特斯季节指数平滑模型（Winters' seasonal exponential smoothing），是 P. R. 温特斯（P. R. Winters）于 20 世纪 60 年代初提出的，它可以同时处理趋势和季节变化，并能将随机波动的影响适当地滤除掉，故特别适用于包含趋势和季节变化的时间序列的预测问题。

温特斯季节指数平滑模型由三个基本平滑公式构成：

(1) $$S_t = \alpha \frac{x_t}{I_{t-L}} + (1-\alpha)(S_{t-1} + T_{t-1}) \tag{5.21}$$

(2) $$T_t = \lambda(S_t - S_{t-1}) + (1-\lambda)T_{t-1} \tag{5.22}$$

(3) $$I_t = \gamma \frac{x_t}{S_t} + (1-\gamma)I_{t-L} \tag{5.23}$$

式中，S_t 是除去了季节变化影响的时间序列指数平滑平均数；T_t 是时间序列变化趋势的指数平滑平均数；I_t 是季节因子的指数平滑平均数；L 是同一季节相隔的长度（通常令 $L=12$，即每年的月数）。

式（5.23）中的 I_t 相当于季节指数，它是时间序列当前时刻的观察值 x_t 与时间序列指数平滑平均数 S_t 的比值，在 S_t 中包含着趋势变化但不包含季节变化的影响。为了滤除时间序列观察值 x_t 中包含的随机分量，在式（5.23）中，给季节因子（x_t/S_t）乘上了一个小于 1 的权数 γ，$0<\gamma<1$；同时，对上一个相同季节的季节指数 I_{t-L} 给予（$1-\gamma$）的权数。

关于 T_t 的方程式（5.22）是用来平滑时间序列的变化趋势的。在方程中，用系数 λ（$0<\lambda<l$）对趋势变化的增量（S_t-S_{t-1}）进行加权，并对前一时刻的趋势值 T_{t-1}，给予（$1-\lambda$）的权重。式（5.21）是用来计算指数平滑平均数 S_t 的。其中第一项，通过除以季节因子 I_{t-L} 消除了 x_t 中的季节变化影响。之所以采用前一周期中的季节因子值 I_{t-L} 而不是本周期的 I_t，是因为按照递推的次序，I_t 需待求出了 S_t 之后才能够计算。式（5.21）中的第二项，在前一时刻的平均数 S_{t-1} 之上又加入了趋势变化的平均数 T_{t-1}，从而进一步改善了指数平滑结果的准确性。

基于温特斯指数平滑模型的预测公式如下：

$$F_{t+m} = (S_t + mT_t)\ I_{t-L+m} \tag{5.24}$$

式中，m 是要预测的时刻距离现在时刻的时间间隔数。

预测开始时，首先利用第一年的数据计算全年（12 个月）的观察平均值 $\bar{x}$，即：

$$\bar{x} = \frac{x_1 + x_2 + \cdots x_{12}}{12}$$

然后，令 $t=13$，计算 I_{t-L} 的近似值：

$$I_{t-L}=\frac{x_{t-L}}{\bar{x}} \qquad (L=12,11,10,\cdots,1)$$

在此基础上，重新从 $t=13$ 开始，并令 $S_{12}=x_{12}$；$T_{12}=0$，由式（5.21）至式（5.23）递推计算 S_t、T_t 和 I_t。最后，按式（5.24）进行预测。为了保证预测的准确性，至少应收集 4 年的历史数据。

[例 5—3]

温特斯季节指数平滑模型预测实例

仍采用例 5—2 的销售额时间序列，应用温特斯季节指数平滑模型，预测 2001 年第一季度到第四季度的销售额。

假设 $\alpha=0.30$，$\lambda=0.10$，$\gamma=0.10$。

解：

预测开始时，首先利用 1995 年的数据计算全年的销售额平均值 $\bar{x}$：

$$\bar{x}=\frac{x_1+x_2+x_3+x_4}{4}=\frac{362+385+432+341}{4}=380$$

然后令 $t=5$，分别计算 I_{t-L}，$L=4,3,2,1$ 的近似值：

$$I_{t-4}=I_1=\frac{x_1}{\bar{x}}=\frac{362}{380}=0.95$$

$$I_{t-3}=I_2=\frac{x_2}{\bar{x}}=\frac{385}{380}=1.01$$

$$I_{t-2}=I_3=\frac{x_3}{\bar{x}}=\frac{432}{380}=1.14$$

$$I_{t-1}=I_4=\frac{x_4}{\bar{x}}=\frac{341}{380}=0.90$$

重新令 $t=5$，$L=4$，并令 $S_4=x_4$，$T_4=0$，按递推公式（5.21）至式（5.23）依次计算 S_t、T_t、I_t。例如，当 $t=5$ 时，

$$S_t=\alpha\frac{x_t}{I_{t-L}}+(1-\alpha)(S_{t-1}+T_{t-1})$$
$$=0.3\times\frac{382}{0.95}+0.7\times(341+0)=359.33$$

$$T_t=\lambda(S_t-S_{t-1})+(1-\lambda)T_{t-1}$$
$$=0.1\times(359.33-341)=1.83$$

$$I_t=\gamma\frac{x_t}{S_t}+(1-\gamma)I_{t-L}$$
$$=0.1\times\frac{382}{359.33}+0.9\times0.95=0.96$$

依此类推，递推计算出 $S_5\sim S_{24}$，$T_5\sim T_{24}$，$I_5\sim I_{24}$，结果见表 5—3。

对 2001 年销售额的预测是依据式（5.24）计算的：

$$F_{t+m}=(S_t+mT_t)I_{t-L+m}$$

先令 $m=1$，$L=4$，则可依次计算出 F_6，F_7，…，F_{25} 的值（见表 5—3）。然后依次令 $m=2$，3，4，则可求出 F_{26}，F_{27}，F_{28}，即 2001 年第一季度到第四季度的销售额预测值（结果见表 5—3）。图 5—5 给出了实际的销售额曲线和预测的销售额曲线，从图 5—5 中可以看出，采用温特斯季节模型的预测结果与实际销售额时间序列拟合得较好。

表 5—3　　采用温特斯季节模型的预测结果

时期编号	销售额（百万元）	S_t	T_t	I_t	F_{t+m} ($m=1$)
0	296				
1	362			0.95	
2	385			1.01	
3	432			1.14	
4	341	341	0	0.90	
5	382	359.33	1.83	0.96	
6	409	374.30	3.15	1.02	364.78
7	498	395.27	4.93	1.15	430.29
8	387	409.14	5.82	0.90	360.17
9	473	438.08	8.14	0.97	398.90
10	513	463.49	9.86	1.03	454.37
11	582	482.91	10.82	1.16	545.30
12	474	502.81	11.73	0.91	446.62
13	544	527.88	13.06	0.98	500.72
14	582	548.65	13.83	1.03	555.61
15	681	570.26	14.61	1.16	650.96
16	557	593.36	15.46	0.91	531.30
17	628	618.64	16.44	0.98	595.97
18	707	650.38	17.97	1.04	654.44
19	773	667.59	17.89	1.16	775.95
20	627	686.21	17.97	0.91	624.77
21	695	705.14	18.06	0.98	691.87
22	784	733.24	19.07	1.04	749.34
23	905	760.52	19.89	1.16	873.19
24	733	787.50	20.60	0.91	711.47
25					794.21
26					861.39
27					988.25
28					794.71
				MSE=1 521.32	
				SDE=40.07	

通过计算预测值的 MSE 和 SDE 也显示出，在预测具有季节性变化规律的时间

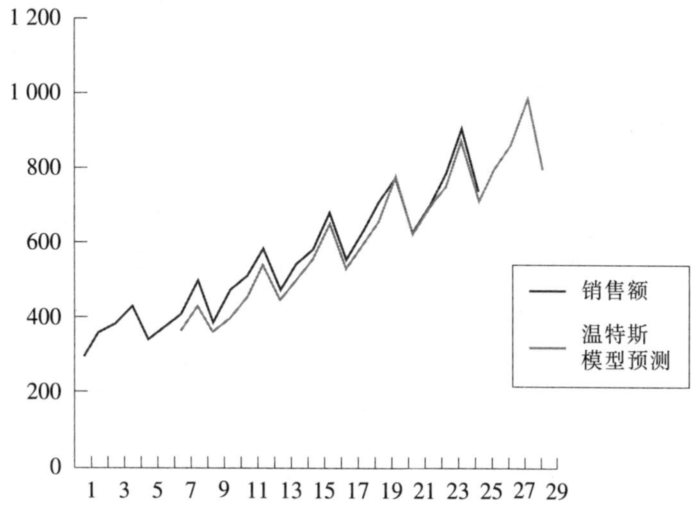

图 5—5 温特斯季节模型预测结果对照图

序列时，温特斯季节模型的预测精度明显高于一次和二次多项式模型。

应当指出的是，如何选取 α ，λ，γ 的值，使预测值更好地拟合实际的销售额曲线，是一个需要进一步尝试的问题，一般是采用试差法逐步逼近最佳值，直到满意时为止。有兴趣的读者可参阅 S. C. 惠尔赖特（Steven C. Wheelwright）的《管理预测方法》。①

四、线性回归预测模型

前面所述的指数平滑模型包括简单指数平滑模型、一次和二次多项式模型以及温特斯季节模型，依据的都是时间序列的历史数据预测其未来的发展变化，其中隐含的假设是，根据事物的过去和现在就可以预测事物的未来。现实中，人们还可以根据事物之间的因果关系，由原因（称为自变量）推测结果（称为因变量），或者用规范的术语表示，是根据因变量与自变量之间的函数关系，由自变量预测因变量未来的趋势和变化。比如，可以根据城市居民的人均可支配收入预测家用电器、移动电话、个人电脑等消费品的拥有量，根据国内生产总值（GDP）的增长预测住宅面积、卫生洁具销售的增长，等等。而描述因变量与自变量之间因果关系的最典型的函数形式就是回归方程。

现实中，影响事物结果的原因可能不止一种，相应地，回归方程有一元回归方程和多元回归方程、线性回归方程和非线性回归方程等多种类型。但在企业的市场需求预测中，最简单、也最常用的回归预测模型是一元线性回归方程，它是假设自

① Wheelwright，S. C. and S. Makridakis，Forecasting Methods for Management，4th ed. New York：John Wiley & Sons，Inc.，1985，pp. 69—75.

变量与因变量之间存在近似线性的关系。这虽然是一种高度概括的假设，但从后面的讨论中读者可以看到，通过适当的数学变换，一元线性回归方程可以用于存在多种非线性函数关系的预测情况。

一元线性回归方程的一般形式如下：

$$\hat{Y}_t = a + bx_t \tag{5.25}$$

式中，$\hat{Y}_t$ 是因变量的预测值；x_t 是自变量；a、b 是回归方程系数，分别为一元线性回归方程所代表的直线在直角坐标系中的截距和斜率，其含义如图 5—6 所示。

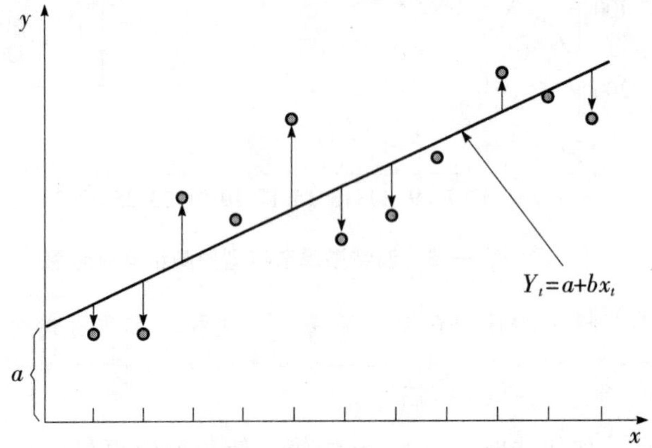

图 5—6　一元线性回归方程的系数和最小二乘法的含义

在图 5—6 的示意图中，实际的因变量观察值 Y_t 呈现一种散点状的分布，一元线性回归方程是在此基础上，采用最小二乘法（least squares method）准则拟合出的一条最佳的直线。所谓最小二乘法准则，即回归直线上的各个点与相对应的因变量观察值的垂直距离的平方和最小。设 δ_t 为第 t 个点上回归直线上的点与相应的因变量观察值的偏差，则总偏差平方和 Q 为：

$$Q = \sum_{t=1}^{n} (Y_t - \hat{Y}_t)^2$$

$$= \sum_{t=1}^{n} [Y_t - (a + bx_t)]^2$$

为了使总偏差平方和最小，我们分别对上式求 a 和 b 的偏导数，并令其等于零，从中解出回归方程系数 a 和 b 的计算公式，如式（5.26）和式（5.27）所示：

$$b = \frac{n\sum(x_t \cdot Y_t) - \sum x_t \cdot \sum Y_t}{n\sum x_t^2 - (\sum x_t)^2} \tag{5.26}$$

$$a = \frac{\sum Y_t - b\sum x_t}{n} \tag{5.27}$$

将 Y_t 的平均值 $\bar{Y} = (\sum Y_t)/n$ 和 x_t 的平均值 $\bar{x} = (\sum x_t)/n$ 分别代入式（5.26）和式（5.27）得到：

$$b = \frac{\sum x_t \cdot Y_t - n\bar{x} \cdot \bar{Y}}{\sum x_t^2 - n\bar{x}^2} \tag{5.28}$$

$$a = \bar{Y} - b\bar{x} \tag{5.29}$$

我们下面进一步说明当时间序列存在季节性波动时，如何采用加入季节指数的一元线性回归方程进行预测。

[例 5—4]

应用一元线性回归方程对包含季节性波动的时间序列进行预测

一元线性回归方程除了可以用于描述一般的自变量与因变量的函数关系外，还可以描述时间序列的时点与观察值之间的函数关系，这时的 x_t 为时间序列的各个时点，如 $x_t=1, 2, \cdots, n$；Y_t 为时间序列的观察值。如果加入季节因子的计算，一元线性回归方程还可以用来预测包含季节波动的时间序列。我们下面还是利用例 5—2 的数据来说明一元线性回归方程的应用见表 5—4、图 5—7。

表 5—4　　产品销售的历史数据和回归模型预测结果

年份和季度	时期编号 x_t	销售额 Y_t	各年同一季节的平均销售额	季节因子	不含季节因子销售额 y_t	x_t^2	$x_t \cdot y_t$	含季节因子的回归预测结果 $\hat{Y}_t$
1994 年第一季度	0	296						
1995 年第一季度	1	362	514	0.92	394.81	1	394.81	303.49
第二季度	2	385	563.33	1.00	383.12	4	766.24	352.67
第三季度	3	432	645.17	1.15	375.36	9	1 126.08	426.88
第四季度	4	341	519.83	0.93	367.73	16	1 470.92	362.46
1996 年第一季度	5	382		0.92	416.62	25	2 083.09	376.69
第二季度	6	409		1.00	407.00	36	2 442.01	432.91
第三季度	7	498		1.15	432.71	49	3 028.96	518.76
第四季度	8	387		0.93	417.33	64	3 338.68	436.50
1997 年第一季度	9	473		0.92	515.86	81	4 642.78	449.90
第二季度	10	513		1.00	510.49	100	5 104.93	513.14
第三季度	11	582		1.15	505.70	121	5 562.65	610.65
第四季度	12	474		0.93	511.15	144	6 133.85	510.53
1998 年第一季度	13	544		0.92	593.30	169	7 712.88	523.10
第二季度	14	582		1.00	579.16	196	8 108.18	593.37
第三季度	15	681		1.15	591.72	225	8 875.73	702.54
第四季度	16	557		0.93	600.66	256	9 610.56	584.57
1999 年第一季度	17	628		0.92	684.91	289	11 643.49	596.31
第二季度	18	707		1.00	703.54	324	12 663.80	673.60
第三季度	19	773		1.15	671.65	361	12 761.41	794.43
第四季度	20	627		0.93	676.15	400	13 522.94	658.61
2000 年第一季度	21	695		0.92	757.98	441	15 917.64	669.52
第二季度	22	784		1.00	780.17	484	17 163.70	753.83
第三季度	23	905		1.15	786.35	529	18 085.98	886.31
第四季度	24	733		0.93	790.46	576	18 970.93	732.64
2001 年第一季度	25			0.92				742.72
第二季度	26			1.00				834.07
第三季度	27			1.15				978.20
第四季度	28			0.93				806.68
	300				13 453.9	4 900	191 132.2	

续前表

年份和季度	时期编号 x_t	销售额 Y_t	各年同一季节的平均销售额	季节因子	不含季节因子销售额 y_t	x_t^2	$x_t \cdot y_t$	含季节因子的回归预测结果 $\hat{Y}_t$
	12.5	560.58			560.58		MSE=766.73	
							SDE=28.29	

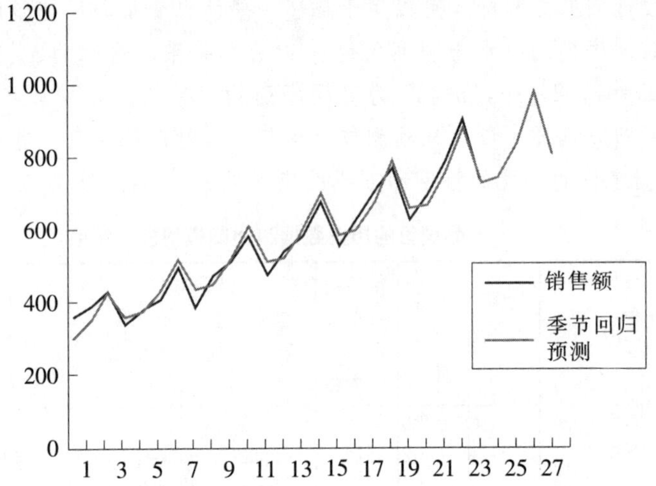

图 5—7 带有季节因子的一元线性回归模型预测结果比较

采用带有季节因子的一元线性回归模型进行预测的步骤如下：

第一步：确定季节因子（或季节指数）。如果时间序列中含有季节变化因素，在用一元线性回归模型拟合实际的需求曲线之前，应先分离季节因素，如果直接进行曲线拟合，将会在估计模型参数时引入较大的误差。分离季节因素的方法是计算季节因子，具体做法是，先求全部销售额时间序列的平均值，在本例中是 560.58（单位：百万元，下同）；然后是求每个季度销售额的平均值，即将各年同一季度的销售额相加除以季度数，在本例中第一季度到第四季度的平均销售额分别为：514，563.33，645.17 和 519.83；最后用每个季度销售额的平均值除以总体平均值，就得到季节因子的近似值，如表 5—4 的第 5 列所示。

第二步：从原始数据中分离季节因子。这一步是用销售额的原始时间序列分别除以对应的季节因子，得到不含季节因素的销售额时间序列，如表 5—4 的第 6 列所示。

第三步：就分离后的时间序列建立线性回归模型。在这一步中，就不含季节因素的时间序列根据式（5.29）和式（5.28）计算一元线性回归模型的参数 a 和 b，在本例中，a = 311.03，b= 19.96。我们在表 5—4 的倒数第三行和倒数第二行中分别给出了 $\sum x_t = 300$，$\bar{x}$ =12.5，$\sum y_t$ =13 453.92，$\bar{y}$ =650.58，$\sum x_t \cdot y_t$ = 191 132.2 以及 $\sum x_t^2 = 4\,900$ 的中间计算结果，以便于读者验证。

第四步：应用线性回归模型预测未来期间的趋势。在这一步中，将参数 a 和 b

代入式（5.25）中，计算不含季节因子的销售额时间序列，并预测 2001 年第一季度到第四季度的不含季节因子的销售额趋势值。

第五步：用季节因子对趋势预测进行调整得到最后的预测结果。最后，将各个时点上的趋势预测值乘以相应的季节因子，就得到最终的预测结果，如表 5—4 的第 9 列所示。分离了季节因子的一元线性回归预测公式为：

$$\hat{Y}_t = (a + bx_t) I_t \tag{5.30}$$

式中，$(a+bx_t)$ 计算出的是不含季节因子的时间序列，I_t 是对应的季节因子。

我们注意到，本例中采用分离了季节因子的一元线性回归模型的预测结果，均方误差 $MSE=766.73$，误差标准差 $SDE=28.29$，均小于采用温特斯季节模型的预测结果。这主要是因为例 5—2 的时间序列样本数据具有较好的线性增长趋势以及季节因子的变易性较小的缘故，从本例的预测结果并不能得出一般性的结论。

采用线性回归模型进行预测，还有两个程序是不应当省略的，这就是相关性检验和计算预测值的置信区间。

从例 5—4 中可以看到，当时间序列具有较好的线性增长趋势时，线性回归方程的拟合与预测效果均较好，但现实中的时间序列并不都是如此，其中许多呈现出的趋势都是非线性的，这种情况下就需要对能否应用线性回归模型进行判别。也就是说，理论上对于任何一组数据（x_t，Y_t）都可以计算出 a 和 b 的值，从而建立一个线性回归方程，但 Y_t 与 x_t 之间的相关程度如何，以及相关性达到什么程度才可以根据线性回归模型由 x_t 预测 Y_t，必须有一个科学的判断标准。这个标准用相关系数 r 来表征，相应的检验称为相关性检验。

相关系数 r 的计算公式为：

$$r = \frac{n\sum x_t \cdot Y_t - (\sum x_t)(\sum Y_t)}{\sqrt{[n\sum x_t^2 - (\sum x_t)^2][n\sum Y_t^2 - (\sum Y_t)^2]}} \tag{5.31}$$

为了保证应用线性回归方程进行预测的最低程度的线性相关关系，要求实际计算出的 r 值不小于某个临界值 r_α。r_α 的确定又与两个因素有关，一个是显著性水平 α，一般取 0.01，0.05 或 0.10。它的补数，即 $1-\alpha$，称为置信水平；另一个是自由度 f，其含义是能够随意取值的变量个数，它等于数据点的个数减去回归方程的变量数（在例 5—4 中为 24－2＝22）。相关系数的临界值一般都制成表格，如表 5—5 所示，用时可以方便地查阅。

表 5—5　　相关系数临界值表

f	$\alpha=0.05$	$\alpha=0.01$	f	$\alpha=0.05$	$\alpha=0.01$	f	$\alpha=0.05$	$\alpha=0.01$
5	0.754	0.874	15	0.482	0.606	25	0.381	0.487
6	0.707	0.834	16	0.468	0.590	30	0.349	0.449
7	0.666	0.798	17	0.456	0.575	35	0.325	0.418
8	0.632	0.765	18	0.444	0.561	40	0.304	0.393
9	0.602	0.735	19	0.433	0.549	45	0.288	0.372

续前表

f	$\alpha=0.05$	$\alpha=0.01$	f	$\alpha=0.05$	$\alpha=0.01$	f	$\alpha=0.05$	$\alpha=0.01$
10	0.576	0.708	20	0.423	0.537	50	0.273	0.354
11	0.553	0.684	21	0.413	0.526	100	0.195	0.254
12	0.532	0.661	22	0.404	0.515	200	0.138	0.181
13	0.514	0.641	23	0.396	0.505	300	0.113	0.148
14	0.497	0.632	24	0.388	0.496	1 000	0.062	0.081

现将例 5—4 的数据代入相关系数公式（5.31），可以计算出：

$$r=\frac{24\times 191\,441-300\times 13\,454}{\sqrt{(24\times 4\,900-300^2)\times(24\times 8\,091\,006-13\,454^2)}}=0.926$$

已知 $f=n-2=24-2=22$，设显著性水平 $\alpha=0.05$，即置信水平为 95%，查表 5—5 得到：$r_\alpha=0.404$，由于 $r(0.926)>r_\alpha(0.404)$，相关性检验通过。也就是说，在本例中，采用线性回归模型进行预测是可靠的。

由于时间序列一般具有随机性质，故应当说明采用线性回归模型计算出的预测值的置信区间，也就是预测值以多大的概率落入某个区间范围内。根据概率论的理论，对于大样本的情况（$n\geqslant 30$），可以认为原始数据点落在根据最小二乘法估计出的线性回归预测曲线两侧的分布状况近似为正态分布，从而预测值的置信区间可以表示成：

$$\hat{Y}_t\pm\frac{zs}{\sqrt{n}} \tag{5.32}$$

式中的 $zs/\sqrt{n}$ 为置信区间的半宽，其中 z 为对应某个显著性水平 α 的标准正态分布值，通常取 $\alpha=0.10$、$\alpha=0.05$ 或 $\alpha=0.01$，也就是置信水平分别为 90%、95%或 99%，相应的正态分布值为 1.28、1.64 和 2.32。s 为预测样本的标准差，其计算公式为：

$$s=\sqrt{\frac{1}{n-1}\sum_{t-1}^{n}(Y_t-\hat{Y}_t)^2} \tag{5.33}$$

将例 5—4 的数据代入置信区间半宽的计算公式，可计算出 $s=58.32$，设显著性水平为 $\alpha=0.05$，即置信水平为 95%，则 $z=1.64$，从而置信区间的半宽为：

$$zs/\sqrt{n}=1.64\times 58.32/\sqrt{24}=19.52$$

从表 5—4 可知，以 2001 年第一季度的预测值 742.72（百万元）为例，它的置信水平为 95%的置信区间为：[723.20，762.24]。

五、非线性回归预测模型

从严格的意义上说，变化的事物之间存在纯粹线性关系的情况是很少的，一般都呈现出各种各样的非线性关系，这类非线性关系需要用非线性回归方程来描述，按严格的数学要求处理现实中的非线性关系会把事情搞得很复杂。在面向计划的需求预测中，人们往往采取两种方式来简化问题。一种是硬性按线性回归方程建立自变量与因变量之间的函数关系，这样做虽然有时能勉强通过相关性检验，但由此引发的预测误差是很大的；另一种方法是选择与实际非线性关系最接近的特定的非线性函数，建立自变量与因变量值之间的非线性函数方程，然后通过适当的数学变换将其化为线性回归方程，用线性回归方程的方法估计参数，进行相关性检验，最后再通过反变换，还原为非线性函数方程，并据此进行预测。后一种方法往往能获得较满意的预测结果，实践中多采用后一种方法。

需求预测中常用的非线性函数有以下几种。

1. 幂函数

幂函数方程的一般形式如下：

$$Y = ax^b \tag{5.34}$$

幂函数的曲线如图 5—8 所示，从中我们可以看到，它可以表示相当广泛的一类需求变化特征，如增长逐渐趋于饱和的趋势、线性趋势、指数增长趋势等。我们在第二章中讨论过的学习曲线就是一种幂函数。

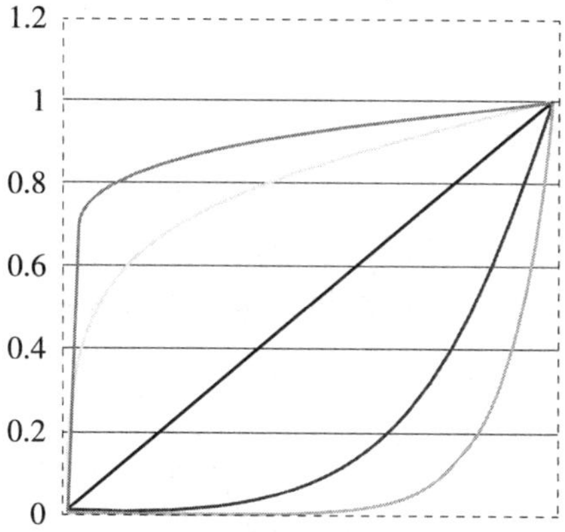

图 5—8 幂函数的图形

说明：图中的曲线从上至下依次为：b=0.1，b=0.25，b=1，b=4，b=10。

对方程（5.34）两边取自然对数，得到：

$$\ln Y = \ln a + b\ln x$$

令 $\ln Y = Y'$，$\ln a = a'$，$\ln x = x'$

则

$$Y' = a' + bx'$$

可以根据自变量序列 x' 和因变量序列 Y'，采用一元线性回归方程的参数估计方法估计参数 a' 和 b，然后对 a' 求反对数得到 a，从而得到方程（5.34）的参数 a 和 b，这样就可以代入自变量的值进行预测了。

2. 对数函数

对数函数方程的一般形式如下：

$$Y = a + b\ln x \tag{5.35}$$

对数函数的曲线如图 5—9 所示，从中我们可以看到，它可以用来表示相当广泛的一类需求变化特征，如增长逐渐趋于饱和的趋势以及趋向下降的趋势等。

对数函数线性变换的方法很简单，只需令 $x' = \ln x$，则：

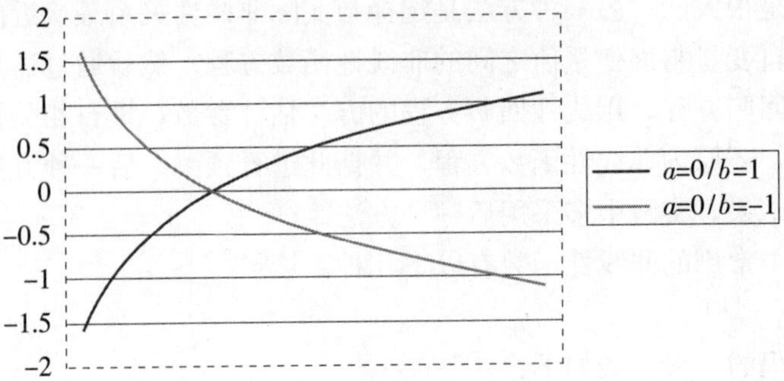

图 5—9　对数函数的图形

$$Y = a + bx'$$

可以根据自变量序列 x' 和因变量序列 Y，采用一元线性回归方程的参数估计方法直接估计参数 a 和 b，从而得到方程（5.35）的参数 a 和 b，这样就可以代入自变量的值进行预测了。

3. 指数函数

指数函数方程的一般形式如下：

$$Y = ae^{bx} \tag{5.36}$$

指数函数的曲线如图 5—10 所示，从中我们可以看到，它也可以用来表示相当广泛的一类需求变化特征，如递增的趋势和递减的趋势等。

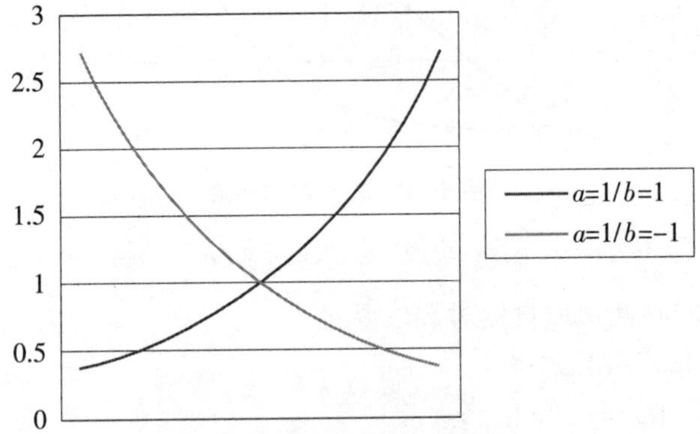

图 5—10　指数函数的曲线

对方程（5.36）的两边分别取自然对数，得到：

$$\ln Y = \ln a + bx$$

令 $Y' = \ln Y$，$a' = \ln a$，则：

$$Y' = a' + bx$$

可以根据自变量序列 x 和因变量序列 Y'，采用一元线性回归方程的参数估计方法估计参数 a' 和 b，然后求 $\ln a$ 的反对数，就得到方程（5.36）的参数 a 和 b，这样就可以代入自变量的值进行预测了。

上述三类非线性函数具有广泛的适用性，而将其变换为一元线性回归方程的形式又很简便，故在企业的需求预测中得到了广泛的应用。

第三节 综合生产计划的图解法

一、综合生产计划的主要任务

综合生产计划的主要任务可以表述为：对于特定的产品类，根据生产计划期内每个期间的需求预测 D_t，依次确定各个期间 $t=1,2,\cdots,T$ 的生产率 P_t，期末库存水平 I_t 和人力规模 W_t，在满足需求的前提下，使整个计划期内的总成本尽可能低。

概括起来说，综合生产计划的任务就是要在满足顾客需求、维持合理的期末库存水平、尽量降低总生产成本和尽量使生产率保持恒定之间求得一种合理的均衡。

可见，顾客需求预测、各个期间生产水平（或称为各期的生产率）以及期末库存水平这三个要素是综合生产计划的主要决策变量，对于任何生产期间 t 来说，这三个因素具有下面的恒等关系：

$$I_t = I_0 + \sum_{i=1}^{t} P_i - \sum_{i=1}^{t} D_i \tag{5.37}$$

式中，I_0 是综合生产计划的期初库存水平。

我们看到，人力规模变量 W_t 并没有直接出现在式（5.37）中，但 W_t 是决定生产率 P_t 的内在决定因素。

实际中，综合生产计划通常是在整个计划期内一个期间一个期间地逐期编制的，对于相邻的期间来说，式（5.37）可以进一步简化为：

$$\begin{aligned} I_t &= I_0 + \sum_{i=1}^{t-1} P_i - \sum_{i=1}^{t-1} D_i + P_t - D_t \\ &= I_{t-1} + P_t - D_t \end{aligned} \tag{5.38}$$

式（5.38）主要适用于备货生产方式。而对于订单生产方式，由于不存在（或可以忽略）产成品存货，故考虑的重点是积压的、未交付的订货量，记作 B_t，它由下式决定：

$$B_t = B_0 + \sum_{i=1}^{t} D_i - \sum_{i=1}^{t} P_i \tag{5.39}$$

式中，B_0 是综合生产计划的期初积压未交付订货量。

式（5.39）与式（5.37）具有类似的形式，如果我们将积压未交付订货看作一种负库存（即缺货水平）的话，则式（5.37）可用来确定任何一种生产方式下的期末库存水平。

二、累积生产要求

我们已经指出，在制定综合生产计划时通常有四个基本的考虑：

（1）满足顾客的订货需求（在综合生产计划阶段实际是预测的顾客需求）；

（2）维持合理的期末库存水平；

（3）使总成本尽可能低；

（4）尽量使生产率保持恒定。

前两种考虑设定了生产至少应达到的最低限度水平，称为累积生产要求（cumulative production requirement），它等于最低限度期末库存水平加上累积的顾客需求量，简记作 CR_t。其中最低限度期末库存水平记作 MI_t，它一般是根据安全库存水平和预期库存水平确定的。由于顾客需求的随机波动是不能够预测的（我们只能预测需求的趋势和季节变化），故为防止缺货损失，必须设立安全库存；而预期库存是为了满足季节性高峰的需求而在淡季预先生产出来的库存。累积生产要求 CR_t 的计算公式为：

$$CR_t = MI_t + \sum_{i=1}^{t} D_i \tag{5.40}$$

图 5—11 给出了累积顾客需求 $\sum D_i$、累积生产水平 $\sum P_i$ 和累积生产要求 CR_t 三者的相互关系。注意：在 $t=0$ 时，生产曲线处在 50 单位的水平上，这对应着初始库存水平 I_0。

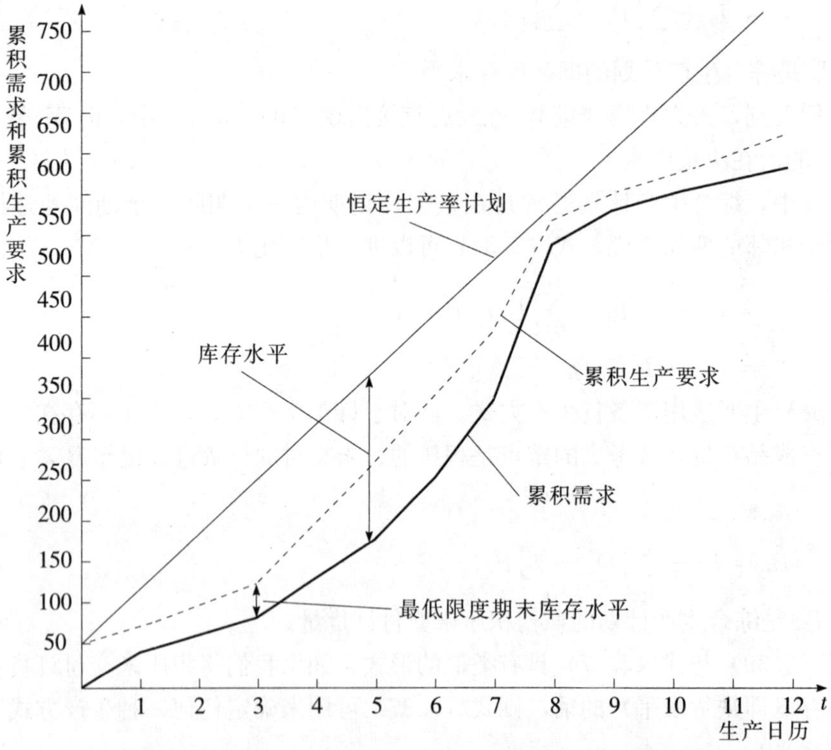

图 5—11 累积需求、累积生产要求与恒定生产率计划的关系

从图 5—11 来看，累积生产要求曲线 CR_t 是一条略高于累积需求的曲线，二者之差是最低限度期末库存水平 MI_t。从图中可以看出，可行的生产计划必须至少达到累积生产要求。

实践中，通常有两种基本的综合生产计划编制策略，即追踪策略（chase strategy）和均衡策略（level strategy）。

1. 追踪策略

即按累积生产要求曲线安排生产，其优点是根据需求的变化调整生产率，每期期末只维持最低限度库存；其缺点是要对生产率进行频繁调整，这会带来一些不利的后果，如产品质量不稳定，工人情绪不稳定，生产费用增加等，这显然是生产计划人员所不希望的。

2. 均衡策略

即在满足整个计划期的累积需求的前提下，尽量按稳定的生产率安排生产，也就是编制恒定生产率计划。从图 5—11 中可以看出，它是一条生产率保持不变的直线。恒定生产率计划的直线应不低于累积生产要求曲线。恒定生产率计划的优点是生产秩序稳定，工人情绪稳定，从而质量也容易保持稳定。但这种计划也存在严重的缺点，它会使得在计划期的某些期间上，库存水平大大高于最低限度期末库存水平。因此，对于需求波动幅度较大的市场环境来说，恒定生产率计划通常不是一个好的计划。

制定一个好的综合生产计划，一方面取决于计划策略和计划方法的选择，另一方面还取决于数据的质量。这就要求：(1) 需求预测要尽量准确，这可以通过因地制宜地选择适用的预测模型和及时地、广泛地采集需求变化的数据来不断加以改进。(2) 对产品类及其生产量的综合度量要尽可能简便易行。如有的企业采用称为“当量”的综合度量单位，如当量台数、当量吨、当量产值、当量小时等，它是选择产品类中一个代表性产品，以此为标准，将产品类的其他产品折合为该产品的一种综合度量单位。(3) 对综合生产计划相关成本的估算要尽量准确。

三、综合生产计划考虑的主要成本项目

综合生产计划主要考虑以下五种成本：

1. 正常生产成本

指在正常的、稳定的生产状况下，单位产出的生产成本。它主要包括直接材料、直接人工和制造费用。可以根据是否随产量变化的性质，将正常生产成本划分为可变成本和固定成本。可变成本主要包括直接材料和直接人工成本，但对于某些类型的企业而言，如果工人工资是固定的，不随产量变化，则应视为固定成本。制造费用包含的费用项目中大部分属于固定成本，如折旧费、管理人员工资、取暖费、修理费等。故为了简化问题，可以将其全部归为固定成本。正常生产成本的典型特征如图 5—12 所示。

2. 加班成本

加班成本的典型特征是随加班时间和生产率增加而呈指数曲线形状急剧上升，就是说，加班时间越长，次数越多，加班成本的支出上升越快，它与加班时间和生产率不是一种比例关系。加班是应当极力避免的，这不仅因为其成本大大高于正常生产成本，而且它往往使工人过度疲劳，精力不能完全恢复，结果导致正常生产率的下降。故为减少加班，在采用数学规划模型求解最优生产计划时，甚至人为地有意加大加班成本，以减少生产计划对加班的依赖。加班成本的典型特性如图 5—13 所示。

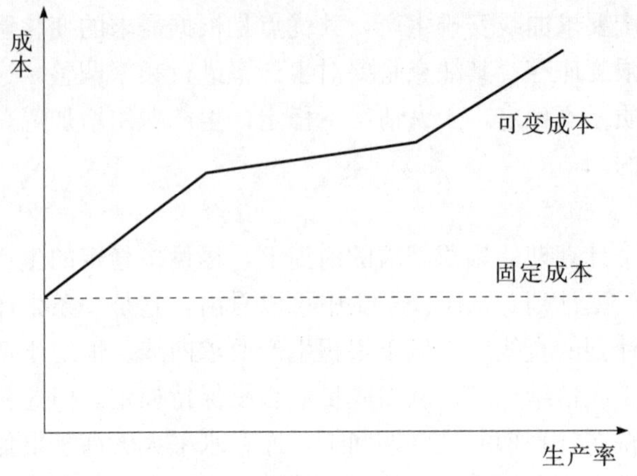

图 5—12 正常生产成本的典型特征

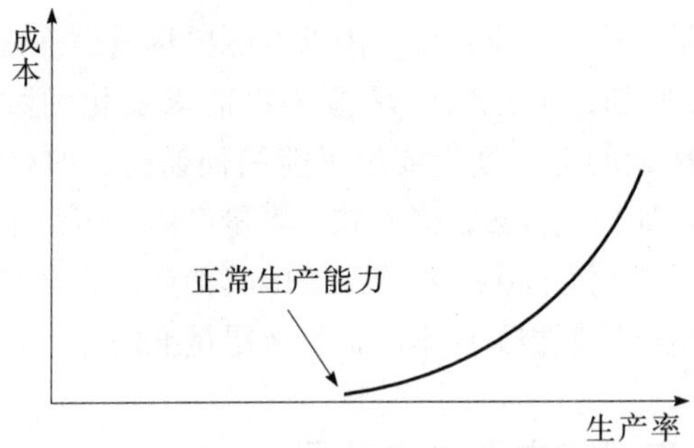

图 5—13 加班成本的典型特征

3. 改变生产率的成本

主要是指通过增加工人或增加外协加工，在短期内增加生产率，或者通过临时解雇工人（虽然也是一种选择，但应尽量避免）压缩生产率所导致的成本。增雇工人需要增加工资支出和增加培训费用支出；增加外协要多支出外协加工费和外协管理费等。尤其对于短期的临时外协加工来说，其加工费可能大大高于本企业的正常生产成本。改变生产率的成本的典型特征如图 5—14 所示。

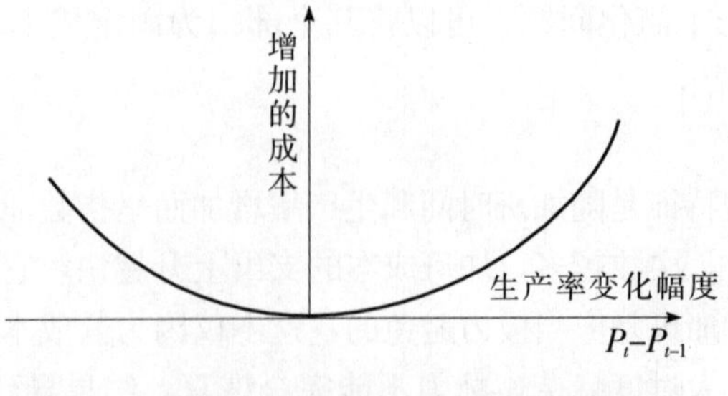

图 5—14 改变生产率成本的典型特征

4. 库存成本

包括订货成本和保存成本，我们已在本书第 4 章中讨论过。需要指出的是，库存成本的增加或减少不仅指产成品成本，还可能包括相应的原材料库存成本。

5. 缺货成本

关于缺货成本的概念，我们也在本书第 4 章中讨论过。当生产能力不能满足需求时，可以忽略缺货成本。这里要指出的是，从综合生产计划的角度来看，如果生产能力不足是主要问题的话，则只需按最大生产率水平持续恒定地生产即可，那样问题就简单了。而更多的情况是，生产能力超过平均顾客需求，在这种情况下才产生了要在上述各种成本中做出最佳权衡的问题。

四、生产计划的图解法

综合生产计划的最基本、最直观的方法是图解法。应用图解法很容易得到一个可行的计划方案，而且，对于有经验的计划人员来说，用图解法可以找到一个接近最优解的足够好的方案。虽然由于个人计算机的普及以及办公或管理软件的功能日益强大，今天的计划人员已经主要采用基于计算机的表上作业法来编制综合生产计划，但图解法仍以其概念清晰、操作简便被用于相对简单的计划场合。我们通过一个例子来说明图解法的步骤。

[例 5—5]

综合生产计划图解法应用实例

恒大公司的恒生工厂在制定本年度的综合生产计划时，对全年各月的订货需求进行了预测，结果如表 5—6 所示。表 5—6 中还给出了根据需求波动和需求的季节性特征确定的各月的最低库存水平 MI_t 以及累积生产要求 CR_t 的估算值。工厂的最大仓库容量为 120 单位，最高生产率为 40 单位/月，正常生产率为 30 单位/月，生产率的最低界限为 15 单位/月（盈亏平衡点产量）；工厂主要通过加班方式获得超过正常生产率的更高生产率。当累积生产要求低于正常生产率时，不解雇工人，但按实际生产率发工资。综合生产计划涉及的成本资料如下：

正常生产成本　RC=200 元/单位；
加班成本　OC=300 元/单位；
库存成本　IC=40 元/单位，月；
初始库存　I_0=30 单位；
制造费用　FC=20 000 元/年。

假定正常成本中不包括材料成本，忽略改变生产率的成本。

问题：

1. 求最低恒定生产率计划（MCP）及其总成本。
2. 找出一个比最低恒定生产率计划总成本更低的可行方案。

表 5—6　　需求预测和期末最低库存水平预计

生产期间	需求预测 D_i	累积需求 $\sum D_i$	最低库存水平 MI_t	累积生产要求 CR_t
1—2 月	30	30	30	60
3—4 月	30	60	60	120
5—6 月	120	180	60	240
7—8 月	90	270	30	300
9—10 月	60	330	30	360
11—12 月	30	360	30	390

解：(1) 计算和绘出累积需求曲线和累积生产要求曲线，如图 5—15 所示。

(2) 做最低恒定生产率计划（minimum constant production rate plan，MCP）曲线。所谓 MCP 计划，即以初始库存水平为起点作一条直线，与累计生产要求曲线相切，便可得到最低恒定生产率计划 MCP。生产率在累积生产要求图中是以曲线的斜率表示的。在图 5—15 中，直线 $a-c-g$ 就是最低恒定生产率计划，它与累积生产要求曲线（图中的虚线 $a-b-c-d-f$）相切于 c 点。从图 5—15 中还可以看到，库存是生产计划曲线与累积需求曲线之间的距离，所以，最低恒定生产率计划是在所有恒定生产率计划中库存最低的计划。

根据表 5—6 和图 5—15 可以计算出 MCP 的不变生产率为 (240－30)/6＝35 单位/月，没有超过最高生产率的限制。尽管最低恒定生产率计划具有我们前面提到的种种优点，但该计划的库存水平较高是它最严重的缺点。我们从表 5—7 中看到，到计划期末，计划库存水平还有 90 单位，比当时应保有的最低期末库存水平高出 60 个单位。表 5—8 进一步给出了最低恒定生产率计划 MCP 的总成本。

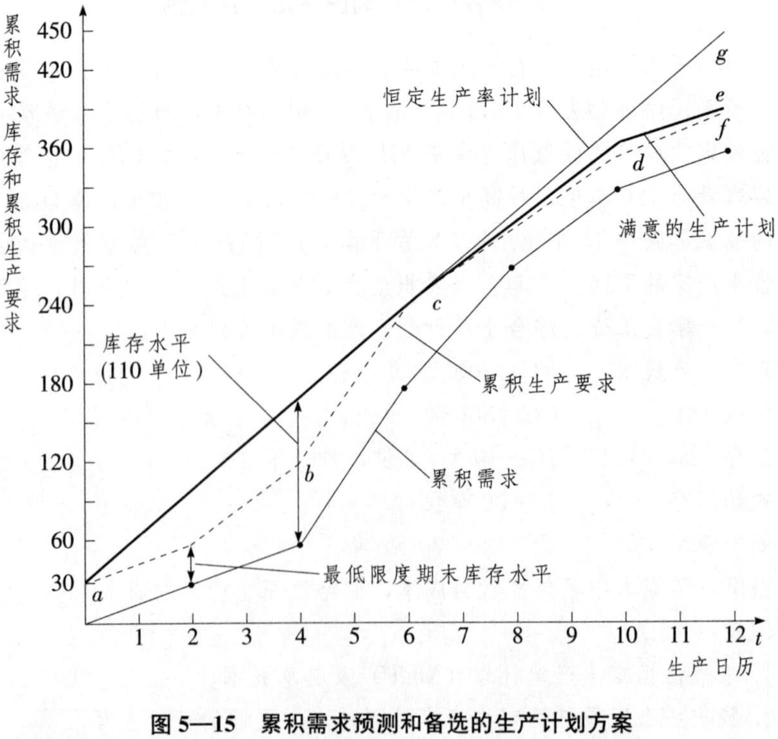

图 5—15　累积需求预测和备选的生产计划方案

表 5—7　**最低恒定生产率计划 MCP**

生产期间	累积生产水平 $I_0+\sum P_i$	累积需求 $\sum D_i$	累积生产要求 CR_t	计划库存水平 I_t
1—2 月	100	30	60	70
3—4 月	170	60	120	110
5—6 月	240	180	240	60
7—8 月	310	270	300	40
9—10 月	380	330	360	50
11—12 月	450	360	390	90

表 5—8　**MCP 计划的总成本**

生产期间	正常生产率 P_i	加班 $\sum D_i$	计划库存水平 I_t
1—2 月	60	10	70
3—4 月	60	10	110
5—6 月	60	10	60
7—8 月	60	10	40
9—10 月	60	10	50
11—12 月	60	10	90
总计	360	60	420
成本	72 000	18 000	16 800
总成本＝72 000＋18 000＋16 800＋20 000 ＝ 126 800（元）			

（3）确定满意的综合生产计划方案。尽管最低恒定生产率计划 MCP 不是一个令人满意的计划方案，但它却提供了一个可以从中选择更好计划方案的范围。也就是说，在最低恒定生产率计划曲线与累积生产要求曲线之间，是一个生产计划的可行区域。对于手工编制综合生产计划来说，不需要在整个计划象限中去寻找满意的生产计划方案，只需在这个范围狭小的可行域中寻找即可。在这个区域里，因为能使库存水平（计划曲线与累积需求曲线的垂直距离）进一步降低，所以任何低于 MCP 曲线但高于累积生产要求曲线的方案都有可能是更好的计划方案。当然，最终选择哪个方案还需要根据总成本进行权衡。在本例中，为了避免生产率频繁改变，我们选择改进的生产计划方案 $a-c-d-e$（见图 5—15）。表 5—9和表 5—10 分别给出了它的计划方案和成本方案。

表 5—9　**改进的 $a-c-d-e$ 计划**

生产期间	累积生产水平 $I_0+\sum P_i$	累积需求 $\sum D_i$	累积生产要求 CR_t	计划库存水平 I_t
1—2 月	100	30	60	70
3—4 月	170	60	120	110
5—6 月	240	180	240	60
7—8 月	300	270	300	30
9—10 月	360	330	360	30
11—12 月	390	360	390	30

表 5—10　　改进的 $a-c-d-e$ 计划的成本

生产期间	正常生产率 P_i	加班 $\sum D_i$	计划库存水平 I_t
1—2 月	60	10	70
3—4 月	60	10	110
5—6 月	60	10	60
7—8 月	60	0	30
9—10 月	60	0	30
11—12 月	30	0	30
总计	330	30	330
成本	66 000	9 000	13 200
总成本＝ 66 000＋9 000＋13 200＋20 000 ＝108 200（元）			

从生产计划的总成本水平来看，$a-c-d-e$ 方案显然优于最低恒定生产率方案，只是需要在高峰期过后按累积生产要求改变生产率水平，不过我们在本例中假设忽略改变生产率的成本。

本例的结果具有一般性。现实中，对存在明显的季节销售高峰的产品，如家用空调器，企业在旺季到来之前都是开足马力，按恒定生产率安排生产计划。待销售高峰一过，立刻将生产率调整到实际需求水平，以防止生产过量的库存。

资料来源：Silver，Edward A.，Decision Systems for Inventory Management and Production Planning，2nd ed. New York：John Wiley & Sons Inc.，1985，pp. 544 - 546.

由图 5—15 可以看出，即使采用图解法，有经验的生产计划人员也可以找到比较满意的计划方案。当然，这需要不断地尝试、验算成本。

下面我们总结一下图解法的步骤：

（1）首先作出累积需求曲线，然后考虑需求的波动，在此基础上加上安全库存，进一步作出累积生产要求曲线 CR_t。（2）以初始库存为起点，作最低恒定生产率曲线 MCP，与累积生产要求曲线相切，然后检查此恒定生产率曲线是否可行，如果可行，则得到一个改变生产率成本为零的计划方案。（3）考虑另一个计划方案，使之尽可能接近累积生产要求曲线，这将是一个库存成本最低的计划方案。（4）选择介于最低恒定生产率曲线与最低库存成本曲线之间的更好的计划方案，权衡改变生产率成本与库存成本，使得总成本尽可能低，并使之更符合企业的实际情况。

对于一般的综合生产计划问题，所要处理的产品类往往不是一种，而是多种。在这种情况下，可以先根据某种原则对产品类进行排序，比如按顾客的重要程度排序，或按产品单位价值的大小排序，还可以按利润率的高低排序等等。令 n 表示产品类的数量，然后，首先对编号为 1 的产品类进行排产，接下来是对编号为 2 的产品类进行排产，直到编号为 n 的产品类。在初步排产的基础上，将每一个期间各产品类占用的生产能力加起来，制作成负荷图。这时我们会发现，在有些区间上，负荷超出了最大产能限制，而在另一些区间上，负荷可能低于最大产能的限制，这就需要进行负荷平衡，这步工作称为能力计划。对此，我们在下一章阐述主生产计划方法时还要进一步讨论。

第四节　综合生产计划的表上作业法

个人计算机的普及以及办公软件和管理软件的多种选择，为综合生产计划的表上作业法提供了强大的工具。我们下面将主要讨论应用电子表格软件（如微软公司的 Excel）编制综合生产计划的方法。读者将会看到，建立在电子表格基础上的表上作业法可以处理更复杂、更接近实际的综合生产计划问题。

[例 5—6]

综合计划的表上作业法实例

恒大公司恒源工厂的生产计划部门在编制 2000 年 1—6 月的综合生产计划时，拟在下述两种方案中选择成本最低的方案：

(1) 通过临时增雇和解雇工人以满足变化的需求。

恒源工厂在 2000 年初，工人的数量为 40 人。当生产要求超出现有工人包括加班在内的生产能力时，通过临时增雇工人的方法补充不足的部分。由于新工人开始时主要补充在那些简单的操作岗位上，稍加培训即可上岗，故忽略培训时间。新工人与老工人一样加班，由于新工人在第一个月的试用期工资较低，故包含加班工资在内不会超过老工人当月的平均工资，因此忽略新工人在第一个月的加班工资。当生产要求低于现有工人的生产能力（正常班工作能力）时，产能的富余部分通过临时解雇工人的方式来调节。增雇工人人数的计算向上取整，解雇工人人数的计算向下取整。每日正常工作班为 8 小时，每日加班时间最多不超过 2 小时。

(2) 保持正常生产人数 40 人不变，对超出最大产能的生产要求实行外包。

当生产要求超出正常生产工人包括加班在内的生产能力时，通过外包的方式补足超出的部分；当生产要求低于正常生产工人的生产能力时，不解雇工人，实行轮休制。除完成生产要求的那部分工人按正常班工作外，其余工人处于闲置，闲置的工人照发小时基本工资。

综合生产计划的基础数据如表 5—11 所示。

表 5—11　综合生产计划的基础数据

	1月	2月	3月	4月	5月	6月	合计
需求预测	2 200	1 600	1 000	800	1 400	2 000	9 000
工作日数	22	19	21	21	22	20	125

成本

制造费用	30 000 元/月
库存保存成本	1.50 元/单位/月
外包边际成本	50.00 元/单位（仅为加工费用，不含材料成本）
工人闲置成本	3.00 元/小时（照发小时基本工资）

成本	
雇佣和培训成本	300.00元/每人
解雇成本	500.00元/每人
单位生产要求工时定额	5小时/单位
正常工作班成本	6.00元/小时
加班成本	9.00元/小时
库存	
初始库存	400单位
安全库存	相当于25%的当月需求

要求分别计算两种计划方案的总成本，并给出成本最低的建议的方案。

解：

首先按给出的条件和数据计算生产要求和安全库存，如表5—12所示。

表5—12　　生产要求和安全库存

	1月	2月	3月	4月	5月	6月	合计
期初库存	400	550	400	250	200	350	
需求预测	2 200	1 600	1 000	800	1 400	2 000	9 000
安全库存	550	400	250	200	350	500	
生产要求	2 350	1 450	850	750	1 550	2 150	
期末库存	550	400	250	200	350	500	

其中，生产要求和期末库存均按库存、需求和生产率的恒等式（5.37）计算，即：

生产要求＝需求预测＋安全库存－期初库存

期末库存＝期初库存＋生产要求－需求预测

接下来，分别计算计划方案（1）和计划方案（2）的总成本。计划方案（1）的总成本如表5—13所示。

表5—13　　计划方案（1）：工人数量可变

	1月	2月	3月	4月	5月	6月	合计
生产要求	2 350	1 450	850	750	1 550	2 150	
所需工时	11 750	7 250	4 250	3 750	7 750	10 750	
每月工作日	22	19	21	21	22	20	
每人每月制度工时	176	152	168	168	176	160	
期初工人人数	40	54	48	26	23	36	
原工人加班总工时	1 760	0	0	0	1 012	1 440	
加班成本	15 840	0	0	0	9 108	12 960	37 908
新雇佣的工人	14	0	0	0	13	18	

续前表

	1月	2月	3月	4月	5月	6月	合计
雇佣成本	4 200	0	0	0	3 900	5 400	13 500
解雇的工人	0	6	22	3	0	0	
解雇成本	0	3 000	11 000	1 500	0	0	15 500
所需工人	54	48	26	23	36	54	
现有工人人数	54	48	26	23	36	54	
正常生产时间成本	59 940	43 500	25 500	22 500	40 428	55 860	247 728
固定制造费用	30 000	30 000	30 000	30 000	30 000	30 000	180 000
库存成本	825	600	375	300	525	750	3 375
总成本							498 011

其中，

所需工时 ＝ 生产要求×单位工时定额

每人每月制度工时 ＝ 每月工作日×8 小时

原工人加班总工时 ＝ 每月工作日×期初工人人数×2 小时

加班成本 ＝ 加班总工时×小时加班工资

$$\text{新雇用工人} = \frac{\left(\text{所需工时} - \text{期初工人数}\right) \times \text{每人每月制度工时} - \text{原工人加班总工时}}{\text{每月制度工作日} \times 10\text{ 小时}}$$

雇用成本 ＝ 新雇用工人×每人雇用成本

所需工人 ＝ 期初工人人数＋新雇用的工人

正常生产时间成本 ＝（所需工时－原工人加班总工时）×小时工资

库存成本 ＝ 安全库存×每月单位库存保存成本

$$\text{解雇的工人} = \text{期初工人人数} - \frac{\text{所需工时}}{\text{每人每月制度工时}}\text{（向下取整数）}$$

解雇成本 ＝ 解雇工人人数×每人解雇成本

最后，分别合计正常生产成本、加班成本、雇用成本、解雇成本、库存成本以及固定制造费用，得到计划方案（1）的总成本，为498 011元。

类似地，可以计算出计划方案（2）的总成本为511 911元，如表5—14所示。

表5—14　　计划方案（2）：工人数量不变

	1月	2月	3月	4月	5月	6月	合计
生产要求	2 350	1 450	850	750	1 550	2 150	
所需工时	11 750	7 250	4 250	3 750	7 750	10 750	
每月工作日	22	19	21	21	22	20	
每人每月制度工时	176	152	168	168	176	160	
正常工人人数	40	40	40	40	40	40	
正常每月制度工时	7 040	6 080	6 720	6 720	7 040	6 400	
原工人加班总工时	1 760	1 170	0	0	710	1 600	
加班成本	15 840	10 530	0	0	6 390	14 400	47 160
外包生产要求	590	0	0	0	0	550	

续前表

	1月	2月	3月	4月	5月	6月	合计
外包成本	29 500	0	0	0	0	27 500	57 000
闲置工人数	0	0	14	17	0	0	
工人闲置成本	0	0	7 056	8 568	0	0	15 624
正常生产时间成本	42 240	36 480	26 208	23 184	42 240	38 400	208 752
固定制造费用	30 000	30 000	30 000	30 000	30 000	30 000	180 000
库存成本	825	600	375	300	525	750	3 375
总成本							511 911

其中，

$$\text{外包生产要求}=\frac{\text{所需工时}-\text{正常每月制度工时}-\text{原工人加班总工时}}{\text{单位生产要求工时定额}}$$

$$\text{闲置工人数}=\frac{\text{正常每月制度工时}-\text{所需工时}}{\text{每人每月制度工时}}\text{（向下取整数）}$$

$$\text{正常生产时间成本}=\text{正常工人人数}-\text{闲置工人人数}\times\text{每人每月制度工时}\times\text{小时工资}$$

其余变量的计算方法同计划方案 1。最后得到计划方案 2 的总成本为 511 911 元。仅从成本角度考虑，应选择计划方案 1。

从以上的简单例子中我们可以看到，基于电子表格的综合生产计划表上作业法为在生产计划中权衡更多的实际因素提供了一种简便的工具，因而得到普遍应用。

第五节　综合生产计划的线性规划模型

尽管图解法是一种求解综合生产计划的简单方法，但它能够解决的问题毕竟是相对简单的，对于生产多种产品类型的企业，用图解法采用手工方式逐一求解每一类产品的满意的生产计划方案，工作量是十分艰巨的。一种有效的解决方法是采用线性规划（linear programming，IP）模型借助计算机求最优解。

一、线性规划模型

生产计划的线性规划模型由三部分组成：

（1）目标函数。通常是以总成本为目标，以决策变量加权和的形式构成的一种线性函数，通过反复迭代的计算过程，使目标函数值达到最小，从而得到最优解。

（2）约束条件。其形式是一组线性不等式或等式方程，通常包括：生产能力约束、加班能力约束、库存水平约束、生产水平变化幅度约束、能源等其他主要资源约束等。

(3) 非负限制。所有的决策变量均大于等于零。对于可能取小于零的值的决策变量要通过线性变换使之转化为非负变量。

二、综合生产计划模型

典型的综合生产计划线性规划模型如下：

1. 目标函数

$$\min C = \sum_{t=1}^{T}\sum_{i=1}^{n}(C_{i1}I_{it} + C_{i2}W_{it} + C_{i3}V_{it} + C_{i4}H_{it} + C_{i5}F_{it}) \tag{5.41}$$

2. 约束条件

$$\begin{aligned} I_{it} &= I_{i,t-1} + W_{it} + V_{it} - D_{it} \\ W_{it} &= W_{i,t-1} + H_{it} - F_{it} \qquad i = 1,\cdots,n;\ t = 1,\cdots,T \\ V_{it} &= a_{it}W_{it} \end{aligned} \tag{5.42}$$

3. 非负限制

$$I_{it},W_{it},V_{it},H_{it},F_{it},D_{it} \geqslant 0,\text{对于所有的 } i,t。 \tag{5.43}$$

式中，I_{it}是第t期期末产品类i的库存水平；W_{it}是第t期内产品类i的正常生产率；V_{it}是第t期内产品类i的加班生产率；a_{it}是第t期内产品类i的允许的最大加班比例；H_{it}是第t期内增加产品类i的生产能力所需增雇的工人数量；F_{it}是第t期内调整产品类i的生产率的产能损失；D_{it}是第t期内产品类i的预测需求量；C_{ij}是第j个决策变量的成本系数；n是产品类或产品系列数；T是计划期长度，即计划期的期间数。

目标函数为使综合生产计划的总成本最小化，即使得保存成本、正常生产成本、加班成本、增加人员成本和改变生产率成本之和最小化。为使得目标函数和约束方程组各决策变量具有一致的量纲，有时还需引入量纲系数。

约束条件中的第一个方程组为库存约束，其含义为：本期（或第t期）的期末库存水平等于上期的期末库存水平（或本期期初库存水平）加上本期的正常生产量和加班生产量，再减去需求量（或发货量）。约束条件中的第二个方程组是生产率约束，其含义为：第t期的生产率等于上一期的生产率加增雇人员的生产率，减去调整生产率的损失（如改变生产率需要进行生产准备，需花费时间调整设备或生产装置等）。约束条件中的第三个方程组是加班生产能力约束，通常控制加班能力（或加班时间）不超过正常生产能力（或正常生产时间）的一定比例。

根据不同企业的情况，线性规划模型中还可加入其他必要的约束条件或决策变量。

由于适合个人计算机应用的线性规划软件很容易买到或编写，故生产计划人员所需做的事情仅是建立模型，输入必要的数据，而不必了解模型求解过程的细节。下面是一个应用线性规划模型编制综合生产计划的简单例子。

[例 5—7]

应用线性规划模型编制综合生产计划实例

北方电气设备公司是一家研制和制造中压电力开关的专业企业，2003 年 1—4 月的销售预测分别为：1 月2 000台，2 月3 000台，3 月5 500台，4 月6 000台。该企业的单班月生产能力为3 000台，每月的最大加班生产能力为2 000台。每台的正常生产成本为1 500元（不含原材料成本），加班生产成本为2 000元。每台电力开关的月库存成本为 50 元。求成本最低的月产量和月库存量。

解：

变量假设：

设 X_{ijk} 为第 i 月由第 j 个轮班进行生产在第 k 月交货的数量，其中，$i=1$，2，3，4；$j=1$，2；$k=1$，2，3，4。

由正常班次（$j=1$）生产，不同月份的交货量分别为：X_{111}，X_{112}，X_{113}，X_{114}，X_{212}，X_{213}，X_{214}，X_{313}，X_{314}，X_{414}。

由加班班次（$j=2$）生产，不同月份的交货量分别为：X_{121}，X_{122}，X_{123}，X_{124}，X_{222}，X_{223}，X_{224}，X_{323}，X_{324}，X_{424}。

目标函数是求总生产成本（生产成本加库存成本）最小。其中应包括正常班次的生产成本、加班班次的生产成本以及 1—3 月库存成本的总和，即：

目标函数：

$$
\begin{aligned}
Z_{\min} = {} & 1\,500(X_{111}+X_{112}+X_{113}+X_{114}+X_{212}+X_{213}+X_{214}+X_{313}+X_{314}+ \\
& X_{414})+2\,000(X_{121}+X_{122}+X_{123}+X_{124}+X_{222} \\
& +X_{223}+X_{224}+X_{323}+X_{324}+X_{424})+50(X_{112}+X_{122}+X_{213}+X_{223}+ \\
& X_{314}+X_{324})+100(X_{113}+X_{123}+X_{214}+X_{224}) \\
& +150(X_{114}+X_{124})
\end{aligned}
$$

正常生产能力约束：

$$
\begin{aligned}
X_{111}+X_{112}+X_{113}+X_{114} &\leqslant 3\,000 \\
X_{212}+X_{213}+X_{214} &\leqslant 3\,000 \\
X_{313}+X_{314} &\leqslant 3\,000 \\
X_{414} &\leqslant 3\,000
\end{aligned}
$$

加班能力约束：

$$
\begin{aligned}
X_{121}+X_{122}+X_{123}+X_{124} &\leqslant 2\,000 \\
X_{222}+X_{223}+X_{224} &\leqslant 2\,000 \\
X_{323}+X_{324} &\leqslant 2\,000 \\
X_{424} &\leqslant 2\,000
\end{aligned}
$$

月计划产量约束：

$$
\begin{aligned}
X_{111}+X_{121} &= 2\,000 \\
X_{112}+X_{122}+X_{212}+X_{222} &= 3\,000 \\
X_{113}+X_{123}+X_{213}+X_{223}+X_{313}+X_{323} &= 5\,500 \\
X_{114}+X_{124}+X_{214}+X_{224}+X_{314}+X_{324}+X_{414}+X_{424} &= 6\,000
\end{aligned}
$$

非负限制：

$$X_{ijk} \geqslant 0, i = 1,2,3,4;\ j = 1,2;\ k = 1,2,3,4。$$

在上述综合生产计划的线性规划模型中，之所以要区分第 i 月由第 j 个轮班进行生产在第 k 月交货的数量，是因为要计算延后交货的库存成本。

我们看到，只是这样一个简单的综合生产计划问题，就涉及这么多的决策变量。尽管求解包含上千个决策变量的线性规划模型在现代的个人计算机处理速度下也花费不了多少时间，但建立模型的工作仍然是很繁重的，这在一定程度上限制了线性规划模型在综合生产计划编制中的应用。

本章小结

生产计划是一个系统，其中每一个职能计划的工作质量都对其他的职能计划有着重要影响。我们不可能在一种粗糙的需求预测基础上制定出一个好的综合生产计划，也不可能利用误差很大的成本数据去求所谓的最优生产计划。因此，生产计划人员必须树立全局观念，不断完善生产计划的基础工作和基础数据，特别是成本数据和工时定额。

需求预测广泛采用时间序列预测方法，此方法是根据事物的过去和现在推测其未来。需求时间序列一般是由趋势、季节性波动和随机波动三种基本成分构成的。简单指数平滑法和多项式预测模型只适用于预测时间序列的变化趋势，因此平滑系数选取得小一些有利于恰当地分离趋势成分。当时间序列存在明显的季节性变化特征时，应用温特斯季节指数平滑模型通常可得到比较满意的拟合和预测效果。一元线性回归模型既可以用来预测具有因果关系的因变量，也可以用于时间序列的预测，还可用于经过线性化变换的非线性模型，故在生产计划工作中得到广泛应用。

有经验的生产计划人员采用简单的图解法亦可得到接近最优解的综合生产计划方案，这使得即使在个人计算机和计算机网络日益普及的今天，生产计划的图解法仍具有广泛的应用前景。但对于复杂的综合生产计划问题来说，应用基于电子表格的表上作业法可以灵活地处理更多的影响因素。此外，学会建立线性规划模型并利用现成的计算机软件寻求某些综合生产计划问题的最优解，有时是十分必要的，这应该看作对生产计划人员专业能力的基本要求。

案例研究

日产公司的生产计划系统①

丰田汽车公司根据来自销售商的信息制定生产计划大体上分为两个阶段。第一阶段是制定月度生产预定计划，这主要由编制成品车的基本生产计划和零部件供货内部指示表组成。第二阶段是确定每天的生产指标，也可以叫做确定逐日生产实施

① 本案例摘自［日］门田安弘：《新丰田生产方式》，116～118页，保定，河北大学出版社，2001。摘录时在文字方面略加修改。

计划，主要由成品车的配送预定表和车种投入顺序计划表组成。

日产汽车公司的整个生产计划系统，基本上和丰田汽车公司一样，如图5—16所示，它由内销产品生产计划和出口产品生产计划构成，下面以前者为中心加以说明。

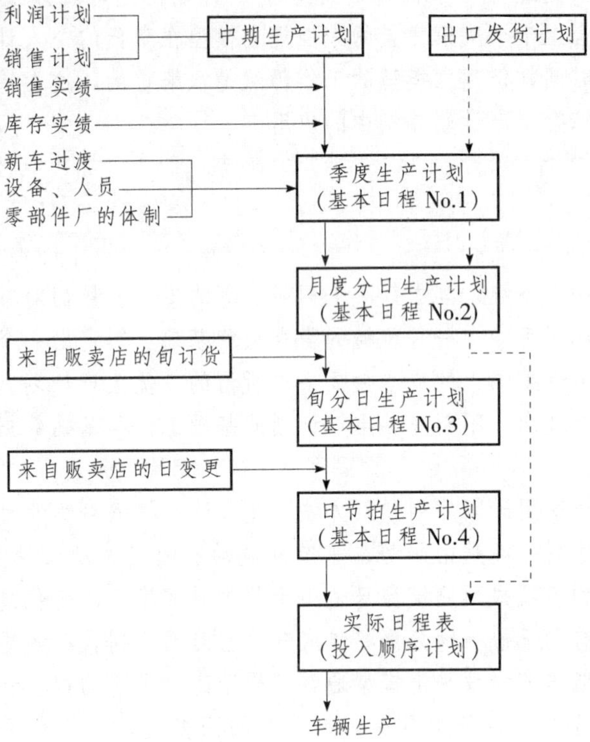

图5—16　日产汽车公司的生产计划系统

首先，有所谓的“期间生产计划”，这是一年或半年的生产计划，例如生产“蓝鸟”多少辆的总量计划，按照公司的利润计划和销售计划编制。

为了制定销售计划，销售预测就成了基础。

接着是“三个月生产计划”。这也是工厂（日产）方面在把握销售实绩和库存状况的同时，考虑到新技术、设备、人员、零部件厂的体制，以滚动的方式每月编制并修订的，也叫作“基本日程 No.1”。但是，作为三个月生产计划的输入数据，还加上了来自销售商的预测订货。因为这个订货不是确定了的订货，所以每月要进行修正；确定了的订货，会在后面讲的“旬订货”中出现。

另外，生产不一定只按与当月预计销售量平衡的数量进行。例如，虽然汽车畅销的月份是3月（年度末的人事调动时期）和7月（发奖月），但是在它们的前一个月，除了当月的预计销售量外，还必须生产为了下月销售的库存车。这种政策性库存也编入基本日程 No.1中。

将三个月生产计划中最初一个月（也就是下个月）的生产计划用该月的劳动天数除出来的就是下面表示的“月度分日生产计划”（基本日程 No.2）。例如，一天生产多少辆“蓝鸟”这样的总分配额计划，并根据它决定勤务体制。这就决定人工

（以由总作业时间得来的工作量为单位，一个人工指一个人在一天规定的作业时间里的完成量）总数（总工时）和加班体制，把劳动人员分配到各工作日中去。这个计划一经确定，在当月就不能改变。这是因为要保证基本日程 No.1 中的总量数。

以上三个生产计划主要是以日产方面的预测信息为基础的计划。

在下一个步骤中，开始是来自销售商（贩卖店）的信息起重要作用，这就是"来自贩卖店的旬订货"，包括车颜色在内的最终规格（最后项目）的信息也在其中，它同时包含了销售商的销售预测和实际订货。

正如方才所讲的那样，这个旬订货对三个月（未确定）预测订货具有修正的意义，与基本日程 No.2 和 No.3 没有太大的出入。

根据这个旬订货制定"旬内分日生产计划"（基本日程 No.3）。

接着，是"来自贩卖店的日变更"信息。这就是每天来自贩卖店的日订货，是修正方才的旬订货信息的数据。对于旬订货，根据一般车种可以变更 2～5 成。但是，也有可以无限制地变更的车种。这一点，与丰田的生产方式相比，可以说具有更能够反映销售市场上顾客的实际订货情况和更接近于订货生产的优点。发出日变更，要在该规格的汽车下线四天之前。

按照这个日变更信息，日产方面制定"日节拍生产计划"（基本日程 No.4）。针对这个"日生产计划"，使用 MRP 的手法展开零部件，每天向零部件厂订货。这里可以看到，这一点可能是日产公司的生产计划系统与丰田公司的最大不同之处。

最后，每天要为装配生产线编制被称为"实际日程"的车种投入顺序计划。

此外，关于出口产品的生产计划，如图 5—16 中虚线标明的那样，没有"旬内分日生产计划"和"日生产计划"，从"月份分日生产计划"直接跳到"顺序计划"是它的特点。

问题讨论

1. 日产汽车公司的生产计划过程是怎样不断地吸收来自销售商的预测和订货信息的？这样做的优点是什么？可能给生产计划的编制和实施造成的困难是什么？

2. 日产的生产计划系统，哪些计划属于综合生产计划（APP）范畴，哪些计划属于主生产计划（MPS）范畴，又有哪些计划属于物料需求计划（MRP）范畴？请在图 5—16 中标出它们的分界。

3. 日产公司的生产计划系统对改进你所在企业的生产计划系统有哪些可借鉴的地方？

第六章

主生产计划

学 习 目 标

阅读和学完本章后，你应当能够：

1. 描述闭环 MRP 系统的构成。
2. 说明主生产计划在作业计划体系中的中心地位。
3. 说明主生产计划的计划时间栏的作用。
4. 区分工程物料清单、模块物料清单、计划物料清单以及时间坐标物料清单的概念，说明它们各自的作用。
5. 掌握运用均衡策略、追踪策略、批量策略和滚动计划方法编制主生产计划的要领。
6. 解释可承诺能力的概念。
7. 说明编制粗能力计划的意义和编制要点。

主生产计划（MPS）是生产计划系统的核心，是生产制造功能与市场营销功能的界面，是将综合生产计划或产销计划转换为作业计划的关键环节，是所有短期生产活动，包括材料采购、零部件外协、制造和装配等活动的依据。主生产计划规定了什么时间、生产什么、生产多少以及什么时候出产。主生产计划还根据产品品种构成从总体上核算关键设备的生产负荷，进行负荷平衡，以消除生产能力的瓶颈。

主生产计划处理的是外部的独立需求，其作用是在外部需求与内部能力和供应之间寻求平衡，以充分利用企业的生产能力和内外部资源，满足顾客需求。在物料需求计划（MRP）实行的早期，生产计划人员是将外部需求订单直接作为 MRP 的输入，结果导致 MRP 计划的频繁更改，而且由于作业计划不稳定，使得生产现场不能建立起稳定的生产秩序，这又进一步影响到产品质量和准时交货。于是人们开始认识到将主生产计划独立出来的必要性，让主生产计划处理外部的不确定性，包括需求的不确定性和供给的不确定性，以及内部的不确定性，包括新产品引入等。经过主生产计划的权衡，以其输出的计划下达订单作为MRP的输入，从而大大改善了MRP的计划编制条件和实施条件，确保了生产秩序的稳定。

主生产计划地位的确立，进一步证明了生产计划必须分层的重要思想。在组织和功能层次上明确区分综合生产计划、主生产计划和物料需求计划是建立科学的、高效的生产计划系统的关键步骤。

本章先从概念上将主生产计划和物料需求计划区分开来，然后进一步讨论主生产计划的作用、对象、时间范围、计划编制机制以及与之相连的物料清单和粗能力计划的概念。

第一节 主生产计划概述

生产与运营管理的大量实践表明，对于多品种的多级制造装配系统，采用传统作业计划方法，很难制定出一个严密准确的作业计划。这就使得生产计划人员和作业管理人员经常不得不靠加大安全库存、延长生产周期、加大生产批量以及强化生产调度来改善作业计划的制定和执行。但这些做法往往也会带来一些不良后果。

（1）增加安全库存的不良后果是，且不说占用资金和增加了管理的工作量和复杂性，而且由于库存实质上是一种储存的生产能力，因此生产多余的库存必然会占用一部分生产能力，这可能使生产能力与负荷的不平衡矛盾加剧。

（2）延长生产周期的不良后果是，期和量是密切相关的，延长周期必然加大在制品库存量。而且延长生产周期会进一步延长交货期，这样不仅损失订货，损害企业声誉，而且更加剧了产销矛盾。

（3）加大生产批量必然导致在制品库存上升和生产周期的延长，不仅如此，由于零件投入批量大大超过组装批量，从而弱化了零件任务令与成品组装任务令之间的对应关系，结果难免张冠李戴，给任务令的正常核销造成困难。

（4）强化生产调度也可能造成不良后果，调度本来是确保作业计划实施的保障性活动，但由于“救火”行动太多，反而会冲击作业计划，使得计划与调度主次易位，本末倒置，靠计划组织生产变成了靠调度组织生产。

显然，生产作业计划的编制和实施，需要一套清晰的逻辑和系统化的程序以减少工作中的漏洞和提高计划工作效率；需要一套完整的、严密的计划体系互相保障、统筹解决生产作业计划的各种问题；需要一套有效的、实时的控制系统加强各种计划之间的协调，加强计划执行过程中的监控和信息反馈；从实现计算机管理的目标和要求出发，需要一个规范的、标准的生产作业计划模式。这个模式就是物料需求计划（MRP）——一个主要面向多级制造装配系统的、成熟的生产作业计划模式。

一、闭环MRP系统

生产作业计划（production schedule），又称为生产排程计划或日程计划，其编制和修改的复杂性和艰巨性，使得人们一直在探索改进的方法和手段。早在 20 世纪 60 年代初期，随着第二代计算机技术（晶体管技术）的成熟，运营管理研究人员就提出了 MRP 理论的雏形，并将其编制成计算机软件。但 MRP 理论和方法体系的成熟还是在 70 年代中期左右，其标志是美国运营管理专家约瑟夫·奥利基（Joseph Orlicky）的经典著作《物料需求计划：生产与库存管理的新方式》一书的出版。那么到底什么是 MRP？它的应用条件是什么？它能解决哪些作业计划问题？这是每一个初次接触 MRP 的人自然会提出的问题。

简单地说，物料需求计划是一种基本的生产作业计划系统。它根据现有库存（on hand）、已下达订单（released order）和物料清单（BOM）的确切信息，将主生产计划中的产品或最终品目（end item）的需求转换成各个时期的零件和材料的净需求，然后制定出逐周或逐日的详细作业计划来满足这种净需求。图 6—1 是闭环 MRP 系统的结构。

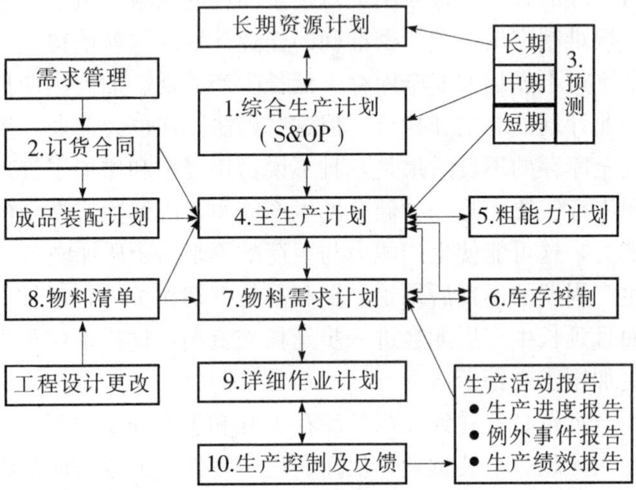

图 6—1　闭环 MRP 系统

从图 6—1 中可以看出，闭环 MRP 系统开始于编制主生产计划（master production schedule，MPS）。然后根据主生产计划的要求、库存状态和产品的物料清单信息，将主生产计划转换成零部件和原材料的制造和采购作业计划，也就是明确规定每种所需零部件或原材料的制造或采购订单下达日期和数量。订单下达日期是根据提前期标准确定的，订单的数量是根据零部件的净需求量和批量标准（或方法）确定的，这个计划过程称为物料需求计划（MRP）。通常所说的 MRP，从狭义的角度，就是指这一步计划过程；而从广义的角度看，MRP 是包括主生产计划、能力计划、库存管理、采购计划和车间控制的整个系统。本书中，在不会引起歧义的地方，凡提到物料需求计划或 MRP 时，都是指狭义的 MRP。

物料需求计划下达到车间后，还要根据工作中心的负荷情况、原材料和外协件的实际到货情况以及设备和人员状况等，安排实际投产的优先次序，然后向每个工作中心下达任务令。这一步计划过程称为详细作业计划。最后，通过生产控制过程将实际生产进度和产出绩效报告给 MRP 计划部门，以便其随时了解生产进度，并对突发的例外事件，如原材料未按期到达、主要设备故障、批次质量事故等可能导致计划拖期的事件，采取补救措施，包括必要时调整物料需求计划甚至主生产计划。这样就构成了闭环 MRP 系统。

物料需求计划方法与传统作业计划方法的根本区别在于作业计划的编制逻辑，这是理解和应用物料需求计划的关键。对此，我们将在第七章中深入讨论。

任何方法的应用都有其必要的假设和前提，违反了这些前提，方法就不具有适用性，当然更谈不上什么科学性和最优性了。物料需求计划方法也不例外，下面就是一些应用 MRP 方法的假设和前提。

1. MRP 的主要假设和前提

（1）一个经过确认和经过负荷平衡的主生产计划是应用 MRP 的前提。这是因为：

1）MRP 一般不适用于处理独立需求下的库存控制和作业计划编制问题，只适用于处理从属需求下的库存控制和作业计划编制问题。

2）对于哪些物料清单中的最终品目应列入 MRP，不在 MRP 阶段考虑，而应在主生产计划编制阶段考虑，这种分工对 MRP 的标准化是非常必要的。

3）在 MRP 阶段，不再做大的、粗线条的负荷平衡工作，MRP 隐含的假定是，粗线条的负荷平衡（称为粗能力计划）已经在主生产计划阶段权衡过了。在 MRP 阶段，对于负荷超过生产能力的情况，主要采取加班、转包、加工优先次序安排等措施来解决，如果采取了这些措施仍不能完全解决超负荷问题，则闭环 MRP 系统会要求重新修改 MRP 计划或主生产计划。

（2）物料清单不是仅仅列出产品（或最终品目）所需的零部件和原材料品种和数量，它还给出了原材料和零部件之间严格的结构关系，这种结构关系反映出产品是以什么方式和经过哪些步骤从原材料到零部件、再到分装件、最后到总装的过程。

（3）统一零部件和原材料的编码，确保零件标识码的唯一性和一致性。

（4）确保库存记录的有效性，包括所有列入物料清单的零部件和原材料品目，这些品目统称为存货单元，它们的库存状态——现有库存量（on hand）和已订货量（on order），或称为在途库存量的信息必须实时和准确。

传统的库存控制系统（订货点系统）和作业计划系统都是采用下达计划指令、按指令作业的方式，从最初的材料投入阶段开始，从前向后推动生产系统中的各项作业活动，直到最后的装配，这种系统又称为“推式”系统。“推式”系统要按期齐套地实现预定的计划，常常要以加急机制作为补充手段，即根据最终装配阶段的缺件情况列出缺件单，以缺件单的形式向前面的各道工序下达赶工指令。故这种加急机制又称为“拉式”系统，这是一种非正式的作业计划系统。

从理论上讲，在一个完善的 MRP 系统中，无须这种非正式的缺件单和赶工活动，MRP 应能够通过完善而严密的计划，并能在发生意外事件情况下，通过重新生成计划或以净改变方式修订原计划，制定出新的 MRP 计划，确保原计划目标和任务的实现。但前提是，基础数据尤其是物料清单和库存状态信息必须是准确的。否则正如俗话所说，“进去的是垃圾，出来的也是垃圾”。

（5）假设所有存货单元（SKU）的生产或订货提前期是已知的。

（6）假设每一种存货单元都通过中央控制的库存系统存取，也就是所有的物料清单品目都通过库存这种形态转换。每种零部件的完工都看作已下达订单的完成入库，接着是转换到“现有库存”状态（哪怕是逻辑上的），然后是被其他的生产订单从库存中取出。这种假设意味着，制造过程从一个阶段向下一个阶段的进展是通过零件品目以实物方式或逻辑方式通过中央库存系统的方式加以控制的。

（7）时间上离散地分派和使用零件和材料。这个假定对应用 MRP 处理逻辑是必要的。

2. MRP 的适用范围

我们看到，MRP 系统的上述假设和前提，实际上是对生产管理方式和生产管理基础工作的要求，而不是对 MRP 应用领域的限制。一般来说，MRP 系统适用于任何具有从属需求性质的、离散的零部件或存货单元的采购和制造作业计划。从这个意义上说，MRP 系统又可称为“零部件制造计划系统”。

运营管理专家约瑟夫·奥利基对 MRP 的应用领域说得更具有一般性，他认为，“任何具有或可能具有主生产计划的工厂都能够应用 MRP 系统”①。从他的判断中我们不仅看到 MRP 系统的普遍适用性，而且还看到主生产计划对成功应用 MRP 系统的关键作用。

二、主生产计划的作用

主生产计划是物料需求计划的主要输入，它既规定了 MRP 要实现的最终品目和提供了 MRP 实现的条件，也可能潜伏着影响 MRP 实施的问题和导致 MRP 失败的因素，因此，主生产计划是 MRP 系统成功运行的最关键的部分。完整的主生产计划概念的形成以及对其重要性的认识，是在 MRP 提出之后到 20 世纪 70 年代末才形成的，而且实践证明，主生产计划的编制必须有计划人员的人工干预，必须运用计划人员的经验和洞察力，计算机程序只能为主生产计划员提供决策的信息，不能代替主生产计划员的判断和决策。所以，有必要更细致地讨论主生产计划的作用和机制。

我们已经反复指出，主生产计划处理的是外部的独立需求，是将外部需求和产销计划转化为内部生产作业计划订单，它是一种外部冲击与内部生产之间的缓冲机制。所以，主生产计划的本质作用就是在外部需求与内外部供给之间建立一种平衡，以尽可能地满足变化的外部需求。图 6—2 给出了一种主生产计划作用的形象描述。

我们从图中看到，一边是市场需求，另一边是外部和内部供给，二者都带有很大的不确定性。而主生产计划就像是一个冲击吸收器，一方面推动市场和销售部门运用需求管理，如促销、预定和折扣等，尽量增加顾客的订单，降低销售预测的比

① Orlicky, Joseph, Material Requirement Planning—The New Way of Life in Production and Inventory Management. New York: McGraw-Hill, Inc., 1975, p. 42.

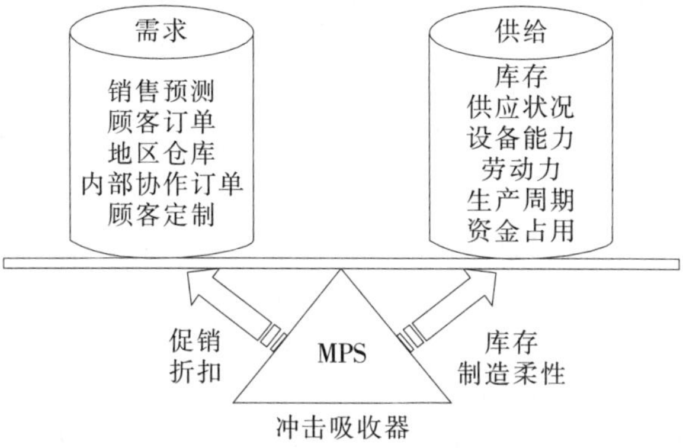

图 6—2　主生产计划的作用

例；另一方面，通过维持适当的库存水平和提高制造系统的柔性，包括设备能力的柔性和劳动力的柔性以及与供应商的沟通，确保可靠的供给。显然，这是一项非常重要又非常困难的工作。

主生产计划的需求通常来自以下几个方面：

（1）实际需求（actual demand），包括：

1）顾客订单；

2）批发商和经销商的订单。

（2）配套件需求（option demand），包括：

1）服务备件库存补货需求；

2）公司内部各工厂之间的协作需求；

3）成品或半成品库存的补货需求。

（3）预测的需求（item forecast），指季节性库存。

（4）安全库存。

下面我们对上述方面进行详述。

1. 顾客订单

顾客订单是与顾客签订了合同，向顾客做出了品种、规格、数量、质量、价格、交货期等方面承诺的订单，是有保障的需求。对于实行按订单生产的企业来说，通常希望主生产计划的需求完全由顾客订单构成，不包含任何预测成分。因为顾客订单通常会对产品提出一定程度的非标准要求，这些要求在每份合同中都有具体的说明，是不能够预测的，只能按合同要求制造。当然，完全由顾客订单构成的需求是一种理想的情况，只是在企业的产品供不应求的情况下才会出现。

2. 批发商和经销商的订单

在多数情况下，批发商和经销商的订货需求是定期发生的，并且是以定额的数量发生的，产品一般为标准化的产品。因此，这种需求是可以预测的，不一定要等到收到顾客订单后再安排生产计划。

3. 服务备件需求

这种需求多来自用户服务或维修网点，或是产品的附件，还可能是设备预防维修备件，等等。把服务备件需求归为配套件需求，是因为从性质上看它属于从属需求，与基于预测的需求不一样，后者属于独立需求。由于服务备件需求一般是通过库存来满足的，因此这种需求是根据预测或者某种库存控制策略（如订货点法）来确定的。多数情况下，服务备件需求通常不进入 MPS，而是直接排入 MRP 相应的层次。

4. 公司内部各工厂之间的协作需求

这类需求主要是各工厂之间互相提供的零部件和分装件，这种需求不需要预测。

5. 成品或半成品库存的补货需求

备货生产方式下成品库存的补货需求以及按订单装配方式下通用零部件和模块库存的补货需求，可以采用第 4 章介绍的方法确定什么时候补货，一次补充多少，然后将其列入主生产计划。对于通用零部件库存的补货，用于最终装配的零部件品种数量越少，补货需求的确定就越容易；反之，品种数量越多，要合理控制每种零部件库存的数量就越困难。因此，改进这类需求预测的关键是改进产品设计，提高零部件的通用化程度和模块化程度，而不在于采用何种先进的预测方法。

总之，配套件需求，包括服务备件需求、公司内部各工厂之间的协作需求以及成品或半成品库存的补货需求，由于不是直接根据市场预测来确定需求，故可将其近似看作从属需求，虽然三者要满足的最终需求都是独立需求。

6. 季节性库存

这是备货生产方式满足季节性高峰需求的主要方式，在淡季安排一部分存货的生产，不但可以用来满足季节性的高峰市场需求，还有利于使生产保持均衡。不过季节性需求受多种因素的影响，年度间的变化可能很大。例如国内家用空调机市场，可能某一年夏季持续高温，导致空调机普遍脱销，从而促使各生产厂家增加下一年的淡季库存，以应旺季之需。但没有想到，来年的夏季雨水丰沛，平均气温较上年偏低，空调机滞销，结果使大部分空调机生产厂家库存积压，资金周转不畅，损失严重。所以，季节性库存究竟应储备多少是一种复杂的、高风险的预测和决策，不是主生产计划员所能完全驾驭的，需要企业的高层管理者和销售等相关部门主管共同决策。

7. 安全库存

按照功能，安全库存是为了防止由于需求的不确定性和提前期的不确定性可能造成的缺货损失而设立的库存，这种不确定性只有在主生产计划层次上才能适当地控制。因此，安全库存应当放在 MPS 级别上来计划，而不应放在 MRP 级别上来计划。

三、主生产计划的对象

从主生产计划的需求可以看出，主生产计划不是一种预测，它主要是依据经过确认的需求对最终品目的完成日期和数量的一种规定。这里最终品目的含义是物料清单的顶层品目，它可以是产品，也可以是进入总装的部件，甚至可以是关键零件，只要被置于物料清单的顶层。显然，哪些品目应包含在主生产计划中是 MPS

首先要解决的问题。这方面，MPS 依据的是对最少品目数进行排产的原则。

对最少品目数进行排产就是选定产品结构中的某一级，使 MPS 中列出的品目数最少，故又称为对 BOM 最窄处排产原则。MPS 应当尽可能地代表企业的每种产品，但在 MPS 中包含过多的品目将增加需求预测的困难，同时也增加了计划工作量和不必要的管理费用支出。那么该如何确定 MPS 的品目呢？这要根据企业的生产方式和产品结构的特点来确定，典型的情况有以下三类：

（1）在备货生产方式下，企业用大量的原材料和零部件制造少量的标准化产品，故列入 MPS 的最终品目通常是最终产品，如电视机、电冰箱等。最终品目的选择如图 6—3（a）所示。

（2）在按订单制造方式下，企业通常是用相对少量的原材料和零部件生产品种较多的最终产品，这种情况下 MPS 的计划编制对象一般是将通用部件和模块与专用零部件区分开，将通用部件和模块作为单独的计划编制对象，以减少主生产计划排产的品目数。最终品目的选择如图 6—3（b）所示。

（3）在按订单装配生产方式下，企业是用通用的和标准化的零部件生产具有高选择性的产品，因此 MPS 的计划编制对象应当是分装件和通用件。例如机床的生产，列入 MPS 的最终品目可能是床身、工作台、导轨和其他的主要分装件。此种情况下最终品目的选择如图 6—3（c）所示。

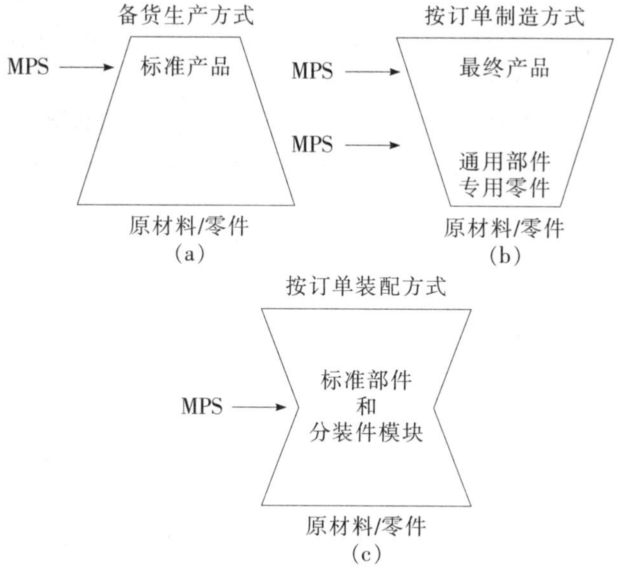

图 6—3　不同生产方式下 MPS 计划编制对象的选择

用主生产计划对产品或单一产品族的最少品目数进行排产，既反映了预期的生产水平，同时又在提供最终产品组合上保证了最大的灵活性。

四、主生产计划的时间单位

主生产计划按照以下三种时间标准进行计划编制。

1. 计划期（planning horizon）

它是主生产计划跨越的时间范围。主生产计划的计划期应至少等于作为其编制对象的最终品目的累积生产提前期。

2. 时间单位（time buckets）

它是主生产计划的编制所采用的时间基准，又称为时段。它可以是月、周或日，它在一定程度上代表和规定了主生产计划的详细程度。需要注意的是，MPS的时间单位应与 MRP 的时间单位相一致。

3. 时间栏（time fence）

又称为计划时间栏（planning time fence，PTF），它是 MPS 计划期的分界点。它表明，在此时间点上计划编制的政策和过程要发生变化。之所以又称为计划时间栏，是因为它限制计算机软件系统自动地在计划期内向主生产计划增加计划订单。计算机可以自动生成订单，称为计算机生成的计划订单（computer planned orders，CPO），但是否加入计划期内要由主生产计划员来决定。由主生产计划员决定的订单称为确认的计划订单（firm planned orders，FPO），这是计算机不能修改的。在计划时间栏外，计算机可以自动生成和增加计划订单。

时间栏将 MPS 的计划期划分为两个时间区间：确认区间（firm portion）和暂定区间（tentative portion），如图 6—4 所示。确认区间的长度应至少等于主生产计划最终品目的累积提前期，故确认区间也就是主生产计划的计划期。进入该区间的需求订单，被看作已承诺的订单，并已开始安排生产，故确认区间又称为已售区（the sold-out zone）。确认区间是 MPS 的“冻结期间”（frozen portion），表示进入该区间的订单不允许轻易改动，任何改变都需经企业高层管理者（如企业主管生产的副总经理）批准，因为任何改变将冲击原有计划，造成很大的浪费和混乱。

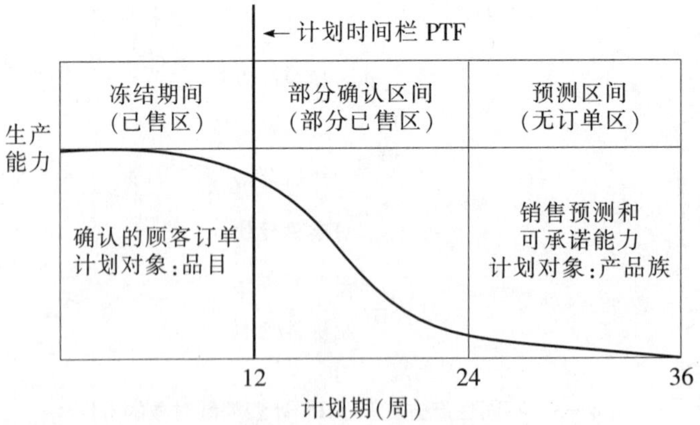

图 6—4 主生产计划的时间分区

列入暂定区间的需求主要是预测的需求，也可能包括实际的订单和意向性的顾客订货需求。实践中为了对需求进行有效的管理，通常还要将暂定区间进一步分为部分确认区间和预测区间。部分确认区间的长度相当于下一个主生产计划期。部分确认区间是需求管理的重点，主生产计划员应当积极协助销售部门争取到更多的订单。随着时间的推移，暂定区间逐步进入确认区间，这时预测的需求也逐步替换为实际的需求订单。当需求订单进入确认区后，主生产计划开始介入，这时无论订单是实际的还是预测的，都应当经过主生产计划员的确认，然后承诺和开始安排生产。因此，暂定区间还起着预测未来需求和估计未来负荷平衡情况的作用。当订单不足时，应采取措施加强需求管理；当订单明显超过生产能力时，应及早考虑采取增加生产能力的措施，如增加设备和增雇人员等。所以，适当地确定 MPS 的计划期，合理地划分暂定区间，对于加强需求管理和能力管理，保障 MPS 和 MRP 的顺利实施是很重要的。

五、MPS 与 MRP 的界面

主生产计划最常见的形式是一个矩阵，如图 6—5 所示。其中最上面的一行是时间行，这里是用 1～8 的数字表示计划期是从第 1 周到第 8 周，实际应用中往往是以具体日期表示，比如 1/3，8/3，15/3，22/3，29/3，5/4，12/4，19/4……分母是月份，分子是日期。矩阵的第 1 列是主生产计划包括的项目，其中关于需求预测、配套件预测和实际需求的含义我们在上面已经解释过了。全部需求由需求预测（包含配套件预测）与实际需求构成，实际需求为实际收到的顾客订单，当存在顾客订单时，在计算全部需求时，应以顾客订单替换相应数量的预测需求。

	期末余额	期间							
		1	2	3	4	5	6	7	8
需求预测		10	10	10	10	10	10	10	10
配套件预测									
实际需求									
全部需求		10	10	10	10	10	10	10	10
可用库存	15	5	15	5	15	5	15	5	−5
可承诺能力									
主生产计划			20		20		20		

图 6—5 主生产计划矩阵

可用库存行的数据是每一期期末的库存余额，在计划期开始时，是上个计划期期末的库存余额。可用库存不包括在途库存（on order），或称为计划订单接收（projected order receipt）。关于可承诺能力，我们在本章的第 3 节还要专门讨论。最后一行是主生产计划将要下达的订单数量，又称为计划订单下达（planned order release）。

我们看到，主生产计划是以可用库存满足需求，而以计划订单下达补充可用库存。这种机制在 MRP 中也是一样的，不过在那里还增加了计划订单接收项，对此，我们在下一章中再详细讨论。

主生产计划的输出是计划订单下达，它构成物料需求计划（MRP）的输入，也就是 MRP 的毛需求。然后通过 MRP 的计划逻辑，按照物料清单一层一层展开，直到最基本的零件或原材料品目。图 6—6 给出了 MPS 与 MRP 界面的示意图。

图 6—6 中，在将主生产计划也就是主生产计划的计划订单下达转化为 MRP 的

MPS

	期末余额	期间 1	2	3	4	5	6	7	8
需求预测		10	10	10	10	10	10	10	10
配套件预测									
实际需求									
全部需求		10	10	10	10	10	10	10	10
可用库存	15	5	15	5	15	5	15	5	−5
可承诺能力									
主生产计划			20		20		20		

MRP

	1	2	3
毛需求	(20)		20
计划订单接收			
现有库存			
计划订单下达			

	1	2	3
毛需求	(20)		20
计划订单接收			
现有库存			
计划订单下达			

	1	2	3
毛需求	(40)		40
计划订单接收			
现有库存			
计划订单下达			

图 6—6　MPS 与 MRP 的界面

毛需求时，一方面是根据物料清单最终品目与其下一层的子项品目之间的数量关系，确定进入 MRP 的每个子项品目的毛需求数量；另一方面还要考虑订单完成的提前期。这里是假定提前期均为 1 周，故第 2 周下达的主生产计划所形成的物料清单下一层子项品目的毛需求，要比主生产计划提前 1 周。

上述 MPS 到 MRP 之间的转化关系只是二者界面的一种选择，现实中还存在其他的 MPS 与 MRP 界面选择。比如，将 MPS 的计划订单下达直接作为 MRP 的毛需求，再由 MRP 根据物料清单和提前期标准将毛需求展开，就是一种常见的选择。

六、MPS 与 FAS 的区别

我们在讨论主生产计划的对象时曾经指出，在按订单装配生产方式下，MPS 的计划编制对象应当是基本模块和通用部件。因而，在这种生产方式下，MPS 不是直接满足顾客需求的作业计划，直接满足顾客需求的是最终装配计划（final assembly schedule，FAS）。FAS 也是一种作业计划，就是说，它要具体规定什么时间、装配什么、装配多少。FAS 适用于用基本模块和通用部件生产有多种选择的产品的情况。当企业希望向顾客提供多种产品选择而又难以预测顾客对每种产品的需求时，就可以采用将 MPS 设立在基本部件一级，而用 FAS 来满足顾客的订单需求。显然，FAS 不同于 MPS，二者的区别主要有以下三个方面：

（1）从计划的时间跨度来看，MPS 的计划期通常为几个月甚至更长的时间，而 FAS 的计划期一般为几天或最多几周。故从时间上看，FAS 的计划期不能覆盖产品的累积提前期，因此不能代替 MPS 的作用。但是，当顾客要求的交货期很急，无法用 MPS 直接安排生产满足需求时，用 FAS+MPS 的方式安排作业计划就成为必然选择。这就是按订单装配生产方式的计划模式。

（2）从需求性质上看，FAS依据的是实际的顾客订单，而这种情况下MPS依据的是对基本模块和通用部件的总量预测，从而形成按订单装配、按预测采购原材料和制造半成品的生产模式。这种生产模式最容易出现的问题是，当实际的顾客订单结构严重偏离预测的需求结构时，会由于结构性缺料而导致大量的订单不能按期交货。这是按订单装配生产方式下作业计划的一个难题。我们将在本章第3节中讨论的可承诺能力ATP概念，就是解决上述作业计划难题的一条重要规则。

（3）从工艺阶段角度看，FAS是产品组装阶段的作业计划，而MPS主要是进入最后装配阶段的基本部件和通用模块的制造作业计划，它覆盖的是零部件制造的整个过程。

引入FAS有助于简化MPS的编制。FAS设置了一个切换点，MPS只管到这一点，即制造/装配过程的作业计划能由FAS接替的那一点。

七、产品的混批

对于多种产品的生产，常用的主生产计划方法是按批量安排产品和零部件的投产计划，每个产品或零部件的批量至少满足一周的用量。而对于不同的产品或零部件，采用轮番生产的方式排产。这种方法的优点是排产过程简单，缺点是由于轮番周期较长，使得半成品库存量较大，因为一个批量的大部分产品或零部件是顾客当前不需要的。那么，能不能直接按市场的需求结构安排零部件和产品的生产呢？这在一定条件下是可以做到的。如果所要生产的产品或零部件在加工工艺上相似，并对关键资源有同样的需求，那就可能按产品的混合批量，而不是按逐个产品的批量来安排主生产计划，这就是产品的混批。图6—7对混批生产与成批轮番生产的计划方法进行了简单比较。

如图6—7所示，按照传统的成批轮番生产方法，在计划期的第1周和第2周，每周分别安排1 500件一批的产品A的生产；在第3周安排1 600件一批的产品B的生产；在第4周安排1 000件一批的产品C的生产。从第5周开始又重复这个排产过程。而按照产品混批方法，假定市场每周对产品A、B、C的需求大体上是均衡的，从而可以采用将它们均衡地分布在一周内进行生产的方法加以满足。当然，条件是产品的制造工艺有足够的相似性，加工设备具有一定程度的柔性，可以进行快速的作业转换。可见，生产系统的柔性是进行产品混批生产的前提。

如果生产系统有更高的柔性，即能够更快地在不同产品之间快速转换，则产品混批还可以进一步分解到日，这样，在满足顾客需求基础上，产品库存水平还可以进一步下降。

按产品混批安排生产，有以下优点：

（1）对某些产品可以缩短提前期（如图6—7中产品C的生产）。

（2）每天生产的品种组合由每天的需求决定。

（3）内部工作中心的供货和从外部供应商的取货都是均匀的。

（4）生产流的速率是均匀的。

主生产计划
周号：11～15
产品 A=3 000 件
产品 B=1 600 件
产品 C=1 000 件

常规的批量方法　单位：周

最终品目	期间				
	11	12	13	14	15
产品 A	1 500	1 500			1 500
产品 B			1 600		
产品 C				1 000	

产品混批方法　单位：周

最终品目	期间				
	11	12	13	14	15
产品 A	750	750	750	750	750
产品 B	400	400	400	400	400
产品 C	250	250	250	250	250

产品按日混批方法　单位：日

最终品目	期间				
	一	二	三	四	五
产品 A	150	150	150	150	150
产品 B	80	80	80	80	80
产品 C	50	50	50	50	50

图 6—7　成批轮番生产与混批生产的比较

（5）对劳动力的需求是均匀的。

（6）由于缩短了提前期，故在满足短期的需求变化上有较大的灵活性。

（7）由于实现了均衡生产，减少了提前期和在制品量，因而提高了生产率。

在下述情况下有可能进行产品混批：

（1）生产政策强调编制一个恒定生产率计划。

（2）混合生产的产品在制造工艺上是相似的。

（3）工作中心或生产线的柔性较高，生产准备和作业转换时间很短。

（4）设备运行正常。

关于如何进行混批（或混流）生产的排序，我们在第九章中还要进一步讨论。

八、主生产计划员的职责

随着物料需求计划在理论和方法体系上的日趋完善，主生产计划的作用日益为人们所认识。相应地，主生产计划员的地位也变得日益重要。

1. 主生产计划员的职责

主生产计划员的职责是编制和维护主生产计划，主要包括：

（1）预测和确定 MPS 的需求。

（2）将产品型号转换为物料清单的最终品目。

（3）编制 MPS，将需求订单从月度分解为 MPS 要求的时间单位。

（4）跟踪安全库存水平的变动。

（5）计算 FAS 所要求的最终产品与 MRP 提供的最终品目在结构和数量上的差异。

（6）不断采取措施维护 MPS 的时间性和有效性。

（7）降低原材料、半成品和产成品的库存水平。

（8）与市场、分销、制造和采购部门保持密切的联系。

而最重要的职责是从全局的角度评估各种突发事件和问题的影响范围，确定处理的优先次序。

在制造企业中最经常遇到的问题就是，由于缺件而不能完成最后装配从而导致不能按期交货的问题。尽管这类问题频繁发生，但它却不是系统本身的性质，而是生产过程各阶段存在的各种问题的一种综合体现。这些问题可以分成三大类，即：（1）库存控制问题；（2）采购与外协问题；（3）制造问题。

主生产计划的任务就是要在作业计划和实施之间建立起实际的联系，从计划编制角度尽量消除产生上述三类问题的原因。这也就是主生产计划员的重要职责和任务。

2. 主生产计划员的职位要求

由于主生产计划员的地位关键，责任重大，相应的对主生产计划员职位的要求也就更高，对其任职资格的要求主要是：

（1）精通产品，具有 3～4 年的调度经验。

（2）对供给与需求的宽广的知识和经验。

（3）具有组织和计划技能、个人计算机技能和人际关系技能。

美国一些大型制造企业还要求主生产计划员必须通过美国生产与库存控制协会（American Production and Inventory Control Society，APICS）的考试，获得该协会颁发的证书，或取得过第二学位。

我们下面就要讨论主生产计划的编制机制，在此之前，有必要先把物料清单（BOM）的概念交代清楚。

第二节　物料清单

物料清单（bill of material，BOM），又称为产品零件表、材料表等，是一种定义产品结构的标准，其形式是一份产品的零部件展开表。图 6—8 是 WA01 型起重机的示意图，图 6—9 是该型号起重机物料清单的示意图。①

① Mather，Hal，Bill of Materials. Illinois Homewood：Dowjones-Irwin，1987，p. 51.

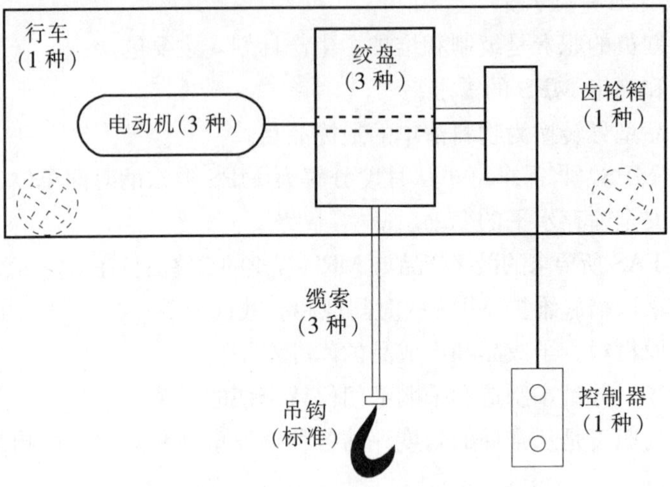

图 6—8 WA01 型起重机的结构示意图

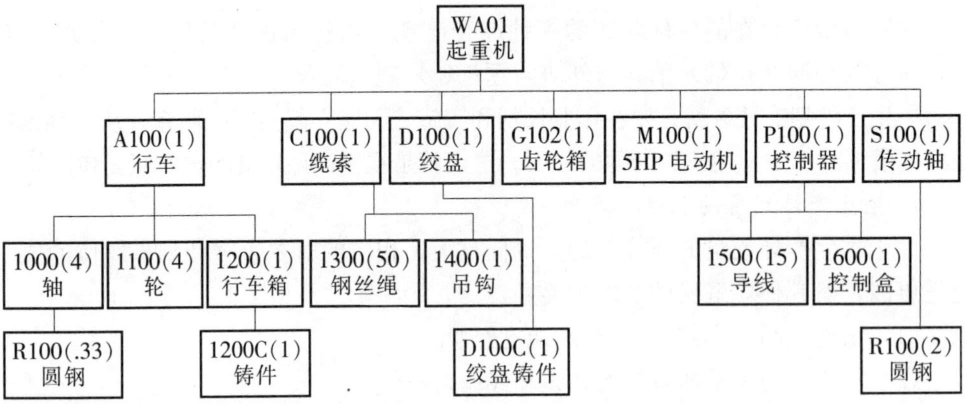

图 6—9 WA01 型起重机的 BOM 示意图

在图 6—9 中，物料清单的顶层产品或部件称为最终品目（End item）或顶层品目。它可以是产品或是进入产品最终装配阶段的部件。物料清单的中间结构分为数个零部件装配层次，最底层是原材料品目。在物料清单中，每种部件所需的零件种类和每种零件的数量均可能不一样；有的零件可能被用在几种不同的部件上，而同样的材料被用于不同零件的现象则更普遍。在具有装配制造关系的相邻的两级零件品目之间，上一级零件品目称为父项品目（parent item），或简称为父项或父件；构成它的下一级零件品目称为子项品目（son item），或称为子项或子件。例如在图 6—9 中，WA01 是 A100 的父项；A100 是 WA01 的子项；接下来 A100 又是 1000 的父项，1000 又是 A100 的子项。以此类推。

物料清单中的每一个品目，无论是零件还是材料，应具有唯一的标识码。而且这套编码系统应与企业库存管理部门、工程部门和设计部门使用的零件编码统一，也就是在整个企业范围内，每种零部件和原材料的编码具有唯一性和一致性。

物料需求计划系统是按照以下的规则构造的：它假定其所控制的每一种零件品

目都要流经库存状态。这里库存的含义并非一定指仓库中的存货，它可以是逻辑意义上存在的，从而是泛指零件的完工状态。所以物料需求计划可以看作通过一个中央库存系统来控制所有零件和材料的存取。因此，物料清单通过其层次结构，不仅定义了产品（或最终品目）的构成，而且规定了零件和材料进入和流出库存状态的方式。此外，从制造的要求来看，物料清单的结构，还规定了产品构建顺序和工艺阶段。从而，物料清单中的每一项零件或材料都带有自己的制造提前期或采购提前期参数。

物料需求计划的制定过程是采用一级一级处理的方式。某一级零件的作业计划产生对下一级零件的需求，这种需求又成为制定更下一级零件作业计划的依据；依此类推，直到得出全部的最终原材料需求和零件外协加工需求为止。每一级零件对下一级零件的需求在性质上是一种随时间变化的从属需求，其数量和时间都是由该级的作业计划决定的。为了实现逐级处理方式，同时又避免不止一次地处理同一种零件或材料的需求，应当给每一种零件分配唯一的层码。故而在物料清单中，零件的层码实行低层编码（lower coding）原则。

显然，要有效地应用 MRP 方法，动态的维护物料清单的唯一性和准确性是一个必不可少的条件。

一个企业最基本的物料清单是工程物料清单。此外，根据管理的需要，物料清单还映射为不同的类型，常用的有模块物料清单、通用件清单和专用件清单以及计划物料清单等。

一、工程物料清单

工程物料清单（engineering BOM，E-BOM），是设计部门提供的描述产品构成的最详尽的物料清单。其他类型的物料清单都是在此基础上生成的。工程物料清单最常见的编排方式称为缩排 BOM（indented BOM），它是按物料清单的层次采取依次缩进的方式编排的。表 6—1 是图 6—9 所示物料清单的缩排的例子。①

表 6—1　　缩排物料清单的例子

层次	品目#	描述	来源	数量/单位	度量单位	扩展数量/单位	提前期	累积提前期
0	WA01	起重机，1000# 4FPM	ASSM	1	EA	1	2	18
.1	A100	行车组装	SUB	1	EA	1	2	16
..2	1000	轴	MCH	4	EA	4	1	9

① Proud, John F., Master Scheduling, 2nd edition. New York: John Wiley & Sons, Inc., 1999, pp. 134.

续前表

层次	品目＃	描述	来源	数量/单位	度量单位	扩展数量/单位	提前期	累积提前期
...3	R100	硬质钢	RAW	.33	FT	1.32	8	8
..2	1100	6″轮	PUR	4	EA	4	8	8
..2	1200	箱体加工	MCH	1	EA	1	2	14
...3	1200C	箱体铸造	RAW	1	EA	1	12	12
.1	C100	200＃ 缆索装配	SUB	1	EA	1	1	11
..2	1300	1/4″ 钢丝绳	PUR	50	FT	50	8	8
..2	1400	4000＃ 吊钩	PUR	1	EA	1	10	10
.1	D100	绞盘—50′，1/4″	MCH	1	EA	1	3	15
..2	D100C	绞盘铸造	RAW	1	EA	1	12	12
.1	G102	齿轮箱	PUR	1	EA	1	12	12
.1	M100	5HP 电动机	PUR	1	EA	1	12	12
.1	P100	控制器组装	SUB	1	EA	1	1	7
..2	1500	3-股导线	PUR	15	FT	15	4	4
..2	1600	控制盒	PUR	1	EA	1	6	6
.1	S100	1″传动轴	MCH	1	EA	1	1	9
..2	R100	硬质钢	RAW	2	FT	2	8	8

说明：表中“来源”栏中缩写的含义分别是：ASSM——装配，SUB——分装配，PUR——外购，RAW——原材料，MCH——自加工。

工程物料清单也可以采用单层物料清单（single-level BOM，简称单层 BOM），通过连接链的方式编排。

二、模块物料清单

模块物料清单（modular BOM），是按照可构建的分装件模块和部件模块构造的，这些模块是标准的，可用于构建不同的最终品目，在模块内不存在可选择的零件，因而这样的模块可视同为物料清单中的一个部件。图 6—10 给出了 WA01 型起重机的模块物料清单的示意图。

图 6—10　模块化物料清单示意图

模块物料清单尤其适用于按订单装配生产方式，那里，最终产品是在通用模块基础上按顾客的不同要求组装的，而主生产计划就以通用模块作为编制对象。

三、通用件清单和专用件清单

将每个模块的通用件与专用件分离，单独构成产品或产品族的通用件清单（common bill）以及产品或模块的专用件清单（unique bill），这样可以大大简化主生产计划工作。因为通用件对每一个产品台份都是一样的，故只需按预测的产品数量投产即可，这样主生产计划只需集中考虑怎么根据市场需求变化安排专用件的投产组合与数量。图 6—11 给出了 WA01 型起重机的通用件清单示意图。

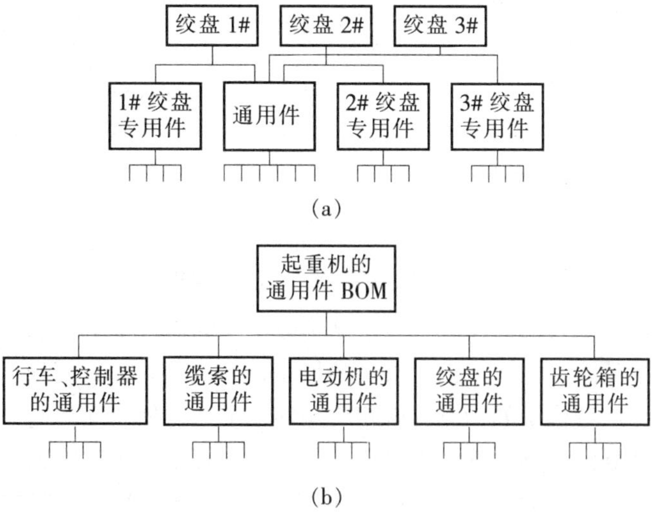

图 6—11 WA01 起重机的通用件清单

把所有通用件集中在一个清单里，这样每个模块只剩下由专用件构成的清单，这是一种按计划要求重新组合过的物料清单，它虽然保留了原物料清单的层次结构和每一层父项零件与子项零件的依赖关系，但毕竟物料清单被分成两个部分，故习惯上把这种结构的物料清单称为虚拟清单（pseudo bill）。我们将看到，虚拟清单是建立计划清单的基础，并可大大简化主生产计划的排产。

四、计划物料清单

区分通用件清单和专用件清单，按计划要求重新组合的物料清单，并标明和及时更新专用件清单的需求概率，这就构成了计划物料清单（planning BOM）。图 6—12 中的（a）是一种基于品种选择的计划物料清单示意图，（b）是一种基于模块选择的计划物料清单示意图。

计划物料清单非常适用于销售预测和编制主生产计划。经验告诉我们，对产品族的需求总量进行预测要比对每一个品种或每一个模块的需求预测准确得多，也简

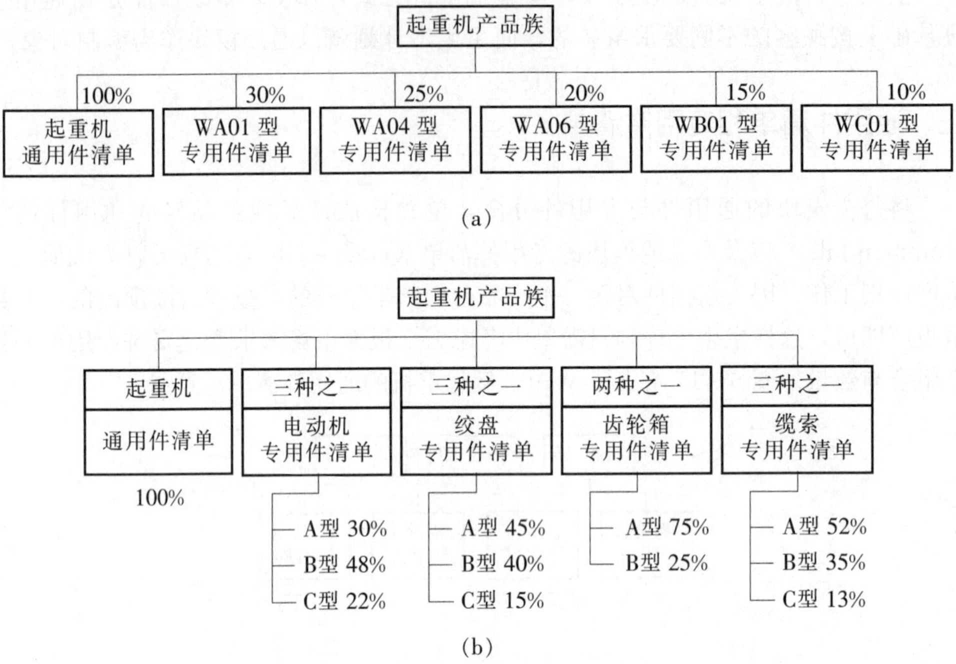

图 6—12　计划物料清单示意图

单得多。由于计划物料清单包含了每个品种或模块的需求概率，这些概率是根据历史资料统计出来的，并加入了销售人员的最新判断，因此，只要给出了产品族的总量预测，分品种或分模块的预测也就相应地确定了。这使得无论是主生产计划的编制，还是采购计划的编制，都大大简化了，也更准确了。另一方面，按需求概率确定专用件的储备数量，大大降低了按订单装配和按订单制造生产方式的不确定性，同时有利于缩短交货期和提高对市场需求变化的响应速度。

五、时间坐标物料清单

从作业计划编制的要求来看，除了要利用物料清单提供的零部件的层级和数量信息，还要利用物料清单包含的零部件制造或采购提前期的时间信息，正是后者决定了计划订单下达的时间，也就是开始制造或采购的时间。一般产品的工程物料清单中都会包含每种零部件或原材料的制造或采购提前期信息（见表 6—1 的最后两列）。在 MPS 和 MRP 的计划编制过程中，计划人员时常要用到按提前期展开的带有时间参数的专门的物料清单，这种物料清单称为时间坐标物料清单（time-phased bill of material）。图 6—13 是表 6—1 所示的工程物料清单按时间坐标展开的例子。

在图 6—13 中，每条箭线代表物料清单中的一个品目，箭线的长度表示该品目的提前期，每条箭线末端到始点的时间距离，是该箭线代表的品目的累积提前期，箭线之间的衔接关系与缩排物料清单的结构关系相同。本例是从最终品目开始，从右至左向相反的方向画箭线所做的时间坐标物料清单，这种排列方式称为倒排。图中无零部件的停放时间和缓冲时间，故是个理想的时间坐标物料清单。此外，零件

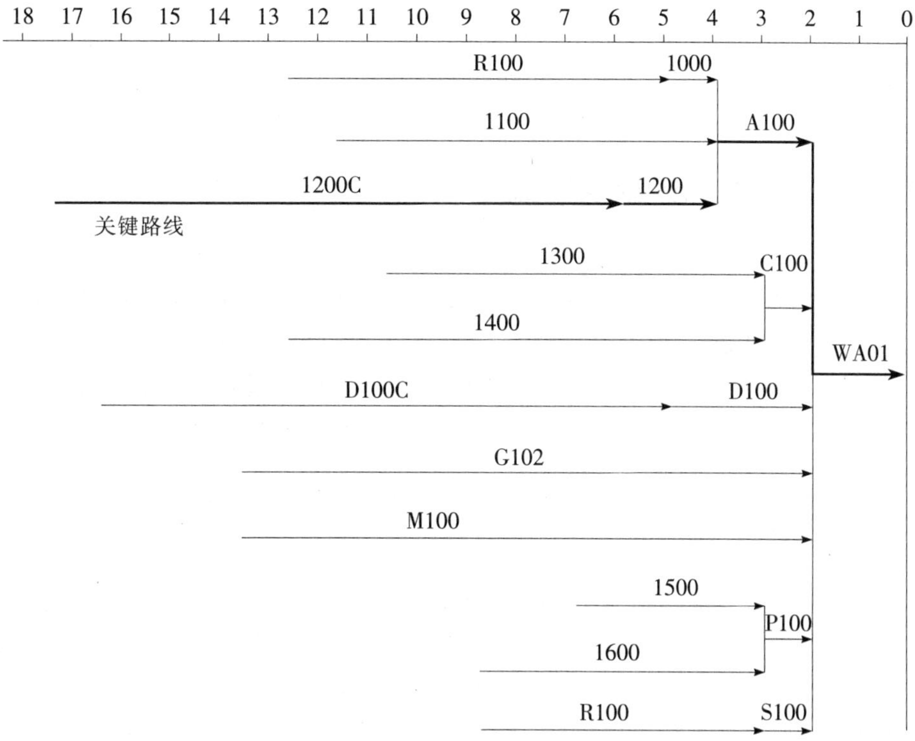

图 6—13　时间坐标物料清单

的制造提前期与加工批量有关，加工批量越大，提前期越长，故实际的时间坐标物料清单都是针对每个零件的标准加工批量制定的。

从图 6—13 中我们还看到，由 1200C（箱体铸造）、1200（箱体加工）、A100（行车组装）和 WA01（起重机组装）组成的加工路线是持续时间最长的加工路线，这条时间最长的加工路线称为关键路线（critical path），它决定了最终品目 WA01 的累积提前期。与上述路线平行的还有其他的加工路线，它们是非关键路线，处于非关键路线上的零部件可以在一定时间范围（称为松弛时间）内推迟开始或推迟结束，这就为关键设备的负荷平衡提供了可能。在本例中，关键路线只有一条，而一般来说，时间坐标物料清单中的关键路线可能不止一条。

时间坐标物料清单的作用如下：

(1) 作为确定零部件计划订单下达时间的依据，即什么时间开始制造或采购该零部件。

(2) 在发生意外事件时，如关键设备故障、批次质量事故或原材料未按期到货等，计划人员可以根据时间坐标物料清单估计意外事件对整个作业计划按期实现的影响程度和范围，便于及早采取补救措施。

(3) 作为编制粗能力计划的依据。计划人员可以在作业计划的每个期间上，就某台关键设备或资源，根据每个产品的时间坐标物料清单，叠加每种产品的零部件在该期间上占用该种关键资源的工时，以发现负荷超过生产能力的瓶颈环节。这样在计划编制阶段就及早采取措施对负荷进行平衡，消除瓶颈环节，确保作业计划能够得以顺利实施。

我们从上面的讨论可以看到，物料清单的维护是主生产计划的一个重要基础工作。基础工作做好了，计划的编制就可以事半功倍。

第三节 主生产计划的编制

实践中常用的主生产计划编制策略主要有均衡策略、追踪策略和批量策略，同时大多数制造企业还运用滚动计划方法定期修订主生产计划以适应变化的环境。在西方企业的主生产计划编制规则中，还很重视可承诺能力规则的运用，以便销售人员向顾客做出可靠的承诺。在本节中，我们将对此分别展开讨论。

一、均衡策略

所谓均衡策略（leveling strategy），是将整个计划期的生产要求平均分派给每一个期间，在整个计划期内以恒定的生产率进行生产。均衡策略的优点是生产秩序稳定。有利于产品质量的稳定。缺点是可能在某些需求量低于平均水平的期间上形成较高的库存。为了克服这一缺点，作为一种变通，可以采用分段均衡的策略。对于计划期内需求分布相对均衡的情况，适宜采用均衡策略编制主生产计划。表 6—2 是采用均衡策略编制主生产计划的一个简单示例。其中，前六周每周的全部需求为 5 个单位，后六周每周的全部需求为 15 个单位，计划期内总需求为 120 个单位，平均每周 10 个单位。主生产计划即按此排产。

表 6—2 采用均衡策略编制 MPS 示例

	期间											
	1	2	3	4	5	6	7	8	9	10	11	12
需求预测	5	5	5	5	5	5	15	15	15	15	15	15
实际需求												
全部需求	5	5	5	5	5	5	15	15	15	15	15	15
可用库存	25	30	35	40	45	50	45	40	35	30	25	20
主生产计划	10	10	10	10	10	10	10	10	10	10	10	10
期初库存	20											

二、追踪策略

所谓追踪策略（chase strategy），是按计划期每个期间的全部需求排产，需求变化，主生产计划也跟着变化。追踪策略的优点是可以保持较低的期末库存水平，缺点是需要按照需求的变化频繁地改变生产率。对于计划期内需求分布很不均衡的情况，适宜采用追踪策略编制主生产计划。表 6—3 是采用追踪策略编制主生产计划的一个简单示例。

表 6—3　　采用追踪策略编制 MPS 示例

	期间											
	1	2	3	4	5	6	7	8	9	10	11	12
需求预测	5	5	5	5	5	5	15	15	15	15	15	15
实际需求												
全部需求	5	5	5	5	5	5	15	15	15	15	15	15
可用库存	20	20	20	20	20	20	20	20	20	20	20	20
主生产计划	5	5	5	5	5	5	15	15	15	15	15	15
期初库存	20											

三、批量策略

所谓批量策略（lot sizing），是按预先确定的期量标准或确定批量的某种算法，将相邻几个期间的生产要求合批。批量策略的优点是可以减少投产批次，节省作业转换时间损失，合理安排不同产品或零件的轮番生产。缺点是会增加半成品或成品的库存，增加生产控制的工作量。批量策略是最常用的主生产计划编制策略，改进批量编制策略，关键是改进批量的确定方法，可以因地制宜地选择我们在第 4 章讨论过的经济订货批量法、部分期间法以及西尔弗-米尔启发式方法等。表 6—4 是采用批量策略编制主生产计划的一个简单示例。其中，批量规模为 30 个单位，每当可用库存下降到 5 个单位时，投产一个新的批量。

表 6—4　　采用批量策略编制 MPS 示例

	期间											
	1	2	3	4	5	6	7	8	9	10	11	12
需求预测	5	5	5	5	5	5	15	15	15	15	15	15
实际需求												
全部需求	5	5	5	5	5	5	15	15	15	15	15	15
可用库存	15	10	5	30	25	20	5	20	5	20	5	20
主生产计划				30				30		30		30
期初库存	20											

四、滚动计划

所谓滚动计划（rolling plan），是每隔一定时间，根据变化了的市场需求情况，对主生产计划进行一次修订，包括修订需求的预测和原主生产计划订单下达的时间和数量。滚动计划的间隔期称为滚动期，一般是月度。滚动修订主生产计划时，计划期长度保持不变，从而整个计划向前顺延一个滚动期。滚动计划的优点是可以根据变化了的市场需求或供应情况及时调整计划。但由于原计划已经实施了一个滚动期，有些订单已经开始执行，中间突然变化，会造成某些已采购的原材料形成库存呆料，或造成某些已执行的零件订单形成闲置的在制品库存，这些都是损失。因此，关键还是要提高计划的预见性，而不是靠滚动计划随时调整。

表6—5是采用滚动计划方法编制主生产计划的一个简单示例。其中，原计划是表6—4的批量投产计划。当计划执行一周后，发现第一周实际收到的顾客订单数量为10个单位，因此，在第二周开始时，主生产计划员修改了原计划对需求的预测，将其增加到每周10个单位。这样，如果仍按原来的主生产计划下达批量生产订单，就会在某些期间上出现负的现有库存，也就是发生缺货［见表6—5（a）］。于是，主生产计划员重新调整了批量订单下达的时间。滚动修订后的主生产计划见表6—5（b）。

表6—5　采用滚动计划策略编制MPS示例

（a）修改了需求预测后的情况

	期间											
	1	2	3	4	5	6	7	8	9	10	11	12
需求预测	5	10	10	10	10	10	15	15	15	15	15	15
实际需求	10											
全部需求	10	10	10	10	10	10	15	15	15	15	15	15
可用库存	10	0	−10	10	0	−10	−25	−10	−25	−10	−25	−10
主生产计划				30				30		30		30
期初库存	20	10										

（b）滚动修订后的主生产计划

	期间											
	1	2	3	4	5	6	7	8	9	10	11	12
需求预测	5	10	10	10	10	10	15	15	15	15	15	15
实际需求	10											
全部需求	10	10	10	10	10	10	15	15	15	15	15	15
可用库存	10	30	20	10	30	20	5	20	5	20	5	20
主生产计划		30			30			30		30		30
期初库存	20	10										

五、可承诺能力

可承诺能力（available to promise，ATP），又称为可承诺现货、可用性承诺，是主生产计划的一条重要排产规则，它告诉销售部门企业能够向各类顾客承诺的剩余能力或预留能力的总水平是多少，销售部门应当据此向顾客做出品种、数量和交货期的承诺。只有在可承诺能力范围内的交货承诺才是有保障的，否则将会发生违约。

西方企业非常重视对顾客的承诺，因而也非常重视ATP规则。我国实行市场经济体制后，企业开始从生产型向经营型转型，许多企业在经营指导思想上强调“以销定产”，赋予了销售部门很大的自主权。但是，任何事情都有个合理的限度，如果销售人员不顾企业的可承诺能力随意向顾客承诺，等于把企业的生产系统当作一个无限能力系统，其结果只能导致生产节奏的失衡以及使合同的及时齐套交货率大幅下降，企业也会因违约受到惩罚，蒙受各种有形的和无形的损失。所以企业只强调“以销定产”是片面的，ATP规则的确立就是要将“以销定产”和“以产定销”有机地结合，使企业更好地满足顾客的需求。

从主生产计划编制角度来看，ATP 规则提供了在需求不均衡的情况下，订单排产所具有的柔性范围。也就是说，ATP 使订单排产通过规定哪个等级可以从其他等级的 ATP 中进行调配，按照什么顺序调配，是否允许在一个等级内进行调配，以及限制低等级的顾客从更高等级顾客的 ATP 中进行调配等规则，以便为高等级的顾客提供更好的服务。

我们下面简要说明在主生产计划阶段如何计算 ATP。

表 6—6 分别给出了当需求预测不变情况下和滚动计划情况下 ATP 的计算方法。按照定义，可承诺能力等于主生产计划减去截至下一个主生产计划之前实际收到的订单。其计算公式为：

$$\text{ATP}=\text{MPS}-\text{下一个 MPS 之前的订单之和} \tag{6.1}$$

在计划期初，可承诺能力的计算还应考虑上期的期末库存余额，其计算公式为：

$$\text{ATP}=\text{期初库存}+\text{MPS}-\text{下一个 MPS 之前的订单之和} \tag{6.2}$$

表 6—6　　包含可承诺能力的主生产计划

(a) 需求预测不变情况下 ATP 的计算

	期间											
	1	2	3	4	5	6	7	8	9	10	11	12
需求预测	5	5	5	5	5	5	15	15	15	15	15	15
实际需求	5	3	2									
全部需求	5	5	5	5	5	5	15	15	15	15	15	15
可用库存	15	10	5	30	25	20	5	20	5	20	5	20
可承诺能力 ATP	10			30				30		30		30
主生产计划				30				30		30		30
期初库存	20											

(b) 滚动计划情况下 ATP 的计算

	期间											
	1	2	3	4	5	6	7	8	9	10	11	12
需求预测	5	10	10	10	10	10	15	15	15	15	15	15
实际需求	10	5	5	2					35			
全部需求	10	10	10	10	10	10	15	15	15	15	15	15
可用库存	10	30	20	10	30	20	5	20	5	20	5	20
可承诺能力 ATP		28			25			0		30		30
主生产计划		30			30			30		30		30
期初库存	20	10										

从表 6—6 (a) 中可以看到，由于计划期初已经收到的订单分别为第一周 5 个单位，第二周 3 个单位，第三周 2 个单位，共计 10 个单位，而第一周没有安排主生产计划的投产订单，所以第一周的可承诺能力等于 10 个单位。

表 6—6 (b) 是应用滚动计划的情况，假定我们在第一周实际收到了 10 个单位

的订单，这样，在第二周开始时，我们滚动修订了主生产计划，将原来到第六周的需求预测从5个单位调整到10个单位，相应地将主生产计划从原来在第四周投产一个30单位的批量，提前到在第二周下达。同时我们还假定，在第二周开始时，我们已经收到的订单情况是：第二周5个单位，第三周5个单位，第四周2个单位以及第九周35个单位。应用公式（6.2），可以计算出第二周的ATP为28个单位。而由于计划在第八周投产的30个单位的主生产计划订单不能满足已经收到的第九周的35个单位的订单，故相差的5个单位订单要由第五周的主生产计划来满足。这使得第五周计算出的ATP要比原来减少5个单位，为25个单位。

关于实行ATP规则可能引起的问题，我们通过例子进一步考察一下。

[例6—1]

关于可承诺能力ATP的实施问题

恒星技术有限公司是一家网络设备制造商，实行的是按订单制造生产方式。其客户广泛分布于制造业和服务业的各类企业，以及电信企业、交通运输企业、银行、政府机构和学校等。公司业务发展很快，但制造部门面临越来越大的交货压力。

公司对销售部门实行的是基于销售团队的底薪加销售提成的激励政策，这一政策极大地调动了销售人员的积极性，有的销售团队甚至提出了“不放走一个客户”的口号，对客户订单几乎每单必争。这样做的结果虽然带来了销售额的持续增长，但也使得急单、非标订单和交货条件十分苛刻的订单大量发生，势必给制造和交货造成很大困难。销售部门对此的解释是，我们还没有达到像有些西方大公司那样可以选择客户的程度，人家可以根据内定的规则对客户有所取舍，我们不行。

李维，高级工程师，曾多年担任车间主任，从去年起负责公司的主生产计划部门。最近他常常被一些问题所困扰，比如：

● 经常为保证急单的交货要求不得不临时调整MPS，结果造成进一步的混乱。每当遇到这种情况时，他总有个疑问：公司是不是应当无条件地满足客户的要求？怎么降低急单的比例？怎么减少急单对正常生产的冲击？

● 最近经常碰到一些大客户的大额订单，由于涉及的材料品种多、数量大，往往因为材料和零件不齐套而被延误，怎么保证优先满足大客户的订单？公司考核制造部门的重要指标是及时齐套交货率，多完成小额订单可以提高及时齐套交货率，但延误一个大客户订单造成的损失可能是几十个小客户订单都弥补不了的，该如何做到二者兼顾？

● 销售部门已经开始体谅制造部门的困难，因为及时齐套交货率下降已经影响到公司在市场上的信誉。有时在签订合同之前，销售人员打来电话询问制造部门能否满足客户的交货要求。这种情况下应当怎么答复他们？根据什么答复他们？

● 公司已经在制造部门的请求下增加了库存和采购资金，但不可能一再要求公司增加资源投入，那么，如何优化现有资源的利用，如何使现有产能和材料库存产生最大的增值？

带着这些问题，李维刚刚参加了公司邀请的一家著名顾问公司的培训，培训的主题是“可承诺能力管理”，内容是可承诺能力管理的一些原则和一些简单的例子。

可承诺能力管理的主要原则是：

● 基于供应的排产，并根据合同的交货期要求安排计划。

● 对客户按重要性分级。

● 在可承诺能力范围内按客户的重要性预留库存。

● 订单首先用给该客户预留的库存来满足，如仍有缺额，应该用重要性最低的库存来支持。

● 尽管有剩余的成品库存，但下达到每一个期间的订单应首先消耗掉那个期间上新增的可承诺能力。

● 不允许低等级的客户从更高等级客户的 ATP 中调配资源。

● 为不同重要性等级的顾客预留库存是为了最大化对未来订单的响应。

● 制造计划流程不应停止追求资产最佳利用的努力，直到计划执行前的最后时刻。

● 可承诺能力的调配规则一旦建立应自动执行。

可以用以下的简单例子来说明上述原则的应用。

公司的基本生产能力如表 6—7 所示。

表 6—7

客户	等级
A	1
B	2
C	3

产品	等级	可承诺能力
X	1	200
X	2	150
X	3	100

等级	调配	重要性顺序
X	是	最低到最高
X	是	最低到最高
X	否	

(a) 假定：客户 A 订购了 300 个产品 X。

利用调配规则对该订单进行排产，先消耗掉第 1 等级的可承诺能力，然后是第 3 等级的可供应能力。结果见表 6—8。

表 6—8

产品	等级	可承诺能力
X	1	0
X	2	150
X	3	0

(b) 客户 A 订购了 400 个产品 X。

利用调配规则对该订单进行排产，先消耗掉第 1 等级的可承诺能力，然后是第 3 等级的，再是第 2 等级的可承诺能力。结果见表 6—9。

表 6—9

产品	等级	可承诺能力
X	1	0
X	2	50
X	3	0

（c）客户 B 订购了 200 个产品 X。

利用调配规则对该订单进行排产，先消耗掉第 2 等级的可承诺能力，然后是第 3 等级的可承诺能力。结果见表 6—10。

表 6—10

产品	等级	可承诺能力
X	1	200
X	2	0
X	3	50

从上面的简单例子可以看到，可承诺能力管理提供了一系列规则，它规定了哪个等级可以从其他等级的 ATP 进行调配以及调配顺序；规定了是否允许在一个等级内进行调配；以及规定了是否允许跨区域进行调配。

可承诺能力管理的目的是为订单排产提供柔性，从而为最高等级的客户提供更好的服务。

李维回到自己的办公室，脑子里还在回忆着培训的内容。有些问题他一时还想不明白。比如，如果按顾问所讲的可供能力管理原则为不同等级客户预留库存，肯定会发生低等级的订单即使库里有料也不能用，结果不得不推迟交货的情况，如果一再发生这种情况怎么办？再有，什么客户是高等级的客户？有些目前规模虽小，但可能成为潜在大客户的客户，该不该列为 A 类客户？应该根据哪些因素对客户分类？还有，按供应排产，有多大可供能力接多少单，而不是按订单排产，拉动供应能力无条件响应需求，这在公司目前的情况下能不能行得通？公司从成立以来，一直都是按后一种方式运作，才有了连年持续的高速增长，如果按可承诺能力管理原则运作，还能不能实现高速增长？

不过，如果不实行可承诺能力原则，近来始终困扰制造系统的问题如何解决？是不是企业做大了，开始国际化了，就必须遵循西方大公司的运作规则？

我们通过一个实例说明典型的主生产计划计算机程序的输出格式。

[例 6—2]

主生产计划编制及计算机程序输出格式

典型的主生产计划计算机程序输出屏幕格式如表 6—11 所示，这是一个关于图

6—9 的起重机产品族通用件 BOM（编号 5500）的主生产计划输出。该输出屏幕包括三个部分，即品目信息部分（item information section）、计划期部分（planning horizons section）以及详细数据部分（detail data section）。

品目信息部分

在 MPS 屏幕输出的这一部分给出了计划编制对象的背景信息，包括品目编号、简要描述、产品族编码、预测来源、关键资源清单等，以及计划编制的主要依据和标准，包括现有库存余额、批量大小、安全库存、计划时间栏、提前期、累计提前期、标准成本、销售价格等。

产品族编码 WXYY 的规则如图 6—14 所示，其中，FPM 的含义为提升速度（英尺/分），标有“*”的品目是按备货生产方式事先生产出成品库存来满足顾客的需求，其余品目为按订单制造。

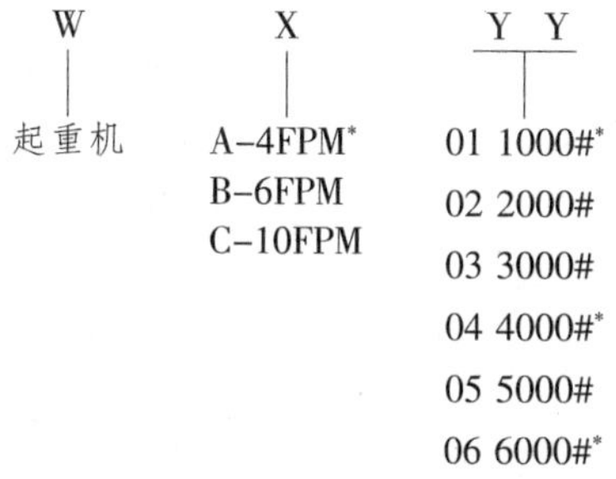

图 6—14　产品族的编码规则

本例是起重机产品通用件清单的主生产计划输出。如前所述，通用件清单与专用件清单都称为虚拟清单，即它们都是人们为了简化计划工作而在工程 BOM 基础上重新组合的，就其本身来说，只能用于作业计划，仅根据虚拟清单是生产不出产品来的。专用件清单不能储存，只能按订单制造。通用件清单一般也不宜事先生产出库存来备用，因为它并不具有产品形态，难以进行库存管理（但并不排除在某些情况下为通用件设立安全库存），所以，通用件清单通常都是随同产品族一同投产的。在本例中，通用件清单的品目编号为“5500”，品目状态为“PSDO”，即虚拟清单，其预测来源依据计划清单，也就是说，根据起重机产品族的预测数量，直接确定通用件清单的需要数量，故在预测来源栏中简记作“PLANBL”。

接下来的品目信息还包括现有库存余额，由于通用件清单也属于虚拟清单，故其现有库存余额为零，安全库存的政策和数量也为零。此外，其批量规则为“批量对批量”（即 lot-for-lot），故简记作“LFL”。5500 通用件清单的提前期以周为单位，累计提前期为 16 周。为了缩短通用件清单的制造提前期，主生产计划员根据图 6—15 所示的该通用件的时间坐标物料清单为处于关键路线上的箱体的加工（包括“箱体铸造”和“箱体加工”）设立了安全库存，从而将通用件清单的制造提前期由 16 周缩短为 12 周，这一结果在时间栏中记作“C-12”，它对于确保将计划时间栏缩短到 13 周，记作“P-13”，十分关键。

典型的主计划生产软件程序输出格式见表 6—11。

表 6—11 **典型的主生产计划软件程序输出格式**

品目编号	主要描述	品目状态	产品族	主生产计划员	预测来源	预测假设	资源概要	关键资源							
								资源	数量	资源	数量	资源	数量	资源	数量
5500	通用件	PSDO	WXYY	PROUD	PLANBL	PLANBL	WXYY	MCH	6.0	SUB	3.5	ASSM	10.0	KIT	1.0

现有库存余额	批量大小		安全库存		时间栏			提前期单位	累积提前期	标准成本	销售价格	专门说明	运行日期	执行建议
	1	2	政策	因素	1	2	3							
0	LFL	1	NO	0	P-13	C-12		1	16	565	1 010	SAFETY-HOUSING CAST	XX-XX-XX	PLAN

期间	期末库存	10/13	10/20	10/27	11/03	11/10	11/17	11/24	12/01	12/08	12/15	12/22	1/05	期间
需求预测														需求预测
配套需求		10	0	265	370	400	400	400	400	400	400	400	400C	配套需求
实际需求		385	405	135	30								80C	实际需求
计划可用库存	0	5	0	0	0	0	0	0	0	20	40	60	10C	计划可用库存
可承诺能力		10	0	265	370	400	400	400	400	420	420	420	350C	可承诺能力
主生产计划		400	400	400	400	400	400	400	400	420	420	420	430C	主生产计划
期间	1/12	1/19	1/26	2/02	2/09	2/16	2/23	3/02	3/09	3/16	3/23	3/30	4/06	期间
需求预测														需求预测
配套需求	400 P	440	440	440	440	440	440	440	440	440	440	440	440	配套需求
实际需求	P													实际需求
计划可用库存	0 P	0	0	0	0	0	0	0	0	0	0	0	0	计划可用库存
可承诺能力	430 P	440	440	440	440	440	440	440	440	440	440	440	440	可承诺能力
主生产计划	430 P	440	440	440	440	440	440	440	440	440	440	440	440	主生产计划

主生产计划明细

要求日期	订单号	批号	订单数量	订单类型	订单状态	建议的措施
10/13	5500	413	400	MPS	FIRM	
10/20	5500	414	400	MPS	FIRM	
10/27	5500	415	400	MPS	FIRM	
11/03	5500	416	400	MPS	FIRM	
11/10	5500	417	400	MPS	FIRM	
11/17	5500	418	400	MPS	FIRM	
11/24	5500	419	400	MPS	FIRM	
12/01	5500	420	400	MPS	FIRM	
12/08	5500	421	420	MPS	FIRM	
12/15	5500	422	420	MPS	FIRM	
12/22	5500	423	420	MPS	FIRM	
1/05	5500	424	430	MPS	FIRM	
1/12	5500	425	430	MPS	FIRM	
1/19	5500		440			
						PLAN

实际需求明细

要求日期	订单数量	订单参考号	订单号	T	S	C	要求日期	订单数量	订单参考号	订单号	T	S	C
10/13	35	Main Mfg	C1759	A	R		10/20	30	Everglass	C1819	A	F	
10/13	40	WA01	M0814	F	R		10/20	15	Philips	C1825	A	F	
10/13	65	WA04	M0815	F	R		10/20	5	Pacific Inc	C1831	A	F	
10/13	25	WA06	M0816	F	R		10/20	10	Moore Mfg	C1832	A	F	
10/13	15	Allen Mfg	C1802	A	R		10/20	50	Eagle Betts	C1829	A	F	
10/13	40	WC02	M0817	F	R		10/20	35	Riverbend	C1830	A	F	
10/13	14	Captain Mt	C1746	A	R		10/20	100	West Coast	C1849	A	F	
10/13	70	Desert Co	C1811	A	R		10/27	60	WA01	M0820	F	F	
10/13	20	Deer Cross	C1814	A	R		10/27	40	Excor	C1835	A	F	
10/13	36	G Gregory	C1815	A	R		10/27	10	Smith Co	C1837	A	F	
10/13	25	Int'l Energy	C1821	A	R		10/27	25	Ames Mfg	C1841	A	F	
10/20	40	Chuck Mfg	C1823	A	R		11/03	30	MPRS	C1856	A	F	
10/20	50	WC04	M0818	F	R		1/05	80	Daly & Son	C1801	A	F	A
10/20	10	Roadman	C1824	A	F								
10/20	60	WA06	M0819	F	F								

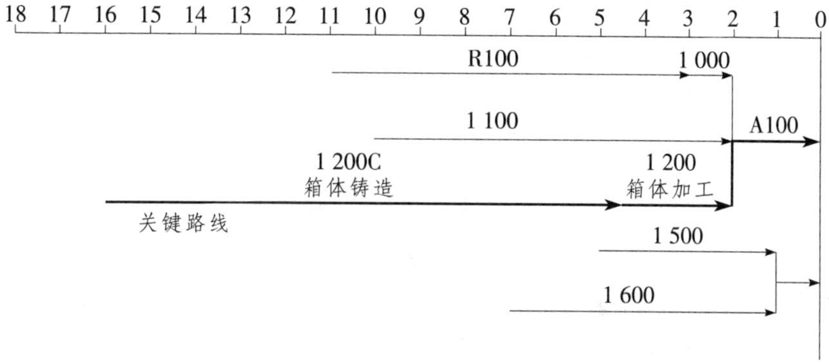

图 6—15 通用件清单 5500 的时间坐标物料清单

表 6—11 中英文缩写的含义如下（见表 6—12）：

表 6—12

缩　　写	英文原文	解释
PSDO	Pseudo BOM	虚拟清单
PLANBL	Planning Bill	计划清单
MCH	机加工	关键资源
SUB	分装件生产线	关键资源
ASSM	总装线	关键资源
KIT	工具制造	关键资源
LFL	Lot-for-lot	批量对批量
P-13	Planning time fence	计划时间栏-13 周
C-12	Cumulative material ordering time	累积材料订购时间-12 周
SAFETY-HSING CAST	Safety-Housing Cast	防护箱体铸件
PLAN	Plan	将 CPO 转为 FPO 的时间
C	Capacity fence	能力时间栏
P	Planning time fence	计划时间栏
MPS	Master production schedule	主生产计划
FIRM	Firm planned orders	确认的计划订单
A	Assemble-to-order	按订单装配
F	Finished-goods-order	按订单提货（从成品库）
R	Replenishment	补货
T	Demand type	需求类型：按订单装配（A），按订单提货（F）
S	Demand status	需求状态：顾客已下单（R），报价状态（Q），未交付订单（H），可发运订单（S），由上层品目产生的需求（F），等
C	Demand code	需求代码：正常（空），非正常：A

计划期部分

位于输出屏幕中间的计划期部分即实际的主生产计划部分。首先，我们注意到计划可用库存是按照实际需求（加配套需求）与预测需求孰高的原则确定的。从表6—11中可以看到，第1周（10/13）的计划可用库存为5个单位，其计算过程如下：

MPS－实际需求－配套需求＝400－385－10＝5

其次，我们注意到，第1周的可承诺能力ATP之所以等于10是因为考虑到在第2周，当期的MPS不能满足当期的实际需求，存在5个单位的缺口，所以应当相应地减少第1周的ATP，故而使之为10个单位，而不是按当期计算的15个单位。可承诺能力可以是储存通用件，或是储存通用件材料。用富余的生产能力生产通用件库存以不让生产能力闲置，这在需求不确定时，是通常的选择。

在计划期部分我们还注意到，主生产计划员设置了两个时间栏，一个是能力时间栏，设在第12周（1/05周），标记为C；一个是计划时间栏，设在接下来的第13周（1/12周），标记为P。能力时间栏是一种备忘性质的时间栏，它表示在此时间栏内很难做出生产能力调整的决策。而计划时间栏则用于控制计算机程序的自动操作，它确保处于计划时间栏内的主生产计划订单（即计划下达订单）均由主生产计划员控制，只是超出计划时间栏的主生产计划订单才由计算机软件自动处理。

在计划期部分，主生产计划员是将整个计划期作为整体来分析，试图找到最佳方案。

详细数据部分

详细数据部分位于MPS输出的下端，它又分为两部分“主生产计划明细”和“实际需求明细”。其中的数据来自MPS软件系统的各种数据文件，包括供应侧的制造和供应商订单信息以及需求侧的顾客和存货订单信息。

在主生产计划明细部分，列出了确认的计划下达订单和附带的信息，包括订单号、批号、要求的完成日期以及订单的类型和状态。在“建议的措施”栏内，对最后的订单（要求日期为1/19）的建议措施标记为“PLAN”。其含义为，这是将计算机计划订单（Computer planned order，CPO）转换为确认计划订单（Firmed planned order，FPO）的最后时间，因为再向前一周（1/12周），就进入计划时间栏了，如果此时主生产计划员不修改CPO，则计算机自动将其转换为FPO。

在实际需求明细部分列出了实际订单的参考号和数量。我们看到，第1周的385个单位的实际需求是由标注为“Main Mfg”到“Int'l Energy”的11个订单构成的，其他期间上的实际需求都可以在这里查到对应的实际订单。我们还发现，在“Main Mfg”后的订单参考号为WA01，这不是顾客的名称，而是公司产品的代码，由此可知这是主生产计划员安排的60单位成品库存的通用件套订单。在这一部分，还给出了需求的类型、状态和代码，如需求类型为：按订单装配（A：assemble-to-order）和按订单提货（F：finished goods）；需求状态为：顾客已下单（R：released requirement）、报价状态（Q：customer order in the quotation state）、未交付订单（H：on-hold customer order）、可发运订单（S：shippable item）、由上层品目产生的需求（F：from an upper-level item）等；需求代码为：正常（空）和非正常（A），如果需求为非正常需求，需要将其数量加在其发生期间的预测需求上。

从本例中我们再次看到，主生产计划是不能由计算机自动编制的，必须包含主生产计划员的判断、介入和抉择。

资料来源：Proud，John F.，Master Scheduling，2nd edition. New York：John Wiley & Sons，Inc.，1999，pp. 272-283.

第四节 粗能力计划

一、什么是粗能力计划

粗能力计划，又称为资源需求计划（resource requirement planning），是计算主生产计划对关键资源的能力要求，通常称为负荷。粗能力计划的作用是将其与关键资源的计划能力进行比较，发现那些可能发生严重超负荷或欠负荷的期间，然后采取措施平衡负荷与能力的缺口，以确保主生产计划的有效性。粗能力计划工作在MPS阶段必须做得很扎实，否则问题留到MRP阶段，就会发生在制品堵塞，生产秩序被打乱，交货严重拖期，生产成本大幅度上升的严重后果。

粗能力计划是在“宏观”层次上运作的，它采用的是粗略的负荷数据，进行的是粗略的负荷平衡，精确的负荷平衡是不必要的，重要的是能够很快地测试出不同的MPS方案的负荷平衡结果。所以，粗能力计划的编制并不需要复杂的计算，通常借助个人计算机的电子表格软件就可以完成。在商品化的MPS软件中，一般都包含粗能力计划模块。

事实上，粗能力计划的作用是双重的。从短期来看，粗能力计划的作用是使MPS的负荷保持在关键资源最大能力的约束条件内，确保MPS的有效性；从长期来看，它帮助企业的高层管理人员决定是否应当增加生产能力，增加哪种关键资源的生产能力以及增加多大的能力。

粗能力计划的编制要用到五种生产能力的概念：要求能力（required capacity），可用能力（available capacity），实际能力（demonstrated capacity），计划能力（planned capacity）以及最大能力（maximum capacity）。

1. 要求能力

这是主生产计划在计划期和每个期间上对各个关键资源的能力需求，通常以工时或机时为计量单位，在工时或机时中包括作业转换时间和加工时间。

2. 可用能力

这是关键资源以100%的生产率运转所发挥出的生产能力。

3. 实际能力

这是经过长期运行证实的关键资源的实际产出绩效。

4. 计划能力

实际能力加计划期内计划增加（或减少）的能力称为计划能力，生产能力的调整包括设备或人员的调整。

5. 最大能力

在不增加资本支出的情况下关键资源可能达到的最大能力。比如，在核定计划能力时是根据单班能力计算的，如果允许增加一个工作班，则最大能力是计划能力的一倍。最大能力一般是采取临时措施增加的能力，故具有短期性质。如果可以长时间按最大能力运转，就应该将此能力水平列入计划能力。

粗能力计划的编制步骤主要分为三步：

第一步：计算主生产计划初步方案对各种关键资源在各个期间上的要求能力。

第二步：比较各个期间上关键资源的要求能力与计划能力，发现那些要求能力严重超出计划能力的关键资源及其所在期间。也就是要回答以下问题：

- 在计划期的每个期间上，各种关键资源的要求能力是多少？
- 每个期间上关键资源的计划能力是多少？
- 每个期间上的要求能力与计划能力是否平衡？
- 如果不平衡，差距有多大？

根据经验，当要求能力超出计划能力在10%以内，可视为正常情况，一般不需要采取调整措施；当要求能力超出计划能力20%以上，必须通过粗能力计划进行调整，否则这样的主生产计划直接下达，定会在实施过程中遇到严重的瓶颈。

第三步：必要时，采取措施调整主生产计划，包括调整关键资源的计划能力或要求能力以使二者平衡。这些措施主要包括：错开某些订单的开始时间，推迟某些订单的完工时间，外包，加班，增开工作班，调配具有多种技能的工人支援关键资源，雇用临时工，等等。如果在MPS层面不能平衡过量的负荷，可能需要修改上一层的综合生产计划，或修改销售与运营计划（S&OP），这通常需要通知顾客延迟或取消某些订单。所以，粗能力计划的计划过程，实际上是主生产计划的修订和优化过程。

图6—16给出了主生产计划编制过程中主要活动和数据来源的相互关系图。

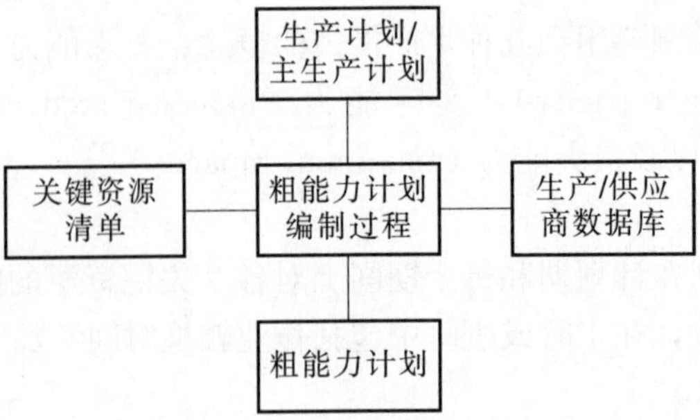

图6—16 MPS的计划过程

二、关键资源清单

粗能力计划必须突出重点，主要针对关键资源和经常发生堵塞的瓶颈环节进行负荷平衡。所以，编制粗能力计划首先要识别关键资源，建立产品族关键资源清单。

1. 识别关键资源

关键资源是那些经常成为生产过程的瓶颈的设备、生产线、检验工序、场地面积、熟练工人、主要供应商以及资金等。其主要特征为：

- 经常性的瓶颈环节，即经常发生负荷超过生产能力和在制品堵塞的工序；
- 难以外包的工序，这样的工序往往要求操作者具备较高的专业技能，或者生产能力不具有弹性，难以调节；
- 交叉工序，多个加工过程的汇集点，容易造成堵塞；
- 中断加工或频繁转换作业会造成严重损失的工作中心；
- 专用工具或磨具制造工序；
- 容易发生批次质量事故的工作中心；
- 单一供应商。

关键资源既可以是单个工作中心（设备），也可以是一组设备或一个生产单位，如车间等。一般粗能力计划主要是针对较大的资源组合制定的，它的目的主要还不是精确地计算加载在单个资源上的负荷，而是要估计 MPS 初步计划的全局影响，判断其可行性。

我们下面重点考虑设备和人力的生产能力，通常用工时来表示人力和设备的生产能力。

2. 确定关键资源的工时定额

关键资源的工时定额是在正常情况下加工标准批量的某种产品族或零件族所需的时间，包括加工时间和作业转换时间。产品族或零件族的工时定额通常是选取产品族或零件族中代表性的产品或零件品目，在正常的加工状况下（中等熟练程度的操作工人，正常的节拍）进行测定；当产品族或零件族中的品目订货的概率接近时，也可以采取加权平均工时作为定额工时。标准批量是一种期量标准，是每个产品族或零件族加工的最小批量，实际的加工批量可以是它的倍数，相应的，实际工时也是工时定额的倍数。

3. 建立产品族关键资源清单

产品族关键资源清单，又称为关键资源清单（key resources profile）或简称为资源清单（resource profile 或 bill of resource），它是单个产品族在标准批量下消耗工艺路线经过的各种关键资源生产能力（工时）的一览表。在资源清单中，关键资源要按工艺路线的加工顺序排列，之所以这样要求，是因为要依此顺序加入每种关键资源的提前期补偿。所谓提前期补偿（lead-time offset），是表明一旦产品族的产出时间确定后，要提前多长时间用到某种关键资源，也就是一旦产品族的出产日期确定后，将在哪个（或哪些）期间上占用该种关键资源。如果再加上占用关键资源的工时定额，就可以知道在哪个期间上占用多长时间的该种关键资源。这样的产品族关键资源清单就可以用于编制粗能力计划了。实践中，提前期补偿的实际考虑是很粗略的，通常是以月度或周为时间单位，只要不超过此范围就忽略其影响。表6—13给出了一个产品族关键资源清单的例子。

表6—13 产品族关键资源清单

关键资源	度量单位	S&OP产品族A	S&OP产品族B	S&OP产品族C	S&OP产品族D	S&OP产品族E
工作中心1	机时	1.1	1.1		0.8	1.5
工作中心2	机时	1.0		4.0		
装配线	工时	15.0	28.0	48.0	24.0	26.0
工具制造单元	机时	265.0		22.0	33.0	20.0
独家供应商S	件	250		1 000		

说明：机时和工时的单位为：小时/千件；供应商供货数量的单位为：件。

开发产品族关键资源清单是一项一次性的工作，除非产品在设计上有较大改动，否则资源清单将用于产品的整个寿命周期。此外，资源清单还应尽量简单，只需包括容易出现瓶颈的关键资源，否则会大大增加粗能力计划的工作量，并使主生产计划方案难以通过。产品族关键资源清单的作用类似于物料清单的作用，是编制主生产计划的一种基础数据。在编制MPS时，应将所有MPS列入的产品（或最终品目）的资源清单存储起来，以便重复地用于粗能力计划的制定。不过在从性质上来看，产品族关键资源清单是一种指南，而不是像物料清单那样是一种精确的工程标准。

我们以一个简单的例子说明粗能力计划的编制过程。

[例6—3]

粗能力计划编制过程

恒昌公司是一家生产和经营高档办公用品的公司，其生产的钢笔和签字笔，除了作为办公用品外，还经常被许多企业或个人作为赠送客人的礼品，在市场上十分畅销。公司的主生产计划部门正在编制第三季度的主生产计划，其中钢笔有五个系列，分别标记为A、B、C、D、E系列，其产品族关键资源清单和每个产品族各个品目的关键资源清单分别如表6—14的（a）和（b）所示。从清单中可以看到，钢笔生产的关键资源包括：工作中心1、工作中心2、装配线、工具制造单元以及笔尖材料的独家供应商S。表6—14（a）中列出了每个产品族在每种关键资源上加工的千件工时定额；表6—14（b）进一步给出了每个产品族的每个品目在每种关键资源上加工的千件工时定额。产品族品目典型组合的构成概率是根据销售的历史数据统计得到的，产品族的工时定额是产品族品目工时定额的概率加权和。

7月份主生产计划的初步方案如表6—15所示。我们看到，主生产计划的编制对象是构成产品族的品目。这与我们前面所说的综合生产计划的编制对象是产品族、作业计划的编制对象是产品或零件品目是一致的。主生产计划的初步方案是否可行还需要经过粗能力计划的检验。根据 7 月份主生产计划编制的粗能力计划如表 6—16 所示。

表 6—14　产品族及其品目的关键资源清单

(a) 产品族关键资源清单　　单位：小时/千件，件

关键资源	度量单位	S&OP 产品族 A	S&OP 产品族 B	S&OP 产品族 C	S&OP 产品族 D	S&OP 产品族 E
工作中心 1	机时	1.1	1.8		0.8	1.5
工作中心 2	机时	1.0		4.0		
装配线	工时	15.0	28.0	48.0	24.0	26.0
工具制造单元	机时	265.0		22.0	38.0	20.0
独家供应商	件	250		1 000		

(b) 品目关键资源清单　　单位：小时/千件

S&OP 产品族		A					B			C			D			E		
关键资源	度量单位	A1	A2	A3	A4	平均	B1 B2 B3	B11 B12 B13	平均	C1	C2	平均	D1	D2	平均	E1	E2	平均
典型组合（%）		25	25	25	25	100	60	40	100	50	50	100	33	67	100	50	50	100
工作中心 1	机时	2.0	2.4			1.1	3.0		1.8				2.4		0.8	3.0		1.5
工作中心 2	机时				4.0	1.0				3.0	5.0	4.0						
装配线	工时	12.0	12.5	16.7	20.0	15.0	18	45	28	36	60	48	19	26	24	24	27	26
工具单元	机时	160.0	260.0	320.0	320.0	265.0				15.0	29.0	22.0	24.0	45.0	38.0	13.0	27.0	20.0
独家供应商	件				1 000	250				1 000	1 000	1 000						

表 6—15　主生产计划（7 月）　　单位：件

产品族	A	B	C	D	E	合计
7 月 第 1 周		B1 4 000 B2 4 000 B3 2 000				10 000
第 2 周	A1 6 000		C1 1 000	D1 2 000 D2 1 000	E1 3 000	13 000
第 3 周	A3 2 000 A4 10 000		C2 1000			13 000
第 4 周	A4 12 000		C2 2 000			14 000
合计	30 000	10 000	4 000	3 000	3 000	50 000

表 6—16　粗能力计划　　单位：小时，件

产品族		A	B	C	D	E	要求能力	净差距	计划能力	最大能力
工作中心 1	第 1 周		30				30	−6	24	32
	第 2 周	12			5	9	26	4	30	40
	第 3 周						0	30	30	40
	第 4 周						0	30	30	40
	合计	12	30	0	5	9	56	58	114	152

续前表

产品族		A	B	C	D	E	要求能力	净差距	计划能力	最大能力
工作中心2	第1周						0	20	20	36
	第2周			3			3	22	25	45
	第3周	40		5			45	−20	25	45
	第4周	48		10			58	−33	25	45
	合计	88	0	18	0	0	106	−11	95	114
装配线	第1周		180				180	60	240	396
	第2周	67		36	64	72	239	61	300	400
	第3周	234		60			294	6	300	400
	第4周	240		120			360	−60	300	400
	合计	541	180	216	64	72	1 073	67	1 140	1 596
工具制造单元	第1周							2 350	2 350	3 050
	第2周	960		15	93	39	1 107	1 593	2 700	3 100
	第3周	3 840		29			3 869	−1 169	2 700	3 100
	第4周	3 840		58			3 898	−1 198	2 700	3 100
	合计	8 640	0	102	93	39	8 874	1 576	10 450	12 350
独家供应商	第1周						0	4 600	4 600	5 600
	第2周			1 000			1 000	3 800	4 800	5 800
	第3周	10 000		1 000			11 000	−6 200	4 800	5 800
	第4周	12 000		2 000			14 000	−9 200	4 800	5 800
	合计	22 000	0	4 000	0	0	26 000	−7 000	19 000	23 000

仔细考察表6—16的粗能力计划可以看到，工作中心1在第1周有6个工时的能力差距，但全月的净能力差距为正，也就是从月度看，有较大的能力富裕，所以，第1周的能力差距可以忽略。工作中心2全月的能力差距为负的11个工时，由于要求能力仅超过计划能力的11%左右，且低于该工作中心的最大能力水平，故一般只需在工作中心内部适当调配即可。比如，在不影响承诺的交货期的前提下，将第3周和第4周超过计划能力的负荷调整到第1周和第2周进行，工作中心启动最大能力运行程序，如采取加班、增加工作班、外包等。装配线的负荷平衡情况类似于工作中心1，也是局部期间上有小幅度的超负荷，整个月度的要求能力与计划能力之间是平衡的，且略有富裕。工具制造单元的负荷平衡情况类似于工作中心2，由于工具不属于最终交付产品，没有交货期问题，故完全可以将第3周和第4周所需的部分工具提前到第1周和第2周进行生产。

问题有可能出在笔尖材料独家供应商的供货能力上，粗能力计划表明，其能力差距为7 000件，超出计划能力的36%以及最大能力的13%。我们的方针是尽可能在不改变主生产计划的前提下，设法在月度范围内解决此问题。比如，若企业保有一定量的笔尖材料的安全库存（一般对于独家供应商，一定要设立安全库存），可以考虑动用一部分，以后再补上；或者用溢价向供应商询购不足的部分。如果可能采取的措施仍不能解决问题，就要考虑是否需要修改主生产计划，这可能引起其他已列入计划的产品族品目的变动，还可能需要向客户征询能否延期交付一部分订货。

总之，我们从这个简单的例子可以看到，没有经过粗能力计划验证和平衡过的主生产计划是一个没有把握的作业计划。

本章小结

将库存控制问题区分为独立性需求库存控制和从属性需求库存控制是生产与库存控制领域最重要的进展之一，这应当归功于 MRP 理论的提出。正是 MRP 使这种区分具有了重要的现实意义，从这个意义上说，MRP 改变了生产与库存控制领域的面貌。作为一种生产与库存控制的新方式，MRP 适用于任何具有应用主生产计划可能性的生产与运营系统。

主生产计划作为市场营销与生产运营的界面，它处理的是外部的独立需求。主生产计划在需求的不确定性和供给的不确定性之间建立起一种平衡机制，从而大大改善了 MRP 的计划编制条件和实施条件，确保了顾客需求的满足和生产秩序的稳定。

工程物料清单是一种定义产品结构的标准，根据需要，它可以映射为计划清单、销售清单和制造清单，这些转化形态为企业的计划、销售、制造、采购等职能提供了依据，同时也使确保物料清单的一致性变得越发困难和关键。在物料清单基础上区分通用件清单和专用件清单可以大大简化主生产计划的编制工作，并且可以有效地降低库存和提高生产运营系统的响应性。

应当按最少品目原则确定主生产计划的编制对象，按最终品目的累积提前期确定计划期，并通过设置计划时间栏建立主生产计划的纪律，这对于提高计划的权威性和避免造成严重的浪费和混乱是非常必要的。应当选择适当的计划编制方法以及引入可承诺能力的概念以提高主生产计划的灵活性；通过粗能力计划对主生产计划方案进行验证和修改以确保其有效性。正是这些重要的工作使 MPS 成为 MRP 系统成功运行的关键，同时也使人们重新认识了主生产计划员职责和地位的重要性。

案例研究

还能改进吗？还能改进吗？①

大约在 1999 年底，我初次学习了《生产计划人员工作理念和行为准则》，当时的第一印象是觉得它是一篇好文章。我觉得，学习这篇文章的首要任务是不断在工作中体会它的精华，检讨自己的工作理念和行为准则，从而不断地做实自己的计划工作，并在做实的基础上不断地检讨与改进结构件的计划方法。

我觉得强烈的工作责任心是做好计划工作并能不断改进的基础。一个计划员，哪怕他的计划专业知识的功底非常深厚，如果没有强烈的工作责任心，他就不会在

① 本案例改编自深圳市华为技术有限公司订单运作管理部结构计划处周文来工程师的文章《还能改进吗？还能改进吗？》。原文发表在该公司内部刊物《管理优化报》第 140 期，时间为 2000 年 10 月 31 日。

做好本职工作的情况下孜孜不倦地改进计划方法。在日常工作中我深深地体会到，计划工作的改进（特别是结构计划工作的改进）非常重要。因为我们公司的计划逻辑与原理只有一个，但各个组织的市场要货情况、原材料供应情况千差万别，不同条件下的计划工作绝对不是用一个计划逻辑与原理就能很好完成的。因此，必须有强烈的工作责任心，才能在做好本职工作的情况下，精益求精地改进计划方法，使本组织的计划方法不断地朝有效、实用、更贴近生产与采购的方向发展；平衡供需，挺起供应链的脊梁。

很多做了较长一段时间的新计划员应该有这样的体会：计划员的工作就是一月或两周跑一次计划，然后追料。就这样周而复始地跑啊、追啊……以至到后来，都没有好好地想过自己负责的这部分计划的精髓是什么。上一辈计划员是怎样做计划的，到自己这一辈还是这么做；上一辈计划员是怎样做预缺料的，到自己这一辈还是这么做；上一辈计划员是怎样做例外信息的，到自己这一辈还是这么做。而市场在变，供货环节在变，公司对计划的要求也在不断地提高。只有在不断的工作改进中才能体会到《生产计划人员工作理念和行为准则》的精髓。这一点是我做 SDH 组织结构件计划时得到的深切体会。

对 SDH 组织的市场要货特性，公司的每位同事都应很清楚，采购计划要很好地控制库存、保证供货，的确有一定的难度。我真正开始 SDH 组织结构件计划的改进工作是在 2000 年第二季度考评谈话后，记得当时主管对我说：你的 SDH 结构件计划工作虽然在不断进步，但没有取得突破。他问我能否全面总结一下 SDH 组织的要货特性，希望我在 SDH 计划与到货控制方面取得突破。

开始几天，我苦思冥想，没有头绪。有一天我突然无意中翻到了《生产计划人员工作理念和行为准则》，对照了一下自己的工作后，看到了一丝曙光，我终于感觉到了自己的不足以及开始找到突破口。

首先，我觉得自己的工作责任心还不够强烈。强烈的工作责任心应该表现在对工作的目标负责以及对工作精益求精的改进上。过去我总是潜意识地认为，我的 KPI 指标有所上升、计划做得不比别人差就可以了。其实，我忽略了 SDH 组织的要货特性，从而放过了 SDH 组织结构件计划与供货环节存在的巨大改进机会。当时我给自己订了个目标：在第三季度里，要大幅提升 SDH 组织的库存周转率，一定要做到让上游客户和下游客户都满意。

我发现的第一个改进点是：部分控制到货的结构件的库存较大。于是，通过与传输调度、中试结构计划、结构计划处的同事们的紧密协作，不断检讨控制到货系统的填报原则与规范，不断改进控制到货系统的填报技巧，在三个星期的时间内，终于使 SDH 结构件的库存周转率从今年 6 月初的 15 次/年上升到 19 次/年。但是，控制到货结构件的库存减小后又暴露出来两个问题：一是库存对付需求浪涌现象的能力减小了；二是供应商因产能等原因当发现需求减少时，其备货也减少了，因而导致我们的欠料现象增加了。为了解决这些问题，经过与调度、采购协商，我们每周拟制一份《SDH 组织控制到货结构件需求预测》，对后两周的需求滚动预测，以供供应商备货所需。这样，问题基本得到了解决。到 7 月份，库存周转率已上升到 21 次/年。

还能改进吗？这时不断出现的拉手手条与五金件缺料或库存大的抱怨使我产生了一个想法：如果供应商将我们库存大的结构件暂缓生产，将产能集中到我们即将缺料的结构件的生产上该有多好啊！于是，我尝试着提取和处理当前库存和后期需求等数据，终于匹配成功了两个报表：一是《需紧急到货的结构件报表》，二是《需推迟到货的结构件报表》，以指导供应商的生产。实践证明，这两个报表对供应商的生产与供货的确起到了良好的指导作用。但执行到第三个星期时，采购部门向我反馈，两个报表的到货要求有部分与PO（采购订单）的定约日期不符，这就使供应商有了两个执行的指令。为解决这一问题，经过与采购人员的协商，决定还是首先维护合同的严肃性，采取一切到货指令以合同交货日期为准绳，如有矛盾就下计划更改单的做法。这样，终于初步做到了在不违背到货计划的严肃性的基础上成功地指导了供应商的生产，到8月底库存周转率已上升到23次/年。

还能改进吗？既然上面两种方法取得了较好的效果，我觉得应该把它标准化。首先，我将它变为一项例行的工作（每星期滚动一次）。其次，在文件格式上标准化，我将《SDH组织控制到货结构件需求预测》、《需紧急到货的结构件报表》以及《需推迟到货的结构件报表》做成WORD文件的《到货指导》，以方便采购人员发传真用。到9月底，SDH组织的库存周转率已上升到25次/年。

还能改进吗？此时我想到了要加强《到货指导》的权威性。因为如果《到货指导》有几个项目不准，造成供应商太大的库存，供应商可能以后就不会相信我的《到货指导》了。我的《到货指导》必须比他们的经验更实用。因此，对《到货指导》上的每一个项目的精心调整成了我这段时间的改进重点。

还能改进吗？我觉得采购、计划、调度、供应商之间的信息沟通渠道还需要改善。SDH组织采购、计划、调度、供应商之间的欠料与到货信息的传递是按以下方式进行的：

（1）欠料信息：调度——计划——采购——供应商；

（2）到货信息：供应商——采购——计划——调度。

上述方式的缺点是流程长、环节多、效率低。对于一些特急的物料，调度员简直就会急不可耐地跨越其他环节直接与供应商联系。另外，除采购外，计划、调度对供应商的备货情况一无所知，因而对能否按时拿到预欠的物料心中没有底，故经常出现向采购提出不切实际的到货请求的情况和一种物料的到货一天反复多次询问采购的情况。

能否缩短采购、计划、调度、供应商之间的欠料与到货信息的传递渠道呢？带着这一问题，我与调度、中试计划、采购一道对供应商进行了一次拜访。我们发现将供应商的《生产进度表》提供给采购，同时也提供给计划、调度人员，就能很好地解决这个问题。当时，我部的柯刚雄正好与唐荣昆协作，正在做将结构件供应商的《生产进度表》汇总搬上“供应商生产进度网站”这件事。这样，以后所有相关的计调人员不仅能清晰地了解到每一种结构件在供应商处的备货情况，而且还有条件对供应商不正确的备货进度提出预警。拜访供应商以后，供应商的《生产进度表》就成了我了解供应商生产和协调到货的重要信息来源，当时感觉有了这报表就像多长了一双眼睛一样。

还能改进吗？SDH组织的要货特性确实让许多计划人员伤脑筋，能否找到一种简单的方法，使SDH结构件采购计划与库存能克服SDH组织不规则要货的影响？经过思考，我觉得：（1）SDH结构件采购计划的“计划数量”应以MRP需求数据为基础，并参照每月用量；（2）SDH结构件采购计划的“到货日期”可主要根据每月用量，将MRP计算出的数量均匀拆分到合适的时间点上。这样，基本可实现在保证供货的情况下仍有一个比较均匀的库存。

还能改进吗？我觉得，结构件供货要做得好，关键是供应商要有库存；结构件计划要做得好，关键是要管理好供应商的库存。也就是说，结构件的计划要做到供应商那里去，一定要对供应商的生产计划、库存情况了如指掌，才能真正做到运筹帷幄，保证供货。当然这是我的下一个改进目标，可喜的是我的这一想法与部门主管规划的方向很接近，并得到了部门主管的鼓励与支持。

经过从第三季度至今的已完成的和没有完成的工作改进，我个人最大的收获就是，觉得我的SDH结构件计划工作非常有乐趣，单调的计划工作反而让我感到非常有成就感。我的SDH计划工作得到了许多领导的好评，SDH组织结构件的库存周转率也从原来的15次/年上升到25次/年。再回过头来体会《生产计划人员工作理念和行为准则》，发现当我在工作改进遇到困难时，所用的行为与思维方式与“理念与准则”非常接近，这样就等于在实际工作中将该“理念与准则”实习了一遍，体会更深了。

问题讨论

1. 从本文的作者不断改进SDH组织结构件计划的过程可以总结出作业计划改进的那些规律性的概念和措施？

2. 怎样使企业的绩效评价体系鼓励和支持员工不断提出“还能改进吗？”的要求？怎样激励千百个像本文作者这样的普通员工把平凡单调、日复一日的本职工作转化为充满挑战、充满乐趣的事业？

第七章

物料需求计划

学 习 目 标

阅读和学完本章后，你应当能够：

1. 解释 MRP 的计划编制逻辑。
2. 说明为什么 MRP 的计划编制逻辑是绕不过去的。
3. 掌握编制 MRP 计划的基本方法。
4. 建立起 MRP 的批量确定技术与时变需求下的库存控制方法之间的联系。
5. 说明从 MRP 到 MRPⅡ的演进过程。
6. 说明 MRPⅡ的系统功能结构。
7. 概述 ERP 系统的功能结构。

生产作业计划的编制和实施，需要一套清晰的逻辑和系统化的程序以减少工作中的漏洞和提高计划工作效率；需要一套完整的、严密的计划体系互相保障、统筹解决生产作业计划的各种问题；需要一套有效的、实时的生产控制系统加强计划执行过程中的监控和信息反馈。物料需求计划（MRP）作为一种作业计划排程机制和系统，全面实现了上述要求。它与传统作业计划方法的根本区别首先在于作业计划的编制逻辑，这是理解和应用 MRP 的基础。

MRP 的计划编制逻辑之所以不能应用于传统的、基于手工方式的作业计划编制过程，是因为按此逻辑编制作业计划，其复杂性和巨大的工作量是手工方式难以驾驭的。尤其是当环境条件发生重要变化需要对作业计划修改时，由于时间紧迫，手工方式更无法完成。于是，计划的主导地位不得不让位于调度，而依靠调度组织生产会进一步冲击原定的作业计划，从而很可能使生产计划与控制进入一种恶性循环。计算机技术的进步使 MRP 的应用成为可能。

然而 MRP 的初期应用表明，如果 MRP 系统不能覆盖影响生产作业计划编制和实施的各个功能领域，包括订单录入、采购、库存、BOM、工程订单更改、能力计划、生产控制等，以及成本核算、会计核算和资金计划，MRP 的潜在优势还是发挥不出来。这就进一步促使了 MRP 系统向上述领域的扩展，扩展后的 MRP 系统称为制造资源需求计划，记作 MRPⅡ。

本章在第六章所讨论的主生产计划 MPS 基础上进一步阐述 MRP 的计划编制逻辑，并通过实例详细说明其应用；然后追寻从 MRP 到 MRPⅡ的演进路线；最后简要地讨论 ERP 的主要模块和功能。

第一节 MRP 的编制逻辑

逻辑不同于程序步骤，它是隐含在程序中的推理。任何一种程序产生的结果的正确性取决于它所依据的推理的完备性。MRP 之所以能够取代传统的作业计划方法，就在于它的逻辑的严密性。因此，如果要问 MRP 系统是怎么工作的，那就先要搞清楚 MRP 的编制逻辑。

一、库存状态

我们在前面曾经提到，MRP 假设所有的物料清单品目都通过库存这种形态转换，也就是说，每种零部件的完工都看作已下达订单的完成入库，每种需求的满足都看作通过库存来满足的。因此，库存水平或可用库存（available inventory），可以用来说明 MRP 关心的三个基本问题：（1）我们有什么？（2）我们需要什么？（3）我们应当做（制造和采购）什么？

1. 初始的库存状态公式

根据连续检查库存控制策略，可用库存量可以由下式确定：

$$X = A + B - C \tag{7.1}$$

式中，A 是现有库存量；B 是已订货量；C 是积压的订单量；X 是可用库存量。

所谓库存控制，就是经常保持可用库存量 X 大于等于零。实现这一目的的途径是及时发出订单 B 补充库存水平。初看上去，基于式（7.1）的库存控制策略可以防止发生缺货现象，实则不然，因为上述公式过于粗略，这表现在以下三个方面：

（1）缺乏时间参数信息。

（2）B 项和 C 项数据代表的是总计数，而不是每一笔订单数。

（3）公式只包含了已订货信息，没有提供未来补充库存的计划信息。

例如，根据式（7.1）可假设库存状态如下：

现有库存量：　100

已订货量：　120

积压的订单量：200，100＋120－200 ＝ 20

计算结果看来一切都安然无恙，无须采取什么行动。但事实上，如果我们加入时间参数信息，情况就大不一样了。例如：

现有库存量：　100

已订货量：　　120，7 月 1 日到货

积压的订单量：200，5 月 15 日交货

虽然从数量上看可用库存量可以满足需求，但从时间上看却不能满足需求，出现了缺货情况。我们还可以举出相反的例子，例如：

现有库存量：　20

已订货量：　　100

积压的需求量：200，20＋100－200 ＝－80

从数量上看存在 80 个单位的缺货。但如果我们像下面那样加入时间参数信息，情况就不同了，例如：

现有库存量：　20

已订货量：　　100，3 月 10 日到货

积压的需求量：110，3 月 15 日交货

　　　　　　　90，6 月 15 日交货

假如管理人员在 3 月 15 日检查库存，在当时看来并未发生缺货问题，而他只要立即发出订单补充库存，并假定订货提前期平均为 4 周的话，将来也不会发生缺货问题。

显然，在上述两种情况下，式（7.1）提示的库存状态和控制行动信号都是错误的。

在 MRP 中，所有上述缺陷都可以被克服，这只需在式（7.1）中增加计划将要下达的订单和给每种库存要素都加上时间参数即可。

2. 改进后的库存状态公式

改进后的库存状态公式为：

$$X = A + B + D - C \tag{7.2}$$

式中，D 是计划将要下达的订货量。

实际上，在 MRP 中，库存状态要素有五种，并且都带有时间参数，它们是：（1）现有库存量；（2）已定货量；（3）毛需求量；（4）净需求量；（5）计划订货量。

这五种库存要素可以分为两类：（1）库存数据，包括现有库存量和已订货量；（2）需求数据，包括毛需求量、净需求量和计划订货量。

MRP 的计划编制逻辑关键是确定毛需求量和净需求量。

二、毛需求和净需求的确定

在 MRP 中，毛需求是物料清单的各个层级上，父项品目对子项品目的一种等价的需求量。它的特征是：（1）毛需求是不考虑库存状态的需求量；（2）对 BOM 中某个零件品目的毛需求是它的上一级父项品目对它的需求量，而不是最终品目对该项零件的总需求量；（3）MRP 最终品目的毛需求是由 MPS 规定的。

对某个零件品目的净需求要根据该零件品目的毛需求、现有库存和计划订单接收量（scheduled receipts，即计划订单入库量）来计算。净需求的计算方法有两种，

下面我们结合一个例子来讨论。

［例 7—1］

关于净需求计算方法的说明

假定某种零件的现有库存量为 23 个单位，另有 30 个单位已订货量将于第 3 期到货。此外，计划期中毛需求的发生数量和时间如表 7—1 所示，要求计算该零件品目的净需求。

表 7—1　净需求计算前的库存状态

		期间								总计
		1	2	3	4	5	6	7	8	
毛需求			20		25		15	12		72
计划订单接收				30						30
现有库存	23									

解：方法一：

净需求的计算方法如下：

毛需求	72
减：计划订单接收	—30
减：现有库存	—23
净需求	19

如果结果为负值，也就是现有库存加上计划订单接收量之和超过了毛需求，则净需求为零。净需求的计算过程应一期一期地向前推移，计算过程和结果如表 7—2 所示。

表 7—2　净需求计算后的库存状态

		期间								总计
		1	2	3	4	5	6	7	8	
毛需求			20		25		15	12		72
计划订单接收				30						30
现有库存	23									
净需求							7	12		19

方法二：

这种计算净需求的方法，是根据期末现有库存的余额来估计净需求。当现有库存第一次出现负值时，它代表第一个净需求；在随后的期间中，负的现有库存量之差等于对应期间上的净需求，如表 7—3 所示。计算方法和结果如下：

$$\text{本期期末现有库存余额}=\text{上期期末现有库存余额}+\text{本期的计划订单入库量}-\text{本期的毛需求}$$

表 7—3　由现有库存余额推算净需求的计算结果

		期间								总计
		1	2	3	4	5	6	7	8	
毛需求			20		25		15	12		72
计划订单接收				30						30
现有库存	23	23	3	33	8	8	—7	—19	—19	—19
净需求							7	12		19

我们看到，这后一种方法相当于公式 $A+B-C=X$。实际应用中可选择任一种方法计算净需求。

三、净需求的满足

在 MRP 系统中，净需求表示即将发生的缺货，如果不能及时补充库存就会发生实际的缺货。MRP 系统探测未来潜在的缺货情况并通过安排计划订单的下达及时补充它以便不发生实际的缺货现象。所以在 MRP 系统中，净需求是通过计划订单的下达来满足的。

可以将 MRP 的计划编制逻辑概括如下：

毛需求－计划订单接收－现有库存＝净需求 (7.3)

计划订单下达＝净需求

1. 计划订单下达

为了正确地产生计划订单，MRP 系统必须确定下述三个变量：(1) 计划订单的完成日期；(2) 计划订单的下达日期；(3) 计划订单的订货数量。

计划订单的完成日期是根据净需求的产生日期确定的。计划订单的订货数量是按批量规则确定的。因此，一个期间上的净需求量可能由一个批量或几个批量来满足，也就是由一个计划订单或几个计划订单来满足，这取决于所采用的批量确定规则。对此，我们在后面还要专门讨论。

计划订单的下达日期是根据该零件品目的制造或采购提前期标准确定的。例如：

计划订单完成日期：周	6
提前期（周）：	－4
计划订单下达日期：周	2

或者

计划定单完成日期：日	328
提前期（日）：	－20
计划订单下达日期：日	308

在生产作业计划中，生产期间和提前期标准都是按作业日历（或车间日历）计算的日期，作业日历不同于公历，它是工作日或工作周的日历，是按工作日或工作周顺序编号的。例如，公历是每年 365 天，而工作日历是除去每周的休息日、节假日的实际工作天数；公历每周是 7 天，而如果每周工作 5 天的话，则工作日历每周只等于 5 个工作日。所以，如果某个存货单元的提前期（采购或制造）是 4 周的话，若换算成天数，则应从交货期日减去 20 天作为它的计划订单下达日期。计划订单的提前期还取决于 MRP 系统的时间单位。如果时间单位为周，则若提前期为 8 天的话，MRP 将其看作 2 周；即使提前期仅为 1 天，MRP 仍将其看作 1 周。这应特别引起注意。在习惯上，用两位数字（00～99）表示工作周的顺序号，当排到

99 时，再从 00 开始；用三位数字（000～999）表示工作日的顺序号，当排到 999 时，再从 000 开始。表 7—4 给出了一个工作日历编号的例子。

表 7—4　　作业日历示例

月份	周一	周二	周三	周四	周五	周六	周日
5 月	①	2 / 989	3 / 990	4 / 991	5 / 992	6	7
	8 / 993	9 / 994	10 / 995	11 / 996	12 / 997	13	14
	15 / 998	16 / 999	17 / 000	18 / 001	19 / 002	20	21

现在我们来看如何满足例 7—1 的净需求。这只需在表 7—3 的下边加上一行计划订单下达的数据代替原有的净需求即可。假定提前期为 4 周（假设原来每个期间为 1 周），订单的下达和完成都在每一期的期中，批量为 19 个单位（批量对批量规则），则在第 6 周发生的净需求以 19 个单位为一个批量，作为一个计划订单在第 2 周下达。一旦计划订单下达后，它就成正在执行中的订单（open order），因此将被记录在计划订单接收行中相应的完成期间栏内。计划订单的下达和完成的排程结果如表 7—5 所示。

表 7—5　　计划订单下达后的库存状态

		期间								总计
		1	2	3	4	5	6	7	8	
毛需求			20		25		15	12		72
计划订单接收				30			19			30
现有库存	23	23	3	33	8	8	12	0	0	0
计划订单下达			19							19

提前期补偿

汇总各个计划订单下达的数量和日期，就形成计划订单下达排程（planned-order schedule），它是 MRP 系统最重要的输出之一，是其他各种作业计划（如材料库存计划、采购计划以及能力需求计划等）的基础。

四、需求的展开

在产品结构相邻两层零件品目之间，唯一的逻辑联系是父项零件的计划订单下达与子项零件的毛需求之间的直接联系。因为在父项零件的计划订单下达的时候，父项零件就要开始消耗子项零件了，所以这时必须有可用的子项零件存在。这种联系如表 7—6 所示。

表 7—6 **父项记录与子项记录的联系**

父项品目		期间								总计
		1	2	3	4	5	6	7	8	
毛需求			20		25		15	12		72
计划订单接收				30			19			30
现有库存	23	23	3	33	8	8	12	0	0	0
计划订单下达			19							19

子项品目		期间								总计
		1	2	3	4	5	6	7	8	
毛需求			19							
计划订单接收										
现有库存										
计划订单下达										

MRP 的计划编制过程是一个将来自 MPS 的最终品目需求展开成各级零部件或材料品目需求的过程，而这个过程又是通过库存记录之间的逻辑联系连接起来的。父项品目的毛需求减去该品目的库存（现有库存和计划订单接收）后便决定了净需求，而净需求又由对应数量的计划订单下达来满足；父项品目的计划订单下达，又决定了相邻层次上的子项品目的毛需求；这样一层接一层地重复地处理下去，直到达到外购品目（零件或原材料）上才停止。表 7—7 给出了三个处在相邻层次上的品目之间的需求展开过程的示例。例中假设品目 A 的制造仅需 1 个品目 B，而品目 B 的制造也只需 1 个品目 C，忽略多个父项品目的情况。也就是说，品目 B 只供品目 A 利用，不供其他品目利用，品目 C 亦如此。而且还假设提前期均为 2 周。

这种标准化的处理过程称为一层接一层处理（level-by-level processing），也就是按照物料清单的层次依次处理，当同一层的所有品目都处理完后才转入下一层处理。由于物料清单采用低层编码原则，故每个品目一般只出现在一个层次上，因此能够保证最高的处理效率。这种一层接一层的处理程序如图 7—1 所示。

这种一层接一层的、由父项品目的毛需求减去现有库存和计划订单接收以决定净需求，然后通过与净需求对应的计划订单下达决定子项品目毛需求的重复处理程序，是 MRP 处理逻辑的核心，也是 MRP 严密性和精确性的体现和保证。它是 MRP 与传统作业计划方法的根本区别所在。这种处理逻辑看上去似乎很烦琐，却是绕不过去的。下面这个例子可以很好地说明这一点。

表 7—7 需求的展开示例

01 层：品目 A		期间									
		1	2	3	4	5	6	7	8	9	10
毛需求		10		15	10	20	5		10	15	
计划订单接收					20	20			20	20	
现有库存	27	17	17	2	12	12	7	7	17	2	2
计划订单下达			20	20			20	20			

02 层：品目 B		1	2	3	4	5	6	7	8	9	10
毛需求			20	20			20	20			
计划订单接收		30		30				30			
现有库存	10	40	20	30	30	30	10	20	20	20	20
计划订单下达		30				30					

03 层：品目 C		1	2	3	4	5	6	7	8	9	10
毛需求		30				30					
计划订单接收						50					
现有库存	40	10	10	10	10	30	30	30	30	30	30
计划订单下达				50							

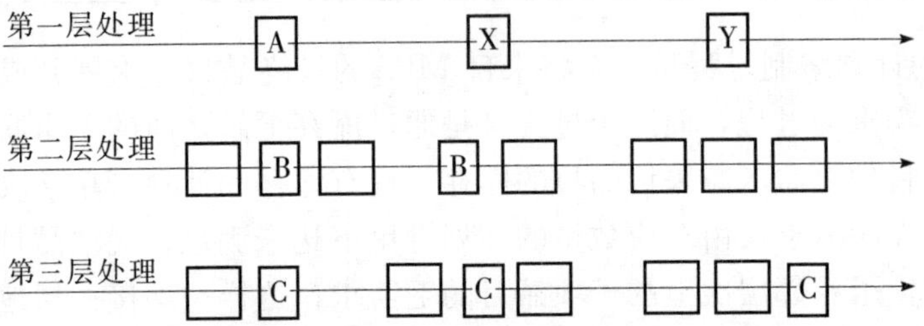

图 7—1 一层接一层处理示意图

[例 7—2]

关于 MRP 处理逻辑的说明

假设要生产 100 辆卡车 X，每辆卡车装有 1 个变速器 A，每个变速器装有 1 个齿轮箱 B，每个齿轮箱装有 1 个主齿轮 C（暂不考虑其他零件），每个主齿轮由 1 件锻坯 D 制造。现有库存数据如下：

变速器 A：　2

齿轮箱 B：　15

主齿轮 C：　7

锻　坯 D：　46

现在的任务是确定每种零部件品目的净需求。

按照传统作业计划方法，由于是采取手工编制作业计划，信息处理能力有限，故不得不将复杂的、繁重的作业计划编制过程简化。通常，计划人员都是将物料清单看作产品的零件表，只关注其中包含哪些零件、各自的数量是多少，而忽略其复杂的层次结构。实践中，许多计划人员都应用下述逻辑来排产：

品目 A：　100－2 ＝ 98

品目 B：　100－15 ＝ 85

品目 C：　100－7 ＝ 93

品目 D：　100－46 ＝ 54

但这是不正确的。我们随后就会知道，品目 D 真正的净需求不是 54 件，而是 30 件。正确的计划编制逻辑应当是一层接一层地确定每个品目的净需求，即：

计划生产的卡车数量：	100
变速器 A 的毛需求：	100
变速器 A 的现有库存：	2
变速器 A 的净需求：	98
对于 98 个变速器，齿轮箱 B 的毛需求：	98
齿轮箱 B 的现有库存：	15
齿轮箱 B 的净需求：	83
对于 83 个齿轮箱，主齿轮 C 的毛需求：	83
主齿轮 C 的现有库存：	7
主齿轮 C 的净需求：	76
对于 76 个主齿轮，锻坯 D 的毛需求：	76
锻坯 D 的现有库存：	46
锻坯 D 的净需求：	30

可见，尽管这种一层接一层的处理逻辑显得有些烦琐，却是不能省略的。传统作业计划方法由于未能按物料清单一层一层地确定每种零件的净需求数量，结果生产出大量多余的库存。这也是传统作业计划体系中库存水平居高不下的主要原因之一。

资料来源：Orlicky, J., Material Requirement Planning—The New Way of Life in Production and Inventory Management. New York: McGraw-Hill Inc., 1975, pp. 54, 55.

第二节 MRP 编制实例

从第六章的讨论我们已经知道，MRP 的编制需要三个基本的输入，它们是：主生产计划、BOM 文件和库存文件。我们已经在第六章中较详细地讨论了前两种输入，库存文件的一般格式如表 7—8 所示。

表 7—8　　库存文件的一般格式

品目主数据区	零件号	描述	提前期	标准成本	安全库存						
	订货批量	准备时间	间隔期	上年用量	等级						
	订货点	废品率	切削数据	其他							
库存状态区	货位	控制余额	期间								合计
			1	2	3	4	5	6	7	8	
	毛需求										
	计划入库										
	现有库存										
	计划订单下达										
参考数据区	订单明细										
	待定活动										
	订单执行状态										

一、一个 MRP 编制的简单实例

［例 7—3］

MRP 编制实例

恒运公司生产和销售两种主要产品：ProdA 和 ProdB，其物料清单如图 7—2 所示。其中简写字母的含义为：Com——零部件，RM——原材料，括号内的数据为与单位父项品目匹配的子项品目的数量。零件 Com2 和原材料 RM1 和 RM2 实行外购，其余零件和产品自制。公司实行备货生产方式，产成品、零部件和原材料均设有一定量的安全库存。该公司 2004 年第一季度的主生产计划如表 7—9 所示，计划时间单位为周，列入第一季度主生产计划的品种和数量皆根据销售预测。

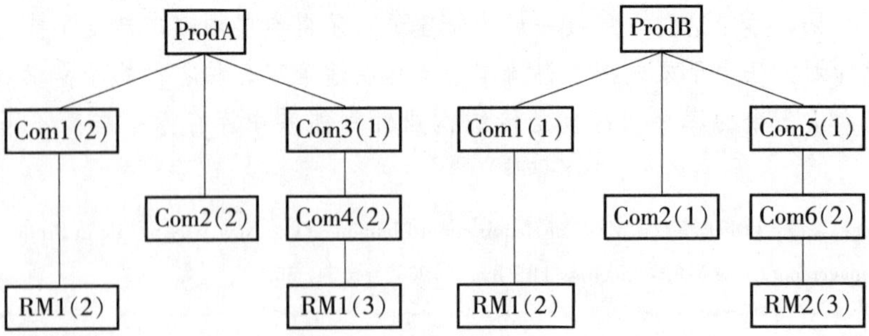

图 7—2　产品物料清单

表 7—9　　本例的主生产计划

	期间（周）											
	1	2	3	4	5	6	7	8	9	10	11	12
Prod1	100	100	100	100	200	200	200	200	300	300	300	300
Prod2	50	50	50	50	300	300	300	300	100	100	100	100

公司产成品的装配提前期为 1 周；零部件的制造提前期均为 2 周；原材料

的采购提前期均为 3 周。生产批量规则为：成品实行批量对批量规则，按主生产计划规定的数量排产；零部件生产批量分别为 500 件和1 000件；原材料采购批量为1 000单位的整数倍。成品、零部件和原材料的安全库存均为计划期每周平均预测销售量，期末库存一般应维持在期初库存的水平上。计划期初成品、零部件和原材料的现有库存列示在表 7—10 的 MRP 计划中。

要求：以 12 周为一个计划期，用 MRP 方法编制生产作业计划。

表 7—10　　本例的 MRP 计划编制过程

品目			期间（周）											
			1	2	3	4	5	6	7	8	9	10	11	12
ProdA	毛需求		100	100	100	100	200	200	200	200	300	300	300	300
	计划订单接收						300	200	200	200	300	300	300	600
(LT=1)	现有库存	500	400	300	200	100	200	200	200	200	200	200	200	500
	计划订单下达					300	200	200	200	300	300	300	600	
ProdB	毛需求		50	50	50	50	300	300	300	300	100	100	100	100
	计划订单接收						250	300	300	300	100	100	100	350
(LT=1)	现有库存	400	350	300	250	200	150	150	150	150	150	150	150	400
	计划订单下达					250	300	300	300	100	100	100	350	
Com1	毛需求					600	400	400	400	600	600	600	1 200	
						250	300	300	300	100	100	100	350	
	计划订单接收					500	1 000	500	500	1 000	500	1 000	1 000	500
(LT=2)	现有库存	900	900	900	900	550	850	650	450	750	550	850	300	800
	计划订单下达			500	1 000	500	500	1 000	500	1 000	1 000	500		
Com3	毛需求					300	200	200	200	300	300	300	600	
	计划订单接收						500		500		500		1 000	
(LT=2)	现有库存	600	600	600	600	300	600	400	700	400	600	300	700	700
	计划订单下达				500		500		500		1 000			
Com5	毛需求					250	300	300	300	100	100	100	350	
	计划订单接收						500	500			500		500	
(LT=2)	现有库存	550	550	550	550	300	500	700	400	300	700	600	750	750
	计划订单下达				500	500			500		500			
Com2	毛需求					600	400	400	400	600	600	600	1 200	
					500	500			500		500			
	计划订单接收						2 000		1 000		2 000		2 000	
(LT=2)	现有库存	2 000	2 000	2 000	1 500	400	2 000	1 600	1 700	1 100	2 000	1 400	2 200	2 200
	计划订单下达			2 000		1 000		2 000		2 000				
Com4	毛需求				1 000		1 000		1 000		2 000			
	计划订单接收				1 000		1 000		1 000	1 000	1 000			
(LT=2)	现有库存	1 000	1 000	1 000	1 000	1 000	1 000	1 000	1 000	2 000	1 000	1 000	1 000	1 000
	计划订单下达		1 000		1 000		1 000	1 000	1 000					
Com6	毛需求				1 000	1 000			1 000		1 000			
	计划订单接收				1 000	1 000			1 000		1 000			
(LT=2)	现有库存	600	600	600	600	600	600	600	600	600	600	600	600	600
	计划订单下达		1 000	1 000			1 000		1 000					
RM1	毛需求			1 000	2 000	1 000	1 000	2 000	1 000	2 000	2 000	1 000		
			3 000		3 000		3 000	3 000	3 000					
	计划订单接收					5 000	5 000	5 000	5 000			5 000		
(LT=3)	现有库存	10 000	7 000	6 000	1 000	5 000	6 000	6 000	7 000	5 000	3 000	7 000	7 000	7 000
	计划订单下达		5 000	5 000	5 000	5 000			5 000					
RM2	毛需求		3 000	3 000			3 000		3 000					
	计划订单接收						4 000		4 000					4 000
(LT=3)	现有库存	9 000	6 000	3 000	3 000	3 000	4 000	4 000	5 000	5 000	5 000	5 000	5 000	9 000
	计划订单下达			4 000		4 000					4 000			

下面我们说明如何求解这个问题。

我们知道，MRP 是采用一层接一层的处理逻辑编制计划。在每一层上：

毛需求－现有库存－计划订单接收＝净需求

然后由净需求确定计划订单下达的数量，并根据提前期倒推计划订单下达日期。而一旦确定了计划订单下达的日期，也就确定了未来计划订单接收的数量和日期。这里需要注意的是，在上述计算净需求的公式中，计划订单接收可能来自上期的 MRP 计划，但更多的时候还是个尚待确定的量，其数量要根据毛需求与现有库存的正向差额来确定。故实际上，是先根据毛需求和现有库存以及应保有的安全库存计算每个品目的净需求，然后再据此确定该品目的计划订单接收数量。

表 7—10 给出了本例的 MRP 计划编制过程每一步的结果。下面我们按照一层接一层的处理顺序来说明表 7—10 的编制过程。

在第 0 层上，主生产计划给出了 ProdA 和 ProdB 每周的毛需求。由于计划期产品 ProdA 和 ProdB 每周的平均销售预测分别为 200 件和 150 件，故根据公司的安全库存政策，两种产品的安全库存分别为 200 件和 150 件。从表 7—10 中可以看到，在第 5 周，两种产品的现有库存将被用尽，故在第 6 周，产品 ProdA 和 ProdB 的净需求分别为：

ProdA：毛需求－现有库存＝200－100＝100 件

ProdB：毛需求－现有库存＝300－200＝100 件

由于净需求大于零，故应安排计划订单下达来及时满足此净需求。考虑到两种产品在补货后应使安全库存达到规定水平，因此在两种产品的计划订单下达中应分别加入 200 件和 150 件的安全库存。这样按照对产成品实行批量对批量的排产原则，可以计算出两种产品的计划订单下达数量分别为 300 件和 250 件，按提前期倒推的计划订单下达日期在第 4 周。于是在第 5 周就将分别有 300 件 ProdA 和 250 件 ProdB 的计划订单接收及时满足预计的需求。两种产品其余各期的计划订单接收也按同样的方法安排，结果如表 7—10 所示。

接下来，根据图 7—2 的物料清单，在第 1 层上有三个品目，分别为 Com1、Com3 和 Com5，括号中的数字是它们与产品 ProdA 和 ProdB 的配合比例。我们先来看看 Com1 的计划订单接收和计划订单下达是如何确定的。从表 7—10 中可以看出，Com1 发生在第 4 周的 600 件和 250 件的毛需求分别来自 ProdA、(2×300＝600) 和 ProdB (1×250＝250)。这样，减去 Com1 的期初现有库存，仅余 50 件，低于 Com1 的安全库存要求（考虑计划期内各期 Com1 的毛需求，可以计算出 Com1 在计划期内每周平均的需求量为 412 件，故按照公司的安全库存政策，将 Com1 的安全库存设为 400 件）。因此，需要在第 4 周收到一个批量的计划订单接收，以补充安全库存。根据零件批量的确定原则，我们选择 500 件作为一个投产批量，它的计划订单下达日期在第 2 周（零件制造提前期为两周）。这样，在第 4 周，Com1 的现有库存将为 550 件。接下来，在第 5 周，由于毛需求共计 700 件，若选择 500 件的投产批量则不能使当期的安全库存达到规定要求，因此我们选择 1 000 件的批量标准，并在第 3 周安排该批量的计划订单下达。Com1 在计划期内其他各周的计划订单接收和计划订单下达都是按照同样的方法确定的。

Com3 和 Com5 的排产与 Com1 的不同之处在于，二者在计划期内平均每周的需求量（零部件的需求为从属需求，是由最终品目的销售预测决定的，无须预测）分别为 300 件和 225 件，故其安全库存分别设为 300 件和 250 件。由于这两种零件的期初现有库存可以满足它们在第 4 周的毛需求，而且库存水平不低于规定的安全库存水平，所以，这两种零件的计划订单接收都安排在第 5 周，批量同为 500 件，相应的计划订单下达安排在第 3 周。两种零件在计划期内其他各周的排产采用与 Com1 类似的方法。

再下来是处理第 2 层品目的毛需求，第 2 层的品目有 Com2、Com4 和 Com6。按照本例给出的条件，零件 Com2 实行外购，采购提前期为 3 周。因此，如果在本期第 3 周首次发生毛需求时就安排 Com2 的计划订单接收，则其计划订单下达日期将超出计划期。好在在上期的 MRP 中已经考虑到了这种情况，将期末库存水平设定得较高。这样，本期的期初库存一直可以满足到第 4 周，只是从第 5 周起，才需要安排 2 000 件的计划订单接收，也就是在第 2 周下达相应的采购订单。我们仍采用相同的办法计算 Com2 在计划期内每周的平均需求量（只考虑有毛需求发生的各周），据此将 Com2 的安全库存设定为 900 件。这样，虽然在第 11 周只需安排1 000 件的采购批量就可以满足当期的毛需求和安全库存要求，但考虑到在下一个计划期可能发生与本计划期期初类似的情况，故第 11 周的计划接收订单设定为 2 000 件，使得期末的现有库存保持在计划期初的水平上。这种用增加期末现有库存以应付下一个计划期初的毛需求的办法，是在孤立地编制 MRP 时经常采用的方法。如果采用滚动计划方法，则无须这样做，而完全可以在毛需求发生时因地制宜地合理确定计划订单接收和计划订单下达的时间和数量，从而降低计划期初与期末的库存水平。采用滚动计划方法，MRP 的编制可以近似地看作连续编制的。

零件 Com4 和 Com6 的排产方法与 Com1 类似，这里不再赘述。

物料清单的第 3 层包含两个原材料品目 RM1 和 RM2。原材料品目均为外购，故其排产类似于 Com2。其中 RM1 在第 1 周的计划订单下达为 5 000 单位一个批量，它是为了满足第 4 周的毛需求和安全库存要求。RM2 在第 2 周的计划订单下达为 4 000 单位一个批量，它是为了满足第 5 周的毛需求和安全库存要求。在不过多形成库存的前提下，我们尽可能使各期的计划订单接收批量保持一致，以稳定供应商的供货，也使公司的物流尽量平滑。为了应对计划期内需求的大幅随机波动，我们有意将原材料库存设定得略高一些，以提高系统的响应能力。

以上就是 MRP 编制的基本过程。

二、批量确定技术

批量确定是 MRP 编制中的一项重要决策。我们在例 7—3 中采用的批量确定原则有两种，其中确定成品的批量原则称为批量对批量原则（lot-for-lot），它是根据每个期间上的毛需求和现有库存直接确定计划订单接收的批量，以及由每个期间上父项品目的计划订单下达批量，按照 BOM 中规定的数量比例，直接确定该期间上子项品目的毛需求数量。另一种是确定零部件和原材料排产批量的方法，称为期量标准。期量标准一般是根据经验事先制订出的提前期与批量的定额。这是两种常用的简单方法，虽然在实际中，经常见到计划人员应用这种原则确定零部件和原材料的制造批量和采购批量，但它不能使库存水平在满足需求的前提下尽量降低，一般也不具有较好的库存成本节约特性。

理论上，由于 MRP 处理的需求在性质上属于从属需求，故 MRP 中的批量确定问题在性质上属于需求随时间变化的模式已知情况下的订货批量确定问题，因而可以采用我们在第 4 章库存控制中讨论过的时变需求下的订货批量确定方法来解决。比如：采用西尔弗-米尔启发式方法（S-M 法）或者部分期间平衡法（PPB）来解决。在商品化的 MRP 软件中，一般都提供多种批量技术的选择，使用者可以因地制宜地选用。不过，由于 MRP 在实施过程中还要根据生产现场和供应环境的具体情况进一步制定详细作业计划或采购计划，因此，现实中很少有原封不动地照搬理论方法的做法，特别当情况发生变化时更要因地制宜地采取恰当的方法。这也是为什么批量对批量方法和期量标准方法仍然得到普遍应用的原因。

第三节 从 MRP 到 MRPⅡ

一、什么时候能够不再依赖缺件单

我们在前面已经指出，传统的生产作业计划执行过程，其特征是作业计划“推动”与组装工序的缺件单“拉动”并存的一种机制，特别是缺件单的加急处理成为传统生产方式确保作业计划实现的重要补充。造成这种现象的根本原因一方面是由于作业计划不完善，另一方面是由于计划编制工具的手工方式无法在情况发生变化时对作业计划进行重排程。于是，最初是执行计划，在执行过程中，由于不可避免地发生批次质量事故、返工、机器故障、工程更改、关键员工缺勤、生产能力瓶颈以及供货延迟等情况，使得无法按原计划按部就班地执行，不得不频繁依靠调度进行补救。情况严重时甚至有可能最终演变成依靠调度任务令组织生产、根据缺件单加急处理的被动局面，这种作业计划实现方式被称为“任务令驱动与缺件加急处理”（order launching and expediting）机制。我们凭经验也可以判断出，当缺件单被加急处理硬推过系统时，往往会导致多项任务无法按计划完成。

要改变这种被动的局面，首先是要制定出有效的作业计划，这样一切才具备了走上正轨的前提；其次是要能够根据变化了的情况及时地进行重排程，生成新的有效的作业计划，使生产过程始终处在计划的指导和监控下，这样，正常的生产秩序才可能建立起来。生产管理者和作业计划人员无不希望一切都能按计划实现，但如果计划是不准确的和缺乏有效性的，这种希望就难以成为现实。而缺乏有效的作业计划和不能及时重排程的原因是缺乏有效的作业计划工具。是手段限制了目的的实现。

伴随计算机技术进步而产生的 MRP 开始改变这种状况。我们从前两节的阐述中已经可以看到MRP的巨大潜在优势。从生产管理人员的观点来看，“MRP不仅是一种更好的作业计划方法，而且是一种更好的修改计划的方法”①。从理论上说，只要MRP正常运转，就不应该发生缺件，也就不需要缺件单。所以，应该将缺件发生率作为考核MPS和MRP编制绩效的一种重要指标。

但实际情况表明，仅有MRP的重排程机制，没有覆盖影响MPS和MRP的各种功能领域的作业计划体系，MRP的潜在优势仍然得不到充分发挥，缺件的情况还会不断发生。我们不能总是靠重排程来维护作业计划的有效性，而且不断的重排程本身就是一种计划机制不良的标志。

因此，MRP计划机制必须覆盖采购、库存、BOM、销售预测、能力计划和生产控制领域，特别是要包含能力计划机制，这就构成了闭环MRP。

二、闭环 MRP

什么是闭环MRP？它至少包含两层含义：一是将能力计划、车间详细作业计划、物料供应计划包括在MRP计划体系中，而不仅仅是狭义的物料需求计划本身；二是在MRP的计划体系中包含来自生产现场、详细作业计划编制人员（也就是调度）以及供应商的信息反馈，在各种计划之间以及计划与执行之间形成闭环。

能力计划与MRP之间的闭环（见图7—3）使得MRP是一个经过工作中心负荷平衡、在计划层面消除了能力瓶颈的有效的作业计划，从而增加了主生产计划的预见性，解决了MRP的可行性和有效性问题。能力计划执行与能力计划编制之间的闭环解决了能力计划的动态维护问题。MRP执行与修订的闭环解决了在情况发生重大变化时MRP的重排程问题。MRP与MPS之间的闭环解决了不能通过MRP重排程解决而需要提交主生产计划重排程的问题。最后，MPS与中期生产计划，也就是与销售和运营计划（S&OP）之间的闭环解决了当MPS订单不足或产能无法满足需求时，如何通过加强需求管理和中期生产计划的调整确保MPS有效运作的问题。

总之，闭环MRP开始使MRP真正成为一个有效运转的作业计划体系。

当生产作业计划体系开始有效运转时，它所提供的准确的、全面的关于生产、库存、工时、机时、废品、发货、采购等方面的作业信息，就开始具有了更进一步的会计核算和决策支持价值。我们都知道，制造企业现金流计划主要是围绕营运资本安排的，主要包括库存、制造费用、直接人工，同时还包括应收账款与应付账款等。所以，控制生产率和库存就是控制制造企业的现金流。

因此，一个正确编制的、严格实施的作业计划是制造企业现金流计划实现的基础。不仅如此，销售成本计划和利润计划也依赖于作业计划，并且建立在它的基础之上。从而，一个正确编制的、按节奏实施的作业计划是财务预算和成本计划的基础，而后者又是作业计划实施的保证。将二者结合的必要性因此凸现出来，而且条

① Wight, Oliver W., MRP Ⅱ: Unlocking America's Productivity Potential. Brattleboro, Vermont: Oliver Wight Ltd. Publications, Inc., 1981, p. 181.

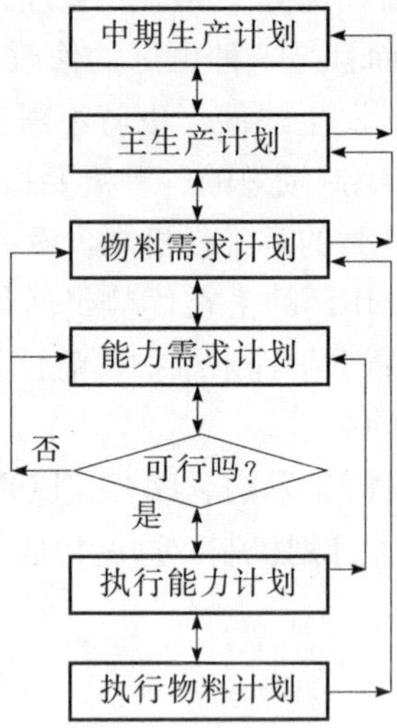

图 7—3　闭环 MRP

件也具备了。

所以，闭环 MRP 的进一步发展必然超出生产领域，而扩展到企业的经营领域；必然从对订单和物料的合理排程扩展到对企业资源的合理分配，这就是制造资源计划的由来，它被简称为 MRPⅡ。

三、MRPⅡ——更有效地管理制造企业的资源

概括地说，MRPⅡ是一个包括制造、库存、车间控制、销售订单管理、工程、采购、分销、财务等业务领域的计划与控制以及相应的数据处理和存储功能的整体系统。其目的是更有效地管理制造企业的所有资源，以确保按顾客需求、按计划、按期、按量地提供产品和原材料。图 7—4 是 MRPⅡ系统功能结构图。

从技术角度看，MRPⅡ与闭环 MRP 似乎并无显著区别，只不过增加了系统的覆盖范围，将经营计划与财务也纳入系统中。但正是这种扩展使系统在功能和性质上发生了根本变化。这种变化主要表现在两个方面：

一是 MRPⅡ实现了生产运营与财务系统的功能和数据集成，二者实现了基于同一的作业活动、同一的交易活动以及依据同一的数据来源的目标。同时，通过经营计划、财务预算与生产计划和作业计划排程之间的闭环运作，使企业的全部经营活动实现了在进度计划基础上的协同，使企业经营真正成为一个整体。

二是实现生产经营集成后的 MRPⅡ系统开始具备一定程度的决策支持功能。它可以模拟不同销售预算和经营计划的可行性和财务效果，在需求与能力之间建立起平衡机制，提高经营的预见性和应变能力。

下面我们分别对市场营销、采购、工程、财务会计、分销功能在 MRPⅡ中的运营机制作进一步的讨论。

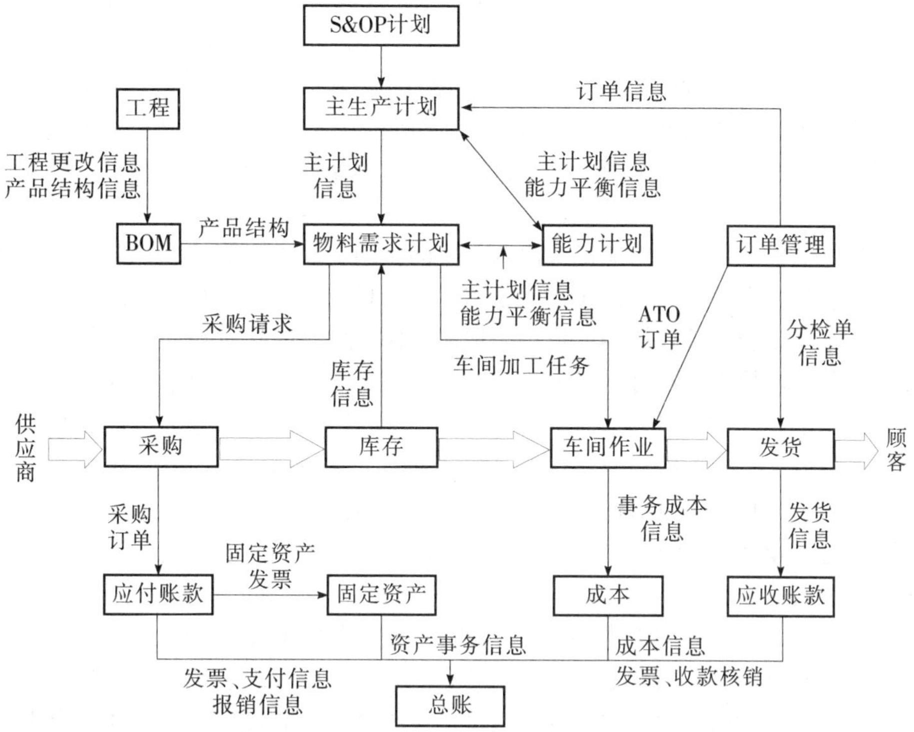

图 7—4　MRPⅡ系统功能结构

四、市场营销与 MRPⅡ

无论在 MRP 中还是在闭环 MRP 中，市场营销的职能都是处于 MRP 的闭环调整机制之外的，这使得主生产计划在响应需求方面往往处于被动状态。但是在 MRPⅡ中，市场营销职能通过销售订单管理、销售预算和经营计划被纳入到了闭环调整机制中。

由于在备货生产运营模式中销售预测是 MPS 的主要输入，在按订单生产运营模式中销售订单是编制有效的 MPS 的保证，因此，市场营销部门应当对销售预测的准确性和确保 MPS 的订单饱满承担责任。市场营销部门还应通过积极的需求管理使得进入 MRPⅡ系统的订单流尽量均衡。订单流的大幅波动会造成生产秩序的不稳定，从而影响到整个生产系统的效率，并给作业计划的编制和执行带来困难。需要强调的是，市场营销部门必须树立起一个重要的经营理念，这就是支持主生产计划就是支持市场营销。如果由于合同签订错误，或者向顾客承诺了不恰当的交货期，结果导致主生产计划无法履约，到头来最终受损的还是市场销售。当然，从另一方面看，由于销售预测很难做到完全准确，这使得制造系统必须具备一定的响应能力和柔性。如果市场营销使 MPS 无法掌握需求和订单，或者制造系统不响应任何销售偏离预测的情况，这样的企业实际上已经病入膏肓了。

企业应当建立主生产计划主管与市场营销主管正式的沟通制度，不断改进主生产计划与市场营销部门的信息交流。同时，主生产计划应当由企业主管营销的高级主管和主管制造的高级主管共同签署，共同对主生产计划的实现承担责任。

营销对制造的支持还表现在确保订单录入的正确性上，这在 MRPⅡ中是通过销售订单管理模块实现的。订单录入与确认功能一般包括订单的技术确认、客户信用状况检查以及交货日期检查。如果所提供的产品是按客户要求定制的，那么必须确认客户要求的产品配置以及确认诸如非标尺寸、公差、性能特点和非标组合等要素。客户未清的应收账款余额以及尚未开票的合同金额可以被储存在客户的主数据库中。应收账款管理程序计算每一笔付款从开票日到实际支付日之间的时间，这个时间经过平滑处理后被存放到客户主数据库中作为典型的付款期间。它可以被用作客户的信用状况检查。在订单录入时，交货日期检查程序可以用来预测产品是否能在客户希望的时间被交付，这需要将关键零件和材料的可用库存、生产系统的可用生产能力以及从供应商处获取零部件所需要的时间都考虑进来。在有些 MRPⅡ系统中，交货日期检查也可以通过专门开发的可承诺能力模块来完成。营销部门在向顾客做出交货承诺时，要参考主生产计划部门提供的可承诺能力信息，以避免对交货日期的盲目承诺。

MRPⅡ的销售订单管理模块还提供订单执行的查询功能。销售订单进入系统后，企业内每个相关部门和地点都可以看到。销售订单管理系统可维护订单履行的详细内容，可审核库存中允许发货的数量，并在必要时通过提出需求和预留库存来管理库存。可根据不同的分检标准下达订单，通过批量和个别的分捡执行来确认发货。可对客户的退货进行核准，利用订单周期，允许多种退货处理方法来支持退货中的修理、替换和赊欠以满足客户的需要。还可参考原来的销售订单、采购订单和发票，保证迅速地处理退货。

五、采购与 MRPⅡ

MRPⅡ的采购管理系统是一个综合的采购解决方案，可迅速有效地处理报价请求、采购请求、采购订单和收货。MRPⅡ中的采购过程可概括为：

- 了解和确认采购需求；
- 寻找、选择、确认供应商；
- 审查、批准、协商下达采购文件（请购单或采购单）；
- 跟踪、协调供应商供货过程；
- 接收采购物料；
- 财务结转处理及问题交涉处理；
- 对采购过程的审查、评价、考核和有关数据信息的积累和维护。

MRPⅡ的采购管理系统为传统的采购职能带来了重要的改进。这种改进主要表现在：

(1) 从传统的按订货点和安全库存水平制定采购补货计划转向按物料的实际需要日期及时补货。我们已经在前面的论述和实例中反复说明，MRP 的计划编制逻辑可以准确地计算出每种零部件和原材料的需求日期和数量，也就是说，有效的需求日期是 MRP 的一个标志。能做到这一点的原因是，MRP 处理的是从属需求，而安全库存是为了满足独立需求而设立的。设立和维持安全库存，通常使物料的供应日期与实际需要日期脱节。从理论上说，MRP 的运转是可以不依赖安全库存的。当然理论假设不能代替实际应用的现实，尽管如此，实际应用表明 MRP 可以大大降低安全库存。当然，MRP 不是要完全否定安全库存的作用。对于采购周期大大长于订单履行周期的情况，这在按订单装配和大多数按订单制造的运营模式下普遍存在，在这种情况下关键零部件和原材料的采购，只有根据经营计划（S&OP）按预测的需求预先备货，而不能在接到订单后再安排零部件和原材料的采购。这种情况下，安全库存是必不可少的。但即使在这种情况下，MRPⅡ所提供的确定订货点和安全库存以及计算经济订货批量的多种方法仍可供采购计划人员因地制宜地选择，以降低库存水平和采购费用。

（2）MRPⅡ使度量供应商的交货绩效成为可能，从而有利于改进供应商的交货绩效。由于 MRPⅡ是按零部件的需求日期和数量及时补货，而不是按固定的批量周期性地补充安全库存，这就对供应商的交货能力提出了更精确的要求，同时也使采购计划准时齐套完成率成为度量供应商绩效的更恰当的指标。

（3）MRPⅡ使得合并采购订单、下达更大的采购订单以降低采购成本成为可能。由于 MRPⅡ可以事先将整个主生产计划期内的每种零部件和原材料的需求时间和数量准确地计算出来，这有利于向供应商合批采购、分批到货。由于加大了采购批量，故可以与供应商谈判更有利的价格或享受更大的折扣。

（4）MRPⅡ可以使采购业务与采购计划排程工作分离，并且可以通过重排程机制响应需求的突然变化，因此大大减少了无法事先预计的加急采购。这不仅避免了临时加急采购的高成本，还使得采购人员能够专注于采购业务（如谈判），使之更职业化。

六、财务会计与 MRPⅡ

记录（控制）物流的实际移动过程，对确保数据的真实性非常必要。这不仅对生产运营系统很重要，而且对财务系统也同样重要。生产运营系统所收集和使用的数据如果是不准确的，那么会计数据在很大程度上也是不真实、不准确的。许多企业在实施 MRPⅡ之前，其运营数据与会计数据总是对不上，其实二者的核算逻辑是一样的，只不过一个以实物为计量单位，一个以货币为计量单位。当运营系统得到有效的记录和控制时，会计就可以利用运营数据作为财务会计系统的基础。MRPⅡ的实施确保了这一点。比如，生产运营系统运作的一个重要结果是库存，而后者的估值是产品成本核算的基础。原材料库存、在制品库存和成品库存期末余额之和就是期末库存余额；而库存成本的核算，无论采用先入先出法（FIFO）、后入先出法（LIFO）还是加权平均法，均决定了产品销售成本的大小。所以，库存实物数据的准确性是会计成本数据准确性的前提。由于从库存控制角度来看，MRP 实际是一种基于从属需求的中央库存控制系统，因而在 MRPⅡ中实现库存控制与成本核算以及实现生产运营与财务会计系统的集成，就成为一件顺理成章的事情。

MRPⅡ的财务会计系统主要包括总账模块（GL）、应收账款模块（AR）、应付账款模块（AP）、固定资产模块（FA）、成本管理模块（CST）等。总账模块与其他模块的接口关系如图 7—5 所示。

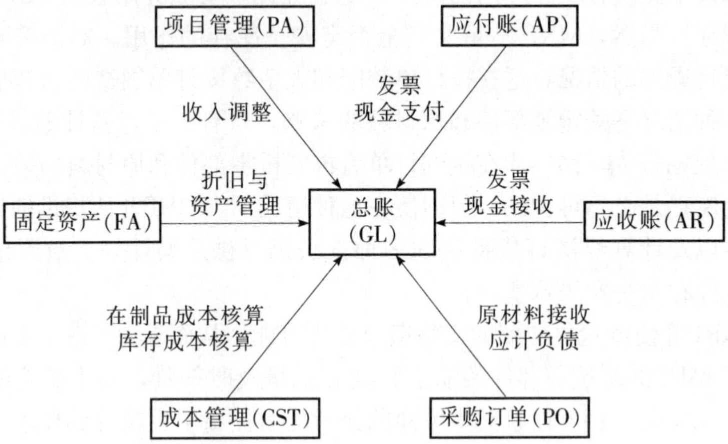

图 7—5 总账的接口关系

在 MRPⅡ系统中，会计信息的产生与物流的运作是在一起的，因此相当于把财务核算工作提前了。而且最终总账接收了其他系统形成的分录后，自身手工录入的业务量就会大大减少。

从运营管理的角度来看，MRPⅡ财务会计系统对运营的最直接的支持是使修订和动态维护标准成本系统成为可能。没有标准成本系统，产品成本的核算和合同报价就很难进行。在实施 MRPⅡ之前，许多企业在沿用 5 年前甚至更早的成本标准，因为修订标准成本系统的工作量太大。但对于 MRPⅡ来说，修订和动态维护标准成本系统变得相对容易多了。

典型的 MRPⅡ成本管理主要有以下功能：

1. 成本中心会计

该项功能支持成本预算（标准成本的确定），标准成本与实际成本之间差异的对比，成本差异的分摊，成本报告与分析等。MRPⅡ成本计算采取滚加法，是按物料清单所规定的层次结构、需求关系和制造过程，从产品结构的最底层开始，从底层向高层逐层累计。产品成本由三部分构成：直接材料、直接人工、制造费用。直接材料成本根据每种零部件的材料消耗量乘以单位材料成本（含采购费用分摊）确定；直接人工成本根据消耗工艺路线所经过的工作中心的工时或机时乘以单位工时或机时成本确定；制造费用的分摊，可以简单地根据工时或产量来分摊，也可以区分固定制造费用和可变制造费用采用多维分摊的方法确定。MRPⅡ将有关成本发生都记录到相应的成本中心以分别进行核算，同时各成本中心的成本数据又被传送到产品成本模块以便进一步分析处理。

2. 订单和项目会计

这是一个全面网络化的管理会计系统，带有订单成本归集和项目成本核算的详细操作规程。该系统在收集成本数据的基础上，还采用计划与实际结果之间的对比来协助对订单与项目的监控。

3. 产品成本核算

该功能不仅可以进行成本核算与成本分摊，而且能够对成本结构、成本驱动因素及运营过程进行监控，并生成对单个成本核算对象或对未来一段时期成本的预测。该功能还能够进行成本模拟，分析当生产计划改变后的产品单位成本变化，从而具有一定的决策支持功能。

4. 获利能力分析

哪一类产品或细分市场的毛利率最高？一份特定订单的利润率到底是多少？获利能力分析模块将帮助销售部门找到这些问题的答案。同时，市场营销、产品管理、战略经营计划等模块也能够从获利能力分析模块得到信息和分析的支持。

5. 利润中心会计

该模块面向那些需要对其战略经营单位进行利润核算和获利能力分析的企业。该模块使用责任会计技术来收集销售收入、产品销售成本和期间费用等经营和财务数据，据此确定每个经营单位的获利能力。

MRPⅡ实现了财务会计系统与制造和分销系统的集成，从而真正实现了企业资金流与物流的同步，达到了财务会计核算介入业务运作、支撑业务运作的目的。

七、工程与 MRPⅡ

MRPⅡ的物料清单管理系统可以集中产品结构的工程设计、商务计划、销售订单选配、物料计划和物料信息处理。利用物料清单的工艺路线，可以容易地保持最新的修改，准确地计划物料和资源的需求，预测产品大类的需求，模拟和分析产品或零件品目的成本。

在物料清单管理系统中，物料清单和工艺路线的建立是两项基础且关键的任务。

建立物料清单的步骤为：(1) 建立产品结构树；(2) 建立单层物料清单；(3) 建立多层物料清单。

在日常操作时，只需根据产品结构树输入单层物料清单，MRPⅡ会自动将它们连接起来，形成多层物料清单。根据需要，可随时调出各种形式的物料清单报告。

工艺路线 (routing) 是对物料清单中产品和零部件品目所需要的加工步骤和移动顺序的一种描述。主要用来：

- 计算品目的生产提前期；
- 编制能力需求计划时，提供工作中心号及计算负荷需要的数据；
- 使车间管理人员能够监控生产过程的每一步骤，及时调整，使生产按计划进行；
- 反映品目在工序上占用资源的情况；
- 计算每道工序的加工成本。

在使用 MRPⅡ系统过程中必须有专人不断地对工艺路线中所需要的一些数据进行维护，使之更接近实际情况。

在制定工艺路线之前，必须定义工作中心。品目在加工路线上所使用的生产单元称为工作中心。工作中心可以是一台设备、一组设备、一个工作地、一条流水线或者若干操作人员，甚至整个封闭车间。在MRPⅡ中，工作中心的作用主要是：

- 在编制能力需求计划时，以工作中心为单位，计算出每个工作中心的工时能力和机时能力；
- 在车间生产管理中，工作中心是下达任务、进行加工、监控日常生产过程的基本单元；
- 在计算加工路线的工序成本时，是以工作中心所提供的工时费率、机时费率、作业转换费率以及制造费用分摊系数为依据的。

MRPⅡ的工程数据管理系统可以借助工具把新的设计引入生产，容易地定义工程规格。它可以提供完整的工程更改控制系统来管理复杂的设计变化。可以独立于生产环境生成工程品目、物料清单和工艺路线。此外，以一个单一的步骤自动把工程规格信息转化成制造品目、物料清单和工艺路线。

MRPⅡ工程数据管理系统与物料清单紧密集成，以完整地控制制造和产品的工程更改，使用工程更改订单（engineering change order，ECO）控制新的产品版本和物料清单的变化。可以把多个物料清单变化组合在一起，以一个ECO实施工程更改。例如：替换一个在多个物料清单中使用的零部件。MRPⅡ工程数据管理系统可以实现：

- 对于每个物料清单变化，要求工程更改；
- 自动根据组织和用户分配ECO号；
- 在计划日期自动实施计划的工程更改；
- 在计划日期前手工实施计划的工程更改；
- 撤销等待执行的工程更改订单；
- 根据关键零部件的用完日期计划ECO；
- 为等待执行的工程更改订单计划物料需求；
- 利用包括待执行工程更改订单的物料清单建立车间任务；
- 把工程更改应用到未下达的车间任务和重复性计划中；
- 使用ECO控制工程项目和物料清单的变化；
- 制定ECO的批准人员名单；
- 按部门控制ECO存取；
- 自动生成替换和删除使用的零部件的ECO。

需要强调的是，工程更改要被管理得像新产品投产一样严格，否则会给MPS和MRP的实施造成混乱，并造成大量的呆死料损失。控制计划期内工程更改的三种常用方法是：

- 合理规定工程更改周期；
- 先建立虚拟BOM，待原有物料用完时再切换；
- 实行批号控制，工程更改与特定生产批号相连。

一般认为，新产品引入（量产）以及按订单设计制造（engineering-to-order）是难以借助MRPⅡ的物料清单管理系统和工程数据管理系统进行管理的。其实不然，这种情况下恰恰是最需要应用 MRPⅡ的上述两个系统的，即使只有不完整的 BOM 也比没有强。

八、MRPⅡ与 DRP

传统的分销机制是根据分销中心的订单进行补货，业界通常将这种机制简称为“拉式”机制。这种机制存在如下的局限性：

- 将分销库存与制造库存分离，实际上也是将分销计划独立于主生产计划，其结果导致了过量的系统库存和不均衡的顾客服务水平；
- 采用“拉式”分销机制，分销中心想什么时候订货就什么时候订，想订什么就订什么，想订多少就订多少，缺乏预见性和计划性；
- 订货点库存控制系统的绩效并不尽如人意，其关注的是什么时候补货，而不是什么时候顾客真正需要，安全库存的补充与顾客需求的满足在时间上不具有对应关系。
- 订货点库存控制系统采用复杂的统计方法计算安全库存和再订货点，而不重视管理订货提前期，但后者的波动实际上对库存水平和服务水平的影响更大。

如何改进传统的分销运营，促使人们提出了“推式”分销机制和分销资源计划（distribution resources planning）系统，后者简称为 DRP 系统。① 我们已经在第 4 章中讨论了“推式”分销机制的运作，如其中的图 4—12 所示。在多级分销系统中，中央仓库的存货需求依赖于分支仓库的存货需求，分支仓库的补货决策受到中央仓库补货决策的影响。这种情况从形式上看具有从属需求的特征，因而具有应用类似于 MRP 计划机制的潜在可能性。我们已经指出，独立需求和从属需求的库存控制策略是不同的，所以，究竟是将多级分销系统各级仓库的补货需求看作独立需求还是从属需求，将影响到库存控制策略的选择。“拉式”分销机制是将分支仓库的补货需求看作独立需求，故而采取订货点法和安全库存策略进行库存控制。而我们将在下面讨论的 DRP 方法，是一种“推式”分销机制，它是将中央仓库的补货需求看作分支仓库补货需求的从属需求，将工厂仓库的补货需求看作中央仓库补货需求的从属需求。因而，DRP 可以看成是 MRP 在分销系统中的延伸。

DRP 的运作机制是：

- 明确地区分销中心或分支仓库的存在只有一个目的：以更低的库存和分销成本提供更好的顾客服务；认为库存的主要成本不是所谓的“保存成本”，而是缺货成本和存货跌价损失；
- 按分支仓库的顾客需求而不是订货点对分支仓库的补货进行管理；
- 采用中央库存系统的“推式”运作方式，按分支仓库顾客需求日期、品目和数量确定补货日程计划；
- 实现中央分销中心补货与制造工厂库存以及主生产计划和采购计划的集成，把中央分销中心的补货需求纳入主生产计划；

---

① Martin, A., DRP—Distribution Resource Planning: Distribution Management's Most Powerful Tool. Essex Junction, Vermont: Prentice-Hall & Oliver Wight Ltd. Publications, Inc., 1983.

● 对分支仓库顾客需求日期进行动态维护；

● 控制分支仓库补货提前期的波动，而不仅仅控制安全库存和订货批量，这比设立大量的安全库存防止提前期的波动更有效；

● 考核分支仓库的库存记录准确性、预测准确性和顾客服务水平。

DRP 的具体运作程序是：

● 每一个分支仓库都要编制主计划，即确定每个产品品目的补货日期和补货数量，以满足该品目的净需求。净需求根据下述公式计算：

净需求＝毛需求－现有库存－在途库存

显然，毛需求的计算需要根据对顾客需求的预测。

● 分支仓库产品品目的层码为 0，它的分销 BOM 非常简单，只有 1 个子项品目，这就是中央仓库的同一产品品目；附带的信息还有从中央分销中心向分支仓库补货的提前期。

● 当所有分支仓库的主计划制定出来后，中央分销中心的从属需求就可以计算出来了，然后加上任何直接向中央分销中心订货的顾客需求（订单或预测的需求），就得到中央分销中心的毛需求。

● 如果企业是由工厂仓库向中央分销中心补货，则工厂的同一品目在分销 BOM 中的层码为 2，这样在工厂主生产计划的毛需求中就加入了来自中央分销中心的需求。这就是为什么说 DRP 是 MRP 在分销领域的延伸的原因。

● 如果某家公司只是一家分销商，没有制造工厂，仍然可以应用上述的 DRP 机制，只是需要将其连接到供应商的 MRP 上。

这里讨论的 DRP 机制与我们在第 4 章中讨论的“推式”分销库存控制机制是很接近的。在第十章中我们还要讨论分销库存控制机制的更进一步完善，即连续补货计划。

尽管 MRPⅡ比传统的作业计划机制更先进、更科学，但也存在一些局限性。主要的批评意见是①：

● 缺乏根据战略及运营目标对系统进行调整的选项。

● 侧重于企业内部，仅关注供应链上的一个节点。

● 有限的决策支持能力。

● 排产计划是根据预先确定的提前期，没有充分利用工作现场当前的信息。

● 对变化的商业环境（如日益重要的大规模定制的趋势和要求以及日益柔性化的生产设备）没有给予足够的考虑。

● 对潜在瓶颈缺乏考虑。

● 缺乏对减少通过时间的替代方式的决策支持。

● 对工厂数据的收集不充分，从而影响最终数据的质量。

MRPⅡ的上述缺点在由其进一步发展出的 ERP 系统中也未能得到根本改进，但供应链系统克服了上述的一些缺点。

---

① 参见［瑞士］格哈特·克诺尔迈尔等：《供应链管理与 SAP 系统实现》，92 页，北京，机械工业出版社，2004。

第四节　ERP 系统简介

一、先进的 MRP 系统功能

进入 20 世纪 90 年代，经济全球化的大趋势使企业的经营环境发生了巨大的变化，竞争的全球化、采购的全球化、制造的全球化、供应链的全球化、外包的全球化等等，促使企业必须在更大的范围内实现资源的有效配置和协同。另一方面，为了适应全球化的竞争和运营，企业内部掀起了一场业务流程再造（business process reengineering，BPR）的热潮。在生产运营领域，在传统的基于质量、成本、交货期的竞争的基础上，新的竞争前沿日益向系统柔性、快速响应能力、顾客需求导向和大规模定制转变。

20 世纪 80 年代初，在 MRP 基础上发展起来的 MRPⅡ系统基本上还是一个面向制造企业运营管理的、以生产计划和排程为中心的解决方案，显然，它必须适应新的竞争要求将更多的运营和决策支持功能集成进来。

先进的 MRP 系统（有人称之为下一代 MRPⅡ）应当包含下述功能①：

- 基于客户/服务器构架；
- 基于关系数据库的访问和报告生成功能；
- 符合 Windows 图形标准的用户界面；
- 支持分布式数据库；
- 前置的决策支持系统；
- 自动的电子数据交换（EDI）功能；
- 多平台的（Windows NT 和 Unix）交互式运作能力；
- 标准化的应用程序界面。

著名的咨询公司加特纳集团（Gartner Group）将这种新型的 MRP 系统称为企业资源计划（enterprise resource planning，ERP）系统，以表示该系统是在整个企业范围内运行的、以企业资源的最佳配置和运营为目的的。

世界上许多著名的软件商都提供 ERP 系统及其实施服务，其中最著名也是最大的企业管理软件及协同商务解决方案提供商是德国的 SAP AG 公司（以下简称 SAP 公司或 SAP）。美国《财富》杂志评出的世界 500 强公司中 80%以上正在从 SAP 的管理解决方案中获益。SAP 在全球 50 多个国家设有分支机构，并在多家证券交易所上市，包括法兰克福和纽约证交所。

下面，我们就以 SAP 公司的 R/3 系统为例，简单介绍一下典型的 ERP 系统的功能和模块。

---

① Chase，Richard B.，Aquilano，Nicholas J.，Jacobs，F. Robert，Production and Operations Management：Manufacturing and Service. 8th ed.，McGraw-Hill Companies，Inc.，1998. 影印版，654 页，北京，机械工业出版社，1998。

二、SAP AG的R/3系统

图7—6是一个R/3应用系统主要模块结构的示意图。R/3系统采用用户/服务器（client/server）架构，用ABAP/4语言编写。R/3系统主要分为四大子系统：财务会计（financial accounting），制造与物流（manufacturing and logistics），销售与分销（sales and distribution），人力资源（human resources）。每一子系统又包含多个功能模块，每个模块既可以独立运行，也可以组合起来运行。由于模块间是集成的和使用公共数据库，因此，某个功能领域的业务处理结果，可以立刻更新所有其他领域的相关信息。我们下面简要说明一下这四个子系统的功能。①

1. 财务会计

R/3的财务会计系统包括三个主要的功能模块：财务（FI），控制（CO）和资产管理（AM）。财务模块又包含应收账款、应付账款、总账和资本投资模块。财务模块可以完成转账、关账、按月度和年度编制财务报表以及编制财务计划和预算的功能。企业的制造工厂或销售组织可以在任何时候从该模块得到损益报告，这特别适合工厂和销售组织按利润中心运行的管理要求。

控制模块包括：成本核算、成本中心、利润中心以及整个企业的会计核算和计划，内部订单管理、转账和费用分摊，以及获利性分析和各种报告功能。该模块还包含作业成本核算（activity-based costing，ABC）的功能，ABC被认为是一种适合流程型管理的成本核算方法，它可以按活动将成本合理地分摊到不同的业务过程。

资产管理模块具有管理公司所有类型资产（包括固定资产、租赁资产和不动产）的功能。其中的资本投资管理模块具有管理、度量和监控资本投资项目的能力；司库模块可以对公司的现金和基金进行管理。

2. 制造与物流

制造与物流是R/3系统中最大也是最复杂的子系统，它可以被进一步分为五个模块：物料管理（MM）、工厂维修（PM）、质量管理（QM）、生产计划与控制（PP）以及项目管理（PS）。每个模块又包括多个子模块。物流管理模块覆盖了供应链的所有任务，包括物料消耗计划、采购、供应商评估、发票确认，还包括库存和仓库管理。同时还支持电子看板/准时交付管理功能。

工厂维修模块支持设备维修和预防维修的计划与维修活动，并可以生成维修报告，管理维修记录。

质量管理模块能够对质量检验和质量保证体系进行管理，其质量管理体系是按照ISO 9001标准构建的，它集成了外购和生产过程的质量控制，可以对来料质量和工序质量进行统计检验和控制。

生产计划和控制模块支持离散的和流程型的制造过程，以及支持重复性生产方

---

① Chase, Richard B., Aquilano, Nicholas J., Jacobs, F. Robert, Operations Management for Competitive Advantage. 9th ed., McGraw-Hill Companies, Inc., 1998. 影印版，424～428页，北京，机械工业出版社，2002。

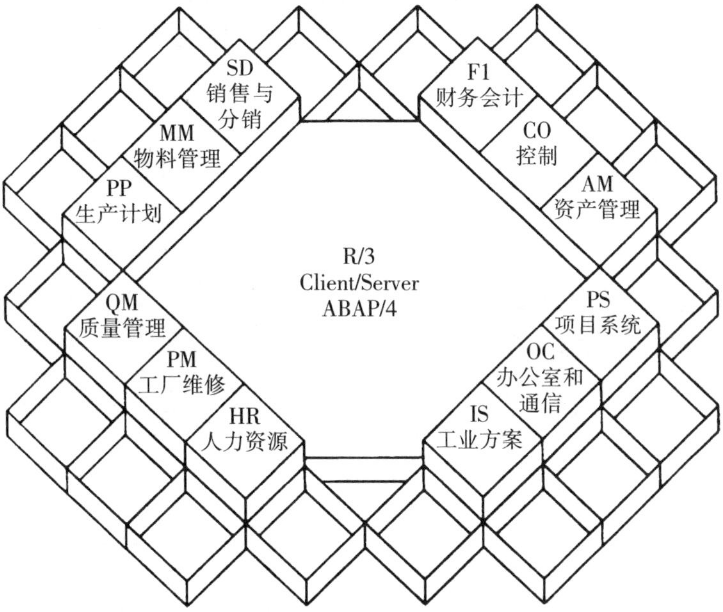

图 7—6 R/3 系统的模块结构

式和按订单配置（configure-to-order）生产方式。该模块所包含的多个子模块支持所有的制造管理功能，包括：负荷平衡和能力需求计划、物料需求计划、产品成本核算、物料清单展开和压缩、计算机辅助设计（CAD）人机对话界面以及工程更改管理。该模块允许用户将返修任务令纳入作业计划排程，生产订单可以从销售订单生成，也可以从企业的因特网站上生成。

项目管理模块允许用户设立、管理和评价大型的复杂项目。项目财务成本子模块专注于项目的成本核算和费用预算，而项目制造子模块则用来计划和监控项目的数据和资源。项目管理模块允许用户按项目的典型阶段（包括概念阶段、规划阶段、详细计划阶段、批准阶段、实施阶段以及竣工阶段）进行管理。它可以对具有相互作用的活动网络进行管理。这里活动被定义为一系列相继进行的任务，它们花费时间、不间断地进行、占用资源以及发生成本。项目的绩效根据实际完成日期与计划完成日期的差异进行评估。项目管理模块还提供对项目资源的可获得性、项目预算、项目能力、项目成本计划以及项目状态和项目进度计划的管理。

3. 销售和分销

销售和分销系统提供客户关系管理、销售订单管理、配置管理、分销管理、出口管理、发运管理、运输管理以及对支票、发票和折扣进行处理。与其他系统一样，销售和分销系统也是全球化的，用户可以在世界范围内管理销售和分销业务。由于产品是卖给或分销给客户的，因此销售和分销模块需要知道公司供应链的结构，以便 R/3 系统能够知道在那里和在什么时候确认收入。

当销售订单进入系统后，它自动附带着关于定价、促销、可获得性以及发运方式选择的信息。订单的成批处理适用于某些流程型行业，如食品、医药或化工行业。对于实行按订单生产方式的行业，系统允许用户为某些特定客户预留库存、请求子系统的分装，或者在按订单装配、按订单制造或按订单设计制造生产方式中进行选择，以及可以作为特殊客户订单处理。图 7—7 描述了在各个模块和系统集成管理数据之间的复杂的连接。

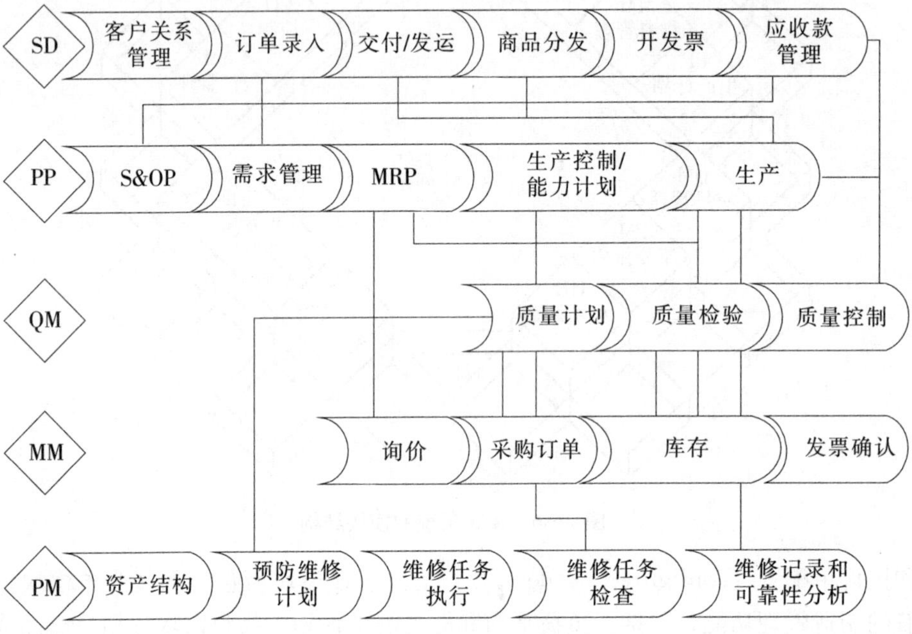

图 7—7 物流集成概览

4. 人力资源

人力资源系统包含与管理、计划、报酬、聘用人员有关的所有功能，这些功能主要通过工资、福利、事务管理、应聘人员信息管理、人力资源开发计划、用工计划、人员排程、工作轮班计划、时间管理、差旅费支出核算等模块实现。由于大多数公司的组织结构经常调整，因此，人力资源系统提供了描述公司组织结构的功能，包括对组织单位、职务、岗位、工作场所和任务的详细定义和描述。用户还可以根据项目管理的要求，描述项目的矩阵式组织、职责的分解以及临时的项目小组。

SAP 的业务工作流（business workflow，WF）系统通过从人力资源模块中获取数据，允许管理部门定义和管理具有交叉功能的不同业务流程之间的工作流，流程负责人（process owner）发现，这项功能对于监控跨部门和跨流程的个人或岗位活动以确保其按预定时间完成是非常有用的。

除了标准的模块以外，SAP 还备有供专门用途的附加模块，称为工业解决方案（industry solutions，IS），它可以按特定的行业定制，例如化工/医药、石油和天然气、公用事业、医院、零售、印刷和出版、保险以及银行等。

按照 SAP 公司的观点，包括在 R/3 中的模块都是按照产业的最佳实践实现的。SAP 公司设有专门的研究和开发团队，不断寻求企业业务流程更好的解决方案，并将其结合进新的系统中。因此，SAP 强烈地主张企业从一家管理软件提供商那里采购全部管理软件系统，这样会带来更好的兼容性和集成性。

不过，尽管 R/3 如 SAP 所称是体现了产业的“最佳实践”，但其应用端未必适合具体的企业。虽然企业运营流程与产业最佳实践的差距会限制企业竞争力的提升，但也应看到，企业运营流程的差异也是竞争优势差异的一个重要来源，完全否定这一点也是不对的。

在中国企业目前的管理水平和财力下，依赖单一软件提供商、特别是世界著名的管理软件提供商提供全部解决方案，追求信息的高度集成是否现实可行？能否产生理论上的效益？有多少中国企业有这种支付能力？这是个值得研究的问题。而来自不同软件提供商的管理系统如何集成？谁来给中国企业的信息化提供解决方案？我们对此持乐观态度，因为需求是创新之母，曾经发生在 PC 产业的价值链的横向解构一定也会在管理软件行业发生。

本章小结

物料需求计划（MRP）与传统作业计划方法的根本区别，首先在于作业计划的编制逻辑依据 BOM 结构的一层接一层的处理机制，是 MRP 计划编制逻辑的核心。这种处理逻辑看上去似乎很烦琐，却是不可避免的。

传统的生产作业计划执行过程，其特征是作业计划“推动”与组装工序的缺件单“拉动”并存，被称为“任务令驱动与缺件加急处理”机制。要改变这种被动的局面，首先是要制定出有效的作业计划，其次是要能够根据变化了的情况及时地进行重排程。这正是 MRP 的优点。所以，从生产管理人员的观点来看，MRP 不仅是一种更好的作业计划方法，而且是一种更好的修改计划的方法。

当 MRP 计划机制进一步覆盖采购、库存、BOM、销售预测等领域，特别是包含了能力计划机制后，就构成了闭环 MRP。闭环 MRP 开始使 MRP 真正成为一个有效运转的作业计划体系。

MRPⅡ包含了企业的制造、库存、车间控制、销售订单管理、工程、采购、分销、财务会计等业务领域的计划与控制，能够更有效地管理制造企业的所有资源，确保按期、按质、按量地满足顾客需求。MRPⅡ的实施要求建立主生产计划主管与市场营销主管正式的沟通制度。MRPⅡ的采购管理系统使传统的按订货点和安全库存水平制定采购补货计划转向按物料的实际需要日期及时补货。需要强调的是，工程更改要被管理得像新产品投产一样严格，否则会给 MPS 和 MRP 的实施造成混乱，并造成大量的呆死料损失。

传统的分销管理采用“拉式”分销机制，分销中心的订货缺乏预见性和计划性。分销资源计划 DRP，采用中央库存系统的“推式”运作方式，按分支仓库顾客需求日期、品目和数量确定补货日程计划，代表了分销管理改进的一种方向。

企业资源计划 ERP 系统是以企业资源的最佳配置和运营为目的的更先进的 MRPⅡ系统。由于越来越多的供应链管理功能和电子商务功能被集成到 ERP 中，从而提出了企业应用集成问题，这将是企业管理软件的未来方向。

案例研究

互动式信息化①

“是我们改变了系统，还是系统改变了我们？”其实，在企业的信息化过程中，这样相互改变的情况比比皆是。

对这个问题，成功实施了套装 ERP 系统的济南钢铁集团的总经理助理曹同乐认为：“ERP 是用来解决管理问题的，它能解决的，我们就跟着它走，它无法解决的，我们就得改造它，不能按照它来改造一切。”确实如此，在采用套装管理软件实施信息化的过程中，通过这种相互改造，济钢走出了一条“互动式信息化”的道路。

“门当户对”

如果把套装 ERP 比作留洋归来的洋派少女，那中国的钢铁企业就有点像从山村里走出来的、一个英语单词也不懂的大龄男青年，两者怎么看都不般配。同此，国内钢铁企业在信息化路径的抉择时，是定制开发还是引进套装软件成为摆在每个钢铁企业面前的头号难题，济钢也概莫能外。

实际上，在涟源钢铁集团的 ERP 套装软件于 2003 年 10 月上线之前，套装软件一直是国内钢铁行业有风险的选择。这是因为与代表着最先进管理理念的套装软件所要求匹配的管理水平相比，作为典型的传统行业，国内钢铁企业的国企色彩相当浓厚，在机制、人才及基础管理等各个方面，距离信息化都非常遥远。要在这样一个薄弱的基础上搭建起代表世界最先进管理经验的信息系统，确实有点异想天开。

比如，北方一家著名的钢铁企业由于管理不到位，运货的汽车能在管理厂区铁路道口把高炉向初轧车间运送铁水的火车堵塞半个小时。而在管理先进的钢铁厂里，铁水送到初轧车间的时间可以精确到分钟，因为铁水温度的变化与初轧质量密切相关。

济钢始建于 1958 年，现有职工 3.8 万人，资产总额 228 亿元。2004 年生产钢 687 万吨，名列全国十大钢铁企业之列，出口钢铁产品和进口矿石总量在国内钢铁企业中位居第三，其中出口中厚板排第一。大型国有钢铁企业共同的管理基础薄弱也是济钢的一个瓶颈。此外，济钢在选择信息化路径时，国内钢铁企业成功实施套装软件的案例还很少，而业界公认的信息化成功范例——宝钢、武钢走的都是定制开发的道路。不过，济钢在进行了广泛的调研后，最终还是决定和汉普咨询一起采用甲骨文公司（Oracle）的套装软件来实施信息化。曹同乐对此的解释是：“我们进行信息化是希望解决企业的管理问题，希望通过信息化提高我们的核心竞争力，而不是自己去开发一个软件系统。”他认为：“对我们几十名 IT 人员来说，谁都难以站在企业全局的高度，设计出一个先进的流程。”

在确定信息化路径后，济钢面前的另一个坎便是如何把代表世界先进管理经验

① 资料来源：赵水忠：《互动式信息化》，载《IT 经理世界》，2005（10），总第 172 期，80～82 页。本书在引用时略作了删节。

的 ERP“迎娶”进家门？于是，它开始了全面提升基础管理水平的工作。

济钢依照套装 ERP 的自我改造是通过“过筛子、梳梳子和编辫子”三部曲进行的。在上 ERP 之前，济钢组织 14 个处室的业务骨干、公司自动化部的 IT 人员与实施方的管理咨询人员共同组成了一个小组，对企业各环节进行全面梳理。

其第一步就是“过筛子”——把企业的基础工作环节按照实施 ERP 的要求规范化，将每一个岗位、每一物料名称、每一种操作过程尽量标准化。

第二步是“梳梳子”。以前，济钢的临时流程特别多，甚至连某个业务部门的处长都很难确切地道明自己领导的处室有多少个流程、多少种作业方式、多少个管理办法。常年累积下来，在济钢的各个角落到底散落着多少流程，谁都说不清楚。“梳梳子”就是把这些流程全部清理出来，整理成文档，用规范的术语将其一一描述出来。通过这把“梳子”，济钢共梳理出 300 多个流程。

三部曲的“尾声”是“编辫子”。它将以前散落在多个部门的相同流程加以合并；同时，将一些杂乱无章的流程彻底取消，最终，梳理出来的 300 多个流程只保留了 200 个左右。

在流程上进行的减法优化，使得在 ERP 实施之前济钢原先由于流程重叠、临时流程多造成的职责不清、效率低下、互相推诿责任的状况得到了改善。更为重要的是，通过流程整合，其所有岗位、事务、流程都可以定义在 ERP 里，为利用 ERP 固化管理规范奠定了基础。

当然，济钢的努力调整不是被动的，套装软件中不适应它的地方，它们根据企业的实际情况，也开始对 ERP 进行改造，“让它适应自己的要求”。济钢对高级计划排产（ASP）模块进行了大力改造。排产是钢铁企业信息化中极具行业特点的问题，尤其对于生产板材为主的钢铁企业来说，计划排产是最为复杂也最困难的事情，可以说它是整个 ERP 的核心。

钢铁企业的排产通常涉及两大因素：生产可用性与物料可用性。生产可用性主要是指设备是否具备完成订单的能力；而物料可用性是指原材料、能源等能否满足订单的要求。只有这两大因素确定后，钢铁厂才能排出生产计划。由于在实际中这两大因素分别会受无数个因素的影响，如物料可用性就关系到原料采购、运输、存储、调配、质量控制等环节；生产可用性关系到设备维修、配件储备、人员分配、班次编排等，更重要的是，上述所有环节又受其下一级环节的制约。这样将无数环节组合起来，就可能有大量数据对计划与排产产生作用力，要把所有相关数据按照最优的逻辑关系组合起来，排出最优的生产计划，自然不是件轻松的事情。

想实施好这个模块，需要对钢铁企业业务和信息系统都具有很深的认识和理解。济钢与实施方汉普咨询合作，以套装软件中的高级计划系统（advanced planning systems，APS）为基础，研究了济钢的全部流程，从生产可用性和物料可用性两个方面入手，研究了影响每个订单完成的所有因素，并将它们全部抽象出来，再考虑客户需求的变化和其他异常情况，然后将它们全部设定在软件里，开发出了一个完整的计划排产软件——“济钢自动化生产计划系统”。它实现了以成本最低、产量最大或交货期最优三种模式分别设定生产计划。比如说，在某个时间段内，钢铁市场需求旺盛，产品供不应求，这时，济钢就可以把整个供应链和 ERP 系统配置为产能最大，尽一切努力生产出尽可能多的产品；而如果碰到顾客愿意出较高的价钱，要求在尽量短的时间内为其生产个性化产品，济钢就可以把整个供应链和系统配置为交货期最优，以迅速满足客户的要求。这使得济钢成为国内钢铁企业中第一家实施高级自动排产计划模块的企业。运行半年多来，济钢实现了生产从“计划”到“优化”的转变。

打通系统与管理

通过相互改造，济钢的 ERP 系统运转起来不成问题，“但这还只是信息化的第一步，要真正让 ERP 发挥出自己的全部动力，还需要真正地把 ERP 与管理框架彻底融合起来”。曹同乐说。这仍需要济钢与 ERP 两者进行更深刻的改造。

济钢的管理基础是卓越绩效模式，这是一个由中国质量管理协会提出来的质量管理标准，它吸取了美国、日本、德国等发达国家的管理经验，是一个系统性的管理规范。济钢以卓越绩效模式为管理总纲，总纲下有三个管理体系——质量管理(ISO 2000)、环境文件管理、安全生产和安全管理。这三个文件体系形成了一个完整的管理体系，规范着济钢每名员工的一言一行，企业管理和业务中的每一个环节都处于这三大体系的掌控之中。

在没有引进 ERP 之前，由于这三大管理体系没有固化的载体，其约束手段都是“软”的。曹同乐说：“这三大体系的文件在执行时，准确程度会打折扣。”由于没有固化管理框架的介质，“不论管理者怎么强调、怎么监督，不折不扣地完成管理目标都很困难，更何况监督是需要成本的”。

而经过改造后的 ERP 正好解决了济钢的这个管理瓶颈。在进行 ERP 的基础工作时，济钢将三大管理体系的文件和 ERP 的规范要求结合起来，将 ERP 关系到的流程都纳入三大体系文件的框架中，然后再用 ERP 加以固化，真正实现了管理与 IT 的融合。济钢的做法与那些把 ERP 视作整个企业管理平台的企业有相当大的差别，在济钢，ERP 并不构成管理框架的主体，它只是整个管理体系中不可分割的部分。

ERP 与管理的打通让济钢的管理有了“硬约束”。在实施 ERP 之前，虽然有相应的文件规范，但由于管控一体化比较薄弱，那些领到操作难度大、耗时长、用料多任务的班组出于挑肥拣瘦的目的，往往会自作主张，把任务推给下一班，而争相抢着去执行那些操作简便、用时短、产能高的任务。这与整个企业的利益最大化当然是有冲突的，由于缺乏监管约束，管理层可能无法发现班组更改生产计划。而在 ERP 上线后，班组再想私自更改计划就没那么容易了，在 ERP 的“硬流程”下，班组要修改生产计划流程，需要写正式报告说明原因才行。这个时候，工人们一看还要“立字为证”，就会撤回修改流程的要求。这样，管理在 ERP 的强化下，使得计划得到了百分之百的执行。

那还是 2000 年的时候，当听说一家提供实施 ERP 服务的企业的总经理决定进入钢铁行业，用套装软件推动中国钢铁企业的信息化时，有人笑着对他说：“要想让中国钢铁企业用上套装的 ERP 得等到铁树开花才行。”那时，用“铁树开花”来形容中国钢铁企业采用套装软件进行信息化之难，颇有几分恰当。但事实证明，铁树开花并没有想象中的那么困难。2003 年 10 月 1 日，涟源钢铁集团有限公司 ERP

系统的正式上线运行证明了采用 ERP 套装软件在钢铁企业实施信息化是可行的。如今，济钢的互动式信息化进一步走出了一条因地制宜、实事求是地采用套装软件实现钢铁企业信息化之路。

问题讨论

1. 济钢在采用 ERP 套装软件实施企业信息化过程中的互动化方式对中国企业是否具有普遍的借鉴意义？

2. 济钢在实施 ERP 之前通过“过筛子、梳梳子和编辫子”三部曲，重整、简化了企业的业务流程，对于没有实施 ERP 的企业是否也应当这样做？为什么做不到？

3. 济钢在互动化信息化过程中，将重点放在改造高级计划系统（APS）上，是不是抓住了 ERP 成功实施的要害？

4. 济钢没有把 ERP 视作整个企业的管理平台，而只是将其作为整个管理体系中不可分割的部分。这是与企业信息集成的概念存在冲突，还是企业信息集成本来就不存在唯一的解决方案？

第八章

作业排序与生产控制

学习目标

阅读和学完本章后，你应当能够：

1. 认识不同排序规则的适用场合。
2. 解释有限能力计划与无限能力计划。
3. 理解并学会应用约束理论和优化生产技术的主要观点。
4. 解释最大限度利用瓶颈环节生产能力原则。
5. 说明生产管理事务制度系统化的重要性。
6. 说明单件传票制度和连计传票制度的基本格式及适用场合。
7. 说明大量流水生产的传票制度。

MRP 计划下达到车间还应转化为详细作业计划，也就是根据原材料和外协件库存和到货的情况，将 MRP 每周的任务进一步展开为每日和每个工作轮班的具体任务，并下达到工作中心。编制 MRP 计划时，大多是按无限能力计划排产的，因为 MRP 假设已经在 MPS 阶段进行了粗能力平衡，在那里已经考虑了瓶颈的约束。但实践表明，在 MRP 实施过程中还会出现瓶颈，还可能因某个或某些工作中心产能的限制，导致大量订单拖期。

在详细作业计划排程中缓解产能瓶颈，充分利用瓶颈环节生产能力，一种有效的措施是合理安排加工任务的优先次序。由于多任务在多机床上的作业计划排序问题是组合数学中的一个 NP 难题，故现实中，计划人员和一线管理者都是依据一些经验规则进行作业计划排序的。迄今为止，人们发展了多种有效的排序规则，这些规则的优劣取决于当时当地的实际情况。

近年来，运营管理领域中基于约束理论的优化生产技术 OPT 日益引起人们的重视。OPT 的一些排产原则与我们在多年实践过程中形成的直觉相吻合，如：平衡工作流，而不是产能；生产系统的产能等于瓶颈环节的产能，瓶颈环节时间的损失意味着整个生产系统产出的损失；在瓶颈环节上损失的时间是无法在非瓶颈环节上补回来的；以及最大限度利用瓶颈环节产能原则；等等。其道理看似非常简单，然而，唯其简单，故而屡试不爽。

要使得生产管理工作系统化，就要建立健全生产管理的事务制度。计算机的应用可以大大减轻事务处理的工作负担，但也会带来资料和信息量过度冗余的问题。生产作业计划的手工管理虽然正在被计算机管理所取代，但二者遵循的道理是一样的。

在本章中，我们先通过简单的模拟实例来比较常用作业排序规则的优缺点，然后转向讨论基于产能瓶颈的优化生产技术 OPT 方法，最后，简单讨论如何建立生产管理的常用事务制度。

第一节　作业优先次序安排

工作中心是由加工设备和操作人员组成的基本生产单元，它可以是一台设备，一组设备，或一个特定的工作区域。工作中心可以按工艺专业化原则组织，比如在传统的加工车间中分为车床组、铣床组、刨床组、磨床组、钳工组等；也可以按产品专业化原则组织，比如生产线、装配线等；还可以按成组加工单元方式组织。在一个工作中心可以只完成一道工序，比如在车床组只完成车削工序；也可以完成多道连续进行的工序，比如装配线就包含了多道连续的组装工序。工作中心是生产车间的基本生产单元，是详细作业计划和排程的对象。

工作中心作业排程的目标是：（1）按期交付订单；（2）缩短工序生产周期；（3）尽量缩短作业转换时间和成本；（4）降低在制品库存；（5）提高设备或人员的利用率。其中，满足交货期要求是最重要的目标，而提高设备或人员利用率是在此前提下努力达到的目标。脱离按期交货目标和降低在制品库存的目标，片面追求设备利用率的最大化，只能导致在制品库存和成本的上升。那么什么时候应当将追求设备利用率的最大化作为首要目标呢？当然是该设备或工作中心成为整个生产系统的瓶颈时。在这种情况下，瓶颈环节的生产能力决定了整个系统的产出，消除瓶颈或充分利用瓶颈环节生产能力，是从全局角度确保所有订单按期交付的关键。

我们看到，工作中心作业排程的目标之间往往是冲突的，如何在这些目标中做出取舍，如何在确保按期交付订单的前提下兼顾其他目标的实现？这就是工作中心作业排序要解决的问题。

当多项任务（零件）排队等候某个工作中心加工时，哪项任务应当优先安排？这就是作业优先次序安排（简称作业排序）要解决的问题。作业排序是否合理，影响到产品能否按期交货，影响到设备的利用率和在制品库存的数量，以及影响到任务平均拖期完工时间等服务质量问题，因而十分重要。迄今为止，已经提出了多种排序规则，每种规则各有利弊，各有各自的适用对象和条件，很难绝对地说哪种排序规则是最好的。我们下面就来讨论一下这个问题。

一、排序规则

常用的排序规则有：

1. 先到先服务规则（first-come，first-served，FCFS）

即任务的处理顺序是按照其到达工作中心的先后次序依次进行的。这种排序规则不仅在制造业企业中常见，而且在服务业企业中也很常见，如银行出纳台、百货商场收银台、火车站售票处等。与制造企业不同，在服务企业中，是否遵循 FCFS 规则还关系到公平问题。

2. 最短作业时间规则（shortest operating time，SOT）

即在所有排队等候某个工作中心加工的任务中，选择作业时间（准备时间＋加工时间）最短的那一件最先加工。在准备时间可以忽略的情况下，该规则等同于最短加工时间规则（shortest processing time，SPT）。

3. 超限最短加工时间规则（transcended shortest processing time，TSPT）

即事先设定一个排队等候的时间限度，对于等候时间超过此时间限度的任务，优先安排其中作业时间最短的任务。如果没有哪项任务的排队等候时间超限，则按最短作业时间规则排序。

4. 最早到期规则（earliest due date，EDD）

即在所有排队等候某个工作中心加工的任务中，按照计划交货期从前到后的顺序，最先安排计划交货期最早的任务，而不管该项任务何时到达该工作中心。

5. 最短松弛时间规则（least slack time，LS）

所谓松弛时间，等于某项任务距离计划交货期的剩余时间与该项任务的作业时间之差。而最短松弛时间规则，是将最高优先级分派给具有最短松弛时间的任务，而不管其计划交货期的早晚。例如有 A 和 B 两项任务，A 的计划交货期比 B 早 1 天，但二者的作业时间相差很大，A 为 8 小时，B 为 8 天。若按最早到期规则安排加工次序，就可能会使 B 的完工期进一步推迟，而最短松弛时间规则试图避免这种情况。

我们通过一个简单的例子来研究一下 FCFS、SOT 和 LS 三种规则的排序效果。

二、模拟研究

[例 8—1]

三种规则的排序效果

假设任务是按字母顺序依次到达某个工作中心的，即 A 任务第一个到达，其次是 B 任务，依此类推。顾客要求的交货日期（或计划交货日期）和各项任务的作业时间均列示于表 8—1 中。表 8—1 中还列出了每项任务的通过时间（flow time），所谓通过时间是任务在系统中的排队等候时间与作业时间之和。例如，对于任务 B，它等候 A 的加工占去了 4 天时间，然后自身的作业时间是 17 天，所以通过时间为

21 天。下面我们以平均通过时间、系统中每天的平均任务数（包括等候的任务和正处于加工中的任务）和任务的平均延迟时间三项指标，分别对 FCFS、SOT 和 LS 规则的排序结果进行评价。

按先到先服务规则（FCFS）排序

其结果如表 8—1 所示。

表 8—1　按先到先服务规则（FCFS）排序的结果　单位：天

任务的优先次序	作业时间	通过时间	交货期（从现在算起）
A	4	4	6
B	17	21	20
C	14	35	18
D	9	44	12
E	11	55	12
	全部完成合计	55	

1. 全部完成时间为 55 天。

2. 平均通过时间为 31.8 天。其计算过程如下：

$$(4+21+35+44+55)\div 5=31.8\text{（天）}$$

3. 系统中每天的平均任务数为 2.89。计算方法是：在开始的 4 天中，在系统中每天有 5 项任务（包括等候的和正在加工的）；在接下来的 17 天中，在系统中每天有 4 项任务；余类推。在全部 55 个作业天中，系统中每天的平均任务数可计算如下：

$$(5\times 4+4\times 17+3\times 14+2\times 9+1\times 11)\div 55=2.89\text{(件 / 天)}$$

4. 任务的平均延迟时间为 18.6 天。每项任务的延迟时间等于它的通过时间与计划交货期之差。例如，任务 A 的通过时间为 4 天，交货期为 6 天，二者之差为一2 天。也就是说，任务 A 可以提前 2 天完成，故延迟时间为 0；余类推。任务的平均延迟时间可计算如下：

$$(0+1+17+32+43)\div 5=18.6\text{（天）}$$

按最短作业时间规则（SOT）排序

其结果如表 8—2 所示。

表 8—2　按最短作业时间规则（SOT）排序的结果　单位：天

任务的优先次序	作业时间	通过时间	交货期（从现在算起）
A	4	4	6
D	9	13	12
E	11	24	12
C	14	38	18
B	17	55	20
	全部完成合计	55	

1. 全部完成时间为 55 天。
2. 平均通过时间的计算如下：

(4+13+24+38+55) ÷5 = 26.8（天）

3. 系统中每天平均任务数的计算如下：

(5×4+4×9+3×11+2×14+1×17)÷55 = 2.44(件/天)

4. 任务平均延迟时间的计算如下：

(0+1+12+20+35) ÷5=13.6（天）

按最短松弛时间规则（LS）排序

其结果如表 8—3 所示。

表 8—3　按最短松弛时间规则（LS）的排序结果　单位：天

任务的优先次序	作业时间	松弛时间	通过时间	交货期（从现在算起）
E	11	1	11	12
A	4	2	15	6
B	17	3	32	20
D	9	3	41	12
C	14	4	55	18
		全部完成合计	55	

1. 全部完成时间为 55 天。
2. 平均通过时间的计算如下：

(11+15+32+41+55) ÷5 = 30.8（天）

3. 系统中每天的平均任务数的计算如下：

(5×11+4×4+3×17+2×9+1×14)÷55 = 2.8(件/天)

4. 任务平均延迟时间的计算如下：

(0+9+12+29+37) ÷5 = 17.4（天）

通过比较 FCFS、SOT 和 LS 三种规则的排序结果，我们发现，最短作业时间规则（SOT）的效果是最好的。虽然每种规则的全部作业时间都是 55 天，但 SOT 规则具有较短的平均通过时间。由于任务在系统中平均逗留的时间较短，故系统的在制品库存较低，且顾客（零件）服务质量较高；又由于系统中平均任务数较少，使得系统较少堵塞现象；此外，平均延迟时间较短说明交货比较及时。三种排序规则的比较如表 8—4 所示。

表 8—4　FCFS、SOT 和 LS 三种规则排序效果比较　单位：天，个

规则	比较标准			
	全部完成时间	平均通过时间	系统中每天的平均任务数	平均延迟时间
FCFS	55	31.8	2.89	18.6
SOT	55	26.8	2.44	13.6
LS	55	30.8	2.80	17.4

最短作业时间规则（SOT）具有较优越的排序效果，这并非一种偶然现象，而是一种一般的特征。多位美国运营管理学者的模拟研究结果都得出了同样的结论：在已知的各种作业排序规则中，SOT 规则的任务延迟百分率指标是最好的；虽然从在制品库存水平指标的角度来看，SOT 规则并不总是最优的。①

从 MRP 系统的观点来看，上述五种常用的作业排序规则中，只有最早到期规则（EDD）和最短松弛时间规则（LS）是基于交货期的排序规则，从而使得这两种排序规则特别适用于 MRP 系统，因为 MRP 系统对提前期和按期完成订单有十分严格的要求，尽管在上面的例子中（也是从更一般的角度看），LS 规则和 EDD 规则从平均延迟时间指标来看不如 SOT 规则。

第二节　面向产能瓶颈的生产控制（约束理论）

一、有限能力计划与无限能力计划

作业计划是否可行取决于主生产计划（MPS）是否可行，而主生产计划是否可行取决于关键工作中心的负荷与生产能力是否平衡。作业计划是否可行集中体现在作业计划规定的提前期是否可行，而实际的提前期取决于：（1）工艺路线上各个工作中心的生产能力；（2）工艺路线上各个工作中心的负荷；（3）作业以何种方式和次序通过各个工作中心；（4）不确定因素的影响。

由此看来，进入实施阶段的作业计划是否可行，不仅取决于关键工作中心的负荷与能力的平衡，还可能受到全部工作中心的负荷与能力是否平衡的影响。

在 MRP 系统中，把关键工作中心的负荷平衡称为粗能力计划；把全部工作中心的负荷平衡称为详细能力计划。粗能力计划是在主生产计划阶段编制的，它对保证主生产计划的可行性起着关键作用，这个问题我们已经讨论过了。详细能力计划是在 MRP 阶段编制的，理论上，它应当对 MRP 的可实施性起保证作用，但对于是否要在 MRP 阶段花费大量精力和时间编制详细能力计划存在着不同看法。

MRP 系统通常假定负荷平衡已经在编制 MPS 阶段考虑和平衡过了，在编制 MRP 阶段，一般不需要进行详细的负荷平衡。尽管如此，虽然发生在关键工作中心上的严重的负荷不平衡问题已经消除了，但由于能力瓶颈是一个动态的概念，它随产品结构的变化、工艺路线的临时调整、作业优先次序的改变而变化，故在 MRP 的编制阶段，如果条件许可（计算机的处理能力允许、专用 MRP 软件提供此项功能且时间充裕），编制详细能力计划可以使 MRP 的全面实现更有保证。

详细能力计划的输入包括：（1）计划下达的生产订单；（2）已经执行的计划入库的订单；（3）零部件的工艺路线和各种零部件在各工作中心上的工时定额。

---

① 参见［美］埃尔伍德·斯潘塞·伯法：《生产管理基础》，604～606 页，北京，中国社会科学出版社，1981。

1. 作业计划的倒排与顺排方法

详细能力计划是对每一个工作中心进行负荷平衡。在计算每个工作中心负荷时有倒排和顺排两种方法，如图 8—1 所示。倒排是从计划的订单完成日期向后推出订单开始日期，强调的是确保计划的交货期。顺排是从订单开始日期向前推出订单完成日期，强调的是充分利用工作中心的能力。MRP 的编制机制是一种倒排机制，从最终品目的交货日期倒推各级零件品目的计划接收日期和投产日期，以确保交货期。但在车间层面将 MRP 展开成详细作业计划时，却可以采用顺排机制。顺排方法不一定就会延误订单的交货日期。从顺排方法的计划机制来看，是假定只要工作中心有富余能力，就应尽早开始安排订单的生产，不要让生产能力闲置。在生产系统的总体产能不明显富余的情况下，全部计划订单能否按期交付，取决于能否充分利用各工作中心的生产能力，特别是充分利用关键工作中心的生产能力。那么有人会说，顺排机制主张尽可能早地而不是在必要的时间安排订单的生产，这会造成过多的在制品库存或产成品库存。是的，确实有这个问题。但从另一个角度来看，只要原材料已经到库，工作中心又腾出来了，那为什么不可以生产呢？存原材料或存半成品及产成品都是存呀。所以，实际中，可因地制宜地在这两种计划排产方法中作出选择。

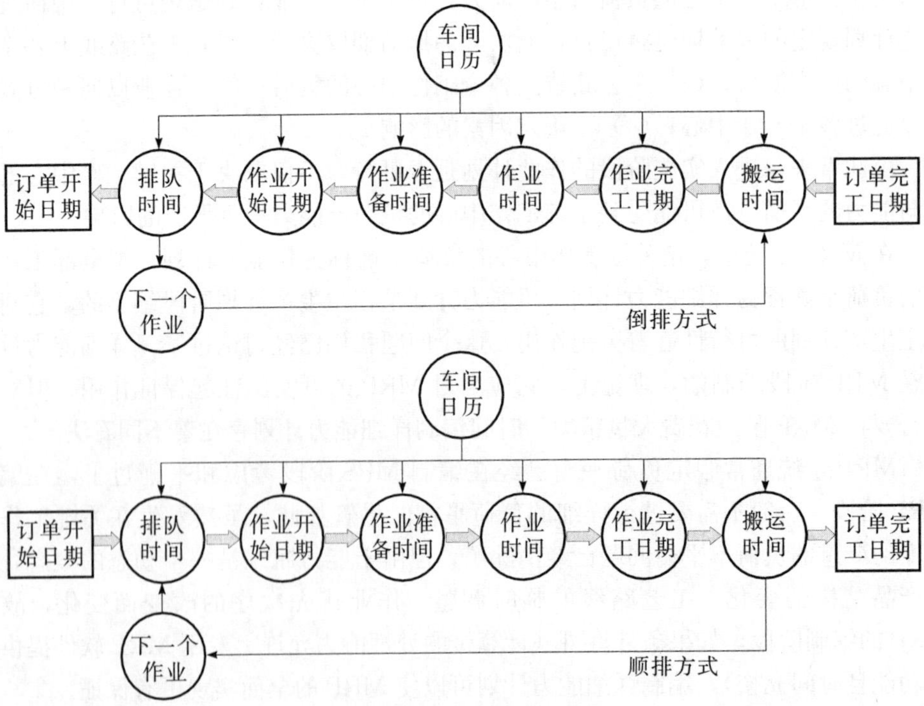

图 8—1　倒排与顺排方式

2. 无限能力计划和有限能力计划

按是否对工作中心规定严格的负荷限制，可以将详细能力计划（或一般的，能力需求计划）分为无限能力计划（infinite capacity loading）和有限能力计划（finite capacity loading）。

无限能力计划是在安排作业计划时，不对负荷超出工作中心生产能力的情况加以限制，当初步的作业计划制定出来后，对负荷严重超过生产能力的情况采取以下措施进行能力补偿：（1）加班；（2）重新编排作业次序；（3）安排临时的替代工艺路线和工作中心；（4）转包和外协加工；（5）必要时调整主生产作业计划。

实践证明，负荷在一定程度上超过生产能力并不一定必然导致严重后果，因为现实中影响计划按期实现的因素很多。许多情况下，虽然计划的负荷是平衡的，但实施中由于其他意外的原因的影响，还会发生作业堵塞的情况。无限能力计划如图8—2所示。

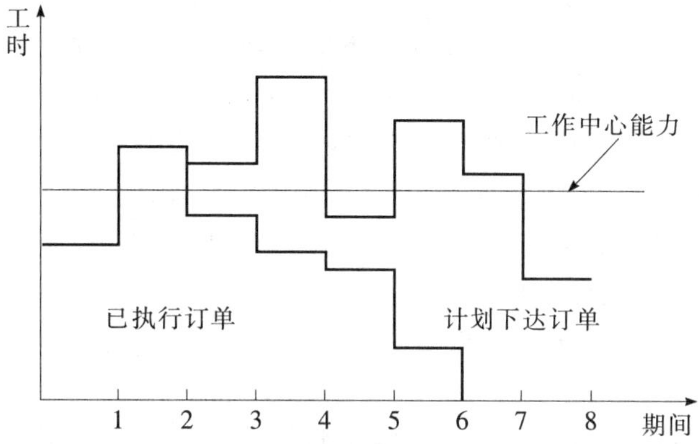

图8—2　无限能力计划示意图

有限能力计划是在有些情况下，对于某些不存在采取上述能力补偿措施的工作中心，需要对其超负荷的情况加以严格限制，否则，就可能形成严重的瓶颈。此种情况下编制出的能力计划称为有限能力计划。理论上，在MRP进入实施阶段后，应当采用有限能力计划排产，以求得在生产能力约束下的可靠的详细作业计划。有限能力计划如图8—3所示，但现实的情况却并非像理论上假设的那样。

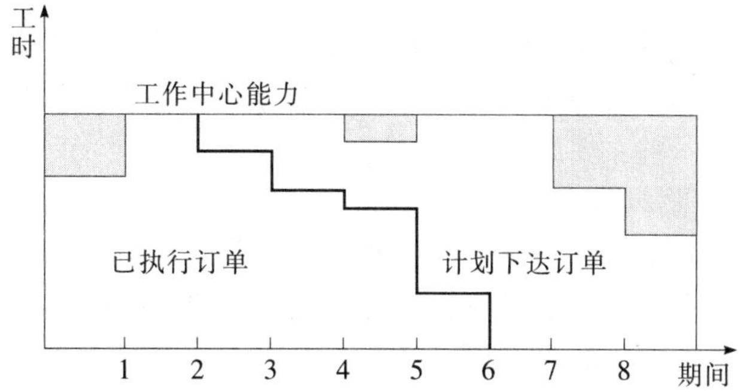

图8—3　有限能力计划示意图

二、为什么瓶颈分析没有成为MRP必不可少的组成部分

瓶颈分析、产能计划之所以没有在MRP系统开发中成为具有重要指导意义的

工具，是因为有如下的原因①：

- 关于产能约束条件的定义。生产系统从本质上讲不是刚性的系统，而是有相当弹性的系统。要用非常精确的数据表示产能的定义是件难以办到的事情。而对于工作中心产能略微的修改就会对原本的最优方案和相应的资源估算值产生显著的影响。由于这个原因，详细作业计划通常不采取精确地定义产能约束的方法，而是采取建立某些关于产能的假设并通过灵敏度分析检验这些假设是否可行的方法，辅助作业计划的编制。
- 企业所面临的经营环境和生产条件是不断改变的。这常常会导致产能的瓶颈也会发生较大的差异。因此，能力的瓶颈是不能完全被预测的。在如此不确定的环境下，生产作业计划的安排和能力的排程也不是依据简单固定的模式就可以优化的。
- 生产计划和执行的各个环节和层次中都有人的参与和活动。许多系统之前没能够预测的、没能适当协调的问题可以在实际的人为干预和控制下得到解决。这种人工对能力和瓶颈的灵活处理是很难在系统中表示出来的。
- 过去，计划的优化功能没有普遍应用到系统开发中的另一个原因是，缺乏把面向能力瓶颈的优化解决方法与实际运用的 ERP 系统建立联系。对于实际操作人员来讲，人们认为那些最优化模型中的模型和方法仅仅处在对优化算法的不断研究和改进阶段。

约束理论（theory of constraints，TOC）近年来得到了越来越普遍的关注。约束理论最初是由运营管理学家伊利亚胡·M·高德拉特（Eliyahu M. Goldratt）提出来的。该理论探求在存在约束条件和瓶颈的前提下，如何找到最经济、最适合的解决方案。在此基础上发展起来的优化生产技术（optimized production technology，OPT）已开始被采纳到高级计划和排程（advanced planning and scheduling，APS）系统中。

三、约束理论和优化生产技术

基于约束理论的优化生产技术（OPT）提出了一整套识别产能瓶颈、平滑作业流的原则和方法。这些原则和方法其实应当作为生产与运营管理的一般原则与方法。以下是其中的一些主要的原则②：

（1）瓶颈无所谓好坏，它是一种客观存在。传统的生产作业计划理念总是不希望出现瓶颈，并且把消除产能瓶颈作为作业计划管理的重点之一。OPT 则承认产能瓶颈的存在，并且认为它们在一定的时间范围内不会被消除。这使得 OPT 把作业计划的重点集中到这些经常成为瓶颈的资源上面来，以尽量优化作业计划与排程。

（2）平衡工作流，而不是产能。不应当平衡产能以适应需求，而应当根据市场需求平衡通过生产系统的产品流。实际上，产品流应当比市场需求的波动幅度略

① 参见［瑞士］格哈特·克诺尔迈尔、［德］彼得·默滕斯、［德］亚历山大·泽埃尔：《供应链管理与 SAP 系统实现》，96～97 页，北京，机械工业出版社，2004。

② Goldratt，Eliyahu M.，*The Goal—a process of ongoing improvement*，2nd ed，The North River Press Publishing Corporation，1992，pp. 136—161.

小，也就是通过瓶颈环节的产品流应当只相当于来自市场的平均需求。

（3）生产系统的产能等于瓶颈环节的产能，要增加系统的产能，只有增加瓶颈环节的产能。怎样才能最佳地利用瓶颈环节的产能呢？首先，要确保瓶颈环节的时间没有被浪费，也就是要防止瓶颈环节空闲；其次，要防止瓶颈环节出废品和不要用瓶颈资源去加工废品，也就是确保进入瓶颈资源的都是质量合格的零件或产品；最后，就是不要用瓶颈资源加工当前市场不需要的零件或产品。

增加系统产出可能增加瓶颈环节的负荷或产生新的瓶颈，但对于大多数生产系统来说，由于存在大量的富余能力和潜在能力，使得在产出增长的相当宽的范围内，不必担心会出现新的瓶颈。

（4）瓶颈环节时间的损失意味着整个生产系统产出的损失，在瓶颈环节上损失的时间是无法在非瓶颈环节上补回来的。瓶颈环节的工时成本如何计算呢？它等于生产系统的全部费用支出除以瓶颈环节的可利用工时数。不过，整个瓶颈管理的重点还不在于怎么降低瓶颈环节的运营成本，而是怎么提高瓶颈环节的产出。

（5）在非瓶颈环节上节省的时间无关紧要。提高非瓶颈资源的生产率，结果可能是在生产大大超出市场需求的库存。非瓶颈环节的利用率不是取决于其自身的产能，而是取决于系统的约束条件，也就是主要取决于瓶颈环节的利用率。

（6）资源的使用和资源的激活是不同的概念。确切地说，所谓“使用”资源是按照实现生产系统目标的方式利用资源；而生产系统的目标，要根据对净利润的贡献、对加快库存周转和节约资金占用的贡献以及对满足市场需求的有效产出的贡献来衡量。而“激活”资源仅仅意味着使资源运转起来，就像按下按钮把机器发动起来一样，它并不意味着创造产出和利润。而使非瓶颈资源始终处于激活状态纯粹是一种浪费。

（7）减小批量可以使通过生产系统的产品流更平滑，使生产提前期更短，使响应顾客需求的速度更快。如果将生产系统的加工批量都减小一半，则在制品库存通常也会降到原来的一半。也就是说，生产系统的在制品库存水平与批量大小呈强相关关系。而系统在制品库存水平的降低可以缩短产品加工对象通过生产系统的通过时间，所以，减小批量可以有效地缩短生产提前期，加快对顾客需求的响应速度。而减小批量意味着增加批次，也就是增加设备的作业转换次数和作业转换时间。所以，减小批量的关键在于缩短作业转换时间。

由于减小了批量，使得通过生产系统的工作流更平滑，就像我们在流水线上看到的那样。值得注意的是，流水线的投入批量可以很大，但加工、移动和产出批量可以很小，甚至小到一批一件，从而实现了加工对象的平滑顺畅流动。

（8）一件事情或一个道理被看作常识，只是因为它与我们的直觉相吻合。为什么我们经常需要外界的激发才能帮助我们认识到那些实际上早已成为我们的直觉的事情和道理？一个可能的原因是，我们的视线被一些事情挡住了，这些事情不是常识，只不过是我们常做的事情。因为习以为常，使得我们不去深究它的道理。所以，让我们的直觉发挥作用的第一步是搞清事实是什么。

（9）每个个体最优，其合并后的整体并不一定最优。这条原则意味着我们不必要求系统的每个环节、每种资源的利用都达到最优，因为系统的局部最优不等于系统的全局最优。一个每个局部都追求自身最优的系统，从整体上看，可能是效率很低的系统。

我们看到，优化生产技术（OPT）的原则之所以在我们初次接触它时使我们有一种顿开茅塞的感觉，就因为它与我们在多年实践过程中形成的直觉相吻合，与我们对生产运营管理规律的认识相吻合。就这么简单，唯其简单，故而屡试不爽。

OPT 原则促使我们重新认识一些做法的必要性。例如，在准时生产体制(JIT）中，人们追求在生产系统范围内的各个环节尽量降低库存，而 OPT 则不然，它建议在生产的瓶颈工序前要设置一定的库存。因为如果上道工序出现问题导致瓶颈工序出现停工待料，那是极其不经济的。这就是"最大限度利用瓶颈环节产能"原则。

四、最大限度利用瓶颈环节产能原则

制定合理的生产作业计划是消除瓶颈环节或缓解瓶颈堵塞的主要措施，这些措施主要有：

（1）加强能力计划工作。在编制主生产作业计划时，加强粗能力计划工作。根据产品的订货结构和产品加工的关键生产资源清单，检查每一个关键工作中心的负荷超限情况，然后调整主生产作业计划，使之切实可行。

（2）加强需求管理。合理地确定向顾客承诺的交货期，尽可能错开交货日期。当然，前提是尽量缩短生产周期。生产周期越短，需求管理的灵活性就越大。

（3）创造条件，实现基于日生产率的生产作业计划，使原材料消耗和主要生产资源的生产率趋于均衡。实践表明，系统产出的非均衡化将导致生产资源利用和原材料供应需求更严重的非均衡化。而后者又会反作用于产出，使之更难以实现均衡化。

除了从作业计划方面解决使生产同步化和消除瓶颈环节的问题，在瓶颈环节前设置必要数量的安全在制品，有利于提高瓶颈环节生产能力的利用率，从动态上减少瓶颈现象的发生。

安全在制品又称为缓冲在制品，它是为防止前后工作中心加工时间的变易性和不匹配可能造成的生产中断而设立的，其作用是使生产过程连续均衡。图 8—4 是一种 U 型布置的生产线，它包括 8 个工作中心 W1～W8 以及 7 个在制品存放地 B1～B7。那么应该为每个存放地设立多少安全在制品呢？它取决于每个工作中心加工时间的变易度和期望的平均生产水平。下面我们给出一些具体数据，然后用模拟方法来研究一下这个问题。

[例 8—2]

在工作中心前设立安全在制品的模拟研究

对于图 8—4 的生产线，根据表 8—5 给出的生产率和变易性数据，试用模拟方法研究不同安全库存水平对生产率的影响。

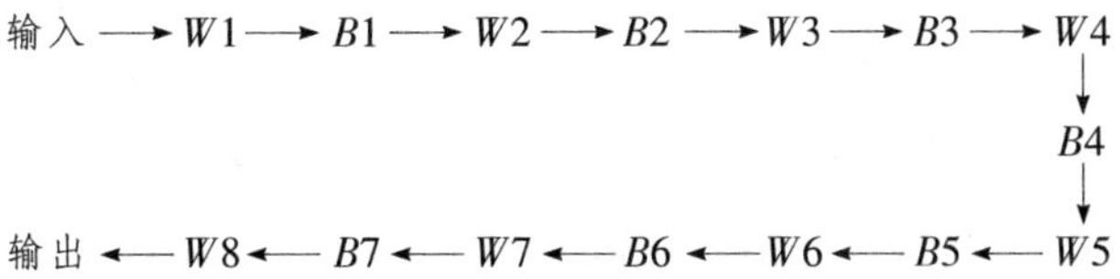

图 8—4　一个按串联方式布置的生产线

表 8—5　不同变易度和安全库存水平下的平均生产率

加工时间分布					不同安全库存水平下的平均生产率		
变易性	变易度（%）	下限	平均值	上限	$B=0$	$B=4$	$B=8$
低	17.3	8.27	10	11.73	5.41	5.96	5.96
中	52	4.8	10	15.2	4.53	5.76	5.84
高	86.6	1.34	10	18.66	3.88	5.43	5.67

表 8—5 分别给出了在不同的变易度和安全库存水平下的系统平均生产率。为使问题简化，假定各工作中心的生产能力均为每 10 分钟加工 1 个零件，即平均生产率为 6（单位/小时），变易度用散布界半宽/平均值来表示。

从表 8—5 中可以看出，如果不设安全库存（$B=0$），则在低变易性水平下，生产率为 5.41（单位/时），比起期望值 6.0（单位/时）来，损失了 9.8%的生产能力；而在高变易性水平下，不设安全库存的能力损失达到 35.3%。在安全库存为 $B=4$ 的情况下，低变易度下的生产率已接近期望水平。

资料来源：McClain J. O. and L. J. Thomas and J. B. Mazzola，Operations Management：production of goods and services，3rd ed. New Jersey：Prentice Hall Inc.，1992.，pp. 383—384.

从上例我们也可清楚地看到，变易性越大，要达到满意的生产率水平所需的安全库存水平越高，这与我们的经验是一致的，也与我们在第 4 章“库存控制”中的分析结果是一致的。

安全在制品的作用是防止变易性的干扰。凭经验很容易理解，在瓶颈环节之前设立安全在制品可以提高该瓶颈环节以至整个系统的生产率。但可能的改进还不止于此。事实上，在瓶颈环节之后设立安全在制品也会起到类似的作用，而在瓶颈环节前后均设立安全在制品会起到更显著的作用。为了说明这一点，让我们在例 8—2 的基础上采用模拟方法再来研究一下这个问题。

[例 8—3]

在瓶颈环节前后均设立安全在制品的模拟研究

假设仍是按例 8—2 中的 U 型顺序方式布置的生产线，假定只考虑变易性中等的情况，并假定除工作中心 W3 和 W6 以外，其余工作中心的平均加工时间缩短到

8 分钟加工一个单位零件。安全在制品库存容量限制在 $B=4$ 单位，这时系统的生产率达到期望的水平 6 单件/时，而改进之前是 5.76 单位/时。在此情况下，图 8—5 标出了各工作中心的平均利用率和各安全在制品存放地的库存水平，其中百分数为相应工作中心的利用率。

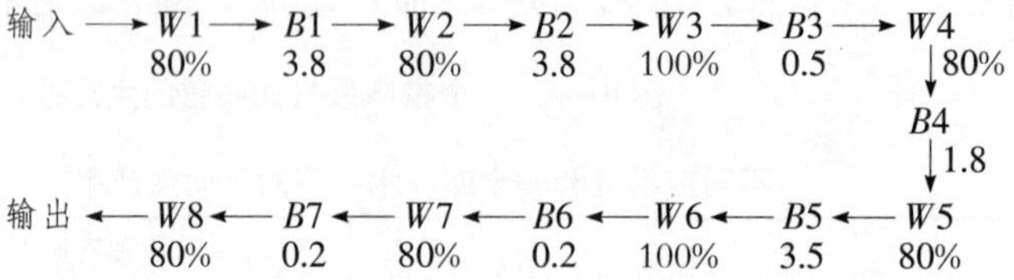

图 8—5　存在瓶颈环节时顺序排列工作中心的利用率

从图 8—5 可以看出，$W3$ 和 $W6$ 成为瓶颈环节，在它们之前的安全在制品存量分别为 $B2=3.8$ 单位和 $B5=3.5$ 单位，均接近安全在制品的最大限额。

然后我们进行另外的三个模拟试验。第一个试验是在每个瓶颈环节前后均设立 1 个单位的安全在制品；第二个试验是只在瓶颈环节之前设立 2 个单位的安全在制品；第三个试验是在每个瓶颈环节之后设立 2 个单位的安全在制品。系统总的在制品库存水平均为 4 个单位。模拟结果如表 8—6 所示。

表 8—6　在瓶颈环节前后设立安全在制品的效果

安全在制品容量							生产率（单位/时）
B1	B2	B3	B4	B5	B6	B7	
0	1	1	0	1	1	0	5.74
0	2	0	0	2	0	0	5.40
0	0	2	0	0	2	0	5.40

我们发现，对于同样的安全在制品库存水平，设立的方式不同，可能产生不同的效果。在瓶颈环节之前或之后设立安全在制品具有同样的重要作用（我们假定其余在制品存放地的库存容量为零）。而在瓶颈环节之前后均设立安全在制品才能达到最佳的改进效果。其原因在于，在瓶颈环节之前设立安全在制品，可以防止瓶颈环节能力闲置，提高其利用率；而在瓶颈环节之后设立安全在制品，可以平滑瓶颈环节生产率的尖峰效应，使后续工作中心的生产率保持均衡。

第三节　生产管理的事务制度

生产作业计划系统要有效地运行就必须形成闭环，也就是要建立完善的车间控制和传票制度。

一、车间控制

车间控制是使整个生产作业计划系统形成一种闭环控制系统的关键环节，其主要功能是过程监控、调度、信息反馈、成本核算和绩效考核。具体包括以下任务：(1) 向各工作中心下达每日或每班的任务令（订单）；(2) 向材料库发出领料单；(3) 检查材料齐备情况；(4) 跟踪每个车间任务令的进度和状态；(5) 跟踪不合格品的返修；(6) 根据现场情况对作业计划做临时更改和调度；(7) 随时掌握在制品库存情况；(8) 记录完工产品的检验交接情况和生产结果；(9) 记录和报告人工时间、机器时间、停工时间、出勤状况等；(10) 报告产品质量状况和进行对比分析；(11) 记录每个工作中心的实际生产率；(12) 对完工任务令（订单）的实际成本进行归集和核算；(13) 保管和查询车间文档。

为了把生产计划到生产控制全过程的各项业务都系统地联系起来并有效地加以处理，就必须建立健全生产管理的事务制度（传票制度），采用固定规格的传票运用固定的方式来进行管理。即使实现了计算机化的生产管理，也要有电子传票制度。

二、生产管理事务的系统化

概括地说，生产管理业务按下述顺序进行：生产计划、采购计划、生产准备、作业分派、生产控制、善后处理，等等。它又可以分成技术性业务和事务性业务两个方面。由于生产管理业务内容广泛，涉及的部门较多，业务处理手续复杂，因此，生产管理业务必须系统化，事务管理必须制度化。建立传票制度，使事务处理标准化，也是生产管理计算机化所必备的基础工作。

传票制度如果不健全会造成下述几方面的问题：

(1) 生产管理业务不能标准化，业务处理效率低下。因而不得不指定有经验的作业人员来完成这项工作，结果造成人员上的浪费。

(2) 不能系统地处理生产管理业务，而是零零散散地分别加以处理，即使个别业务的处理效率再高，整个生产管理的效率也很难提高。

(3) 与生产管理有关的业务难以标准化，生产管理基础就不牢固，从而影响到企业全面管理水平的提高。

(4) 不能迅速准确地传送作业信息和处理生产与作业中发生的问题，分不清问题的原因和责任，结果必然造成产量不稳定，交货屡屡拖期，设备运转率低，在制品库存上升等问题。

(5) 没有健全的传票制度，事务处理方式未标准化，是不可能实现生产管理业务自动化和计算机化的。

广义地说，生产管理事务制度包括从顾客订单、外购订单、制造订单、蓝图、物料清单，直到包装票、发票等多种业务单据的设计、发放、处理、传递、接收、保存等事务和信息处理活动，这些事务的处理过程和票据的流动路线如表 8—7 所示。[①] 狭义地说，生产管理事务制度的重点是生产作业计划执行过程的传票制度，它可以分为间断生产的传票制度和流水生产的传票制度，而前者又可进一步分为单件传票制度和连记传票制度。

表 8—7　生产管理事务和票据流程

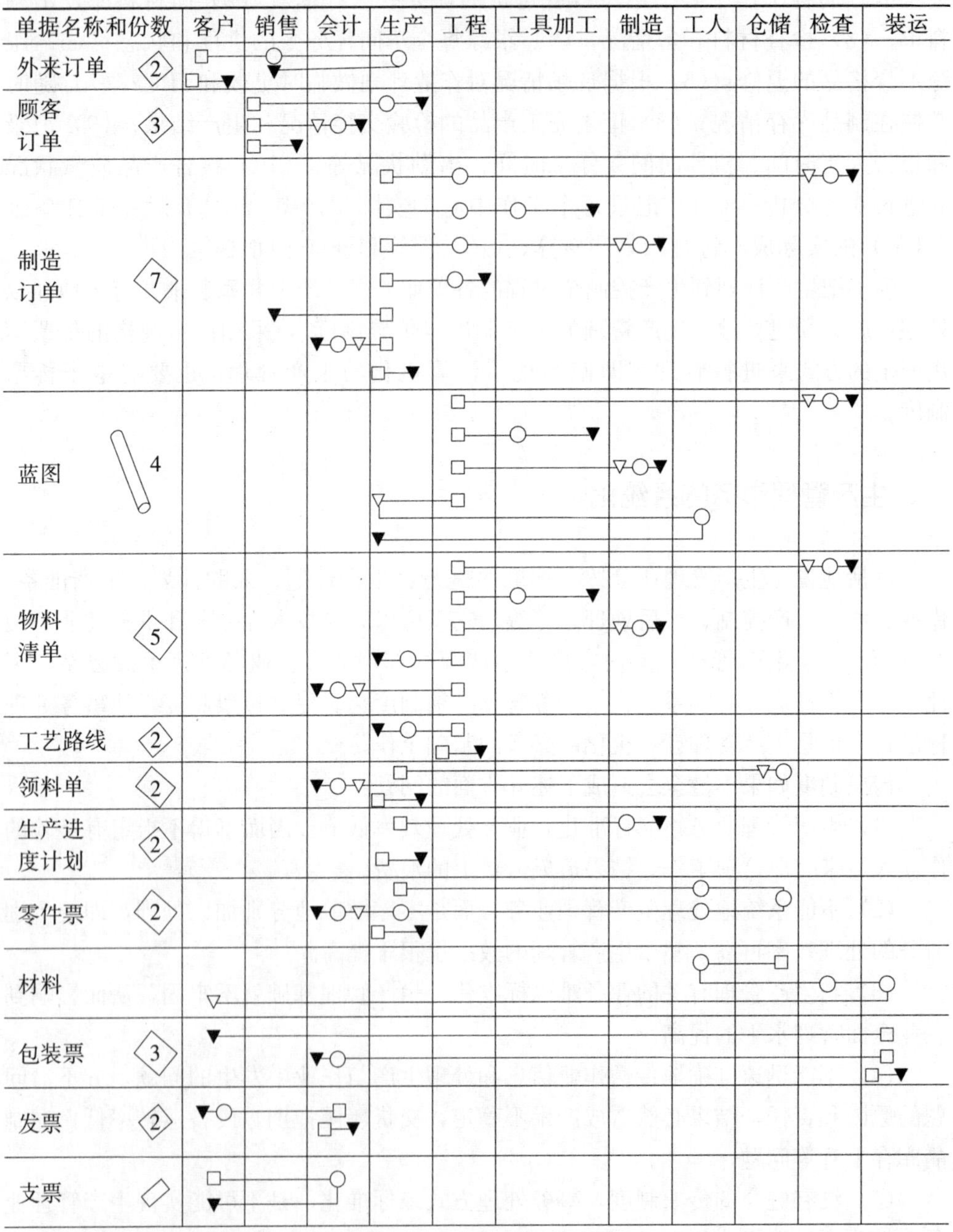

说明：表中各符号含义为：□发出；○处理；▽暂时存档；▼归档。

① 参见［美］埃尔伍德·斯潘塞·伯法：《生产管理基础》，593 页。

三、单件传票制度

由于为每一个生产指令、每一生产批量都发行一组作业传票，而且传票和制品同时在流动，所以称其为单件传票方式。这种方式适用于单件生产中的零部件加工工序。

单件传票形式尽管有很多，但最基本的传票有作业票、检查票、出库票以及移动票，另外，还有工具票和入库票等。总之，以下这些传票形式可以根据企业的具体情况选择采用：(1) 作业票。这是针对每项工作的作业指示、作业准备和作业报告等设计的一种传票，根据管理的粗细不同，每一个零部件发一张，或者每一道工序发一张，故又称为“短票”、“工序票”等。(2) 检查票。与作业票类似，也是用于每项作业的检查指令、检查准备、检查报告的一种传票。有的企业还将作业票和检查票合并为一张作业票，如表 8—8 所示的单工序工票。(3) 出库票。这是从仓库取出材料送给生产车间的一种材料支付传票。(4) 移动票。这是和制品一起在车间流动的一种传票，它记录了每一道工序中制品的交接情况，其一般格式如表 8—9 所示。

单件传票的移动路线如表 8—10 所示。这种传票由生产管理部门依据生产台账发行，传票送到生产车间后，车间负责人（工长）就开始进行作业准备工作，并把出库票送到材料库准备提货，同时还准备图纸和工夹（模）具。当材料从仓库提出后，出库票要送到管理部门去。

表 8—8

(1) 单件作业票格式

发行：

年　月　日　　　　作　业　票

编号：　　　　　　　　　　　　制品号：

<table>
<tr><td colspan="2">图号：</td><td colspan="2" rowspan="2">产品名称：</td><td colspan="2" rowspan="2">数量：</td></tr>
<tr><td colspan="2">代码</td></tr>
<tr><td colspan="2">车间：</td><td colspan="2">班组：</td><td colspan="2">工序：</td></tr>
<tr><td colspan="2">机器</td><td colspan="2">作业者：</td><td colspan="2">工时定额：</td></tr>
<tr><td colspan="2">计划开工日期：</td><td colspan="2">计划完成日期：</td><td colspan="2">下一道工序：</td></tr>
<tr><td colspan="2">加工数：</td><td colspan="2">不合格数：</td><td colspan="2">不合格原因：</td></tr>
<tr><td colspan="2">开始时间</td><td colspan="2">完工时间</td><td colspan="2">所需时间</td></tr>
<tr><td colspan="2"></td><td colspan="2"></td><td colspan="2"></td></tr>
<tr><td colspan="2"></td><td colspan="2"></td><td colspan="2"></td></tr>
<tr><td colspan="2"></td><td colspan="2"></td><td colspan="2"></td></tr>
<tr><td>发行：</td><td>作业组长</td><td>检验</td><td>记录</td><td>工序</td><td>签章</td></tr>
</table>

（2）单工序工票格式

单工序工票

机床号：　　　　　　　　年　　月　　日　　　　　　　　票号：

产品编号	件　号	件　名	工序号	工序名	单件定额	每台件数	投入件数	
							当批	累计

日期	班次	工作者姓名	加工时间		完成			检查结果						备注
			起	止	工时	件数	工时定额	合格	回用	退修	工废	料废	检验印	
生产组长：								计划调度员：						

表 8—9　　移动票格式

发行：

年　月　日　　　　　　　　　　　　　　制品号：

移动票

编号：

图号：		产品名称：		数量：
代码				
No.	工序	数量	日期	收领者签字（盖章）
1				
2				
3				
4				
5				
6				
下一道工序				
工序	处理	记录	备注	

表 8—10 单件传票移动的基本形式

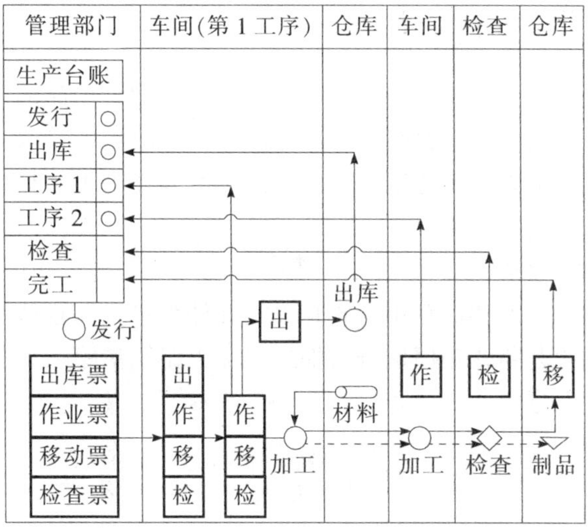

生产活动到了开始作业的日期时，车间负责人（工长）要对第一道工序的作业人员发给材料、作业票、移动票、检查票、图纸等，并陈述作业的内容。作业人员将作业事项填入作业传票，开始着手生产工作。当第一道工序生产完工之后，作业人员要附上作业传票，把作业结果记入作业票并通过车间负责人（工长）退还给管理部门。车门负责人（工长）把制品连同传票送交第二道工序的作业人员，并下达作业指示。第二道工序的作业人员与第一道工序的作业人员一样进行上述程序的作业处理。

各道工序重复上述工作程序，直到最后一道工序完成后，产品生产才告一段落。接着，产品进入检查工序，通过检查工序后，便连同移动传票一同送往仓库，而检查票、移动票都一并退还给管理部门。管理部门在生产台账上登记完工后，就把传票送给指定部门。

使用单件传票时要注意以下几点：

（1）单件传票要按工序发放，每一道工序一张，这种工序是从管理角度区分的各道工序。有时，也可以把一个车间看作一个大工序。

（2）单件传票应该与制品数量保持一致地移动在各道工序之间。

（3）因不合格品或损伤一类的原因造成批量数改变时，必须立即更正传票的生产数量。

（4）如果制品在移动中被分批，应将原传票的数量更正为本批量的数量，而另一批制品要加附另一张传票。

单件传票适用于单件生产或小批量生产中的零部件加工。这种传票的优点是：周转时间短，使用比较灵活，可以像使用卡片那样按不同要求进行分组、归类、汇总和分析；能够细致地进行生产管理、材料管理、成本核算等管理工作。其缺点是：一道工序一张票，事务手续烦琐，工作量较大，容易造成传票拖延，传票与制品数量不一致，甚至传票与制品移动脱节等后果。这是采用单件传票事务管理制度要特别注意的问题。

四、连记传票制度

连记传票制度适用于批量生产。因为批量生产是同种产品的重复生产，作业内容不言而喻，生产准备和工艺路线等基本已成定局，故不必采取一道工序一张票的单件传票制度，而是采取加工路线单或计划兼进度表作为生产指令手段，便可以使作业得以顺利实施。

1. 加工路线单方式

加工路线单又称为长票、跟单。它是以零部件为单位综合地发布指令，指导生产工人根据既定的工艺路线顺序地进行加工。加工路线单跟随着零件一起转移，各道工序共用一张生产指令。其格式如表 8—11 所示。

表 8—11　　加工路线单格式

加工路线单

产品：　　　　　　填发日期：　年　月　日　　　　卡片编号：

件号	零件名称	每台件数	计划投入数			实际投入数		
			件	台	累计	件	台	累计

日期		工序		机床号	工作者收到		检查结果				检查员签章
月	日	序号	名称		数量	签章	合格	返修	工废	料废	

合格入库数	检查员签章	仓库盖章	入库日期	备注
			年　月　日	

加工路线单的优点是有利于控制在制品的流转，加强上下工序的衔接，简化了事务处理手续。缺点是一票跟到底，周转环节多，时间长，容易丢失，不易及时掌握情况。这种形式适用于工序少、生产周期短的零件加工。

2. 进度传票方式

进度传票方式的要点是：

（1）废除作业传票，用作业计划表或计划兼进度表作为生产指令手段。

（2）使用表 8—12 所示的进度传票进行在制品管理。即每个车间使用的卡片式传票反复用于在制品的生产和移动当中。也就是说，将前一道工序转来的数量及累计（连贯号码）数和转给下一道工序的数量及其累计数均填入卡片。

表 8—12　　进度传票格式

发行 6 月 30 日		进度传票		车间 机加工第 2 车间	分区 M_2	No. 7—19	
工号 5607—27		品号 TK—132		品名 环圈	生产数 3 500	负责人 高力	工序负责人 王明
从前道工序（M_1）			到下道工序（T_4）				记　事
日　期	数　量	累　计	日　期	数　量	累　计	领收人签字	
30/6	215	215	30/6	180	180		转后
1/7	250	465	3/7	200	380	李	
5/7	200	665	6/7	200	580	李	
9/7	300	965	11/7	250	830	李	

（3）以各车间为单位，用作业每日通报做成作业报告（生产情况报告），报告每天的作业情况。作业每日通报的格式如表 8—13 所示。同样，对于检查作业可用检查每日通报。

表 8—13　　个人填写的作业每日通报格式

作业每日通报			年　月　日			车间			工序			作业者		
工号	产品名称	生产数量	作　业　时　间											时间合计
			8	9	10	11	1	2	3	4	5	6	7	

（4）作为故障处理和进度报告的一种手段，采用拖延每日通报和进度修正传票随时都可以修正其进度。

（5）累计号码管理是数量控制的基础，但也不能完全忽视对批量单位的控制，还应该进行各批量的进度管理和在制品管理等工作。

总之，连记传票制度的优点是，比单件传票制度的事务手续简单易行，处理迅速，尤其是在批量分离和出现不合格品时，其事务处理简单的特点人所共知。但是，由于连记传票制度不使用单件传票，因此不利于成本核算等与生产控制相关的业务的事务处理，也不利于作业分派和余力调整等车间管理业务的开展。

五、大量流水生产的传票制度

大量流水生产，由于每天或每班连续重复生产同一种产品，其传票制度的事务手续比连记传票方式更为简单易行。具体来说，使用表 8—14 所示的生产计划表（施进度表）指令作业就能完成产品生产。从表 8—14 中可以清楚地知道，它是以每月的累计生产数来控制生产的。作业计划方式属于在制品定额法，如表中所示，作为零部件的生产作业计划，必须在调查上个月月末的在制品节余量的基础上再来决定本月的计划数量。

表 8—14　　大量流水生产用的生产计划（进度）表格式

产品名称（型号）	计划数	在制品结余数	区分		1日	2日	3日	4日		
自动固定装置（AMZ—875）	12 000	850	计划	数量	600	600	600	600		
				累计	1 450	2 050	2 650	3 250		
			实际	数量	500	600	650	630		
				累计	1 350	1 950	2 600	3 230		
			超迟		−100	−100	−50	−20		
自动固定装置（UTM—247）	16 000	750	计划	数量			1 500	1 500		
				累计			2 250	3 750		
			实际	数量			0	850		
				累计			750	1 600		
			超迟				−1 500	−2 150		

大量流水生产的日常生产派工实际上可以作为一种期量标准。在大量流水生产的工段和班组里，每一个工作中心和每一个工人执行的工序比较少，而且是固定重复的。在这种情况下，生产派工可以通过编制标准计划的方式来实现。标准计划，又称标准工作指示图表，它是把制品在各个工作中心上加工的次序、期限和数量等全部制定成标准，并固定下来。这实际上就是把派工工作标准化。有了它，就可指导各工作中心的日常生产活动，而不必再经常地分派生产任务了。当日产量任务有调整时，派工的任务主要是对每日产量任务作适当的调整。表 8—15 给出了一张间断流水线的标准作业指示表。

表 8—15 间断流水线的标准作业指示表

流水线名称	轮班次数	每日出产量（件）	每日投入量（件）	节拍	运输批量（件）	生产节奏	看管周期
中轴加工流水线	2	155	160	6 分		6 分	2 小时

工序编号	计算机的轮班任务（件）	工时定额（分）	工作中心号码	设备负荷率（%）	工人号码	本工序完毕后往何处（工作中心号码）	每一看管期间内（2 小时）的工作指示图表 分钟 10	20	30	40	50	60	70	80	90	100	110	120	每一看管期间的生产能力（件）
1	80	12.0	01	100	1	平行作业	■	■	■	■	■	■	■	■	■	■	■	■	10
			02	100	7		■	■	■	■	■	■	■	■	■	■	■	■	10
2	80	4.0	03	67	2	06	■	■	■	■	■	■	■	■					20
3	80	5.2	04	87	3	04 和 05 号工作中心平行作业	■	■	■	■	■	■	■	■	■	■			20
4	80	5.0	05	88	3		■	■	■	■	■	■	■	■	■	■			20
5	80	8.0	06	33	2										■	■	■	■	5
			07	100	4		■	■	■	■	■	■	■	■	■	■	■	■	15
6	80	5.6	08	94	5	08 和 09、10 号工作中心平行作业	■	■	■	■	■	■	■	■	■	■	■		20
7	80	3.0	09	50	5		■	■	■	■	■	■							20
8	80	3.0	10	50	5								■	■	■	■	■	■	20
9	80	6.0	11	100	6		■	■	■	■	■	■	■	■	■	■	■	■	20

总之，没有一个健全的、标准化的生产管理事务制度，即使在生产计划中应用了许多先进复杂的科学方法，也只能是事倍功半。

本章小结

生产作业计划的准确性和可行性依赖于期量标准的合理性和能力计划的详尽性。虽然实际的生产提前期受到生产批量大小、作业优先级排序等多种因素的影响，且期量标准因企业的生产类型和生产组织形式的不同而不同，但从简化作业计划工作和一般的合理性意义上，我们还是主张应当为作业计划制定合理的期量标准。没有规矩，不成方圆。

作业排序之所以重要，是因为它影响到设备利用率、在制品库存数量以及产品能否按期交货等一些关键的生产作业计划目标。大量模拟研究表明，在已知的各种排序规则中，最短作业时间规则（SOT）的任务延迟百分率通常是最低的，尽管SOT的在制品库存水平并不总是最低的。由此也可以看到，事实上不存在最佳的作业排序规则。实际中，应因地制宜地选择适当的排序规则。

进入实施阶段的作业计划能否实现受到生产系统瓶颈环节的影响。然而，瓶颈分析、产能计划之所以没有在MRP系统开发中成为具有重要指导意义的工具，是因为它不能精确地定义工作中心的生产能力，以及瓶颈环节随产品结构等多种因素变化的动态性。基于约束理论的优化生产技术（OPT）提出了一整套识别产能瓶颈、平滑作业流的原则和方法。其中的一些主要原则与我们对生产运营管理规律的认识以及在多年实践中形成的直觉相吻合。OPT原则促使我们重新认识一些做法的必要性，尤其是“最大限度利用瓶颈环节产能”原则。

要使得生产管理工作系统化，就要建立健全生产管理的事务制度。计算机的应用可以大大减轻事务处理工作的负担，但也会带来资料和信息负荷过重的问题。因此，建立事务制度的一般原则应当始终是有效的，也就是说，对于达到同样的目标来说，实现方式越简单越好。

案例研究

工厂的目标是什么?①

我是一位有着工程师背景并取得了MBA学位的管理者，刚刚被任命为一家濒临倒闭的工厂的厂长。公司给我的期限是三个月，如果不能在三个月内扭亏为盈，将出售或关闭这家工厂。当然，届时我的工作也就很难说了，一个将工厂经营到倒闭的管理者还能指望升迁吗?

这家工厂并非因为设备陈旧而亏损，工厂去年一次就购进了两台数控加工中心；工厂也不是由于没有销售订单、停工待料而亏损，目前工厂手上尚有积压的订单，因一再拖期导致客户威胁要退货。我上任后几乎每天都要在车间里巡视一遍，发现车间里到处堆放着在制品，而装配线上缺件的情况却愈演愈烈。计划员、调度员、材料员、工人们没有一个不是忙得团团转，但大家为什么这么忙呢？在为什么忙呢?

我认为，要扭转工厂的亏损局面并解决交货严重拖期的问题，首先要把原因找到；而要把原因找准，先要把工厂的目标搞清。

那么，我们真正的目标是什么？当我在工厂例会上认真地提出这个问题时，没有一个人能说得清楚。但是要让这家工厂继续活下去就必须搞清楚：我们的目标是什么？我们应该做什么？令这座工厂继续运转下去的是什么?

在我们的日常运营中要做许许多多事情，每一件事情看似都必不可少。举例来说吧，工厂中有一件事是非做不可的，这就是购买原材料。有了原材料，才能生

---

① 本案例源自：Goldratt，Eliyahu M.：*The Goal—a process of ongoing improvement*，2nd ed，The North River Press Publishing Corporation，1992，pp. 34—41。本书在引用时作了删节。

产。而且我们必须以尽量低的成本来取得原材料，因此以成本效益最佳的方式采购对我们来说非常重要。但是，在采购上达到最佳的成本效益是这个工厂存在的理由吗？

不错，采购部门一定把这个当成目标，它们甚至另外租了几个仓库来存放以最低价格买来的材料。结果我们都存了些什么东西呢？32 个月用量的铜线，7 个月用量的不锈钢板，应有尽有。数百万美元的资金被占用在这些以成本效益最佳的方式买来的原材料上。

不，从这个角度看来，最佳成本效益的采购绝对不是这个工厂的目标。

我们还做了哪些事情呢？我们雇用员工，工厂里雇了几百名员工，整个公司则有几万名员工。公司年报中一直宣称员工是公司"最宝贵的资产"。的确，没有各方面的优秀人才，公司就无法运作。在我看来，就个人而言，每个人都很高兴工厂提供了就业机会，能够稳定地发出薪水。但提供就业机会肯定不应是工厂生存的理由。我们建工厂不只是为了付薪水，让人们有事可做。

好吧，那么我们为什么要建工厂呢？

我们建工厂是为了生产产品。为什么这不是我们的目标呢？制造企业不生产产品行吗？为什么我们还有别的目标呢？

这使我想到了最近常听到的时髦名词：质量。你必须制造出高质量的产品以满足顾客需求，否则要不了多久，你就会被淘汰。

但为什么我们大力提升质量，不符合质量标准的产品不允许出厂，可工厂的前途还是岌岌可危呢？假如企业的目标真是质量，那为什么像劳斯莱斯（Rolls Royce）这样的公司会濒临破产呢？

单单质量不能成为我们的目标。质量很重要，但质量不是工厂的根本目标。为什么呢？是因为成本吗？

假如低成本的生产很重要，那么效率似乎应当是答案。好吧，或许应该两者兼顾：质量和效率缺一不可。我们的差错越少，返工就越少，成本也就会越低。有效率地生产高质量的产品，这一定就是我们的目标。

但是，还有点不对劲，有效率地生产高质量的产品，听起来似乎是个好目标，但这个目标能够让工厂一直经营下去吗？我一下被脑海中忽然浮现的几个例子困扰住了。假如目标是有效率地生产高质量的产品，那么为什么大众公司（Volkswagen）不再生产甲壳虫牌轿车了？那可是种低成本高质量的轿车啊。或者再向前追溯，道格拉斯公司（Douglas）为什么不再制造 DC-3 型客机了？DC-3 型客机可是一种很安全很省油的飞机呀。我打赌，假如它们继续制造 DC-3 型客机，一定会比生产 DC-10 的效率更高。

因此，以有效率地方式来生产高质量的产品还不够，一定还有其他的目标。

我一直惊叹当今技术进步的速度，先进的技术简直可以点石成金。也许真正的答案就在技术吧，我们必须在技术上保持领先，如果在技术上落后了，我们就完了。所以，这应当是我们的目标。

但是，再仔细一想，又不对了。假如技术是工厂真正的目标，那么为什么在我见过的每家公司的组织图上，研究与发展部门总是屈居一旁？假定我们拥有了最先进的机器，我们就因此得救了吗？不，不会的。所以，技术很重要，但技术不是目标。

或许，目标是效率、质量和技术三位一体。但这不等于重复了那句老话："多目标等于没目标"吗？对此我百思不得其解。

每当我看着工厂里堆积如山的产成品存货时，心里就在想：这可全都是以最新的技术、优异的质量、高效率地生产出来的。我忽然有所领悟，"销售"才是目标，公司开办这家工厂显然不是为了把仓库填满。

思路一转到销售上，在商学院学习的营销理论又开始回到记忆中。根据流行的营销理论，就目标而言，市场占有率比销售还重要。假如一家公司在市场占有率上拔得头筹，它就会取得业界最辉煌的销售业绩。于是公司经营一切都顺风顺水。

不过且慢，我还记得一句经理们津津乐道的老话："尽管眼下亏损，但只要销量上去，亏损就可以扭转。"于是有些公司为了出清库存，不惜做赔本生意，我们公司就是如此。不过别忘了，你可以占有很大的市场份额，但假如不赚钱，谁会把你放在眼里呢？

看来，工厂不能没有钱。当然，钱很重要。但是，且慢，假定我采取了一项前所未有的措施制止了亏损，实现了盈亏平衡，那又怎么样呢？这样就能挽救工厂吗？就长期而言，还是无济于事。公司建这座工厂不是只为了追求盈亏平衡，而是为了赚钱！

所以，准确地说，工厂的目标应当是赚钱。

但是，赚钱是唯一的目标吗？我还有点拿不准。我拿来纸和笔，把所有人们认为是目标的项目都列了出来：采购的最佳成本效益、雇佣优秀的人才、保持技术领先、高效率地生产高质量的产品、获取市场份额。我甚至还加上了一些其他的项目，例如良好的沟通以及顾客满意度等。

所有这些目标都是成功地经营企业的基本要素。正是因为有了这些要素，公司才能赚钱。但是，这些要素本身不是企业的根本目标，它们只是达到目标的手段。

我怎么这么肯定呢？

我还不能绝对地肯定。但是，把"赚钱"作为制造企业的目标似乎是一个不错的假设。因为如果企业不赚钱，那么上面列出的所有目标项目就都变得一文不值了。

假如公司不赚钱会怎么样呢？假如公司没有办法通过制造和销售产品、履行维护合同、出售闲置的资产或靠其他方式赚钱，那么这家公司就完了。所以，赚钱必须是目标，没有其他事情能取代它的地位。这就是我要确立的假设。

假如目标是赚钱，那么一切朝向这一目标的活动都是具有生产性的，而不能让我们赚钱的活动则不具生产性。过去几年，我们的工厂一直远离赚钱这个目标，因此要挽救工厂，要让它更有生产力，就必须让这家工厂赚钱。赚钱这个目标虽然有些过于简单，却是正确的说法，是我们思考工厂任何事情的出发点和逻辑。

那么，赚钱这个目标在财务上怎么表述呢？怎么衡量呢？

在与公司的财务主管反复讨论后，我得到一个明确的结果。工厂赚不赚钱首先要看净利润这个指标完成得怎么样，净利润是损益表的底线（bottom line），也就是说，亏损的工厂一定不赚钱。但盈利的工厂是否就赚钱呢？不一定。这要看投入的资本的相对大小，也就是投资报酬率（return on investment，ROI）。一家工厂盈利，投资报酬率也不低，是不是就一定赚钱呢？还不一定。还要看现金流是正还是负。有可能工厂的净利润和投资报酬率看上去都不错，但如果现金流断了，这家工厂还有可能破产。现金流对于企业，就像人的血液，人体哪里缺血或血液流不过去，那里的组织就会坏死。因此，工厂赚钱不赚钱最终体现在现金流量上。所以，应当把现金流量连同净利润和投资报酬率一同作为衡量赚不赚钱的指标。

接下来的问题是：如何让这三个指标与工厂的实际运营建立直接的联系？这样我们就有办法知道我们的哪些活动是指向赚钱的目标的，是具有生产性的；哪些活动是不赚钱的，是不具有生产性的。我们不可能拿着上面的三个财务指标去直接衡量工厂管理人员和一线管理者的绩效，我们需要更直接的、他们能够理解和控制的运营指标。

与赚钱直接相关的运营指标是什么？它的最简单的指标集合是什么？

问题讨论

1. 如何理解“工厂的根本目标是赚钱”？
2. 与赚钱直接相关的运营指标是什么？它的最小集合是什么？

第九章

准时生产方式

学 习 目 标

阅读和学完本章后，你应当能够：

1. 阐述 JIT 生产哲学的要点和道理。
2. 识别生产系统中常见的和潜在的浪费活动。
3. 说明 JIT 各种改进活动之间的支持关系。
4. 解释为什么 JIT 可以看作一种以节约时间为龙头的系统管理方式。
5. 理解作业转换时间的关键影响，掌握缩短作业转换时间的原则。
6. 说明改变移动方式对缩短生产周期的作用。
7. 说明广义生产周期的结构及其缩短的要点。
8. 解释什么是生产过程的同步化以及如何实现生产过程的同步化。
9. 理解投产顺序计划方法的数学模型及其近似方法。
10. 掌握看板管理的操作方法。
11. 正确理解 JIT 采购的原则。
12. 说明 JIT 与 MRP 的结合方式。

20 世纪 70 年代中期以后，伴随着日本丰田汽车公司在世界市场竞争中的节节胜利，众多的西方企业界人士和管理学家开始探索日本企业成功的秘密，从而，准时生产方式（JIT）被当作日本企业成功的秘诀受到广泛的关注。所谓准时生产方式，简单地说，就是将必要的原材料和零部件，以必要的数量和完美的质量，在必要的时间送往必要的地点。生产系统如果真正运行在准时生产方式的状态下，它的库存就被减至最小的程度，因此 JIT 又被极而言之成“零库存”管理。在整个 80 年代中，零库存管理代表了一种生产管理的时尚，但也招来了不少非议。有人认为零库存是不可能实现的；有人批评说，追求零库存会把企业推向全面停产的灾难边缘。不过世界上的事情就是这么奇妙，成功与失败仅一步之遥，最佳状态与崩溃状态仅一线之隔。

通常认为，JIT 管理哲学的核心理念是无情地消除浪费，而最大的浪费是时间的浪费。所以，JIT 本质上是一种以节约时间和提高市场响应速度为中心的生产方式。我们在第二章讨论规模经济概念时曾经指出：规模经济性的本质是速度经济性。速度，如同质量、成本一样，也是一个管理的龙头，牵一发而动全身。提高速度也能降低成本，时间就是金钱。

JIT 已经成为 21 世纪生产方式的基石。JIT 正在向采购、分销、零售、服务等整个供应链领域扩展，正在成为世界范围产业集聚地区内部的协作规则。同时，JIT 正在与 MRP 结合，正在成为 ERP、SCM 的基本组件和运作机制。所以，理解 JIT 的精髓，掌握 JIT 的运营技术，已成为驾驭 21 世纪竞争的必备知识和技能。

在本章中，我们先以更加宽阔的视野来讨论 JIT 的生产哲学，接下来我们分别对 JIT 的几个关键领域进行更深入地阐述，这些领域是：缩短生产周期、看板管理、生产的同步化和 JIT 采购等。

第一节 JIT 生产哲学

准时生产方式（JIT）之所以成功，首先是因为它大胆地向传统管理观念提出了挑战，使得生产与运营管理的观念发生了一场革命。因此推行 JIT，最重要的还不在于模仿某种 JIT 的做法，如“看板管理”，而是彻底更新传统的生产管理观念，是换脑筋。诸如零库存是不可能的，JIT 只适合于大批量少品种生产不适合多品种小批量生产，JIT 只适合备货生产方式不适合订单生产方式，等等，这些固有的偏见都应当转变。要用新的思维方式看待和解决一切生产与运营管理问题。那么，什么是 JIT 的生产哲学呢？它的精髓何在？

一、无情地消除浪费

按照日本丰田汽车公司准时生产方式的推行者大野耐一的信条：

$$企业现有生产能力 = 产出 + 浪费 \tag{9.1}$$

这个公式不是要人们去仔细地核定生产能力，而是提醒人们去发现和消除浪费及其根源。JIT 就是靠不断地、无情地消除浪费，来使生产系统的效率和绩效最大化。显然，要消除浪费必须先搞清楚什么是浪费。那么什么是浪费？

浪费的含义包括：（1）多余的生产要素；（2）制造过剩；（3）库存；（4）长距离搬运；（5）作业转换时间；（6）不良品；（7）一切不增加产品价值的活动。

在生产过程的浪费中首先是多余的生产要素的浪费，它们包括：

- 多余的人员；
- 过剩的设备；
- 过多的库存。

人员也好，设备也好，材料也好，产品也好，若超过了必要的限度，只会提高成本。这其中，影响范围最广的浪费是冗员。

人在企业中，不是资产，就是负债。当存在冗员时，不仅冗员本身是一种浪费，而且还会影响周围人员的生产率和士气。实践表明，企业的管理费实际上是与人员数量正相关的，过多的人员会发生不必要的劳务费、差旅费、办公费、取暖费、场地租金，等等，所以要消除企业管理费中的浪费，首先要消除冗员。

多余的生产要素是企业第一层的浪费，它还会造成进一步的浪费，这就是制造过剩的浪费。在丰田汽车公司中，制造过剩的浪费，在以上几种浪费中被视为最大的浪费。

所谓"制造过剩的浪费"，就是在制造现场作业进展过度，在本来必须等待的时间里，做了"多余"的工作，结果在生产线后面和中间堆积了多余的库存。这就形成了第三层的浪费：库存的浪费。

库存的浪费又会造成仓库面积的浪费、资金占用和利息损失的浪费、搬运的浪费、库存跌价损失的浪费、库存管理的浪费等进一步的浪费。所有上述这些浪费最终都会体现在产品成本和期间费用中，导致成本上升，利润下降，特别是导致企业市场竞争力的下降。

上述这些浪费的影响关系以及消除这些浪费的效果，如图 9—1 所示。①

库存不仅造成浪费，而且可能掩盖生产过程的种种不合理活动。例如：

● 库存可能被用来掩盖经常性的产品或零部件的制造质量问题。当废品率和返修率很高时，一种很自然的做法就是加大生产批量和增加在制品或产成品库存。

● 库存可能被用来掩盖工人的缺勤、技能训练差、劳动纪律松弛和现场管理混乱等问题。

● 库存可能被用来掩盖供应商或外协厂家的原材料质量差、外协件质量差、交货不及时等问题。

● 库存可能被用来掩盖或弥补作业计划安排不当、生产控制体系不健全、需求预测不准、产品齐套性差等问题。

● 高库存水平还可能包含由于产品设计和工程的频繁更改造成的呆料或死料，或由于生产过程组织不合理造成的大量在制品库存。

总之，生产与运营管理的各种问题都可以在库存这里找到安全的"靠垫"。所以，我们不难理解为什么 JIT 将"零库存"作为管理改善的目标。

第四项主要的浪费是生产系统中长距离搬运的浪费。物料的长距离搬运，是生产系统设备布局不合理造成的。这也是 JIT 为什么大量采用"U"型布局的原因。制造单元按"U"型布置可以大幅度地缩短操作人员的移动距离，便于多机床看管以及交叉作业的实现。

作业转换时间是工作中心或生产线更换产品或作业时花费在准备工作、设备调整以及首件检验等活动上的时间，因为在此期间设备不能进行生产，故是一种浪费。生产系统中，一些大型关键设备或流水线，如大吨位的冲压机、多工位的装配

① 参见［日］门田安弘：《新丰田生产方式》，5 页，保定，河北大学出版社，2001。

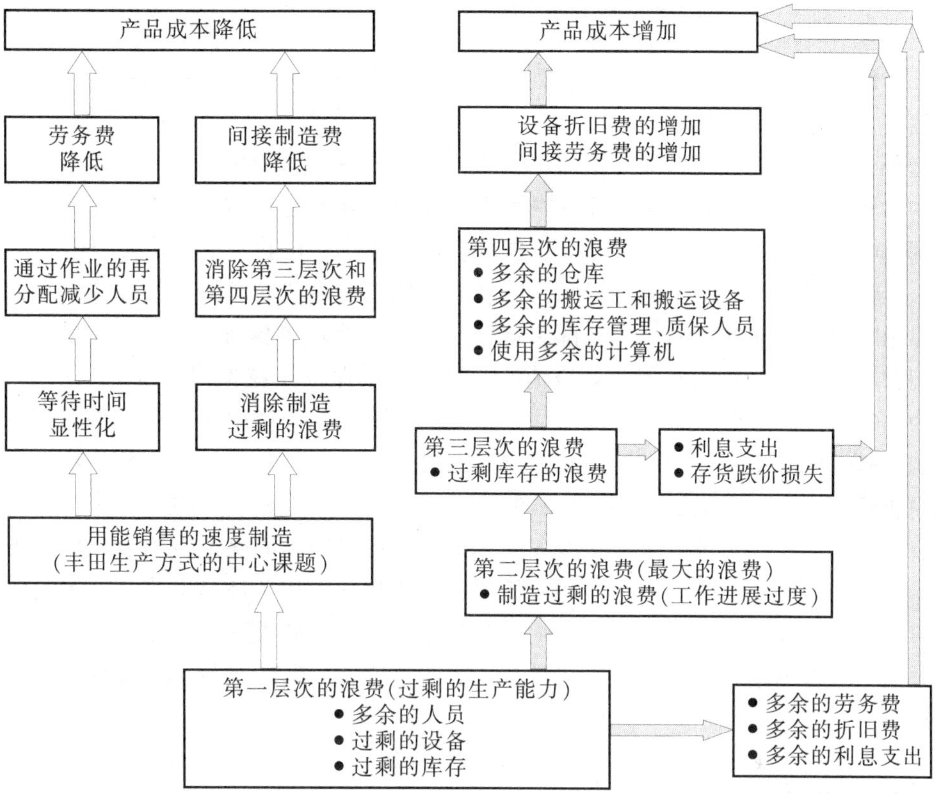

图 9—1 消除浪费降低成本的过程

线等，其转换一次作业往往需要很长时间。这是一种固定费用，它最终会分摊在成批加工的每个零件或产品上。作业转换时间越长，分摊在同一批的每件零件上的费用越高。为了降低单件成本，只有加大加工批量。而加大加工批量，不仅造成在制品和产成品的库存上升，更严重的是，它还延长了生产周期（或生产提前期）。所以，作业转换时间的浪费决不仅仅是本身生产时间的浪费，它还影响到整个生产系统的效率和响应能力，影响到生产系统工作流的均衡。这自然成为 JIT 生产改善的重点。

不良品的浪费不仅是某个零件或产品本身的浪费，而且会影响到整个生产系统。假如各道工序都可能存在一定的不良品率，就要设立庞大的质检部门和建立完善的质检体系；如果不良品还流入了市场，被顾客买了去，那就还要建立庞大的售后服务队伍，承担保修、退换甚至赔偿的费用，还有维持维修备件的库存的费用，等等。

最后，最不容易被发现和消除的浪费是一切不增加产品价值的活动，包括那些治标不治本的解决问题的活动。以生产周期为例，可将其分为附加价值时间和非附加价值时间，即：

$$\text{生产周期}=\underbrace{\text{加工时间}}_{\text{附加价值时间}}+\underbrace{\begin{matrix}\text{运输}\\\text{时间}\end{matrix}+\begin{matrix}\text{停放}\\\text{时间}\end{matrix}+\begin{matrix}\text{等候}\\\text{时间}\end{matrix}+\begin{matrix}\text{作业转}\\\text{换时间}\end{matrix}+\begin{matrix}\text{检验}\\\text{时间}\end{matrix}}_{\text{非附加价值时间}} \tag{9.2}$$

尤其是其中的运输时间和作业转换时间等，虽属必要，但因不增加产品价值，故应看作一种浪费，应尽量缩短或省去。

即便是检验时间，如原材料的到货检验、零件的工序检验和成品的入库检验，虽然统计质量控制将其作为主要对象来研究，质量管理把它当作主要环节来设计，但这种看似必要的活动，却不增加产品的价值，故在JIT的理念看来，属于一种潜在的浪费。如果供应商送来的原材料和零部件能够确保达到质量标准，每个工作中心都能够一次把事情做对，那就会省去许多检验工作、检验人员和检验费用。

推行准时生产方式的实践表明，这种无情地消除浪费活动的最大障碍来自人们的思想阻力。例如，人们习惯上都会这样认为，怎么可能保证100%的质量呢？谁能担保不出一点差错呢？但是，没有100%的质量保证，就不得不加大生产批量，因为如果只生产必要数量的零件的话，出现一个不良品，就少了一个零件，就可能影响到一批产品不能装配出厂。而每个零件的加工批量都加上一点安全裕量，每道工序或工作中心的完工零件都要检验的话，则最终的安全在制品将是一个很大的数量，最终的检验人员也将是一支庞大的队伍。而且浪费和消除浪费均有一种连锁效应，在一个环节上消除了浪费，会在随后的环节和其他相关环节上收到连锁的节约效应；在一个环节上出现了浪费，则会在其他的环节上造成进一步的浪费。

消除浪费不是一蹴而就的，它是扎扎实实、持之以恒的推行JIT各种改进活动的结果。

二、准时生产

如果用简明的语言表达，准时生产就是将必要的材料以必要的数量在必要的时间送达必要的地点进行生产。

准时生产的思想最初是由丰田汽车公司原社长丰田喜一郎提出的。早在20世纪50年代，丰田喜一郎就有过这样的构想，他说："像汽车生产这种综合工业，最好把每个必要的零部件非常及时地集中到装配线上，工人每天只做必要的数量。"后来这一思想由当时丰田汽车公司的制造部长大野耐一经过持之以恒的研究和推行，终于把它发展成了准时生产方式。

1956年，大野耐一第一次到美国去参观，吸引他注意的不是通用汽车公司和福特汽车公司的汽车装配流水线，而是当时已经在美国普及的超级市场。美国的超级市场启发了他的想象力。他想：所谓超市，对顾客来说就是能够在需要的时候只按需要的数量购买需要的物品的商店。在超市方面，必须考虑顾客的需要，准备好各种物品并在顾客买走后及时补充。超市不设多余的库存，其商品陈列货架就相当于仓库，它是靠及时地补货满足顾客购买需要的。

从超级市场得到的启示，使大野耐一抱定了一个信念：如果生产线上作为"顾客"的后工序只在需要的时候到相当于"超市"的前工序去"购买"（领取）所需数量的"商品"（零部件），准时生产就可以实现，从而就会最大限度地减少原材料、在制品、半成品和产成品的库存，"零库存"的理想就会最大限度地接近实现。这样成本必然会大幅度下降。

50年代末，丰田汽车公司开始试行准时生产方式；进入60年代，准时生产方式覆盖到丰田公司所有的工厂，并开始应用于外协厂家；70年代纳入丰田公司准时生产体系的外协厂家达到总数的98%。由于实现了准时生产，丰田公司1980年的流动资金周转次数达到了87次/年，流动资金周转天数仅为4.2天，创造了业界的奇迹。①

如果准时生产方式在全公司范围得以实现，其当然结果就是完全消除了工厂里多余的库存，这样仓库和临时存放场所就没有必要存在了，相应的库存管理费用就节省下来了，资金周转率也提高了。

节约库存的作用决不仅仅在于节省库存管理费用。其更大的意义还在于缩短生产周期。对此，我们从利特尔定律（Little's law）可以得到清楚的解释。利特尔定律的形式为：

$$\text{通过时间} = \frac{\text{系统在制品库存}}{\text{系统的产出率}} \tag{9.3}$$

对于生产过程，通过时间就是一般所说的生产周期，它是从原材料投入开始到成品产出为止所经历的时间。利特尔定律最初来自排队论，它原本用来表示顾客通过系统的时间取决于系统中的顾客数量和系统的服务率（即产出率，顾客接受完服务就离开系统），经过改造后成为生产与运营管理的一条重要定律。利特尔定律说明了一个重要的概念，即通过时间不仅与系统的产出率有关，而且与系统的在制品库存有关。因此，缩短通过时间（也就是生产周期）有两条途径：一是提高产出率，二是降低在制品库存。而后者往往被人们所忽视。提高产出率通常要加大产能，这可能需要追加投资，而降低在制品库存基本上是一个管理问题，投入少，收效大。

所以，准时生产方式从本质上来看，是追求生产周期的缩短，是追求时间的节约。相对于时间的节约来说，降低库存只是一种手段，虽然降低库存有着直接的、巨大的成本节约效应。

那么怎样实现准时生产呢？

三、“拉式”生产控制机制

在生产汽车这种多达上万种零部件的多级制造装配过程中，依靠像MRP这种集中式的作业计划系统，试图通过精确地计算每种零部件的需求量、计划订单下达时间和计划订单入库时间，然后向每个工作中心下达准确的计划指令，这样实现准时生产是非常困难的。

大野耐一敢于打破常规，萌发出了“从相反的方向观察生产流程”的超常规思路。按照这种思路，根据市场订货信息，生产指令只下达到最终装配线。最终装配线上的作业人员按照生产所需要的数量在需要的时候到前工序去领取所需要的零部件。接着，前工序为了补充被领走的零部件只生产被领走的那部分就可以

① 参见［日］门田安弘：《新丰田生产方式》，45页。

了。如果从最后一个生产环节开始，一步一步溯流而上，直至原材料准备部门，甚至全公司和外协厂家的每个生产环节都连锁地同步运行起来，这就是所谓的“拉式”生产控制机制。而传统的、基于 MRP 的集中式的作业计划和生产控制机制是一种“推式”机制。在“推式”机制下，各个环节加工的提前完工、延误和差错最终都会积累到装配环节，为了隔离各道工序对下道工序的影响，就要设立缓冲库存。从而，在“推式”机制下，产生大量的在制品和半成品库存几乎是不可避免的，那么“拉式”机制靠什么传递需求信息，控制生产的节奏呢？丰田公司为此发明了“看板管理”。

看板通常是一张装在塑料袋里的长方形卡片，上面详细记载着零部件的名称、存放地点、领取或生产数量等信息。通过看板把生产线与生产线之间、总装厂与零部件厂之间以及丰田公司与它数以百计的外协厂之间联系起来，形成一个自律运转的准时生产系统。看板从最初的实物卡片，发展到今天的电子看板，其形式虽然发生了很大变化，但内容和作用是一样的。

那么，对于任何一个企业来说，是不是只要在现有的生产系统之上引入看板管理就可以实现准时生产了呢？不是。生产系统的运营方式没有根本的改造之前，光靠看板是拉不动的。那么，应当对生产系统的运营方式实行什么样的改造才能适应准时生产的要求呢？这就是 JIT 生产哲学的另一个关键要素：生产过程的同步化。

四、生产过程的同步化

所谓生产过程的同步化，是指生产过程中各个工作中心的生产能力与负荷是基本平衡的，能够按照产品产出的节拍进行成比例的、整步调的加工。从直观上看，就是不存在瓶颈环节，不存在在制品的积压环节，不存在工作中心忙闲不均的现象。

我们知道，流水生产是高度同步化的，每个工作中心均按照节拍进行生产。流水生产以其作业连续流动的均衡性和高效率，自它被发明出来以后，一直吸引着工业工程师和生产管理人员。但传统的流水生产因其品种单一、流水线刚性和只适合大批量生产的性质，使之应用范围大受限制。如何使流水生产方式适应多品种、小批量的成批轮番生产就成为一个亟待探索的问题。

而 JIT 的生产哲学就是要将大量流水生产方式引入多品种、小批量的成批轮番生产中。这里的关键是实现生产过程的同步化。生产过程越接近同步化，材料和零部件在生产过程中的停放和等候时间就越短，流动就越顺畅、越连续，从而整个生产过程就越接近流水生产状态。

使生产过程同步化，关键是发现和消除瓶颈环节。问题的困难在于，对于多品种的成批轮番生产方式，瓶颈环节是一个动态的概念，随产品结构的变化而变化，这是对准时生产的一个严峻挑战。这个问题的解决，一方面要靠提高整个生产系统的柔性，包括提高每个加工中心的柔性，提高工艺路线的柔性，以及提高操作工人的柔性（培养多技能的操作工人）；另一方面，要靠稳定日产出率，实现与产品销售结构和销售速度同步的均衡生产。

生产均衡化，不管是对利用看板的生产来说，还是对于把劳动力和设备的闲置以及在制品库存减少到最小限度方面，都是最重要的前提。可以这样说，生产的均衡化是准时生产方式的基础。

按照准时生产方式，后工序在必需的时候只按照必需的数量到前工序去取所必需的物品。设想，在这种“拉式”的生产规则下，如果后工序以参差不齐的数量领取零部件的话，前工序就会处于忙闲不均的状态，要及时满足后工序随时可能发生的数量不确定的需求，只有预先准备好能够应对需求峰值的库存、设备时间和劳动力。这显然违背了准时生产的宗旨。所以，为了避免零部件制造工序以及包括外协厂家和供应商在内的所有前道工序领取数量的不均衡，必须努力减小最终装配线上每天生产数量的波动。

为了减小最终装配线上的产量波动，实现均衡生产，丰田汽车公司采取的措施是，首先采取“总量均衡”的方法尽量稳定日生产率，即尽量将连续两个时间段相互间总生产量的波动控制在最小的程度。其次，按照经过均衡的日生产量确定产出的节拍，使不仅最终装配线，还包括所有的前道零部件加工工序都尽量按照节拍进行生产。第三，将传统的基于每周甚至每月的多品种成批轮番生产转变为基于每日甚至每个工作班的小批量混流生产，从而最大限度地减小了装配线向零部件工序的要货品种和要货数量的大幅波动。这种在每个工作轮班内交错进行的多品种混流生产要求科学地制定投产顺序计划以及实行小批量的生产。而要减小批量，必须大幅度缩短作业转换时间。这里，我们再次看到缩短作业转换时间的重要性。

五、以人为本

一般认为，对 JIT 来说，最困难的问题是如何管理人，如何充分调动工人的积极性和发挥其创造性并使之具有高度的责任感。

操作者在生产与运营管理中的地位和作用取决于生产与作业的目的和性质。在传统的流水生产中，作业在细致分工的基础上高度专业化和简化了。作业的性质要求工人遵循流水线的节拍，按标准化的操作程序在规定的时间里完成规定的作业，工人是被动的，只需要尽可能熟练准确地重复简单的操作，对操作质量负责，不需要发挥什么创造性，工作本身不能构成对工人的激励和满足。

在传统的成批轮番或单件小批生产方式下，设备按工艺原则布置，在一个工作地中全部是同种设备，工人固定地操作某台机器，所需掌握的是某种专门技能，交换工种既无必要也很少可能。由于整批零件的数量较大，尽管鼓励工人首检、自检，但仍需设立专门的检验工序，以确保整批零部件的质量。而且由于每个工作地上的操作工人仅完成零件的某种或部分工艺的加工，故只承担工序质量责任，整个部件或整批零件的质量和成本责任是由不同工作地分别承担的。

但在 JIT 生产方式中，设备是按成组加工单元形式布置的，在一个加工单元中往往包括多种工艺设备，如车、铣、钻、磨等。工人以小组形式承担全部零件的加工任务、质量责任、交货期责任和成本责任。此外，像安排零件在加工单元中的加工次序，决定零件加工的工艺路线，甚至设备预防维修等管理工作，也被下放到加工单元。因此，JIT 客观上要求操作工人承担更多的责任，从而就必须授予他们更多的作业管理决策权。

不仅如此，JIT 还要求不断地、持之以恒地改进操作过程，缩短作业转换时间，减小批量和确保产品 100%合格，这就必须充分发挥工人的主动性、创造性和参与管理的热情，并使之熟练掌握多种技能。这使得开展交叉培训成为推行 JIT 的一项基本任务。

所以，推行 JIT 生产方式客观上要求树立以人为本的生产哲学。

以上我们对准时生产方式的生产哲学和生产管理活动的阐述可以系统地概括为如图 9—2 所示的体系。

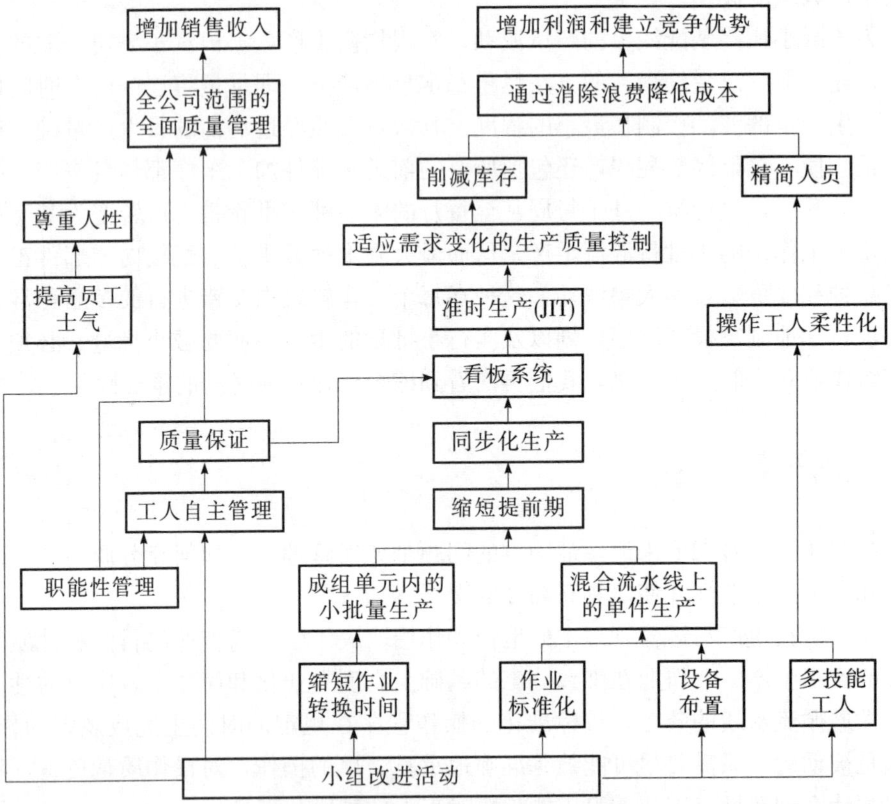

图 9—2　准时生产方式各种改进活动的支持关系

企业在推行 JIT 中要付出如此巨大的努力，那么从 JIT 中究竟能得到什么好处呢？

六、JIT 的战略优势

现代企业竞争战略强调的一个基本观点是：重要的是建立一种持久的竞争优势，而不是只在一次竞争中取得胜利。JIT 是最能够很好地体现、也是最能够实现这一思想的生产方式。这主要表现在：(1) 通过持续地消除浪费使得产品成本不断降低，从而使实现了 JIT 生产方式的企业取得了持久的价格竞争优势。(2) 推行 JIT 所实现的生产过程的不断改进，从根本上提高了产品质量，故而提高了企业和企业品牌的声誉，增强了顾客对品牌的忠诚度。(3) 不断降低库存和减小加工批量不仅使成本降低，而且缩短了生产周期，从而可以使企业比竞争对手更快地响应顾客需求的变化。(4) 长期投资于工人的培训和教育极大地提高了工人的责任心和技能水平，扩大了工人参与工艺改进和技术革新的深度和广度，这更是令竞争对手难以企及的优势。

这就是为什么丰田汽车公司的管理人员毫不隐瞒地向参观者、学习者、媒体甚至竞争对手介绍 JIT 经验的原因，因为他们知道，这一切成果和优势是不可能靠短期的努力取得的。

如果今天有人问准时生产方式是什么，恰当的回答是，它是重新塑造一个企业，使之成为精干的、高度柔性的、低成本的、具有持久竞争优势的战略武器。

第二节　缩短生产周期

我们在讨论 JIT 生产哲学时已经指出，从本质上来看，准时生产方式追求的是时间的节约，是提高加工对象通过生产系统的速度，从而实现快速灵活地响应客户需求的目的。相对于时间的节约来说，降低库存只是一种手段或结果之一，因为时间就是金钱，节约时间的效益不仅在于降低库存。

提高加工对象通过生产系统的速度也就是缩短生产周期。生产周期，又称为生产提前期，一般是指从原材料投入到成品产出的时间间隔；如果站在客户角度从更广泛的意义上来定义生产周期，应当是指从录入订单到成品产出并发运到客户手中直到签收的整个期间。

一、生产周期的构成

缩短生产周期可以使企业的生产方式向订单生产方式演变，从而提高生产系统的柔性和降低库存水平。为了说明这个结果，我们假设 D 代表客户要求的交货期，P 代表企业的生产周期，那么有下述两种情况：

(1) $D/P \geq 1.0$，即客户要求的交货期大于等于企业的生产周期，这种情况下企业完全可以按订单进行生产，无须事先储备成品库存，更无库存跌价损失之虞。

(2) $D/P < 1.0$，即企业的生产周期大于客户要求的交货期，那企业为了及时满足客户需求，不丢失客户订单，就只能运行在备货生产方式下，从而也就不可避免地会经常为需求预测不准、成品库存积压、库存跌价损失所困扰。

缩短生产周期还有利于新产品的快速推出。许多企业由于生产周期长、库存水平高而影响到新产品的及时上市，因为不得不等待清空生产系统或销售渠道中的老产品库存。可见，缩短生产周期具有全局性的战略意义。

怎么缩短生产周期呢？我们在前面已经通过利特尔定律［见公式 (9.3)］讨论了在制品库存对生产周期的影响，这里进一步从生产周期的构成来研究一下缩短生产周期的途径。

以工序为考虑对象，生产周期的构成如图 9—3 所示。

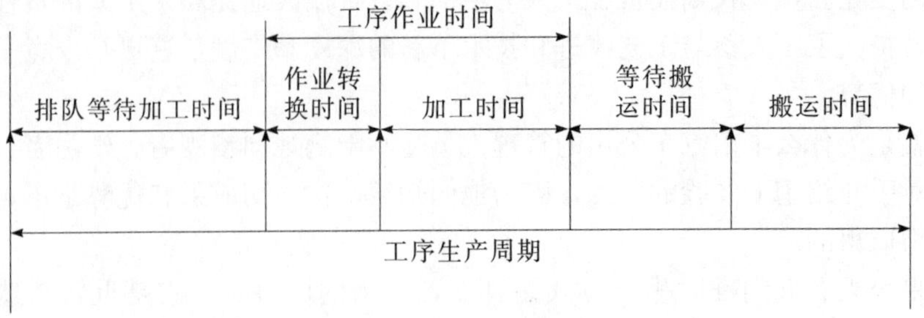

图 9—3 工序生产周期构成

其中，工序生产周期由排队等待加工时间（queue time before processing）、作业转换时间（setup time）、加工时间（run time）、加工后等待搬运时间（wait time after processing）以及搬运时间（move time）构成。

这里，“排队等待加工时间”是一批零件在工作中心前依次等待加工的时间，简称等候时间。显然，批量越大，这个时间就越长。“等待搬运时间”是零件加工后等待成批搬运的时间，这个时间除了与加工批量有关外，主要与搬运批量和零件在工序之间的移动方式有关，我们暂且将其与搬运时间一起统称为搬运时间。作业转换时间与加工时间共同构成工序作业时间，其中作业转换时间每更换一个批次发生一次，加工时间每加工一个零件发生一次，均与批量无关。

等候时间、作业转换时间和搬运时间均为非附加价值时间，要缩短工序生产周期，应首先考虑缩短这些时间。这三个非附加价值时间，前两个与加工批量有关，后一个与搬运批量和零件在工序之间的移动方式有关。缩短这三个时间，关键在于缩小加工批量和改变零件在工序间的移动方式，其中缩小加工批量的关键在于缩短作业转换时间。

二、缩短作业转换时间

造成等候时间过长的原因是加工批量过大。而为什么加工批量不得不设立得很大呢？是因为作业转换时间太长和作业转换成本太高。例如，在汽车生产中，一些大型冲压设备所用的冲模有的重达几吨，更换和调整一次常常要花几个小时的时间；又比如在电话程控交换机的生产中，用来老化产品的烘炉或用于自动焊接电路板器件的波峰焊机，每次升温过程和降温过程都要持续很长的时间，消耗大量能源。由于工序在进行作业转换时不能进行生产，故作业转换时间是一种生产能力的损失，因此人们只有用加大生产批量的方式来提高关键设备的利用率，分摊作业转换时间造成的损失和固定成本。

显然，要减小加工批量，关键在于缩短作业转换时间。

一般认为，缩短作业转换时间是一个技术问题，其实不尽然。JIT 的实践表明，至少 50%的作业转换时间的节省是采用管理方法而不是技术方法实现的。下面是几条常用的原则：

1. 区分内部转换作业和外部转换作业

所谓内部转换作业，是指必须使机器停下来进行调整、装卸的作业转换工作，而外部转换作业是无须使机器停止的作业转换准备工作，如机加工中的磨刀工作。这是一种最基本的区分，越是能够更多地区分出内外部转换作业工作，缩短作业转换时间的效果就越显著。

2. 将内部转换作业转化为外部转换作业

这方面也有许多潜力可挖，例如，必要时用增加并列设备的方法，在并列的设备上进行作业转换准备工作，然后在两台设备间进行切换，从而将内部转换作业完全转化为外部转换作业。

3. 省去调整环节

在机械加工中，调整夹具、定位往往占去许多时间，理想的状态是只安装、不调整。而采用模具，就可将大部分调整时间省去，并且还能确保加工质量。

4. 实现自动化

如在关键工作中心采用数控机床和数控加工中心，自动完成定位、换刀和加工程序的转换。

JIT 的实践表明，缩短作业转换时间是实现小批量以至单件流水生产的关键。例如，一般认为冲压工序的作业转换时间是比较长的，因而加工批量较大似乎是顺理成章的。但日本丰田汽车公司的冲压工序的作业转换时间，1954 年以前为 2～3 小时，到了 1964 年减少到 15 分钟，而 1974 年以后，更减少到 3 分钟，因而实现了小批量加工。

三、改变移动方式

要降低零件等待搬运和实际搬运中的停放时间，就要研究能否改进零件在工序之间的移动方式。

在许多企业中，材料和零件都是成批移动的，这样便于工序之间的交接和管理。当运输批量与加工批量相等时，在制品的移动方式如图 9—4（a）所示，称为顺序移动。如果运输批量小于加工批量时，在制品的移动方式如图 9—4（b）所示，称为平行顺序移动方式。

为了说明将加工批量与运输批量分离、改变移动方式对生产周期的影响，假定，加工过程包括依次排列的三个工作中心，零件加工批量 $n=100$（件），每个零件在每个工作中心上的加工时间均为 $t=4$（分钟），平均产出率（生产率）为 $1/t$，则对于顺序移动方式，生产周期和在制品库存分别为：

$$\text{生产周期} = nt \times 3 = 100 \times 4 \times 3 = 1\ 200(\text{分})$$

$$\text{在制品} = \text{生产周期} \times \text{产出率} = 3nt \times 1/t = 300(\text{件})$$

对于平行顺序移动方式，设运输批量 $L=20$（件），加工批量、加工时间和产出率仍保持不变，则在此条件下，生产周期和在制品库存分别为：

$$\text{生产周期} = Lt \times 3 + (n-L)t = 2Lt + nt = 160 + 400 = 560(\text{分})$$

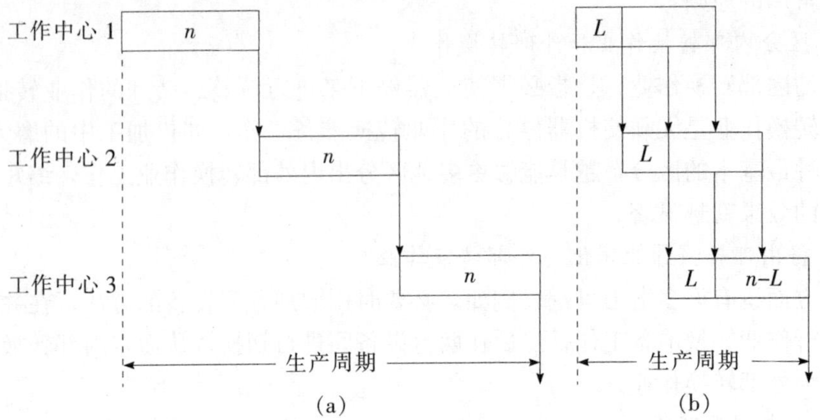

图 9—4　不同移动方式对生产周期的影响

$$在制品 = 生产周期 \times 产出率$$
$$= (2Lt + nt) \times 1/t = 2L + n = 40 + 100 = 140(件)$$

在这个简单的例子里，运输批量为加工批量的 1/5 时，加工过程的生产周期和在制品库存均减少了一半以上。这个结论尽管是从一个个案中得出的，但具有一般性。

在成批轮番生产方式下，缩短生产周期和降低运输在制品库存的有效途径是分离加工批量和运输批量以及采用平行顺序移动方式。即使在加工批量不得不设置得较大的情况下，只要尽量减小运输批量，采用平行顺序移动方式，都可收到满意的效果。理想的状态是采用接近流水生产的方式，在那里在制品是以一件一批的方式从上道工序向下道工序移动的，故流水生产方式的通过时间很短，运输在制品库存的时间趋于零。

四、缩短更为广义的生产周期

我们上面讨论了缩短工序生产周期的方法，包括缩小加工批量、缩短作业转换时间、分离加工批量和运输批量以及改变移动方式，这些方法同样适用于缩短整个生产过程的生产周期。但是，如果站在客户的立场上，我们还应当考虑如何缩短广义的生产周期，即从录入客户订单开始到将产品交付到客户手中为止的整个生产周期。图 9—5 描述了广义生产周期中的主要运营活动和时间结构。

从图 9—5 中可以看出，实际生产过程的生产周期只是广义生产周期的一部分，其余还包括订单录入周期、生产计划编制周期、采购周期、缺料等候时间、成品库存周期以及发运周期等。对于多数企业来说，实际生产周期往往只占到广义生产周期的一小部分。譬如，在数字程控交换机的生产中，实际生产周期只有 12 天左右，而广义生产周期（也就是企业向客户承诺的交货期）为 3 个月左右，前者只是后者的 1/6 不到！更为严重的是，许多企业的订单录入过程和生产计划编制过程并无严格的时间和批量标准，上述两个作业过程的拖延必然挤占留给采购和制造的周期，使之短到连正常的采购和生产周期都不够。结果通常会造成生产任务令在执行过程

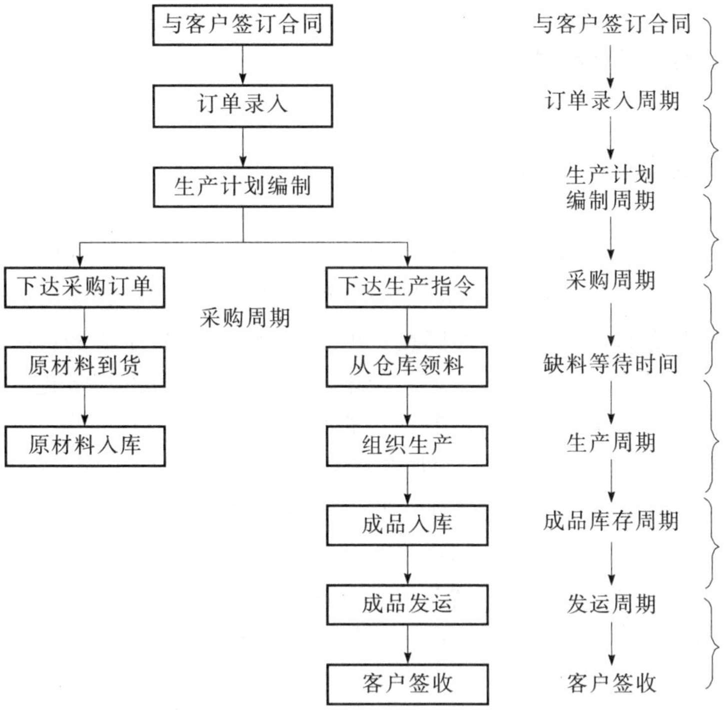

图 9—5 广义生产周期结构

中不得不停工待料，甚至会影响到合同的及时齐套交货，从而导致企业因不能按时履行合同而损失信誉。

所以，缩短广义生产周期必须在全公司范围引起重视，各相关部门共担责任、协同运作。

缩短实际生产周期并不因其只占广义生产周期的一部分甚至一小部分而失去意义，不仅如此，前述的缩短实际生产周期的方法，如缩小加工批量、缩短作业转换时间、分离加工批量和运输批量以及改变移动方式，也可用于缩短广义的生产周期。譬如，能否将订单的集中成批录入方式改为签订合同后随即在销售前端录入的方式，这样就省去了订单合批处理的等候时间，这相当于缩小订单录入的批量和改变销售订单到生产计划的移动方式。又譬如，能否缩短生产计划编制的时间单位，从以月为单位缩小到以周为单位，或者从以周为单位缩小到以日为单位，这样，生产计划处理的加工批量将会更小，计划的编制和执行将会更精准。还有，如果能够有效地缩短订单录入周期和计划编制周期，就能腾出更多的时间满足采购周期的要求，这样必会大大减少因缺料造成的交货延误。此外，在成品发运环节，也可试行缩小运输批量和改变运输方式的方法。

广义生产周期也就是企业的供应链运作周期，因此，缩短广义生产周期具有战略意义，它可以从根本上提高企业响应客户需求的速度，故而有必要提高到整个公司层面对其进行管理。

第三节　生产过程的同步化

一、实现均衡生产的重要性

从上一节的讨论我们知道，理论上说，缩短生产周期的措施同时也会收到降低在制品库存的效果。然而实践表明，即使减小了批量，缩短了作业转换时间，仍可能产生在制品库存过高的问题，原因在于生产过程中各工作中心的负荷以及生产节拍不均衡，也就是说，生产过程缺乏同步化。所谓生产过程的同步化，是指生产过程中各个工作中心的生产能力与负荷是基本平衡的，能够按照产品产出的循环时间（即节拍）进行成比例的、整步调的加工。从直观上看，就是不存在瓶颈环节，不存在在制品的积压环节，不存在工作中心忙闲不均的现象。

我们知道，流水生产是高度同步化的，每个工作中心均按照节拍进行生产，所以生产周期短、在制品很少。所谓节拍或循环时间，就是流水线上前后出产两件相同产品的时间间隔。流水线的设计必须使每个工作中心的作业时间等于节拍或节拍的倍数。但是在多品种的成批轮番生产中，由于是轮番生产不同的品种，每种品种产出的节拍是不一样的，要使整个生产过程（包括装配线和生产零部件的工作中心）始终按统一的节拍生产是很困难的。

然而，使整个生产过程都能按最终装配线的产出的节拍进行生产却是实现 JIT 生产方式的关键。如前所述，JIT 生产方式是采用“拉动”方式进行生产的，后道工序只在需要的时候向前道工序领取必要的零部件或材料。在这种生产规则下，如果后道工序以参差不齐的数量领取零部件的话，前道工序就必须预先准备好能够应对波动的需求数量峰值的库存、设备能力和劳动力。而且这种来自前道工序的参差不齐的需求数量波动，还会在向后传递的过程中被逐级放大，以至于传到外部供货厂家那里，就会发展成严重的、随机的大幅波动。这就不可能实现 JIT 的宗旨，即：将必要的材料以必要的数量在必要的时间送达必要的地点。

为了避免各生产工序领取数量的不均衡，必须努力减小最终装配线上每天生产数量的波动，也就是要实现生产的均衡化。生产均衡化，不管是对利用看板的生产来说，还是对于把劳动力和设备的闲置以及在制品库存减少到最小限度方面，都是最重要的前提。可以这样说，生产的均衡化是准时生产方式的基础。

为了减小最终装配线上的产量波动，实现均衡生产，日本丰田汽车公司采取的措施是，首先采取“总量均衡”的方法尽量稳定日生产率，即尽量将连续两个时间段，比如两个工作班或两个工作日之间总生产量的波动控制在最小的程度。

但是“总量均衡”怎样与市场需求相吻合呢？我们知道，市场需求是多品种的、波动的，如果脱离市场需求片面追求总量均衡，那就会在市场需求的低谷时期生产出大量的成品库存，而在市场需求的高峰时期造成缺货。这与传统的生产方式又有什么区别呢？所以，JIT 生产方式的总量均衡不同于传统生产方式的恒定生产，它是通过两个途径实现的。一个是将传统的基于每周甚至每月的多品种成批轮番生产转变为基于每日甚至每个工作班的小批量混流生产，从而最大限度地减小了装配线向零部件工序的要货品种和要货数量的波动，这里每个品种的混流生产数量是以其在市场上的销售速度确定的；另一个是按照经过均衡的日生产量确定产出的节拍，使不仅最终装配线，还包括所有的前道零部件加工工序都尽量按照节拍进行生产，这就是所谓的“一个流生产”。

这种在每个工作轮班内交错进行的多品种混流生产要求科学地制定投产顺序计划以及实行小批量的生产。我们下面先通过一个简单的例子引入制定投产顺序的概念，然后从数学角度推导投产顺序计划的制定方法。

[例 9—1]

决定一天生产顺序的方法

假设，这里有一条要求用一天 8 小时工作制、1 个月 20 天工作日来生产 10 000 辆“花冠”牌（Corolla）轿车的生产线。应该生产的“花冠”的品种分别为普通轿车 5 000 辆，带天窗轿车 2 500 辆，客货两用车 2 500 辆。

如果把它们用 20 天的工作日来除的话，每天就应该生产普通轿车 250 辆，带天窗轿车 125 辆，客货两用车 125 辆。每天只按这些数量生产这三种规格的车，就是各种车平均每天生产数量上的均衡化。

假设必须在一个工作班（所谓一个工作班，就是倒班制的一个轮班）用 8 小时工作时间生产全部 500 辆车。因而，不论车的种类如何，生产一辆“花冠”车的平均时间，也就是循环时间应为 0.96 分钟（480/500），或者大体是 57.5 秒。

各车种适当的混流比例或者生产顺序可以通过将这个实际循环时间与生产一辆“花冠”的特定车种所允许的最大时间相比较来决定。

例如，应该生产一辆“花冠”普通轿车的最大时间可以用一天的工作时间（480 分钟）除以在该工作时间内必须生产的轿车数量（250 辆）得出，即最大时间为 1 分 55 秒。所以，普通轿车应该用 1 分 55 秒/辆的比例生产，并一直这样生产下去。

如果将这个时间间隔与 57.5 秒的循环时间相比较的话，就可以知道普通轿车之外的车型的一辆车，可以在一辆普通轿车完成的时间到应该生产下一辆普通轿车的时间之间生产。所以基本的生产顺序是：普通轿车、其他车型、普通轿车、其他车型……

应该生产一辆客货两用车或者带天窗轿车的最大时间是 3 分 50 秒（480/125）。如果将这个数字与 57.5 的循环时间相比较，就知道了在生产客货两用车或带天窗轿车之间可以生产 3 辆其他车型的车。如果决定在普通轿车之后接着生产客货两用车的话，生产顺序就成为：普通轿车、客货两用车、普通轿车、带天窗轿车、普通轿车、客货两用车、普通轿车、带天窗轿车……

这就是产品分种类的数量均衡化，它是对总量均衡的延伸，能够更好地适应市场需求结构和数量的波动。

资料来源：[日] 门田安弘：《新丰田生产方式》，14 页。

例 9—1 所描述的投产顺序的确定方法，称为“按品种的数量均衡”，也就是装配线的混流生产。其目的有二：一是更好地满足市场需求在品种结构和数量上的波动，实现按市场需求生产；二是通过混流生产使装配线消耗前工序零部件数量的波动尽量减小。这样，再加上提高工作中心的柔性，包括提高设备的柔性和增加操作工人熟练掌握的技能种类，就可以实现 JIT 生产方式的宗旨。

当然，例 9—1 只是一种对投产顺序的定性说明，实际的投产顺序计划方法需要运用较复杂的数学公式进行计算。

二、投产顺序计划方法

投产顺序计划决定的是混流装配线上不同产品的投入顺序。在混流装配线上，由于不同品种的工序和作业时间各不相同，则若投产顺序安排不当，各工序的作业速度和负荷率相差悬殊，就很难实现产品在装配线上的连续流动，甚至可能造成全线停车。为了避免出现这种情况，就必须制定出使各工序的作业速度差异保持最小的投产顺序计划。很多投产顺序制定方法，如启发式投产顺序编排法等，都是基于这一思想的。

但是. 仅仅使混流装配线实现均衡作业的投产顺序计划还不能保证混流装配线之前的各零件加工工序的生产同步化，这只是一种局部的生产同步化，而不是整个生产系统的生产同步化。要使得整个生产系统实现同步化，就要设法平滑各零部件制造工序的产量和运送量的波动，减少在制品库存。为了达到这个目的，混流装配线所需要的各种零部件的单位时间使用量（使用速度）就应尽可能保持恒定。像这样的以保持各种零部件的出现频率尽可能恒定为目标的顺序计划制定方法，要想求其最优解是非常困难的，关于这方面的研究也不多。日本丰田汽车公司研究出了几种近似解法，并实际应用于投产顺序计划制定中，下面对此作一简要介绍。

1. 投产顺序计划法的数学模型①

以保持各种零部件的出现频率尽可能恒定为目标的投产顺序计划的数学模型可以表述如下：

设产品 $A_i(i=1,2,\cdots,N)$ 的产量为 Q_i，总产量为 Q，那么，

$$Q=\sum_{i=1}^{N}Q_i \tag{9.4}$$

设装配总产量 Q 所需零件 $a_j(j=1,2,\cdots,M)$ 的数量为 n_j，那么单位产品中 a_j 的平均需要数 m_j 为：

$$m_j=n_j/Q \tag{9.5}$$

因此，生产 k 个产品需要零件 a_j 的平均数为 km_j。在顺序计划法中，把这个平均需要数称为零件 a_j 的第 k 个目标值。设按照既定的投产顺序装配前面 k 个产品所实际需要零件 a_j 的数量为 x_{jk}，则 x_{jk} 可称为投产顺序中零件 a_j 的第 k 个实际值。要

① 参见［日］门田安弘：《新丰田生产方式》，340～343 页。又：［日］门田安弘：《丰田式生产体系》，299～301 页，台北：中国生产力中心，1987。

在投产顺序计划中达到 a_j 的出现率为恒定值，就应该使零件 a_j 的实际值 x_{jk} 和目标值 km_j 尽可能地接近。

设点 G_k、X_k 分别为零件 a_j 的第 k 个目标点和实际点，且

$$G_k = (km_1, km_2, \cdots, km_M)$$

$$X_k = (x_{1k}, x_{2k}, \cdots, x_{Mk})$$

式中，G_k 的第 j 个分量为 a_j 的第 k 个目标值；X_k 的第 j 个分量为 a_j 的第 k 个实际值。顺序计划中为了保持所有的零件出现率恒定，就要求点 X_k 尽可能地接近 G_k，即：

$$D_k = \| G_k - X_k \| = \sqrt{\sum_{j=1}^{M}(km_j - x_{jk})^2} \to 0(k = 1,2,\cdots,N) \tag{9.6}$$

这里，定义某个投产顺序计划 P_l 的第 k 个实际点为：

$$X_k^{(l)} = (x_{1k}^{(l)}, x_{2k}^{(l)}, \cdots, x_{Mk}^{(l)})$$

且对于 P_l，设 N 个目标点与实际点的距离之和为 $D^{(l)}$，则：

$$D^{(l)} = \sum_{k=1}^{M} D_k^{(l)} = \sum_{k=1}^{N}\sqrt{\sum_{j=1}^{M}(km_j - x_{jk}^{(l)})^2} \tag{9.7}$$

那么使 $D^{(l)}$ 达到最小时，就能求得最佳的投产顺序。

2. 近似解法

一般求解最佳投产顺序问题要想获得理论上的最优解，并从数学上加以证明是非常困难的。数量小时可用穷举法；数量大时可采用分支定界法等等，但计算都相当烦琐。日本丰田汽车公司总结出了一种近似解法。这种近似解法的基本思想是，确定第 k 个投入产品时，以已经决定好的第 1 到第 $k-1$ 个产品为前提，仅仅使第 k 个目标点到第 k 个实际点的距离达到最小。同理可以确定第 $k+1$，$k+2$，…，N 个投入产品。这一近似解法被称为目标追踪法。其具体步骤如下：

设装配一个单位产品 $A_i(i = 1,2,\cdots,N)$ 时所需零件 $a_j(j = 1,2,\cdots,M)$ 的数量为 b_{ij}。

（1）设定以下初始值：

$$k = 1, x_{j,k-1} = 0(j = 1,2,\cdots,M)$$

$$S_{k-1} = \{1,2,\cdots,N\}$$

（2）使下式取得最小值 D_{ki}^* 的产品 A_i^* 作为第 k 个投入产品：

$$D_{ki}^* = \min\{D_{ki}\}, i \in S_{k-1}$$

其中 $$D_{ki} = \sqrt{\sum_{j=1}^{M}(km_j - x_{j,k-1} - b_{ij})^2}$$

（3）产品 A_i 全部排好顺序时，令

$$S_k = S_{k-1} - \{i^*\}$$

如果产品 A_i 的一部分还没有排好顺序的话，令

$$S_k = S_{k-1}$$

（4）如果 $S_k = \phi$（空集合），计算结束。如果 $S_k \neq \phi$，计算

$$x_{jk} = x_{j,k-1} + b_{i^*j} \quad (j = 1,2,\cdots,M)$$

然后，令 $k=k+1$，返回第二步。

基于这种思路的目标追踪法Ⅰ经过不断改善，又产生了目标追踪法Ⅱ、目标追踪法Ⅲ，以求得更接近最优解的投产顺序计划。

我们通过一个例子来说明目标追踪法的应用。

［例 9—2］

目标追踪法近似解法的应用

假设，若产品 A_1, A_2, A_3 的生产量 $Q_i(i=1,2,3)$ 和它们一个单位产品的生产中所必需的零部件 a_1, a_2, a_3, a_4 的件数 $b_{ij}(i=1,2,3;j=1,2,3,4)$ 如表 9—1 所示，为了生产全部产品 $A_i(i=1,2,3)$ 的零部件 $a_j(j=1,2,3,4)$ 的总需要量 n_j 可以计算如下。

表 9—1（a）　生产量 Q_i

产品 A_i	A_1	A_2	A_3
计划生产量 Q_i	2	3	5

表 9—1（b）　单位产品所需零部件数 b_{ij}

产品 A_i ＼ 零件 a_j	a_1	a_2	a_3	a_4
A_1	1	0	1	1
A_2	1	1	0	1
A_3	0	1	1	0

$$[n_j]=[Q_i][b_{ij}]=[2,3,5]\begin{bmatrix}1&0&1&1\\1&1&0&1\\0&1&1&0\end{bmatrix}=[5,8,7,5]$$

进而，全部产品 $A_i(i=1,2,3,)$ 的总生产量为：

$$\sum_{i=1}^{3}Q_i=2+3+5=10$$

因而：

$$[m_j]=[n_j/Q]=[5/10,8/10,7/10,5/10]\quad(j=1,2,3,4)$$

接下来，把 $[m_j]$ 和 $[b_{ij}]$ 的数据代入前面讨论过的目标追踪法的步骤二的公式。首先，$k=1$ 时，距离 D_{ki} 可以计算如下：

对于 $i=1$，

$$D_{1,1}=\sqrt{\left(1\times\frac{5}{10}-0-1\right)^2+\left(1\times\frac{8}{10}-0-0\right)^2+\left(1\times\frac{7}{10}-0-1\right)^2+\left(1\times\frac{5}{10}-0-1\right)^2}$$
$$=1.11$$

对于 $i=2$，

$$D_{1,2}=\sqrt{\left(1\times\frac{5}{10}-0-1\right)^2+\left(1\times\frac{8}{10}-0-1\right)^2+\left(1\times\frac{7}{10}-0-0\right)^2+\left(1\times\frac{5}{10}-0-1\right)^2}$$
$$=1.01$$

对于 $i=3$，

$$D_{1,3}=\sqrt{\left(1\times\frac{5}{10}-0-0\right)^2+\left(1\times\frac{8}{10}-0-1\right)^2+\left(1\times\frac{7}{10}-0-1\right)^2+\left(1\times\frac{5}{10}-0-0\right)^2}$$
$$=0.79$$

因而，$D^*_{1,i}=\min\{1.11, 1.01, 0.79\}=0.79$

所以，$i^*=3$

从而，顺序计划的第一顺序位置是产品 A_3。

进入前面所讨论的目标追踪法的第四个步骤，

$$X_{j,k}=X_{j,k-1}+b_{i^*j}=X_{j,0}+b_{3,j}$$

$$X_{1,1}=0+0=0$$

$$X_{2,1}=0+1=1$$

$$X_{3,1}=0+1=1$$

$$X_{4,1}=0+0=0$$

按照这个计算，就可以填写表 9—2 中顺序计划表的第一行了。

接下来，当 $k=2$ 时，

对于 $i=1$，

$$D_{2,1}=\sqrt{\left(2\times\frac{5}{10}-0-1\right)^2+\left(2\times\frac{8}{10}-1-0\right)^2+\left(2\times\frac{7}{10}-1-1\right)^2+\left(2\times\frac{5}{10}-0-1\right)^2}$$
$$=0.85$$

表 9—2　　顺序计划表

k	D_{k1}	D_{k2}	D_{k3}	顺序计划	X_{1k}	X_{2k}	X_{3k}	X_{4k}
1	1.11	1.01	0.79*	A_3	0	1	1	0
2	0.85	0.57*	1.59	A_3 A_2	1	2	1	1
3	0.82*	1.44	0.93	A_3 A_2 A_1	2	2	2	2
4	1.87	1.64	0.28*	A_3 A_2 A_1 A_3	2	3	3	2
5	1.32	0.87*	0.87	A_3 A_2 A_1 A_3 A_2	3	4	3	3
6	1.64	1.87	0.28*	A_3 A_2 A_1 A_3 A_2 A_3	3	5	4	3
7	0.93	1.21	0.82*	A_3 A_2 A_1 A_3 A_2 A_3 A_3	3	6	5	3
8	0.57*	0.77	1.01	A_3 A_2 A_1 A_3 A_2 A_3 A_3 A_1	4	6	6	4
9	1.56	0.77*	1.01	A_3 A_2 A_1 A_3 A_2 A_3 A_3 A_1 A_2	5	7	6	5
10	—	—	0*	A_3 A_2 A_1 A_3 A_2 A_3 A_3 A_1 A_2 A_3	5	8	7	5

* 指的是最小距离 D_{ki}。

对于 $i=2$，

$$D_{2,2}=\sqrt{\left(2\times\frac{5}{10}-0-1\right)^2+\left(2\times\frac{8}{10}-1-1\right)^2+\left(2\times\frac{7}{10}-1-0\right)^2+\left(2\times\frac{5}{10}-0-1\right)^2}$$
$$=0.57$$

对于 $i=3$，

$$D_{2,3}=\sqrt{\left(2\times\frac{5}{10}-0-0\right)^2+\left(2\times\frac{8}{10}-1-1\right)^2+\left(2\times\frac{7}{10}-1-1\right)^2+\left(2\times\frac{5}{10}-0-0\right)^2}$$
$$=1.59$$

因而，$D_{2,j}^{*}=\min\{0.85,0.57,1.59\}=0.57$

所以，$i^{*}=2$

据此，顺序计划表的第二顺序位置是产品 A_2。另外，X_{jk} 计算如下：

$$X_{j,k}=X_{j,k-1}+b_{i^*j}=X_{j,1}+b_{2,j}$$
$$X_{1,2}=0+1=1$$
$$X_{2,2}=1+1=2$$
$$X_{3,2}=1+0=1$$
$$X_{4,2}=0+1=1$$

使用这些数据，就可以填写表 9—2 的第二行了。至于表中的另外几行，也可以按同样的方法填写。结果，本例题的完整的顺序计划，就形成了如下顺序：

A_3，A_2，A_1，A_3，A_2，A_3，A_3，A_1，A_2，A_3。

资料来源：［日］门田安弘：《新丰田生产方式》，343～347 页。又：［日］门田安弘：《新丰田生产方式》，302～307 页。

3. 实际生产中的投产顺序计划

在实际生产中制定投产顺序时，一方面要考虑使下达给总装配线的顺序计划尽可能保持各零件的出现率恒定；另一方面，由于在混流装配线上连续装配作业较复杂的产品容易产生作业延迟，甚至会引起全线停车，所以制定投产顺序计划时，还必须考虑尽可能减少作业延迟。

为达到上述两个目的，丰田汽车公司有一套具体的做法。

在保证零件出现率恒定方面，由于汽车的构成零件约有 2 万多个，对全部零件使用目标追踪法来排序是不现实的，所以采取以车体、大型部件等为代表的做法。另外，由于车辆种类的不同，总装工时数会相差很大，所以还必须考虑按照车的种类分别进行合理的作业分配。为此，在制定投产顺序计划时，不按工序，而是按总装工时数对车辆进行分类，在零件出现率保持恒定的前提下进行各种处理。实际上，作为代表部件的出现率能保持不变时，不仅可使与其有关的各零件的出现率保持不变，而且能使有关零件的组装工时数也实现均衡化。

第四节 JIT 的生产控制

JIT 的生产控制系统是最集中地体现“将必要的材料和零件以必要的数量在必要的时间送达必要的地点”这一生产哲学的。整个生产控制系统体现了一个思想，即一切生产活动，包括制造、搬运、交货和供应，只在需要产生时发生，只由需要来触发，特别是后道工序向前道工序发布生产指令。这种生产控制方式被称为“拉”

式生产控制系统。它不同于 MRP 的生产控制机制。在 MRP 中，一切生产活动按中央作业计划指令进行，所有的零部件和材料品目均通过中央库存系统控制和转换。材料是按计划被送到零件工序，零件是按计划被送到组装工序，一句话，是计划触发一切生产活动。这种生产控制机制被称为“推”式生产控制系统。

“拉式”生产控制系统所采用的生产指令形式就是“看板”。

一、看板管理

所谓看板，是一种永久性卡片（如图 9—6 所示），大体分为两类，一类是“领取看板”，另一类是“生产指示看板”。一般看板上记录着存放货架号、零件编号、零件名称、产品编号、标准盛装箱容量、容器名称、发行编号、前道工序、后道工序等信息。为了清楚地显示作业完成情况，有时还涂有不同的颜色，以利辨认。

存放场架号：

零件编号：

零售名称：

产品编号：

收容数	容器	发行编号

前工序

后工序

（a）领取看板

存放场架号：

零件编号：

零售名称：

产品编号：

工序

（b）生产指示看板

图 9—6 工序之间的看板格式

看板管理的运作方式是；每当零件的盛装箱空了的时候，操作人员就把看板挂在箱子上，然后送往（或由专门的搬运人员送往）看板上标明的前道工序；前道工序的操作人员收到空箱后，按箱上看板标明的零件品种和数量立即开始生产；待生产出的零件装满一箱后，立即送往（或由专门的搬运人员送往）看板指明的后道工序。不难看出，看板的作用相当于生产指令和搬运指令，指示前道工序生产什么，生产多少，什么时候（一般是即刻）生产以及送往何处。

看板管理的基本规则 看板管理遵循下述规则：

(1) 后道工序按照看板规定的数量向前道工序要货（不允许无看板取货或取超过看板规定数量的货）。

(2) 前道工序按照后道工序取走的数量和顺序进行生产（不准超额加工或自行决定加工的顺序）。

(3) 不允许把不合格品转给下道工序（各道工序都要严格做好自检，保证转给下道工序的全部是合格品）。

(4) 实现标准化生产（工序的循环时间或生产节拍必须标准化，同时看板和所使用的盛装箱是经过精心设计的，代表了一种期量标准；加工批量、搬运批量、缓冲在制品库存量都等于箱子容量或它的整数倍）。

(5) 无看板时，不搬运，不生产。

(6) 尽量减少看板张数（同时使用的看板张数实际上代表了系统中的在制品库存量）。

1. 单卡系统和双卡系统

常用的看板系统分为单卡系统和双卡系统。

(1) 单卡系统。即当后道工序操作者用完一箱零件后，将一张看板挂在箱上，然后把箱子送到前道工序，前道工序收到看板后，立即开始生产，待箱子装满后，即将整箱零件连同看板送回后道工序，零件加工、搬运均依据同一张看板卡。

(2) 双卡系统。即将生产指令和搬运指令分别用生产看板和搬运看板来表示，当后道工序用完一箱零件后，就把搬运卡挂在箱上，然后由搬运人员将空箱送到前道工序；而前道工序已事先生产出一部分零件，并在每个盛满的箱子上挂着生产卡，搬运人员将装满零件的箱子挂上从后道工序带来的搬运卡然后送往前道工序，而将生产卡留在空箱上作为继续生产的生产指令。双卡系统的运作流程如图 9—7 所示。

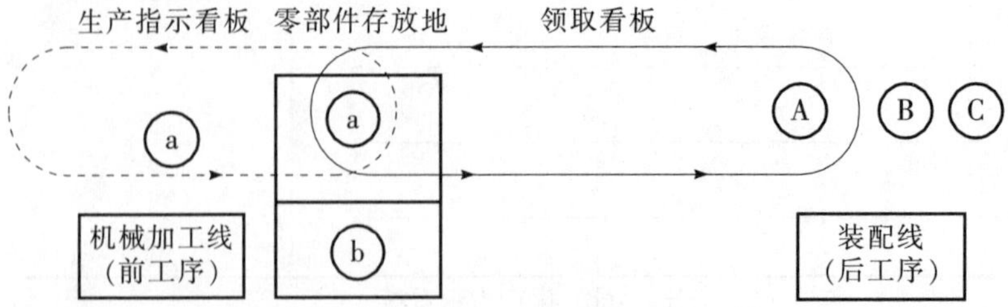

图 9—7 双卡系统运作流程示意图

说明：图中，a、b 表示零部件，A、B、C 表示产品。

单卡系统与双卡系统的主要区别是：

(1) 在单卡系统中，前道工序是在看板到达后才开始进行生产，而在双卡系统中零件是事先生产出来等待看板到达。在单卡系统中，生产卡与搬运卡是合一的，在前后工序间来回移动；而在双卡系统中，生产卡不离开前道工序。按生产卡生产出的零件可能供给多个后道工序使用。

（2）在单卡系统中，只有后道工序存在缓冲在制品，而前道工序是在收到看板后立即生产，并在装满一箱后立即送往后道工序，不留在制品；而在双卡系统中，既在后道工序存放有输入缓冲在制品，又在前道工序中存放有输出缓冲在制品。但这并不意味着双卡系统就一定比单卡系统有更多的在制品库存。当几个后道工序使用同种零件时，将缓冲在制品主要存放在前道工序将是更经济、更灵活的措施。

在实践中，究竟是选择单卡系统还是双卡系统要视企业的实际情况而定。

二、JIT的采购

把看板管理原理扩展到供应环节，使供应商和外协厂家的供货也逐步实现高质量、小批量和准时供货，甚至直供生产现场，就形成了 JIT 的采购。

通常认为，JIT 的主要特征之一就是依靠单一采购来源的政策。传统的采购管理，总是在多个供应商之间选择质量和交货期达到企业标准，而价格最低者，其着眼点是价格效益。但这样做的后果是：由于供应商数量众多，不断变动，往往不能保证高质量的和准时的供货，使得企业不得不设立安全库存和加强原材料和零部件的进厂检验，这显然不符合 JIT 的生产哲学。按照 JIT 的理念，准时、无缺陷、小批量和多批次的供货，比有限的价格效益更重要，其最终目标是把供应商也纳入 JIT 的统一运作系统。

采取减少供应商数量的后果是：成倍增加了每个供应商的订货量，从而使其生产规模更经济，因此也就使之更加依赖于主导企业。这种利益依存关系促使这些供应商提高自身生产系统的柔性，确保无缺陷的质量和准时供货。在此基础上，主导企业经过严格的质量认证和供应商制造过程监控，还可逐步实行零部件进厂的免检，使材料和零部件以小批量方式直供必要的工作中心，从而省去了材料库存、检验等大量不增加产品价值的活动。在传统的管理中，原材料仓库往往占用大量生产场所的面积，故仅仓库面积和设施的节省一项，其效益就是惊人的。这样，实行依靠单一采购来源的政策，在企业和供应商之间形成一种互利关系，也正是这种互利关系，才使得供应商数量能够逐步减少。如美国施乐公司（XEROX）实行 JIT 的采购政策以来，供应商数目从 8 000 家减少到 350 家，每年仅采购费用就节省近亿美元。

不过，对中国企业来说，推行依靠单一采购来源的政策必须因地制宜，切忌生搬硬套。在有些情况下（比如供应商规模远大于自身企业，或者与供应商之间还未建立起长期的信任关系），单一供应来源可能使企业冒很大的风险。另一方面，在推行 JIT 中也有这样的教训：有的企业把 JIT 只看作减少供应商数量，要供应商准时、小批量和无缺陷地送货，试图把企业的库存包袱推给供应商。这样靠损害供应商利益来推行 JIT 的做法背离了 JIT 的宗旨，是不会成功的。

三、JIT 与 MRP 的结合

JIT 的机制是一种“拉”式生产控制系统。以后道工序的需求触发前道工序的生产和供应，看板就是生产指令。此外，在看板体制下，零件箱的大小事实上决定了生产批量和运输批量；而看板的数量决定了系统内的在制品库存量（因为系统中的所有看板都挂在盛放零件的箱子上）。但是，从降低在制品库存的目标来看，问题不在于如何设计盛放零件的箱子的大小和规定看板中的零件数，而在于如何减小实际的生产批量。而要减小实际的生产批量，就必须缩短作业更换时间和尽可能降低废品率。故实行 JIT 的关键在于缩短作业更换时间和确保产品 100%合格。事实上这并非仅是对 JIT 的特殊要求，而是现代生产与运营管理面临的挑战。

MRP 的机制是一种“推式”系统。所有的生产指令均来自作业计划，零件加工由生产指令触发，加工批量和提前期的确定均依据产品的物料清单；前道工序完成了零件加工后，通常要经过中央零件库进行检验、收发和核算；组装工序所需的全部零件，通常由仓库管理人员清点齐套后送至组装工序组装。故整个生产过程是从上到下、从前到后推动着进行的。生产指令下达、在制品管理、生产控制都是集中式的。

从理论上说，MRP 也可以实现准时生产。只要提前期标准制定得正确，加工批量控制得尽可能准确，作业计划安排得严密，各道工序的加工均严格遵守作业计划，就可以实现准时生产。但实际的情况却往往不是这样，计划人员常常会对分散的小批量采取合批的办法，而为了防止实际的提前期偏离计划的提前期，通常不得不在计划中留有一定的安全裕量，或者在制定期量标准时留有余地。但正是这种期量的安全裕量使 MRP 开始偏离新混式生产的要求。

可见，要使 MRP 达到准时生产的要求，首先要尽可能消除提前期的不确定性。而要消除提前期的不确定性，就要尽量避免出现瓶颈。这就需要在制定主生产计划时，认真进行关键工作中心的负荷平衡，也就是重视和做好粗能力计划。除此以外，如何减小批量以及如何缩短作业更换时间也十分关键。

所以，从要解决的生产与运营管理问题的深层原因——减小批量、缩短作业更换时间、消除不确定性和消除瓶颈来说，JIT 与 MRP 所面临的问题是相同的；从要实现的降低库存、缩短生产周期的准时生产的目标来看，JIT 与 MRP 的目标也是一样的。实际上，在制定主生产计划阶段，JIT 与 MRP 的计划方法也是类似的。区别主要在于生产控制系统上。所以，JIT 的许多做法，尤其是 JIT 的生产哲学，如无情地消除浪费、持续地降低在制品库存、实现生产过程的同步化、推行以人为本的管理等，是完全可以结合进 MRP 中去的。图 9—8 给出了 JIT 与 MRP 结合的一种方法。该方法充分利用 MRP 的计划机制，特别是主生产计划对外部的不确定性和制造资源进行有效的计划；而在计划的实施中，在企业可控的生产系统内部和对于有长期合作关系的外部供应商，通过生产流程的重整，采用“拉”动方式，实现准时生产和采购。从而实现了 JIT 与 MRP 的结合。

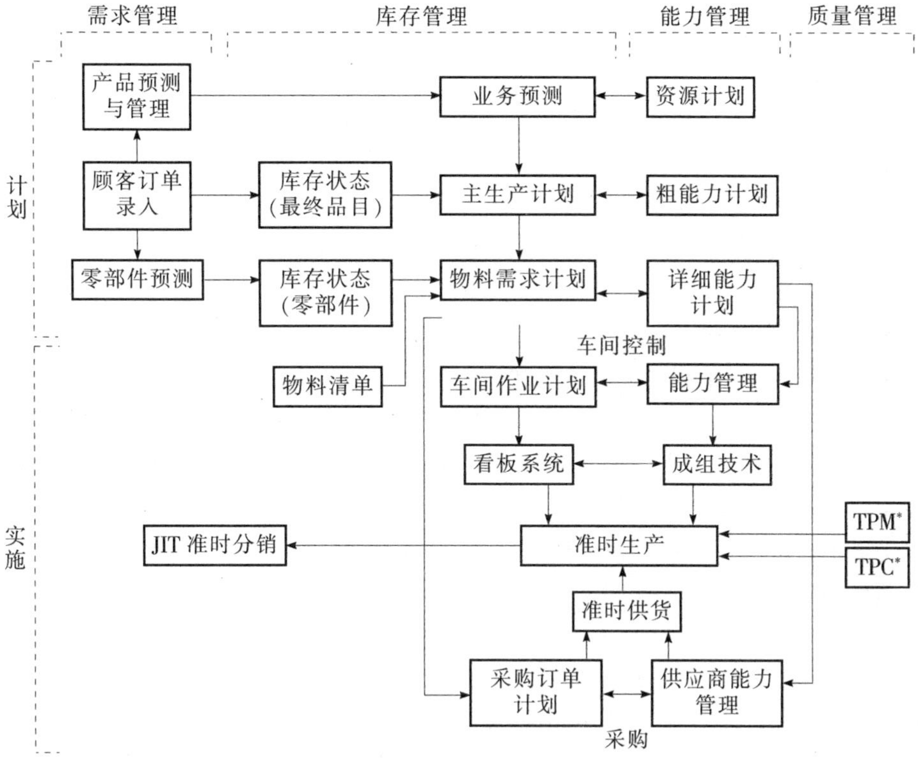

图 9—8　MRP 系统与 JIT 生产和分销的结合

说明：图中，TPM*——全面过程控制；TPC*——全面预防维修。

资料来源：Richard B. Chase and Nicholas J. Aquilano and F. Robert Jacobs：Operations Management for Competitive Advantage，9th ed. McGraw-Hill Companies，Inc.，2001，p. 569.

如果把 JIT 仅仅理解为看板管理，那么 JIT 的适用范围是很有限的。如果仅仅将 JIT 作为一种降低在制品或原材料库存的方法，一些学者的仔细研究表明，它的作用与精巧地应用现代库存控制方法的效果十分接近。从这个意义上说，JIT 不仅是看板管理，不仅是一种降低库存的有效方法，更是一种现代生产与运营管理系统，一条将设计、工程、采购、生产、质量管理、信息管理、人的管理有机地集成在一起，对生产运营系统进行再造和创新，实现生产与运营管理的理想目标，使企业成为世界级竞争者的必由之路。

本章小结

准时生产方式管理哲学的核心理念是无情地消除浪费。浪费的含义主要包括：(1) 多余的生产要素；(2) 制造过剩；(3) 库存；(4) 长距离搬运；(5) 作业转换时间；(6) 不良品；(7) 一切不增加产品价值的活动。其中，任何一个层次上的浪费都会造成进一步的浪费；同样，任何一个层次上的节约都会带来进一步的节约。其实，最大的浪费还是时间的浪费。从这个意义上来说，JIT 本质上是一种以节约时间、缩短生产周期和提高市场响应速度为中心的生产方式。速度，如同质量、成本一样，也是一个管理的龙头，牵一发而动全身。

JIT 的生产体系主要包括：

- 准时生产；
- 通过看板实现的“拉”式生产控制机制；
- 生产过程的同步化；
- 追求无缺陷的质量；
- 通过不断降低库存暴露和消除根源性原因；
- 推行标准化作业；
- 提高生产系统柔性；
- 推行以人为本的工人自主管理。

按产出节拍平衡生产过程各道工序的生产节奏，合理安排装配线混流生产的投产顺序以及提高各工作中心的柔性，是实现生产同步化的关键。而生产的同步化，又是实现“拉”式生产控制机制的关键。最终通过“拉”式机制实现“将必要的材料以必要的数量在必要的时间送达必要的地点”的目标。我们看到，JIT 生产方式的每项措施都互为因果、互相支持，共同构成一个集成的生产体系。

因此，必须将准时生产方式看作一个系统。应当从广泛开展质量小组活动、改进设备布局、缩短作业转换时间、减小生产批量等基础的改进活动入手，持之以恒地推行 JIT，才可能取得成功。不要指望一蹴而就，不可能只通过简单地模仿“看板管理”就能实现准时生产。准时生产方式和推行准时生产方式都是一场革命。

JIT 不仅适用于大量重复生产的制造企业。越来越多的成功案例表明，JIT 对于非制造企业，包括分销企业、连锁快餐业、连锁维修业和网络型服务组织等，都是普遍适用的。尽管市场需求和生产与运营在向着多品种、小批量、个性化和定制化演变，但这并没有阻止 JIT 生产方式向这些领域的渗透和扩展。JIT 已经成为 21 世纪生产方式的基石，正在成为世界范围产业集聚地区内部的协作规则。同时，JIT 正在与 MRP 结合，成为 ERP、SCM 的基本组件和运作机制。所以，理解 JIT 的精髓，掌握 JIT 的运营技术，已成为驾驭 21 世纪竞争的必备知识和技能。

案例研究

真假 JIT①

被扭曲的 JIT

“迟到 1 分钟，罚款 500 元。”这可不是用来约束员工上班的考勤制度，而是某汽车总装厂用来约束其零配件供应商供货的罚则。现在，国内不少大型制造企业对其零配件供应商都有类似的要求，为的是实现准时制（JIT）供货和制造。“有些总

---

① 资料来源：朱琼：《真假 JIT》，载《IT 经理世界》，2004（24），总第 162 期，66～69 页。本书引用时在原稿基础上作了删节。

装厂借着JIT的由头，把库存压力毫不留情地转嫁到我们头上。”私下里，一些零配件厂商很气愤地表示道。

零配件商之所以将怨气撒在JIT身上，是因为在引入JIT模式前，总装厂与零配件企业之间采用的是入库结算方式；而在引入JIT模式后，总装厂又引进了“上线”和“下线”两种新的结算法——零配件在上生产线或被装配为合格成品入库时才结算。显然，对总装厂来说，这三种结算方式能使它们的库存资金递减，特别是下线结算甚至可以让它们的原材料库存真正变为零。按理说不同的结算方式，零配件的价格应该不一样，但据相当一部分国内零配件厂商透露，即使面对下线结算方式，它们也难有讨价还价的能力，因为“这是一个整车为王的时代”。一些总装厂在自己内部生产尚缺乏有效的计划和控制时，却偏偏要求与供应商实行下线结算，零配件厂送来的产品在总装厂甚至能被搁置数周。“反正也不是它们的库存，它们一点儿也不心疼。”一些零配件厂商很无奈地说。而总装厂却因为没有库存压力显得颇为轻松，一位总装厂的物流经理说：“现在，我们没有原材料库存的压力了。”在国内的供应链上，JIT似乎成了某些总装厂压榨供应商的工具。

“这是危险之举，不仅害人，更重要的是最终会害自己。”一位曾在福特公司从事过多年管理工作的专家痛心地说。他认为，“国内某些企业在学习先进经验时，只学了形式，而没抓住本质，甚至走到了反面”。

这位专家的“害己”之说并非危言耸听。

值得庆幸的是，国内一些总装厂已经意识到了这种危险，开始“逆流”而动，把库存压力从供应商那里“拿”回来。安徽江淮汽车集团有限公司（以下简称江汽）就经历了一次这样的转变。

前几年，它们和其他汽车生产厂家一样，与供应商之间改为上线结算模式，并从中尝到了减少库存的甜头。2002年，江淮瑞风商务车分公司上ERP之初，在设计系统方案时，有人提出把结算方式进一步改为下线结算，并希望得到信息系统的支持。对此提议，时任江汽ERP项目实施顾问的梯升资讯公司执行总监唐明却提出了不同的思路。他指出：“在企业没有练好内功时，进行下线结算并不是降低库存的先进方式，而是慢性毒药——它在给供应链上游加大负担的同时，将给江汽的管理带来严重的负面后果，最终会导致整个供应链和产品的竞争力下降。”

唐明的看法在当时显然不合潮流，但江汽的管理层居然接受了他的意见。江汽集团董事长左延安一直非常看重供应链的整体竞争力。结果ERP系统在江汽上线后，瑞风商务车分公司“倒退”回去，与供应商重新采用入库结算模式。“这样，我们的库存压力又回来了。ERP系统的实时成本数据每天都在敲打着我们。”江汽集团物流经理龙凯峰感慨地说：“我们就不得不每天都琢磨如何降低成本。从前可不是这样，那时的浪费惊人，因为总觉得浪费的不是自己的东西。”

其实，龙凯峰每天在琢磨的如何减少库存的门道，就是精益生产（lean production）的一部分内容。精益生产的精髓是减少浪费以降低成本，降低变易性以提高质量，提高响应速度以满足客户需求。精益生产的思想和方法源自JIT，可以称为美国版本的JIT。降低库存是精益生产的结果，但精益生产或者JIT的要点不仅是降低库存。

由表及里

提到JIT，人们自然会想到丰田汽车公司，是该公司花了十几年时间创立了JIT——准时生产方式。近年来，丰田汽车公司内部也成立了精益生产推广小组，不断深化和完善准时生产方式。

对于上文提到的国内许多汽车零部件厂商遇到的被动局面，上海德尔福汽车门公司董事、执行总监许国东有自己的看法。在他看来，精益生产可以覆盖两大范围：自己内部的系统和所处的价值链系统。他说："大的价值链能联动是最理想的状态，如果这种状态实现不了，也不意味着零部件厂商只能被动等待。如果掌握了精益生产和准时制造的精髓，零配件企业完全可以在其内部实施精益生产，从而在与总装厂配合时，由被动转为主动。"说这话时，许国东胸有成竹，因为他所在的企业已经这样做了。

德尔福汽车门公司所服务的总装厂的制造管理水平参差不齐，有的总装厂订单提前1～3个月，甚至更早就下达了，而交货数量和交货时间却难以确定。最初它会像同行一样早早地把货备好，等着客户来要。不过，现在它开始从被动转向主动了，根据客户产品的市场走向、客户以往订货的历史数据，更重要的是根据自己的生产响应能力确定该客户所需产品在一段时间内（不超过1周）的最小和最大库存量。"最小值是必须生产该产品的信号，最大值是停止生产的信号"。许国东称这种方式为"按库存生产"（build to inventory）。他通常用这种方式应对那些交货期内不确定因素较多的订单或需要长途运输的订单。目前，国内大部分零配件企业针对这种订单采用的是"按订单生产"（build to order），即把订单所要的产品全部或大部分生产出来，存入仓库等候客户索要。显然，与这种单纯"按订单生产"的方式相比，将其与"按库存生产"结合所产生的库存要少得多。

对于那些能按计划排到天，且每天按小时送货的订单，如对要求德尔福每天6次运送车门的某整车厂，许国东就采用"按发货生产"（build to ship）的方式来处理订单。在这种处理方式下，产品下线后被直接送抵客户处，即使在车间暂存区缓存，也不会超过几个小时。

"按库存生产"和"按发货生产"是德尔福汽车门公司根据客户订单和需求变化特征主动控制库存的方式。许国东认为，库存和缓存是可以无限地减少的，"想要达到这个目的，需要不断推进精益生产，即站在客户的角度，找出多余的库存、消灭多余的库存，从而使自己的生产能力具有最佳的响应灵敏度"。

修炼内功

通过多年实践，全球最大的汽车零配件供应商德尔福构筑了一套精益生产体系（delphi manufacture system，DMS）。在这套体系中，企业的生产浪费被归结为七种类型：返工（correction）、过量生产（overproduction）、物料多余移动（material movement）、多余操作动作（motion）、在制品（work in process）、库存（inventory）和加工过程不合理（processing）。作为德尔福的合资公司——上海德尔福汽车门公司也遵从着总部的这套体系，实施精益生产。这套看起来很清楚的体系掌握起来并不是很容易。

在德尔福汽车门公司的车间里，随处可见用来存放信息的看板，上面放着用来传递生产信息的介质——记载信息的小卡片、标识货物的彩色小豆，甚至装货物的箱子。比如，在一条产品线上，当工人看到装成品的箱子有3个是空的时，就知道必须开始生产了。在门锁生产作业现场，当天的生产安排——每班10个小时的工作安排被细化到了每一个小时。据许国东解释，这样细化的目的是为了最大限度地跟踪和控制生产。这1小时的间隔是根据车间内部传递货物的送货人（被昵称为“水蜘蛛”，形容其犹如漂在水上的蜘蛛，行动快速）的运转周期而定的。“水蜘蛛”每隔1小时会按照规定的路径送一次货。其实，“1小时的间隔并不是我们的最终目标，”许国东说，“精益生产的精髓在于，把时间间隔划分得越小越好。如果我们工作流程的标准化程度进一步提高，这个间隔频率还可以缩短，在不同产品混流生产时，缩小时间间隔可以实现产品快速换型。”

在德尔福汽车门公司，“水蜘蛛”不仅负责送货，还要传递信息。比如当他从原料库里取走一箱原料时，会把一张卡片放在订料看板上，订料员看到卡片积累到某个程度时，就会向原料供应商要货。

许国东的这套精益生产管理采用的是人工看板拉动。

德尔福汽车门公司是一个有着298名员工、年销售额3亿元的企业。它们推进精益生产没有采用需大量投资的ERP系统软件，而采用了一套简单、实用的MI（material information）系统。“如果我们的规模扩大10倍，由于庞大的物料移动体系，就必须采用类似ERP那样的管理工具了，”许国东说，“不过，精益生产追求的就是减少浪费，我们现在的手工看板并不影响生产执行的有效性。”许国东认为，没有必要一提精益制造、JJT就跟IT投入沾边。“即使采用ERP之类的系统，生产现场通过看板及拉动系统进行每天工作的自动调节仍更为有效，因为在生产现场，直观的看板方式比计算机系统更直接，反应更快、更准确。”许国东并不认为只有ERP之类的系统才能够管理到生产的每一个环节。

围绕着员工参与（employee environment and involvement）、场地组织（workplace organization）、作业有效性（operational availability）、物料移动（material movement）、质量体系（quality system）和流畅制造（flow manufacturing）等六大元素，德尔福汽车门公司对精益制造系统制定了一套详细的衡量标准，满分为4分。2004年，上海德尔福汽车门公司的目标是达到3分。在2004年前三个季度，它的得分分别是2.4、2.5、2.6分，“第四季度希望达到3分”。

专家认为，能实现准时供货的产品还必须具备一个特质——结构或配置相对简单。而那些配置多达上千种的零部件（如汽车的驾驶舱），采用准时生产方式按顺序准时制造（just in time for sequence，JIT/S）不失为一种好方法。上海大众的一家驾驶舱供应商就采用了这种方式，它在上海大众的总装线旁架设了一条驾驶舱装配线。这样，它可以在几分钟内按照上海大众的驾驶舱订单配置装配出产品并及时供货。

通过精益生产，无论是零配件企业还是总装企业，都正在让自己摆脱被动，获得主动。因此，它们与供应链伙伴之间的JIT合作是自然形成的。这与那些只想转移库存而不想修炼内功的企业用JIT“逼”合作伙伴完全不同。真假之间，两者的区别昭然若揭。

问题讨论

1. 为什么采用转嫁库存的方式推行扭曲的 JIT 最终会损害到总装厂自身?

2. 推行 JIT 一定要上 IT——自动化的信息系统吗?

3. JIT 是对传统的生产管理方法的否定吗? 怎么将传统的库存控制方法以及生产管理方法融入准时生产方式?

第十章

供应链管理

学习目标

阅读和学完本章后，你应当能够：

1. 解释什么原因造成了供应链的牛鞭效应，以及如何减小牛鞭效应。
2. 说明连续补货计划的要点。
3. 解释典型的供应链问题。
4. 权衡供应商管理库存的利弊。
5. 制定和评估外包策略。
6. 解释为什么供应链的优势在于集成。
7. 说明 ERP 系统在供应链计划方面的局限性以及高级计划与排程系统的功能。
8. 说明 SCOR 模型的基本流程结构。
9. 掌握设计供应链绩效评价指标体系的方法论。

供应链管理是运用系统方式和 IT 手段，协调和不断优化从原料供应商经过工厂和仓库到最终顾客的全部信息流、物流和服务流的管理过程。其目的是降低供应链的不确定性和总体成本，提高响应顾客需求的速度。经过将近一个世纪的努力，企业内部生产过程的管理不断优化，这使得降低成本和创造利润的来源日益转向企业外部，转向整个供应链。进入 21 世纪，世界范围企业之间的竞争日益演变为供应链与供应链之间的竞争以及产业集聚地区之间的竞争。供应链管理正在成为企业竞争优势的重要来源。

供应链管理的着眼点是整个供应链的集成。相对于企业内部生产过程的协调，供应链集成的难度更大。这主要是因为供应链中各种利益主体有着不同的、相互冲突的目标，以及供应链的动态过程比起企业内部生产过程波动得更剧烈，影响因素更复杂。这种动态过程的特征通常被称为“牛鞭效应”。理解供应链的动态特性是对其进行系统管理的前提。

供应链管理并未否定传统的生产与运营管理，而是在更大的时空范围内更有效地运用生产与运营管理技术。我们不难想象，供应链管理如果不强化计划职能，不合理布局，不优化作业流程，不有效控制外包的质量，结果会如何。当然，供应链管理的研究和实践发展了生产与运营管理的理论和方法体系，特别是供应链管理更依赖信息技术手段，更强调信息的准确性、及时性和关联性，这使得生产与运营管理的理论、方法与 IT 手段结合得更紧密。供应链管理有助于我们理解为什么信息技术能够提高生产力。

本章首先从理解供应链的动态特征入手，然后简要地讨论典型的供应链问题和一些先进的供应链管理技术，接着转向供应链集成这一主题，最后介绍一种正在被越来越多的企业所采用的供应链绩效评价体系——SCOR 模型。

第一节 理解供应链的动态

供应链中的各种利益主体有着不同的、相互冲突的目标，采用不同的方式对信息和物流进行管理，结果导致供应链的动态过程比起企业内部生产过程波动得更剧烈，影响因素更复杂。理解供应链的动态特性是对其进行有效管理的前提。

一、牛鞭效应

“尿不湿”（baby diapers）一次性尿垫是美国宝洁公司专门为婴儿开发的一种产品，深受新生儿母亲们的欢迎，一直畅销不衰。宝洁公司的物流经理注意到了一个很有意思的现象：“尿不湿”产品的零售数量是相当稳定的，没有哪一天或哪一月的需求明显地高于其他时期。然而，分销商向宝洁工厂的订货量的变易程度比零售数量的波动要大得多。不仅如此，宝洁公司工厂向其原材料供应商的订货量的波动幅度更大。

这种需求信息以订单的方式从零售端沿供应链的层级向上游传递过程中所产生的逐级放大的波动现象称为“牛鞭效应”（bullwhip effect），它是大宗商品供应链动态过程的典型特征。它扭曲和放大了最终消费者的需求信息，一方面造成工厂依据不准确的需求订单安排生产计划和采购原材料；另一方面造成整个分销渠道中库存积压与缺货并存的怪现象。它给供应链各环节的管理造成很大的困难。图 10—1 给出了牛鞭效应的一个示意图。

那么，为什么会产生牛鞭效应呢？主要有以下一些原因：

1. 需求预测不准确

地区分销商是根据零售商的订单发货，根据库存是否下降到临界水平向中央分销中心发出补货订单。中央分销中心直接接收来自工厂的成品，当某些商品的库存水平降到订货点以下时，就向工厂发出缺货订单。大宗商品的生产一般都是根据需求预测安排生产计划，实行备货生产；同时根据中央分销中心的缺货订单安排临时

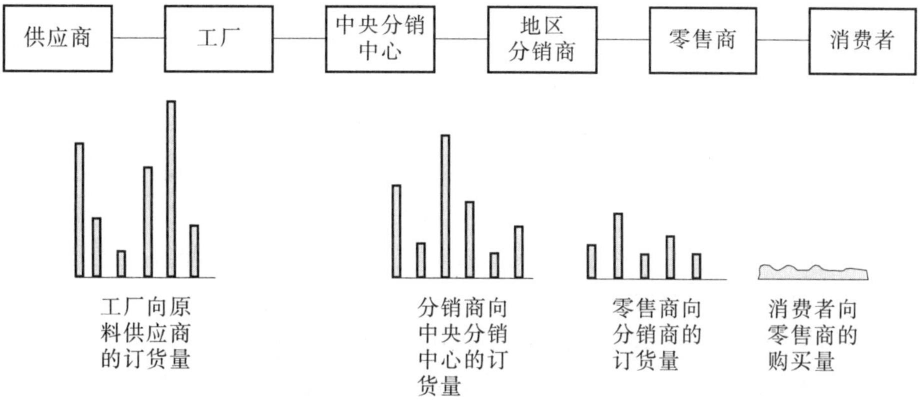

图 10—1 大宗商品供应链的牛鞭效应示意图

的加急生产。这种临时的加急生产，除了可能在作业转换上损失生产能力外，还会造成向原材料或零部件供应商的紧急订货；这种临时的无计划的紧急订货，除了要蒙受成倍甚至几倍的财务损失外，更重要的是交货期得不到保证；这又会影响到工厂向中央分销中心的按时交货，或对整个供应链下游环节订单的履行造成冲击。工厂制定生产计划时的需求预测往往缺乏来自最终消费需求的第一手信息，不得不依据中央分销中心分销和库存的历史记录，这使得需求预测很难做到准确；而生产计划和采购计划又都是根据需求预测制定的，这其中显然潜伏着发生巨大偏差的危险。当预测的需求与实际的需求出现严重偏差时，不是造成某些品种的原材料的严重积压和贬值，就是生产出过量的、市场不需要的产品积压在中央分销中心的仓库里。当这种库存积压到了非处理不可的程度时，大规模的降价促销活动就开始了。我们经常看到商家的大规模促销活动，其中有很大部分是在清理过期的库存。

显然，要从根本上改变这种被动局面，首先必须改进需求预测的信息来源，要尽可能直接根据最终消费需求信息进行预测和制定生产及采购计划。

2. 订货提前期过长且不确定

由于根据预测安排生产和采购，根据订单以库存交付订货，故库存有货时可直接提货，而当库存缺货时就得等到临时生产出来后才能交货，这就使平均的交货提前期往往会拖得很长。这种现象是由于需求预测和生产方式的固有缺陷造成的。预测的需求与实际的需求存在数量差异和结构性差异是不可避免的，而这种差异的最终影响一定会在交货期上表现出来。上述差异越大，交货期就会越长，不确定性就越大。而交货期越长，牛鞭效应就越严重。

3. 定期检查和批量订货的库存控制方式

许多企业都采用定期检查的库存控制策略，从而，一方面在检查时点上必然形成集中的批量补货；另一方面在检查间隔期间，不会根据顾客需求做出补货决策。这种传统的库存控制策略，使得补货订单完全脱离了实际的顾客需求，也就是说，补货的根据是库存水平是否降到订货点，而不是实际的顾客需求订单。结果，即使是连续发生的、相对平稳的需求，经过这种库存策略的转换，也就变成了离散的、阶跃式的需求。如果供应链存在多级库存，每一级都采取这种库存控制策略，那么可以想象最终一定会形成严重的牛鞭效应。

除了定期检查的库存控制策略必然导致离散的批量订货外，采用何种运输方式也可能是造成批量订货的原因。比如，如果采用大型集装箱运输，为了装满集装箱，必然要按集装箱的容量决定运输批量，这就形成了商品大批量、离散性的流动模式。再有，希望享受运输公司的批量折扣也可能导致大批量运输。

我们不能一概否定定期检查、依据库存水平的下限和上限决定订货批量的库存策略，但我们可以改进这种库存控制策略以减小它对供应链物流的冲击。比如，能不能将检查间隔期间缩短，增加订货次数以减小订货批量，使得补货的订单流更平滑？或者，能不能采用更密集的集中配送的方式？虽然仍然采用集装箱运输，但每个集装箱的品种结构不是单一品种，而是根据多个零售门店的实际需求合理搭配起来的多品种组合。沿着这种思路考虑问题，还可以想出许多好办法。

4. 无序的促销活动

在以销定产的原则下，供应链往往被假设成一个无限能力系统，必须无条件地响应销售前端的订货需求。企业内部的潜规则是：只要能订到合同，就能够生产和交付。在这种“一边倒”的运作机制下，销售部门的支配力和话语权明显高于供应链部门，这也使得二者之间往往缺乏有效的沟通。销售部门只管完成销售目标，而不管供应链部门怎么运作。此外，企业的业绩考核与激励制度也可能进一步强化这种“主从”惯例。销售人员考核的是销售业绩，其奖金甚至薪酬直接与销售业绩挂钩，按销售额提成。于是，营销部门和销售人员在制定促销活动计划时，主要从市场竞争和提升销售业绩角度出发确定促销时间、促销品种、价格优惠幅度以及选择哪些区域市场等，很少听取供应链部门的意见，甚至根本不与之沟通。这种无序的促销活动对供应链管理部门来说就成了一种突发事件；从物流上看，形成一种浪涌，让供应链措手不及、疲于奔命、过度响应，结果必然形成典型的牛鞭效应。

5. 零售商和经销商对缺货的过度响应

大宗消费品，像食品、服装、日用品、五金制品等，与消费者的日常生活息息相关，一旦缺货，将给顾客造成很大的不便。不仅会引起顾客的抱怨，甚至会使顾客最终选择别的店家。因此，零售商或经销商对此非常看重，一旦缺货，往往会过度响应、过量补货。

造成零售前端缺货的原因还是因为不能根据零售商的出货信息进行及时补货，这里，我们又看到了仅仅根据库存水平决定何时补货、补多少货的缺陷。要减少销售终端的缺货现象，靠增加库存的代价是很大的，也是企业最终无法承受的，必须从根本上改变需求和销售信息的采集，尽可能直接依据销售信息进行补货决策。

我们看到，正是供应链和企业部门之间运作的不准确、不确定、不连续、不协作、不沟通，最终导致了牛鞭效应。要消除牛鞭效应，必须采取标本兼治的综合措施。

二、如何减小牛鞭效应

针对牛鞭效应产生的原因，通常采取下述措施来加以消除。

1. 通过集中信息减少整个供应链的不确定性

供应链运作的不确定性是造成牛鞭效应的主要原因，不确定性根本上来自信息的不完全性。比如，由于不掌握最终消费者的需求信息，只能把各级分销商的订货信息当作最终需求信息，这就必然使连续的、相对稳定的需求信息变为离散的、大起大落的、不确定的需求信息；再比如，本来消费者的需求信息是每天发生的，是可以通过零售店的信息终端，如收银机、条码扫描仪等准确收集和统计的，结果变成了只能根据分销商的订单来大致估计或预测，这等于是在人为地引入偏差和不确定性。根据不确定的信息，只能进行带有风险性的决策，这又会加剧供应链运作的不确定性。

所以，要减少供应链运作的不确定性，必须改善信息收集和统计工作。首先，信息采集必须向供应链的最前端延伸，即使在制定生产和采购计划时需要进行预测，也应当尽量依据最终消费信息进行预测。也就是说，采集第一手的信息比选择精细的预测方法更重要。其次，在集中信息的基础上尽量做到全供应链的信息共享，向供应链的每一环节提供有关其顾客的顾客的需求信息和供应商的供应商的供给信息；改变最终需求信息只有零售商知道，原料供给信息只有制造商知道，每一级库存和出货信息只有该级库存拥有者自己知道的状况。信息是一种资源，在传统的供应链中，它是拥有者制约上下游的手段；而在现代的供应链管理中，信息资源应当被供应链的成员企业共同用来降低整个供应链的不确定性和提高整个供应链的效率和竞争力。

2. 通过协调供应链各种经营活动减小人为的变易性

变易性是效率的大敌。供应链中的变易性有多种来源，需求的变易性、供给的变易性、提前期的变易性、营销政策的变易性等。这些变易性中有些是客观存在的、不可控的，如气候变化引起的需求或供给的变易性，竞争对手降价引起的价格的大幅波动等，但也有许多是人为因素造成的，如我们在前面指出的，无计划的短期促销活动对供应链的整体运营实际上是一种随机扰动。

减小人为造成的变易性，要求将与供应链相关的经营活动纳入统一的计划和政策体系。比如沃尔玛公司采取的“天天低价”策略，它们明确告知消费者，不必担心沃尔玛的商品定价会采取“撇油”策略，也不必待到周末减价或降价促销时再集中抢购。由于坚持实行“天天低价”策略，消费者只在需要时才到店里来购买所需的商品，需要什么买什么，需要多少买多少。这样，消费者的需求就可以真实地反映到供应链的上游，整个供应链的运作就会比较平滑，牛鞭效应也会在很大程度上被消除。

减小人为造成的变易性还应从根本上改善无序促销的状况，为此，必须从改进销售与运营计划（S&OP）入手，将促销计划纳入销售与运营计划，并在供应链的可供能力与促销力度和促销策略的选择方面尽量实现平衡。企业营销部门必须牢固树立这样的观点，支持供应链运作就是支持销售运作。

3. 缩短提前期

提前期过长是造成供应链牛鞭效应的主要原因之一。订货提前期过长导致不能及时响应需求的变化，需求上升时货到不了，损失销售机会；制造提前期过长导致不能按订单生产，只能实行备货生产，这是造成产成品库存结构与需求结构脱节、库存断货与积压并存的原因；运输提前期过长导致不得不采用大批量集中运输，结果造成在途库存过大、现货不足的现象。

所以，提高供应链响应速度，必须缩短供应链响应周期，即提前期。缩短订货提前期的关键是尝试将“拉”动式被动补货转变为“推”动式主动补货；缩短制造提前期的关键是缩小批量，而缩小批量的关键又是缩短作业转换时间；缩短运输提前期的关键是分销仓库的合理布局。其中，“推”动式的主动补货又称为连续补货计划（continuous replenishment planning，CRP），其运作要点是：

- 目的是同时达到降低渠道库存和降低零售商缺货率的冲突的目标；
- 通过电子数据交换（EDI）系统将经销商每日库存的出货信息传送给总部，用以决定中央分销中心的发货数量，而不是依据经销商的订货信息；
- 采用基于准时制（JIT）的“推”式连续补货方式。
- 一体化原本分离的定价、订货、发货、结算和信用管理系统，缩短供应链运作周期。
- 简化产品定价结构，建立产品定价和产品特性的通用数据库，与批发商和经销商共享信息，消除互相封闭信息的现象。
- 简化和标准化业务流程，减少手工处理，实现计算机自动处理，减少操作的变易性和人为差错。
- 由于连续补货计划创造了更稳定的供应链运作环境，使总部能够与供应商谈判更有吸引力的价格，以及更有效地利用内部生产能力，这又进一步促进了连续补货计划在整个供应链的推行。

4. 建立战略伙伴关系

从连续补货计划可以看出，要提高供应链的整体运营效率和响应能力，加入供应链的各个企业之间应当形成利益共同体。由于协作创造出的效益应当在供应链内部合理地分配，大企业不要剥削小供应商，要认识到帮助供应商就是帮助自己。

我们通过一个经典案例来具体地说明准时生产方式在分销领域的应用。

三、一个通过准时分销减小牛鞭效应的经典案例①

我们下面要介绍的是意大利巴里勒公司（Barilla SPA）在 20 世纪 90 年代推行准时分销（JITD）的过程。

［例 10—1］

意大利巴里勒公司的准时分销系统

马吉利（Maggiali）的意图越来越明确了。身为世界上最大的意大利面食生产

① 参见［美］大卫·辛奇-利维、菲利普·凯明斯基、艾迪斯·辛奇-利维：《供应链设计与管理——概念、战略与案例研究》，80～99 页，114～123 页，上海，上海远东出版社，2000。本书在引用时对内容做了删节和重新组织。

商巴里勒公司（Barilla SPA）的物流主任，马吉利敏锐地认识到，需求的大幅波动给公司的制造和销售系统施加的负担越来越重。自从1988年担任物流主任以来，马吉利一直在努力发展前任物流主任布兰都·维特利（Brando Vitali ）提出的一个创新思想。这一创新思想，维特利称之为准时分销（just-in-time distribution，JITD)，它发展了刚开始流行的“准时生产”（JIT）的概念。维特利认为巴里勒的物流组织不应固守传统的做法，根据分销商向公司发出的订单来向其发货，相反，应根据分销商每日的出货数量来决定何时为其补货，这样能将业务量在巴里勒公司的制造和物流系统中更均衡地分配，使得在更有效地满足最终顾客需要的同时降低整个分销渠道的库存。

巴里勒公司成立于1875年，经过巴里勒家族几代人的苦心经营，已经发展成为意大利、也是全世界最大的意大利面食（pasta）制造商，占意大利面食市场35%的份额，占欧洲意大利面食市场22%的份额。公司总部设在帕尔玛（Parma)，在那里建有占地125万平方米的工厂，拥有11条全自动生产线。此外，公司在意大利各地还设有25家工厂。

通心面是意大利人的主食，平均每人每年消费18千克通心面，需求稳定。通心面的生产过程类似于造纸过程，面粉进入生产线后，经过和面、碾压、挤出成型，然后经过4个小时的隧道窑烘干后包装成为成品。生产过程全部自动化，每条生产线长120米，每条线日产900 000千克通心面，操作工人要骑自行车在车间里往返看管设备。为了降低作业转换成本和提高产品质量，巴里勒遵守经过精细安排的生产顺序，从而实现了不同产品转换时烘炉温度和湿度的连续平滑升降。

巴里勒公司的产品线分为两大类。一类是干品，包括通心面和饼干等，约占销售额的75%，其货架寿命为18～24个月；另一类是鲜品，包括新鲜通心面和面包等，其货架寿命为3天。巴里勒公司的干品有多达800种不同形状和规格以及不同包装的存货单元。由于干品与鲜品的保存期不同，二者采用不同的分销系统进行分销。我们将在本例中讨论的准时分销主要是针对干品的分销模式。

巴里勒公司在意大利北部和南部各设有一个中央分销中心（central distribution centers，CDCs)，在各地还设有18个地区仓库，其分销系统的结构如图10—2所示。干品从工厂中生产出来后约65%被直接送往中央分销中心，另外的35%被送往地区仓库。中央分销中心主要面向大型超市连锁企业和独立超市合作组织分销干品和新鲜面食产品，地区仓库主要面向超过10万家的小型杂货店分销产品。大型超市连锁企业又称为“大分销商”，简称为GD（grand distributor)，它们从巴里勒的中央分销中心进货，通过自己的配送系统将商品配送到各地的连锁超市。独立超市合作组织又称为“组织分销商”，简称为DO（distributor organizations)，它们充当大量独立超市的合作采购组织。大多数组织分销商只经营地区性业务，某个独立超市通常只向一个组织分销商采购商品。小型杂货店都是通过代理人向巴里勒采购产品。前物流主任布兰都·维特利的准时分销方案主要是针对组织分销商和地区仓库设计的，可以将这两类分销商统称为地区分销商（district distributors，DCs)。每个地区分销商平均销售巴里勒公司800种干品存货单元中的130种，大多数分销商同时拥有200多个不同的供应商，巴里勒公司是其中的最大者。每个分销商通常持有 7 000～10 000 个存货单元。

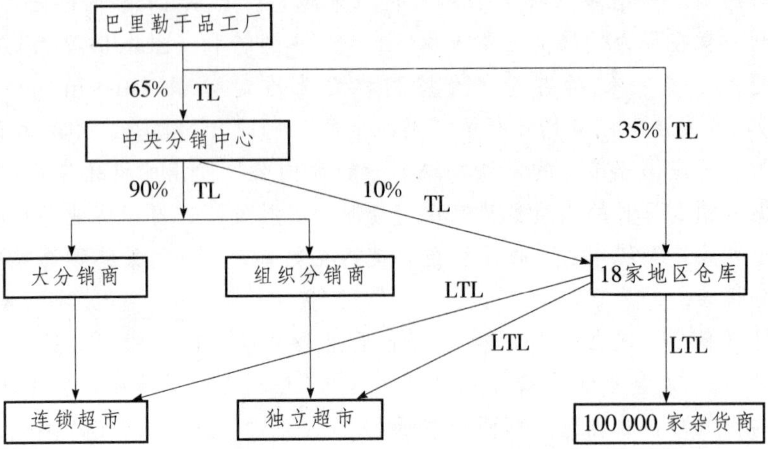

图 10—2　巴里勒公司的分销模式

说明：图中，TL＝整车运输；LTL＝零担运输。

巴里勒通过商业促销来推动其产品进入零售终端。在促销期中，巴里勒的分销商可以购买许多产品来满足当前和未来的需求。巴里勒按照促销期间销售目标的实现程度对销售代表进行奖励。销售代表们把 90%的时间花在帮助零售店促销、采集商品和竞争信息以及帮助分销商发出订单等。此外，巴里勒还提供数量折扣，例如为满车订单提供 2%～3%的折扣。大多数分销商采用简单的定期检查库存控制策略。巴里勒在收到订单的 8～14 天里把商品运到分销商处，平均提前期为 10 天。几乎所有分销商都有计算机支持订货系统，但几乎没有哪个分销商具有能够确定订货量的预测系统或复杂的分析工具。

经历了 20 世纪 80 年代的快速增长后，巴里勒越来越为分销商需求的大幅波动所困扰。巴里勒的干品订单每周都有大幅的波动（见图 10—3），这种巨大的需求差异束缚了巴里勒的制造和物流作业。例如，经过优化的通心面生产顺序使快速转换到生产某种突发的高需求的短缺产品变得很困难。另一方面，每周需求波动如此之大且难以预测，使得持有足够的成品库存来满足分销商订单的成本是十分昂贵的。尽管目前的库存水平已经很高，但许多分销商对零售商的服务水平仍然让人难以接受（见图 10—4）。

1987 年，时任巴里勒公司物流主任的布兰都·维特利强烈地感到，制造商和零售商都由于越来越少的利润而遭受损失，必须找到替代办法，在不降低服务水平的前提下，降低销售渠道中的成本。维特利指出："我们总是具有这样的心理，认为订单是我们生产过程不可变更的输入要素，因此，我们需要获取的最重要的能力之一是柔性，通过柔性来对这些输入要素做出反应。但是在现实中，最终顾客的需求才是真正的输入要素，我们应当能够管理好产生订单的过程。"

那么如何实现呢？维特利的计划是：不是根据分销商的订单向其运送产品，而是根据他们的出货数据主动地为其补货。也就是说，"每天每个分销商向我们提供

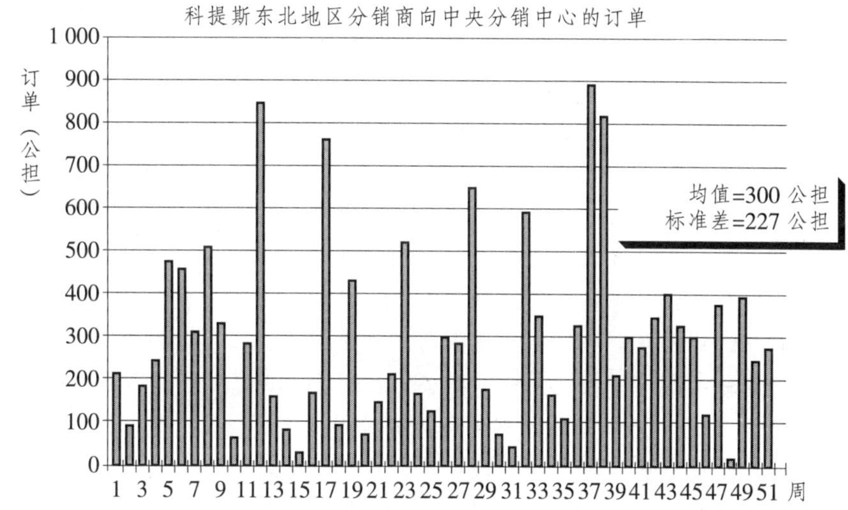

图 10—3　1989 年科提斯东北地区分销商向中央分销中心采购干品的周需求量

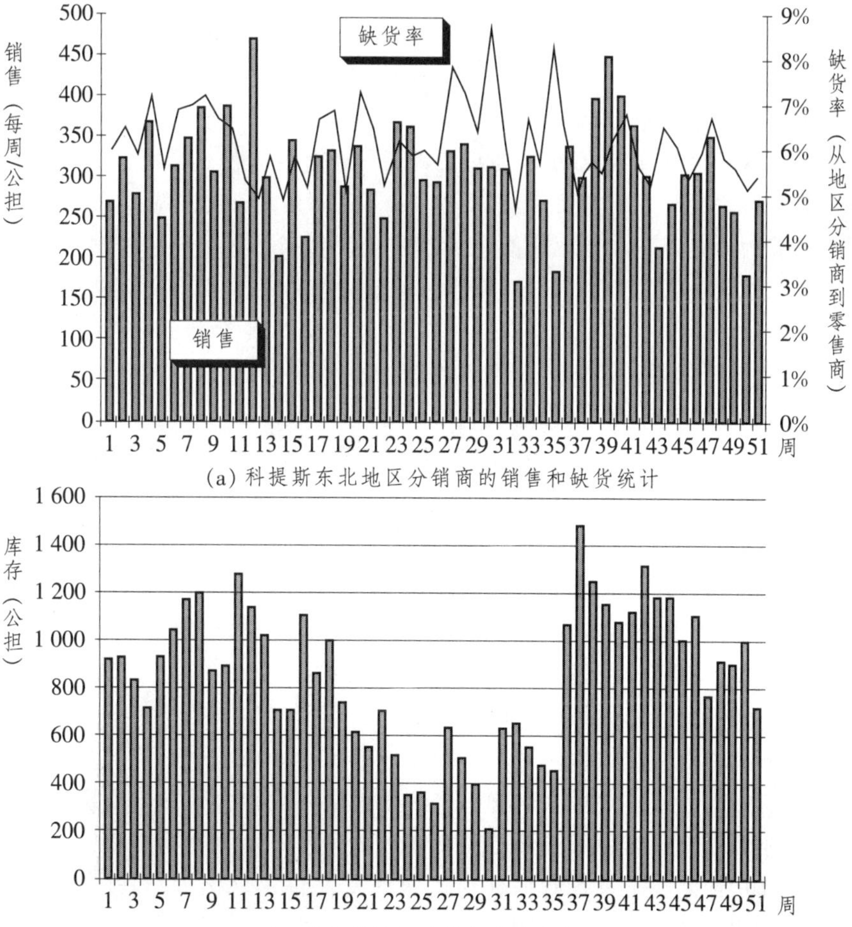

图 10—4　1989 年科提斯东北地区分销商的销售、缺货和库存水平统计

前一天从其仓库向零售商运送巴里勒的什么产品以及每种产品目前库存水平的资料。然后我们就可以检查所有的数据并根据我们的预测做出库存补充决策。这跟使用零售商的销售终端数据相似，我们只比零售商晚一步对实时信息做出反应。在目前意大利大多数杂货店还未安装条形码扫描仪和实现计算机联网的条件下，这是最有效的解决方案”。

尽管从理论上分析，准时分销有一系列优点，但其推行并非一帆风顺。阻力既来自公司内部，也来自公司外部。一些销售代表觉得一旦JITD付诸实施，他们的作用就会逐渐消亡。一些分销商也担心，一旦库存控制职能被巴里勒接管，他们在分销渠道中的地位就会从根本上被削弱。大量的说服工作和选择试点分销商的工作一直持续到马吉利接任物流主任。但公司试行JITD的决心始终没有动摇。

1990年9月，巴里勒终于在佛罗伦萨仓库进行了首次JITD试验。利用一台个人计算机来储存必要的数据并进行计算。在该计划实施的第一个月内，佛罗伦萨仓库的库存从10.1天下降到了3.6天，而其对零售商店的服务水平则从98.8%上升到99.8%。接下来在米兰仓库进行的类似的试验取得了同样的显著效果。

1990年末，巴里勒的物流经理开始把他们实施JITD的重心转向大型组织分销商科提斯。在与科提斯管理层举行了多次会议和充分的讨论后，试验选择在科提斯的马切斯（Marchese）地区分销中心进行。在最初的6个月中，巴里勒的物流部门只要求马切斯分销中心每天向他们发送其运输数据。那段时间两家公司的计算机还没有通过电子数据交换EDI连接起来，还是通过传真发送信息。到6个月快要结束时，两家公司的计算机建立了EDI连接，JITD系统开始全面运转。实施的效果是相当显著的，甚至比在巴里勒自己的佛罗伦萨和米兰地区仓库中进行的试验效果还要明显。在实施JITD前，马切斯对于其零售客户的服务水平大约等于行业的平均水平，即缺货率通常在2%～5%的范围内，偶尔甚至高达10%～13%。在实施JITD后的5个月中，缺货率降到几乎可以忽略不计，通常低于0.25%，从未超过1%。科提斯的管理层对此非常满意，他们感到服务水平的提高增加了零售商对科提斯的忠诚度。在那段时间里，马切斯的平均库存水平也下降了（见图10—5）。更令人惊异的是，在持续向科提斯提供优质服务的同时，巴里勒的运输模式也平稳了许多（见图10—6）。

到1993年末，巴里勒所有的JITD客户都与巴里勒总部实现了电子连接。客户通过标准的第三方EDI网络或通过调制解调器直接向巴里勒传递信息。参与JITD计划的每个分销中心每天向巴里勒总部传递如下信息：

1. 用来识别顾客的顾客代码。

2. 分销中心持有的每一种巴里勒存货单元的库存水平。

3. 前一天的售出数据（即前一天从分销中心运出的所有产品数据）。

4. 分销中心持有的每一种巴里勒存货单元前一天的缺货信息。

5. 客户计划在未来进行的任何促销的提前订单（例如，一份要求在四周后交货的80箱某种存货单元的订单）。

6. 优先交货的箱数。

到了20世纪90年代末，像JITD这样的准时分销策略被统一归在供应商管理

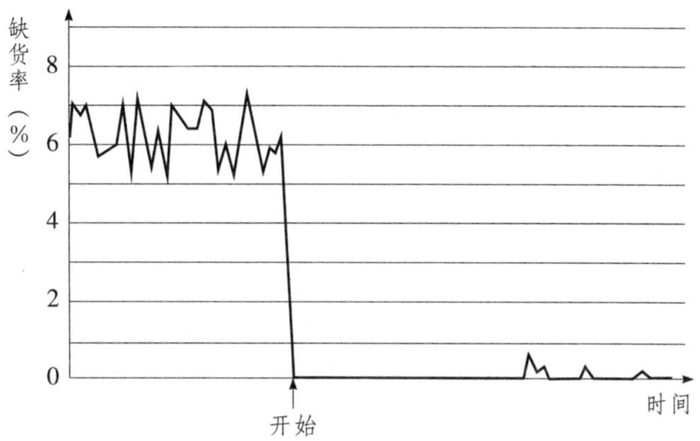

(a) 马切斯分销中心实施 JITD 前后的缺货情况对比

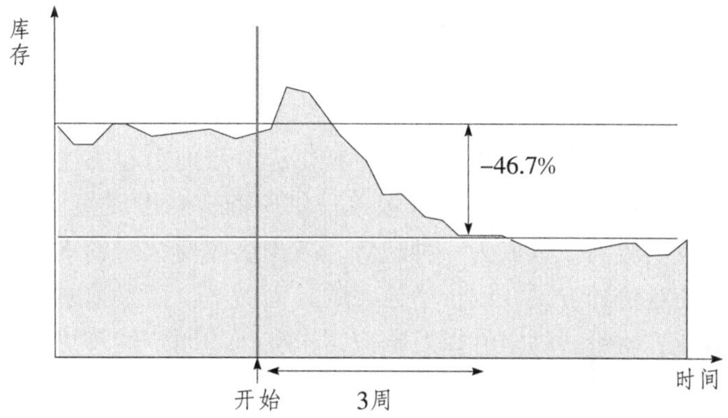

(b) 马切斯分销中心实施 JITD 前后的库存情况对比

图 10—5　实施 JITD 计划前后的缺货情况

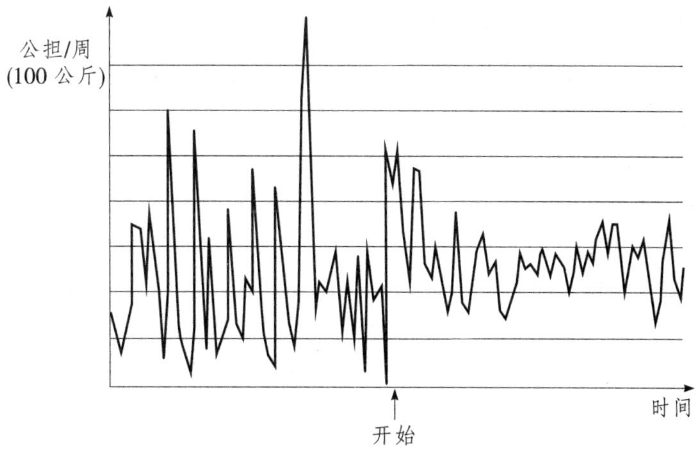

图 10—6　实施 JITD 后从巴里勒到马切斯分销中心的运输

库存（vendor management inventory，VMI）的供应链策略中。

第二节 供应链问题与管理技术

伴随着信息技术的进步和集成管理软件的应用，运营管理人员和研究人员关注的重点日益转向供应链。供应链问题通常都是系统层面的问题，这些问题虽然发生在某个局部，但其影响往往是系统性的，从而其改进的成本效益应当从系统角度进行评价。比如，零部件的标准化问题，仅从设计角度来看，它可能增加设计的难度和工作量，可能延长设计周期，但它对节省供应链的成本效果显著，所以必须从整个供应链角度权衡其成本效益。那么，从供应链角度看，有哪些典型的问题和需要权衡的矛盾呢？

一、供应链问题

在采购领域，以下的问题特别值得在供应链层面引起关注。

（1）减少供应商数量和避免依赖单一供应商。自准时生产方式（JIT）开始流行以来，减少供应商数量成为一种趋势。减少供应商数量的本质是摈弃过去那种通过多个供应商竞价的方式获取价格效益的片面做法，而是追求长期合作关系带来的供货的可靠性、质量的稳定性以及响应需求变化的同步性等更大的整体效益。但供应商数量应当减少到什么程度？可不可以依赖单一供应商？日本许多大企业是实行依赖单一供应商政策的，作为交换条件，他们要求供应商也必须成为唯一供应商，不得向其他供应商供货。这样，大企业将自己的零部件工艺全部转给供应商，供应商则需按所服务企业的要求建立专业化生产系统，相互间形成你离不开我、我也离不开你的伙伴关系。对于中国企业来说，由于规模尚小，产业的支配力低，如果简单地照搬单一供应商的政策，无论采购成本还是供应紧缺时断货的风险都很大，需要认真权衡利弊。

（2）自制还是购买。自制还是购买其实是生产管理的老问题，为什么会成为供应链管理的基本问题之一呢？原因在于，它已经超越了仅仅出于成本考虑的层面，而成为培育何种竞争优势以及建立何种核心竞争力的战略决策。仅从成本角度判断自制还是购买，存在一种陷阱。当我们决定一种或一类零部件由自制改为从外部购买时，由此腾出的生产能力必须能够用在其他的价值创造领域，为企业带来更大的效益，否则就会进入一种成本导向的恶性循环——因为自制成本高就转向购买，但空闲出来的设备和人力的固定成本却不能转移，结果导致在制的零部件成本更高，难道再将它们转为从外部购买？所以，在供应链层面上要决策的自制还是购买问题应当是从建立何种竞争优势角度去规划。

（3）存货所有权。存货所有权是供应链管理的基本问题之一。在采购环节自己拥有存货的优点在于，保障关键原材料或零部件的供应，防止缺货造成生产中断，在供应紧张的时期，存货所有权甚至是一种供应链的支配权；在分销环节自己拥有存货的优点在于：控制渠道库存水平，防止缺货或库存积压。但自己拥有存货，也就不得不承担占用资金的成本和库存跌价的风险，尤其在价格和技术变化迅速的产业，自己拥有存货的风险是很大的。因此存货所有权归谁，是自己还是供应商？这项权衡和决策不仅影响企业的成本和效益，而且决定了企业供应链的运营模式，影响企业在产业供应链中的地位，是一个必须慎重决策的问题。

（4）供应的不确定性。交货期的不确定性、质量的不确定性、运输的不确定性等各种供应的不确定性，是对采购管理乃至整个供应链管理最大的挑战。传统的供应链管理采用库存来缓冲供应的不确定性影响，但库存既增加了管理的成本，也加大了存货跌价的风险。现代供应链管理的方向是用信息逐步取代库存。怎样通过把信息采集伸向不确定性发生的源头以减小不确定性的程度，以及怎样在供应链战略伙伴之间有效地共享信息，是一个讨论得较多的问题。

随着供应链管理的深入，产品设计对供应链管理的影响日益引起人们关注，以下的问题对整个供应链效益影响较大。

（1）标准化和模块化。采购、制造、库存、分销、零售管理以及新产品导入过程的复杂性很大程度上是随零部件品目数量的增加而增长的。而随着管理复杂性的增长，供应链的管理成本和响应时间也会相应地增加和延长。为每一个零件品目设立安全库存会使总的库存量大大增加，而发生结构性缺货的可能性反而更大；品种繁多和结构复杂的产品所需的制造周期会更长，因缺件导致交货延误的可能性更大；此外，维修结构复杂的产品对维修人员的技能要求也更高，且售后服务备件库存的品种和数量也更多。这些问题只有从源头上采取措施，也就是从设计阶段就严格管理零件的标准化和模块化，才可能得到根本的解决。提高零部件的标准化或器件复用率，不但可以降低供应链运营成本，缩短运营周期，还可以提高产品质量和可靠性，故成为供应链管理的一个关注重点。

（2）可制造性、可测试性和可服务性。从市场竞争的角度来看，新产品的三个最重要的要素是质量、成本和上市时间。质量意味着始终如一和高度可靠，新产品的质量主要依赖于设计。生产成本主要取决于原材料和设计的可制造性（manufacturability），所谓可制造性，即通过减少零件数量和简化加工工艺以尽量降低制造的难度。每增加一个零件，就意味着发生制造和装配差错的概率的增加。可测试性（testability）是要求产品在尽可能短的时间里完成必要的测试，一个设计方案的可测试性是用测试点所覆盖的功能的百分比来表示的，但百分之百的覆盖率通常是不可能达到的。可测试性还包含着松耦合设计的概念，根据这个概念，模块可以单独进行有效测试，检查模块的集成也只需做几个测试就可以了。而在紧耦合设计中，有许多交互作用必须测试，且不能采用分层测试的方法。由于紧耦合设计可能需要通过更多的组合和途径来进行测试，从而使得综合测试极为耗时。可服务性（serviceability）是指在设计时就考虑到将来产品上市后如何服务和维护。对于低成本产品，可服务性可以被简化为权衡维修的成本和全部更换的成本；而对于大型和昂贵的产品，可服务性就成为重要的设计课题，客户当然希望一旦产品发生问题能够及时得到维修，尽快恢复运转。

对可制造性、可测试性和可服务性的日益苛刻的要求使得可制造性设计（design for manufacturability，DFM）、可测试性设计（design for testability，DFT）和可服务性设计（design for serviceability）应运而生，成为供应链管理的新领域。

制造领域是供应链管理的传统领域，也是被研究得最多的领域，但仍有一些问题继续受到供应链管理的关注。

（3）销售与运营的协调机制。企业的生产和运营应该是以市场为导向的，这是确定无疑的。但片面将市场导向理解为“以销定产”、把制造系统看作一个无限能力系统、认为只要能够签下顾客订单就一定能够生产出来，则可能给企业的生产和运营带来一场灾难。订单“拉动”和库存“推动”是企业满足顾客需求的两种基本方式，虽然总的趋势是“拉动”日益成为供应链运作的主流，但“推动”的机制至少在一些产业中是不可或缺的。例如对于消费电子产业和日用消费品产业，严格地按订单生产在许多情况下是不现实的，因为消费者很少会耐心等待一个包括完整的生产和物流过程的交货期。像戴尔电脑公司那样能够把交货期做到 7 天，从而允许顾客在互联网上直接下单定制的企业毕竟是少数，且基本上限于 PC 产业。绝大多数网上购物都是以库存来满足的。所以，如何实现“推动”与“拉动”的结合就成为困扰大多数企业销售与运营计划（S&OP）人员的难题。问题在于，由于采购和制造提前期大大超过顾客要求的交货期，故即便是实行按订单生产的企业，也不得不按预测采购原材料和制造半成品，然后才可能按订单制造或装配成品。预测是基于可能的需求，订单是来自实际的需求，二者发生数量和结构性差异是不可避免的。这也是可承诺能力 ATP 管理变得非常重要的原因。

（4）批量—品种权衡问题。企业的制造管理人员都希望加大生产批量以期获得稳定的生产秩序、稳定的质量和较低的生产成本，但顾客需求在向多品种、小批量、定制化方向演变，这使得品种的增加成为一种必然的趋势。在制造领域应对这一挑战的办法是，缩短作业转换时间，从而减小加工批量，提高制造系统的柔性。供应链管理解决此问题不限于仅从制造系统采取措施，像前面提到的通过在设计阶段提高零部件的标准化程度，将产品的品种变化尽量推迟到产品物料清单和制造流程的最后环节等，逐渐成为广泛采用的措施。此外，如何加强需求管理，影响顾客的选择过程，也是值得研究的问题。

在分销领域，供应链管理继续面临着一些固有的问题。

（1）仓库与分销中心布局。供应链的拓扑结构以分销系统的仓库、分销中心和零售店布局最为典型。仓库和分销中心布局影响渠道的库存水平、服务水平、运输成本以及对最终顾客的响应速度，因此历来受到重视。

（2）品种—库存权衡问题。增加品种有利于提高销售额，但增加品种也会导致每一种品种的平均需求量减少，难以准确预测；为每个品种设立安全库存将使得总体的安全库存数量增大，积压和跌价的风险加大。增加品种和控制库存二者的权衡促使供应链管理深入到品目级。

（3）成本—顾客服务权衡问题。所有的上述权衡问题都是成本—顾客服务权衡问题的特例。我们把顾客服务定义为零售商能够用库存来满足顾客需求的能力。供应链的效益最终是通过更及时、更恰当、更好地满足顾客需求实现的。减小批量、增加品种、缩短提前期和增加库存都有利于提高顾客服务水平，从而带来销售的增长。但减小批量有成本，增加品种有成本，增加库存和缩短提前期更要增加成本。那么减少品种、减少库存呢？也有成本，是机会成本。供应链管理追求的目标是在确保服务水平不降低甚至有所提高的前提下降低供应链的成本。这个看似冲突的目标不可能通过局部的改善来解决，而要靠供应链的集成来解决。

在营销领域，一些问题日益引起供应链管理者的关注，如品目管理。这里同样适用 20/80 准则，即 20%左右的商品创造了 80%左右的销售额和利润。关键在于必须清楚地知道在每个时间段上，比如每周甚至每天，是哪些品目畅销、哪些品目滞销，从而决定最佳的品目组合是什么。这种管理方式称为品目级管理（item level management）。销售终端信息采集系统（point-of-sales，POS）将大量的品目级销售数据和顾客信息存入企业的数据库，分析人员借助分析软件从中发现商品品目的销量分布及流向的变化信息，据此调整商店的品目组合，使单位销售面积的销售额达到最大，使库存和资金周转得更快。其实品目管理对于任何私人开设的小型杂货店来说都是关注的重点，可以说，这些小型杂货店就是靠这种精细的管理生存下来的。只不过对于大型百货商店或连锁超市，由于品目数量巨大，一般都在万种以上，使得对品目的精细管理变得非常复杂，超过了手工管理能够驾驭的程度。信息技术的应用正在帮助人们改变这种状况。

二、供应链管理原则

著名的会计与管理咨询公司普华永道公司提出的供应链管理的 10 条法则①，很好地概述了供应链管理的主要目标和方法：

- 供应链的主要目标是以最低的总成本提供所需要的服务水准，从而使客户、供应商及企业自身价值最大化。
- 供应商与客户双方的成本与服务最优化应贯穿于集成供应链的始终。
- 供应链中相当一部分的成本与不增加价值的活动有关，必须深刻理解产生的根源并消除之。
- 防止由于对供应链问题采用过分复杂的管理解决方案而增加的成本。
- 需求信息及服务要求应自下而上地分享，尽量不被歪曲。
- 供应与需求同步对服务成本目标至关重要——反映在中期目标上，产能要与市场计划同步；反映在短期目标上，供应链活动要在终端消费者需求基础上展开。
- 灵活可靠的运作是供应链同步的关键。
- 与供应商集成。
- 战略性地管理供应链的产能：在产品出现重大更改之前，企业会削减对现有需求的供给，这时应立即将产能约束的临界值传递至供应链的下游。
- 新产品的开发和新产品的导入流程对供应链的绩效至关重要。

上述原则的本质是要回答一个基本问题：在供应链中价值是怎么创造出来的？遵循上述法则，实践中涌现出多种有效的供应链管理技术（见图 10—7）。

---

① Price Waterhouse Coopers (Ed.), Information and technology in the supply chain. Making technology pay. London: Euromoney Publications, 1999, p. 46.

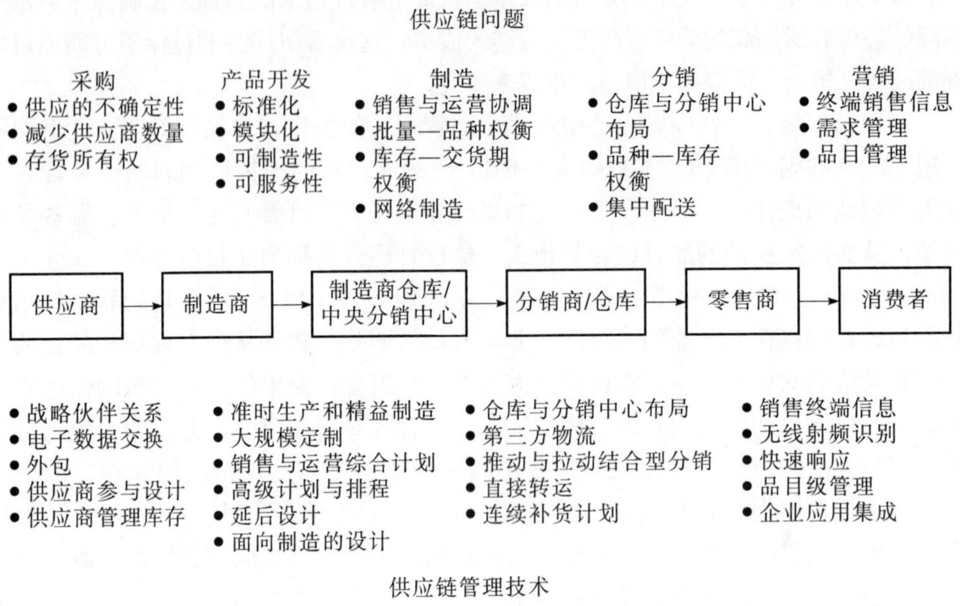

图 10—7　供应链问题与管理技术

三、供应链管理技术

除了我们已经在前面讨论过的管理技术，像准时生产方式，大规模定制，销售与运营综合计划、连续补货计划等，以及已经普遍应用的如电子数据交换、销售终端信息采集、条形码等，下述管理技术正在或将会深刻改变供应链的面貌。

1. 外包

所谓外包（outsourcing），就是将原来由企业从事的运营活动以长期合同的方式转包给外部供应商来完成。外包超出了通常的采购和在产能不足时的外购活动范围，它不只是将某种运营活动转移给外部供应商，而且连同相应的资源，包括设备、人员、技术和相关资产，全部转移给外部供应商，企业不再保留相应的功能。比如，多数企业不再保留运输部门，将物流功能全部外包；许多企业不再制造产品，而将制造功能全部外包。近年来，甚至信息系统也开始作为外包的对象，有些企业不再购置计算机硬件设备、不再购置大型管理软件、不再维持庞大的信息管理部门，而是向外部的专业公司购买信息服务，从而免去软硬件升级的烦恼和昂贵开支。

表 10—1 给出了外包的一些主要动机。① 对外包动机的基本解释是：企业通过外包方式利用外部供应商的专业化优势，而将自己的精力和资源专注于自己擅长的领域，促进价值的增值与核心能力的提升。

① Chase，Richard B. and Nicholas J. Aquilano and F. Robert Jacobs，Operations Management for Competitive Advantage，9th ed.，McGraw-Hill Companies，Inc.，2001. 北京，机械工业出版社（影印），340 页。

表 10—1　外包的原因和利益

组织驱动原因
● 通过聚焦于自己擅长的领域而提高组织的绩效
● 提高适应商业条件变化、顾客需求变化以及技术变化的柔性
● 增加产品和服务的价值、提高顾客满意度和增加股东价值
效率改进驱动原因
● 提高质量和生产率，缩短生产周期，提高运营绩效
● 获取自身不具备的专业技能和技术
● 规避风险
● 通过与世界级供应商结缘提升自身的形象和信誉
财务驱动原因
● 节省资产投资同时腾出原来占用的资源用于其他目的
● 通过将资产转移给供应商而收回现金
收入驱动原因
● 通过供应商的网络获得进入新市场和新事业的机会
● 借助供应商开发的能力、过程和系统快速扩大销售和产能
● 为现有技能开发新的商业用途
成本驱动原因
● 通过供应商的低成本结构和高生产率降低成本
● 将固定成本转化为可变成本
员工驱动原因
● 为员工提供更专业化的事业路径
● 提高非核心领域员工的承诺和活力

2. 第三方物流

第三方物流（third-party logistics，3PL）就是利用一家外部的专业物流公司完成企业全部或部分的物流管理和产品配送职能。第三方物流协定是一种长期合作承诺，通常是提供全方位的物流管理和过程管理。

引入第三方物流的原因和利益类似于外包，其根本目的是利用专业物流公司的高效率和低成本。同时，由于专业物流公司都有自己的全国网络甚至世界网络，这使得利用第三方物流的公司很容易获得地理分布上的广覆盖、仓储服务的灵活性以及顾客服务的快速响应。另一方面，利用第三方物流的公司可以聚焦于自己的核心能力，做自己擅长的事。由于专业物流公司不断更新自己的信息技术和储运设备以巩固和提高自己的竞争地位，这也使利用第三方物流的公司能够不断享受到物流管理和技术进步的好处。

例如，索尼克爱尔（SonicAir）是美国联合邮包服务公司（UPS）的一个部门，它专门提供价格昂贵、使用频率低但影响巨大的关键零配件的配送服务。索尼克爱尔在美国全国有 67 个仓库，使用特殊的软件来决定每一个仓库中每一个零部件的恰当库存水平，以及当订单下达时决定配送该零部件的最佳方式，同时借助 UPS 公司的快递平台在最短的时间里将零部件送达顾客手中。这一服务大大节省了顾客在每一服务场所存放的关键零部件数量，这些零部件有的成本高达几十万美元。同时，对索尼克爱尔来说，这项业务的利润很高，因为顾客愿意为这种服务水平付出更高的报酬。

通常选择第三方物流提供商需要考虑下述因素。首先是搞清自己的成本。实践表明，传统的、根据工时或业务量分摊成本的会计方法往往会扭曲企业的物流成本，正确的方法是采用作业成本法（activity-based costing，ABC）根据实际发生的物流活动来估计企业自身的物流成本。其次是考察第三方物流提供商的客户化能力，即第三方物流提供商理解企业的要求并使其服务适应企业特殊需要的能力以及评估第三方物流服务的可靠性。再次是评估第三方物流提供商的专业化程度。比如，需要考察第三方物流提供商所根植的领域与公司的物流需求是否相符。有些物流提供商起源于零担运输公司，有些起源于仓储公司，有些起源于小型包裹快递公司，不同的起源往往决定了第三方物流公司所擅长的领域。最后，要注意自拥资产与非自拥资产的第三方物流提供商的服务能力差异。自拥资产的第三方物流公司专业能力强，但在提供全方位物流服务上容易受到自拥资产的局限；而对非自拥资产的第三方物流公司，一定要仔细评估它的信誉和能力。

3. 供应商管理库存

顾名思义，供应商管理库存（vendor managed inventory，VMI）是由供应商来承担管理客户库存水平的责任及确保实现客户的特定目标，如及时供货，提高库存周转率等，这是近年来才开始流行的一种做法。吸引供应商承担特定客户的仓库管理功能的诱因包括：与客户形成紧密的伙伴关系，成为重要客户的独家供应商，及早从客户那里得到需求变化的信息以便做出快速响应，联合供应商与客户的库存有助于从整体上降低供应链的库存水平。从客户角度来看，把库存交给供应商管理可以节省库存占用的资金、仓库、管理人员和支出的费用，并且有利于吸收外部供应商介入公司内部的供应链管理，提高供应链管理的效率。有的企业还将供应商的代表吸收进新产品开发团队以改善关键零部件的可获得性，甚至让供应商参与开发新产品的某些模块。

供应商管理库存的应用要求在供应商与客户之间有很好的信息沟通，供应商应当可以了解最新的需求数据和销售预测数据，可以及早地获得生产计划的信息，可以授权进入客户的信息系统查询所需的信息。否则，如果客户未能及时提供销售预测数据或计划信息，供应商就不得不对客户的需求进行预测，这会降低计划和供货的可靠性。

尽管拥有上述优点，但也有人对 VMI 持批评意见。[①] 反对的观点认为：没有公司能比客户更能管好他们的库存；天下没有免费的午餐，供应商管理客户库存，有可能导致客户的产品成本上涨；VMI 往往只对简单的系统比较有效，或者对少数需求量大的关键品种比较有效，一般不适用于多品种小批量的情况；此外，当出现多个供应商各自管理客户一部分库存的情况，沟通的困难将会增加；绝大多数供应商只能为某些主要客户管理库存，只有极少数供应商能够为所有客户管理库存。显然，应因地制宜和在互利的条件下推进供应商管理库存。

4. 延后策略

延后策略（postponement strategy）正在被日益普遍地作为在满足客户个性化定制需求的同时提高供应链响应速度的重要策略。人们分析产品结构层次中的订单

---

① 参见［瑞士］格哈特·克诺尔迈尔等：《供应链管理与 SAP 系统实现》，76 页。

切入点，也就是产品结构中与客户需求相关、体现了不同客户在产品需求上的差异的那一点。对于处于订单切入点以下的 BOM 半成品，采用备货生产的方式组织生产，将产出的半成品储存在仓库里待用。这是因为订单切入点以前的零部件和生产步骤都是通用的，可以采取提前备货的方式生产。然后，在接到客户订单后，人们再按照客户的特殊需求装配出最终产品。其实，延后策略的这种做法早就应用于按订单装配的生产方式中了，只不过人们现在从设计阶段就有意识地引入延后设计的思想，提高产品设计的标准化和模块化程度，将差异化尽可能延后到产品的最后装配阶段。这样，通过对产品结构和生产工艺的重组，使产品结构中的订单切入点尽量处于接近最终装配阶段的一个特定的位置，于是就可以提前进行半成品的备货生产，缩短成品的交货期，同时又兼顾了最终成品生产的客户差异性。

5. 无线射频识别

RFID 是英文“radio frequency identification”的缩写，中文名称为（无线）射频识别，是非接触式自动识别技术的一种。这项技术诞生于第二次世界大战期间，主要用来识别己方的飞机。最简单的 RFID 系统由标签（tag）、解读器（reader）和天线（antenna）三部分组成——在实际应用中还需要其他的硬件和软件的支持。其工作原理并不复杂：标签进入磁场后，接受解读器发出的射频信号，凭借感应电流所获得的能量发送出存储在芯片中的产品信息——此种方式称为无源标签或被动标签（passive tag），或者主动发送某一频率的信号——此种方式称为有源标签或主动标签（active tag）；解读器读取信息并解码后送至中央信息系统进行有关数据处理。

与传统条形码相比，RFID 具有一些非常明显的优点：（1）读取方便快捷。数据的读取无需光源，甚至可以透过外包装来进行；有效识别距离更大，采用自带电池的主动标签时，有效识别距离可达到 30 米以上。（2）识别速度快。标签一进入磁场，解读器就可以即时读取其中的信息，而且能够同时处理多个标签，实现批量识别。（3）数据容量大。数据容量最大的二维条形码（PDF417），最多也只能存储 2 725 个数字；若包含字母，存储量则会更少。而 RFID 标签则可以根据用户的需要扩充至数十 K。

目前，RFID 在国外已经渗透到了商业、工业、运输业、物流管理，以及医疗保险、金融和教学等众多领域。例如，在荷兰的鲜花市场上，每天有 3.7 万笔交易要处理，通过对 10 万个花篮贴上 RFID 电子标签，大大提高了处理速度，使订购准确率提高到 99%。不过分析家认为，虽然 RFID 在制造、医疗甚至荷兰花市都得到了一些应用，但是在相当长的一段时间内，RFID 最大的市场仍在零售供应链。RFID 将从根本上改变零售供应链的运营模式，就像 20 世纪 80 年代初条形码所扮演的角色。目前美国的大型连锁超市企业都在推进自己的 RFID 项目，其中推行力度最大的当数沃尔玛公司，该公司计划在今后几年里投入 30 亿美元的预算去推广 RFID。我们通过一个案例来讨论沃尔玛的这项战略决策。

[例 10—2]

沃尔玛在推行 RFID 上又先人一步

2005 年 1 月 1 日，是世界零售巨头沃尔玛要求它的前 100 名供应商在向得克萨斯州的三大物流配送中心派送产品时，在外包装盒和托盘上标明使用 RFID 芯片的最后期限。虽然在 2003 年 6 月沃尔玛的首席信息官（CIO）琳达·迪尔曼（Linda Dillman）宣布这一消息时，外界普遍认为这是沃尔玛“在沙子上画的框框”。但根据美国一家专门从事战略咨询的公司 Incucomm 的调查结果，沃尔玛的 100 家供应商中只有大约 4～5 家公司敢于无视沃尔玛的命令，同时还有 37 家公司自愿在自己发往得州配送中心的包装盒和托盘上使用 RIFID。

由于解除了空间的制约并大幅提高了效率，RFID 目前被认为是继手机之后最有可能获得广泛应用的无线技术。分析家认为，虽然 RFID 在制造、医疗甚至荷兰花市都得到了一些应用，但是在相当长的一段时间内，RFID 最大的市场仍在零售供应链。目前美国的大型连锁超市企业 BestBuy 和塔吉特（Target）以及英国最大的连锁超市企业特易购（Tesco）都在推进自己的 RFID 项目。不过这些企业的推行力度都远远小于沃尔玛。据 IDC 的统计，2004 年美国零售商和它们的供应商在 RFID 商的投资大约为 9 000 万美元，而沃尔玛则放出话来说，要在今后几年里投入 30 亿美元的预算去推广 RFID。这不由得让人想起 20 世纪 80 年代初，沃尔玛大力推广商品条码和电子扫描仪实现存货自动控制的故事。正是这一举动使得当年的沃尔玛一举冲出重围，拉开了与同行的距离。

毫无疑问，沃尔玛希望 RFID 再次扮演 20 多年前条码的角色。

沃尔玛每年从前 100 名供应商那里接收到大约 10 亿个外包装箱，RFID 技术的使用将使得沃尔玛有可能跟踪每个包装箱的行踪，自动对库存进行管理。随着这一进程的不断细化，这个零售巨人的运营效率将进一步提高，以至于美国的一些分析机构伤心地做出预测，到 2007 年，由于 RFID 的普及，在美国与条形码扫描仪相关的领域将有 400 万人失去工作。

而更加致命的问题在于，由于 RFID 芯片的自动处理和大量存储特性，使沃尔玛不仅可以追踪存货，更可以实时了解顾客消费何种产品和金额，以便提供更加有针对性的高附加值服务，从而从根本上颠覆现在的商业和营销模式。试想，当有一天你穿着耐克鞋走过街头的电视广告牌时，原先播放的可口可乐广告一下子切换成阿尔卑斯山，还有画外音对你说：“去这么美的地方，还是穿耐克鞋好。”那时你的感受会是什么？当 RFID 芯片的价格“会比一粒米还便宜”时，几乎每件商品上都会附加 RFID 芯片，那时的生意该如何做？

虽然 RFID 有如此玄妙的前景，但大多数企业对此的对策都是“看看再说”。在沃尔玛的首批装备 RFID 的 137 家供应商中，它们在 RFID 项目上所花费的资金平均下来只有 50 万美元，远远低于曾被外界广泛引用的预计——100 万美元到 5 亿美元；而且有大约 24%的供应商选择了“即拍即发”（slap-and-ship）的方式，就是雇人把写好内容的 RFID 芯片拍在包装箱或者托盘上，然后直接发给沃尔玛，很少或者根本没有与自己的 IT 系统集成。

这种紧缩预算或者“糊弄了事”的策略，是因为对 RFID 不利的信息同样也很多。例如，大多数人认为限制 RFID 发展的主要瓶颈是 RFID 芯片的价格。目前 RFID 芯片的价格在 30 美分左右，一般认为 7 美分是一个合适的价格。还有人指出，最近实施的 RFID 试验项目有 50%都失败了（这听起来像是任何一种带来重大变革的 IT 技术，如ERP，在初期经历的过程)。再有就是美国和日本关于RFID的标准之争还没有结果。目前针对RFID在物流的应用存在两种编码体系：一是由日本泛在ID中心提出的UID编码体系，支持这一阵营的有日本电子厂商、信息企业和印刷公司等，总计已达352家。另一阵营是由美国的“EPC（电子产品代码）环球协会”提出的EPC电子产品编码标准。沃尔玛、特易购等100多家美国和欧洲的流通企业都是EPC的成员，同时由美国IBM公司、微软、Auto-ID Lab等提供技术研发支持。

对于这种情况，心理学家指出这是一个非常普遍的现象：“人类对自身实现预言的能力往往很有信心，却对完成短期目标的能力常常信心不足。”著名的埃森哲咨询公司对澳大利亚、中国、日本及韩国的100名行政主管提问的结果表明，45%的被调查者预计，对无线射频识别技术的投资会带来高回报，但“51%的被调查者表示他们计划在2007年或稍后推出无线射频识别技术项目”。

但到了2007年，更有可能的发生事情是，那些现在就投入力量去尝试的公司已经开始享受新技术为自己带来的竞争优势，毕竟RFID不同于一般的技术，如何利用这种颠覆性的技术需要相当长一段时间去学习，这种先发优势可能会让后来者付出成倍的代价去追赶。因此，企业可以根据自己的情况制定部署RFID的时间表，但绝不能因此而放松对它的关注。

2004年6月，琳达·迪尔曼又在沃尔玛的总部本顿维尔向参会的300名供应商宣布了新的RFID部署路线图——2005年6月，在6个配送中心使用RFID技术，这6个配送中心可以为250个沃尔玛超市或者山姆会员店服务（现在3个配送中心大约可以为100个门店服务）；到2006年10月，这个数字将达到13个配送中心和超过600家店面。2006年1月，沃尔玛的前200名供应商都将在外包装盒和托盘上使用RFID芯片，这大约是沃尔玛整个RFID路线图的20%。沃尔玛这种咄咄逼人的架势，或许可以改变一些人的观望态度。

问题讨论

1. 你对沃尔玛通过在零售供应链中对先进的IT系统进行大胆的风险投入以期与竞争对手拉开差距的策略怎么看？在同质化竞争日益激烈的零售供应链中，舍此如何获得竞争优势？

2. 在采用先进的信息技术上，是在商业应用还不成熟阶段就冒险介入，先人一步好，还是在商业应用基本成熟时大规模投入，后发制人好？请用实例说明你的观点。

3. 信息化能否使我国企业实现跨越式发展？还是只是缩短通过前人发展阶段的时间？

资料来源：刘湘明：《RFID霸王硬上弓》，载《IT经理世界》，2005（2），总第164期，49～51页。本书在引用时作了适当删节。

第三节 集成供应链

我们从上面的讨论中可以看到，供应链实际上是由多个利益主体共同参与的一条产业价值链。供应链中各个阶段上利益主体的目标，如果仅从其自身角度来看，是相互冲突的。原料和零部件供应商希望需求在数量上是稳定的，在品种组合上不要有太多的变化，交货期不要过于紧迫和严格，这样，他们可以获得规模经济性和范围经济性。制造商同样有自己的利益诉求，他们希望需求是可以预测的，顾客定制的要求不要太个性化，供应商能够在确保完美的质量下准时地供货，这样，制造商就可以最大限度地利用生产能力，减少作业转换时间，尽量以恒定的生产率进行生产，从而大幅度提高生产效率和降低生产成本。仓储、分销商和专业物流公司也有自己的要求，它们希望减少商品的品种，加大运输的批量，通过快速补货降低渠道库存总水平，尽量享受有利的数量折扣和降低运输成本。最后，零售商则希望增加产品品种，通过琳琅满目的商品刺激顾客的购买欲望和吸引他们多次光顾，通过准时配送及时补货，以尽可能降低缺货率和节省仓库面积、增加销售面积。

在过去，为了满足这些冲突目标中的某个目标常常不得不牺牲其他的目标。比如，要满足顾客定制化的要求，就得增加零部件品种，这就不得不牺牲零部件供应商的规模经济性。要减少零售商的缺货率，就要增加分销商的库存，而分销商为了分散库存的风险和提高库存的周转率，就会尽量把库存推给上游的制造商。最终谁能够在供应链中尽量转移风险和成本，谁不得不承担更大的风险和成本，取决于供应链中各利益主体的相对规模和支配力。所以，传统的供应链管理实质上是一场争夺支配权的竞争，是一种总有一方必须在利弊权衡中做出牺牲的零和博弈。

今天，人们终于能够借助 IT 手段获取大量信息来集成管理整个供应链，使其能够趋向于总体的利益最大化，成本最小化，从而使各个利益主体都能够从中受益。传统的供应链中需要权衡的冲突目标通过供应链各阶段的集成找到了新的解决途径。可以这样认为，供应链的优势在于集成。所谓集成（integration），即通过改变联系方式和结构促进相互作用和相互强化，以产生整体大于部分之和的协同效应。供应链中这么多参与的利益主体，这么多的信息来源，这么多的 IT 手段和信息系统，这么多传统的和先进的管理技术，只有实现有效的集成，才能产生整体大于部分之和的效果。

供应链的集成关键是计划的集成和应用的集成。在计划集成方面的最新进展是高级计划与排程（advanced planning and scheduling，APS）系统与 ERP 的结合；而解决应用集成的关键是接口问题，这方面的最新进展是企业应用集成（enterprise application integration，EAI），包括表示集成、数据集成和功能集成。对企业应用集成的深入讨论超出了本书的范围，我们还是先从讨论供应链管理模式入手。

一、供应链管理模式与接口问题

供应链管理的概念与不同的组织层面有关，从而形成三种典型的供应链管理模式。①

1. 企业内部各分厂或集团公司内各子公司之间的供应链管理

在企业内部的供应链管理中，分散式企业的物流组织值得特别注意，因为从集团角度来说，许多信息，如存货状况等，只能在本地获得，这样将导致只能根据局部的信息和目标制定决策，这样的决策从整体角度来看通常不是最合理的。特别当存货信息无法实时交换时，就不能在分厂或子公司之间相互使用和调度库存，其结果必然导致一方面总体库存水平上升，另一方面又始终存在局部缺货的现象。对产能和关键资源的管理也会存在类似的问题。所以，有些公司虽然数据仍然采用物理的、分散的存储方式，但开始尝试在数据模式的逻辑层上集中这些信息，以加强统一计划和决策的功能。

2. 产业价值链位置相邻的两个公司的供应链管理

供应链的协调可以建立在处于链中相邻位置的两个公司的双边协议上。这些公司通过内部信息系统支持各自的内部流程。通常，这些系统也可以一定程度上跨越公司范围进行交流。也就是说，有许多双边协议、行业标准和行业间标准可以用来交换订单数据或设计数据，主要的交换方式是通过电子数据交换 EDI 系统实现自动交换。自动交换数据的目的是为了避免重复输入，并且在双方公司或单位中可进一步处理相关数据。在这种类型的供应链中，我们不可低估交换复杂数据时可能产生的问题，特别是在非同类的信息系统之间交换复杂数据时所产生的问题。

今天，公司间数据交换的这种新概念的实现，主要在于为两个企业间提供一种信息系统接口，使得具有非同类信息系统的两个企业可以在供应链范围内进行广泛的合作。

3. 两个以上公司间的供应链管理

长远来说，在供应链多个层次上的合作和协调比双边的协议更具前景。既然如此，通常“塑造”或主导供应链的公司，会主动鼓励上游和下游的业务伙伴来实施一个完整的供应链管理概念。

与供应链相关的数据可以在企业信息仓库中收集，供应链中的所有公司都能获得（根据进入权限的不同）与之相关的信息。这样，至少在逻辑上，集中的“供应链信息仓库”大大减少了重复发生的信息流和物料流，如同我们在前面阐述过的在分销领域以信息取代库存的作用类似。供应链服务器成为供应链中各个公司的信息提供中心点。业务伙伴提供的数据也可以扩展到超出供应链的内容领域，例如商业服务信息、交易的中介信息以及互联网上的信息等。

供应链演变的大趋势是，企业内部的供应链功能日益通过外包的方式转移到外

---

① 参见［瑞士］格哈特·克诺尔迈尔等：《供应链管理与 SAP 系统实现》，22～24 页。

部专业公司身上，每个企业都更加专注于自己擅长的业务。这种合久必分、分久必合的大趋势反映了劳动分工法则在供应链发展的不同阶段上的作用。

劳动分工是社会和经济体系发展的一个普遍规律。但事实上，一方面，劳动分工可以更经济地完成个别任务；另一方面，劳动分工也导致作业之间、组织之间和系统之间的接口的增加，而组织和系统的接口妨碍企业内部和企业之间物流、信息流和现金流的顺畅流动，从而增加了组织内部不同功能之间、集团内不同子公司之间以及不同企业之间的协调成本。接口是引起效率降低和资源浪费的潜在因素。缺乏统一的接口往往会妨碍信息流，影响全盘计划，导致拖延，缺乏透明度并增加交易成本。

在许多企业中，部门的员工负责专门的应用程序维护，这些应用程序经常与其他几个应用程序或系统交换信息。比如，制造部门的 MRP Ⅱ系统需要从研发部门的 PDM 系统（产品数据管理系统）获取 BOM 数据，技术服务部门的工程管理系统要从销售部门的订单管理系统获取合同配置数据等。如果交换信息的两个系统是由不同的部门平行维护的，这些接口能否正常运行就成为必须关注的问题。

只具有个体功能的流程已经不再具有决定性作用，业务功能之间，特别是商务伙伴之间的接口，其合理化的要求已经潜在地成为决策的依据。近年来信息和通信技术的发展为更经济地跨越这个差距提供了可能。

由于充分认识到集成和接口在供应链管理及其软件支持中的重要性，1995 年，几家 ERP 软件供应商和其他一些公司成立了开放式应用合作小组（open applications group，http：//www. Openapplications. org/）。① 2001 年，这个组织有 85 个成员，包括 SAP、Oracle 和 PeopleSoft。它的使命是定义及推广采用统一的电子商务和应用软件互操作性的标准来减少客户方案实施的成本和时间。开发共同模式意味着终端用户从现存的应用程序转换到新的应用程序应该更简便、风险更小，并可以近乎“即插即用”。这个组织建议用一种共同的主干集成战略代替传统的点对点连接。2001 年发布的 OAGIS Release7. 1，通过增加供应链集成的功能和使用可扩展标记语言 XML（Extensible Markup Language，这是正在形成的信息通信标准）来加速组件集成及电子商务。集成方案包括以下框架：（1）制造和财务；（2）制造和订单管理；（3）制造和收账；（4）制造和发运；（5）制造和采购；（6）制造和人力资源；（7）销售自动化和订单管理；（8）销售自动化和装运；（9）销售自动化和采购；（10）客户服务和 ERP；（11）客户服务和财务；（12）财务和人力资源。

虽然主流的 ERP 软件提供商都宣称自己的系统具有开放式接口，但又都建议客户从一家供应商处购买供应链集成解决方案。采用单一供应商提供的信息系统的好处在于统一的系统架构、开放式的接口、较低的支持成本和平均工作台成本。因为在版本改变过程中有许多活动需要协调，既花费时间，又花费金钱。当然，过分依赖单一的信息系统供应商也有一定的风险。

对于绝大多数中国企业来说，由于缺乏信息化的经验和人才，以及缺少购买主

---

① 参见［瑞士］格哈特・克诺尔迈尔等：《供应链管理与 SAP 系统实现》，30 页。

流 ERP 软件提供商系列产品的财力，其供应链管理系统和企业管理信息系统普遍存在“七国八制”的现象。往往生产计划采用的 MRP Ⅱ 系统与研发部门采用的 PDM 系统来自不同的软件提供商，而客户关系管理系统或办公自动化系统等则来自其他的软件提供商。针对这种现状，有的管理咨询人员甚至主张，中国企业的供应链管理系统就应当采用这种“积木式”的策略。他们通过访谈一些在供应链管理方面成功应用信息技术的中国企业得出结论：“在这些企业中，ERP 越来越成为一个以财务为核心的管理基础。这些企业发现，通过在 ERP 系统上大量地定制和增加补丁来解决供应链问题，既不经济，也无法真正容纳企业个性化的经营智慧与供应链模式，反而成为全面信息化的掣肘。而当各个层面的业务能力发育为独立的业务系统并完成与 ERP 集成的时候，ERP 的触角才真正深入到了各个经营层面中，才恰恰体现了 ERP 的深入应用。”① 但是，问题就在于，这些独立发育的业务系统——通常被称为“烟囱式”（stovepipe）应用——如何与 ERP 实现集成？

未来，企业的供应链管理系统甚至企业的管理信息系统能否像现在的个人电脑那样出现一种“总线结构”，使得不同软件提供商的产品都具有标准的接口，“即插即用”？只要这种需求大量存在，这一天会到来的。

二、高级计划与排程

业界有时会将供应链管理系统（supply-chain management，SCM）区分为供应链计划（SCP）系统和供应链执行（SCE）系统。用于公司内和公司间计划的系统被认为是前者，而用于数据管理和交流的被认为是后者。供应链计划应当包括决策流程和分析工具、预测算法、数学规划方法和启发式算法、数据过滤工具和其他决策支持技术。这些方法的应用可以提供采购、生产和交付关于何物（what）、何时（when）、何地（where）以及何种数量（how many）的综合计划与管理信息。遗憾的是，ERP 尽管在其体系结构上几乎涵盖了企业管理的所有领域，但其在供应链计划方面的局限性以及未能提供充分的决策支持的缺点受到不断批评。

ERP 系统在供应链计划上的局限性源自作为其核心的 MRP 系统的一些固有弱点，这些弱点主要是：

（1）缺乏根据战略及运营目标对系统进行调整的选项。

（2）侧重于企业内部，仅关注了供应链上的一个节点。

（3）有限的决策支持能力。

（4）排产计划是根据预先确定的提前期，没有充分利用工作现场当前的信息。

（5）对变化的商业环境没有足够的考虑，如像大规模定制这样的日益重要的客户化趋势以及日益柔性化的生产设备等。

（6）对潜在的瓶颈缺乏考虑。

（7）缺乏对减少通过时间的替代方案的决策支持。

---

① 翟学魂：《积木式供应链系统》，载《IT 经理世界》，2005（12），总第 174 期，96～97 页。

（8）对工厂数据的收集不充分，从而影响最终数据的质量。

另一方面，供应链计划须考虑和权衡的约束远多于生产计划。不仅要考虑企业内部的产能约束，而且要考虑供应商能力的约束，运输工具、运输路径、车辆调度和装车要求约束，仓库面积、仓库布局和不同地区仓库间调货的约束以及分销网络结构的约束等多方面的约束。

再有，像供应链计划这样复杂的计划系统，是不可能在同时考虑各种约束条件基础上得出一个全局最优的计划来的，它必须是一种层次化计划的形式。正如我们在第五章中简要讨论过的。

为了弥补 ERP 在供应链计划方面的不足，在 ERP 中嵌入高级计划系统 APS 以加强其较弱的计划功能已成为管理软件的一个流行趋势。

高级计划系统 APS 的主要功能特征如下：（1）提供强大的模拟功能；（2）能够处理复杂的、多级别的 BOM 运算；（3）支持硬性的或软性的联系；（4）支持硬性的或软性的约束条件；（5）支持复杂的工艺路线运算；（6）支持工厂级别的可承诺能力（ATP）数量运算；（7）支持多种生产情景的模拟分析；（8）能够设定计划资源瓶颈；（9）能够合理分派生产任务单、缩短生产等待时间、提高瓶颈资源的利用率；（10）通常包含了行业运用的业务实际，从而保证和加快高级计划系统的实施；（11）具有同 ERP 系统之间的联系，保证物料信息数据的更新。

在传统的生产计划领域，APS 可以看作一个主生产计划、物料需求计划和车间作业计划的增强系统。二者之间的关系如图 10—8 所示。在整个供应链计划领域，

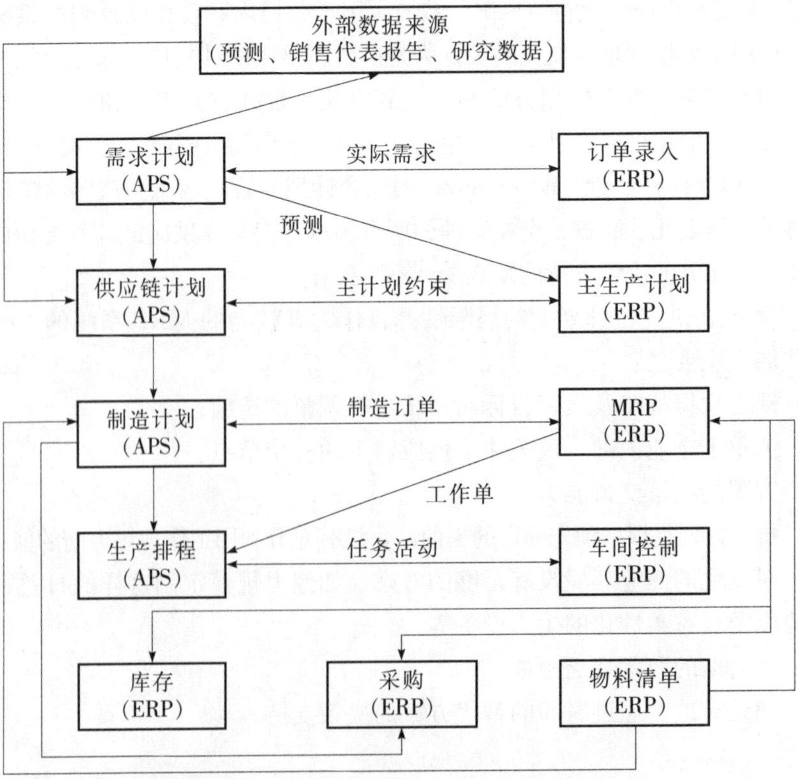

图 10—8　APS 与 ERP 的各项生产计划子系统的关系

APS 可以看作一个供应链的高端计划系统。APS 系统访问 ERP 系统的数据库并使用有选择的经过汇总的数据来支持高端计划的目的。ERP 系统则对那些指定给他们的工厂执行低端的计划和排程（见图 10—8）。

APS 与 ERP 之间可能存在如下的关系：

● 1∶1 的关系：把一个 APS 系统作为实现高级功能的部件分配给每一个 ERP 系统。这种模式可能被用于本地的可承诺能力计划。

● 1∶N 的关系：生产计划的主数据由某个单一的 ERP 系统来管理；与特定工厂相关的多个 APS 系统分布式地支持各自工厂的计划和排程。

● M∶1 的关系：供应链中的每家工厂都有一个使用生产计划模块的 ERP 系统，APS 则被用作整个供应链上跨工厂的协调中心。这个架构与层次化计划及供应链管理在理论上的概念最为接近。概括起来就是要形成一个作为供应链管理核心的中央节点。

● M∶N 的关系：几个分布式的 ERP 系统和几个协作的 APS 系统共存在一个组中。如前所述，$M>N$、$M=N$ 和 $M<N$ 的情况都有可能存在，从层次化计划的角度来看，$M>N$ 的情况，也就是分布式的 ERP 系统数量多于集中式的 APS 系统数量，这种情况看起来似乎是最有可能的。

我们看到，APS 与 ERP 的结合是一种支持层次化计划的架构。所谓层次化计划，即一个综合的计划模型，由于它的复杂性而无法在全局范围对其进行优化，因此被分为（通常是 2～3 个）限制了范围的层次模型。优化算法或启发式算法可以应用在每一个单独的计划层次，以便能够为子问题找出最佳或满意的解决方案。上层计划为下层计划设定目标和约束条件，下层计划的初步解决方案又成为改进上层计划的基础。解决方案在不同计划层次之间交换，这个循环迭代过程直到达到预先设定的中止条件才结束。通常的中止条件包括：(1) 子计划的结果与前一过程确定出的目标函数值相比没有任何变化；(2) 子计划的目标函数值与前一过程确定出的

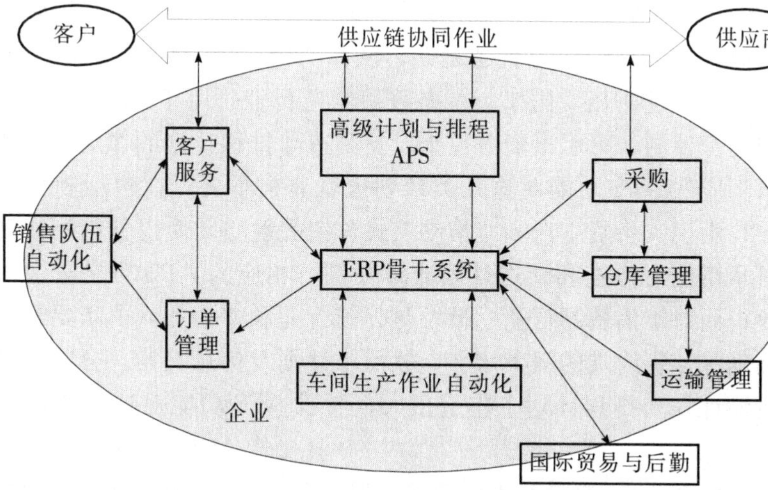

图 10—9 不同计划系统、排程系统和执行系统的整体信息系统结构图

资料来源：[瑞士] 格哈特·克诺尔迈尔等：《供应链管理与 SAP 系统实现》，99 页。

目标函数值相比，增加的百分比小于一个特定值（如 0.5%）；（3）达到了最大的迭代次数；（4）设定的计算时间已经临近而不允许做进一步的计算。

还需要特别指出的是，APS 是基于约束理论发展出的高级计划系统。我们在第八章已经讨论过约束理论（theory of Constrains，TOC）。约束理论是探求在存在约束条件和瓶颈的前提下，如何找到最经济、最适合的解决方案的一套原则和方法体系。由于供应链管理的目标是要在大量约束条件下寻求满意的解决方案，这些约束条件包括产能的约束、供应的约束、运输的约束、分销网络的约束等，因此，将约束理论吸收到高级计划与排程系统中就成为一个必然的选择。

实践表明，不同行业与生产类型采用的 APS 功能是不一样的（见表 10—2）。

表 10—2　　不同行业与生产类型采用的不同 APS 功能

APS 功能的可用性	(1)	(2)	(3)	(4)	(5)	(6)	(7)	(8)
网络计划	L	L	H	H	M	M	M	M
销售及运营计划	M	H	M	M	H	H	M	L
需求计划及信息交换	L	M	M	M	M	H	H	H
供应计划	M	M	M	H	H	M	L	L
可承诺能力检查	H	H	H	H	H	M	L	L
分销计划	L	M	M	L	L	H	H	M
制造计划与排程	H	H	L	M	M	L	L	L
配送计划	L	M	H	M	M	H	M	L
仓库管理	L	M	M	L	L	H	H	M
运输计划与排程	L	M	L	L	L	H	H	M

说明：行业或生产类型：（1）离散的批次生产；（2）电子产品装配；（3）制药业；（4）连续性流程行业；（5）批次性流程行业；（6）消费品行业；（7）批发与分销；（8）零售业。

重要性：(H) 高；(M) 中；(L) 低。

资料来源：Price Waterhouse Coopers（Ed.），Information and technology in the supply chain. Making technology pay. London：Euromoney Publications，1999，p. 108.

从表 10—2 中我们可以看出一个规律，即哪种类型的供应链计划对某个行业越重要，可以预计该种计划也就越复杂，从而 APS 对该种计划的作用也就越关键，应用效果也就越明显。比如，在离散型制造行业，由于按订单生产的性质，使得销售与运营计划、可承诺能力检查以及制造与排程计划的作用非常关键，也非常复杂，相应的 APS 功能对这几类计划也就非常重要；在包括制药业在内的流程型行业，由于其备货生产和“推动”式分销的性质，使得分销网络计划、供应计划、可承诺能力检查和配送计划非常关键，相应的 APS 功能对这几类计划也就更重要；而对于消费品行业、批发与分销行业和零售业，由于要管理大量商品的流动和确保零售终端的服务水平，故需求计划及信息交换、分销计划、仓库管理以及运输计划与排程计划工作量很大，所以 APS 功能对这几类计划也就非常重要。

总之，正是由于供应链集成对供应链计划的更高要求，产生了企业对高级计划与排程系统的需求；另一方面，正是由于 ERP 系统中嵌入了 APS 系统，才使得 ERP 有可能满足供应链管理的要求。

第四节 供应链运营绩效评价

管理中有一条不成文的定律，即“要得到什么，就必须度量什么。”因此，要不断改进供应链管理，获取竞争优势，就必须对供应链的绩效进行度量。可喜的是，经过多年的不断完善，业界已经逐步形成了一套度量供应链绩效的标准，称为供应链运营参考模型（supply-chain operations reference-model），简称为 SCOR 模型。

SCOR 模型是美国供应链理事会（Supply-Chain Council Inc.，SCC）开发的一个适合供应链流程绩效度量的指标体系。这一体系体现了业务流程重整思想，运用了基准化（benchmarking）方法，综合了不同产业供应链管理的最佳实践。SCC 是一个非营利性会员制组织，面向世界各国的公司，从 1997 年成立以来，已经发展到超过 1 000家企业，其中包括一些世界著名公司，如 IBM 公司、佳能公司、可口可乐公司等。目前，SCOR 模型已经更新到 6.0 版，正逐渐发展成为一种业界标准。

SCOR 模型主要由基本流程、流程分类结构、流程体系层次结构以及绩效度量指标属性四部分组成。关于 SCOR 模型的概要说明，可以从 SCC 网站的公开区域查到或免费下载①，我们这里仅从方法论角度作一个简单的介绍。

SCOR 模型将供应链流程体系概括为五个基本流程，如图 10—10 所示。

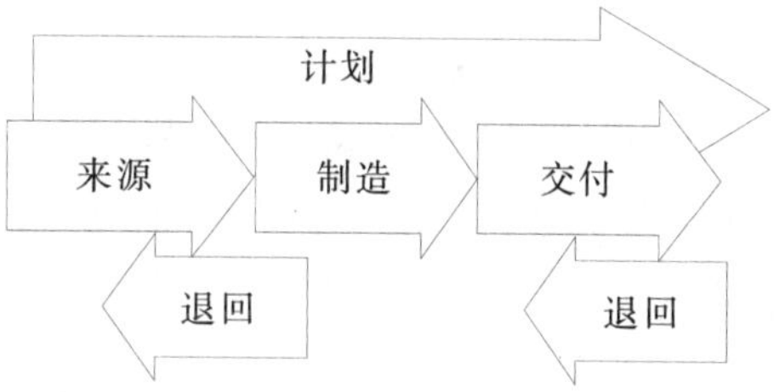

图 10—10 SCOR 模型的基本流程

这五个基本流程是对供应链流程体系的一种标准描述，既适合于整体，也适合于供应链的各个阶段。如图 10—11 所示。比如，制造阶段的计划流程是生产计划与排程流程，来源流程是从仓库领取原材料和零件流程，制造流程

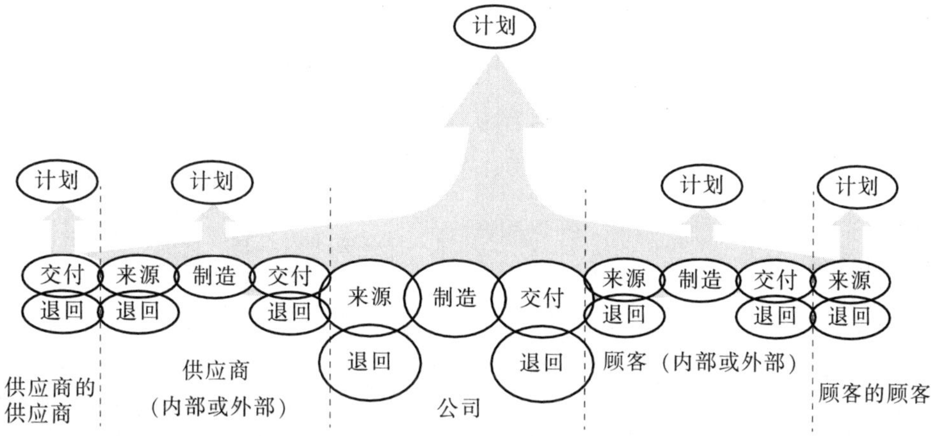

图 10—11 五个典型流程也适用于供应链的各个阶段

① Supply-Chain Council Inc.，http：//www.supply-chain.org.

是制造和装配过程，交付流程是成品检验、入库和发运流程，两个退回流程分别是来自顾客的退货和不合格原材料的退库。这些流程具体采取什么程序取决于生产方式是备货生产（make-to-stock）、按订单生产（make-to-order）、按订单装配（assembly-to-order），还是按订单设计制造（engineering-to-order）。

上述基本流程又可以按执行性质分为三种类型，即按计划（plan）、实施（execution）和使能（enable）（驱动和支撑）分成三种类型（见图 10—12）。

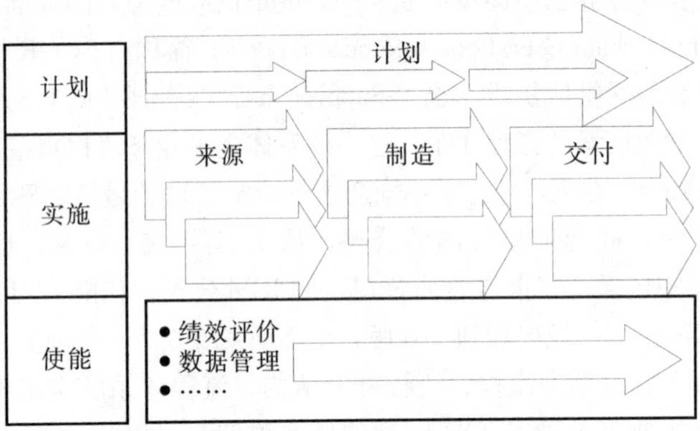

图 10—12 供应链基本流程按执行性质的分类

分类体系中的使能流程包括：绩效评价流程，数据管理流程，库存管理流程，资产管理流程，客户投诉管理流程等支持和推动供应链运作的支撑流程。

供应链的流程体系除了可以按执行性质分类以外，还可以按层次分层，以便将基本流程分解为不同层面的子流程，建立供应链流程的层次结构。其形式如表 10—3 所示。

表 10—3 供应链流程的层次结构

层次	流程	说明
1 层 基本流程 （type）	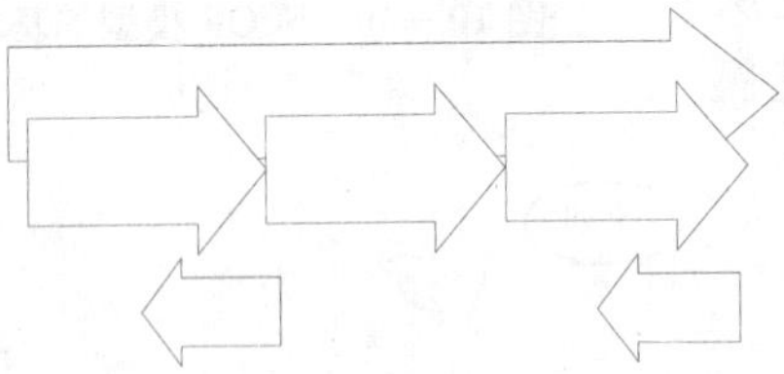	第 1 层定义了 SCOR 模型的范围和顶层的基本流程。根据这些基本流程可以建立整个供应链的绩效度量指标
2 层 子流程 （category）	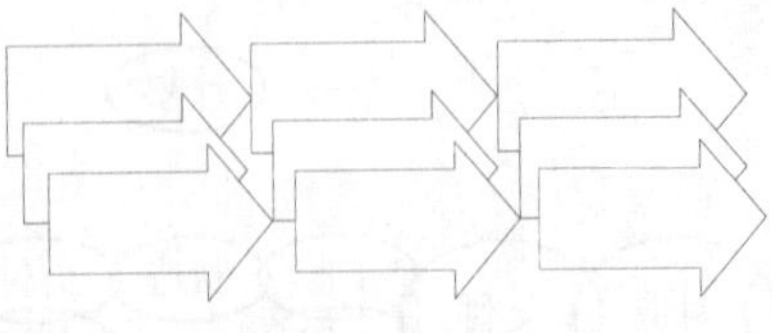	第 2 层描述了每个基本流程的子流程构成。不同的构成反应了不同公司竞争力差异的根源。子流程是建立子流程绩效指标集合的依据
3 层 要素流程 （element）	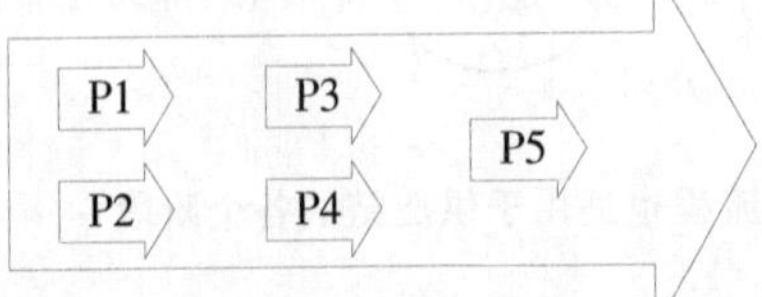	第 3 层将每个子流程进一步分解为要素流程。这是进一步落实岗位职责、工作和绩效指标的途径

最后，在上述分类和分层描述供应链流程的基础上，按照五种属性建立每一层流程的绩效度量指标。例如第1层流程的绩效度量指标如表10—4。

表10—4　　供应链流程顶层的绩效属性与度量指标

	顾客导向			内部导向	
绩效属性	可靠性	响应性	柔性	成本	资产利用
及时交货率	√				
合同履约率	√				
完美订单履行率	√				
订单履行周期		√			
供应链响应时间		√			
生产能力柔性			√		
产品制造成本				√	
供应链管理成本				√	
产品保修成本率				√	
附加价值生产率				√	
现金周转期					√
库存周转率					√

在表10—4的绩效指标中，完美订单履行率，是指从订单签订到工程验收完毕所经历的所有作业程序没有一次差错和不良品的订单占全部订单的比率；生产能力柔性，是指高峰期生产能力的上限超出设计水平的比率；产品保修成本率，是指售后服务费用占销售收入的比率，它虽然计算的是成本，却是一个反映产品质量的指标；附加价值生产率一般按照销售收入减去材料成本再除以员工平均人数来计算；现金周转期等于应收账款平均周转期加上库存平均周转期减去应付账款平均付款期，现金周转期越短，创造单位销售收入需投入的现金流就越少。

从图10—11、图10—12到表10—3、表10—4，我们看到SCOR模型的确是一个基于流程的相对完备的供应链绩效度量体系。SCOR模型的重要意义不仅在于最后得出的绩效度量体系，还在于它建立这套体系的方法论。

SCOR模型的方法论意义首先在于它对供应链基本流程的高度抽象和概括。五个基本流程类型，计划、来源、制造、交付、退回，尤其是前四个类型，具有一般性。业务流程最本质的特征就是将输入转化为输出的过程。企业任何一种端到端的流程，如新产品开发流程或市场营销流程，都可以看作将需求通过一系列操作（设计或营销活动）最后向顾客交付（产品或服务）的过程。此外，任何端到端的流程都要受计划的指导和监控。

其次，SCOR模型的计划、实施和使能的分类方法也具有一般性，可以推广到企业全局和其他业务领域。企业组织体系可以按功能、按产品、按业务、按顾客或按地区等原则进行分类，而按流程划分是最近十年来刚开始流行的新的分类方法，它更有利于贯彻顾客导向。而SCOR模型的上述分类方法就是一种按流程的分类原则。

再次，SCOR模型建立的供应链流程体系的层次结构也具有一般性。它把流程体系分为基本流程、子流程、要素流程和任务流程（要素的进一步分解结构，在表10—3中未列出）四个层次，这样既有利于明确流程的隶属关系和支持关系，又有利于建立基于流程的绩效度量体系，并且便于将流程的责任和绩效指标落实到岗位。

最后，按照五个属性确定各层流程的绩效度量指标，对建立企业基于流程的绩效度量体系具有指导意义。虽然其他业务领域的流程绩效不完全适合用这五个属性来度量，但它至少提供了一个可以参照的框架。这五个绩效属性仿佛是一个纵剖面，具有类似平衡计分卡的系统性优点。

总之，SCOR模型给出了建立企业供应链运营绩效度量体系的一般方法和模型。对于建立企业管理其他领域的基于流程的绩效度量体系提供了可资借鉴的方法论。

本章小结

21世纪企业之间的竞争日益演变为供应链与供应链之间的竞争。供应链管理正在成为企业竞争优势的重要来源。

供应链管理的着眼点是整个供应链的集成。理解供应链的动态特性是对其进行系统管理的前提，这种动态过程的特征通常被称为“牛鞭效应”。产生“牛鞭效应”的原因有多种，但从根本上来看，供应链运作的不确定性才是造成牛鞭效应的主要原因。而不确定性主要来自信息的不完全性。因此，采集第一手的信息比选择精细的预测方法更重要。信息作为一种资源，应当被供应链的成员企业共同用来降低整个供应链的不确定性和提高整个供应链的效率和竞争力。

供应链问题通常都是系统层面的问题。这些问题虽然发生在某个局部，但其影响往往是系统性的，从而其改进的成本效益应当从系统角度进行评价。供应链管理的10条法则很好地概述了供应链管理的主要目标和方法。像外包、第三方物流、供应商管理库存、延后策略等新的管理技术以及无线射频技术等新的信息技术，正在或将会深刻改变供应链的面貌。供应链演变的大趋势是，企业内部的供应链功能日益通过外包的方式转移到外部专业公司身上，每个企业都更加专注于自己擅长的业务。

供应链的优势在于集成。这么多参与的利益主体，这么多的信息来源，这么多的IT手段和信息系统，这么多传统的和先进的管理技术，只有实现有效的集成，才能产生整体大于部分之和的效果。

供应链的集成关键是计划的集成和应用的集成。业界有时会将供应链管理系统（SCM）区分为供应链计划（SCP）系统和供应链执行（SCE）系统。供应链计划须考虑和权衡的约束远多于生产计划。而像供应链计划这样复杂的计划系统，是不可能在同时考虑各种约束条件基础上得出一个全局最优的计划来的，它必须是一种层次化计划的形式。

为了弥补ERP在供应链计划方面的不足，在ERP中嵌入高级计划系统APS以加强其较弱的计划功能，已成为管理软件的一个流行趋势。APS系统访问ERP系统的数据库并使用有选择的经过汇总的数据来支持高端计划的目的。ERP系统则对那些指定给他们的工厂执行低端的计划和排程。APS是基于约束理论发展出的高级计划系统。实践表明，不同行业与生产类型采用的APS功能是不一样的。我们可以看出一个规律，即哪种类型的供应链计划对某个行业越重要，可以预计该种计划也就越复杂，从而APS对该种计划的作用也就越关键，应用效果也就越明显。

管理中有一条不成文的定律，即“要得到什么，就必须度量什么。”因此，要不断改进供应链管理，获取竞争优势，就必须对供应链的绩效进行度量。SCOR模型给出了建立企业供应链运营绩效度量体系的一般方法和模型。它体现了业务流程重整思想，运用了基准化方法，综合了不同产业供应链管理的最佳实践。对于建立企业管理其他领域的基于流程的绩效度量体系提供了可资借鉴的方法论。

案例研究

联想：在两条供应链上作战①

2005年3月9日，联想收购IBM个人事业部的议案最终通过了美国外国投资者委员会的审查。

购并的最后障碍被扫除，全球PC市场的观察家们开始把目光聚焦到新联想和戴尔身上。尽管位居全球PC市场第二的惠普也不容忽视，但由于其CEO戏剧性地离职和业绩不佳，使得惠普PC部门前途未卜。毫无疑问，业界一致认为，2005年的PC战争将在新联想和戴尔之间上演。

乍看上去，这两个公司似乎不在一个层面上——戴尔的优势是直销，而联想依旧依赖渠道。在媒体铺天盖地的报道里，“联想集团公布的库存天数为22.7日，而戴尔公司中国业务的库存水平已经接近其全球业务库存4日的水平”是最常被引用的数据。人们想当然地认为，联想在供应链方面不如戴尔，后者的供应链管理已成为全球企业学习的榜样。

到2004年底，联想供应链给外人的印象是：采购、生产、分销及物流统一进行；上游是国际、国内供应商；中间是北京、上海、深圳惠阳3个生产厂（如今，要加上收购成功后的IBMPC）；下游则是联想引以为豪的面对消费者和中小企业的庞大渠道网络及一部分直供的商业客户。这个概况其实是典型的“黑匣子”。事实上，经过2002—2004年的一系列优化，目前联想供应链的整体水平尽管还达不到戴尔的水准，但是因为具有仓储、制造、人员、成品配送、管理等本土优势，联想在中国的成本只是戴尔的一半左右，这个数字在去年又降低了15%。戴尔在国内只有一个工厂，联想有3个工厂，且覆盖的地域很平均，所以其响应速度比戴尔的1周还要短，只需要4天。

考虑到在2005年乃至之后，联想必须面对全球供应链这盘棋，因此对它而言，在此前优化供应链过程中所积累的经验弥足珍贵。

---

① 资料来源：汪若菡：《联想：两条供应链上作战》，载《IT经理世界》，2005（6），总第168期，64～68页。本书在引用时对个别术语略作修改。

手段

联想是国内最早应用供应链软件厂商 i2 产品的制造企业。2003 年 6 月，i2 所有的模块在联想线，其 3 个工厂里的 4 个消费和家用台式机、笔记本电脑、服务器产品都被覆盖在了新的供应链管理系统之下。对联想的供应链而言，i2 让它的生产信息可以与上下游合作伙伴实现完全共享，让它的销售预测、采购计划、生产计划变得自动准确；同时协同供应商，提高效率，降低双方的库存。

联想助理总裁兼运作管理部总经理郭明磊用“巨大”来形容 IT 手段带给联想的变化。举例来说，在 i2 全面应用之前，2005 年 3 月 10 日一张订单下到联想，11 日早晨，生产计划人员才把 10 日的销售订单提取出来，用手工方式根据产能排产。11 日下午 4 点，该订单才能进入生产计划，通知到工厂。此时，大部分物料备在联想的自有仓库里，工厂开始准备物料，其中包括从供应商处征调库里没有的物料。这样，一般要到 12 日早上才能入库（中间花费 48 小时）。产品入库后，由于要对客户的资金情况等作信用检查，又要花半天时间，到 14 日下午，联想才可能安排配送和安装服务。“订单的整个交付过程要 4 天。”在供应链管理中，产品交付时间是衡量其优劣的重要指标。

联想花了 1 年多的时间，利用 i2 系统优化供应链的成果是令人振奋的。仍旧以 3 月 10 日的订单为例，如今，上午订单进来，1 个小时内系统就能基本完成自动排产，计划可以细化到哪些产品在哪条生产线上生产；下午就可以去仓库叫料，用 2 小时完成备料后，物料通过第三方物流送到工厂，立刻开始生产。

2004 年，联想特别完善了生产环节，原来需要 48 小时的生产时间如今只需要 24 小时。之前，因为生产计划信息非常模糊，产品生产的准确时间和信息都没有，工作只能像接力棒一样，按照结果“传递”；现在，由于做到了信息共享，且有准确的开工和完工时间表，在生产的同时，联想就可以安排客户资审和运输，时间被大大压缩了。

“没有信息系统，就没有供应链优化。”郭明磊说。如今，供应商、渠道厂商和联想之间的联系都是靠信息系统：联想 1 个小时内准备好生产计划，然后通知供应商，第三方物流把物料送到工厂后，联想给供应商反馈，双方共同监测仓库中物料的消耗情况等。

库存

衡量供应链管理的另一个重要指标是库存。在优化物流和库存后，联想对价格变化快的进口元器件，如 CPU 等交由香港国际采购中心统一负责。对于一些辅助物料，如外壳件、包装材料等器件，联想推行了 JIT 模式——由供应商根据订单需求负责将物料及时运付到生产线上。

除去上述两种方法外，剩下 90% 的原材料，联想推行了供应商管理库存（VMI）模式。以前，联想的两周库存导致供应商为了及时供货也会有类似周期的库存。现在，联想和供应商在工厂附近建立了 VMI 供应商仓库，这部分原材料的库存不属于联想，而属于供应商，联想有需求就到 VMI 仓库里去拿。联想与主要供应商之间，每天通过两次数据交换调整真实需求和库存之间的误差，双方都可以通过可视库存管理共同监测仓库中物料的存量状况。供应商一旦发现物料消耗到达警戒线，就会通过第三方物流补货。未来，为了让供应商能看到更加贴近需求的真实数据，使库存更精准，联想与他们之间的数据交换次数有可能提高到每天 4 次以上。VMI 模式令联想在按订单生产产品时，库存从原来的 14 天缩减到 5 天。此外，联想还把物流操作业务外包给了第三方物流公司，这也使效率得到了提高。

“为什么国内其他企业做不好 VMI?”郭明磊解释说：“跟大家想的相反，其障碍并不在供应商处。”其实，像联想这样规模的制造商向上游供应商推行 VMI 的概念十分容易。

对于联想来说，实施 VMI 的一大障碍是国际物料带来的。由于生产场地在境内，很多来自国际供应商的物料都有通关问题。“假如通关需要一天，这个时间在供应链里是很难压缩的。”中国加入 WTO 后，联想在第一时间内争取到了国家的优惠通关政策，联想的信息系统和工厂所在的三地海关进行了数据对接，其物料实现了快速通关。海关给予联想的优惠政策最大限度地加快了联想在供应链上的反应速度。“国内企业在推动 VMI 时，政策是很重要的一环。”郭明磊说。或许很少有人意识到，联想在优化供应链的两年里，把很大一部分时间和精力放在了争取国家优惠政策上。

两条线作战

在联想完整统一的供应链管理平台上，由于销售方法不同，跑着两条不同的供应链：一条是与戴尔在中国相同的、由客户需求驱动的“拉式”供应链；一条是面对渠道网络，提供现货供应的“推式”供应链。这两条供应链的存在与联想的生意模式紧密相关，它既是联想 2004 年坚定地进行 PC 战略转型的结果，又有力地支持了这个战略。

供应链的精髓在于，前端订单给出的数据要精准，供应链中如果没有分销商、批发商和零售商，而是直接由公司把产品卖给顾客，就能一次性准确而快速地获取订单信息。厂商如果想让供应商的库存尽量接近最低库存，但又不会出现缺货的“险象”，就要给供应商一个库存预测。一旦销售的真实订单数据进来，制造商要不断地给零部件供应商真实的需求数据。这样一来，预测数字就得随着真实需求不断调整——不重要的零件是一周调整一次，变化迅速且重要的零件要求几小时调整一次。显然，类似的动态刷新和调整频率越密集，供应商库存量就越接近真实需求。

由此可以看出，“拉式”供应链其实对应了 2004 年联想战略调整商用大客户和成长型企业这个增量中。当时，杨元庆冒着被误解为向直销转型的风险，坚持认为联想需要一种新方法，督促渠道一起直接“照顾好商用客户”。联想甚至在江苏、浙江、上海、北京 4 个地区选出一些成长型企业，进行电话销售。在这部分商业客户的战场上，联想与戴尔已呈短兵相接之势。新联想 COO 刘军曾说过，在 2005 年，联想的商业客户增量要从 2004 年的不到 10%增加到 30%。而在靠客户“拉动”的供应链上，由于都引进了 i2 的 SCM 系统，联想可以做到“不输于戴尔”。

“2005 年，我们在拉式供应链上要做的是系统的增量优化。”郭明磊说。2005 年，联想的“拉式”供应链上的产品总量要从 10%增加到 30%。“这就像压力测试，由于压力增大，不但对生产要求高，而且要求每个环节间的衔接必须精准。比如，联想现在送货不再只是送到渠道就可以了，而是要门到门、甚至门到桌；送货之前，还要通知客服安装，安排培训。这其中，任何一个环节脱节都可能造成用户的不满。因此，在2004年跑通的这条供应链要能承受住压力。”

另外的那条“推式”供应链是指联想通过渠道卖产品的传统供应链。这条供应链上的生产订单不可能像直接面对企业那样精准，这就需要联想对市场需求进行预测，还要加强对渠道库存的管理。由于对产量预测准确与否直接影响了供应链的运转，因此在2004年对PC核心业务的调整上，杨元庆把原有的7个大区划成18个分区，同时让自己和分区经理之间只有一层之隔，在组织结构上尽量扁平化。这样的变革实际上是在无法抛弃渠道的基础上，重演了供应链原理——细分分区和缩短消息传递途径，无非是让订单和配件的预测数据更准确、调整频率更密集，进而降低供应链成本。

2003年，联想开始花大力气推动渠道库存管理。“渠道每天收多少货、出多少货，库存是多少，我们通过一个类似miniERP的信息系统进行监测。”以后，联想会鼓励经销商和分销商之间加强互动，让它们的库存达到合理化和最小化。联想有可能把某地区内大部分分销商的库存集中起来，进行可视化管理。这样做不但方便联想进行宏观调控，而且能使经销商和分销商之间的关系变成联想与供应商一样：经销商没有货，第三方物流会及时补货，使得库存不至于层层积压。2004年，联想建了以39个中心城市为结点的承运网络，如果真正做到集中建库的话，其成本将会减少，可能只需要在七八个中心城市建立仓库就够了。

“我们正在做这方面的论证，”郭明磊说，“目前，我们主要是帮助渠道减少库存。”这样做会让联想整条供应链上的生产和供应商都受益。

挑战

联想在供应链上进行的这些优化使得其在中国的成本已低于戴尔，但仅凭这一点并不能认为联想在供应链上已超越了戴尔。一位供应链专家提醒：“供应链是一盘棋。”

联想不是不懂得这个道理。以前，联想在上海的工厂只生产笔记本电脑，不做台式机。从2003年到2004年，COO刘军带领了一个小组一直在论证在上海生产台式机是否值得。当时，这个小组发现，新建工厂固然会导致制造成本上升，但联想的整体供应链却可以因这个举措得到优化。因为在上海生产台式机，华东三省一市和周边地区的配送成本相比从广东供货更低。经过计算，他们发现，从整体供应链来看，联想是赚的。于是，联想决定在上海生产台式机。2004年，联想的供应链成本因此节省了几千万元，配送时间也缩短了。因此，后来刘军说：“供应链是要看整体一盘棋的。”

2005年，联想的这盘中国棋就要被放到全球来下了。尽管今年联想收购的IBM业务跟联想中国的业务没有交叉，但在未来18个月内，新联想的管理者必须要从全球供应链的角度审视自己的资源。未来，联想刚在2004年布好的中国供应链棋局将要被打散重新布局。

联想的管理者们需要考虑全球供应链这局棋怎么下。一旦联想的产品卖到海外，就不一定会全在国内生产。新联想现在正在忙着论证，产能如何分布对未来的全球格局更有利？还有很多问题很快都会摆上桌面，如IBM在印度的工厂怎么办？

在苏格兰的工厂怎么办……

"实际上，到了2006年，联想会变成只有一条国际供应链。"郭明磊说。尽管一切都会重新布局，但是她和她的同事已经发现，从2002年到2004年，联想在中国围绕着供应链优化所做的一切都没白费——这是为管理全球供应链所做的最有益的热身运动。

问题讨论

1. 为什么供应链管理对联想这样的企业建立竞争优势非常关键？类似的情况还可能在哪些产业中存在？请尽可能地列举。

2. 怎样看待信息技术与供应链管理的关系？为什么说企业的IT投入是战略性的？

3. 信息化能使我国企业实现跨越式发展，还是只能缩短前人经历过的发展阶段的时间？

第十一章

项目管理

学习目标

阅读和学完本章后，你应当能够：

1. 说明项目生命周期各个阶段的管理任务。
2. 说明项目计划主要工具的应用要点。
3. 掌握以节点表示活动的网络图和以箭线表示活动的网络图的画法。
4. 熟练地计算网络的各项时间参数。
5. 掌握关键路线的确定方法。
6. 对活动时间和项目工期进行概率估计。
7. 掌握工期与资源平衡的基本方法。
8. 掌握时间—费用分析的要点。
9. 解释关键链理论的基本概念。
10. 掌握设置接入缓冲、项目缓冲和资源缓冲的原则。

当今社会，大到载人航天飞行，三峡大坝兴建；小到企业新产品开发，技术改造；还有筹备体育比赛，举办大型展览；甚至电影拍摄和广告制作等，无不用到项目管理方法。其实，项目管理古已有之，像我国古代著名的都江堰水利工程，故宫的建筑工程，甚至永乐大钟的铸造等，都堪称项目管理的典范。但项目管理真正成为一门科学，还是 20 世纪 50 年代以后从开发研制耗资巨大、完工期限紧迫的复杂系统的需要中发展起来的。目前，项目管理已渗透到企业经营和社会生活的许多方面。

项目是一种具有一次性特征的、跨职能的任务或工程。它是由专门委任的管理者或专门成立的组织负责，在规定的期限内和限定的资源条件下，通过协作完成的。一般来说，项目一旦完成，这种专门组织就予撤销。故新颖性、一次性和严格的时间限制是项目的最主要特征，也是项目管理有别于一般管理的主要原因。项目的普遍性，项目管理的特殊性，使得对项目的计划、组织和控制的研究成为生产与运营管理研究的一个重要分支。

本章首先在项目生命周期结构基础上，对项目计划和控制的主要方面进行扼要的讨论，然后重点讲解网络计划技术的原理和应用，最后对目前受到广泛关注的关键链理论做一个简要的介绍。

第一节　项目计划

尽管不同的项目之间千差万别，但从项目管理的角度来看，存在着类似的模式。任何项目都要经历从可行性研究、项目计划、项目组织、项目实施到项目完成的过程，通常把这一过程称为项目的生命周期。实践表明，采用项目生命周期的概念，并将其划分为几个典型的阶段，便于明确不同阶段的任务和管理重点以及从一个阶段到下一个阶段的交接程序。

一、项目生命周期

典型的项目生命周期结构如图 11—1 所示。项目生命周期一般分为规划阶段、计划阶段、实施阶段和完成阶段，对有些项目，例如新产品开发，还会有生命周期管理阶段，后者主要是对产品的不断改进和何时退出市场进行管理。从图 11—1 中我们看到，在各个阶段上和各个阶段之间，项目管理的各项工作存在着严格的前后依存关系。例如，在规划阶段，没有对项目的目标、范围和需求的明确界定，就不能建立起项目的框架，就不能对项目进行可行性分析。又比如，没有项目计划、预算和进度计划，就不可能进行承发包、责任分派和组织工作；没有在项目计划中明确规定项目整体和各个阶段的完成标准和交付形式，就很难对项目进行控制、验收和鉴定。因此，项目管理必须遵循严格的步骤和程序。

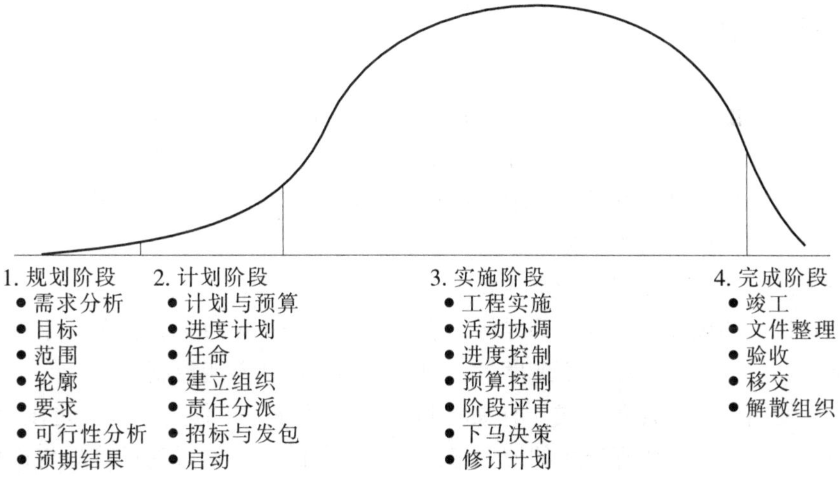

图 11—1　项目生命周期

正是由于项目管理工作的这种前后依存关系，使得任何一项管理工作的质量和进度都会影响到其后的管理工作，甚至对整个项目的完成进度和质量产生影响。例如，如果项目计划比较粗略，预算就不可能细致，进而在实施过程中对成本和费用支出的考核和控制就很难十分严格，最终可能导致实际成本支出大大超过预算，结果由于资金链条中断而拖延项目进度，使项目计划目标落空。因此，项目管理应当是一种严密的、系统化的管理，是一项系统工程。

二、项目规划

项目规划阶段是项目的概念形成阶段和定义阶段。在项目的规划阶段，要做好项目的用户需求分析、关键技术的可行性分析、主要资源的需求与供给分析、项目的成本/效益分析以及项目风险分析等。在分析的基础上设计出多个备选方案，以从中择优。

大量实践表明，由于项目规划阶段的工作是概念性的、软性的，不像项目实施阶段那样能够提供实物的样机和可测试的阶段性成果，因此许多企业或单位往往容易忽视规划阶段的工作。比如，用户需求的调查不充分，关键技术预研的覆盖不全面，可行性分析的立场不客观，变成了“可批性分析”，结果导致严重的后果。有的是在项目的样机设计阶段发现遗漏了重要的客户需求，不得不对设计和样机进行重大更改；有的是卡在关键的新技术上，长期不能突破，不得不重新考虑项目计划或重新定义产品规格；等等，这些都导致项目的完工期限被大大延长，费用预算被大大突破，有些项目不得不因此而中途下马。

国外一家著名的咨询公司在对我国一家高技术企业的新产品开发流程进行诊断后下了这样的断语：“你们有足够的时间返工，却没有时间一次把事情做对。”可见，在项目规划阶段扎扎实实地一次把事情做对有多么重要。正如一句管理箴言所言：“重要的事情不着急，着急的事情不重要。”项目规划阶段工作进度的“慢”是项目实施阶段“快”的保证。

三、项目计划

一旦项目的规划方案和可行性分析报告得到批准，就进入了项目计划阶段。项目计划要将项目的规划分解为工作，要对项目整个实施过程的目标、任务、进度和责任委派做出具体规定和部署，要编制项目预算以作为投资和费用的控制依据。所以，项目计划在项目管理中处在中心的位置。

一个好的项目计划应符合下述要求：

（1）目标和任务要求要明确详尽。项目计划中的各项目标和任务要求都应当是定量化的、可考核的。如果不能度量一项工作，我们就不能控制它。

（2）使用标准的说明格式。有关项目目标、任务、工作、预算、进度、成本、控制报告等，必须采用标准化的统一格式。标准化的文件格式对准确地传递信息是非常必要的。

（3）统一编码。对项目中包含的各项工作要统一编码，这样可以在项目计划和控制的各种文件中建立起一致性。统一编码对于应用计算机进行项目管理是一个前提。

（4）采用模块化方法对计划任务进行分解。这样可以简化对计划任务的描述，清楚地规定主作业计划与子作业计划的关系，以及可以明确各项任务的等级和隶属关系。

（5）保持计划和控制文件的动态性。项目计划尤其是进度计划应当是动态的，随时反映出下一步应当做什么，在哪里做，什么时间开始和结束，由谁来负责、由哪些人去完成以及定期报告计划的进展情况。实践表明，很少有哪个项目，其计划是直到完成都不作任何修改的。环境的变化，计划的疏漏，意外事件的发生，都会影响和冲击原有的计划，从而必须按最终的目标和完成期限对计划进行修订。当然，计划文件的动态性决不意味着可以随意修改计划。

项目计划要陈述项目实施要点和说明项目的技术要求。

在项目实施要点中，要对项目整体目标、主要任务、资源需求、阶段划分、项目管理团队以及项目的技术要求和项目的风险分析作扼要的交待。在对项目范围的说明中，要把项目任务与整个组织任务的关系以及项目的主要成果，尤其是可交付的成果交待清楚。

对项目技术要求的说明，一般包括设计要求、工艺要求、工程要求以及设计、工艺和工程等技术部门之间的相互支持关系。同时还要说明项目要求的设备和设施，包括工厂设施、办公设备、制造设备、运输条件、试验室设备、检验设备以及设计和工程所需的软件，如CAD/CAM等。如果涉及购置或开发新的设备或软件，或者涉及建筑工程，还需补充各自的单项计划。

一个有效的项目计划应当提供下述信息和文件：（1）项目计划；（2）工作分解结构（WBS）；（3）工作说明书（SOW）；（4）任务和责任分派；（5）项目预算和成本估算；（6）进度和网络计划；（7）工作授权；（8）报告和检查制度。

四、项目组织

项目计划阶段的一项重要任务是建立项目组织。

由于实际中大多数项目是在原有的职能组织系统中实施的，为了落实项目的责任，推动项目的实施，考核项目的质量和进度，控制项目的预算和成本，有必要单独设立项目组织和任命项目经理。项目组织最一般的形式是跨部门团队。项目团队成员来自不同的职能部门，是该职能部门在项目中的代表，在项目上向项目经理报告，负责将项目任务在职能部门中落实。另一方面，这些参与项目的职能部门人员，在行政上隶属职能部门，接受职能部门管理者的领导，同时还承担着职能部门的例常工作和职责，一旦项目结束，他们还会回到职能部门中去。这样，项目目标的完成责任在项目经理和项目团队身上，而项目任务的实施责任由项目团队的各职能代表负责落实，由各职能部门具体承担，这就形成了一种交叉的职权系统，这种系统在组织上称为矩阵组织（见图11—2）。

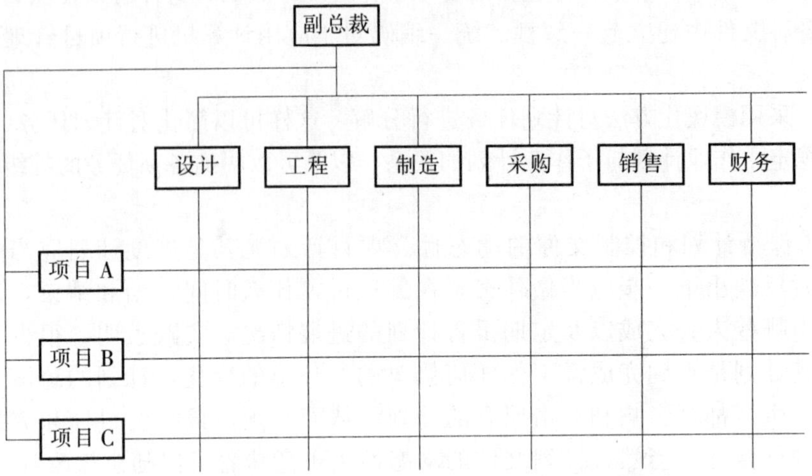

图 11—2 矩阵式组织示意图

处在矩阵组织中，执行部门（如制造部门、采购部门以及营销部门等）接受来自职能部门管理者和项目经理的双重领导，从形式上讲，这违反了统一指挥这条基本的组织原则，容易产生矛盾和冲突。因此，为了协调二者的关系，确保项目的实施，需要从组织上、职权关系上对项目经理的责权以及职能部门管理者对项目实施的责任做出明确规定，并规定一旦发生资源和时间的冲突时，由哪一级的哪位高层主管来协调解决。实践中，矩阵式组织在运作上的多头领导问题以及由此引起的冲突通常采取统一计划的方式加以解决。也就是将项目任务与职能部门的例常任务纳入统一的计划，放在一起排出优先级，统一下达，统一考核。这可以在很大程度上避免各自分别运作可能产生的冲突。

五、工作分解结构

工作分解结构（work breakdown structure，WBS），又称为项目分解结构（PBS），它是一种将项目的最终交付成果，包括硬件、软件和服务，分解为各自的组成要素（或子系统），再将各组成要素一直分解到工作的一种描述项目各项任务之间关系的数据结构。它是项目管理的一项基础文件，其作用类似产品零件表和物料清单。图 11—3 给出了一个小型计算机系统研制项目的 WBS。

为了方便地检索项目中的某项任务，对 W BS 中的各子系统和各项任务要统一编码。例如对图 11—3 所示的工作分解结构可进行如下的编码：

1.0 设备设计
  1.1 主机
    1.1.1 系统
    1.1.2 软件
    1.1.3 中央处理器（CPU）
    1.1.4 内存

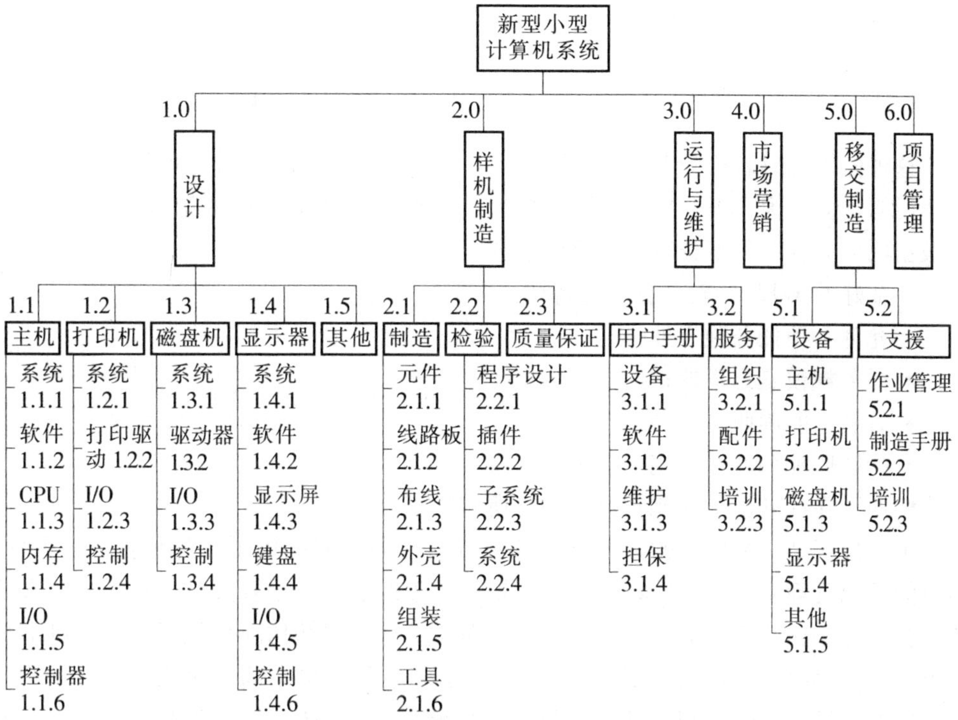

图 11—3　新型小型计算机系统研制项目的 WBS

　　　1.1.5　输入/输出（I/O）
　　　1.1.6　控制器
1.2　打印机
　　　1.2.1　系统
　　　1.2.2　打印驱动
　　　1.2.3　输入/输出（I/O）
　　　1.2.4　控制
1.3　磁盘机
　　　1.3.1　系统
　　　1.3.2　驱动器
　　　1.3.3　输入/输出（I/O）
　　　1.3.4　控制
1.4　图形显示器
　　　1.4.1　系统
　　　1.4.2　软件
　　　1.4.3　显示屏
　　　1.4.4　键盘
　　　1.4.5　输入/输出（I/O）
　　　1.4.6　控制
1.5　其他

2.0 样机制造

2.1 制造

2.1.1 元件

……

这种任务编码表称为 WBS 索引表。如果在此基础上增加对每项任务的简短的工作说明，就成为 WBS 字典。图 11—3 只列到工作分解结构的第 3 层，实际中，可根据项目的复杂程度分解到需要的层数。

一个好的 WBS 一般具有下述特征：

- 允许各项任务独立地进行；
- 任务规模是合理的；
- 有利于明确职责与合理授权；
- 能够监控和度量计划完成情况；
- 便于在此基础上编制预算和估计所需的资源。

工作分解结构为项目的计划、预算和进度计划编制提供了一种依据。一方面，项目的其他管理工具和文件，如网络计划、任务说明书、预算文件、进度报告和成本报告，都是在此基础上生成的；另一方面，工作分解结构还提供了一个清晰的成本模型，使得财务分析人员很容易在 WBS 基础上预测出全部项目成本，并编制预算对成本进行有效的控制。甚至项目可行性分析都应当以 WBS 为基础来进行。所以，WBS 是项目管理的一项重要标准，是项目管理中信息沟通的基础。

六、工作说明书

工作说明书（statement of work，SOW）是对需要进行的每项工作的一个精确说明，要说明的各项工作在 WBS 中都有一个确定的编码。工作说明书的主要内容包括：

（1）定义一项任务，说明该项任务在 WBS 中的位置和关系。

（2）描述该项任务，它的内容、要求和完成标准。

（3）该项任务的结果和可交付成果的形式，比如，是硬件、软件、试验报告、文件还是培训成绩等。

（4）完成该项任务还应参照的标准、指南、程序以及有关文件。

（5）完成该项任务所需的各种投入。

因此，工作说明书是分派任务和责任的依据。

七、任务和责任分派

任务和责任分派，是将 WBS 中规定的各项任务和 SOW 中规定的任务要求分派给组织中的部门或个人。任务和责任分派采用任务矩阵（task matrix，TM）说明任务和责任分派结果。

任务矩阵是将工作分解结构与组织结构结合在一起，说明 WBS 中各项任务在组织中的负责部门。图 11—4 是一个在图 11—3 的 WBS 基础上形成的任务矩阵示意图。在项目计划阶段，任务矩阵既可用来说明任务责任的落实情况，也可用来说明成本责任和预算责任的落实情况。

任务				部门或个人责任						
任务描述	WBS码	WBS级		研究开发	工程部A	工程部B	工程部C	制造部X	制造部Y	
设备设计	1.0	Ⅰ			P					
主机	1.1	Ⅱ			P					
系统	1.1.1	Ⅲ		S	P	S				
软件	1.1.2	Ⅲ		S		P	S			
CPU	1.1.3	Ⅲ			S	S	P			
内存	1.1.4	Ⅲ			S	S	P			
I/O	1.1.5	Ⅲ			S	S	P			
控制器	1.1.6	Ⅲ				S	P			
打印机	1.2	Ⅱ				P				
系统	1.2.1	Ⅲ		S	P			S		
……										
样机制造	2.0	Ⅰ						P		
制造	2.1	Ⅱ						P		
元件	2.1.1	Ⅲ						P		
印刷线路板	2.1.2	Ⅲ						S	P	
布线	2.1.3	Ⅲ		S				S	P	
外壳	2.1.4	Ⅲ						S	P	
……										

图 11—4 基于 WBS 的任务矩阵

说明：图中，P：主要责任；S：辅助责任。

八、项目预算和成本估算

项目预算对于控制资源投入和取得预期的项目收益来说是一项重要的管理手段；成本估算是项目预算的基础，也是实际成本控制的依据。实践证明，项目预算编制过程是一个最难控制的过程。实践中存在着这样一种倾向，即各职能部门主管从部门的利益出发，极力把成本估算夸大，以便争取到更多的资源使任务容易进行，从而使得根据部门上报的预算草案汇总的总预算大大超出合理限度。为了提高预算编制过程的效率和效果，要首先依据 WBS 把总预算额度控制住，然后层层分解。在分解的过程中，认真按 WBS 做好每项具体任务的成本估算，经过几次上下综合平衡，确定出最终的预算方案。

预算和成本估算程序的主要步骤如下：

（1）确定整个项目的成本目标，该目标取决于用户、承包商或市场竞争的要求。

（2）在工作分解结构基础上开发出成本模型（或成本分解结构）。

（3）确定有关人力、材料、差旅等事项的预算标准。

（4）从 WBS 的顶层开始，首先将预算分解到下一级的子系统上，包括人力、材料和差旅等预算指标的分解。

（5）将第一步预算指标的分解方案交给项目管理团队。

（6）征求负责项目实施责任的各职能部门主管的意见。首先就第一步预算分解方案提出部门的预算方案。在这一步，部门的预算方案一般只做到 WBS 的第二级。无论预算分解方案还是部门的预算方案，主要是依据过去的经验做出的。在对第一步预算分解方案取得一致意见的基础上，各有关职能部门参与项目管理团队，再进一步制定本部门详细的预算方案。

（7）各部门提交预算方案。该方案中要包括每项任务的预算数据。对关键任务的预算还应附有成本/效益分析资料。

（8）由项目管理团队对各部门提交的预算进行审核，在审核任务预算时，可参照企业现行的目标成本资料和定额资料。

（9）在审核通过的部门预算方案基础上，编制详细的项目总预算，提交高层领导机构批准，然后正式下达。

（10）第 6 步到第 8 步的预算编制过程可能要反复数次。

九、进度计划

进度计划，又称为作业计划，是任何项目管理的基础。如果说预算是确保限定的资源得到最充分利用的条件，则进度计划是确保按期完工的关键手段，二者缺一不可。预算提供了对项目支出总额和各个阶段、各项任务成本支出额的控制标准，而进度计划则提供了对项目进展、各阶段成果以及各方面协作，包括各部门和各个分包商之间协作的控制和协调依据。

项目包含的各项活动（即完成各项任务的过程）在时间进程上形成一种动态的网络。对于确保按期完工来说，重要的是明确哪些活动和路线是关键活动和关键路线，其之所以关键，是由于在该项活动和路线上的任何延迟将导致项目完工期的延迟。在一个复杂的网络中发现关键活动和关键路线不是一件容易的事情，它需要一定的方法和程序。这方面最有效的、应用最普遍的制定进度计划和寻找关键活动的方法是计划评审技术（program evaluation and review technique，PERT）和关键路线法（critical path method，CPM），统称为网络计划技术。这是我们将在本章第 3 节中重点阐述的方法。

按照项目管理的要求，项目进度计划通常分为两个级别：（1）较高级别的进度计划，称为主进度计划（master schedule）；（2）较低级别的进度计划，称为详细进度计划（detail schedule）。前者适用于企业经理、项目承包商以及项目经理从全局角度对项目进行管理的要求；后者适合于实施项目的部门管理者或工作队负责人对项目的实施进行计划和监控的要求。因此，主进度计划通常采用熟知的甘特图来表示，或者采用粗略的 PERT 图来表示。而详细进度计划需要应用 PERT 图和 CPM 方法。

十、工作授权

工作授权是明确哪项工作或任务应由哪个部门或个人负责完成，或者承包给哪个组织去完成。它包括：（1）明确某个部门或个人完成某项工作的责任；（2）提供完整的工作说明书；（3）规定完成工作的进度；（4）下达预算；（5）明确考核制度、报告制度和奖惩制度。

工作授权最好采取签订合同或协议的方式，工作授权的对象实质是个人，即便在形式上是明确某个部门完成工作的责任，实际上是明确该部门主管的责任。道理很简单，因为责任实质上是对个人而言的。

第二节　项目控制

项目控制是使项目管理成为一个闭环反馈控制系统。与任何反馈控制过程的机理一样，项目控制过程包括三个基本环节：确立标准、衡量偏差和采取纠正措施。

一、项目控制系统

“不能度量，也就不能控制”。项目控制系统要有效，首先要把计划目标转换成可度量的标准，建立起一套衡量项目完成绩效的指标体系。

项目控制必须形成一个系统。这个系统主要包括：（1）对项目工作的全面计划；（2）对进度、成本和人力的尽量准确的估算；（3）对任务范围的明确规定；（4）严格的预算和开支授权；（5）定期对进度和成本开支进行考核；（6）定期对项目能否按期完工和按预算完成进行评价；（7）项目管理者、职能部门管理者及项目实施的一线管理者之间经常的信息交流；（8）有效的、实时的项目管理信息系统。

有效的项目控制系统要能够追踪和报告下述内容：（1）活动、进度和成本偏离计划与预算的偏差和原因。（2）问题的发生和解决的结果。（3）追加预算的原因和追加预算的使用情况。（4）承担项目的各职能部门履行项目责任的情况。（5）承包商的进度、成本和变化。（6）项目经理各项决定的贯彻情况。

二、项目控制的手段

项目计划的手段绝大多数也是项目控制的手段，其中主要有：

（1）工作分解结构（WBS）。WBS 不但在计划阶段是项目计划、成本估算和预算的基础，而且在项目控制中也是绩效度量和报告的对象和基础。

（2）工作说明书（SOW）。工作说明书规定得越具体，越详尽，控制起来就越容易。

（3）任务矩阵（TM）。任务矩阵对项目责任分解得越明确，越细致，对承担任务的部门的考核就越具体。

（4）网络计划技术。项目的网络计划编制得越详尽，对可能出现的变化以及各项活动时间估计得越准确，对项目进度和活动的控制就越有效。

（5）工作授权。工作授权越明确、越合理，项目的完成就越有组织保证，同时确保项目控制的奖惩措施就越能够达到预期的效果。

（6）报告和检查制度。各类报告的内容、时间、报告责任人以及报告递送的上级和有关部门等事项规定得越明确、越具体，报告的质量和效率就越高。

（7）会议制度。对会议的议题、会议的时间、会议的参加人员和会议的类型规定得越明确、越具体，会议的效率和效果就会越好。

（8）项目管理信息系统。特别是对于大规模的、复杂的和持续时间较长的项目，在项目计划阶段就购买和实现一个计算机项目管理信息系统是非常必要的。项目管理信息系统不同于一般的企业管理信息系统，它虽然也是主要由数据库和专用功能模块这两大部分组成的，但在计划模型、预算模型、成本模型和控制模型等方面，与一般的、基于物料需求计划（MRP）的管理信息系统还是有很大差异的。目前，一些主要的管理软件提供商，如 SAP、Oracle 等，都在其提供的 ERP 系统中包括项目管理模块。对于中小型项目的管理，可以采用微软公司的 Microsoft Project 项目管理软件为项目编制计划和预算，对进度进行控制以及打印各类报告、记录和网络图表。该软件拥有很好的界面，并可与 Microsoft 软件族的其他软件（如字处理软件、数据库软件、绘图软件、电子表格软件、通信软件等）共享数据和资源，是一个非常有力的工具。

三、报告和检查制度

项目报告制度是项目管理控制的重要手段。项目报告可以用来作为项目进展情况的记录，沟通情况的工具，管理控制的手段以及转包合同完成情况的监督工具。

定期提交的、具有规定内容和格式的项目报告和工作报告，清楚地记录下了项目进展中各个阶段的状态、问题、取得的成果以及项目计划的所有变动。它可以作为追溯项目历史以及查明项目拖期等问题原因的依据，还可以在项目完成后作为项目总结的资料，为以后的项目管理提供参考。

项目报告还是一种信息交流的工具，它有助于在项目管理者、完成项目的相关协作部门、项目委托方以及企业或组织的最高领导层之间进行有效的信息交流。

项目报告最主要的应用是作为管理控制的手段。管理控制包含三个要素：确立目标、衡量偏差、采取纠正措施。从性质上看，管理控制属于反馈控制，即通过测量系统的输出信息，与输入目标进行比较，找出偏差，采取措施消除偏差。项目报告的作用是将项目的实际进展情况与项目计划进行比较，找出偏差和问题，说明出现偏差和问题的原因，必要时可以要求项目报告包含对应采取的措施的建议。我们知道，有效的控制取决于准确地测量系统的输出状态信息，因此，及时、准确地报告项目进展情况和存在的问题是对项目报告制度的基本要求。

项目在一个组织内部的进展情况可以通过多种方式进行控制，而对合同承包商的控制，则要通过定期的、事先规定了内容和格式的报告来控制。以此来监督转包合同的完成情况。

设计规范的报告格式、内容和报告期间，建立严格的报告制度，是企业管理部门和项目经理的责任，这项工作实际上在项目计划阶段就应当完成。表 11—1 给出了四种主要的项目报告类型的特征。图 11—5 给出了项目报告常用的图形。

表 11—1　　四种主要项目报告类型的特征

报告类型	报告时间	主要责任	特征
状态报告	季度、年度	项目经理	关于项目进展状态的综合总结，包括实际进度和支出及其与计划和预算的比较，报告采用预先规定的条目
周/月度进展报告	周、月度	项目团队责任人	简短的总结，包括：（1）进展；（2）变化；（3）问题；（4）措施；（5）重要期限。报告由各职能部门代表提交，由项目经理汇报，报告篇幅一般是一页，格式固定
例外事件报告	随时	项目团队的职能部门代表	简短描述意外事件或问题，说明其影响，建议的解决措施，谁负责解决，采用固定格式
会议记录	需要时	会议主持人	对会议内容和检查项目的简短总结，主要包括：（1）会议议题；（2）情况变化；（3）问题；（4）措施。可以不规定固定格式

对项目进展情况的检查通常采用例会的方式。常见的例会有技术例会、设计审查例会、项目调度例会。要事先规定每种例会的目的、任务、参加人员和会期等制度。例会作为一种控制制度，应在项目计划阶段就确定下来。

在图 11—5 中列出的常用的项目报告图形工具中，甘特图是最常用的，它通常用作组织的高层管理者或项目经理掌握项目全局的工具。特别是当项目存在大量的并行活动时，甘特图使之一目了然。项目总成本分解图动态地显示出在项目各个阶段上，项目的材料成本、人工成本和固定费用的构成情况，便于项目经理及早把握和控制。项目人工成本和工时部门分解图有助于项目经理在规划和满足各部门人力资源需求时，控制各部门人工成本的水平。项目进度和成本支出跟踪图有助于项目经理动态地控制项目成本的支出，对支出超出预算的阶段及早和及时采取控制措施。

我们下面结合一个集成产品开发过程项目管理规范的简单例子总结一下上面对项目计划和控制的讨论。

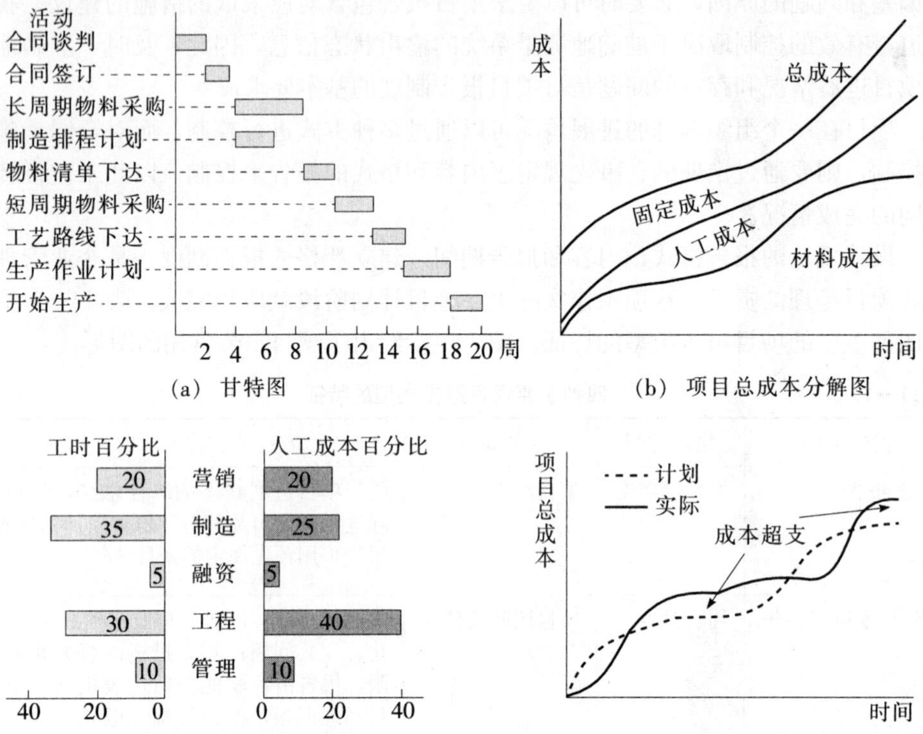

(a) 甘特图　　(b) 项目总成本分解图

(c) 人工成本和工时部门分解图　　(d) 项目进度和成本支出跟踪图

图 11—5 常用的项目报告图形

[例 11—1]

结构化产品开发过程

20 世纪 90 年代中期以来，集成产品开发（integrated product development，IPD）管理体系日益成为企业产品开发项目管理的标准模式。

集成产品开发管理体系主要包括四个组成部分，它们是：产品开发决策组织——集成产品管理团队，结构化产品开发过程，开发资源的管道管理以及产品开发团队。图 11—6 是集成产品开发管理体系的示意图。

集成产品管理团队（integrated product management team，IPMT）一般是设在事业部一级的、由总经理直接领导的跨部门领导小组。IPMT 成员主要包括：研发部门负责人、制造部门负责人、营销部门负责人、财务部门负责人、各产品线总监、客户服务部经理以及总体办主任等。

IPMT 的主要职责是：

- 分析市场需求信息，关注市场机会和竞争对手动向，制定具有竞争力的产品战略与决策；
- 管理产品组合，对事业部产品的商业成功负责；
- 审批产品线提交的商业计划，审批新产品开发立项，确定新产品开发项目的优先级；
- 审批项目经理人选，委任、授权、奖励和解散产品开发项目组，与项目经理

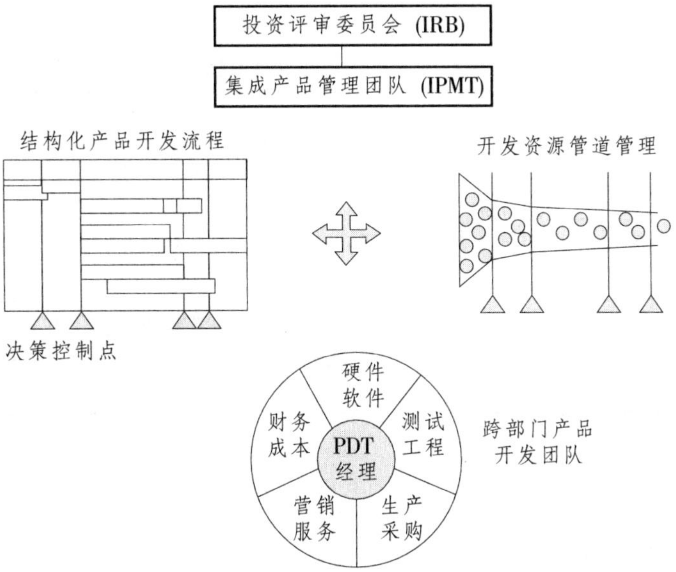

图 11—6 集成产品开发体系

签订新产品开发合同；

● 监控新产品开发过程，在产品开发过程各阶段的决策评审点上，对开发项目进行阶段评审，做出产品是上马、下马，还是重定向的决策，必要时重新确定开发项目的优先级；

● 召开 IPMT 例会，听取和审议产品线总监的项目进展报告；

● 与职能部门经理共同合作，在产品线和产品线与职能部门之间合理调配技术和专业人才资源，对开发资源进行管道管理；

● 就各项目商业计划的完成情况，包括项目的开发进度、营销、销售、客户满意度、融资以及损益，向集团公司投资评审委员会（investment review board，IRB）汇报；

● 接受 IRB 的业务领导，执行 IRB 的决定。

产品开发团队（product development team，PDT）是具体承担新产品开发任务的跨部门团队，其核心管理团队由来自研发部门、市场部门、制造部门、服务部门、采购部门和财务部门等相关部门的代表组成，对新产品的按期上市和商业成功负责。

开发资源的管道管理（pipeline management，PM）是 IPMT 在产品开发过程的每个阶段上根据决策评审的结果做出上马、下马或重定向的决策，并根据企业的目标和市场竞争要求，确定项目的优先级，据此分配开发资源。表 11—2 给出了传统的开发资源管道管理与业界最佳公司的做法的比较。

结构化产品开发过程（structured development process）是集成产品开发管理体系的过程管理模式。所谓结构化的含义，是把一个产品开发项目的开发过程划分为几个典型的阶段，在每个阶段的结尾设立决策检查点（decision check point，DCP），然后根据开发计划，对产品开发在本阶段的结果进行评审，根据评审结果做出上马、下马或重定向的决策。图 11—7 给出了一个结构化产品开发过程的示意图。

表 11—2　　开发资源管道管理的传统做法与世界最佳公司的做法比较

传统的管道管理方法	业界最佳公司的做法
在开发过程后期才过滤不合格项目，浪费了大量的研发经费	在研发过程早期就剔除不合格项目，把研发经费的浪费降至最低
好坏项目平均分配资源，延长了产品投放市场的时间	把资源集中到最佳项目上，使之尽快推向市场
每年春季和秋季对项目进行评审，且主要是财务评审	在各里程碑或决策检查点上，由多个高层管理部门对项目的适宜性与商业可行性进行评估

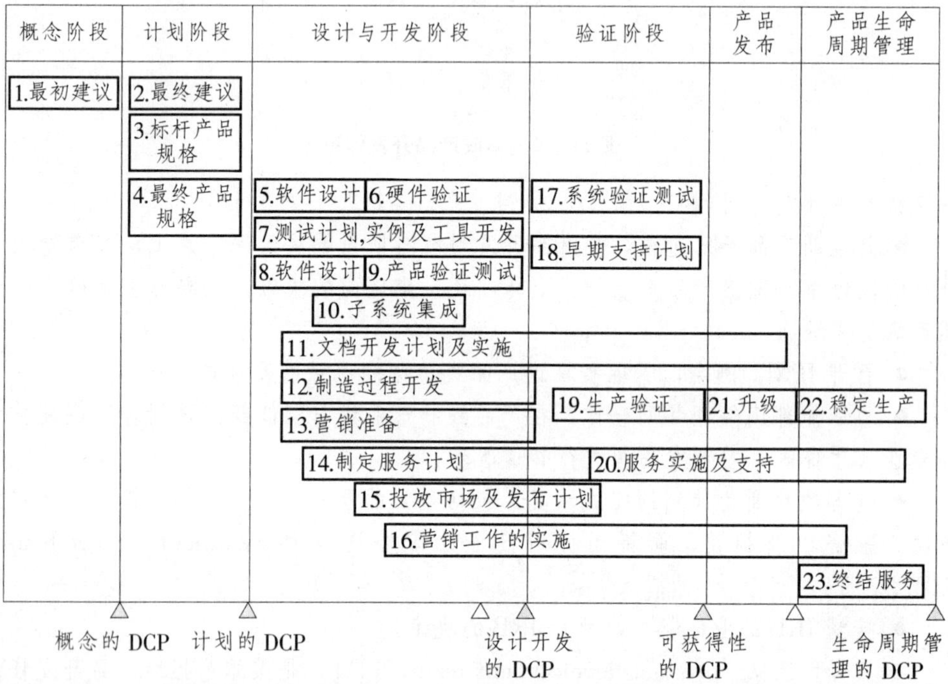

图 11—7　结构化产品开发过程

说明：图中，△：强制的 DCP；△：可选的 DCP。

在结构化产品开发过程中有四个典型的决策检查点（DCP），即：

● 概念的 DCP。在概念阶段结束时进行，主要交付件是商业计划。主要的评审标准是从客户需求、市场机会、公司战略、新技术可获得性（包括自行开发和购买）和财务角度评审新产品商业计划的可行性。

● 计划的 DCP。在计划阶段结束时进行，主要交付件是产品开发计划和产品规格说明书。主要评审标准是从竞争对手标杆（benchmark）、产品竞争优势、目标成本、产品开发团队能力、产品规格与客户需求符合度等方面评审产品开发计划、开发预算、资源保证、上市时间和产品规格的正确性和可行性。

● 可获得性的 DCP。在验证阶段结束时进行，主要交付件是经验证合格的产品样机、产品文档、量产的工艺和设备计划、市场推介计划（market introduction）、服务计划和产品发布计划。主要评审标准是从产品上市时机、市场容量、生产线准备、规模经济性、产品竞争力、订价策略、分销渠道和产品的可获得性、售后服务准备等方面对上述交付件进行全面评审。

● 生命周期管理的 DCP。在生命周期阶段需要做出一些主要的决策，决定：（1）何时停止生产；（2）何时停止分销，将产品从市场退出；（3）何时中止服务和/或支持。每个决策点都要对跨功能部门的许多活动进行管理以便控制支出、支持向新产品的过渡和实现利润最大化。

集成产品管理团队 IPMT 在决策评审点上的决策主要有三种类型：

● 继续（go）。如果项目获得批准，IPMT 便会在概念的 DCP 上批准向项目组提供下一阶段的资金和资源；在计划的 DCP 上提供整个项目的资金和资源；或在可获得性的 DCP 上批准产品发布；在生命周期管理的 DCP 上批准产品退出市场。

● 终止（no go）。如果项目被终止和关闭，应当有序地进行，包括相应的项目归档和资源的重新分配。

● 重新确定方向（redirect）。如果 IPMT 指示产品线或产品开发团队将项目或计划重新定位到一个具体的方向上，或者搜集更多的信息，然后再重新回来开会。通常，产品线组合和产品线策略做得越好，项目任务书就会越好，重新确定方向的情况也会越少。

结构化产品开发过程管理的关键是阶段评审的认真性和有效性。有效的阶段评审一般具有下述五个特征：

（1）遵循程序。阶段评审应当遵循明确的和一致的决策程序，决策的结果应当与资源的分配结合；

（2）充分授权。如果决策结果是继续该项目，则应对产品开发团队充分授权以使之能够实施项目计划，对开发计划的完成承担责任。

（3）贯彻战略。将公司的产品战略与产品开发结合，阶段评审应当看作一个贯彻公司产品战略的过程。

（4）定量考核。阶段决策检查点上的评审标准应当是根据产品开发计划事先制定出来的可定量度量的指标。

（5）建立里程碑。在阶段评审中发现的问题必须限期解决；对产品可能延迟上市的问题要引起足够重视，研究采取有效的补救措施，并规定落实的时间。

我们看到，结构化产品开发过程管理模式是一个典型的项目生命周期管理模型。

资料来源：McGrath，Michael E.：Setting the PACE in Product Development—a guide to product and cycle-time excellence. Butterworth-Heinemann，1996，pp. 31 - 44.

我们在本章中讨论了项目控制的一些主要方面和工具，我们再次看到，控制是以计划为依据的，其目的是实现计划。所以，计划对项目的成败起着决定的作用。还是那句话："凡事预则立，不预则废。"

第三节　网络计划技术

我们在前面已经提出过，项目管理有两个突出的特征：一是时间要求非常严格，如大型水坝的建设工程必须赶在汛期到来前合拢，否则就要推迟到汛期过后；又如城市大型立交桥工程必须在尽可能短的时间内竣工通车，否则因施工造成的交通堵塞每天都会给城市经济和人民生活带来巨大的影响和不便。二是协作关系十分复杂，如某些重大的研究开发项目可能会有成百上千的协作单位、供应商、制造商、市场调查机构等参与。那么如何协调复杂的、众多的并行活动，如何确保按期完工，就成为项目管理的关键问题。围绕解决这个问题，自 20 世纪 50 年代中期以来，开发出了有效的管理技术——网络计划技术。

网络计划技术是一类项目计划与控制技术的总称。该类技术以图论为基础，以网络的形式描述复杂项目的任务结构，采用一定的科学算法和统计方法求解关键活动和关键路线，抓住主要矛盾，围绕关键活动和关键路线安排协作计划和进度计划，确保项目按期完工。网络计划技术中最有代表性、也是最常用的方法是计划评审技术（PFRT）。

一、网络图和关键路线

所谓计划评审技术是把项目当作一个系统，用网络图和矩阵表格的形式来表示各项具体活动的先后顺序和相互关系，以时间为中心、以完工期限为主要约束条件，找出从开工到完工所需时间最长的关键路线，并围绕关键路线，对系统进行统筹规划、合理安排，以及对各项活动的完成进度进行严密控制，以达到用尽可能少的时间和资源消耗来完成系统预定目标的一种进度计划与控制方法。计划评审技术最初是美国海军特种规划局在建造北极星核潜艇的过程中发展出的一种管理方法，该方法使北极星计划取得了巨大成功，比原定工期提前了近两年。随后，这种方法被推广应用到民用工程管理和企业管理中，就连筹备大型体育比赛、组织大型会议这样的服务性活动，也广泛采用了 PERT 方法。概括起来，计划评审技术具有下述特点。

（1）体现了系统工程的整体性、综合性和科学性原理。

（2）能够帮助项目主管人员制定进度计划并掌握全局，找出主要矛盾，抓住关键环节。通过网络分析，可以了解哪些活动是关键的、必须保证的，哪些活动还有潜力可挖。从而可以在一定范围内抽调非关键活动的人力和物力支援关键活动，保证项目按预定的工期完成。

（3）能够有效地对活动进行控制，特别是当某项活动的完成进度拖期时，能够分析出它对全局的影响，便于及时采取恰当的补救措施。

（4）能够通过网络分析得出完成计划的多个可行方案，从而为选取最佳方案提供依据。

（5）项目越复杂，其优点越显著。由于计划评审技术使复杂的管理问题得以数学模型化，所以可以充分利用计算机技术解决复杂项目的进度计划问题。目前，以 PERT 为基本工具的项目管理软件有很多种，用户可以根据自身的要求方便地选购。

下面我们通过一个简单的例子说明应用计划评审技术确定关键路线的方法。

[例 11—2]

某产品设计与样机试制的网络计划

达因公司为了确保某新产品按计划上市，编制了该产品设计与样机试制的网络计划。该产品的设计与样机试制过程可以粗略地划分为 17 项活动（见表 11—3）。在表 11—3 中，还列出了各项活动的紧前活动和所需的工作日数。

表 11—3　　某产品设计和样机试制的活动分解表

序号	活动名称	代号	紧前活动	作业时间（日）
1	设计总图与部件图	A	—	60
2	工艺试验	B	A	25
3	设计零件图与毛坯图	C	A	30
4	编制零件加工工艺	D	B，C	20
5	订购外协件	E	B，C	60
6	采购原材料	F	B，C	50
7	设计锻模	G	D	10
8	制造锻模	H	G	15
9	生产锻件	I	F，H	10
10	制造木模	J	D	25
11	生产铸件	K	J	10
12	设计工装	L	D	20
13	制造工装	M	L	20
14	机加工棒料备料	N	F	5
15	机械加工	O	I，K，M，N	30
16	装配	P	E，O	10
17	验收	Q	P	10

1. 紧前活动。

所谓一项活动的紧前活动，是指紧接在该项活动开始前必须先期完成的活动；而紧后活动，则是指紧接在一项活动之后开始的活动。例如表 11—3 中活动 I 的紧前活动是活动 F 和活动 H；而活动 I 的紧后活动为活动 O。

2. 活动时间的估计。

活动的作业时间用 $t(i,j)$ 表示，可以根据已有的工时定额资料或经验进行估计。对于那些从未进行过的活动，为了估计它的作业时间，以先分别估计出该项活动的最快可能完成时间（记作 a）和最慢可能完成时间（记作 b）以及最大可能完成时间（记作 m），然后按下式近似地估计该项活动的作业时间：

$$t(i,j)=\frac{a+4m+b}{6} \tag{11.1}$$

这种估计作业时间的简化方法根据的是数理统计中的β分布理论，简称为“三点估计法”。

3. 网络图的画法。

根据活动分解表中给出的活动的紧前关系，可以画出项目的网络图。

项目网络图一般有两种画法。一种是以节点表示活动，以有向的箭线表示活动之间的紧前关系而画出的网络图，称为以节点表示活动的网络图。图 11—8 就是一个在表 11—3 的活动分解表的基础上，以节点表示活动的网络图。在节点中可以标出活动的代号和作业时间。这种画法最简单直观，应用也最普遍。另一种是以有向的箭线表示活动，以节点表示活动之间的衔接关系，在箭线上标出活动的代号和作业时间的网络图，称为以箭线表示活动的网络图，如图 11—9 所示。这种网络图中的节点也被看作一个“事件”，即紧前活动结束和紧后活动开始的事件。这种画法因为有时要引入“虚活动”以使活动在网络图中的表示具有唯一性，略微加大了画法的复杂性，故通常不是首选的画法。但由于以箭线表示活动的网络图很容易转换为以矩阵表示的网络图，以及在进行工期——资源权衡和建立优化模型等方面的优点，故为本书所采用。实际应用中，可根据需要和习惯在这两种网络图画法中选择。

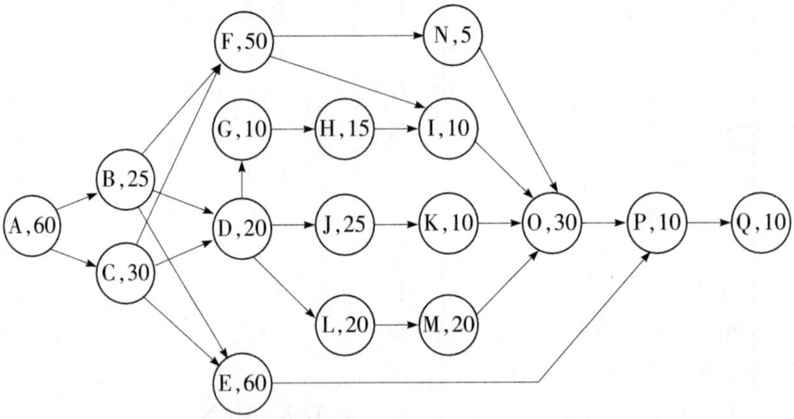

图 11—8 以节点表示活动的网络图

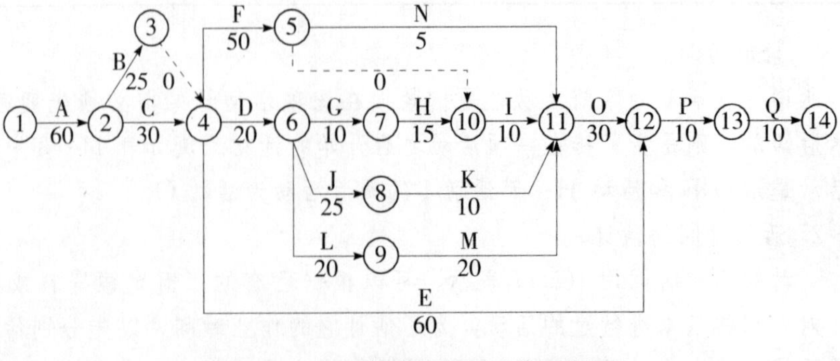

图 11—9 以箭线表示活动的网络图

在图 11—9 中，活动用有向箭线表示；虚线箭线表示的活动为虚活动，在节点 3 和节点 4 之间是一条虚活动，它使活动 B 和活动 C 分别用节点（2，3）和节点（2，4）唯一地表示。类似的还有在节点 5 和节点 10 之间引入的虚活动，它区分了活动（5，11）和活动（10，11），从而使活动在网络图中的表示具有唯一性。这就是引入虚活动的目的。虚活动既不消耗资源也不占用时间。另外，在以箭线表示活动的网络图中，节点用来表示活动的开始或结束事件。节点都是编了号的，因此，一项活动除可以用唯一的箭线表示以外，还可以用一对唯一的结点编号表示。例如活动 A 也可以表示为（1，2），活动 E 可表示为（4，12）等，依此类推。用一对唯一的编号来表示活动，尤其适用于网络计划的矩阵表示法和计算机处理。

4. 活动时间参数的计算。

计划评审技术的核心是找出关键路线。为此，需要分别计算活动的最早开始时间（early start time，ES）、最迟开始时间（late start time，LS）、最早结束时间（early finish time，EF）、最迟结束时间（late finish time，LF）和松弛时间（slack time，ST，或称为时差）。这五个时间参数的计算方法如下：

（1）活动的最早开始时间 $ES(i,j)$。

一项活动必须等到它的紧前活动都完成之后才能开工，在此之前是不具备开工条件的，这个时间称为活动的最早开始时间，用 $ES(i,j)$ 表示。其中 i，j 是该项活动的编号。活动的 $ES(i,j)$ 是按照从网络始点到网络终点顺推的顺序计算的。计算过程中可能遇到两种情况：

1）从始点开始的活动的最早开始时间为 0，即：

$$ES(1,j) = 0 \tag{11.2}$$

2）网络中任一项活动的最早开始时间，等于它的紧前活动的最早开始时间加上紧前活动的作业时间之和，若紧前活动有多个，取时间之和中最大的一个，即：

$$ES(i,j) = \max_h\{ES(h,i) + t(h,i)\},(i,j = 2,3,\cdots,n) \tag{11.3}$$

式中，$ES(h,i)$ 为紧前活动的最早开始时间；$t(h,i)$ 为紧前活动的作业时间；h 为紧前活动的前编号，$h<i$。

本例中各项活动最早开始时间的计算结果，标在图 11—10 中各项活动箭尾位置上的“□”形符号中。例如活动 I，O 和 P 的最早开始时间的计算过程如下：

$$\begin{aligned} ES(10,11) &= \max\{ES(7,10) + t(7,10),\ ES(5,10) + t(5,10)\} \\ &= \max\{120 + 15, 140 + 0\} = 140 \\ ES(11,12) &= \max\{ES(5,11) + t(5,11),\ ES(10,11) + t(10,11), \\ &\quad ES(8,11) + t(8,11),\ ES(9,11) + t(9,11)\} \\ &= \max\{140 + 5, 140 + 10, 135 + 10, 130 + 20\} = 150 \\ ES(12,13) &= \max\{ES(11,12) + t(11,12),\ ES(4,12) + t(4,12)\} \\ &= \max\{150 + 30, 90 + 60\} = 180 \end{aligned}$$

（2）活动的最早结束时间 $EF\ (i,\ j)$。

一项活动的最早结束时间就是它的最早开始时间加上该活动的作业时间，即：

$$EF(i,j) = ES(i,j) + t(i,j),\ (i,j = 1,2,\cdots,n) \tag{11.4}$$

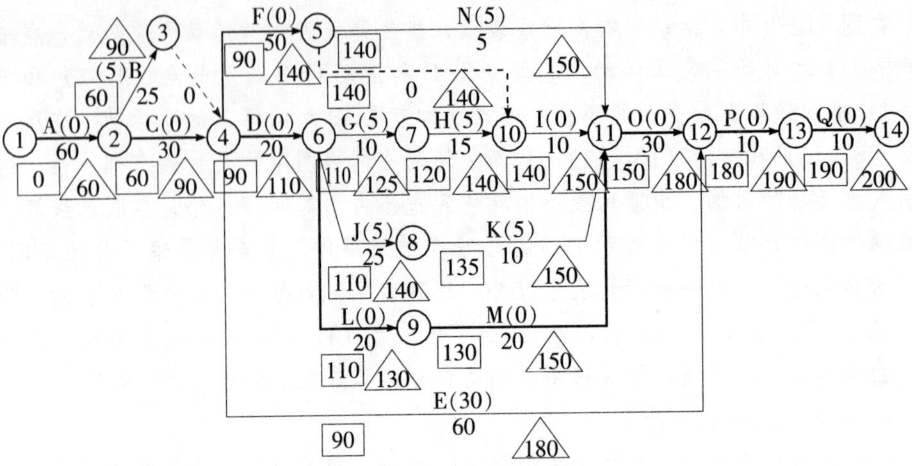

图 11—10 网络活动时间参数计算结果

(3) 活动的最迟结束时间 LF (i, j)。

一项活动的最迟结束时间是指截止到这个时间，活动必须全部完成，否则就要影响它的紧后各活动的按时开始，用符号 $LF(i, j)$ 表示，其计算顺序是从终点向始点倒推。计算过程中也可能遇到两种情况：

1) 与终点相接的活动的最迟结束时间等于这些活动的最早结束时间中最大的一个，即：

$$LF(i,n) = \max_{i}\{EF(i,n)\} \tag{11.5}$$

2) 网络中任一活动的最迟结束时间，等于它的紧后活动的最迟结束时间减去该紧后活动的作业时间之差，若紧后活动有多个，则取时间之差中最小的一个，即：

$$LF(i,j) = \min_{k}\{LF(j,k) - t(j,k)\},\ (i,j = 1,2,\cdots,n-1) \tag{11.6}$$

式中，LF (j,k) 为活动 (i,j) 紧后活动的最迟结束时间；$t(j,k)$ 为该紧后活动的作业时间；k 为紧后活动的后编号，$k > j$。

各项活动最迟结束时间的计算结果，标在图 11—10 中各个活动箭头位置的"△"形符号中。例如，活动 F、D、C 和 A 的最迟结束时间计算过程如下：

$$\begin{aligned} LF(4,5) &= \min\{LF(5,11) - t(5,11),\ LF(5,10) - t(5,10)\} \\ &= \min\{150 - 5,\ 140 - 0\} = 140 \\ LF(4,6) &= \min\{LF(6,7) - t(6,7),\ LF(6,8) - t(6,8), \\ &\quad LF(6,9) - t(6,9)\} \\ &= \min\{125 - 10,\ 140 - 25,\ 130 - 20\} = 110 \\ LF(2,4) &= \min\{LF(4,5) - t(4,5),\ LF(4,6) - t(4,6), \\ &\quad LF(4,12) - t(4,12)\} \\ &= \min\{140 - 50,\ 110 - 20,\ 180 - 60\} = 90 \\ LF(1,2) &= \min\{LF(2,4) - t(2,4),\ LF(2,3) - t(2,3)\} \\ &= \min\{90 - 30,\ 90 - 25\} = 60 \end{aligned}$$

(4) 活动的最迟开始时间 LS (i,j)。

为了不影响其紧后活动的按时开始，每项活动应有一个最迟开始时间，用 LF

(i,j) 表示。它可以通过将活动的最迟结束时间减去该活动的作业时间求得，即：

$$LS(i,j)=LF(i,j)-t(i,j),\ (i,j=1,2,\cdots,n) \tag{11.7}$$

上述四个时间参数中，关键是活动的最早开始时间 $ES(i,j)$ 和活动的最迟结束时间 $LF(i,j)$，它们给出了一项活动可以灵活调度的最大时间范围。

(5) 活动的松弛时间 $LF(i,j)$。

活动的松弛时间的含义是：在不影响整个计划完工期限的条件下，该项活动可以推迟开始或推迟结束的最大机动时间，用符号 $ST\ (i,j)$ 表示。活动的松弛时间可以通过该项活动的最迟结束时间减去最早开始时间再减去作业时间求得，即：

$$ST(i,j)=LF(i,j)-ES(i,j)-t(i,j) \tag{11.8}$$

从定义或者上式中可以看出，活动的松弛时间还可以用一项活动的最迟结束时间减去该项活动的最早结束时间，或者用该项活动的最迟开始时间减去最早开始时间求得。在图 11—10 的网络图中，各项活动松弛时间的计算结果按照惯例标在活动代号旁的括号里。

5. 关键路线的确定。

活动松弛时间的作用在于，可以根据它确定关键活动和找出关键路线。所谓关键活动，就是活动松弛时间为零的活动，也就是其开始时间或结束时间没有任何机动余地的活动。而关键路线是指从项目开始到结束占用时间最长的路线。在关键路线上，各项活动的松弛时间均为零；反之也成立，即由松弛时间为零的活动连接成的从始点到终点的路线就是关键路线。由关键活动和关键路线的定义，我们可以得出下述几个要点：

(1) 项目的总工期是由关键路线的活动总时间决定的。

(2) 由于关键路线上各项活动的松弛时间均为零，所以其中任何活动如果不能按期完成，则会使整个计划的完工期推迟相同的时间。

(3) 如果要缩短项目的计划完工期限，应当设法缩短某个或某些关键活动的作业时间，而缩短非关键活动的作业时间对计划完工期没有影响。

(4) 某个项目网络计划中的关键路线可能不止一条。如在图 11—10 中就有两条关键路线：①—②—④—⑤—⑩—⑪—⑫—⑬—⑭和①—②—④—⑥—⑨—⑪—⑫—⑬—⑭。或以关键活动表示：A—C—F—I—O—P—Q 和 A—C—D—L—M—O—P—Q。在图 11—10 中，我们以加粗的实线表示之。

活动松弛时间的作用还在于，某项活动的松弛时间越大，则其推迟开始或完成的机动时间也越大。项目经理可以利用这一点将这些活动中的人力或物力抽调出来支援关键活动。

显然，通过网络分析找出关键活动和关键路线，就可使项目经理做到心中有数，将其注意力集中在那些影响和决定全局的关键活动上。可以想象，对于一个负责重大项目的总经理或负责大型工程的总指挥来说，计划人员如果能够明确地告诉他哪些是关键活动，哪些活动可以推迟到什么期限完成，哪些活动可以暂缓而将资源抽调出来支援关键活动，将是多么重要。

计划评审技术除了可以用于进度计划的编制和控制外，还可以在计划阶段对项目按期完工的概率进行估算，在资源限制条件下进行负荷平衡，以及帮助决策人员在项目的工期和费用支出之间进行权衡。

二、网络时间的概率估计

由于项目的一次性特征，项目中的许多活动以前可能从未发生过，或即使有过类似的活动，但新项目中的该种活动无论在内容上还是范围上都可能与以前的同类活动有很大差异，这使得对活动作业时间的估计带有一定的不确定性，这必然导致对项目完工期的预计也带有很大程度的不确定性。我们在前面已经引入了基于β分布的活动时间的“三点估计法”，现在的问题是：如何在此基础上估计项目按期完工的概率，以及当我们试图缩短项目工期时，按缩短后的工期完工的概率有多大。了解这种概率的大小有助于我们合理地计划项目的完工期。

我们还是结合例 11—2 来定量地讨论一下这个问题，请看下例。

[例 11—3]

网络时间的概率估计

网络时间的概率估计主要包括活动平均时间的估计、活动时间方差的估计以及项目完工期概率的估计，其步骤如下：

1. 将项目分解为活动，按活动的先后顺序和衔接关系画网络图，计算活动时间参数和确定关键路线。

2. 根据“三点估计法”估计活动的平均作业时间。如前所述，所谓三点估计法，即：

(1) 最快可能时间 (optimistic time)，又称为乐观时间，记作 a，即完成活动的最短的合理期间。

(2) 最大可能时间 (most likely time)，记作 m。

(3) 最慢可能时间 (pessimistic time)，又称为悲观时间，记作 b，即完成活动的最长的合理期间。

我们将一项活动的平均作业时间记作 $ET(i,j)$，则按三点估计法，$ET(i,j)$ 的计算公式为式 (11.1)，我们重写在下面：

$$ET(i,j)=\frac{a+4m+b}{6} \tag{11.9}$$

上述三种活动时间的估计可以根据有经验的专业人员的判断。不过更好的估计方法是对以往的类似活动进行统计和分析，在此基础上建立每类活动时间的定额标准，然后参照同类活动的定额标准，结合新活动的复杂程度，对其三种活动时间进行恰当的估计。需要强调的是，定额是计划的基础，没有日积月累的扎实的基础工作，是难以编制出一个好的计划来的。

3. 确定关键路线。根据活动的平均作业时间 $ET(i,j)$，按例 11—2 的方法，计算活动的时间参数，据此确定关键路线。

4. 计算活动时间的方差（σ^2）。仍然依据β分布的简化公式，活动方差的计算公式如下：

$$\sigma^2=\left(\frac{b-a}{6}\right)^2 \tag{11.10}$$

显然，活动的最快可能时间和最慢可能时间的差距越大，活动时间的方差就越大。

5. 确定项目按给定期限完工的概率。这里我们假定，活动时间是相互独立的随机变量。尽管活动时间的分布可能是非正态的，但由于项目包含多个顺序进行的活动，故有理由假定项目的完工期近似服从正态分布。我们知道，正态分布取决于两个关键参数：数学期望和标准差（方差的平方根）。

我们已经知道，项目的完工期是由关键路线的时间决定的。也就是说，项目完工期等于关键路线上关键活动的作业时间之和。根据概率论，独立随机变量的和的方差等于各随机变量方差之和，因此我们知道，项目完工期的方差等于关键路线上各关键活动时间方差之和。如果项目的关键路线不止一条，按照稳健性原则，取其中方差最大者。

从而，确定项目按给定期限完工的概率的计算过程分为三步：

（1）计算项目网络图中每条关键路线的方差，取其中最大者作为项目期望完工期的方差。

（2）将非标准正态分布的关键活动时间的标准差转换成标准正态分布随机变量的标准差。转换公式为：

$$Z=\frac{D-T_E}{\sqrt{\sum\sigma_{cp}^2}} \tag{11.11}$$

式中，Z是归一化系数，它是假定的完工期与期望的完工期之差的标准差；D是给定的项目完工期；T_E是期望的项目完工期；$\sum\sigma_{cp}^2$是关键路线方差之和。

（3）查累积的标准正态分布表（见本书附录A），得到项目按给定的期限完工的概率。

下面我们回到例11—2的数据上去，实际计算一下项目按给定的完工期完工的概率。这里，我们希望计算下述两种假设的概率。

（1）项目按期望完工期完工的概率。

（2）项目提前10天完工的概率，也就是总工期缩短5%，按此期限完工的概率。

计算过程如表11—4所示。

表11—4　活动平均时间和方差的计算

序号	活动名称	代号	时间估计			$ET(i,j)$	方差σ^2	关键活动
			a	m	b			
1	设计总图与部件图	A	52	56	84	60	28.44	√
2	工艺试验	B	20	25	30	25	2.78	
3	设计零件图与毛坯图	C	24	28	44	30	11.11	√
4	编制零件加工工艺	D	13	21	23	20	2.78	√

续前表

序号	活动名称	代号	时间估计			ET(i,j)	方差 σ^2	关键活动
			a	m	b			
5	订购外协件	E	56	60	64	60	1.78	
6	采购原材料	F	44	48	76	50	28.44	√
7	设计锻模	G	8	10	12	10	0.44	
8	制造锻模	H	13	14	21	15	1.78	
9	生产锻件	I	9	10	11	10	0.11	√
10	制造木模	J	22	24	32	25	2.78	
11	生产铸件	K	9	10	11	10	0.11	
12	设计工装	L	16	18	32	20	7.11	√
13	制造工装	M	13	21	23	20	2.78	√
14	机加工棒料备料	N	4	5	6	5	0.11	
15	机械加工	O	18	32	34	30	7.11	√
16	装配	P	9	10	11	10	0.11	√
17	验收	Q	8	10	12	10	0.44	√

由于项目网络存在两条关键路线，我们分别计算各自的方差，从中选择最大者。对于第一条关键路线，即 A—C—F—I—O—P—Q，其方差为：$\sum\sigma_{cp}^2 = 28.44 + 11.11 + 28.44 + 0.11 + 7.11 + 0.11 + 0.44 = 75.76$；对于第二条关键路线，即 A—C—D—L—M—O—P—Q，其方差为：$\sum\sigma_{cp}^2 = 28.44 + 11.11 + 2.78 + 7.11 + 2.78 + 7.11 + 0.11 + 0.44 = 59.88$。故选择第一条关键路线的方差作为项目期望完工期的方差。

现在考虑假设一：项目按期望完工期完工的概率。将有关变量的数据代入式（11.11）得到：

$$Z = \frac{D - T_E}{\sqrt{\sum\sigma_{cp}^2}} = \frac{200 - 200}{\sqrt{75.76}} = 0$$

查累积的标准正态分布表得知，对应 $Z=0$ 相应的概率为 0.50。也就是说，如果项目的网络计划和活动的时间估计是可靠的，则项目按期望完工期限完工的概率，理论上仅为 50%。换言之，按期完工已经很不容易。

现在考虑假设二：项目提前 10 天完工的概率。将有关变量的数据代入式（11.11）得到

$$Z = \frac{D - T_E}{\sqrt{\sum\sigma_{cp}^2}} = \frac{190 - 200}{\sqrt{75.76}} = -1.148\,9$$

查累积的标准正态分布表可知，对应 $Z=-1.148\,9$，相应的概率为 0.125 3（经线性插值的结果）。从理论上说，在本例中，项目工期缩短 5%，按期完工的概率仅为 12.53%左右。从理论上说，几乎不太可能按缩短后的工期按期完工。

一般来说，活动时间的估计留的余地越大，也就是活动的最快可能时间与最慢

可能时间之间的范围越大（定量地表述，也就是关键路线的方差之和越大），则在一定限度内缩短工期（比如说工期缩短3%以内），可能不会带来完工期概率的大幅下降。但是，如果活动时间估计得越精确，也就是说，活动的最快可能时间与最慢可能时间的差距越小，则对于缩短后的工期，按期完工的概率越小。所以，对于一个精心计划的项目，能够按期望的完工期完成，就是最合理的要求、最高的要求。不要盲目地提出或者承诺提前完工。

三、工期与资源的平衡

项目管理的一个重要特征是在限定的资源（人力、物力、财力）条件下，尽可能确保按期完工。通常称项目（或活动）在一个单位时间区段上的资源需要量为负荷。一般来说，由于资源供应的限制，往往使某些活动不可能同时进行，其中有的活动要推迟进行。当某一活动的开始时间向后推迟时，如果超过该活动松弛时间的范围，则会使整个项目延期。因此在进行资源合理安排时，应分析一下究竟推迟哪项活动才能不拖延或少拖延工期，这就是工期与资源平衡问题。工期与资源平衡问题的一般原则是：（1）优先保证关键活动对资源的需求。（2）充分利用松弛时间，错开各活动的开始时间。（3）尽量使项目实施各阶段的负荷均衡。

下面我们通过一个例子说明工期与资源平衡的方法。

[例 11—4]

工期与资源的平衡问题

某项目的网络图如图 11—11 所示。图中箭线上带括号的数字为某种资源的日需要量。已知该项目资源日供应量的最大限度为 20 单位，在此限制条件下，可按以下步骤寻求工期最短的方案。

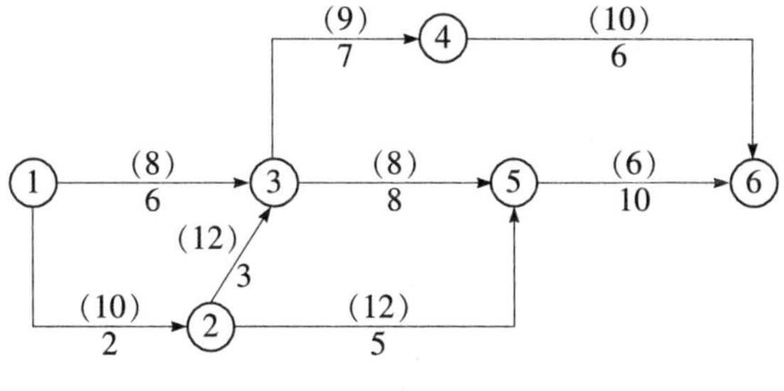

图 11—11 某项目的网络图

1. 计算各活动的时间参数，如表 11—5 所示。

表 11—5 **活动时间参数**

工作编号		t_{ij}	*ES*	*EF*	*LS*	*LF*	*ST*	关键活动
i	*j*							
1	2	2	0	2	1	3	1	
1	3	6	0	6	0	6	0	√

续前表

工作编号		t_{ij}	ES	EF	LS	LF	ST	关键活动
i	j							
2	3	3	2	5	3	6	1	
2	5	5	2	7	9	14	7	
3	4	7	6	13	11	18	5	
3	5	8	6	14	6	14	0	√
4	6	6	13	19	18	24	5	
5	6	10	14	24	14	24	0	√

2. 按照活动最早开始时间将网络图用时间坐标法绘出。此时，活动箭线的长度代表活动持续的时间，同时绘出相应的负荷曲线，如图 11—12 所示。

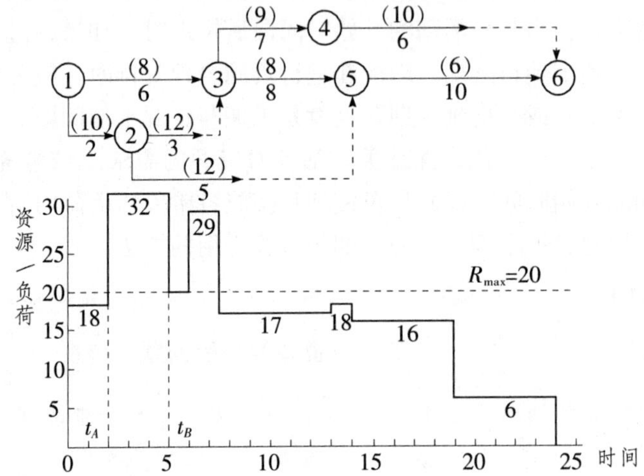

图 11—12　时间坐标网络图

3. 在资源负荷曲线图中，自左向右检查每日负荷是否超过资源最大供应量 R_{max}，如超过时则对活动的开始时间予以调整。

从图 11—12 中可以看出，负荷曲线呈阶梯状，其中任何一个时间区段均意味着某些活动的开始或结束。检查负荷是否超过最大资源供应量可按区段进行。若以 t_A 表示某区段的始点，以 t_B 表示某区段的结束点，以 R_{AB} 表示该区段上的负荷，则当 $R_{AB} > R_{max}$ 时，应将该区段内某些活动的开始时间后移，移到 t_B 时刻以后开始，使该区段的 $R_{AB} \leqslant R_{max}$。在任一负荷超出最大资源限度的区段［t_A, t_B］中，可能包括多个活动，其中有些活动是在 t_A 以前开始的，有些就是在 t_A 时刻开始的，在这些活动中究竟应该调整哪些活动，人们希望有一种简便的判断标准。为此，我们引入一个调整系数 K_{ij}，可根据不增加总工期或者工期增加最少的原则，按下式计算［t_A, t_B］区段内各项活动的调整系数 K_{ij}：

$$K_{ij} = (t_B - ES_{ij}) - ST_{ij} \tag{11.12}$$

我们的判断标准是：优先调整 K_{ij} 值最小的活动，使之推迟到 t_B 以后再开始。理由是，根据我们的经验，应该首先考虑推迟松弛时间更大的活动，这样对总工期的影响会较小；其次，应该优先考虑推迟开始得更晚的活动，这样对该活动的影响较小。从式（11.12）中可以看出，某一活动的松弛时间越大，越有可能使 K_{ij} 取更小的值；此外，某一活动的最早开始时间 ES_{ij} 越大，也就是开始得越晚，也越有可能使 K_{ij} 取更小的值。这符合优先保证关键活动和充分利用松弛时间的原则。于是，在计算出各活动的 K_{ij} 后，挑选其中 K_{ij} 值最小的活动优先后移，使此时段内的负荷减少到资源可供量的限制内。

本例中，如图 11—12 所示，在第一个超负荷区段上，$t_A=2$，$t_B=5$，$R_{2,5}=32>20$，故需要调整。该区段内包括三项活动：(1，3)，(2，3) 和 (2，5)，它们的 K_{ij} 值分别为：

活动（1，3），$K_{1,3}=5-0-0=5$

活动（2，3），$K_{2,3}=5-2-1=2$

活动（2，5），$K_{2,5}=5-2-7=-4$

其中，调整系数 $K_{2,5}$ 的值最小，应将活动（2，5）移到 5 日以后再开始。该活动移动后仍有 4 日的松弛时间，故不会对总工期有影响。经过这样的移动后，负荷降为 20 个单位，符合规定的资源限量。若在此区段内移动活动（1，2）或活动（2，3），则会使总工期延长 5 日或 2 日。读者可自行验证。

4. 调整完一个时间区段后，要重新计算和绘制新的负荷曲线，然后在新负荷曲线上按步骤 3 的方法进行调整，直到所有活动的日负荷都不超过资源限制为止。

本例中，经第一步调整后的负荷曲线和时间坐标网络图如图 11—13 所示。从中可以看出，在 $t_A=6$，$t_B=10$ 的区段上，负荷 $R_{6,10}=29>20$，仍超过资源限制。这时：

活动（3，4），$K_{3,4}=10-6-5=-1$

活动（3，5），$K_{3,5}=10-6-0=4$

活动（2，5），$K_{2,5}=10-5-4=1$

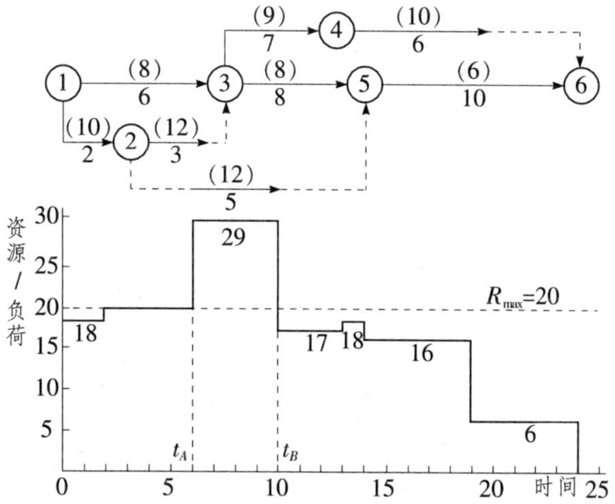

图 11—13　第一次调整后的负荷曲线

因此应将活动（3，4）移到第 10 日后再开始，调整后的结果如图 11—14 所示。可以看出，经第二次调整后，负荷曲线均不超过资源限制，其均衡性大为改善。本例调整后的总工期仍为 24 日。

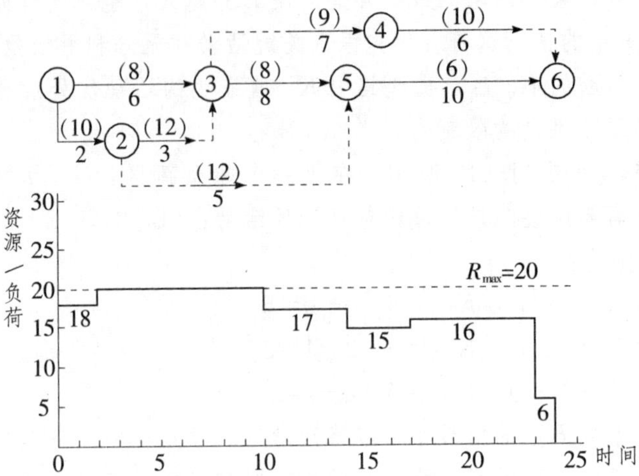

图 11—14　两次调整后的最终结果

按照上述方法最后得出的调整方案，一般来说是一个满意的方案。在有些情况下，总工期可能延长，但即使延长，增加的日数也几乎是最少的。

资料来源：中国人民大学管理系统工程教研室：《管理系统工程》，337～341 页，北京，经济科学出版社，1987。

四、时间—费用分析

在网络计划中，时间—费用分析是个重要的问题。一般来说，一定的工期对应一定的费用支出，缩短工期一般会导致费用支出的增加。如果由于某种原因必须尽量缩短项目工期的话，我们就要设法找到使工期缩短而费用支出增加最小的方案。

1. 费用的组成

费用是由直接费用和间接费用两部分组成的。直接费用主要包括材料费和直接人工费；间接费用主要包括场地和大型机械的租赁费、管理费、贷款利息以及水电费和低值易耗品等消耗性费用。这两种费用与工期的关系在性质上是不同的，一般来说，直接费用随工期的缩短而增加，尤其是直接作业人员的工资和奖金；间接费用在某些情况下会随工期的缩短趋于下降。

2. 时间—费用分析的作用

主要是分析直接费用与工期的关系。直接费用与活动的作业时间长短有关，二者之间的关系可简单地表示为如图 11—15 所示的关系。在图 11—15 中，t_N 为活动的正常时间；t_0 为活动的最短时间限制；相应地，C_N 为正常时间费用，C_0 为最短时间费用或简称为赶工费。一般来说，直接费用与活动时间之间是一种非线性关系，实际中为简化起见，常用分段线性化或就以线性关系来近似表示直接费用与活动时间的关系。从而可以用费用率来表示二者间的关系，即缩短单位时间需要增加的直接费用，记作 C，其计算公式如下：

$$C=\frac{C_0-C_N}{t_N-t_0} \tag{11.13}$$

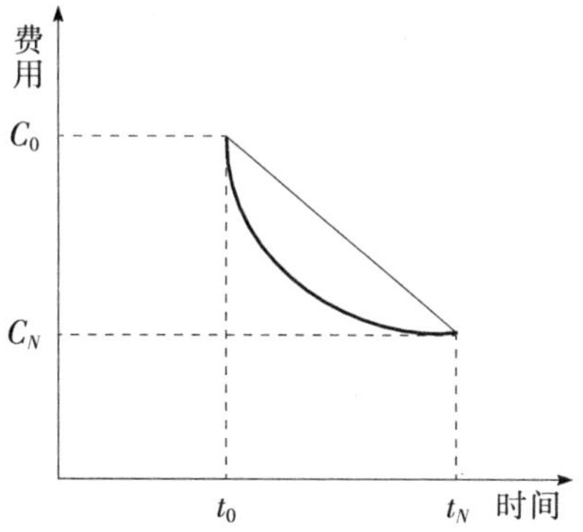

图 11—15　直接费用与活动时间的关系

3. 时间—费用分析步骤

由于不同活动的费用是不同的，C 值越大，意味着活动缩短一天所增加的费用也越大。在简单的网络图中，时间——费用分析可以用手工方式进行，其步骤为：

(1) 找出关键路线中费用率最低的关键活动，如果关键路线不止一条，要在每条关键路线上分别找出费用率最低的关键活动。

(2) 将找出的关键活动（或关键活动组合）的作业时间均缩短一天，并计算增加的费用。

(3) 重新计算网络时间参数并重新确定关键路线。

(4) 重复这一过程，直到满意为止。时间—费用分析的极限是各个关键活动的最短活动时间限制。

当同时考虑间接费用随工期缩短而下降的性质时，时间—费用分析就成为一种寻求最低费用工期的优化分析。图 11—16 给出了这种分析的示意图。对于复杂的项目网络，可以用线性规划方法建立时间—费用分析模型，并借助计算机软件求解。下面给出一种时间—费用分析的线性规划模型。

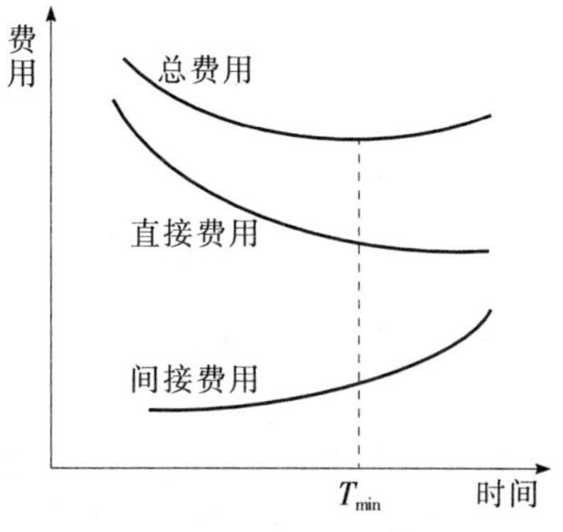

图 11—16　时间费用优化分析示意图

五、时间—费用分析的线性规划模型

我们将图 11—15 重画为图 11—17。在图 11—17 中，为了便于描述，并与网络计划的终点时间记号 T_n 相区别，我们采用新的记号：将活动的正常时间记作 D_{ij}，将活动的最短时间限制记作 d_{ij}；将对应正常时间和最短时间的费用分别记作 M_{ij} 和 m_{ij}，将费用率记作 C_{ij}，将缩短后的作业时间记作 t_{ij}，将对应的费用记作 Z_{ij}。

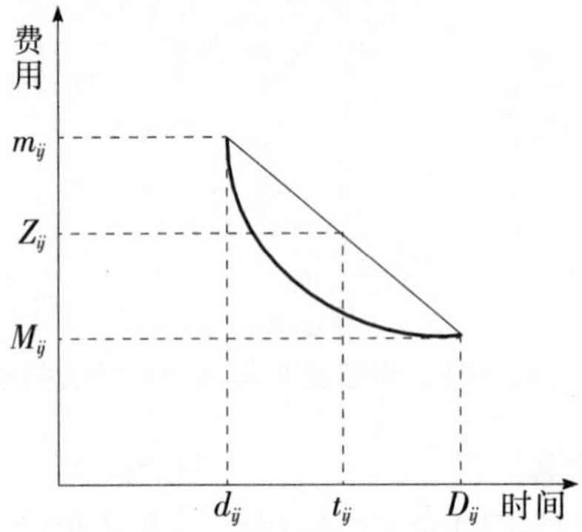

图 11—17　费用与活动时间的关系

下面我们来建立时间—费用分析的线性规划模型。

设某项活动（i,j）缩短后的作业时间为 t_{ij}，它满足如下的约束条件：

$$d_{ij} \leqslant t_{ij} \leqslant D_{ij}$$

相应地，其费用 Z_{ij} 可表示为：

$$Z_{ij} = -C_{ij}t_{ij} + k_{ij} \quad (11.14)$$

式中，

$$C_{ij} = (m_{ij} - M_{ij})/(D_{ij} - d_{ij}) \quad (11.15)$$

$$k_{ij} = (m_{ij}D_{ij} - M_{ij}d_{ij})/(D_{ij} - d_{ij}) \quad (11.16)$$

于是，项目总费用 E 可表示为：

$$E = \sum_{i,j\in\rho}(-C_{ij}t_{ij} + k_{ij})$$

我们的目标是在规定的总工期下使总费用 E 最小，即：

$$\min E = \sum_{i,j\in\rho}(-C_{ij}t_{ij} + k_{ij}) \quad (11.17)$$

并满足约束条件：

$$\begin{cases} d_{ij} \leqslant t_{ij} \leqslant D_{ij} & (11.18.a) \\ t_0 = 0 & (11.18.b) \\ t_n = T_n & (11.18.c) \\ t_j = \max\limits_{i}\{t_i + t_{ij}\}, 1 \leqslant i \leqslant j \leqslant n & (11.18.d) \\ t_{ij} \geqslant 0,\ i,j \in \rho & (11.18.e) \end{cases}$$

约束条件（11.18.d）中的 t_j 称为事件时间，它是网络图中第 j 个节点所代表的事件的最早开始时间。在以箭线表示活动的网络图中，网络中任一节点事件的最早开始时间，是指从始点起到此节点的最长路线上的活动时间之和，它也是该事件节点的紧后活动的最早开始时间，即：

$$t_j = ES(j,k) \tag{11.19}$$

与活动最早开始时间的计算公式类似，事件时间 t_j 的计算公式为：

$$t_j = \max_i\{t_i + t_{ij}\}, (j = 2,3,\cdots,n) \tag{11.20}$$

式中，t_j 是节点事件 j 的紧前活动的开始时间；t_{ij} 是该活动的作业时间。

引入事件时间 t_j 这个约束条件，是为了对网络的结构进行规定和约束，所以，式（11.18.b）是网络起点时间约束，式（11.18.c）是网络终点时间约束，式（11.18.d）是网络中任一节点事件时间的约束方程组。

在初步给出的模型中有两个不足之处：（1）约束方程组中的式（11.18.d）为非线性约束；（2）事件时间 t_j 未包含在目标函数式（11.17）中，也就是说，事件时间 t_j 尚未构成对目标的约束。为了解决这两个问题，我们采用下面的约束方程来代替式（11.18.d）：

$$t_j \geqslant t_i + t_{ij}, \quad 1 \leqslant i \leqslant j \leqslant n \tag{11.21}$$

满足上式的 t_j 实际上不唯一，而在网络图中，t_j 应等于 t_i+t_{ij} 中最大的一个。因此，为使“=”关系成立，我们设法使 t_j 在满足“$\geqslant$”条件下尽可能地小，这一要求相当于引入下述目标函数：

$$\min E = \sum_{i,j\in\rho}(-C_{ij}t_{ij} + k_{ij}) + \sum_{j=1}^{n} t_j K_j \tag{11.22}$$

式中，K_j 是一个足够大的数（通常取 t_j 平均值的 100 倍），从而使 t_j 的微小增加就可能引起目标函数的显著增大，这将使得最小化寻优过程继续下去，直到 t_j 等于 t_i+t_{ij} 中的最大值时为止。

至此，我们可以将时间—费用优化分析的线性规划模型写成下述形式：

$$\min E = \sum_{j=1}^{n} t_j K_j - \sum_{i,j\in\rho} C_{ij} t_{ij}$$

$$\begin{cases} d_{ij} \leqslant t_{ij} \leqslant D_{ij} \\ t_j \geqslant t_i + t_{ij} \\ t_n = T_n \\ t_0 = 0 \\ t_{ij} \geqslant 0, i,j \in \rho \end{cases} \tag{11.23}$$

由于 k_{ij} 为常数，不影响线性规划的最优解，故将该项从目标函数中略去。

对于式（11.23）的线性规划问题，给出不同的 T_n，即不同的项目完工期，可以得到不同的最优解。这样的线性规划问题，又称为参数规划，可以利用对偶线性规划的方法求解。

第四节 关键链理论简介

从前面的讨论中我们已经看到，项目最突出的特征就是不确定性，这是由项目的一次性特征决定的。在项目中，人们不得不面对一些从来没有进行过的活动，或者突然发生的意外事件。比如，在新产品开发项目中，关键新技术的开发可能远比估计的难度要大得多，甚至可能完全失败。现实中造成不确定性的原因很多，但最终结果都表现为活动完成时间的不确定性。可能是原来估计的活动时间太短，不敷需要，也可能是有富余。应对不确定性的一般方法是设立缓冲机制。在生产系统中我们是通过设立安全库存来建立缓冲机制，而在项目管理中，则是通过设立安全时间来建立缓冲机制。不过，有一点需要注意，库存和时间有一个重要的区别：库存不用还会存在，而时间不用就没有了。这使得对安全时间的设立和管理要更加小心。那么项目中应当设立哪些缓冲呢？这些缓冲应当设立在什么位置上呢？

还有一个关键问题就是瓶颈问题。我们已经知道，生产和运营过程是存在瓶颈的，瓶颈决定着整个过程或系统的产出。那么项目是否存在瓶颈？如果存在的话，它表现为什么形式？怎么管理和消除项目的瓶颈？

对于上述问题，创造了约束理论（theory of constraints，TOC）的著名学者伊利亚胡·高德拉特（Eliyahu M. Goldratt），在他的《关键链》一书中提出了非常具有启发性的理论和解决方法①，这一理论被称为关键链（critical chain）理论，它是在约束理论基础上的发展，可以看作项目管理理论的最新进展之一，正在引起越来越多的项目管理人员和研究人员的关注。下面我们就简要地介绍这一理论。

一、三种缓冲

我们已经知道，项目的活动分为关键活动和非关键活动，为了确保项目按期完工，关键活动必须在规定的时间开始和结束；而非关键活动由于有松弛时间，故可以在开始和结束的时间上有一定的机动范围。这里，我们把松弛时间又称为安全时间，因为它的作用相当于提供了一种缓冲。我们还知道，非关键活动的松弛时间可以在非关键路线上共享。前面的非关键活动消耗了松弛时间，后面的活动就不能利用了，这一点需要引起注意。现实表明，往往为非关键活动设立的松弛时间大多被浪费了。原因有三：

（1）存在“学生综合症”（students' syndrome）现象。就像学生总是尽量争取延长交作业的时间一样，项目实施人员总是争取尽可能多的时间，一旦得到，知道自己的时间充足，就不着急了，何时真正动工呢？总是等到最后一刻，这可以说是人的本性。项目实践表明，活动总是拖到最后的时刻才开始，特别是当并行的活动很多时，更是如此。

（2）多任务交叉进行（multi-tasking）。这种情况经常发生，特别是对于一些关键资源，往往有多个部门或个人同时要求他们处理不同的任务，而真正的优先次序谁知道呢？往往是谁喊得最厉害，谁就最重要。于是每个部门都拼命地强调自己部门的任务如何如何重要。那么现实中关键资源如何处理多任务并发的情况呢？由于来自各方面的压力都很大，结果只有在多任务之间跳来跳去，在一个任务上工作几

① Goldratt, Eliyahu M., Critical Chain. The North River Press Publishing Corporation, 1997.

天，就又跳到另一个任务上去。其结果使得大量的时间被浪费在开会以及在多个任务之间来回转换上，最终导致多个任务都被延迟。所以有人说："多任务交叉进行可能是项目工期的最大杀手。"

(3) 依赖性 (dependencies)。由于活动之间的依赖性，一项活动只有等到它的所有紧前活动都结束以后才能开始，这导致活动提前完工节省的时间不会在路线上积累，因为每项活动都有自己的最早开始时间限制；但活动延误的时间却会在路线上形成积累。这揭示了那么多非关键活动的松弛时间是怎么消失的。

那么，非关键路线的松弛时间设置在哪里更好呢？显然，给每一个非关键活动都留有适当的松弛时间，会将大部分松弛时间浪费掉。这里，我们需要明确一个概念：从项目全局来看，松弛时间不是用来保证非关键活动在规定时间内完成的，而是为了保证非关键活动的完成时间不至于影响到关键路线。因为关键路线是项目的约束，就像瓶颈是生产系统的约束一样。所以，更有效的方式应当是将非关键路线的松弛时间集中起来，设立在非关键路线接入关键路线的接口处，称为接入缓冲 (feeding buffer, FB)，见图 11—18。[①] 其作用是保护关键路线不受非关键路线的影响。正像在生产系统中我们应当把缓冲库存设立在瓶颈环节之前一样，为了保障关键路线按时进行，我们需要在非关键路线接入关键路线的地方设立接入缓冲。

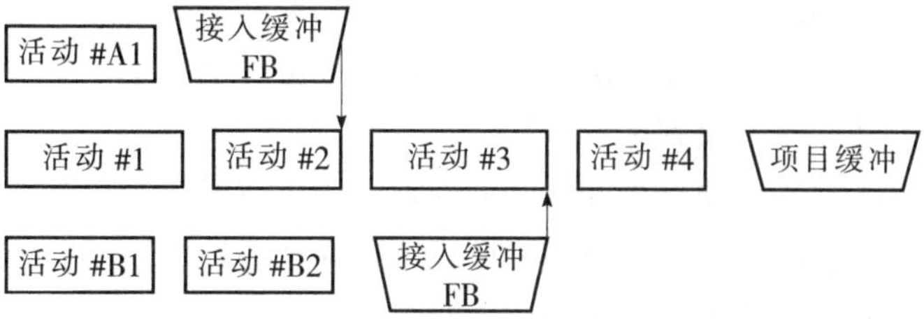

图 11—18 接入缓冲和项目缓冲示意图

将非关键路线的松弛时间集中设置为接入缓冲，意味着非关键活动要在它的最早开始时间开始。为什么要早开始非关键活动？经验告诉我们，首先，是为了防止不确定性对项目工期的影响；其次，如果非关键活动从最迟开始时间开始，它也就成了关键活动。我们应避免项目存在大量关键活动的情况，它会分散我们对真正重要的关键活动的注意力。但是早开始非关键活动也有缺点，它会占用资源，导致资源紧张。故非关键活动到底应当在什么时候开始是一个在对工期的影响程度和资源的节省之间进行取舍的问题。

那么，有了非关键路线的接入缓冲，是不是就能够保证项目按期完工呢？不一定。因为关键活动还可能推迟完工，从而影响到项目总工期。我们在上面提到的影响非关键活动时间的三种原因同样会影响关键活动时间。

所以，仅仅为活动设立安全时间还不够，我们还必须为项目设立安全时间。因为，根据约束理论 (TOC)，唯一重要的是项目的整体绩效，而不是保障每个活动的绩效。这就是约束理论所追求的系统"有效产出"(throughput) 的逻辑。那么，

---

① Goldratt, Eliyahu M., Critical Chain. The North River Press Publishing Corporation, 1997, p. 158.

项目安全时间应该设在哪呢？从哪里来呢？

首先，安全时间应当尽量集中用来保障关键路线而不是其他的活动，所以应当把安全时间集中设置在关键路线的末端。那么项目安全时间从哪里来呢？显然只能来自关键活动。由于每项关键活动的预估时间是通过权衡乐观时间、悲观时间和最大可能时间得到的，一般都留有余地。这样，我们把每项关键活动的预估时间缩短，收紧，便会挤出一定的时间来建立一个关键路线的安全时间，我们称之为项目缓冲（project buffer），见图 11—18。高德拉特还在它的《关键链》一书中提出一种确定项目缓冲的经验方法。[①] 即将每个关键活动的预估时间削去一半，然后再将削去的活动时间总和的一半作为关键路线的项目缓冲时间。这相当于将每项关键活动时间的二十五分位数集中留作了项目缓冲。这种方法的假设是：活动时间的预估都留有余地，将其强制缩短后，反而会促使实施人员充分利用时间。由于预估时间大幅削减，人们不那么肯定自己能够按期完工，所以一开始就抓得很紧。这样，"学生综合症"消失了，多任务交叉进行的情况也大为改善。即使某些关键活动不得不推迟完成，仍然可以在集中的项目缓冲中得到补偿。

接入缓冲和项目缓冲不是只要设立了就完事大吉，还必须对其进行监控。一种有效的方法是生成一份监控报告，在上面排出活动的优先顺序清单。重要性最高的是那些蚕食项目缓冲的活动，这包括两类：（1）关键路线上延迟了的活动，这些活动开始消耗项目缓冲；（2）非关键路线上延迟得很厉害的活动，这些活动已经大量吞噬接入缓冲，并开始波及到项目缓冲。

除了设置接入缓冲和项目缓冲的好处外，实践中有时还会遇到这种情况，对于关键路线上的某个活动，所有的事情都已就绪，唯独还缺少适当的资源，比如某方面的专家人手。而此时这种资源正被用于别处，可能是某个非关键活动，或是另一条关键路线上的关键活动。总之，不可能让该项活动中止，把资源抽调出来。显然，由于缺少某种资源而使关键活动不能按时开始，将推迟总工期。所以，实践中，人们还需要针对一些关键资源设立"资源缓冲"（resource buffer）。

如何设置资源缓冲？总不能让资源在一周前就闲置在那里，随时准备被派上用场吧？实践中，人们创造出许多权宜的办法，比如"提前告警"，其操作方法如下：在活动完成前一个星期，项目管理部门发出一个警告，提醒人们即将要到关键路线上工作；活动完成前三天，再提醒一次，活动完成前一天，又来一次。这样使人们知道，时间一到，他们必须放下手头的所有工作，转而执行关键路线上的工作。方法虽然简单，但效果很明显。

但是资源对项目完工期的影响还远不止如此。

二、关键链的概念

在项目管理实践中人们大多会遇到这样一种情况，当诸多非关键活动均依赖同

---

① Goldratt，Eliyahu M.，Critical Chain. The North River Press Publishing Corporation，1997，p. 155.

一资源，而此项资源的能力又有限时，就会发生以下的现象：（1）首先是非关键路线的接入缓冲被耗尽；（2）其次是关键路线到处跳，因为，一旦非关键活动的松弛时间耗尽，它也就成为关键活动了。这种情况将导致系统出现多个关键活动，特别是一些非关键活动也变成了关键活动。需要某种资源的非关键路线由于不能及时得到该种资源而不能继续进行，将自身的接入缓冲消耗殆尽，而它所需的资源正被其他非关键路线占用，一旦抽走，该路线也将发生延迟，很可能也会成为新的关键路线。这种情况如图 11—19 所示。

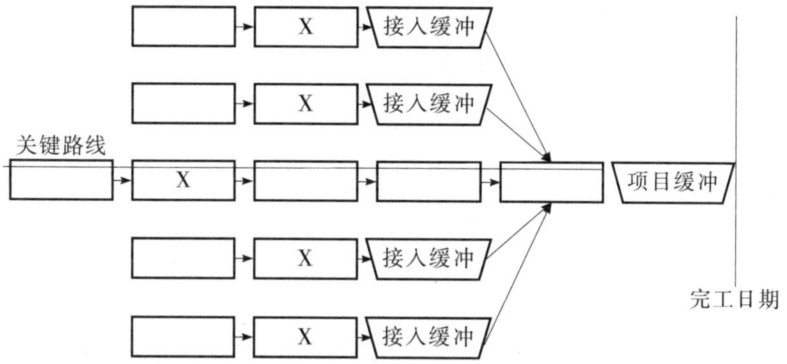

图 11—19 存在资源争夺时的项目网络图

图中的 X 是多个活动争夺的资源，由于它负担过重，造成延误。而延误会由一条非关键路线传给下一条非关键路线，严重时会导致各条路线的接入缓冲都被消耗殆尽，难怪关键路线到处跳。

请注意，关键路线的定义仍然是项目中需时最长的一连串前后依赖的活动。但这里我们发现，活动之间的依赖关系可能是由路线引起的，也可能是由共用资源引起的。从而，最长的一系列前后依赖的活动，部分是由路线构成的，部分是由资源构成的。根据约束理论我们知道，要确保项目完工期，关键在于搞清项目的约束是什么。在没有考虑资源争夺问题之前，项目的约束很清楚，就是关键路线。而一旦加入资源争夺这个条件，项目的约束就不仅是关键路线，还增加了资源约束。在有些情况下，争夺共用资源的各种活动构成了另一条更长的路线。由于这种依赖是由资源引起的，而不是由时间引起的，故高德拉特创造了一个新概念：关键链（critical chain）。所谓关键链，是指由项目资源约束构成的前后依赖的最长的活动链条，它比原来的关键路线所需的时间还要长。

可见，如果存在资源争夺，关键链和关键路线就可能大不相同。在这种情况下，追随关键路线而不追随关键链，真正的危险是什么呢？（1）不断产生新的关键路线，使得关键路线到处跳，完全失控；（2）接入缓冲全处在错误的位置，资源缓冲更不用说了，项目的约束，也就是项目的瓶颈完全没有受到保护。

既然改变了项目的约束，从时间到关键资源，原来为保护关键路线设置的接入缓冲，就不再处于正确的位置上了。从保护瓶颈的要求出发，必须改变接入缓冲的位置。重新调整了接入缓冲位置的网络图如图 11—20 所示。

在图 11—20 中，接入缓冲的性质没有变，仍然是为了保护项目的约束，也就

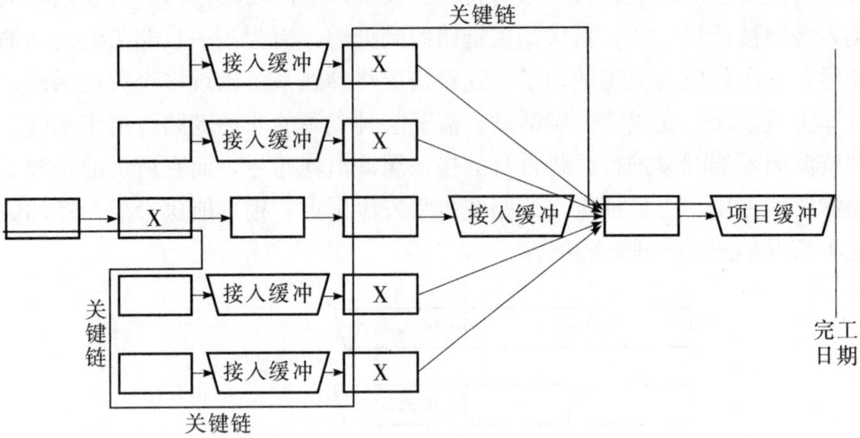

图 11—20 加入资源缓冲的项目网络图

是项目的瓶颈。但其位置发生了变化，由于关键链成为项目的约束，故接入缓冲被重新设置在与关键链接口的位置上，以保护关键链不被延迟，从而保护项目按期完工。

既然关键路线可能因为关键链而发生变化，那要不要修正关键路线呢？一般来说，要避免一旦发生资源瓶颈就急着改变关键路线的做法，因为这会引起多米诺骨牌效应。那么，怎样解决关键链与关键路线的矛盾呢？

措施一：将资源限制加进计划评审图中，在项目计划阶段就做好工期—资源平衡。

措施二：按约束理论的程序设法消除瓶颈，该程序包括五个步骤：（1）找出项目的约束，即瓶颈；（2）尽量挖掘瓶颈的产能；（3）将项目其他活动的节拍从属于瓶颈的节拍。也就是按照瓶颈的产出速率决定其他活动的进展速度；（4）增加瓶颈的产能；（5）经过持续的改进消除瓶颈后，再回到步骤 1，发现新的瓶颈。

措施三：充分利用缓冲，正确设置三类缓冲，利用缓冲保护项目的约束。如图 11—20 所示，调整接入缓冲的位置，使之处于与关键链接口的位置。为了在概念上与原来非关键路线的接入缓冲相区别，高德拉特将这种设置在与关键链接口处的缓冲称为瓶颈缓冲（bottleneck buffer），它也是一种时间缓冲，是等候使用瓶颈资源的缓冲时间。

现实中，资源到底对项目工期约束到什么程度因项目而异。笔者曾专门为此访谈过华为技术有限公司运作管理部的项目管理部门。当我问到什么是新产品开发项目的资源瓶颈时，有一位项目经理的第一反应是：高层领导的时间。因为项目的阶段评审都要高层领导参加和批准签字，否则不能进入下一阶段，而高层领导经常因紧急的事情出差，使得事先安排好的评审时间不得不推迟，并且多个项目往往需要排队等候同一个高层领导参加评审，故高层领导的时间成为资源瓶颈。还有的项目经理认为是会议室。因为公司信息安全管理非常严格，项目的跨部门管理团队必须在指定的会议室召开会议，这使得会议室的会议时间在一周前就要预定、排队，如果预定晚了就可能推迟一周，结果影响项目进度。当然，最紧缺的资源还是测试实验室。由于一个实验室要承担多个并行项目的白箱测试，故它的日程排得很满，有些项目的测试时间还可能延长，这是对所有项目工期影响最大的因素之一。为此，各项目组都会在预定的测试时间来临之前做好准备，生怕错过，有时不得不为此加班加点赶进度。

对于关键链，笔者的观点是，对于多数项目，资源肯定是一种约束条件，至于会不会成为项目的瓶颈，因项目而异。至少对于包含多个子项目的大型项目以及有多个并行项目的情况，存在资源瓶颈的可能性是很大的，从而，关键链可能比已有的关键路线更应受到关注。不过，尽管关键链是一个日益引起关注的重要概念，也有着很强的应用背景，但它不会取代已有的基于关键路线的项目管理理论和方法，而是它的重要补充。

本章小结

项目的新颖性、一次性、严格的时间限制和更强的资源约束特征使项目管理有别于一般的生产与运营管理。项目管理是一项系统工程，整体大于部分之和以及关注系统的有效产出而不是每项局部活动的产出，这样的系统观点和系统思想，应当是项目经理看待事物和解决问题的基本思维方式。

实践表明，采用项目生命周期的概念，并将其划分为几个典型的阶段，便于明确不同阶段的任务和管理重点，同时也为项目的进展设置了里程碑。正是由于项目管理的这种前后依存关系，使得任一阶段工作的质量和进度都会影响到其后阶段的工作，甚至对整个项目的完成进度和质量产生影响。因此，必须严格按项目生命周期阶段控制项目工作的进展。

项目计划对项目的成功作用非常关键。一个有效的项目计划应当提供下述信息和文件：(1) 项目计划；(2) 工作分解结构（WBS）；(3) 工作说明书（SOW）；(4) 任务和责任分派；(5) 项目预算和成本估算；(6) 进度和网络计划；(7) 工作授权；(8) 报告和检查制度。

“不能度量，也就不能控制”。项目控制系统要有效，首先要把计划目标转换成可度量的标准，建立起一套衡量项目阶段绩效和总体绩效的指标体系。事实上，计划与控制是一个问题的两个方面，从而控制的手段不过是计划手段的另一种应用。没有严密的计划，不可能有严密的控制；而没有严密的控制，计划得再严密也没有用。

网络计划技术以网络的形式描述复杂项目的任务结构，采用一定的科学算法和统计方法求解关键活动和关键路线，它是项目管理的一种有效工具，有助于项目管理人员抓住主要矛盾，围绕关键活动和关键路线安排协作计划和进度计划，确保项目按期完工。基于网络计划技术的时间—费用分析以及工期—资源平衡等方法，丰富了网络计划技术的应用领域。

项目最突出的特征就是不确定性，这是由项目的一次性特征决定的。应对不确定性的一般方法是设立缓冲机制。作为约束理论在项目管理领域的应用，关键链理论主张集中设立三种缓冲机制，包括接入缓冲、项目缓冲和资源缓冲，以应对项目的不确定性。并针对资源可能对项目造成的瓶颈问题提出了关键链的概念，所谓关键链，是指由项目资源约束构成的前后依赖的最长的活动链条，它比原来的关键路线所需的时间还要长，因此成为项目的另一种瓶颈。为了保护关键链，需要调整接入缓冲的位置，使之处于与关键链接口的位置而不再是与关键路线接口的位置，称为瓶颈缓冲。关键链是一个日益引起关注的重要概念，有着很强的应用背景，它是基于关键路线的项目管理理论和方法的重要补充。

案例研究

资源争夺——项目管理的挑战①

以下是某商学院高级经理工商管理硕士（EMBA）项目管理研修班的一堂讨论课。上次课他们刚对关键链的概念进行了激烈的讨论，在本次课上，主讲教师理查德副教授（即下文中的“我”）试图将这一主题进一步引向深入。班上的学生来自不同的企业，他们都是所在企业的项目经理或业务主管。例如，马克，吉恩默顿公司（Genemodem Co.）的设计主管；罗杰，某公司负责分包商认证和管理的主管；布雷恩，某公司工厂扩建工程的项目经理；弗雷德，吉恩默顿公司的项目核查员；查理，一家软件开发公司的行政主管；泰德，一家建筑公司的行政主管；鲁斯，吉恩默顿公司市场部的产品经理；等等。

下面是他们的讨论节录。

今天是这个学年的最后一天，在这堂课中，我们将讨论一个萦绕在我脑海里很久的问题，这将会是一堂很特别的课。我一上来就先向马克提问：“马克，你可以向大家介绍一下你主管的项目近来的情况吗？”

马克站起来，开始以他洪亮的声音发言：“我们在完成调制解调器 A226 的开发后，正在试图将我们在该产品开发中获得的经验用于缩短所有项目的开发时间。”

“好哇！”泰德向坐在旁边的人耳语。

“一开始，我们就知道最大的挑战在于怎样处理资源的争夺。”马克顿了一下。

“这不是已经解决了吗？”罗杰问，“我还以为资源争夺已经由关键链的概念解决了，我们遗漏了什么吗？”

马克解释道：“关键链清除了项目内的资源争夺，但对项目之间的资源争夺还未能触及。”

“为什么不运用同样的逻辑？两者到底有什么区别？”泰德不等对方回答就接着说下去，“避免两个活动争夺资源，通常要推迟其一，问题是，正如我们详细讨论过的，没有明确的方法决定推迟哪一个活动，于是就随意做个决定算了。”

这显然是一个很有意义的问题，我有意引导他们继续讨论下去。我说：“在同一项目内也有这种现象出现，为什么当两个活动来自不同项目时，问题会大起来？”

“因为牵涉到两个项目经理。”泰德信心十足地回答，“在你自己的项目内，所

① 资料来源：本书作者改编自 Eliyahu M. Goldratt：Critical Chain 一书第 24 章（The North River Press Publishing Corporation，1997. pp. 230 - 237）。

有的活动你都可以随意调整，但牵扯到别人的项目，情形就完全不同了。很自然，每个项目经理会力争，确保被推迟的不是自己的项目。”

“这会是很大的问题吗？”我继续用引导的方式发问。

弗雷德加进来说：“假设用一张纸牌代表一个活动，我们的项目跟一般大型项目一样，由大约100个活动组成。要知道，为化解一个资源争夺，你调整了某个活动的优先顺序，即移动了一张纸牌，但你还必须移动同一路线上的其他纸牌，而这通常又会引起其他的资源争夺，结果你可能要移动几乎所有的100张纸牌，直至所有的资源争夺都得到解决，这往往要花上数小时。试想，这还只是一个项目，而你要应付六个项目，那会是多大的工作量。”

“我就遇到过同样的难题。”马克迫不及待地插进来说，“起初是一个活动延迟了少许，接着轰的一声，多米诺骨牌效应来了，一下子所有的项目都在争夺资源，我们往往要浪费许多时间来排解纠纷。泰德，你称之为噩梦，绝对没错。”

“我明白，这事情也极容易发生在我们公司。”泰德同意。然后转向我问道：“你说怎样应付这种现象？”

我说：“在揭晓解决方法前，谈谈你们犯了什么概念性的错误吧。”

“我们把活动时间的估计看成是真的一样。”鲁斯回答。

“你的意思是？”我追问。

“假设我们估计一个活动需要10天时间，其实很可能7天当然也可能15天完成，但我们输入电脑的是10天，然后就把这个数字看作神圣的。”

“我还是不明白。”我说。

“我们时常为区区3日的时间归属争得面红耳赤，其实全条路线的总时间估计有30天之多。”鲁斯进一步解释道。

弗雷德也加进来说明：“事实上，我们跌进了陷阱，以为 $8\times8=64$。其实，即使包含一天的不确定性，则 $(8\pm1)\times(8\pm1)$ 也不会恰好等于64，而可能是在从49天到81天期间上的任一个数字。我们吹毛求疵，自欺欺人地要求精确，每个人都为争夺资源而斗法，其实如果我们不过分苛求，这些争夺是可以由缓冲轻易消化掉的。”

马克接过我们的话题总结道：“结果，我们不停地毫无意义地改变进度计划，这反而造成了真正的麻烦。”

“我明白了。”布雷恩说，“谢谢你告诉大家这些，现在我知道不该怎么做了，但我还是不知道该怎么做，我们总不能不理会争夺呀？”

“没错。”马克同意道，“我们不能忽视一个项目中的资源争夺，当多个项目并发时，更不能不理会它。”

“看到我们面对的困境了吗？”弗雷德问。“一方面，我们想消除资源争夺，但另一方面，当我们这么做时，一场噩梦却降临了。”

“那我们怎么办？”布雷恩急于找出答案。

“我们还是请教老师吧。”弗雷德说。

我想继续启发学生们，让他们明白，有效的概念是可以由一个领域扩展至另一个领域的。于是我开始解释：“我们面对的是资源争夺问题，你们在生产管理课程中遇到过同样的问题吗？”

“当然有。”布雷恩说，“每当一台机器前出现任务队列，而它们的优先顺序又不明确时，资源争夺现象就出现了，几个任务争着在同一时间使用同一资源。”

“正是。”我说，“而你们怎样处理这种情况呢？你们知道为所有的机器重新制定排程计划是愚蠢的，这种情况下你们会怎么办？”

“找出瓶颈。”查理说。

“然后呢？”我问。

“挖掘它的潜能，合理安排瓶颈前任务的作业顺序。”

我接着说：“这样，你就化解了对瓶颈的争夺，没有让瓶颈在同一时间做两件不同的事。然后呢？查理？”

“然后就是从属性安排，让所有其他资源从属于瓶颈资源。”

“结果怎样？”我接着问。

查理回答：“其他资源超负荷的情况大都有效消除了，而偶尔发生的负荷尖峰则会被缓冲库存平滑掉。”

“正是。”我不禁喜上心头，“我们何不在项目中运用同一概念呢？”

“但在项目中，我们没有瓶颈。”泰德的反应太快了。

“真的吗？”马克语带讥讽地问。“你的公司完全没有瓶颈？我们现在谈的不是单独的项目，而是多个同时进行的项目！”

“我明白了。”泰德若有所悟。

“不确认瓶颈会带来什么麻烦？”我问。“不但在协调各个项目方面会产生大范围的混乱，如同我们在生产线上所遇到过的崩溃现象，你在这里也会遇上。不特别关注瓶颈，不利用缓冲保护瓶颈以防意外的延误，最终都会导致瓶颈的时间无可避免地被浪费掉。”

弗雷德接过话题来说：“它会导致公司整体产出的下降，我们完成的项目比我们本应完成的要少。”

马克也加进来：“所以，我们要先找瓶颈。这不难，在我们公司大家都知道，那就是数字处理业务部，我们需要为它制定排程计划。”

“怎样制定？”布雷恩打断他的话。

“就用生产系统的方法，生产系统是根据订单的交货日期确定加工的优先顺序，而我们是根据项目的目标完工日期。”马克说。

鲁斯接过马克的话来继续说：“从这里开始，事情就好办多了。我们返回去将每个项目当作单独的项目来处理，其他项目对它的影响已经在为数字处理业务部制定排程计划时考虑过了。”

我发现对大多数人来说，这个补充说明似乎太简略了。“你再解释得具体一点。”我说。

“我们所有项目都有一些活动要由数字处理业务部完成。”弗雷德接过话题来解释道。“数字处理业务部的排程计划具体规定了这些活动的开始和完成时间。那么，以此为依据，我们处理个别项目时，首先假设其他项目都不存在，放手消除这个项目内部的资源争夺。然后做一些调整，把它嵌入以数字处理业务部为主体的多项目总体框架中去。”

“这会改变关键链吗?”泰德问。

“对一些项目来说，会的。”弗雷德承认。

“然后你们加入缓冲?”布雷恩要证实一下。

“当然。”马克回答，“但还有一点要强调，一直以来我们谈及缓冲，包括项目缓冲、接入缓冲和资源缓冲，全都集中在保护个别项目上，这里，我们还必须切记要保护瓶颈，因为它关乎公司的整体绩效。”

鲁斯接着马克的话说：“所以我们必须加进另一种缓冲，即瓶颈缓冲。这其实不难，我们认为有两个星期足够了，也就是说，每条通过数字处理业务部的路线都提前两周开工，就这么简单。”

教室里鸦雀无声，每个人都力图消化刚才听到的内容，我不打算打破沉默。

“我们仍然不能确定是否只为数字处理业务部制定排程计划就已经足够。”弗雷德说，“记得在生产系统中，我们有时不但要考虑瓶颈，还要顾及其他一个或两个产能约束资源。”

“你们怎么判别某个资源成为产能约束?”查理问。

“我们密切监视着各个接入缓冲，留意任何报警信号。”弗雷德回答，“如果某个资源的争夺开始一个接一个地耗尽接入缓冲，我们就会知道。”

“但我们也只是到了这个时候，才会确认它是另一个资源约束，而绝不是之前。”马克补充道，“我们不会草率地把每个自称负荷过重的部门都当作资源约束，我们吃过这种苦头，决不会再回到那种噩梦中去。”

问题讨论

1. 你认为在瓶颈前加入瓶颈缓冲必要吗? 请根据你的经验或访谈一家公司深入讨论一下这个问题。

2. 为什么仅靠作业计划排程不能根本解决对瓶颈资源的争夺问题?

3. 请与一家实行多项目管理的公司讨论关键链的概念，看看它在没有关键链概念的情况下，是如何解决资源约束对项目工期的影响的。

第十二章

质量管理

学习目标

阅读和学完本章后，你应当能够：

1. 解释质量的定义。
2. 阐述质量管理先驱者们的思想和主要观点。
3. 学会将 PDCA 循环运用于质量改进和日常的管理工作。
4. 掌握基准化的要领。
5. 说明质量成本的概念和降低质量成本的途径。
6. 学会运用常用的质量改进工具和方法。
7. 解释“弃真概率”与“取伪概率”的概念。
8. 掌握制定抽样计划的基本方法。
9. 说明工序能力的概念和提高工序能力的措施。
10. 掌握制作工序控制图的计算方法。
11. 学会根据工序控制图的特征判断工序的加工状况。

质量、成本和交货期是决定市场竞争成败的三个关键要素，而质量更是居首位的要素。日本企业为什么能够取得世界汽车市场的领先地位？首先靠的是近乎完美的产品质量。中国企业怎样才能跻身国际市场、后来居上？也必须靠产品和服务的优异质量。只有质量达到世界级水平，中国企业的低成本优势才能得到充分发挥。

提高生产率是社会生产的永恒主题。只有有了高质量，才可能有真正的高生产率。如果企业产品和服务的质量不能满足顾客要求，就不能在市场上实现其价值，就是一种无效的或低效的产出，从而也就不可能有高效率和高效益。不仅如此，质量还是其他职能管理的基础，比如，没有优异的质量作保证，市场营销就是无源之水，甚至是搬起石头砸自己的脚。

高质量绝不意味着高成本。正像美国著名质量管理专家 P. B. 克劳斯比（P. B.

Crosby）所说的："质量是免费的（Quality is free），真正费钱的是不合质量标准的事情——没有在第一次就把事情做对。"管理实践表明，质量问题和成本问题往往出自共同的根源。因此，消除根源性原因，从根本上改造传统的生产与运营管理方式，既是提高质量的有效途径，也是降低成本和提高生产率的有效途径。

质量是一种责任，是企业对顾客、对社会的一种持续承诺。质量管理是一门学问，它不仅包含如何发现质量问题、定义质量问题、寻找问题原因和制定整改方案的方法和工具，还蕴涵着丰富的、以人为本的思想。质量管理更是一种实践，一种从企业最高领导到每位员工主动参与的永无止境的改进活动。

本章首先从回顾质量管理大师们的思想精髓入手，然后阐述常用的、行之有效的质量管理工具，接下来介绍抽样检验方法，最后讨论统计过程控制（SPC）的方法。

第一节　全面质量管理

自从 W. A. 休哈特（ W. A. Shewhart ）1924 年首次将数理统计学应用于质量控制以来，质量管理的思想和方法不断丰富和发展。我们注意到，一种新的质量管理思想或质量管理体系的提出通常伴随着对质量概念的新的理解和诠释。那么到底什么是质量?

一、什么是质量

对于什么是质量，现代质量管理观念认为，必须以用户的观点对质量下定义。这方面最著名、最流行的，是著名的质量管理权威约瑟夫・M・朱兰给质量所下的定义："质量就是适用性。"所谓适用性，就是产品或服务满足顾客要求的程度。企业的产品是否使顾客十分满意和达到了顾客的期望? 如果没有，就是存在质量问题。不管是产品本身的缺陷还是没有搞清顾客需要的到底是什么，都是企业的责任。市场营销学中有一句行话："顾客总是对的"。把这句话用来解释顾客对产品或服务的抱怨是再恰当不过了。

但是适用性或满足顾客要求是比较抽象的概念，为了使之对质量管理工作起到指导作用，还应当将其具体化。在这方面，美国质量管理专家戴维・戈文（David Garvin）教授将适用性的概念具体化为 8 个方面的含义，即：

（1）性能。指产品主要功能达到的技术水平和等级。如环绕立体声音响系统的信噪比、频率范围，液晶电视的对比度等。

（2）附加功能。指为使顾客更加方便、舒适等所增加的产品功能。如电视机的遥控器，数码相机的即插即打印功能等。

（3）可靠性。指产品或服务完成规定功能的准确性和概率。如燃气灶电子打火器每次一打就着火的概率，快递信件在规定时间内送达顾客手中的概率等。

（4）一致性。指产品或服务符合产品说明书或服务手册规定的程度。如汽车的百公里等速油耗是否不超过说明书规定的公升数，饮料中的天然固形物含量是否达到产品标签上标明的百分比等。

（5）耐久性。指产品或服务达到规定的使用寿命的概率。如电视机显示屏是否达到规定的无故障使用小时，烫发发型是否保持规定的天数等。

（6）维护性。指产品是否容易修理和维护。

（7）美学性。指产品外观是否具有吸引力和艺术性。

（8）感觉性。指产品或服务是否使人产生美好联想甚至妙不可言。如服装面料的手感，广告给人的感觉和使人产生的联想等。

以上这8个方面使适用性的概念更具体化了，从而也就更容易从这8个方面明确顾客对产品或服务的要求，并将这种要求转化为产品和服务的各种标准。

美国著名运营管理专家理查德·J·施恩伯格（Richard J. Schonberger）认为，上述8个方面的质量含义偏重于制造作业和产品，而对于服务作业和服务，还应进一步补充下列质量内容：

（9）价值。指服务是不是最大限度地满足了顾客的期望，使其觉得钱花得值。

（10）响应速度。尤其对于服务业来说，时间是一个主要的质量要求和性能。谁也不愿坐在餐馆中饿着肚子长时间等候服务员上菜，谁也不愿买了东西却要排好长时间的队等待付款。

（11）人性。这是服务质量中一个最难把握却非常重要的质量内容。人性不仅是对顾客笑脸相迎，而且包括对顾客的谦逊、尊重、信任、理解、体谅以及与顾客的有效沟通。

（12）安全性。指无任何风险、危险和疑虑。

（13）资格。指具有必备的能力和知识提供要求的服务。如导游的服务质量就在很大程度上取决于导游人员的外语能力和知识素养。

从以上关于质量概念的表述可以看出，随着社会的进步以及人们收入水平和受教育程度的提高，顾客对产品和服务质量的要求越来越高，越来越具有丰富的文化和个性内涵，因此，如何准确地把握顾客的需求，如何将其转化为系统性的产品和服务的标准，是现代质量管理首先要解决的重要问题。质量管理水平的提高首先要求质量管理思想和观念的革新。

二、质量管理先驱者的思想

在质量管理发展史中，有四位世界公认的先驱者对现代质量管理理念和质量管理体系的形成与发展做出过重要贡献，他们是：W·爱德华兹·戴明（W. Edwards Deming），约瑟夫·M·朱兰（Joseph M. Juran），阿曼德·V·费根鲍姆（Armand V. Feigenbaum）和石川馨。

1. 戴明的“14要点”

W. E. 戴明被日本人尊为质量管理的英雄，他从20世纪50年代初就在日本传播现代质量管理思想和方法。在当时的国际市场上，标有“Made in Japan”（日本制造）字样的产品是“质量低劣”的代名词。戴明对日本企业质量管理跃入世界领先水平是有过历史性贡献的，日本质量管理的最高政府奖就是以戴明的名字命名的。然而，戴明在他的祖国美国却默默无闻，直到 1980 年 6 月 24 日，美国 NBC 电视台的专题节目“日本行，我们为什么不行?”播出后，戴明的作用才得到美国企业界的承认。

戴明的质量管理思想特别强调企业最高领导者在质量管理中的责任和作用，强调要使提高质量成为企业每一位员工的任务，强调实现这一任务的关键是培训。戴明认为，每个人都尽自己的努力去工作并不一定就会有最好的结果，前提是每个人首先必须清楚应该做什么，没有什么能代替知识的作用。戴明的质量管理思想集中体现在他的“14 要点”中，这 14 个要点是①：

（1）树立改进产品和服务的恒久目标。目的是成为有竞争力的、可持续发展的企业。

（2）采纳新的哲学。我们处在新的经济时代，西方管理界应当在挑战面前觉醒，必须意识到他们的责任和承担起领导变革的任务。

（3）停止依靠检验来达到质量标准的做法。消除对大量检验的依赖，从一开始就把产品质量做好。

（4）不要仅以价格作为业务（采购）的考核标准，而应当尽量降低总成本。朝着每个品种只有一家供应商的方向努力，建立长期的忠诚和信任关系。

（5）通过持续不断地改进生产系统提高质量和生产率，从而降低成本。

（6）实施在岗培训。

（7）发挥领导力。监督的目的应当是使工人、设备和装置更好地完成工作。应当终止由管理当局实施的监督，而是让生产工人自我监督。

（8）消除恐惧。使每个人为公司卓有成效地工作。

（9）拆除部门之间的藩篱。研究、设计、销售和生产部门的员工必须像团队一样工作，以预见产品和服务在生产和使用中的问题。

（10）摈弃用来号召工人达到零缺陷和更高生产率的口号、劝导和目标。这种方式只能停留在表面上，因为造成低质量和低生产率的主要原因是系统性的，不是工人所能控制的。

- 取消车间的定额管理，代之以领导。
- 取消目标管理，取消依据数字和数字目标的管理，代之以领导。

（11）恢复工人为自己拥有高超技艺而自豪的权利和尊严。监督者的责任应当从关注数字转向关注质量。

（12）不应当剥夺管理者和工程师享有的以工作为荣的权利和尊严。这意味着，取消年度的和业绩的评级以及目标管理。

（13）实施生机蓬勃的教育和自我改进计划。

（14）让每个员工都参与变革。变革是每个人的职责。

---

① Chase, Richard B., Nicholas J. Aquilano, and F. Robert Jacobs, Operations Management for Competitive Advantage, 9th ed., McGraw-Hill Companies, Inc., 2001, 267 页，北京，机械工业出版社（影印）。

2. 朱兰的“三部曲”

与戴明一样，约瑟夫·朱兰是另一位在日本传播质量管理思想和方法的先驱，而且也与戴明有着相似的命运。在30多年中，朱兰的思想和贡献一直未引起美国企业界的重视，直到20世纪80年代，人们才重新发现了他。

朱兰通过大量的研究证明，超过80%的质量缺陷都是由于管理不善造成的。因此，提高质量，首先要从根本上改造传统的管理。朱兰最著名的思想是关于质量的定义和他提出的质量管理“三部曲”，即质量计划、质量控制和质量改进。

（1）质量计划。

- 明确谁是顾客，包括企业内部和企业外部的顾客。
- 确定顾客的需要。
- 开发产品特性以满足顾客的需要。
- 设立质量目标达到顾客和供应商双方的要求，并使实现成本最低。
- 开发整套工艺，生产出顾客要求的产品特性。
- 确认工序能力，即验证工序在给定的作业条件下达到质量目标的能力。

（2）质量控制。

- 选择控制对象——控制什么。
- 选择度量单位。
- 建立度量体系。
- 建立衡量绩效的标准。
- 测定实际的工作状况和结果。
- 将实际结果与标准进行比较，解释偏差的原因。
- 采取措施消除偏差。

（3）质量改进。

质量改进着重解决那些慢性的、长期得不到根治的质量问题。

- 证明质量改进的必要性。
- 确认质量改进的特定对象或问题。
- 对改进项目进行计划和组织。
- 组织对问题原因的诊断工作。
- 通过诊断发现问题的原因。
- 制定解决措施。
- 验证在一定的作业条件下解决措施是有效的。
- 巩固质量改进的成果。

朱兰特别强调指出，在质量管理的三部曲中，关键是计划，计划不当将导致质量和浪费问题长期得不到解决，在这种情况下的质量控制不过是使问题重演。而质量改进最终要突破和重新制定更高水平的质量标准和计划。在质量计划中，明确谁是顾客以及顾客的要求是什么是最关键的。这也是朱兰将质量定义为“质量就是适用性”这一精辟见解的体现。

3. 费根鲍姆的全面质量管理观点

阿曼德·V·费根鲍姆最杰出的思想和对质量管理最重要的贡献就是在20世纪

50年代初期首次提出了全面质量管理（total quality control，TQC）的思想。费根鲍姆提出，质量管理必须贯穿于产品寿命周期的全过程。他指出，质量管理必须开始于确认顾客的质量要求，而最终只有当产品送到顾客手中并且在使用中始终感到满意才算结束。全面质量管理指引和协调人、机器和信息的各种活动和关系，以最终达到使顾客满意的目标。

在费根鲍姆看来，全面质量管理的责任必须落实在质量管理（QC）和质量保证（QA）这两个方面，而不仅仅是其中的某一个方面。前者是代表企业对质量进行监控和改进，后者实际上是代表顾客对企业的产品质量进行监控，二者之间必须形成一种互相制约的机制。费根鲍姆还阐明了质量成本的概念，并首次提出：从长远的观点来看，更好的质量将带来更低的成本。在费根鲍姆所处的时代，这真是一个革命性的见解，它的正确性已经一再为成功的质量管理实践所证明。费根鲍姆还提出了“隐藏工厂”的概念，它是现有工厂生产能力的一个组成部分，这部分生产能力浪费在制造废品、用来返工和重新制造不合格品上，它通常占到正常生产能力的15%～40%。

4. 石川馨对统计质量管理方法的分类

石川馨是日本著名的质量管理权威，他首次依据日本企业的质量管理实践总结提出了“质量管理循环”的概念。把质量管理活动看作一个周而复始、循环推进的不断的过程，并在此基础上于1968年首次提出了“全公司范围质量管理”（company-wide quality control，CWQC）的观点，大大丰富了全面质量管理的思想和方法体系。现代的全面质量管理已经是一种全公司范围的、全员参加的、包括产品和服务生命周期全过程的质量管理。在石川馨看来，质量是特定管理方式的结果，因此，要提高质量，必须改造传统的管理方式。

石川馨在开发新的、简便实用的统计质量管理方法方面也有许多建树，例如，目前广泛应用的、用于因果分析的“鱼骨图”（一种描述质量问题因果关系的干枝图，图形似鱼骨，因此得名）就是石川馨总结提出的。石川馨还将质量管理中的统计方法划分为三类，即：

（1）基本统计方法。

- 帕累托图，又称为排列图。
- 因果关系图，又称为“鱼刺图”。
- 分层法。
- 检查表。
- 直方图。
- 散布图。
- 工序控制图。

（2）中级统计方法。

- 抽样调查技术。
- 统计抽样检验。
- 各种统计估计和假设检验方法。
- 各种实用的灵敏度检验方法。

- 试验设计方法。

（3）高级统计方法。

- 高级试验设计方法。
- 多元统计分析。
- 运筹学方法。

基本统计方法，又称为“七种必要工具”，是企业的每一个员工都能够掌握并运用的简便有效的质景管理方法。石川馨通过自己的观察指出，企业中95%的质量问题和质量改进项目都可以用这七种工具来解决。

1982年石川馨访华时，针对我国推行全面质量管理要注意的一些问题提出了一些建议，其要点是：

（1）创立中国式的质量管理。

（2）中国企业的最高领导是否了解质量管理，懂不懂专业？

（3）中国也应组织类似于日本的“质量管理小组”（quality cycle，QC）。

（4）质量管理对企业素质的改善效应体现得比较慢，不能马上奏效，质量问题也不可能马上解决，应持续地、不屈不挠地推行质量改进。

（5）中国企业的最高领导直至工人一般质量意识薄弱或质量责任感较差。因此，一方面要进行质量教育；另一方面要建立“人人有责”的质量责任制体系。

（6）不要拘泥于各种不同的方法而迷失选择的方向，应首先抓好全面质量管理。

（7）质量管理的根本精神是整理、整顿、卫生、礼貌、清洁，但目前中国不少企业在这些方面做得还不够。

（8）提方针、搞工作的人应经常考虑5W1H，即why（为什么），what（干什么），where（何地），when（何时），who（谁去干），how（怎么干）。

（9）进行工序分析和工序管理时，还应考虑5M，即man（人），machine（机器），material（材料），method（方法），measurment（测量）。

（10）从企业领导层到基层都要接受关于质量管理思想和质量管理七种工具的教育。

（11）保证质量的第一步为检验。各企业必须编制一套符合本企业特点的质量标准和检验标准，并按此进行检验。

（12）保证质量的第二步为工序管理。

（13）工序管理系统应按产品分别制定。编制质量管理体系图和质量管理工序表；同时编制进行工序管理的技术标准、作业标准、设备管理标准、测试（计量）标准、原材料进厂检验标准、中间工序检验标准等一系列标准，并加以贯彻执行。在执行中请QC小组协助。

（14）进行质量工序能力的研究。计算工序能力值 C_p 也非常重要，但仅靠计算是不起作用的，还要进行工序分析，抓好工序管理。

（15）抓好根源管理（外购件、外协件等）。

（16）认识管理技术的重要性。

石川馨的这些建议，直到今天仍具有重要的现实意义。

三、PDCA 循环

PDCA 循环是全面质量管理的基本程序。P（plan）：计划；D（do）：执行或实施；C（check）：检查；A（action）：处理或采取措施。一般的解决质量管理问题的过程都可以概括为这四个阶段和八个步骤：

1. 制定计划阶段（P 阶段）

（1）发现存在的问题。

（2）找出问题的原因。

（3）找出各种原因中的主要影响因素，或称为根源。

（4）研究解决问题的对策并制定实施计划。

2. 实施阶段（D 阶段）

（5）按预定计划组织实施。

3. 检查阶段（C 阶段）

（6）对照计划和标准检查实施的结果，找出偏差。

4. 处理阶段（A 阶段）

（7）采取措施纠正偏差。

（8）巩固所取得的成果，使之标准化。对遗留的问题和出现的新问题，纳入下一个 PDCA 循环解决。

在解决问题过程中，常常不是一次 PDCA 循环就能够完成的，需要将 PDCA 循环持续下去，直到彻底解决问题。这里需要特别强调的就是"问题"的概念，因为在现实中，人们往往把问题与现象混淆在一起，不加区分。这里，问题 = 标准 − 现状。也就是说，如果不能明确判断的标准，不能以定量的方式描述现状与标准的差距，就不能说是在清楚地阐述问题，只不过是在说明现象。这样，每经历一次 PDCA 循环，需要将取得的成果加以巩固，也就是修订和提高标准，按新的更高的标准衡量现状，必然会发现新的问题，这也是为什么必须将 PDCA 循环继续下去的原因和方法。每经过一个 PDCA 循环，质量管理达到一个更高的水平，不断地坚持 PDCA 循环，就会使质量管理不断取得新成果。这一过程可以形象地用图 12—1 的示意图来表示。

四、基准化

基准化（benchmarking），又称为标杆比较，是寻求竞争对手或业界最佳企业的产品或服务标准及其最佳实践，以此作为基准，对照分析和找出差距，然后通过模仿它们的做法来改进自己的质量的一套方法。

施乐公司早在 1979 年就率先在美国企业界推行基准化。施乐公司是世界上第一台复印机的发明者，自 20 世纪 60 年代中期起，就一直垄断着美国的复印机产业和复印机服务业，其市场占有率长期保持在 95%左右。但进入 70 年代，以佳能公司为代表的一批日本企业，通过模仿和改进施乐公司的产品，经过长期的努力，在

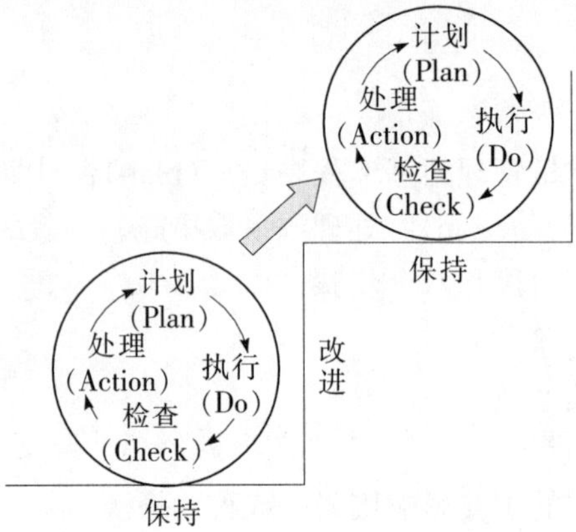

图 12—1 PDCA 循环示意图

美国市场上成功地推出了性能优异、成本低廉的中小型复印机，一举夺走了施乐公司的垄断地位。到 70 年代末，施乐公司的市场占有率跌落到 15%，濒临破产。新的公司首席执行官 D. 卡恩斯（David T. Kearns）上任后，大刀阔斧地革除施乐公司的积弊，狠抓产品质量。为了搞清楚日本企业是如何以大大低于施乐公司的成本在美国市场上销售中型复印机的，公司派出制造部门负责人带领一个小组赴日本企业考察，仔细研究日本竞争对手的成本和生产过程。并通过与日本富士公司建立合资企业（Fuji-Xerox），学习日本企业的生产管理和质量控制方法。不仅如此，施乐公司的技术人员还将日本企业的产品拆开，对每个零部件的设计和制造工艺进行仔细研究。在此基础上，施乐公司将各种设计参数、工艺参数、质量指标、效率指标和成本指标制定成基准（benchmark），对照基准寻找差距，有针对性地制定改进措施，迎头赶超。终于，在 80 年代末，施乐公司又重新夺回了美国复印机市场上的领导地位。而这一套以竞争对手和业界最佳实践为标杆的改进质量的方法，也成为整个美国产业界纷纷效法的方法。

推行基准化方法一般应遵循下述四个步骤：

(1) 管理当局成立一个基准化计划团队，团队最初的任务是确定什么应当基准化，确认竞争对手或相关产业的最佳企业，以决定收集哪些数据和收集数据的方法。

(2) 基准化团队从内部收集作业数据和从外部收集其他组织的数据。

(3) 通过数据分析找出产品特性或运营效率的差距，并确定是什么原因造成了这些差距。

(4) 制定和实施行动计划，最终达到或超过其他组织的标准。

基准化在进行产品或服务特性比较时常常采用图 12—2 所示的“雷达图”方法。

图 12—2 中，每一条射线代表一个基准化的维度；外圆代表业界最佳水平；中间的圆代表业界平均水平；由折线围成的不规则形状代表企业在每个维度上的实际水平。从雷达图中可以一目了然地看出企业自身与业界最佳水平的差距以及改进的主要方向。

另一种被称为“质量屋”（quality house）的图形工具，通常用作产品质量性能

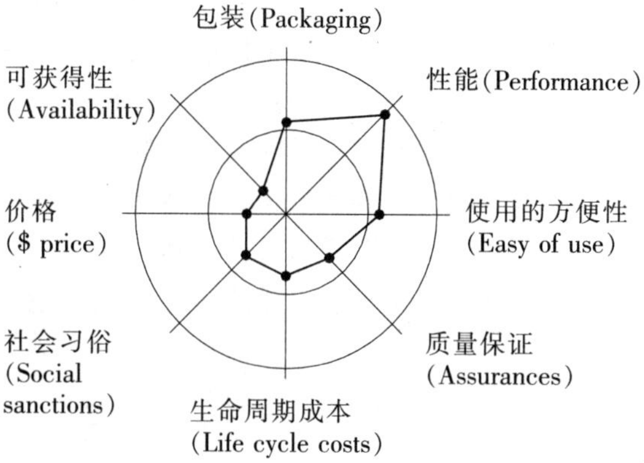

图 12—2　产品基准比较的雷达图—— $ APPEALS

的展开分析，也可以作为一种基准化分析的有效工具。如图 12—3 所示。①

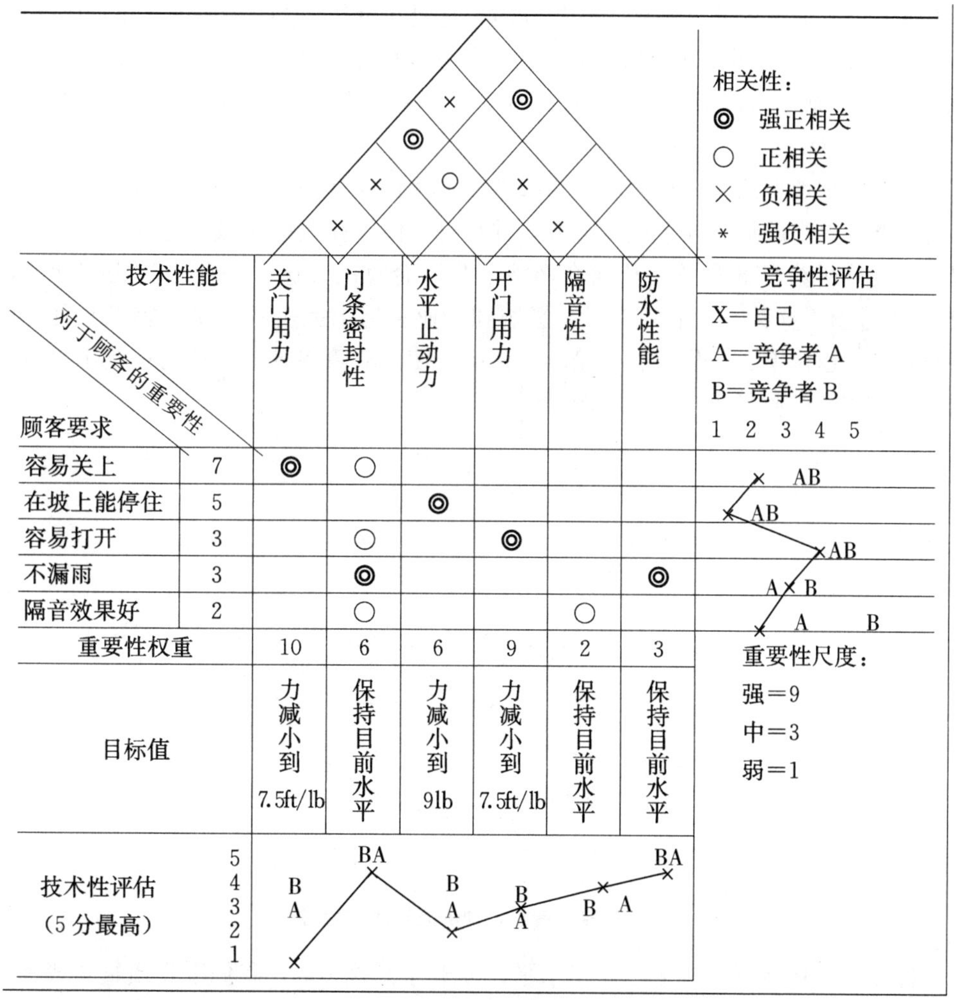

图 12—3　轿车门的质量矩阵——质量屋

① Chase, Richard B., Nicholas J. Aquilano, and F. Robert Jacobs, Operations Management for Competitive Advantage, 9th ed., McGraw-Hill Companies, Inc., 2001, 151 页，北京，机械工业出版社（影印）。

在图 12—3 中，左边第 1 列是顾客要求，第 2 列是顾客需求的相对重要性；然后，通过一个矩阵将顾客需求转化为产品技术性能，这些技术性能之间的相关性分析反映在“质量屋”的“屋顶”矩阵中。质量屋最右边的一列给出了竞争性评估的结果，它反映出企业与竞争对手的同类产品在相应的顾客需求上的差距。质量屋的下面三行，分别给出了技术性能的重要性权重、要达到的目标值和技术性能标杆比较的结果。我们看到，通过“质量屋”模型，使得对产品技术性能的确定完全是依据顾客需求分析和竞争性评估的结果，从而排除了任何主观臆断的成分。

五、质量成本

质量和成本是竞争的两个关键因素，从消费者的立场看待这个问题，消费者希望的是更好的质量和更低的价格（或成本），也就是物美价廉。问题在于，生产者并不总能满足消费者的这种要求。提高质量是要花费代价的，这种代价称为质量成本（quality cost）。可以概略地将质量成本分为四个方面：预防成本（prevention costs）、检验成本（appraisal costs）、内部损坏成本（internal failure costs）和外部失效成本（external failure costs）。

传统管理观点认为，提高质量与降低成本存在固有的矛盾，当质量达到一定水平后，继续提高质量会导致成本上升，并且可能使得在改进质量上追加的投资超过因质量改善所获得的收益，从而在经济上是不合算的。这种现象被称为“功能悖论”。正是出于这种经济上的考虑，影响到企业去追求完美的质量，容忍某种程度的废品率、返修率、退货率、开箱不合格率、使用故障率等，并认为这是不可避免的。这种传统的质量成本观点如图 12—4 所示。

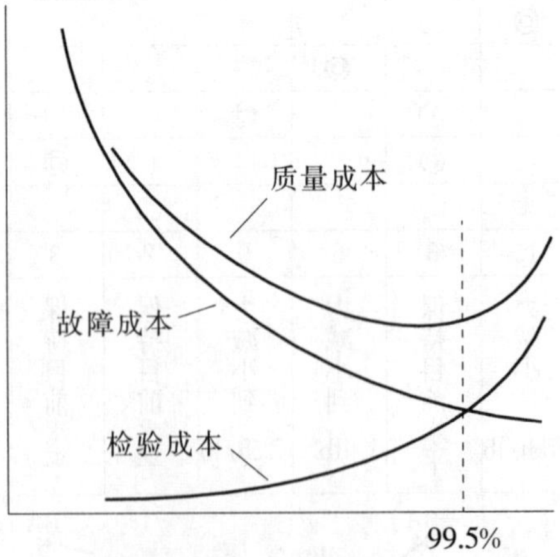

图 12—4 传统管理的质量成本特性

图 12—4 中的横坐标表示质量水平，纵坐标表示成本。我们看到质量总成本的最低点是在低于 100%的完美质量的某个水平上达到的。继续提高质量水平，虽然内部和外部的损坏成本（即内部废品和返修成本与外部故障维修及质量保证成本）会减少，但终因预防成本和检验成本的大量增加而使总质量成本大幅度上升。质量

成本的这种特性实际上是传统管理方式的一种痼疾。

现代生产与运营管理的理论和实践表明，追求更高质量的投入成本能够比由于商品和服务的内在缺陷所造成的损失要少；质量的不断改进不仅具有社会效益，而且具有经济效益。与质量标准相比，无缺陷的质量有可能使总质量成本达到最小化。这一观点可以用图 12—5 的模型来说明。

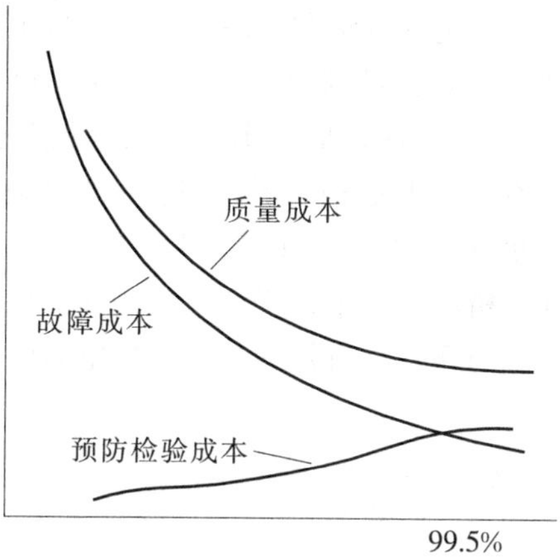

图 12—5 无缺陷管理的质量成本特性

那么问题的关键在哪里呢？按照菲利普·B·克劳斯比的观点："质量是免费的，虽然它不是礼物（可以不劳而获），却是免费的。真正费钱的是不合质量标准的事情——没有在第一次就把事情做对。"① 他指出，在美国，许多公司尝试将相当于总营业额 15%～20%的费用用于测试、检验、变更设计、返工、售后保证、售后服务、退货处理以及其他与质量有关的事务，所以真正花费不赀的是质量低劣。如果我们第一次就把事情做对，那些浪费在补救工作上的时间、金钱和精力就可以避免。

与克劳斯比的观点和努力异曲同工的是，日本企业的成功实践从另一个角度说明了在预防上加大质量管理投入是可以从总体上降低质量成本的。这里的关键是看问题的方式。传统的质量管理是用静止的观点看问题，是在不改变传统的管理方式和流程结构的条件下，靠加大技术革新的投入和强化检验，试图在短时间内大幅度提高质量，这就必然激化传统管理固有的功能悖论矛盾，最终会限制管理者进一步改进质量的愿望。而现代生产与运营管理把质量改进看作一个渐进的持续努力的过程，质量的改进是靠一点一滴、积少成多的努力不断实现的。这种持续的、渐进的质量改进过程，不仅最终可以达到完美的无缺陷的质量，而且无须大量的投入成本，这一点已为日本企业创造的 QC 小组活动和 JIT 生产方式所证明。

所以，质量与成本的矛盾根源在于传统的管理方式，要获得完美的质量，要使得质量总成本随质量改进而下降而不是上升，关键在于改造传统的管理方式。推行全面质量管理，把质量改进变成企业全体员工的自觉行动。

① ［美］菲利普·B·克劳斯比：《零缺点的质量管理》，3 页，北京，生活·读书·新知三联书店，1991。

第二节 质量改进的工具

按照 PDCA 循环的观点，质量改进的关键在于发现问题，寻找原因和确定主要的影响因素，这就需要遵循一定的方法和运用有效的分析工具。在制造现场的质量管理中，常用的质量管理工具有：排列图（或称帕累托图）、因果分析图（或称为鱼刺图）、直方图、检查表、分层法、散布图（并结合相关分析和回归分析）以及控制图，这七种工具通常称为“老七种工具”。进入 20 世纪 80 年代，以制定质量改进计划为主要对象又发展出了“新七种工具”，即：关联图法、KT 法、系统图法、矩阵图法、矩阵数据分析法、决策过程计划图法和箭头图法。下面，从实用的角度，选择其中最常用、最简便、最有效的几种工具略加详述。

一、排列图法

排列图法，又称为帕累托图（Pareto diagram），是一种按发生频率从大到小的顺序排列事件或原因，并通过直观地比较相对频率的大小从中找出主要事件或主要原因的图形方法。帕累托图呈现出的一般规律是：20%的原因的影响占到 80%左右。这种现象我们已经在库存控制中遇到过，它是一种普遍的统计规律。

排列图法主要应用于：(1) 将解决问题的努力集中在问题的主要方面和主要原因上；(2) 确定问题原因的相对影响程度和解决问题的优先次序；(3) 对问题和原因做出解释。

下面通过一个例子来说明排列图法的应用步骤。

[例 12—1]

某产品质量缺陷分析

某种金属工具，冲压成一定形状，上面涂有一层胶粘剂，放进一个模子中然后注入橡胶压制成产品。一项关于该种产品次品率上升原因的调查记录如表 12—1 (a) 所示。现拟用排列图法对该问题进行分析。

表 12—1 (a)

缺陷个项	缺陷数量
劣质橡胶	91
粘结不牢	128
裂纹	9
孔隙	36
杂质	15
划伤	23
其他	12

分析步骤

1. 决定应当对哪些个项进行分析并收集数据，分析的个项通常可以分为：

按内容分类，如缺点类型、位置、加工时间等。

按原因分类，如材料、机器、操作方法、操作者等。

2. 按发生数量或频率从大到小的顺序排列个项，并求累积数量或频率，如表12—1（b）所示。

表 12—1（b）

序号	缺陷个项	数量	累积数量
1	粘结不牢	128	128
2	劣质橡胶	91	128＋91＝219
3	孔隙	36	219＋36＝255
4	划伤	23	255＋23＝278
5	杂质	15	278＋15＝293
6	裂纹	9	293＋9＝302
7	其他	12	302＋12＝314
	总计	314	314

3. 按个项的频率做样条图，然后绘出累积频率曲线。如图12—6所示。

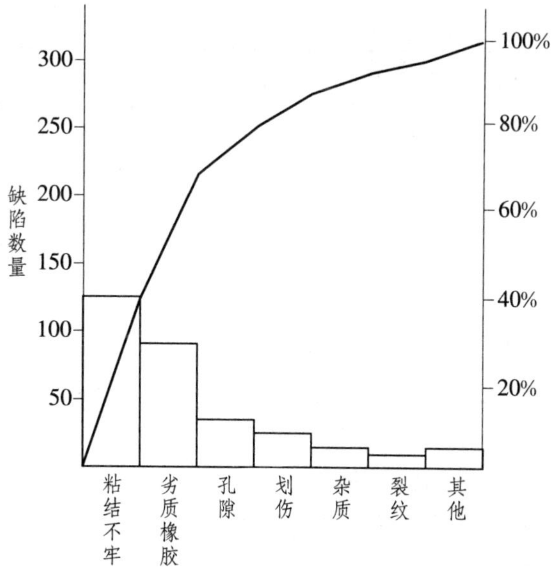

图 12—6 产品缺陷的排列图

4. 对应数量坐标建立百分比坐标。

二、因果分析图

因果分析图（cause and effect diagrams）是一种澄清问题原因的有效方法，它以主干和分枝的形式描述问题的特征与原因或影响因素之间的关系。由于其形状酷似一幅鱼骨，故俗称为"鱼骨图"。

因果分析图可用于：（1）搞清问题特征所涉及的可能的原因和影响因素的范围。（2）辅助分析和寻找问题的主要原因。（3）引导寻求问题原因的讨论。小组在讨论问题原因时往往容易离题或者钻牛角尖，而因果分析图有助于使讨论者将注意力集中在主要的原因和影响因素上。（4）控制影响因素。原因找到了，问题解决了，这时可将原因或影响因素标在因果分析图上，提醒人们随时注意。

下面通过一个例子说明因果分析图的应用。

[例 12—2]

主轴颈表面出现刀痕的原因分析

某厂车加工曲轴主轴颈的不合格品率近几个月来呈上升的趋势，有关的管理人员、技术人员和操作工人组成了一个专门的 QC 小组，对此问题的原因进行调查分析。他们首先搜集了不合格品特征的统计数据（见表 12—2），然后打算用因果分析图对问题进行分析，寻找原因。

表 12—2

问题特征	数量（件）	比率（%）	累计百分比（%）
轴颈刀痕	153	71.8	71.8
开档大	29	13.6	85.4
轴颈小	25	11.8	97.2
弯曲	6	2.8	100
总计	213	100	100

分析步骤

因果分析图的分析步骤如下：

1. 阐明问题的特征和分析的目的。当问题包含多个特征时，要用统计数据的频率说明哪个或哪几个特征是主要的，从而确定出进一步分析的重点。本例中，分析的重点是主轴颈出现刀痕的原因。

2. 澄清影响问题特征的因素。这一步是应用因果分析图的关键。常用的列举影响因素的方法有两种：

（1）分类展开法。这种方法首先将问题的影响因素分成几个大类，如在本例中，可以将主轴颈出现刀痕的影响因素分为：操作者、机床、加工方法、工艺标准和材料（毛坯）。先做出主要影响因素的因果分析图（见图 12—7），然后分别将每一类因素的相关影响因素逐级展开，最后做出总的因果分析图。

（2）穷举归类法。这种方法首先要求分析小组的每一个成员都尽可能地列举有

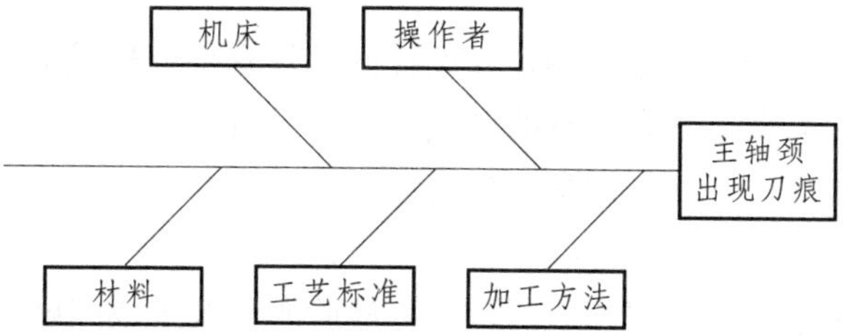

图 12—7 分类展开法示意图

关的影响因素，然后在穷举的基础上分类归并，并区分出等级，最后做出因果分析图。这种方法又称为头脑风暴法（brain storming），是一种寻找问题原因或寻求解决方案的常用技法。

3. 作因果关系图，检查是否有漏掉的重要因素。本例的因果关系图如图 12—8 所示。

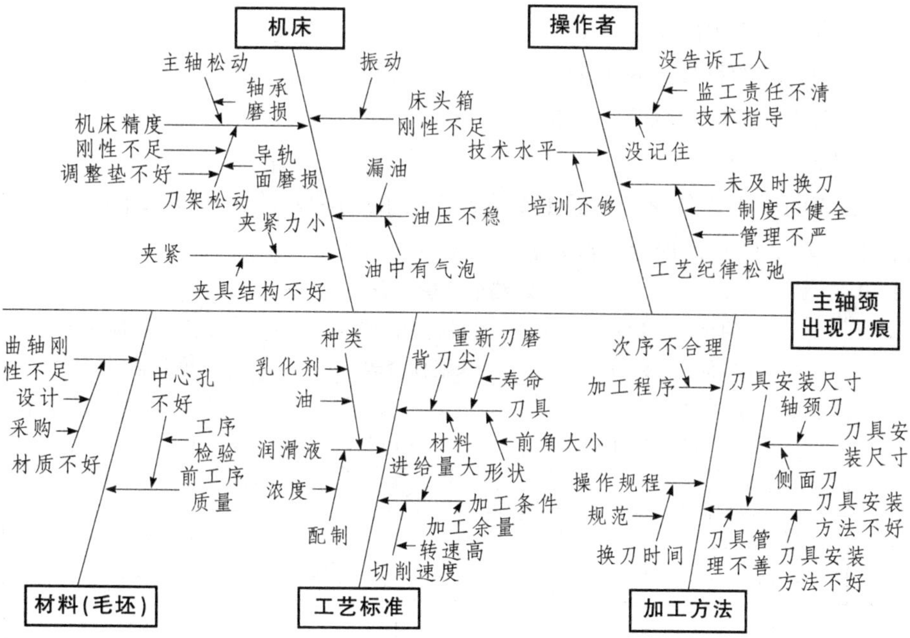

图 12—8 车主轴颈出现刀痕的因果分析图

4. 确定影响问题特征的主要因素，并在图上标明。

至此，问题的因果分析暂告一段落，开始进入制定整改措施阶段。

三、检查表法

在连续作业的工作场所，需要及时地收集和记录信息，并通过简单的求和、求平均值或描述数据分布形状等方式，迅速发现作业中的质量缺陷，以便及时采取措施消除质量缺陷。适合这种快速记录数据并快速给出分析结果的有效的方法之一是检查表法。

检查表（check sheets）是一种预先设计好的具有特定格式的表格，它一般是表格或图形形式，也可以是二者兼有的形式。分析人员采用预先规定的检查符号将作业信息记录在检查表上，便于观察和分析结果。

1. 用途

检查表主要用于：（1）寻找原因；（2）检验质量改进或问题解决的效果。

2. 分析步骤

检查表的应用步骤如下：

（1）明确目标。思考和搞清你到底是要“调查缺陷的细节”，还是要“确定疵点出现的位置”，或者是要“确定质量水平的分布”，等等。

（2）选择检查表的类型。

（3）确定要检查的个项。需要注意的是，一般检查个项的分类和定义不要过细、过窄，这样出现的频率太低，使得观察样本过小，不足以得出可靠的分析结果。

（4）设计检查表的格式。

（5）用特定的符号记录数据。

（6）对检查表的信息进行分析。

3. 形式

检查表的形式有多种。下面主要介绍其中的两种，即：（1）缺陷个项检查表（见表 12—3）；（2）过程分布检查表（见表 12—4）。

表 12—3 **缺陷个项检查表**

产品编号：2341230 模压汽车零件 生产线名称：DSA

产品名称：连接 BK1 缺陷检查表 工序名称：精加工

缺陷个项	2/5 (M)	2/6 (T)	2/7 (W)	2/8 (R)	2/9 (F)	2/12 (M)	2/13 (T)	2/14 (W)	2/15 (R)	2/16 (F)	总计
模具开裂	卌	///	卌/	///	////	///	卌/	卌	///	////	42
纤维	//		卌	/			///	/	//		14
砂料	////	//	///	卌		卌 ////	卌 //	卌 卌	卌 //	卌 卌	57
砂眼	/	卌		//	/						9
裂缝		/		/			/		//	/	6
其他	/	///			///	/	///	//		//	15
总计	13	14	15	11	8	13	20	18	14	17	143

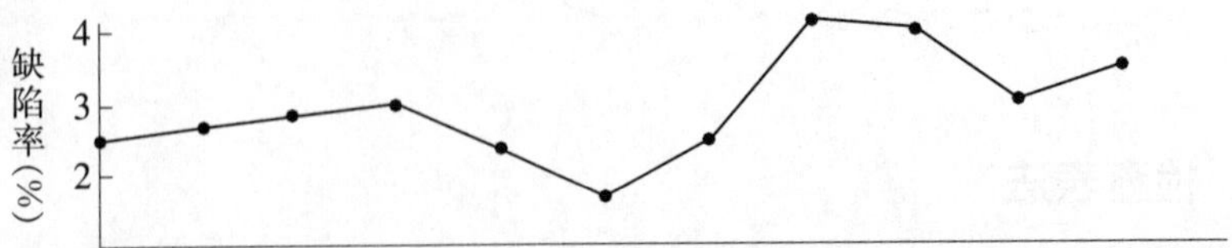

生产单位	500	500	500	500	500	500	500	500	500	500	500

工段名称：第 3 铸造工段

班组名称：B 班

检验员： 班组长： 工段长：

表 12—4　　过程分布检查表

印刷电路厚度检验检查表		
产品名称：印刷电路	特性：厚度(mm)	测量机械：TW05
产品编号：100543201	标准值：450±35	日期：2/20/99
工序：修边	样本：120(全部)	测量员：T

	厚度(mm)	检验	10		20		30		40		总计
	520～529										
	510～519										
	500～509	//									2
	490～499	卌	/								6
▶	480～489	卌	卌	////							14
	470～479	卌	///								8
	460～469	卌	卌								10
规格	450～459	卌	卌	卌	///						18
	440～449	卌	卌	卌	卌	卌	卌	//			32
	430～439	卌	卌	卌	卌	/					21
	420～429	卌	///								8
▶	410～419	/									1
	400～409										
	390～399										
	380～389										
备注：											

表 12—3 是一个缺陷个项检查表示意图。该表记录了从 2 月 5 日到 2 月 16 日两周里，每个工作日模压汽车零件缺陷发生的数量和类型。根据检查表的数据，可以很方便地对各类缺陷发生的数量和频率进行统计；且由于每日的生产批量均为 500 单位，故很容易计算出每日的缺陷率，并可以通过折线图观察零件加工缺陷变化的趋势。

表 12—4 的过程分布检查表实时地记录了工序加工的测量结果，从中可以清楚地看出实际的工序加工精度分布与设计规定的标准值是否吻合。一旦出现严重偏离的情况，就可以及时采取纠正措施。

四、亲缘图法

亲缘图法（affinity diagrams），又名 KJ 法，是一种帮助人们从对某个问题的模糊和零碎的认识中整理出线索和思路的综合方法。它将人们对问题的模糊的、片面的、零碎的和感性的认识，用一定的语词表达出来，分别写在一张张卡片上，然后根据这些语词卡片之间的相近性、同质性、共同的背景和假定，将它们分类和组合，表达成简单的图形，帮助人们整理出线索和思路。

1. 用途

亲缘图法可以帮助人们从三个途径有效地思考问题：（1）帮助人们确定问题的性质和揭示隐藏的问题；（2）帮助人们或团队理清模糊的概念；（3）向人们表明解决问题的合理方向。

亲缘图法不仅可以用于质量改进活动，还可广泛用于任何复杂条件下和包含大量模糊信息条件下的辅助决策过程。

2. 分析步骤

亲缘图法的分析步骤如下：

（1）确定主题。

（2）收集语词数据。包括各种与主题有关的事实、推论、预测、想法和意见等，也包括观察、研究及个人思考的结果。

（3）制作语词卡片。将收集来的语词条目分别写在一张张的卡片上，并给卡片加上索引编号。

（4）对卡片进行分类。通常的做法是在一张大桌子上将卡片摊开，仔细浏览全部卡片，尽量发现卡片之间的相近性和联系，并按相近性对卡片进行分类和组合。

（5）给分了类的卡片组加标题卡片。标题卡片要简练，并完全反映出一组语词卡片的特征。

（6）重复步骤 4 和步骤 5，直到满意为止。开始时，语词卡片的类型可以划分得多一些，随着分类组合过程的继续，研究人员的思路逐渐清晰，有些类型可以归并到其他的类型里去。经验表明，最后的类型数或卡片组数以不超过 5 组为宜。

（7）绘制亲缘图。将卡片的最终分类组合排列开来，用实线画出每一小类和每一大类的边界，有时还可采用不同色彩的线，以便更加醒目，最后就得到了一幅亲缘图。在亲缘图上，原来模糊的、零碎的信息已被整理成几个明确的概念。

图 12—9 是个关于质量改进小组自主管理存在问题的亲缘图，从图中可以看出，问题归结为三个大的方面：失败的领导、小组成员对工作不感兴趣以及管理人员难以管理。

五、矩阵图法

矩阵图法（matrix diagrams）是一种以矩阵形式表示原因与结果或方法与目标之间关系的直观方法。在矩阵的行与列的交叉点上，还可以采用不同的符号表示上述关系相关的程度。最简单的矩阵图是二维的，称为 L 型矩阵图。当存在三类因素之间的关系时，如果其中一类因素作为共同因子，则可建立三维矩阵图，称为 T 型矩阵图。照此，还可以构造四维或五维矩阵图，分别称为 Y 型和 X 型矩阵图。

矩阵图法最显著的优点就是它的直观性，它可以帮助分析人员从整体角度把握

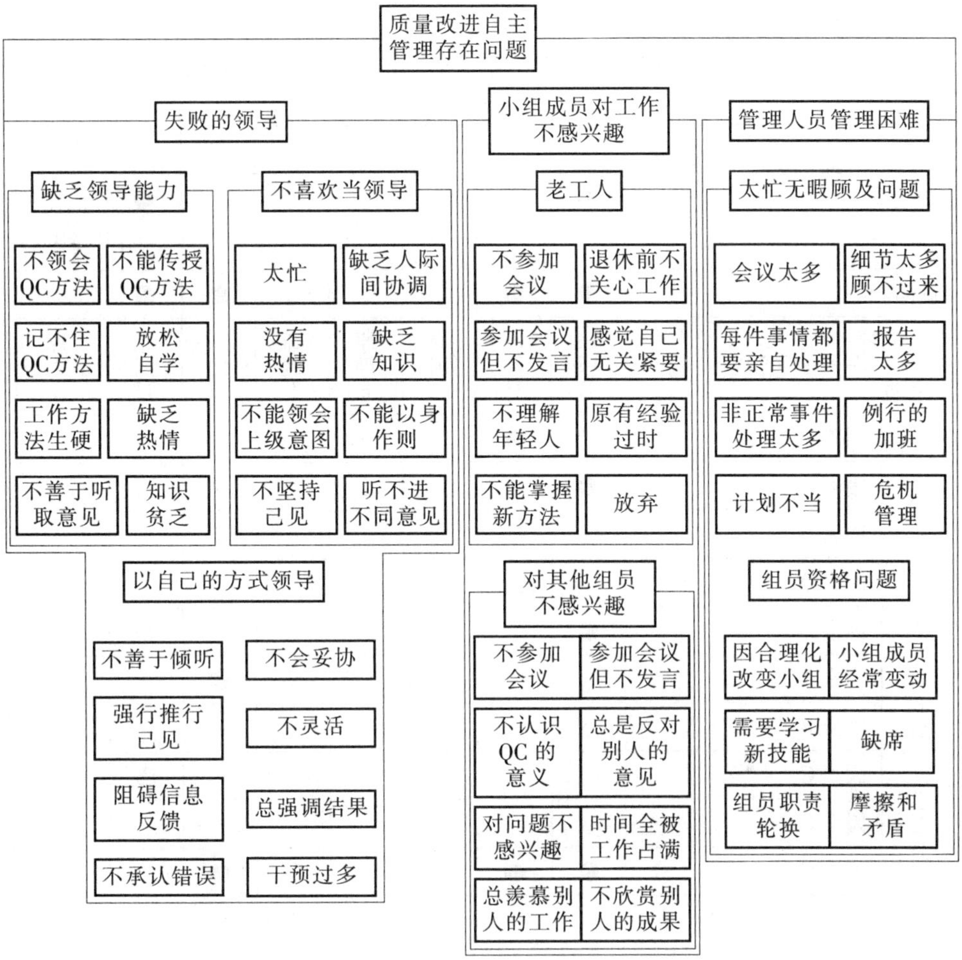

图 12—9　质量改进的自主管理存在的问题

问题以及确定问题是局部性的（特定符号的出现是孤立的）还是全局性的（特定符号沿行或列连续出现）。

1. 用途

矩阵图法主要用于：(1) 明确功能质量与质量特性之间的关系；(2) 区分问题的现象、原因和解决问题的措施之间的相互影响关系；(3) 评价不同的方法和措施对问题的影响，例如“4M”（即 men：人；machines：机器；materials：材料；method：方法）因素的影响以及“5W1H”（即 what：什么措施；why：为什么采取此措施；when：什么时候采取此措施；where：在什么地点采取此措施；who：谁来采取此措施；how：怎么采取措施）方面的影响。

2. 应用步骤

由于 T 型矩阵图可以有效地反映现象、原因和工艺过程之间的关系，用途最广，故下面以 T 型矩阵图为主说明矩阵图法的应用步骤。

(1) 建立矩阵图格式。典型的矩阵图格式如图 12—10 所示。

(2) 按重要性程度分别排列问题（或现象）、原因和工艺过程要素。问题的严重性可以根据发生的频率确定，原因和工艺过程要素的重要性可根据分析确定。

（3）确定问题与原因之间的关系，并以不同的符号标在相应的交叉格子中。

缺陷 A		●				△		○		
缺陷 B			●	△		○			●	○
缺陷 C		△			○			○		
缺陷 D			●	●	○		△	●	●	
问题 / 过程	原因	原因A	原因B	原因C	原因D	原因E	原因F	原因G	原因H	原因I
工艺过程Ⅰ	因素 A_1		○	●				○		
工艺过程Ⅰ	因素 A_2	○	●			△	△			
工艺过程Ⅰ	因素 A_3		○	○	○					
工艺过程Ⅰ	因素 A_4			△	○	○				
工艺过程Ⅱ	因素 B_1		●						●	○
工艺过程Ⅱ	因素 B_2	○						●		
工艺过程Ⅱ	因素 B_3		△	△		○	○			
工艺过程Ⅲ	因素 C_1	△	○					○	●	○
工艺过程Ⅲ	因素 C_2			○	○				△	
工艺过程Ⅲ	因素 C_3		●	●			○	●		

●＝强相关　○＝一般相关　△＝可能相关

图 12—10　T 型矩阵图格式

（4）确定原因与过程因素之间的关系，同样以不同的符号标在对应的交叉格子中。

（5）给相关程度打分，然后按行和按列汇总，得出的结果将表明：哪个过程因素的影响是最关键的（该过程因素对应行的总分最高），哪个因素的影响是最大的（该因素与问题之间对应列的总分最高）以及问题的根源主要出自哪个过程因素等。

[例 12—3]

小型吸尘器振动原因分析

图 12—11 的矩阵图给出了一种小型家用吸尘器振动原因的分析结果。在矩阵图中，从零件制造到装配、再到检验的过程是以流程图的方式给出的，图中列出了 6 种缺陷和 14 种原因。从图中可以看出，电枢、滤清器和风扇是最容易产生振动的，而设备精度和工序检验标准对最终振动缺陷的影响是最关键的。

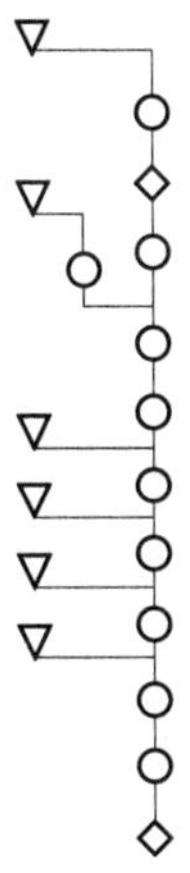

问题/工序 \ 振动缺陷因素	平衡	不同的维度	表面振动	沿轴向振动	变形	板材厚度	紧固程度	安装错误	弯曲程度	重量	偏差	设备精度	配合	鉴定
电枢缺陷	●		○							○	○		○	●
框架缺陷														
外罩缺陷				△	△					△				△
螺杆螺帽缺陷						△	△							
滤清器缺陷				○		△			△		△			
风扇缺陷	●	○		○	●	○	○	○	△	○	○		●	●
加工	△									△				△
试验														
检修	△		○	△										○
平衡检查	●									△		●		●
加压														
组合													○	△
电机紧固							△					○		△
外壳紧固							○	○				○	△	○
滤清器紧固		○										○	○	○
风扇紧固	○	○					○					○		○
整理作业														
性能检查												●		●

●=强相关　○=一般相关　△=可能相关

图 12—11　小型吸尘器振动缺陷矩阵图分析

第三节　抽样检验

质量检验是质量管理的一个重要环节。有些情况下，当收到的商品或材料和零件数量很大时，采用逐件检验的方式既不经济，时间上和人力上也不允许；还有些情况下，商品质量检验是破坏性的，如检验灯泡的寿命，需将灯泡点亮至烧坏为止，故逐个对商品进行检验是不可能的，也是不允许的。在这些情况下就需要采用抽样检验的方法。抽样检验方法具有成本低、操作简便的优点，但可能产生误差。因此采用什么方法抽取样本和推断结果，以使得误差和错误发生的概率不超过允许的限度，这就是设计抽样检验方案要考虑的问题。

我们下面仅就最常用的简单随机抽样检验方法进行讨论。设总体数量为 N 个单位，从中抽取 n 个单位，使得 C_N^n 个不同的样本每一个被抽中的机会都相等，这种抽样方法就是简单随机抽样。实际上，一个简单随机样本是逐个抽取的。总体的单位从 1 到 N 编好号码，然后借助随机数表或计算机的随机数发生器程序产生的随机数字，确定每次抽取的号码，从总体中依次抽取 n 个单位，构成一个样本。这种方法在每一次抽取时，必须保证在总体中未曾被抽到的任一号码被抽取到的机会是相等的。

习惯上采用下述符号描述总体、样本和决策规则：

N：批量大小，即收到的一批商品或零件总数。

f：缺陷率，即批量中有缺陷个体的百分比。f 是一个未知的数字，随批量的不同而变化。

n：样本容量，即被抽样检验的个体数量，是从批量中随机抽取的。

p：样本缺陷率，即样本中有缺陷个体百分比。因为样本是随机抽取的，故 p 是一个随机变量。当样本被全部检验完后，p 就是有缺陷个体与样本容量 n 的比率，可以用来估计 f。

c：样本有缺陷个体数量临界值。如果样本中有缺陷个体数量小于或等于 c，则接受整批商品；若有缺陷个体数量大于或等于 $c+1$，则拒绝整批商品。

p_c：$(c+0.5)/n$，表示样本有缺陷个体的临界比，即样本缺陷率的临界值。当 $p \leqslant p_c$ 时，接受该批量；当 $p > p_c$ 时，拒绝该批量（选择 $c+0.5$ 的原因，是在 c 与 $c+1$ 之间取中间值）。

通常，设计抽样检验方案就是确定（n，c）或（n，p_c），又称为设计抽样计划。

一、抽样计划

下面结合一个简单的例子讨论如何制定抽样计划。

[例 12—4]

外协加工零件的抽样计划

先锋公司是一家生产电力开关的企业，该产品的操作机构中大量用到某种规格的弹簧，这种弹簧由一家外协厂家生产，每次送货的批量为 1 000 件。弹簧的质量检验采用简单抽样方法。先锋公司设立的检验标准为：每次抽取的样本容量 $n=250$；接收标准 $c=2$。以往的检验结果表明，有时会发生一批产品的有缺陷数量较多却通过了检验的情况；也有时厂家抱怨一批产品的有缺陷数量并不多，却因未通过检验而被拒收。请假设几种可能的情况设计抽样计划。

抽样会产生误差，根据抽样检验结果做出判断可能出现错误，这是抽样方法固有的性质。关键是如何控制抽样的平均误差和错误的概率。假定先锋公司先后收到两批零件，第一批零件的缺陷率 $f=2\%$，即有缺陷零件总数为 20 个；第二批零件的缺陷率 $f=0.5\%$，即有缺陷零件总数为 5 个。但恰好在抽样检验中发生了在第一批零件检验中，$n=250$ 的样本中有缺陷零件为 2 个，而在第二批零件的检验中有缺陷零件的数量为 3 个，结果接收了第一批零件，拒收了第二批零件。在统计学上，把出现第二种情况的错误叫作“弃真”错误，又称为生产者风险（producer's risk）；把出现第一种情况的错误叫作“取伪”错误，又称为消费者风险（consumer's risk）。为了叙述的方便，我们定义下述符号：

AQL：接收质量水平（acceptable quality level），用缺陷率 f 来表示。*AQL* 规定了“优质”批的质量水平，在例 12—4 中，我们假定优质批的 $AQL=0.5\%=0.005$。

α：拒绝优质批的概率，又称为弃真概率，也就是当 $f=AQL$ 时却出现样本缺陷率 p 较大的情况的概率。

LTPD：批次容许缺陷率（lot tolerance percent defective），*LTPD* 是“劣质”批的 f 值。在本例中，我们假定劣质批的 $LTPD=2\%=0.02$。

β：接收劣质批的概率，又称为取伪概率，也就是当 $f=LTPD$ 时却出现样本的缺陷率 p 较小的情况的概率。

在实际工作中，弃真和取伪这两类错误造成的影响通常是不一样的，在不同的场合允许 α 及 β 的大小也常常不一样。例如对于危及健康的药品验收，希望不合格批次当作合格批次验收的可能性尽量小，即犯取伪错误的概率 β 尽量小。而对于价格昂贵的商品，如高档工艺品、紫铜导电零件等，生产者希望验收者犯弃真错误的可能性尽量小，即弃真概率 α 要小。一般地，我们希望所设计的抽样计划能够使犯两类错误的概率同时尽可能小，最好是全为零。当然，由于样本的随机性，这种理想化的抽样计划实际上是不存在的。要求犯两类错误的概率全为零，只有进行全数检验。

所以，设计抽样计划，实际是在给定的 α 和 β 以及规定“优质”批和“劣质”批的标准 *AQL* 和 *LTPD* 的条件下，确定样本容量 n 以及样本中的缺陷数量临界值 c 或缺陷率临界值 p_c，简记作（n，c）。一般地，当样本容量 n 较大时（$n\geq 30$），样本缺陷率 p 的概率分布近似正态分布。

设计抽样计划的步骤如下：

1. 查阅 α 和 β 对应的正态分布值，分别记作 z_α 和 z_β。表 12—5 给出了常用的标准正态分布值。

表 12—5　　常用的标准正态分布 z 值

概率	z 值	概率	z 值
0.001	3.091	0.060	1.555
0.002	2.880	0.070	1.476
0.003	2.748	0.080	1.405
0.004	2.652	0.090	1.341
0.005	2.576	0.100	1.282
0.010	2.327	0.110	1.227
0.015	2.171	0.120	1.175
0.020	2.054	0.130	1.127
0.025	1.960	0.140	1.081
0.030	1.881	0.150	1.037
0.040	1.751	0.200	0.842
0.050	1.645		

2. 计算试探性样本容量 $\tilde{n}$：

$$\tilde{n}=\frac{[z_\beta\sqrt{LTPD(1-LTPD)}+z_\alpha\sqrt{AQL(1-AQL)}]^2}{(LTPD-AQL)^2} \tag{12.1}$$

3. 计算 p_c，c 和 n 如下：

$$p_c=AQL+z_\alpha\sqrt{AQL(1-AQL)/\tilde{n}} \tag{12.2}$$

$$c=\tilde{n}p_c \tag{12.3}$$

$$n=(c+0.5)/p_c \tag{12.4}$$

注意，式（12.2）确定了基于 AQL 的缺陷率临界值 p_c，类似地，可以确定基于 $LTPD$ 的缺陷率临界值 p_c，如式（12.5）所示。我们之所以未采用式（12.5）来确定 p_c，是因为式（12.1）是将式（12.2）与式（12.5）联立解得的。

$$p_c=LTPD-z_\beta\sqrt{LTPD(1-LTPD)/\tilde{n}} \tag{12.5}$$

在本例中，抽样计划可确定如下：

1. 假定先锋公司管理部门确定的两类错误概率均为 5%，查阅表 12—5 可得到 $z_\alpha=z_\beta=1.645$。

2. 将 $AQL=0.005$ 和 $LTPD=0.02$ 及 z_α 和 z_β 代入式（12.1），计算得到 $\tilde{n}=533.08\cong533$。

3. 由式（12.2）可算出 $p_c=0.01$；由式（12.3）计算得到 $c=5.33\cong5$；由式（12.4）计算得到 $n=(5+0.5)/0.01=550$，也就是，按本例给出的条件和假定，抽样计划为：样本容量 $n=550$，样本缺陷数临界值 $c=5$。当检验结果表明在 550 个抽检弹簧中，不合格品数超过 5 个时，拒绝整批零件。

在本例中，先锋公司最初的抽样方案为 $n=250$，$c=2$，也就是 $n=250$，$p_c=0.01$。对于同样的样本有缺陷个体临界比 $p_c=0.01$，在其他条件相同时，即 $AQL=0.005$ 和 $LTPD=0.02$，代入式（12.2）和式（12.5），可计算出此时的 $z_\alpha=1.121$ 和 $z_\beta=1.129$，查阅表 12—5 的标准正态分布表，并采用线性插值法，可得到相应的弃真概率 $\alpha=0.131$，或约为 13%；取伪概率 $\beta=0.129$，或约为 13%。比样本容量为 550 时的弃真或取伪概率增大了 1 倍半还多！从而使弃真或取伪事件发生的频率大大增加。

一般来说，对于同样的样本有缺陷个体临界比 p_c，样本容量越大，发生错误判断的概率越小。理论的结论与我们的经验一致。

二、一次抽样计划

在现实中的企业质量管理实践中，对于例 12—4 的简单抽样检验，人们一般不采用公式方法，而是采用查表的方法设计抽样计划，这样更简便易行。所采用的数据表已经发展成为国家标准，其中已经将生产者风险（弃真概率 α）和消费者风险（取伪概率 β）包含在其中。我们下面就通过一个简单的例子说明如何通过查表的方法制定一次抽样计划的步骤。这里，一次抽样计划是相对于在此基础上的二次抽样计划而言的。

制定一次抽样计划的步骤如下：

1. 确定待抽样检验的批次的容量 N 和期望的接收质量水平 AQL；

2. 查阅批次容量字母代码表（见表 12—6），确定该批次抽样样本的字母代码；

3. 根据查到的字母代码，在一次抽样的抽样计划表（见表 12—7）中找到对应的 n 和 c①；

4. 制定抽样计划（ n，c ）。

表 12—6　　批次容量字母代码表

批次容量	字母代码
2～8	A
9～15	B
16～25	C
26～50	D
51～90	E
91～150	F
151～280	G
281～500	H
501～1 200	J
1 201～3 200	K
3 201～10 000	L
10 000～35 000	M

表 12—7　　一次抽样正规检验的抽样计划表

样本容量代码	样本容量	接收质量水平（%）															
		0.1		0.25		0.4		0.65		1.0		2.5		4.0		10	
		A_c	R_e	A_c	R_e	A_c	R_e	A_c	R_e	A_c	R_e	A_c	R_e	A_c	R_e	A_c	R_e
A	2	0	1	0	1	0	1	0	1	0	1	0	1	0	1	1	2
B	3	0	1	0	1	0	1	0	1	0	1	0	1	0	1	1	2
C	5	0	1	0	1	0	1	0	1	0	1	0	1	0	1	1	2
D	8	0	1	0	1	0	1	0	1	0	1	0	1	1	2	2	3
E	13	0	1	0	1	0	1	0	1	0	1	1	2	1	2	3	4
F	20	0	1	0	1	0	1	0	1	0	1	1	2	2	3	5	6
G	32	0	1	0	1	0	1	0	1	1	2	2	3	3	4	7	8
H	50	0	1	0	1	0	1	1	2	1	2	3	4	5	6	10	11
J	80	0	1	0	1	1	2	1	2	2	3	5	6	7	8	14	15
K	125	0	1	1	2	1	2	2	3	3	4	7	8	10	11	21	22
L	200	0	1	1	2	2	3	3	4	5	6	10	11	14	15	21	22
M	315	1	2	2	3	3	4	5	6	7	8	14	15	21	22	21	22

下面我们通过一个例子来说明如何制定一次抽样计划。

① Grant, Eugene L. and Richard S. Leavenworth, Statistical Quality Control, 7th ed., McGraw-Hill Companies, Inc., 1996，734 页，北京，机械工业出版社（影印）。

[例 12—5]

通过查表的方式制定一次抽样计划

假定，某批零件的到货批量为 1 000 件，接收质量水平 AQL 为 2.5%。设计抽样计划。

解：查表 12—6 得到批量为 1 000 的样本容量字母代码为 J，再从表 12—7 中根据字母代码 J 和接收质量水平 2.5% 查到对应的样本容量为 80，接收数量标准为 5，拒绝数量标准为 6。由此得到的抽样计划为：抽样检验的样本容量为 80，如果样本中有缺陷个体的数量小于或等于 5，就接收该样本，如果有缺陷个体数量大于等于 6，则拒绝该样本。

第四节　工序质量控制

产品质量抽样检验对于确保原材料和配套件的进厂质量以及产品的出厂质量是非常重要的，从世界各国推行全面质量管理的情况看，质量检验一直受到重视并得到加强。但质量检验属于事后检验，不能起到预防质量缺陷的作用。要预防质量缺陷，必须对制造过程，尤其是关键工序的质量进行控制，使之稳定地保持在规定的公差范围内。一旦发生异常，能够及时发现并排除原因，使之恢复正常。

工序质量控制的关键在于知道什么时候应当停机进行干预，什么情况下无需停机干预。停机会使生产中断，造成在制品的积压，生产周期的延长，甚至有可能因延误交货期而失去顾客，还可能造成因生产过程中断而出次品。但如果工序的加工状况出现了严重异常而未能发现，不及时停机检查调整，后果有可能更糟糕。要知道什么时候应当进行干预，就要对工序的加工过程进行监测。而对工序加工过程进行监测的前提是对工序能力进行测定。

一、工序能力

1. 工序能力

是指工序能够稳定地生产合格品的能力。工序能力与设备、工具、夹具系统的精度和维护以及人的工作质量等都有密切的关系。

可以用工序能力系数 C_p 值来表示工序能力。

当工序的设计公差中心和实际加工数据分布中心重合时，

$$C_p = \frac{T}{B} = \frac{T}{6\sigma} \tag{12.6}$$

式中，T 是设计公差范围；B 是实际加工数据分布范围（加工精度）；σ 是该工序加工过程的标准偏差。

从式（12.6）中可以看出，C_p 值与这道工序的公差要求和加工精度都有关系，它是衡量工序生产过程的综合性指标。

在实际工作中，实际加工数据分布中心与设计公差中心并不一定重合，有可能产生偏移，这时应对 C_p 值进行修正，记作 C_{pk}，即：

$$C_{pk} = (1-K)\frac{T}{6\sigma} \tag{12.7}$$

式中，K 为相对偏移量。

$$K = \frac{|M-\overline{X}|}{\frac{T}{2}} \tag{12.8}$$

式中，M 是设计公差范围的平均值；$\overline{X}$ 是实际加工数据分布范围的中心值。

实际中采用样本标准差 s 来代替标准偏差 σ，s 的计算公式为：

$$s = \sqrt{\frac{1}{n-1}\sum_{i=1}^{n}(X_i-\overline{X})^2} \tag{12.9}$$

当工序实际加工数据分布中心与设计公差中心不重合时，工序能力系数 C_{pk} 还可以定义为下列形式①：

$$C_{pk} = \min\left[\frac{\overline{X}-LTL}{3\sigma}, \frac{UTL-\overline{X}}{3\sigma}\right] \tag{12.10}$$

式中，UTL 是公差中心上限（upper tolerance limit）；LTL 是公差中心下限（lower tolerance limit）；3σ 是实际加工数据分布的半宽。

由式（12.10）可以看出，提高工序能力系数的措施有三方面：

（1）使实际加工数据中心尽可能位于公差中心；

（2）减小实际加工数据分布范围，也就是减小 σ；

（3）合理确定设计公差范围，即合理规定 UTL 和 LTL。

关于工序能力系数的判断见表 12—8。

在日本和美国的企业中，普遍对工序能力进行周期性普查和分析工作。如日本丰田公司在全公司范围内广泛开展 C_p 值达到并保持 1.33 的活动；美国一些公司将单机的 C_p 值控制在 1.33～1.40 的水平，对制造系统的 C_p 值要求大于 1.0。

表 12—8　　工序能力系数 C_p 判断表

C_p 值	等级	判断
$C_p \geqslant 1.67$	特级	工序能力过高，不经济
$1.67 > C_p \geqslant 1.33$	一级	工序能力足够
$1.33 > C_p \geqslant 1.0$	二级	工序能力尚可
$1.0 > C_p \geqslant 0.67$	三级	工序能力不足
$0.67 > C_p$	四级	工序能力过差

① Chase，Richard B.，Nicholas J. Aquilano，and F. Robert Jacobs，Operations Management for Competitive Advantage，9th ed.，McGraw-Hill Companies，Inc.，2001，295 页，北京，机械工业出版社（影印）。

2. 工序能力分析项目

下面是美国康明斯发动机公司制品工序管理中工序能力分析的检查项目①：

（1）在新产品投产前是否有一个符合“产品公差规范”的设备能力查定计划。

（2）设备能力的查定是否考虑到下列因素：

1）预定的待查定的特性。

2）预定经检查合格的原材料和毛坯。

3）预定的试样组大小（至少 32 件）。

4）在具备较高的技能条件下进行测量：

- 相当于或高于正常生产时的测量技能；
- 量具至少能测量到公差的 1/10。

5）采用与正常生产时一样的工具。

6）机床转速、进给量、冷却剂种类与流量、供给周期、操作温度等与正常生产条件保持一致。

7）在查定期间设备不作调整（除非是工艺规定的工序例行调整）。

8）分析多工位设备的各个工位。

（3）设备能力是否恰当地进行了下列分析：

1）作频数分布表。

2）双边公差：$\overline{X}\pm 3\sigma$。

3）单边公差：众数$+3\sigma$。

4）真实位置评价的向量分析。

设 X_0 为目标值，实际偏差向量 $\bar{s}=\sqrt{(X_0-\overline{X})^2+\sigma^2}$。

5）设备稳定性分析的 $\overline{X}$ 图和 R 图，与总的 $\overline{X}\pm 3\sigma$ 能力无关。

6）作直方图并进行分析，以测定非正态、双峰或其他分布。

（4）所有已安装的设备是否已经查定，并且是有能力的。

（5）对于已发现能力不足的设备是否有改正措施或控制计划。

（6）通用设备是否就其对所有加工零件与夹具组合的能力做出评价。

（7）是否作了评价工序能力（对时间和所有工序变量）的查定。

（8）是否周期性地安排能力查定来测定磨损状态和工序变动，以防止生产不合格产品；是否规定了进行审查的职责。

（9）是否把工序能力数据分发给了有关人员：维修人员、质量计划人员、产品工程师、工艺工程师及有关领导等。

（10）是否有一项计划保证在修理影响零件加工精度的设备后，进行工序能力查定。

3. 工序能力系数计算

下面通过一个例子说明工序能力系数的计算过程。

① 参见陆首群：《质量工程学—全面质量管理基础》，257 页，北京，机械工业出版社，1990。

[例 12—6]

热处理工序的 C_p 值分析

某渗碳热处理工序，渗碳的有效深度规定为 1.1～1.3mm。工序的质量分布如图 12—12 所示，各参数值如下：

$$\overline{X}=1.224\text{mm}$$

$$s=0.031\text{mm}$$

$$T=1.3-1.1=0.2\text{mm}$$

$$K=\frac{|1.2-1.224|}{\frac{0.2}{2}}=0.24$$

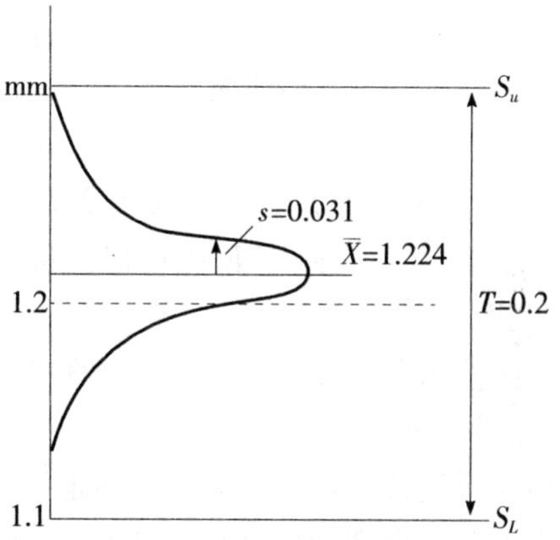

图 12—12 热处理工序的工序能力查定结果

根据上述参数值，可以计算出修正后的工序能力系数 C_{pk}，即：

$$C_{pk}=(1-K)\frac{T}{6s}=(1-0.24)\frac{0.2}{6\times 0.031}=0.82$$

将数据代入式（12.10），可以得到类似的结果，即：

$$C_{pk}=\min\left[\frac{\overline{X}-LTL}{3\sigma},\frac{UTL-\overline{X}}{3\sigma}\right]$$

$$=\min\left[\frac{1.224-1.1}{3\times 0.031},\frac{1.3-1.224}{3\times 0.031}\right]=0.817$$

工序能力系数 C_{pk} 表明该工序能力不足，但是 C_p 值却大于 1：

$$C_p=\frac{T}{6s}=\frac{0.2}{6\times 0.031}=1.08$$

可见，在实际测定工序能力系数的工作中，要特别注意尺寸加工数据分布中心与公差中心不重合的情况，否则将会得出错误结论。本例还说明，该工序不仅工序能力系数低于标准值，而且加工精度的分布中心也偏离了规定的公差中心，这在改进工序能力时应引起注意。

二、工序控制图

当工序的加工过程处在正常稳定的状态下时，其加工精度的偏差是近似服从正态分布的。由正态分布特性可知，加工偏差落在 1σ 范围内的概率为 0.682 6；落在 2σ 范围内的概率为 0.954 5；落在 3σ 范围内的概率为 0.997 3。故在正常稳定的状态下，加工偏差超出 3σ 范围的概率仅为 3‰。根据这一统计性质作横线图，标出 3σ 的区域，然后将观察统计出的加工精度数据按时间顺序标在图上，就得到一幅工序控制图。

操作人员或监督人员通过观察加工精度数据在图上的落点和模式可以很容易地判断出工序的加工状况是否处在正常稳定的状况下。一旦某个落点超出了 3σ 的范围，说明该工序出现严重异常，此时应考虑停机检查，排除原因使工序恢复正常。因此，控制图是一种控制工序质量的有效工具。

1. 常用的工序控制图

常用的控制图是 $\overline{X}$-R 图，$\overline{X}$ 为平均值，R 称为离差（range，difference），即每组观察数据最大值与最小值的差，因此 $\overline{X}$-R 图可以简称为“均值—离差图”。

$\overline{X}$-R 控制图的绘制步骤如下：

（1）收集数据。作工序控制图，一般采用序贯抽样的方法收集 20～25 组数据，每组中一般包含 4～5 个测量数据。

所谓序贯抽样，又称为系统抽样，即先随机地确定一个抽样间隔，然后每隔一个这样的间隔抽取一个样本点，直到抽取到要求的数量为止。例如，设抽样间隔 $I=17$，则抽取样本点的数字编号依次为 0，17，34，51……

（2）计算组均值 $\overline{X}$。计算公式如下：

$$\overline{X}=\frac{x_1+x_2+\cdots+x_n}{n} \tag{12.11}$$

式中，x_1，x_2，…，x_n 是数据组的观测值；n 是数据组中的观测值个数。

（3）计算各组的离差范围 R，离差范围 R 的计算公式为：

$$R_i=x_{i,\max}-x_{i,\min} \tag{12.12}$$

式中，$x_{i,\max}$ 和 $x_{i,\min}$ 分别为第 i 组中抽样数据的最大值和最小值。

（4）计算控制界限。计算控制界限，也就是确定 1σ 线、2σ 线和 3σ 线在控制图中的位置。其计算过程分为两种情况：

1）σ 已知。当事先规定了总体的标准差 σ 值时（通常是根据要求的公差确定的），$\overline{X}$ 控制图的标准差 $\sigma_{\overline{X}}$ 和 3σ 控制界限按下式确定：

$$\overline{X}\text{ 的标准差}: \sigma_{\overline{X}}=\sigma/\sqrt{n} \tag{12.13}$$

$$\begin{aligned}\overline{X}\text{ 的 }3\sigma_{\overline{X}}\text{ 控制上限}: UCL_{\overline{X}}&=\overline{\overline{X}}+3\sigma_{\overline{X}}\\ \text{控制下限}: LCL_{\overline{X}}&=\overline{\overline{X}}-3\sigma_{\overline{X}}\end{aligned} \tag{12.14}$$

式中，$\overline{\overline{X}}$ 为样本总体均值，其计算公式为：

$$\overline{\overline{X}}=\frac{1}{m}\sum_{i=1}^{m}\overline{X}_i \tag{12.15}$$

式中，m 是组数。

R 控制图的平均值 R_a、标准差 σ_R 和 $3\sigma_R$ 控制界限按下式确定：

$$R\text{ 的总体均值}: R_a = d_2\sigma \tag{12.16}$$

$$R\text{ 的标准差}: \sigma_R = d_3\sigma \tag{12.17}$$

$$3\sigma_R\text{ 控制上限}: UCL_R = R_a + 3\sigma_R$$

$$\text{控制下限}: LCL_R = R_a - 3\sigma_R \tag{12.18}$$

式中的调整系数 d_2 和 d_3 可从表 12—9 中选取。①

2）σ 未知。如果事先没有规定 σ 值，则 $\bar{X}$-R 控制图的控制上限和控制下限可分别按下式估计：

$$\text{样本离差的总体均值}: \bar{R} = \frac{1}{m}\sum_{i=1}^{m} R_i \tag{12.19}$$

$$\bar{X}\text{ 的 }3\sigma_{\bar{X}}\text{ 控制上限}: UCL_{\bar{X}} = \bar{\bar{X}} + A_2\bar{R} \tag{12.20}$$

$$\text{控制下限}: LCL_{\bar{X}} = \bar{\bar{X}} - A_2\bar{R} \tag{12.21}$$

表 12—9 **$\bar{X}$-R 控制图调整系数**

组容量	d_2	d_3	A_2	D_3	D_4
2	1.128	0.852 5	1.88	0	3.27
3	1.693	0.888 4	1.02	0	2.57
4	2.059	0.879 8	0.73	0	2.28
5	2.326	0.864 1	0.58	0	2.11
6	2.534	0.848 0	0.48	0	2.00
7	2.704	0.833 2	0.42	0.08	1.92
8	2.847	0.819 8	0.37	0.14	1.86
9	2.970	0.807 8	0.34	0.18	1.82
10	3.078	0.797 1	0.31	0.22	1.78

$$R\text{ 的 }3\sigma_R\text{ 控制上限}: UCL_R = D_4\bar{R} \tag{12.22}$$

$$\text{控制下限}: LCL_R = D_3\bar{R} \tag{12.23}$$

（5）作控制图。以组均值 $\bar{X}$ 为纵坐标，以观察数为横坐标，做出平均值中心线和上、下 $3\sigma_{\bar{X}}$ 控制线，然后将各组均值标在图上，并将点与点之间用线段连结起来，就得到了 $\bar{X}$ 控制图。类似地，以组离差 R 为纵坐标，以观察数量为横坐标，做出离差平均值中心线和上、下 $3\sigma_{\bar{X}}$ 控制线，然后将各组离差标在图上，并将点与点之间用线段连起来，就得到了 R 控制图。

（6）控制图的解释。观察控制图的模式，当出现下述现象时，可能表明工序状

① Grant, Eugene L. and Richard S. Leavenworth, Statistical Quality Control, 7th ed., McGraw-Hill Companies, Inc., 1996, 717～718 页，北京，机械工业出版社（影印）。

况异常：

1）1个或多于1个的点落于3σ控制界线的外面。

2）连续的两个点落于3σ控制界线附近。

3）连续5个点或多于5个点落在中心线的一侧。

4）呈现出趋势性的或周期性的非随机波动模式。

图12—13给出了常见的表征工序可能出现异常的控制图模式。

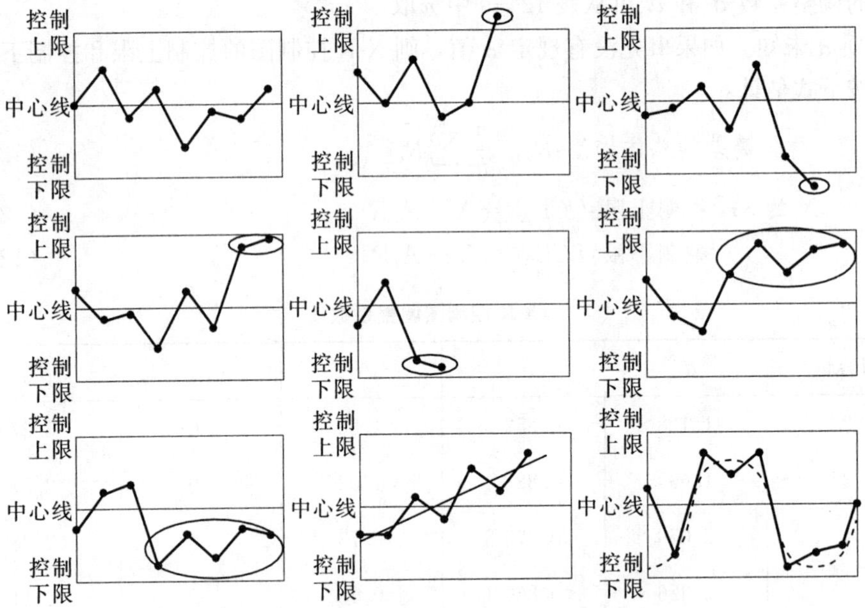

图12—13 表征工序可能出现异常的控制图模式

下面通过一个例子来说明 $\overline{X}$-R 控制图的绘制步骤和方法。

[例12—7]

自动灌装机的控制图分析

新华糖业烟酒公司采用自动灌装机将散糖分装为1公斤规格的盒糖，规定每盒糖的重量不得少于1公斤，不能多于1.050公斤。在正常的工作状态下，自动灌装机可以调整到任何平均灌装量上。操作工人将机器的灌装量设定在1.025公斤上。灌装工序的工序能力系数经查定为 $C_p > 1.0$。为了对自动灌装机的工作状况进行控制，监督人员拟采用 $\overline{X}$-R 控制图监测工序质量。

$\overline{X}$-R 控制图的绘制步骤

1. 收集数据。本例中采用序贯抽样的方法收集了16组数据，每组中包含5个测量数据。自动灌装工序的抽样结果记录在表12—10中。

2. 计算组均值 $\overline{X}$。采用式（12.11）计算组均值，本例中，$n=5$，各个组均值 $\overline{X}$ 的计算结果见表12—10。

3. 计算各组的离差范围 R。采用式（12.12）计算每组测量值的离差范围 R。本例中，R 的计算结果同样给出在表12—10中。

表 12—10 **灌装工序抽样结果**

产品名称		盒装糖	生产指令号	99—A—105	时间区间	7/16
特性		重量	工作地	分装 No. 1		
度量单位		千克	规定日产量	10 000	设备号	PD－5
规定界限	最大		样本 容量	n = 5	操作者	WJ
	最小		样本 间隔		检验人员签字	LY
规格编号		W－5210	测量装置编号	D = 2010		

日期	组号	测量值 x_1	x_2	x_3	x_4	x_5	总计 $\sum X$	平均值 $\overline{X}$	离差 R	备注
7/16	1	.022 6	.026 3	.038 7	.023 7	.023 2	.134 5	.026 90	.016 1	
	2	.018 5	.031 7	.023 8	.025 5	.016 9	.116 4	.023 28	.014 8	
	3	.030 8	.042 6	.025 1	.029 1	.030 1	.157 7	.031 54	.017 5	
	4	.028 0	.031 8	.025 0	.030 7	.022 9	.138 4	.027 68	.008 9	
	5	.024 9	.027 4	.008 1	.022 4	.017 1	.099 9	.019 98	.019 3	
	6	.027 6	.025 2	.030 2	.026 2	.027 4	.136 6	.027 32	.005 0	
	7	.025 3	.026 9	.025 3	.011 5	.025 0	.114 0	.022 80	.015 4	
	8	.029 8	.019 7	.023 2	.012 2	.025 0	.109 9	.021 98	.017 6	
	9	.020 8	.034 4	.018 8	.034 5	.024 0	.132 5	.026 50	.015 7	
	10	.025 6	.032 9	.025 1	.018 5	.022 3	.124 4	.024 88	.014 4	
	11	.024 9	.022 5	.025 1	.031 1	.022 4	.126 0	.025 20	.008 7	
	12	.020 0	.031 3	.025 0	.021 1	.020 8	.118 2	.023 64	.011 3	
	13	.025 8	.025 6	.024 4	.028 6	.024 0	.128 4	.025 68	.004 6	
	14	.027 2	.025 5	.025 4	.025 0	.011 4	.114 5	.022 91	.015 8	
	15	.027 0	.016 3	.019 0	.020 4	.023 8	.106 5	.021 28	.010 6	
	16	.026 7	.019 2	.050 8	.020 9	.021 7	.139 3	.027 87	.031 6	
$\overline{X}$ 控制图			R 控制图				总计	.399 44	.227 3	
$UCL_{\overline{X}}=1.033\ 2$			$UCL_R=0.023\ 0$				$\overline{\overline{X}}=1.024\ 97$			
$LCL_{\overline{X}}=1.016\ 8$			$LCL_R=0$				$\overline{R}=0.014\ 21$			

说明：表中的测量值只给出了小数点后的数字，所有测量值小数点前的数字均为 1。

4. 计算控制界限。为了使本例的讨论覆盖到计算控制界限的两种情况，我们假定：(1) 事先给定工序标准差 $\sigma=0.003$ 公斤；(2) 工序的标准差 σ 未知。下面我们分别针对这两种情况计算 $\overline{X}$-R 控制图的 3σ 控制限。计算过程如下：

(1) σ 已知。

将本例中的数据代入式 (12.13) ～式 (12.18)，可得：

$$\overline{X}\text{ 的标准差：}\sigma_{\overline{X}}=0.003/\sqrt{5}=0.003/2.236\ 0\cong 0.001\ 3$$

$$\overline{X}\text{ 的 }3\sigma_{\overline{X}}\text{ 控制上限：}UCL_{\overline{X}}=1.025\ 0+3\times 0.001\ 3\cong 1.028\ 9$$

$$\overline{X}\text{ 的 }3\sigma_{\overline{X}}\text{ 控制下限：}LCL_{\overline{X}}=1.025\ 0-3\times 0.001\ 3\cong 1.021\ 1$$

$$\text{样本总体均值：}\overline{\overline{X}}=\frac{1}{16}\sum_{i=1}^{16}\overline{X}_i=1.250$$

$$R\text{ 的总体均值：}R_\alpha=d_2\sigma=2.326\times 0.003=0.007\ 0$$

$$R\text{ 的标准差：}\sigma_R=d_3\sigma=0.864\ 1\times 0.003=0.002\ 6$$

$3\sigma_R$ 控制上限：$UCL_R = 0.0070 + 3 \times 0.0026 = 0.0148$

控制下限：$LCL_R = 0.0070 - 3 \times 0.0026 \cong 0$

（2）σ 未知。

将本例中的数据代入式（12.19）～式（12.23），计算得到：

样本离差的总体均值：$\bar{R} = \frac{1}{16}\sum_{i=1}^{16} R_i = 0.0142$

$\bar{X}$ 的 $3\sigma_{\bar{X}}$ 控制上限：$UCL_{\bar{X}} = 1.0250 + 0.58 \times 0.01421 = 1.0332$

控制下限：$LCL_{\bar{X}} = 1.0250 - 0.58 \times 0.0142 = 1.0168$

R 的 $3\sigma_R$ 控制上限：$UCL_R = 2.11 \times 0.0142 = 0.0230$

控制下限：$LCL_R = 0 \times 0.0142 = 0$

5. 作控制图。以组均值 $\bar{X}$ 为纵坐标，以观察数为横坐标，作出平均值中心线和上、下 $3\sigma_{\bar{X}}$ 控制线，然后将各组均值标在图上，并将点与点之间用线段连结起来，就得到了 $\bar{X}$ 控制图。类似地，可以作出 R 控制图。本例中我们采用 σ 未知情况下的计算结果作 $\bar{X}$-R 控制图，其图形如图 12—14 所示。

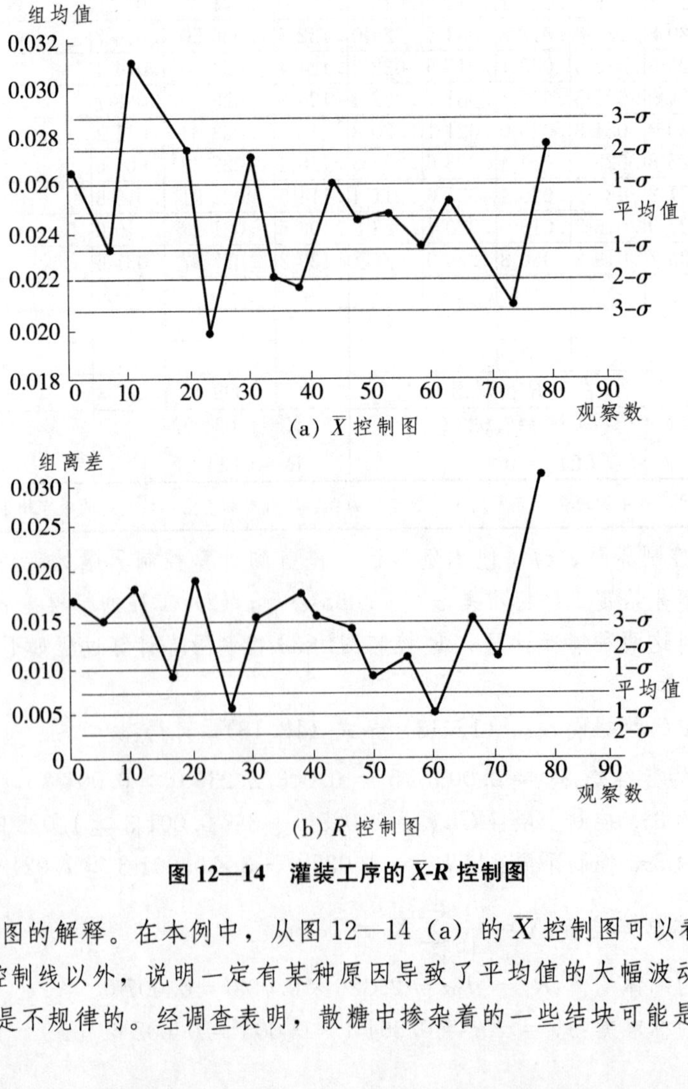

图 12—14 灌装工序的 $\bar{X}$-R 控制图

6. 控制图的解释。在本例中，从图 12—14（a）的 $\bar{X}$ 控制图可以看出，有两个点落于 3α 控制线以外，说明一定有某种原因导致了平均值的大幅波动，而且这种原因的作用是不规律的。经调查表明，散糖中掺杂着的一些结块可能是造成 $\bar{X}$ 控制图模式异常的原因。从图 12—14（b）的 R 控制图可以看出，许多观察数据组的离差都超出了 3σ 控制限，说明工序的变易性幅度较大，有必要重新查定工序能力系数，采取措施对设备进行必要的调整和维护。

本例还说明，如果采取措施使得灌装工序的标准偏差被稳定地控制在某个较小的范围内，比如控制在 0.003 公斤以内，则公司设定的 1.025 公斤的平均值标准还可大大降低，例如降低到 1.010 公斤。那样的话，一年下来节约的成本将是非常可观的。

2. 其他工序控制图

除了 $\bar{X}$-R 控制图外，常用的还有 P 控制图，称为属性度量控制图（attribute measurements control chart）。P 控制图适用于工序的质量度量不是采用长度、重量、直径这样的尺度指标，而是以缺陷数或疵点数来度量的情况。例如棉布的质量就是以每平方米的疵点数来度量的。通常用 P 表示每个观察数据组中的缺陷率，所谓 P 控制图，就是将每个观察组的缺陷率标在控制图上，以便很容易地观察出工序是否处在正常稳定的工作状态下。这种控制方法有些类似抽样检验方法，但区别在于，抽样检验方法是用来控制一批商品或零件的质量的，而 P 控制图是用来控制连续作业的工序的质量的。

显然，对于缺陷率水平很低的情况，观察数据组的容量要很大，否则可能不含有缺陷产品。一般是根据每组中平均含 1～5 个缺陷来确定观察数据组的容量。例如，如果规定的缺陷率为 $P=0.5\%$，若规定每组平均含有 5 个缺陷，则每个观察数据组的容量应为 $n=5/0.005=1\,000$。类似的若规定每个观察数据组中的缺陷数为 2，则数据组的容量为 $n=2/0.005=400$。

设计 P 控制图 3σ 控制上限 UCL 和控制下限 LCL 的方法如下：

$$\bar{p}=\frac{\text{所有样本的全部缺陷数}}{\text{样本数}\times\text{样本容量}}$$

$$s_p=\sqrt{\frac{\bar{p}(1-\bar{p})}{n}} \tag{12.24}$$

$$UCL=\bar{p}+zs_p$$

$$LCL=\bar{p}-zs_p$$

式中，$\bar{p}$ 是缺陷率；s_p 是样本缺陷数的标准差；n 是样本容量；z 是对应特定置信水平的标准差数，典型地，$z=3$，对应 99.7%的置信水平；$z=2.58$，对应 99%的置信水平。

P 控制图的作图方法与分析方法与 $\bar{X}$-R 控制图类似。

最后，需要强调指出的是，尽管我们讨论的许多方法是用来发现质量问题、寻找问题原因的，但全面质量管理绝不意味着仅仅靠发现质量问题来改进质量。发现优异的质量成绩，总结一些员工的工作质量和加工质量大大高于其他人的原因，推广他们的经验，这是与寻找问题原因同等重要的质量改进措施。

本章小结

现代质量管理观念认为，必须以用户的观点对质量下定义。质量概念的八个方面的含义，使“质量就是适用性”的定义具体化了，从而有利于制定质量标准。没有规矩不成方圆，没有标准就无法衡量绩效，改进也就无从谈起。所以，要改进质量首先必须明确规定质量标准，而这种标准只能依据顾客的需要来确定。

质量管理先驱者们的思想过去、现在和未来都将始终启迪和指导着人们如何理解质量、如何管理质量以及如何处理与质量有关的种种矛盾的优先次序。特别是W.E.戴明在他著名的“14要点”中反复强调的发挥领导力的观点，以及激发工人、管理者和工程师以高超技艺和卓越工作而自豪的观点，更是从人性层面诠释了质量的源泉。没有人给故宫或敦煌石窟规定质量标准，最完美的质量来自人们对信仰的执著追求。

更好的质量将带来更低的成本的观点已经为大量的质量改进实践所证实，它应当成为现代生产与运营管理的基本战略。而达到这种理想状态的途径就是改变传统的管理方式，推行全面质量管理，把质量改进变成企业全体员工的自觉行动。

实践表明，企业中95%的质量问题和质量改进项目可以用“老七种工具”来识别和解决。可见，在质量改进方法的推广上，仍应把重点放在那些简单易懂、行之有效的基本统计方法上。这并不是要否定高级统计质量检验方法和分析方法的实用性，而是要使二者相辅相成。

保证质量离不开检验，但更重要的环节是工序质量控制。而工序质量控制的前提是工序能力的查定。点上的问题解决好了，面上和全过程的问题就会大大减少。所以，从制定各种操作标准做起，从查定工序能力做起，从推广“老七种工具”做起，从开展质量小组活动做起，这才是质量管理的正路。只要这样扎扎实实、坚持不懈地做下去，产品质量、运营管理以及企业的整体竞争力必会日新月异，正所谓功到自然成。

美国企业界可以在电视媒体上以“日本行，我们为什么不行?”的醒目标题大做文章、大找差距、大换脑筋、大鼓士气。我国企业何不以此为鉴，也来大声地问一问自己：“日本行，美国行，韩国行……我们为什么不行?”

案例研究

一点、两面、三三制[①]

刚刚过去的2004制冷年度，中国空调行业经历了又一次洗牌，由于原材料涨价，压缩机紧缺，价格竞争激烈，有近200个空调品牌退出市场，三线品牌面临被整体淘汰的局面。就是在这种严峻的竞争形势下，TCL空调事业部却取得了骄人业绩，全年空调销售量超过140万台，比上年增长了160%；其中外销空调超过70万台，比上年增长了470%；是唯一从三线品牌跃入二线品牌行列的空调企业。

人们不禁会问：TCL空调是靠什么冲出重围、站稳脚跟的？一贯擅长“后发制人”战略的TCL集团总裁李东生，这次用的又是什么诀窍？

往事不堪回首。截至2003年8月上旬，眼看制冷年度已近尾声，TCL空调的

① 这是本书作者发表在《企业管理》，2004（12）上的文章全文。

销量还未达到50万台，成立三年的TCL空调事业部还徘徊在三线品牌的阵营中，距离三年前定下的年产销100万台的目标还相差很远，企业正被边缘化，随时有被淘汰的可能。怎么走出创业困境？怎么扭转目前的被动局面？怎么实现集团确定的“虎跃神州”计划？怎么重新鼓起管理团队和上千名员工的士气？这些问题困扰着TCL空调事业部总经理胡立宪。用他的话说：“无论是研发制造，还是内销外销，我作为总经理都是全身心地投入。但下面很多部门和负责人却不能像我一样投入，每件事都不能达到预期的效果，这令我感到十分的不平衡。”

笔者作为TCL集团的管理顾问，在三年前空调事业部刚成立半年时，曾经访谈过胡立宪总经理，询问他对TCL空调事业如何创业的想法，他当即明确阐述了他的四条创业策略：

（1）依托彩电销售平台迅速使空调产品覆盖市场，谁拥有销售网络，谁就拥有市场；

（2）主要依靠自有资金实现经营现金流的平衡和业务的发展；

（3）建立一支自己的研发队伍，根据我们对顾客需求的理解设计新产品；

（4）寻求并购对象，建立一个生产基地，至少先解决新产品的中试问题，中期目标是控制1/3的产能，其余OEM。

这四条创业策略给我留下深刻印象，加上我所知道的，胡总在担任TCL彩电事业本部湖南销售分公司经理时，曾经创造过年资金周转25次的业绩，以及他曾担任过工厂厂长的经历，使我对TCL空调事业的成功很有信心。然而三年过去了，TCL空调事业仍未走出创业的困境，问题出在哪里？

受TCL空调事业部的邀请，我参加了他们管理团队的变革与创新研讨会。经过一天的争论，大家逐步达成了共识，要突破创业困境，经营创新固然重要，但更重要的是强化管理。而对于强化管理来说，首要的是理清管理思路，也就是要从千头万绪的管理工作中，找出最关键的、相互支撑的、成系统的主线来，扎扎实实、坚持不懈地一抓到底。我借用当年东北野战军成功的战术原则的名称，把TCL空调突破创业困境的管理思路简单地概括为：“一点、两面、三三制。”这套管理体系的相互支撑关系如下图所示：

一点 — 两面 — 三三制

- 靠质量胜出
  - 内部利润中心核算
    - 成本控制
      - 倒推成本
      - 项目核算
      - 按订单生产
    - 设计创新
      - 标准化
      - 简化
      - 外观时尚化
    - 强化执行力
      - 进度计划检查
      - 主管承诺
      - 组织扁平化
  - 薪酬与绩效挂钩
  - 实行收益分享

所谓“一点”，即管理的突破点，它是目前经营困境的症结，是带动管理全面提升的龙头。之所以把焦点选在质量上，是因为如果产品和服务质量不好，就没有口碑，没有品牌效应，所有的营销创意、广告投入、渠道运作、设计创新、供应链管理、成本控制，就都成了无本之木，无源之水。空调事业部自成立以来打拼了三年，为什么连三线品牌的阵营都突不破？为什么有些区域市场越做越小？就是因为产品和服务质量不过硬。我不怀疑 TCL 开拓市场的能力，但拿着有瑕疵的产品打市场，不啻是搬起石头砸自己的脚。再有，抓质量也是抓成本，产品质量稳定了，废品率、批次质量事故、服务成本、备件成本以及顾客流失的机会成本就会大幅度降下来。还有，抓质量还有利于进入国际市场，与其在实力悬殊的情况下靠低价强攻国内市场，不如在国际市场上寻求更大的发展空间，而质量是进入国际市场的通行证。

“两面”，是健全两个基本的经营机制，一个是责任机制，一个是激励机制，二者缺一不可。责任不落实，市场压力就传递不下去，而利润核算机制建立不起来，最终成果责任就落不到实处。没有市场责任的管理是迷失方向的管理，没有利润压力的管理是不结果实的管理。要按从顾客端到顾客端的闭环流程建立内部组织体制，尽量按利润中心定位内部责任中心，推倒部门直面市场的壁垒，打通从市场到产品研发的连带责任体系。其次，管理创造效益，机制促进管理。越是强化管理，越要调动干部员工的积极性。而调动积极性的关键是考核与激励的公正和公平。结果导向的考核体系是实现企业公正和公平的基础，与业绩挂钩的薪酬制度有利于最大限度地调动员工的积极性。特别是对销售龙头的激励力度一定要足够大，要尽可能采用收益分享的方式实行直接和透明的激励，只有销售龙头摆起来了，才能拉动供应链系统、研发系统、管理系统高效运作，才能把整体经营激活。

“三三制”，是三个重点和每个重点的三项关键措施，是管理在运营上的落脚点。其中成本控制是面对价格战的有力武器。目前的国内空调产业，由于资金和技术门槛低，产品同质化程度高，生产和销售季节性强，安装与售后服务工作量大，新技术、新材料的差异化效应相对较小，使得空调市场的价格战可能是家电产业中最激烈的。故有效的成本控制是企业能否活下来的关键。大企业可以利用规模经济性降低成本，对 TCL 空调事业部这样的新创企业，成本控制该采用什么策略？经过讨论，大家认识到，首先要建立按市场价格倒推成本的目标体系，按成本分摊模型，将市场降价压力分解到供应链和内部运作的各个环节。其次，要建立新产品开发的项目核算制度，采用作业成本法，按项目归集全过程的投入、收入、成本和费用，新产品究竟是亏是盈要能够说清楚。在此基础上建立研发人员的约束机制和激励机制，促使他们关注顾客需求，关注产品的商业化成功。第三项关键措施是实行按订单生产的“拉动”运营模式，改变过去那种备货生产的“推动”模式。销售部门按业绩目标向生产部门下订单，按订单供货，而新的考核与激励体系要促使销售部门为分享收益千方百计超额完成业绩目标。这样通过运营模式和经营机制的改革，从根本上解决按无人承诺的预测安排生产，靠行政力量和库存推动销售，旺季断货与库存积压并存，且无人对此承担责任的痼疾。

设计创新的三条措施实际上是要限制开发人员的盲目创新。通过提高零部件的标准化和复用率，一方面减少零件品种、增加零件采购批量，简化库存和生产管理；另一方面提高产品的可靠性、可制造性和可维护性，从而系统性地降低产品成本和整个供应链的成本。其次，简化产品结构，消除多余功能，推行产品平台的逐代演进策略，在设计中构建质量、成本和服务优势，在产品不断降价的同时，确保产品基本功能的质量。最后，根据现阶段空调产业技术和材料革新拉动消费升级的作用相对较小的特点，将设计创新集中在外观的时尚化上，先与竞争对手形成视觉差异。

强化执行力是要解决想到、说到但做不到的问题。空调产业的季节性很强，5月、6月、7月三个月的销售超过全年的70%，旺季断货和旺季过后的库存积压是个老大难问题。解决此问题，除了上面提到的实行订单生产模式外，还有就是要树立销售和运营计划（S&OP）的权威性，缩短计划时间单位，根据市场变化滚动，强化进度计划的检查和校正。此外，为了保证销售和运营计划的落实，各部门主管必须对计划目标和任务做出承诺，并及时发现、总结、固化、推广新的成功经验。同时，简化营销组织，撤销大区总监层级，一竿子插到底，充实销售一线的领导力量。

从上面的阐述可以看出，一点、两面、三三制是一种有重点、成系统地推进管理的思路，是一种在经营的关键点上，按照龙头、机制、重点、关键措施的次序展开管理体系的方式，而不是东一榔头、西一棒子地乱抓。这种管理思路，并非只适用于TCL空调事业部，而是具有一般的适用性。

什么是中国企业竞争力提升的瓶颈，业界总是归结为缺少核心技术，要不就是从信息化水平低上找原因，其实问题首先出在质量上。只有扎扎实实地提高产品和服务质量，在顾客中树立口碑，才能真正带动品牌的提升和市场份额的增长，最终才能带来整体业绩的提升。道理虽然简单，却是绕不过去的。当年日本企业就是这么成功的，而在技术和顾客需求日新月异的今天，企业的成功还要先从质量抓起，韩国现代汽车公司就是一个最典型的例子。1997年亚洲金融危机后，韩国三大汽车公司都面临重组的威胁，最后只有现代汽车走出来了，而且“一跃成为汽车界众人瞩目的璀璨明星”（《商业周刊》中文版，2004年第10期）。这要归功于金融危机时期接任现代集团会长的郑梦九。刚继任现代集团会长时，公司内外都对郑梦九的领导才能表示怀疑，此前郑梦久先生一直负责现代集团的售后服务，既未从事过研发，也未主管过制造，更未负责过市场营销，但24年的售后服务生涯使他最了解顾客的需求，深切体会到产品质量的重要性。他上任伊始，就持之以恒地抓质量。美国市场最新的调查表明，现代汽车公司和日本本田汽车公司以每100辆车102次投诉并列第二，仅次于丰田汽车公司的101次。真是“宝剑锋从磨砺出”啊！

机制问题，说到底，一个是责任机制，一个是激励机制。划小核算单位、实行利润中心核算不是什么新命题，但TCL空调事业部不是在原有部门的基础上建立利润中心，而是按从顾客端到顾客端的闭环流程建立内部经营单位，然后划小核算。其中应用了业务流程再造（BPR）的思想。

对于成本控制，与供应商谈判价格谁都做得到，但如何从系统角度降低成本，从设计角度、从供应链、从研产销一体化运作、从提高质量角度降低成本，就不是每个企业都做得到、做得好了，这就是同质化竞争的差异化来源。

创新的关键是顾客导向，而创新的最大风险是技术导向和以工程师为核心。

执行力成为近来业界的热点话题，其实执行力不是一个独立于管理过程之外的要素，它是计划，是流程，是细节。按计划实现就是对执行力的最高要求，想到做到就是优秀。当年东北野战军两攻四平失利，久攻不下，损失惨重，才有了后来的六大战术原则，有了“一点、两面、三三制”。辽沈战役打锦州，国民党想复制四平的外围包抄、中心开花战略，但没想到锦州32个小时就陷落了，再好的战略缺乏执行力也是空谈。

管理的一点两面三三制是不是权宜之计？不是的。它可以作为长期的管理推进体系。一点两面三三制看起来是在抓管理，实际上是在突破经营瓶颈；看起来是眼睛向内，实际上是着眼于外部竞争；看起来是深挖洞、广积粮，实际上是在图谋大业。

用TCL空调事业部胡立宪总经理的话来说：如果不是在2004年实现了突破，我们可能全军覆没。望望我们身后，跟上来的企业已经没有几个了。好险哪！

TCL空调事业的武汉生产基地已经破土动工。

问题讨论

1. 为什么说，质量是带动企业全面管理提升的龙头？

2. 如何解释“管理创造效益，机制推动管理”的相互关系？

3. 为什么首先要着眼于从系统角度降低成本？它与从细节上降成本是什么关系？

附　录

附录 A　标准正态分布的累积概率（面积）表

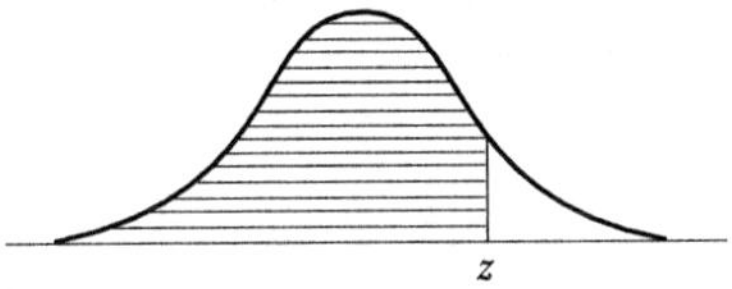

z	G (z)	z	G (z)	z	G (z)	z	G (z)
−3.00	0.001 35	−1.45	0.073 53	0.10	0.539 83	1.65	0.950 53
−2.95	0.001 59	−1.40	0.080 76	0.15	0.559 62	1.70	0.955 43
−2.90	0.001 87	−1.35	0.088 51	0.20	0.579 26	1.75	0.959 94
−2.85	0.002 19	−1.30	0.096 80	0.25	0.598 71	1.80	0.964 07
−2.80	0.002 56	−1.25	0.105 65	0.30	0.617 91	1.85	0.967 84
−2.75	0.002 98	−1.20	0.115 07	0.35	0.636 83	1.90	0.971 28
−2.70	0.003 47	−1.15	0.125 07	0.40	0.655 42	1.95	0.974 41
−2.65	0.004 02	−1.10	0.135 67	0.45	0.673 64	2.00	0.977 25
−2.60	0.004 66	−1.05	0.146 86	0.50	0.691 46	2.05	0.979 82
−2.55	0.005 39	−1.00	0.158 66	0.55	0.708 84	2.10	0.982 14
−2.50	0.006 21	−0.95	0.171 06	0.60	0.725 75	2.15	0.984 22
−2.45	0.007 14	−0.90	0.184 06	0.65	0.742 15	2.20	0.986 10
−2.40	0.008 20	−0.85	0.197 66	0.70	0.758 04	2.25	0.987 78
−2.35	0.009 39	−0.80	0.211 86	0.75	0.773 37	2.30	0.989 28
−2.30	0.010 72	−0.75	0.226 63	0.80	0.788 14	2.35	0.990 61
−2.25	0.012 22	−0.70	0.241 96	0.85	0.802 34	2.40	0.991 80
−2.20	0.013 90	−0.65	0.257 85	0.90	0.815 94	2.45	0.992 86
−2.15	0.015 78	−0.60	0.274 25	0.95	0.828 94	2.50	0.993 79
−2.10	0.017 86	−0.55	0.291 16	1.00	0.841 34	2.55	0.994 61

续前表

z	G (z)	z	G (z)	z	G (z)	z	G (z)
−2.05	0.020 18	−0.50	0.308 54	1.05	0.853 14	2.60	0.995 34
−2.00	0.022 75	−0.45	0.326 36	1.10	0.864 33	2.65	0.995 98
−1.95	0.025 59	−0.40	0.344 58	1.15	0.874 93	2.70	0.996 53
−1.90	0.028 72	−0.35	0.363 17	1.20	0.884 93	2.75	0.997 02
−1.85	0.032 16	−0.30	0.382 09	1.25	0.894 35	2.80	0.997 44
−1.80	0.035 93	−0.25	0.401 29	1.30	0.903 20	2.85	0.997 81
−1.75	0.040 06	−0.20	0.420 74	1.35	0.911 49	2.90	0.998 13
−1.70	0.044 57	−0.15	0.440 38	1.40	0.919 24	2.95	0.998 41
−1.65	0.049 47	−0.10	0.460 17	1.45	0.926 47	3.00	0.998 65
−1.60	0.054 80	−0.05	0.480 06	1.50	0.933 19		
−1.55	0.060 57	−0.00	0.500 0	1.55	0.939 43		
−1.50	0.066 81	0.05	0.519 44	1.60	0.945 20		

附录 B 学生 t 分布表

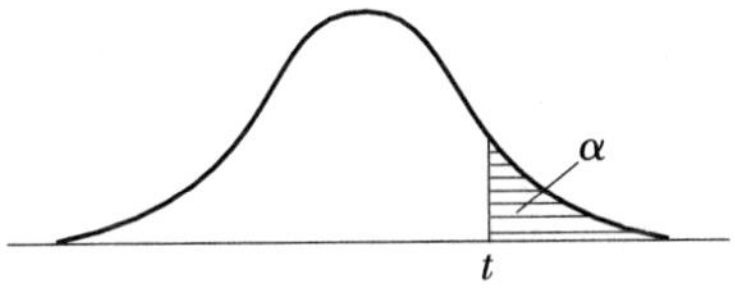

对于特定的自由度，α 为学生 t 分布曲线下从 t 到∞的面积。

自由度	单侧概率（面积）α							
	0.40	0.25	0.10	0.05	0.025	0.010	0.005	0.001
1	0.325	1.000	3.078	6.314	12.706	31.821	63.657	318.31
2	0.289	0.816	1.886	2.920	4.303	6.965	9.925	22.326
3	0.277	0.765	1.638	2.353	3.182	4.541	5.841	10.213
4	0.271	0.741	1.533	2.132	2.776	3.747	4.604	7.173
5	0.267	0.727	1.476	2.015	2.571	3.365	4.032	5.893
6	0.265	0.718	1.440	1.943	2.447	3.143	3.707	5.208
7	0.263	0.711	1.415	1.895	2.365	2.998	3.499	4.785
8	0.262	0.706	1.397	1.860	2.306	2.896	3.355	4.501
9	0.261	0.703	1.383	1.833	2.262	2.821	3.250	4.297
10	0.260	0.700	1.372	1.812	2.228	2.764	3.169	4.144
11	0.260	0.697	1.363	1.796	2.201	2.718	3.106	4.025
12	0.259	0.695	1.356	1.782	2.179	2.681	3.055	3.930
13	0.259	0.694	1.350	1.771	2.160	2.650	3.012	3.852
14	0.258	0.692	1.345	1.761	2.145	2.624	2.977	3.787
15	0.258	0.691	1.341	1.753	2.131	2.602	2.947	3.733
16	0.258	0.690	1.337	1.746	2.120	2.583	2.921	3.686
17	0.257	0.689	1.333	1.740	2.110	2.567	2.898	3.646
18	0.257	0.688	1.330	1.734	2.101	2.552	2.878	3.610
19	0.257	0.688	1.328	1.729	2.093	2.539	2.861	3.579
20	0.257	0.687	1.325	1.725	2.086	2.528	2.845	3.552

参考文献

1. Chase, Richard B., Nicholas J. Aquilano, and F. Robert Jacobs, Operations Management for Competitive Advantage, 9th ed. The McGraw-Hill Companies, Inc., 2001. 北京：机械工业出版社（影印）

2. Silver, Edward. A., and David F. Pyke, and R. Peterson, Inventory Management and Production Planning and Scheduling, 3rd ed. New York: John Wiley & Sons, Inc., 1998

3. Silver, Edward. A. and R. Peterson, Decision Systems for Inventory Management and Production Planning, 2nd ed. New York: John Wiley & Sons, Inc., 1985

4. Stevenson, William J., Operations Management, 8th ed. The McGraw-Hill Companies, Inc., 2005

5. Vollmann, Thomas E., William L. Berry, and D. Clay Whybark, Manufacturing Planning and Controlling Systems, 4th ed. New York: The McGraw-Hill Companies, Inc., 1997

6. McClain, J. O., L. J. Thomas, and J. B. Mazzola, Operations Management: Production of Goods and Services. 3rd ed. New Jersey: Prentice Hall, Inc., 1992. 北京：中国人民大学出版社，2000

7. Grant, Eugene L. and Richard S. Leavenworth, Statistical Quality Control, 7th ed. McGraw-Hill Companies, Inc., 1996. 北京：机械工业出版社（影印）

8. Kerzner, Harold, Project Management: A Systems Approach to Planning, Scheduling, and Controlling, 7th ed. New York: John Wiley & Sons, Inc., 2001

9. Ruh, William A., Francis X. Maginnis, and William J. Brown, Enterprise Application Integration. New York: John Wiley & Sons Inc., 2001

10. Proud, John F., Master Scheduling, 2nd edition. New York: John Wiley & Sons, Inc., 1999

11. Skinner, W., Manufacturing: The Formidable Competitive Weapon. New York: John Wiley & Sons Inc., 1985

12. Orlicky, J., Material Requirements Planning-The New Way of Life in Production and Inventory Management. New York: The McGraw-Hill Companies, Inc., 1975

13. Wight, Oliver W., MRP Ⅱ: Unlocking America's Productivity Potential. Brattleboro, Vermont: Oliver Wight Ltd. Publications, Inc., 1981

14. Mather, Hal, Bill of Materials. Illinois Homewood: Dowjones-Irwin, 1987

15. Martin, A., DRP-Distribution Resource Planning: Distribution Management's Most Powerful Tool. Essex Junction, Vermont: Prentice-Hall & Oliver Wight Ltd. Publications, Inc., 1983

16. Goldratt, Eliyahu M., Critical Chain. The North River Press Publishing Corporation, 1997

17. Schonberger, Richard J., World Class Manufacturing: The Next Decade. New York: Free Press, 1996

18. Monks, Joseph G., Schaum' Outline of Theory and Problems of Operations Management, 2nd ed. New York: The McGraw-Hill Companies, Inc., 1996

19. Womack, J. P. and D. T. Jones, The Machine That Changed the World. Boston: Harper-Collins, 1991

20. Mundel, M. E., Motion and Time Study: improving productivity. 6th ed., New Jersey: Prentice Hall, Inc., 1985

21. Wheelwright, S. C. and S. Makridakis, Forecasting Methods for Management. 4th ed., New York: John Wiley & Sons Inc., 1985

22. Crosby, P. B., Quality is Free. New York: McGraw Hill, 1979

23. Juran, J. M., Juran on Leadership for Quality. New York: Free Press, 1989

24. [瑞士] 格哈特·克诺尔迈尔等. 供应链管理与 SAP 系统实现. 北京：机械工业出版社，2004

25. [日] 门田安弘. 新丰田生产方式. 保定：河北大学出版社，2001

26. [日] 门田安弘. 丰田式生产体系. 台北：中国生产力中心，1987

27. [美] 大卫·辛奇-利维，菲利普·凯明斯基，艾迪斯·辛奇-利维. 供应链设计与管理——概念、战略与案例研究. 上海：上海远东出版社，2000

28. [美] B·约瑟夫·派恩. 大规模定制——企业竞争的新前沿. 北京：中国人民大学出版社，2000

29. [美] W·爱德华兹·戴明. 戴明论质量管理. 海口：海南出版社，2003

30. [美] 杰里米·夏皮罗. 供应链建模. 北京：中信出版社，2001

31. [美] 菲利普·B·克劳斯比. 零缺点的质量管理. 北京：生活·读书·新知三联书店，1991

32. [美] F. W. 泰勒. 科学管理原理. 北京：中国社会科学出版社，1984

33. [日] 仓持茂. 企业生产管理基础知识. 北京：机械工业出版社，1988

34. 潘家轺等编著. 现代生产管理学. 北京：清华大学出版社，1994

35. 温咏棠主编. MRPⅡ：制造资源计划系统. 北京：机械工业出版社，1994

36. 中国人民大学管理系统工程教研室. 管理系统工程教程. 北京：经济科学出版社，1987

37. 中国人民大学工业经济系工业企业管理教研家编. 企业生产管理. 北京：中国人民大学出版社，1985

38. 陆首群. 质量工程学——全面质量管理基础. 北京：机械工业出版社，1990

39. [美] Cochran W. G. 抽样技术. 北京：中国统计出版社，1985

40. 黄卫伟. 管理系统模拟的方法及应用. 北京：中国人民大学出版社，1991

41. 黄卫伟. 企业生产与作业管理. 北京：企业管理出版社，1999

42. Skinner, W., The Focused Factory. *Harvard Business Review*, May-June 1974

43. Hayes, R. H. and S. C. Wheelwright, Link Manufacturing Process and Product Life Cycles. *Harvard Business Review*, 1979, Vol. 57, No. 2

44. 黄卫伟. 一点、两面、三三制. 企业管理，2004 (12)

45. 黄卫伟．基于流程的绩效考核方法论．经济理论与经济管理，2003（7）
46. 黄卫伟．以速度冲击规模．企业管理，2003（10）
47. 黄卫伟．世界级制造方式及其绩效评估问题．中国科技信息，1995（3）
48. 黄卫伟．世界级制造方式的绩效评估体系．中国科技信息，1995（5）

图书在版编目（CIP）数据

生产与运营管理/黄卫伟编著．—2版．—北京：中国人民大学出版社，2015.5
21世纪工商管理系列教材
ISBN 978-7-300-21173-2

Ⅰ.①生…　Ⅱ.①黄…　Ⅲ.①企业管理-生产管理-高等学校-教材　Ⅳ.①F273

中国版本图书馆CIP数据核字（2015）第082279号

普通高等教育“十一五”国家级规划教材
21世纪工商管理系列教材
生产与运营管理（第二版）
黄卫伟　编著
Shengchan Yu Yunying Guanli

出版发行	中国人民大学出版社		
社　　址	北京中关村大街31号	**邮政编码**	100080
电　　话	010－62511242（总编室）		010－62511770（质管部）
	010－82501766（邮购部）		010－62514148（门市部）
	010－62515195（发行公司）		010－62515275（盗版举报）
网　　址	http：//www.crup.com.cn		
	http：//www.ttrnet.com（人大教研网）		
经　　销	新华书店		
印　　刷	北京溢漾印刷有限公司	**版　　次**	2006年5月第1版
规　　格	185 mm×260 mm　16开本		2015年5月第2版
印　　张	28.5　插页1	**印　　次**	2022年5月第7次印刷
字　　数	631 000	**定　　价**	42.00元

教师教学服务说明

中国人民大学出版社工商管理分社以出版经典、高品质的工商管理、财务会计、统计、市场营销、人力资源管理、运营管理、物流管理、旅游管理等领域的各层次教材为宗旨。

为了更好地为一线教师服务，近年来工商管理分社着力建设了一批数字化、立体化的网络教学资源。教师可以通过以下方式获得免费下载教学资源的权限：

在中国人民大学出版社网站 www. crup. com. cn 进行注册，注册后进入“会员中心”，在左侧点击“我的教师认证”，填写相关信息，提交后等待审核。我们将在一个工作日内为您开通相关资源的下载权限。

如您急需教学资源或需要其他帮助，请在工作时间与我们联络：

中国人民大学出版社　工商管理分社

联系电话：010-62515735，82501048，62515782，62515987

电子邮箱：rdcbsjg@crup. com. cn

通讯地址：北京市海淀区中关村大街甲 59 号文化大厦 1501 室（100872）